Y&S 元正盛业
LAW FIRM 律师事务所

乡村振兴

法律服务与实务指引

耿宝建　王林彬　主　编

RURAL REVITALIZATION
GUIDANCE
ON LEGAL SERVICES
AND PRACTICE

法律出版社 | LAW PRESS | 北京

图书在版编目(CIP)数据

乡村振兴法律服务与实务指引 / 耿宝建, 王林彬主编. -- 北京 : 法律出版社, 2022
ISBN 978-7-5197-6751-8

Ⅰ. ①乡… Ⅱ. ①耿… ②王… Ⅲ. ①农村经济发展-农业法-研究-中国 Ⅳ. ①D922.44

中国版本图书馆CIP数据核字(2022)第081931号

乡村振兴法律服务与实务指引
XIANGCUN ZHENXING FALǕ FUWU YU SHIWU ZHIYIN

耿宝建 王林彬 主编

策划编辑 林 蕊
责任编辑 林 蕊
装帧设计 汪奇峰

出版发行 法律出版社
编辑统筹 司法实务出版分社
责任校对 周 洁
责任印制 胡晓雅
经 销 新华书店

开本 710毫米×1000毫米 1/16
印张 37.75 **字数** 591千
版本 2022年10月第1版
印次 2022年10月第1次印刷
印刷 固安华明印业有限公司

地址:北京市丰台区莲花池西里7号(100073)
网址:www.lawpress.com.cn
投稿邮箱:info@lawpress.com.cn
举报盗版邮箱:jbwq@lawpress.com.cn
销售电话:010-83938349
客服电话:010-83938350
咨询电话:010-63939796

书号:ISBN 978-7-5197-6751-8
定价:126.00元
凡购买本社图书,如有印装错误,我社负责退换。电话:010-83938349

本书编写组人员简介

耿宝建　新疆维吾尔自治区律师协会会长，新疆元正盛业律师事务所主任、高级合伙人。全国优秀律师，国家律师学院客座教授，中华全国律师协会专家讲师团（西部）成员，新疆大学法学院硕士生导师，新疆维吾尔自治区人民政府立法咨询专家，上市公司独立董事，投资分析师。长期致力于政府法律顾问，企业兼并、重组、破产，工业园区和口岸开发区等领域法律服务，在法治政府建设、招商引资等政府法律服务、企业并购重整等领域具有深厚的理论功底、丰富的实践经验和较强的专业能力。在业界具有广泛的影响和良好声誉，代表作有：《产业扶贫法律服务实务与风险防范》（法律出版社2019年版）。

王林彬　新疆元正盛业律师事务所副主任，高级合伙人，兼职律师。新疆大学法学院教授、博士生导师，复旦大学法学博士，德国吉森大学访问学者。新疆维吾尔自治区人大常委会立法咨询专家，新疆维吾尔自治区人民政府立法咨询专家，中国法学会理事，中国国际法学会理事，乌鲁木齐市仲裁委员会仲裁员，上市公司独立董事。在政府法律服务、国有企业经营风险防控、股权交易等方面有较深的造诣。迄今出版各类著作6部，发表中英文论文40余篇。

耿宝江　四川农业大学旅游管理系主任、副教授、硕士生导师，经济学博士，英国诺丁汉大学访问学者，四川旅游标准评定委员会专家。主要从事休闲农业与乡村旅游规划、旅游扶贫与社区发展、旅游政策法规方向的教学科研工作。曾主编《休闲农业开发与管理》（西南财经大学出版社2015年版）、《旅游规划与开发》（西南财经大学出版社2017年版），合著《都江堰建设国际生态旅游名城研究》（西南财经大学出版社2018年版）等。

胡云霞 北京市易和律师事务所高级合伙人。长期致力于基层法律服务实践,已经形成专业律师服务的城乡社区治理法律服务新模式及基层治理规范化法律服务产品。所在团队研发的基层治理规范化法律服务产品先后在北京市、湖北省武汉市、浙江省、云南省、青海省、山东省等地100多个行政村推广,在基层党支部核心决策作用强化、村干部依法治村能力提升、村民自治管理积极性提高、乡风文明程度提高等方面发挥了积极作用。

宋天莲 青海磐瑞律师事务所主任,创始合伙人。青海省律师协会行政法专业委员会副主任,青海师范大学法学与社会学学院研究生实务导师。全国律师行业优秀党员,全国妇女维权先进个人,青海省政法系统优秀党员,青海省司法行政系统先进个人,青海省十佳法律援助先进个人,青海省优秀律师,青海省普法优秀讲师。担任数十家政府及企事业单位法律顾问。主要专业领域为:重大行政决策和重点项目、突发事件处理及重大决策法律风险评估、行政执法风险防控,重大疑难行政争议解决、信访处理、行政征收、基层社会治理项目等。

李春雷 新疆元正盛业律师事务所党支部书记、副主任、高级合伙人。主要业务领域为政府法律顾问、国有企业合规性管理、乡村振兴产业项目管理等。并担任新疆维吾尔自治区退役军人事务厅、政务服务与公共资源交易中心、奎屯市人民政府等多家政府单位的常年法律顾问,主持过多起政府招商引资项目合规管理;国有企业对外投资、兼并等项目的实施,具有丰富的实践操作经验。

田　辉 新疆元正盛业律师事务所副主任,争议解决专业委员会主任,高级合伙人。新疆财经大学法学院硕士研究生导师,三级心理咨询师,并购交易师。擅长领域:民商事诉讼、行政诉讼、政府法律顾问、企业法律顾问业务。深度参与新疆和田、喀什地区部分县市精准扶贫以及乡村振兴专项法律服务工作,成功代理新疆首例行政单位作为被告的行政公益诉讼案件。

陈飞年 新疆元正盛业律师事务所政府法律服务专业委会主任,高级合伙人。新疆维吾尔自治区人民政府立法咨询专家,新疆维吾尔自治区律师协会行政法专业委员会副主任。主要业务领域:政府及国有企业法律顾问、立法项目起草论证、复杂商事诉讼、税务争议等。担任新疆维吾尔自治区人民政府办公厅、工业和信息化厅、水利厅、自治区扶贫开发办公室,木垒县、于田县、墨玉县人民政府等多家政府机关常年法律顾问。2019 年 12 月被司法部授予“全国优秀法律顾问”荣誉称号。

郭荣德 新疆元正盛业(新源)律师事务所主任,新疆元正盛业律师事务所管委会委员、高级合伙人。新疆维吾尔自治区律师协会破产重整专业委员会委员。主要业务领域为:政府及国有企业法律顾问,企业投融资,建设项目立项审批,招投标等事宜,企业改制破产清算、重整,乡村振兴法律服务等。担任新源、巩留、霍城、特克斯县等多家政府单位及国有企业法律顾问。

何嘉慧 新疆元正盛业律师事务所不动产与建设工程专委会主任,市场运营服务中心主任,高级合伙人。为乌鲁木齐高新技术产业开发建设总公司、中化二建集团有限公司、中建新疆安装工程有限公司等多家大中型建设工程企业提供常年法律服务。专注于建筑、房地产的法律服务,包括土地使用权的出让转让、工程项目的招投标、施工承发包、在建工程转让、项目公司收购、设备材料的采购、商品房销售、商品房租赁、物业管理、项目公司清算等领域。

隋洪安 新疆元正盛业(喀什)律师事务所主任,新疆元正盛业律师事务所管委会委员、高级合伙人。喀什地区律师协会惩戒委员会委员,喀什大学政法学院客座教授。常年服务于党政机关、企事业单位,在政府法律服务,公司并购重整,破产清算等领域丰富的实务经验。

阿不都那比江·艾力 新疆元正盛业律师事务所政府法律服务专业委会副主任、合伙人。厦门大学民商法学硕士。擅长政府法律顾问业务,长期担任和田、喀什地区多个县级人民政府的常年或专项法律顾问,致力于提供精准扶贫、乡村振兴专项法律服务。

迪力夏提·阿木提　喀什大学政法学院党总支书记、法律事务部主任，新疆法衡律师事务所兼职律师，中国政法大学法学硕士。长年从事民商法学术研究及教学工作，曾任喀什地区人大工作委员会法务专家库专家、喀什地区行政公署法务专家库专家、新疆维吾尔自治区法学会理事等。

张百和　新疆理工学院党委书记。大连理工大学经济管理专业硕士。在党建、林果业、种植业、教育等领域成绩显著，主持了“棉花滴灌高产栽培技术研究”、“利用数码成像技术和电脑科技快速诊断作物缺素状况项目”、“自压和加压滴灌工”、《阿克苏地区商贸和物流业发展规划(2015－2020)》、《阿克苏地区扶持外经贸企业发展奖励资金管理办法(修订)》、阿克苏生态文化纪念馆工程、《阿克苏地区“百十一”工程基地建设实施方案》等重点项目。

王腾飞　新疆理工学院法学专业负责人，河南财经政法大学硕士。主要从事乡村振兴法治保障研究、依法治疆研究。主持完成省部级课题3项、厅局级课题4项，发表论文10余篇。

序　言

中华民族自古就是深深根植于中华大地的农耕民族。祖国的青山绿水哺育了14亿中国人。作为拥有几千年农耕文化的大国，只有乡村文化、乡风文明的全面提升方能展现我们的精神力量。改革开放40多年，城镇化飞速发展，到2021年我国城镇化率达到64.72%，东部地区已经超过70%。城市圈不断扩展，更加凸显农村发展的相对滞后。城镇化逐步放缓抵近临界点，广袤乡村的发展就显得意义重大。“任何时候都不能忽视农业、忘记农民、淡漠农村。”“中国要强农业必须强，中国要美农村必须美，中国要富农民必须富。”

城市发展要反哺乡村，城乡一体，实现共同富裕，方显初心。在2013年“精准扶贫”被提出的基础上，2015年中央扶贫开发工作会议上对脱贫攻坚任务作出部署，直至2020年我国脱贫攻坚战取得了全面胜利。但“脱贫摘帽”只是人民群众新生活、新奋斗目标的起点；解决积重难返的“发展不平衡、不充分”，缩小城乡区域发展差距任重而道远。2017年，党的十九大报告第一次提出实施乡村振兴战略。如果说脱贫攻坚带有“决战”的性质，那么乡村振兴是一项长期而艰巨的战略任务，久久为功，积小胜方可大成。

王安石曾言：“立善法于天下，则天下治；立善法于一国，则一国治。”在依法治国的大背景下，社会主义法治是实施乡村振兴和实现共同富裕目标的根本依托，是人民群众过上美好生活的根本保障。2018年“中央1号文件”提出：建设法治乡村，坚持法治为本，树立依法治理理念，强化法律在维护农民权益、规范市场运行、农业支持保护、生态环境治理、化解农村社会矛盾等方面的权威地位。这明确要求要强化乡村振兴的规划引领和法治保障。法治作为促进农业发展的基本方式和重要举措，通过体制理顺、制度供给、机制创新等方式为农业农村发展提供了动力支持。审视我国实施乡村振兴战略的历史脉络，乡村振兴已由最初的政策引导推动，进入了法治化的更高阶段。2021 年 6 月，《乡村振兴促进法》颁布实施，乡村振兴法治化迈出坚实一步。

我们必须看到，法治乡村建设还有诸多困难：一方面，随着社会经济的发展，村民对法律服务的需求在大幅增加。法律纠纷已从以往的婚姻、继承和邻里纠纷转向土地流转、承包经营、项目投资等商事领域。另一方面，乡村法律服务体系更多依赖“公共法律服务体系”，但现实的困难是，依赖政府供给的公共法律服务体系由于法律人才短缺，远不能满足法治乡村建设的需要。

法治乡村建设离不开乡村法律服务的高水准供给保障。但乡村法律服务体系不仅指“公共法律服务体系”，还应包括“公共法律服务体系”和“非公共性法律服务体系”两个子系统，二者是乡村法律服务体系的一体两面，只有协调好、统筹好二者的关系，实现二者的“比翼双飞”，才能真正助力乡村法律服务供给的高水平发展，才能切实推动法治乡村建设。在公共法律服务资源严重不足的情况下，应大力引导律师法律服务进入乡村，特别是将已经形成规模化、具有成熟乡村法律服务经验的律师事务所的实务经验和标准化“产品”推广到全国，既可以高效地提升全国法治乡村建设水平，又能大幅度地降低法律服务的成本。

新疆元正盛业律师事务所作为新疆整体实力最强的律师事务所之一，近年来服务南疆，深度参与新疆贫困地区脱贫攻坚项目建设，为南疆地区乡村振兴增值赋能积累了丰富的法律实务经验。新疆元正盛业律师事务所率先将近年来在乡村振兴政策、法律解读、乡村治理、项目建设、土地流转、农业养殖及乡村旅游等重点领域的法律实务经验和已经形成的标准化法律产品结集成书，借此为依法治疆及法治乡村建设提供智力支持。本书集理论分析、法律实务指引、经典案例和合同模板与范例于一体，契合乡村振兴战略实施的实际需要，对协助地方政府、企业、法律工作者及村民全面理解乡村振兴政策及法律法规、规避乡村建设经营风险、化解常见纠纷具有很强理论指导和实务指引作用。

我们衷心希望本书能够成为各级地方政府、农业农村、自然资源、住房建设主管部门、乡镇干部、司法所、涉农企业及广大村民的法律实操手册，能切实为乡村法治建设贡献绵薄之力。也希望广大同行提供宝贵建议不断完善本书,大家携手完成法律人送法下乡、实现法治乡村的共同使命。

本书编写组
2022 年 5 月 5 日

目录

第一章

乡村振兴战略：理论、政策与法律实务

第一节　乡村振兴战略实施背景与内涵

我国自古以来以农业为本，农村、农业、农民问题一直与国计民生紧密相连。中华人民共和国成立以来，党和国家高度重视农村发展问题，带领人民进行了大量有益的探索与实践。2018年“中央一号文件”以乡村振兴战略为主题，明确了乡村振兴的重大意义和总体要求。[①] 实施乡村振兴战略是党的十九大作出的重大决策部署，是决战全面建成小康社会、全面建设社会主义现代化国家的重大历史任务，是新时代“三农”工作的总抓手。乡村振兴战略要求在今后一段时期内坚持“三农”优先发展，立足产业兴旺、生态宜居、乡风文明、治理有效、生活富裕的总要求，建立健全城乡融合发展体制机制和政策体系，加快推进农业农村现代化。乡村振兴战略的价值理念既遵循了马克思主义乡村发展的思想，是马克思主义乡村发展中国化的最新成果，又是中国特色社会主义乡村振兴道路的伟大实践。目前在学术界乡村振兴战略已经成为我国“三农”发展和改革中的热点，通过对乡村振兴进行研究，不仅可以推动乡村振兴思想本身的发展，丰富和深化党的“三农”政策，而且有利于破解我国农村当前发展中面临的诸如城乡差距较大、农村空心化、农村经济薄弱等难题。乡村振兴战略的提出不是一蹴而就的，它是党在新的历史时期立足我国社会发展实际尤其是农村发展现状，结合我国的国情提出的具有全局性和战略性的国家战略，具有鲜明的时代特点。

笔者认为，乡村振兴战略的深入推进，是建立在以往农村工作成就与经验之上的。乡村振兴战略实施的现实背景，正位于我国农村发展由量变转化为质变的关键节点之上。故而有必要通过了解我国农村政策的历史演进与分析当前乡村振兴战略现实背景的双重维度，正确把握我国乡村振兴战略的相关基本问题。

---

① 邹於娟：《新中国七十年农业农村发展历程及政策演变》，载《农业经济》2020年第10期。

一、乡村振兴战略出台前我国农村政策的发展与演变

自中华人民共和国成立以来,中国共产党在农村发展问题上,领导全国人民进行了长期而广泛的探索,其间出台的大量政策性文件亦起到了极大的推动作用。对农村政策进行追本溯源的梳理和总结,有利于我们了解当前"乡村振兴"背景下农村政策的"前世今生",亦有利于我们把握我国农村发展的客观规律与特征。

当前,学界对于我国农村发展历史的研究多建立在对农村政策演进的分析上。有学者以"农民权益"为核心,透视我国农村政策的演变,认为我国农村政策演变大致可分为:(1)中华人民共和国成立前(1921~1949年):农民土地权益的赋予;(2)中华人民共和国成立至改革开放(1949~1978年):农民集体平均化权益的探索;(3)改革开放至党的十八大(1978~2012年):农民个体差异化权益的激发;(4)党的十八大至今(2012~2022年):经济新常态下"农民权益"多元化的提升四个阶段。① 还有人指出,中国共产党农村政策的演变先后经历了土地改革时期(1949年10月~1952年12月)、合作化运动时期(1953年1月~1956年12月)、农村基本政策稳定和部分调整时期(1957年1月~1978年12月)、土地经营权变革时期(1978年12月~2005年10月)、社会主义新农村建设时期(2005年10月)②五个阶段。还有学者以1978年党的十一届三中全会为界,将我国农村政策分为两个板块,前一板块主要体现了我党第一代中央领导集体的农村政策;后一板块主要为"社会主义建设新时期党的农村政策的演变与发展"③,其主要包括:"1. 1978年至1984年年底,党的农村政策以农民获得自主和实惠为取向;2. 1985年至1992年年初,农村政策以市场化为主要取向;3. 1992年年初至2002年年底,农村政策主要以建立农村社会主义市场经济体系为取向;4. 2002年年底至今,党的农村政策取向是统筹城乡发展,让农民共享改革发展成果"④四个阶段。

---

① 解安、侯启缘:《以"农民权益"为核心的农村政策演变的内在逻辑与启示》,载《理论与改革》2021年第5期。

② 侯永亮、王登登:《建国60年以来我党农村政策的演变》,载《信阳农业高等专科学校学报》2009年第3期。

③ 张立梅:《建国以来党的农村政策演变及历史启示》,载《理论学刊》2010年第4期。

④ 张立梅:《建国以来党的农村政策演变及历史启示》,载《理论学刊》2010年第4期。

通过以上对比不难发现,尽管学界对于我国农村政策发展阶段的认知不尽相同,但至少在以下几个关键时间节点的认识上是具有相似性的:一是20世纪七八十年代,二是21世纪初。除此之外,笔者认为,结合当下乡村振兴战略背景,以及党的十八大以来全面深化改革战略与全面脱贫攻坚的特殊意义,还有两个时间节点应予以考虑:一是2012年,即党的十八大召开之年;二是2018年,即乡村振兴战略提出之年。

因此,笔者认为,中华人民共和国成立后的农村政策演变在乡村振兴战略出台前,应至少包含如下四个阶段:

(一)初期制度探索与奠定阶段(1949~1978年)

我国在此阶段农村政策的核心目标主要有二:一是要在农业领域完成社会主义改造,并巩固社会主义公有制;二是要在经济上顺应国家的整体经济战略,即发挥农业的基础性作用,为国家工业化,特别是重工业发展提供支持。"以农业支持工业,以农村支持城市。"此阶段的农村政策先后以土地改革、农业合作化、人民公社制度以及统购统销和供销信用合作制度为核心展开,为我国农业农村制度奠定了基础,也为我国之后的农村政策的改革与改良提供了丰富的经验。

具体而言,表现为:

(1)我国于1950年以《土地改革法》为依据,对土地制度进行改革。"《土地改革法》明确规定,没收地主的土地分给无地少地的农民,把封建剥削的土地所有制改变为农民的土地所有制。同时,将过去征收富农多余土地财产的政策,改变为保存富农经济的政策。此外,对小土地出租者也采取了保护的政策,不征收其出租的土地"。[①] 1950~1953年,共计3亿农民分得了7亿亩的土地,通过此次土地改革运动,中国共产党带领全国人民彻底粉碎了传统的封建土地制度,可谓中华民族有史以来力度最大、影响最为深远的一次土地改革运动。

(2)1953年12月,中共中央《关于发展农业生产合作社的决议》发布,开启了农业合作化的改革。该文件是对《中国人民政治协商会议共同纲领》(已失效)第34条"应组织农民及一切可以从事农业的劳动力以发展农业生产及其副

① 《伟大光辉的历程——建党以来农村政策回顾》,载《农村工作通讯》2011年第13期。

业为中心任务,并应引导农民逐步地按照自愿和互利的原则,组织各种形式的劳动互助和生产合作”规定的积极回应。随后,关于农业合作社的发展先后经历了“初级”和“高级”两个阶段。[①] 截至1956年,全国高级合作社数量超过50万个,覆盖全国近90%的农户,提前两年完成了农业合作化改造。

(3)1958年春,中共中央《关于把小型的农业合作社适当地合并为大社的意见》发布,至此拉开了人民公社制度建立与调整的序幕。同年10月,全国70多万农业合作社合并为2.6万个人民公社,涵盖农户1亿多户,参社农户占全国农户总数的99%以上。中共中央于1962年先后两次针对人民公社制度的突出问题作出调整,确立了“三级所有,队为基础”的体制,并延续20余年。

(4)19世纪50年代,我国先后颁布中共中央《关于实行粮食的计划收购与计划供应的决议》及原政务院《关于实行粮食的计划收购和计划供应的命令》两份文件,于1953年年底正式开始实行粮油统购统销政策。同时,与之配合的是农村供销合作社及农村信用社制度的确立与运行。农村供销合作社制度成为城市与农村联络、工业与农业连接的重要媒介与桥梁;农业信用合作社则利用针对基层农村的借贷,帮助解决农业发展生产资料匮乏的问题。该阶段大致可界定为从20世纪50年代末至20世纪70年代末,并在特定的时代背景下对我国经济发展起到了积极的作用。但不可否认的是,该阶段制度尽管绵延近30年,但自我更新缓慢,在后期逐步僵化,对我国的农业发展,特别是农民生活水平的提高起到了反作用。

(二)以生产力解放为核心的市场化改造阶段(1978~2002年)

笔者认为,我国在本阶段的农村政策,在整体上回应了党的十一届三中全会的指示精神,即在改革开放这一历史性转折的节点上,将工作重心转移到了经济建设上来。笔者认为,这一时期的农村政策主要围绕着解放农村生产力、激活市场主体活力、探索市场化改革的几个核心展开。其中针对农村生产力解放的改革是先导,也取得了最为深远的影响。具体而言:

(1)1978年年底,党的十一届三中全会的胜利召开吹响了我国农村经营制

① 在此之前,我国农业亦有合作模式,不过多以“组”为单位,其政策依据为1951年颁布的《关于农业生产互助合作的决议(草案)》。

度改革的冲锋号,快速而迅猛地解放了广大农村地区生产力,激发了最广大农民的生产积极性。此后,全国先后开始多样的经营制度改革尝试。至20世纪80年代初,"以家庭联产承包为主的责任制,发展成为我国农村集体组织中普遍实行的一种最基本的经营形式"①,此阶段的人民公社也实际上不复存在。此后,对于农村经营制度的巩固工作,即对于土地承包关系的稳定工作,一直延续至今。党和国家通过多部政策的出台,稳定土地承包关系,如党的十五届三中全会和党的十九大均提出'农村土地承包到期后再延长30年'"②。

(2)随着农村生产力的解放,我国的农业政策逐渐放松了对于农产品流通的管制,并改革了市场主体。通过1983~1985年的"中央一号文件",先后缩小了农产品统购派购范围,并取消了原来的统购统销制度。进入20世纪90年代后,则开始了农产品市场流通体制的改革,"基本解决了粮食收购价格偏低和购销价格倒挂问题,逐步形成了粮食购销双轨制,并初步构建起全国农产品市场网络体系"。③ 与之相对地,中共中央、国务院同意于1984年原农牧渔业部和部党组《关于开创社队企业新局面的报告》,正式拉开了轰轰烈烈的乡镇企业改革序幕,大量的社队企业转化为乡镇企业,仅仅3年,我国乡镇企业产值便超过农业产值。尽管在20世纪90年代中期以后,乡镇企业日渐衰微,但毫无疑问,在这一特殊的发展阶段,乡镇企业的发展极大地带动了农村经济的发展。

(3)随着这一阶段农村经济的发展,农产品逐渐充盈丰富,这一时期的农村政策亦开始了对于农业产业结构的调整,涉及农、林、牧、渔等多个产业,优化产业结构。同时,为进一步解放农村生产力,发挥科学技术在农业发展中的重要作用,国家于1988年6月颁布《中长期农业科学技术发展纲要(1990-2000)》,国务院于1989年11月颁布《关于依靠科技进步振兴农业加强农业科技成果推广工作的决定》,规划建立农技推广网络。进入21世纪前,我国乡镇继承种植业技术推广机构数量已突破4万个,相关人员近20万人。

(4)得益于农村经济基础在本阶段的快速发展,我国于20世纪80年代开始了对于农村基层治理体制改革的探索。1982年颁布的《宪法》明确规定了村

① 《伟大光辉的历程——建党以来农村政策回顾》,载《农村工作通讯》2011年第13期。
② 邹於娟:《新中国七十年农业农村发展历程及政策演变》,载《农业经济》2020年第10期。
③ 邹於娟:《新中国七十年农业农村发展历程及政策演变》,载《农业经济》2020年第10期。

民自治制度;1983年以全面的乡镇府设立工作为抓手推进行政分开;1986年中共中央、国务院发布《关于加强农村基层政权建设工作的通知》,从政治、经济两个领域,村、乡、县三个层级,系统提出了完善乡镇政权建设的思路;1987年及1998年先后颁布实施《村民委员会组织法(试行)》《村民委员会组织法》,标志着我国农村治理体制进入了全新的历史阶段。

(三)以统筹城乡发展为核心的重点改革、重点完善阶段(2002~2012年)

如前所述,我国农村政策自中华人民共和国成立以来不断演进,整体上符合国家发展需求,极大地推动了农村地区的发展与进步。但不可否认,长期农村与城市的发展相对较为割裂,未能形成良性互动;农村发展的功能在一定的历史时期内甚至被明确为支持城市和工业发展,这导致进入21世纪后,城乡贫富差距进一步扩大,城乡二元结构所带来的问题也日益凸显。基于此背景,我国在2002~2012年的农村政策多以统筹城乡发展为核心、以“少去、多予、放活”为基本原则展开,并就其中的突出问题进行了重点的调整与改革。

具体而言,改革内容包括:

(1)农村税费和综合改革。2004年取消农业特产税(烟叶除外),①并开始在东北黑、吉两省试点推行农业税全免政策。2006年,我国通过废止《农业税条例》,全面取消农业税。

(2)推进惠农政策体系的建立与完善。2004年,“中央一号文件”明确指出计划建立对农民进行直接补贴的政策要求。2004~2010年,我国逐步搭建生产技术与收入相结合,专项与综合相配套的农业补贴政策体系框架,②并通过加大财政转移支付与奖励,稳定粮食收购价格。通过建立粮食风险基金制度、探索农业保险保费补贴试点,减轻农民负担,促进农民增收。据统计,在该阶段,2012年中央财政的“三农”资金投入相较10年前提升了5.5倍,达到1.2万余亿元。

(3)激活农村经济主体与农村金融政策。对于农村经济主体的解放,以2007年颁布的《农民专业合作社法》为重要里程碑。至此,我国村民合作社正

① 邹於娟:《新中国七十年农业农村发展历程及政策演变》,载《农业经济》2020年第10期。

② 金盛先:《以习近平新时代“三农”思想引领乡村振兴》,载《上海农村经济》2018年第4期。

式拥有了合法地位。与之相配合的是我国农村金融体系的改革。对于农村金融体系的探索,在前文所提及的第二阶段便已开始。进入21世纪后,我国于2001年开始探索农户小额信用贷款制度,取得了良好的反响,并通过2003年颁布的《深化农村信用社改革试点方案》,明确新阶段下农村金融改革的重心为管理、产权制度及法人治理制度。党的十六大后,中央进一步深化农村金融体制改革,推进机构多元化,并在此基础上鼓励农村金融市场的合理竞争。经济主体与金融政策的激活,进一步激发了我国农村的发展劲头。

(4)针对农民工、农村医疗养老保险、农村生态保护等该阶段的突出问题进行有针对性的完善和改革。如前文所述,本阶段的农村政策出台围绕"统筹城乡发展"展开,该阶段的农村发展,处于国家城镇化速度不断加快、工业化速度突飞猛进的大背景之下。农村与城市之间的联络日益加强,农村劳动力向城市的大量转移就业,催生了"农民工"这一庞大的新兴群体。与此同时,我国农村医疗养老保险制度、农村环保问题,亦面临着严峻的考验。为此,国务院于2006年下发了《关于解决农民工问题的若干意见》,针对农民工就业、子女就学、医疗保障等诸多问题进行了规定与引导。同时,我国对于农村的财政支付不断优化,更加强调生态环境的保护;随着城乡发展联络的日益密切,破除传统城乡二元结构、实现城乡基本公共服务平等化已成为本阶段农村政策的重要目标,其间,我国出台多部政策以促进"新农合"、农村社会养老等制度与城市居民相关制度的并轨。

(四)全面深化改革与全面脱贫攻坚阶段(2012~2018年)

经过前三个阶段的发展,我国农村的发展在党的十八大之后进入了崭新的阶段。"党的十八大以来,面对我国经济发展进入新常态带来的深刻变化,习近平总书记就做好'三农'工作作出了一系列重要论述,提出了一系列新理念新思想新战略,持续推动'三农'工作理论创新、实践创新、制度创新,坚持把解决好'三农'问题作为全党工作重中之重。"[①]此阶段具有代表性的农村政策主要目标包括如下几点:

(1)推动农村土地制度改革。一是通过2015年《关于认真做好农村土地承

① 陈艳丽:《十八大以来全面深化农村改革的政策及效果评述》,载《古今农业》2021年第3期。

包经营权确权登记颁证工作的意见》等一系列文件,进行农村土地确权登记颁证工作,稳定农村土地承包关系;二是通过原农业部《关于稳步推进农村集体经济组织产权制度改革试点的指导意见》,中共中央、国务院《关于稳步推进农村集体产权制度改革的意见》等一系列文件深化集体财产产权制度改革;三是通过《农村土地经营权流转交易市场运行规范(试行)》,中共中央办公厅、国务院办公厅《关于完善农村土地所有权承包权经营权分置办法的意见》等政策性文件完善土地所有权、土地承包经营权、土地经营权的"三权"分置改革,有序放开经营权流转。

(2)以农业质量提升为抓手进行农业供给侧结构性改革。一方面通过2015年"中央一号文件"等政策性文件及2015年中央农村会议等确立了"深入推进农业结构调整"及"要高度重视去库存、降成本、补短板"的战略要求,并在后期予以深化;另一方面以《农产品质量安全监测管理办法》《绿色食品标志管理办法》《畜禽养殖污染防治条例》的颁布实施为抓手,推进农业发展的法治保障,建立农业安全及信用规范体系。

(3)进一步减轻农民负担,加大惠农力度。2012年,国务院办公厅下发《关于进一步做好减轻农民负担工作的意见》,为新时期减轻农民负担的重要政策性文件。与之相配合,国家于2012~2016年先后颁布农业部、发展改革委、国务院纠风办《关于深入治理涉农乱收费的通知》,国务院办公厅《关于金融服务"三农"发展的若干意见》《关于完善支持政策促进农民增收的意见》,《农业保险条例》,财政部、农业部《关于调整完善农业三项补贴政策的指导意见》等多项政策文件,在金融、农费、农机、保险等诸多领域加大了惠农政策强度。

(4)促进脱贫攻坚,实现精准扶贫。[①] 2012年,中国共产党将集中连片特困地区作为扶贫攻坚之主战场,并依据《中国农村扶贫开发纲要(2011-2020年)》调整了扶贫标准与重点县。随后通过中共中央办公厅、国务院办公厅《关于创新机制扎实推进农村扶贫开发工作的意见》,中共中央、国务院《关于打赢脱贫攻坚战的决定》等一系列文件,深化脱贫攻坚的战略部署,决定于2020年

---

① 从时间上说,"脱贫攻坚"战略部署的起始与乡村振兴战略的时间有所重合。但笔者认为,从二者的关系上说,"脱贫攻坚阶段"部分政策延续进"乡村振兴"阶段,并不影响乡村振兴战略阶段属于我国全新农村发展阶段的合理性,此点会在后文中着重论述。

实现全部脱贫。以《建立精准扶贫工作机制实施方案》等政策性文件实现扶贫的“精准识别”,以“雨露计划资金”等政策性专项资金助力“精准帮扶”,以《全国扶贫开发信息化建设规划》《全国扶贫信息网络系统项目可行性研究报告》等政策性文件促进扶贫工作的“精准管理”。

二、当下乡村振兴战略的现实基础

(一)政策环境基础——与脱贫攻坚的逻辑衔接

通过对中华人民共和国成立后农村政策的梳理可知,当前乡村振兴阶段的农村工作与全面脱贫攻坚阶段的相关工作在时间上有所重合。2020 年,习近平总书记在山西省进行考察时指出:“今年是决战决胜脱贫攻坚和全面建成小康社会的收官之年,要千方百计巩固好脱贫攻坚成果,接下来要把乡村振兴这篇文章做好,让乡亲们生活越来越美好。”①这说明,脱贫攻坚与乡村振兴战略前后接续,具有强烈的内部联系。申言之,乡村振兴阶段农村工作的政策环境基础,主要体现在与脱贫攻坚阶段的衔接逻辑之上。

1. 乡村振兴与脱贫攻坚的区别

二者的区别首先体现在提出的时间上,“脱贫攻坚是习近平总书记在 2013 年提出精准扶贫概念的基础上,于 2015 年在中央扶贫开发工作会议上正式提出”。② 而乡村振兴战略则是于 2017 年由习近平总书记在党的十九大上,结合“两个一百年奋斗目标”及当下社会主要矛盾的深刻转化提出的长远规划。在提出时间上,脱贫攻坚要早于乡村振兴战略的提出。其次是体现在持续时间上,脱贫攻坚带有“决战”的性质,领域集中,时间相对较短(至 2020 年实现全部脱贫);而“实施乡村振兴战略是一项长期而艰巨的任务……一年接着一年干,久久为功,积小胜为大成”③,具有长期性。最后,二者的工作目标不同。脱贫攻坚工作的目标在于,针对“三农”工作的主要问题、突出问题进行“定点突破”,实现精准扶贫,强调措施的针对性。而乡村振兴战略更加侧重于立足长远,其工作目标及内容具有全面性、综合性,是针对农村发展问题的全面完善,具有更

① 李志勇:《千方百计巩固好脱贫攻坚成果》,载中国共产党新闻网:http://fanfu.people.com.cn/n1/2020/0515/c64371-31710087.html,2021 年 11 月 10 日最后访问。

② 孙馨月、陈艳珍:《论脱贫攻坚与乡村振兴的衔接逻辑》,载《经济问题》2020 年第 9 期。

③ 习近平:《把乡村振兴战略作为新时代“三农”工作总抓手》,载《社会主义论坛》2019 年第 7 期。

强的系统性、体系性。

2. 二者的逻辑关系与政策联系

脱贫攻坚与乡村振兴战略，在逻辑上首先体现出了理念与目标的统一，即都以消除缓解贫困、促进共同富裕、增加广大人民福祉为目标。申言之，二者以相似的理念，反映了我国不同阶段的诉求，脱贫攻坚更加致力于第一个百年目标的实现，而乡村振兴占率则侧重于第二个百年目标的实现。有学者指出："脱贫攻坚成果的巩固是乡村振兴战略实施的前提和基础，但同时脱贫攻坚成果的巩固又需要以乡村振兴战略的实施为支撑，在脱贫攻坚决胜之后，必须通过乡村振兴战略的实施从根本上、持续性地进行脱贫攻坚成果的巩固工作。"①笔者对此表示赞同。

其次，二者的政策运行之体制机制具有相似性。换言之，脱贫攻坚运动所确立的诸多机制为乡村振兴战略的运行机制布局提供了有益的参照与经验。习近平总书记指出，"脱贫攻坚，加强领导是根本。必须坚持发挥各级党委总揽全局、协调各方的作用，落实脱贫攻坚一把手负责制，省市县乡村五级书记一起抓，为脱贫攻坚提供坚强政治保证"。② 而后在乡村振兴战略的实施中，中国共产党借鉴了脱贫攻坚中的有益经验，逐步形成"'五级书记抓乡村振兴'的领导体制，'中央统筹、省负总责、市县抓落实'的工作机制，市县党政领导班子和领导干部推进乡村振兴战略实绩考核制度等"。③

最后，二者在实践主体的定位上保持着高度一致。从脱贫攻坚工作来看，中国共产党在实践中很好地解决了参与主体的配合协作问题，充分发挥了政府、社会、市场等主体的力量。这也为乡村振兴阶段的农村工作提供了宝贵的经验与基础。一是党政主导。党和政府一方面在深入把握农村发展现状的基础上积极出台政策法规，为脱贫攻坚及乡村振兴工作提供政策供给，引导和促进农村工作的开展；另一方面发挥"兜底"作用，在公共服务、基础设施等领域积极发力，为各方实践提供基础性保障。二是农民主体。无论是脱贫攻坚还是乡

---

① 习近平：《把乡村振兴战略作为新时代"三农"工作总抓手》，载《社会主义论坛》2019 年第 7 期。

② 中共中央党史和文献研究院编：《习近平扶贫论述摘编》，中央文献出版社 2018 年版，第 50 页。

③ 颜德如、张玉强：《脱贫攻坚与乡村振兴的逻辑关系及其衔接》，载《社会科学战线》2021 年第 8 期。

村振兴，农民这一主体，既是“扶贫”的对象，又是“振兴”的力量，尽管从脱贫攻坚到乡村振兴，国家对于农村工作的战略重心发生了转移，但始终坚持确立农民的主体性地位，发挥主体性力量。三是社会参与。从实践来看，脱贫攻坚的巨大成功，离不开社会各界的积极参与。这个宝贵的经验在乡村振兴的伟大实践中亦得到了延续与发扬，并进一步强调了社会各要素之间的联系与互动。

（二）现实条件基础

我国“三农”工作经过多年的发展，取得了一系列令世人瞩目的成就，特别是在进入“全面深化改革与全面脱贫攻坚”的第四阶段之后，农村发展在保证“量”的基础上，在“质”的维度亦取得了长足的进步。这样的成就为乡村振兴阶段的“三农”工作奠定了良好的现实基础。

第一，脱贫攻坚的全面胜利为乡村振兴工作的全面推进，提供了良好的起点。自中华人民共和国成立以来，特别是改革开放以来，我国高度重视脱贫工作，改革开放伊始，我国仍有7.7亿人处于贫困水平，经过30年的不懈努力，2019年，我国贫困人口仅为550万人左右。2020年，我国走过农村脱贫工作的“关键一公里”，全国832个国家级贫困县完成摘帽。这样的成就为接下来新一阶段的乡村振兴工作的全面深入推进奠定了良好的基础。

第二，农业供给侧结构性改革优化了我国农业产业结构，为农业生产“提质”提供了重要的产业基础。“供给侧结构性改革是我国经济高质量发展的主线。”①如前文所述，我国针对农业结构的调整，自“以生产力解放为核心的市场化改造阶段”（第二阶段）便已开始，并逐步走向综合化、体系化，特别是在2016年前后，对于农业供给侧结构性的调整取得了长足的进步。现阶段农业供给侧的三个主要利好体现为：(1)农产品的结构不断优化，优质农产品的供给不断增加；(2)规模化种植、规模化养殖比例不断上涨，集约化优势凸显；(3)农产品标准体系建设初具雏形，“三品一标”农产总数增量明显。

第三，城乡发展协调性增强，为城乡融合发展提供了重要的现实基础。一方面，农民收入增速较快，已连续多年快于城镇居民收入增速，这表明城乡之间居民在收入上的差距正在逐步缩小；另一方面，医疗养老保险的城乡并轨进程

---

① 李勇：《全面推进乡村振兴战略的基础与短板》，载《北方经济》2021年第7期。

为城乡人口流动提供了社会保障，截至2020年年底，全国近半数省区市将二者并轨为城乡居民养老保险，提升了保障的力度。此外，“深化农业转移人口市民化改革，完善城市人才入乡激励措施，进一步建立健全农村承包地制度、农村宅基地制度与集体经营性建设用地入市制度……多项针对性政策”①有序推行，打通了城乡要素之间流动的通道。

第四，科技进步提升了农业的生产效率。在我国当下新一轮产业变革和科技革命的新背景下，新型信息技术的运用为我国农村发展提供了强劲的科技支持。“相较其他产业和经济主体，农业在数字经济时代显然具有独一无二的后发优势，在借助新技术完成转型发展方面，拥有技术使用成本低、技术运用风险小、技术应用经验可借鉴等红利，对实现跨越式发展与弯道超车形成有力支撑。”②“互联网+”及“云时代”的来临，打破了原有的数字壁垒，为我国农村的发展带来了新的生机。再有，传统农业科技的先进性与进步性，亦保证了我国的粮食生产能力与效率，为保障我国粮食安全起到了积极的作用，同时间接地解放了我国农村地区的生产力。

第五，整体向好的市场环境及逐步有序的市场放活政策，激发了农村农业的市场活力。首先，以农民合作社和家庭农场为代表的新型农业经营主体发展壮大。其次，农村集体产权制度的改革稳步推进，为进一步解放农村市场提供了制度保障，“截至2020年8月，全国已有1239个县(市、区)、18 731个乡镇建立农村土地经营权流转服务中心，全国家庭承包耕地流转面积超过5.55亿亩”③。再次，农村特色产业的发展为构建农村新型服务业提供了重要的基础，截至2020年，全国共计有三千余个“一村一品”示范村镇，以此为带动的农村旅游、餐饮、文化、康养等产业也得到了较大的发展。最后，由于我国资本市场流动性过剩的客观情况，加之当下农村发展的长足进步与国家政策的鼓励，将会促进资本下沉，使得投资向农村倾斜成为可能。具有相关数据显示，2010年资本形成总额对GDP的贡献率达到63.4%，2011年至2014年维持在40%～

① 顾阳：《城乡融合发展关键在“融”》，载《经济日报》2013年5月6日，第3版。

② 卢楷：《主体能力视域下的乡村振兴：历史演进、现实基础与发展趋势》，兰州大学应用经济学·区域经济学专业2021年硕士学位论文，第24页。

③ 顾阳：《城乡融合发展关键在“融”》，载《经济日报》2013年5月6日，第3版。

53%,2015年陡然下滑至22.6%,2016年至2018年维持在37%~45%,2019年降至31.2%。[①] 如此看来,“资本”的传统逐利通道可能不再顺畅,那么农村地区作为呼之欲出的下一片“蓝海”无疑会是资本流向的新出路。

三、乡村振兴战略的内涵、特征与关键路径

通过上文论述不难发现,我国当下乡村振兴战略的全面推进,是建立在以往的“三农”工作成果之上的,在政策逻辑上具有延续性,在目标体系上具有递进性。2021年对于我国乡村振兴战略而言,具有非同一般的意义,《乡村振兴促进法》的出台,以及全国扶贫工作机构的行政改革,意味着我国乡村振兴工作取得了重大进展。“随着中共中央、国务院《关于实现巩固拓展脱贫攻坚成果同乡村振兴有效衔接的指导意见》以及各部门相关配套政策的相继印发,从脱贫攻坚到乡村振兴的历史性转移全面启动,乡村振兴战略的实施进入了新阶段。”[②]

由此可见,乡村振兴战略,特别是2021年后的乡村振兴战略,作为我国“三农”工作的新开端,具有与以往不同的内涵与特征。

(一)乡村振兴的目标与内涵

国家在之前颁布的《乡村振兴战略规划(2018-2022年)》明确,要按照“产业兴旺、生态宜居、乡风文明、治理有效、生活富裕”的总要求推进乡村振兴工作,这二十字方针在某种程度上是一种对乡村振兴战略内涵的精辟总结。此方针分别从经济、文化、社会(政治)、生态、民生五个维度概括了乡村振兴战略的基本内容。笔者认为,“生活富裕”是根本,是其他内涵,乃至乡村振兴战略的指向与目的;“治理有效”是基础,其中党的领导、治理的法治德治自治相统一是重点;“乡风文明”是保障,是连接经济与政治要素的润滑剂,是完善“德治”的发力点;“产业兴旺”是重点,是激发农村经济的着力点;“生态宜居”是关键,是产业发展的制衡性要素,并与广大农民福祉紧密联系,体现了代际正义的价值。上述各要素有机联系,共同构建了我国乡村振兴战略的基本目标与内涵。

具体而言:

(1)产业兴旺。首先,乡村振兴背景下的“兴旺”不宜理解为单纯“量”上的

---

① 数据来源:中经网统计数据库(全国宏观年度库)数据。

② 黄承伟:《推进乡村振兴的理论前沿问题》,载《行政管理改革》2021年第8期。

兴旺，在新的时代背景下，应当更加侧重于产业“质”上的兴旺。一方面是行业种类的多样，“是多业并举……等多种产业形式并存”[①]；另一方面是产业本身质量的提升，体现为科技要素、技术含量及商业模式的进步。其次，产业的兴旺应注意一二三产业之间的融合互动，以第一产业为基，协调带动第二、三产业发展，形成产业间的良性互动；最后，应注意因地制宜地开展产业发展，在准确把握本地实际的基础上开展相关工作。

(2)生态宜居。一方面，在生态层面应注重生态环境保护所内含的代际正义问题，处理好保护与开发的问题，“以生态文化提升乡村文明，以生态文明统领乡村振兴，真正将绿水青山变为金山银山，同时留得住美丽乡愁”[②]；另一方面，在宜居保障层面，应注尊重历史传统，在诸如“移村并居”的实践中，尊重生态宜居的本质价值，既要着力改善广大农民居住环境，又要便于日常农业生产。

(3)乡风文明。乡村文化“因其具有广泛的群众基础，在民族心理和文化传承中有着独特的内涵”。[③] 乡村振兴战略中的“乡风”，一方面承载着大量的乡土社会的非物质文化价值，是广大民众精神的依托与传承；另一方面，此种乡风或民约亦承载着乡村治理中重要的“德治作用”。“乡风文明”的内涵，既要尊重和保护本地乡土文化的独特风格，体现地方文化特色，又要发挥德治的重要作用，取其精华、去其糟粕，与基层治理的“法治”相融合、相促进。

(4)治理有效。一方面，需要在乡村治理中夯实基层治理，并强化农村基层党组织的领导。“农村基层党建工作的落实，务必要紧紧抓住党建责任制，不仅要重视省市县乡四级联动，还要不断强化县委的指挥作用和乡镇党委的龙头作用。”[④]另一方面，应注意自治、法治、德治的协调作用。以乡规民约体系构建为突破点，高效率和低成本的构建乡村基层治理制度。体现自治特色，反映法治要求，促进德治发展。

(5)生活富裕。对于该内涵的理解应分为“物质富裕”与“精神富裕”两个

---

① 张建伟、图登克珠：《乡村振兴战略的理论、内涵与路径研究》，载《农业经济》2020年第7期。

② 关浩杰：《乡村振兴战略的内涵、思路与政策取向》，载《农业经济》2018年第10期。

③ 关浩杰：《乡村振兴战略的内涵、思路与政策取向》，载《农业经济》2018年第10期。

④ 成芳：《习近平关于乡村振兴战略的重要论述研究》，兰州理工大学中国近现代史基本问题研究专业2020年硕士学位论文，第28～29页。

层面。这就要求应首先通过经济发展实现农民增收；同时，加强农村基础设施建设，改善农村生产生活条件，为城乡生产要素流动创造良好条件，提升农民生活水平；再有，通过文化事业建设，“增强农民群众的获得感、安全感、幸福感”。①

（二）乡村振兴战略的特征

目前学界对于乡村振兴战略的研究已成显学，许多学者针对乡村振兴战略的突出特点与特征提出了自己的见解。有学者认为，我国乡村振兴道路的突出特点体现为“党的领导、人民至上、共同富裕、绿色振兴、城乡融合、改革创新、文化繁荣”②七个方面。而笔者认为，此论似乎更加侧重于对乡村振兴战略本体的静态层面分析，系统化体系化的视角恐有所阙如。结合其他学界的主流观点，笔者认为，在动态视角下乡村振兴战略的特征主要体现在如下几个方面：

（1）战略目标具有递进性与延续性。通过上文论述可以发现，乡村振兴战略的提出与前一阶段脱贫攻坚工作时间重合，前后相续，乡村振兴战略的前期重要目的即在于巩固脱贫攻坚成果，防止返贫。而后再全面推进乡村振兴战略，二者逻辑延续，互为依存。

（2）战略推进的长期性与全局性。乡村振兴战略相较于脱贫攻坚工作具有长期性，乡村振兴的内涵应在未来较长的一段时间内指导着我国“三农”工作。该战略的延续与我国“两个一百年”目标同步协调，时间较久。基于长期性的特征，乡村振兴战略亦体现出了强烈的全局性。一方面，在维度上涉及事关农民生活幸福的方方面面，事无巨细；另一方面强调近、中、远期目标并重，既重视眼前突出问题的疏解，又重视长期发展的规划。

（3）战略方针的综合性与系统性。乡村振兴战略在具体方针上突出了主体的综合性与内部要素的系统性。在主体上强调政府、企业、社会等多方力量的协调合作；在城乡联通上强调二者的统筹发展，强调城市对农村的“反哺”；在战略方式上强调人才、政策、资金、服务的综合配置。

---

① 关浩杰：《乡村振兴战略的内涵、思路与政策取向》，载《农业经济》2018 年第 10 期。

② 吕方：《乡村振兴与中国式现代化道路：内涵、特征、挑战及关键议题》，载《杭州师范大学学报（社会科学版）》2021 年第 5 期。

(三)乡村振兴战略的关键实现路径

有学者指出,乡村振兴战略的实现路径应包含:"(1)坚持顶层设计,科学制定战略规划;(2)强化制度供给,推进"五位一体"建设;(3)坚持人民主体,为了和依靠广大农民;(4)抓住关键要素,让核心要素充分流动;(5)抓好工作部署,推动战略行稳致远"①五点内容。亦有学者认为,乡村振兴战略的实现应注意"增加农业科技创新投入、深化农村改革,变革农业生产方式、发展乡村产业、培养人才,加强和改进乡村治理"②等四个问题。除此之外,笔者还对比了目前学界及实务界的其他几个主流观点。笔者发现,目前学界及实务界对于乡村振兴战略实现路径的探讨多以乡村振兴的内涵及目标为核心进行展开,尽管路径的表述不同,但各路径内的"要素"大多趋同。考虑到本书的实务性质,笔者将乡村振兴战略的路径"要素"进行了"实务倾向"的提炼,具体如下:

(1)乡村振兴战略应在主体层面坚持"以人为本"。一方面,应以农民群体为核心,同时提升各主体参与度。"采取有效措施激活乡村振兴主体的积极性,发挥参与主体作用推进乡村振兴进程"③,并发挥"农民队伍(在)乡村振兴战略中的'主力军'"④作用。另一方面,应注重"人才"的重要作用,发挥人的因素在乡村振兴战略中的积极影响。"打造本土优秀人才队伍、优化外部人才引进条件,充分发挥人才职业优势,营造人才发展的乡村环境。"⑤

(2)乡村振兴战略应在客体层面抓住当前"三农"问题的"牛鼻子",促进实现农业农村现代化。第一,在经济上"必须把构建现代农业产业体系、生产体系和经营体系,促进农村一二三产业融合发展,继续深化完善农村土地制度、经营制度和集体产权制度,以及加强乡村公共产品优先供给等作为重点突破方向"⑥;同时应针对当前农村金融产品供求不平衡的现状,刺激和鼓励资本下沉

---

① 廖彩荣、陈美球:《乡村振兴战略的理论逻辑、科学内涵与实现路径》,载《农林经济管理学报》2017年第6期。

② 杨艳梅、徐继燕、陈韵旨:《"乡村振兴"战略的实现路径分析》,载《现代农业研究》2021年第9期。

③ 刘合光:《激活参与主体积极性,大力实施乡村振兴战略》,载《农业经济问题》2018年第1期。

④ 宫学芬:《乡村振兴,路在何方——以内蒙古赤峰市为例》,载《人民论坛》2018年第12期。

⑤ 王文成:《为乡村振兴提供人才"引擎"》,载《人民论坛》2018年第30期。

⑥ 陈婉馨:《乡村振兴与城乡融合机制创新研究》,载《人民论坛·学术前沿》2018年第3期。

农村,刺激农村发展。第二,应在文化上促进乡村文明复兴,提升农村文化软实力。一方面应以村民公约等媒介为抓手,树立文明乡风,提升治理效能;另一方面可利用生态农业、生态旅游业提升农村农耕特色文化影响力;再一方面可以文化发展为抓手,"修复乡村应具备的多元功能"①,拓展农村的功能属性,依靠文化属性的独特性,向"乡村旅游、乡村教育、采摘农场、自然保护、景观保护等新功能、新业态拓展"②。第三,应注意环保问题,走绿色发展之路。应注意发展和引进高效的农业生产技术,以科技促进环保,实现农地的保护性耕作,畜禽的规模化养殖,加强可再生资源的循环及利用。同时有必要将相关问题纳入乡规民约及农村治理体系之中。

(3)乡村振兴战略应在宏观上统筹城乡平权发展,促进城乡要素流通。多年来,城乡之间较为悬殊的发展差距使接下来的乡村振兴工作应在宏观上统筹城乡发展关系。在具体的操作上,应加速城乡要素间的流动,"让'人''地''钱'等核心关键要素充分涌动起来"。③ 一方面,应统一城乡要素市场,"进一步扩大要素在城乡之间的自由流动"。④ 以土地要素为例,不论是近年来重庆地区的"地票"制度实践,抑或是各地较为广泛开展的土地"增减挂钩"试点,都旨在促进农村集体土地同权同价入市,打破政府在土地供给上的垄断性地位。通过土地要素流通的实例可以发现,在城乡要素流通的过程中,一是要注意保护农村农民的合法权益,二是要注意维护农业特殊的基础性地位与保护性底线,三是要发挥市场的主导性地位。另一方面,应统一城乡公共服务体系。这也是城乡统筹发展、协调发展、平权发展中的应有之义。一方面应在教育上促进一体化发展,促进优质教学资源的定期流动;另一方面应在医疗上促进资源的均衡配置,提升乡村医生待遇,改革乡村医生体制,同时巩固城乡居民医保的全国异地就医联网直接结算;再一方面,应在社会保障体系的建设上做到城乡的一

---

① 钟钰:《实施乡村振兴战略的科学内涵与实现路径》,载《新疆师范大学学报(哲学社会科学版)》2018年第5期。

② 钟钰:《实施乡村振兴战略的科学内涵与实现路径》,载《新疆师范大学学报(哲学社会科学版)》2018年第5期。

③ 杨艳梅、徐继燕、陈韵旨:《"乡村振兴"战略的实现路径分析》,载《现代农业研究》2021年第9期。

④ 刘守英、熊雪锋:《我国乡村振兴战略的实施与制度供给》,载《政治经济学评论》2018年第4期。

体化配置。

（4）乡村振兴战略应在“治理体系”的构建上注重自治、法治、德治的有机结合。笔者认为，在这三者中，自治是核心与主轴，是中国特色社会主义农村治理体系特性的重要表征。回顾我国几千年来的农村运行逻辑，“自治性”是其重要的特点，“在中国几千年乡村整治的历史谱系中，出现过‘乡绅自治’‘地方自治’‘社会自治’‘村民自治’等不同的乡村治理形态，唯有‘村民自治’是改革开放后农村自发涌现出来的一种治理形态。它是当代中国农村农民的一个伟大创举”①。在新时代乡村治理体系的构建中，应尊重并利用这种宝贵的自治资源；而法治是治理体系的底线与遵循，是自治与德治的根本保障。乡村治理体系的构建，须以“合法”为前提，法治亦是检验治理体系的根本标准，是与其他主体对接的重要接口；同时，德治是法治的重要补充，德治之精神亦滋养着法治之规则。尤其是在农村治理体系的构建中，德治还具有反映乡土文化，体现地域特色的重要功能。另外，关于乡村治理体系所作用的对象，有一个观点令我们备受启发，有学者认为，“要从城乡融合发展体制、农村土地制度创新、强农惠农政策扶持、农业支持保护制度建设、农民权益保障体制机制建设五大路径来健全乡村振兴战略背景下自治、法治、德治相结合的乡村治理体系”②。如此看来，对于乡村治理体系作用对象的理解，应站在更宏观的角度上思考，乡村治理体系的作用点，绝不仅仅是“村内人、村内物、村内事”，在城市要素加快向农村流动的大背景下，农村治理体系所涵盖的对象，必然会包含“村外人、村外物、村外事”。据此，笔者的一个初步思考是：农村的“治理有效”不仅应达到针对“内部”的治理有效，还应包括与外部要素的有效联动以及与外部“治理规则”的良性互构。而其中的重要抓手，实为对农村治理体系中“法治”要素的把握与调整。

---

① 宋才发：《乡村振兴法治化的基本内涵及路径选择》，载《贵州民族大学学报（哲学社会科学版）》2021 年第 1 期。

② 杨艳梅、徐继燕、陈韵旨：《“乡村振兴”战略的实现路径分析》，载《现代农业研究》2021 年第 9 期。

第二节　乡村振兴战略与法治乡村建设

在上一节中,笔者从我国农村政策演进历史的纵向角度以及乡村振兴战略提出时代背景的横向角度,结合乡村振兴战略的几个典型性问题,对“乡村振兴战略”的内涵、特征及关键路径作出了阐述。接下来,笔者将在“乡村振兴”的视域下,继续探讨我国法治乡村建设中的几个代表性问题。

关于“法治乡村”的讨论,在2018年之前便已开始。彼时学者们或从传统的经济、文化角度,或从语法逻辑、社会治理的角度进行切入,分析乡村的法治问题。但并未就该问题的概念含义等形成全面的共识。事实上,“法治乡村”概念在官方话语体系中的首次出现,始于2018年的“中央一号文件”中共中央、国务院《关于实施乡村振兴战略的意见》。从文件的表述中可以看出,所谓法治乡村,是以乡村振兴战略为时代背景,以提供乡村“有效治理”为历史使命,提倡约束乡村公共权力、规范乡村事务运行、保障农民权利,对促进乡村治理现代化并推进乡村振兴战略具有重要意义。①

申言之,“法治”将在乡村振兴的工作中发挥重要的基础性与保障性作用;将在乡村“三治结合”治理体系构建中发挥重要的保障性作用,同时发挥兜底性作用。2020年,中央全面依法治国委员会印发《关于加强法治乡村建设的意见》,进一步明确了新时代乡村法治建设的具体要求。从该意见的具体内容来看,法治乡村的建设是以“治理有效”为使命,以保障广大农民群众合法权益为根本目的,通过对规范公权力运行、稳定社会秩序、支持乡村振兴。

一、乡村振兴中法治乡村建设的意义

首先需要明确的是,法治乡村建设其本身便具有其独特的时代意义。有学者指出,法治乡村建设的意义在于,它是“全面依法治国的重要基础;是实施乡村振兴的支撑保障;是全面建成小康社会的必然要求;是治理现代化的应有之

① 张帅梁:《乡村振兴战略中的法治乡村建设》,载《毛泽东邓小平理论研究》2018年第5期。

义”[①]。第一，党的十八届四中全会指出，“全面推进依法治国，基础在基层，工作重点在基层”[②]，乡村作为我国治理体系的“末梢神经”，是全面依法治国深入推进的重要根基，亦是全面依法治国战略深入推进的重点与难点，故而推进法治乡村建设对于全面依法治国战略的实施具有重要意义。第二，乡村振兴战略的部署与推进，具有系统性与综合性，其内涵与目标丰富，涉及主体众多、法律关系复杂。在如此背景下，推进法治乡村高水平发展，有利于乡村振兴战略的深入推进。第三，当前广大农民群众对于公平、正义、平安、法治的需求越发强烈，这既体现了我国社会主要矛盾的深刻转化，亦说明了在全面建成小康社会的过程中，乡村法治建设的重要性。“基层既是产生利益冲突和社会矛盾的‘源头’，也是协调利益关系和疏导社会矛盾的‘茬口’。”[③]法治乡村的建立有利于促进农村和谐稳定、促进人民安居乐业，维护社会公平正义。第四，习近平总书记指出，“农村的现代化既包括‘物’的现代化，也包括‘人’的现代化，还包括乡村治理体系和治理能力现代化”[④]。而乡村治理体系与治理能力的核心应为“法治”。无论是多主体多要素构成的农村现代化治理体制构建，还是“三治”协同的治理体系建设，都需要法治在其中发挥重要的保障性作用。

（一）法治乡村建设是乡村振兴战略的内在要求

党的十九大将“坚持全面依法治国”作为十四条基本方略之一，要求在法治国家，政府、社会建设以及城乡经济、文化等方面做到同步推进、协调发展，要求法治贯通沿海与内陆、覆盖城市与乡村。乡村地域广阔、人口众多仍然是目前最现实的国情，法治乡村建设是依法治国的重要领域。不管城镇化发展到什么程度，农村人口还会是一个相当大的规模，即使城镇化率达到70% ，也还有几亿人生活在农村。全面依法治国，包括调整和规范整个社会中各类主体的权利和义务的关系。随着农村综合改革的深入和乡村经济社会的发展，乡村经济关系变得越来越复杂，这就要求必须依靠法律手段来调整和规范乡村各类主体的权利和义务关系。乡村社会的稳定和发展，直接关系到整个国家稳定和发展的

---

① 翟磊：《乡村振兴视域下法治乡村建设的若干思考》，载《党政论坛》2020 年第 2 期。
② 新华社：《中共中央关于全面依法治国若干重大问题的决定》，载《理论学习》2014 年第 12 期。
③ 郑会霞：《乡村振兴背景下乡村治理能力提升的四个维度》，载《学习论坛》2019 年第 12 期。
④ 习近平：《把乡村振兴战略作为新时代“三农”工作总抓手》，载《社会主义论坛》2019 年第 7 期。

大局。乡村社会的矛盾纠纷解决得好坏，既影响乡村社会的稳定和发展，也关乎党和政府的公信力以及全面建成小康社会的实现。因此，要想实现乡村振兴战略就必须要建设法治乡村，将法治作为保障农业农村发展的重要手段。

（二）法治乡村建设是乡村振兴战略的重要内容

“产业兴旺、生态宜居、乡风文明、治理有效、生活富裕”是乡村振兴战略的重要内涵与目标。法治乡村建设与乡村振兴战略在价值上耦合，在内容上协调统一。法治乡村建设在领域上涉及农村政治、文化、社会、生态文明建设等诸多方面，在内容上与乡村振兴战略的内涵较为一致，通过法治手段，在上述领域中发挥作用。确保基层权力主体依法行政、依法自治，经济主体依法经营，农民群众知法守法，促进社会长治久安，实现人民安居乐业。

（三）法治乡村建设是乡村振兴战略的有力保障

“十四五”时期，国家坚持农业农村优先发展，全面推进乡村振兴。这是巩固脱贫攻坚成果同乡村振兴有效衔接，全面建设社会主义现代化国家的重大历史任务。2021 年颁布的《乡村振兴促进法》规定，建立健全党委领导、政府负责、民主协商、社会协同、公众参与、法治保障、科技支撑的现代乡村社会治理体制和自治、法治、德治相结合的乡村社会治理体系，建设充满活力、和谐有序的善治乡村。通过完善的乡村社会治理体系达到乡村产业兴旺、生态宜居、乡风文明、治理有效、生活富裕的总体目标。在治理体系和总体目标实现的过程中都离不开法治的支撑。一是法治在保障产业兴旺方面。可以通过固定土地制度改革成果、规范土地流转、维护农民各项合法权益、强化产权平等保护、预防解决矛盾纠纷等，为乡村产业发展提供强有力的法治保障。二是法治在保障乡村文明方面，通过健全自治、法治、德治相结合的乡村社会治理体系来弘扬中华优秀传统文化，建设乡风文明、民风淳朴、良好家风的现代乡村。三是法治在保障治理有效方面。推进法治乡村建设能够依法保障农民的民主权利，使其依法参与乡村治理；能够打击、遏制“村霸”及贿选等违法行为，有助于乡村的和谐稳定。推进法治乡村建设能为实施乡村振兴战略提供支撑，在巩固拓展脱贫攻坚成果、依法促进乡村产业发展、依法协调城乡关系、防范乡村发展风险、化解农村基层矛盾纠纷等领域，法治是必然的选择。

二、当前法治乡村建设中的突出问题与建设整体思路

(一)当前法治乡村建设中的突出问题

自全面依法治国战略提出以来,学界对于农村法治建设的研究越发深入,对于当下农村法治问题的反思亦较为深刻。笔者在相关农村法律服务的实务中,亦感受到当前的农村法治建设(法治乡村建设)恐存在一定的问题与不足。有学者指出,当前我国农村法治秩序建设中存在"法治权威的信仰缺失;现有法治规范在乡村社会的不适应"①的突出问题。也有学者认为,当前乡村法治建设的困境体现在"农村经济建设方面;农村政治建设与党的建设方面;农村文化建设方面;农村社会建设方面;农村生态建设方面"②。以上观点与笔者多年来的农村地区法律实务经验基本吻合,结合其他学界的主流观点,以及自身相对丰富的实务经验,笔者认为,在目前乡村振兴战略全面推进的背景下,我国法治乡村建设所存在的突出问题主要表现在以下几方面:

1. 乡村振兴战略的法律、制度保障的不完整不健全,影响法治乡村建设的具体实践

乡村振兴战略的提出距今时间不久,相应的法律制度保障存在的突出问题体现的两个侧面是"不全"与"不细"。这样的现状可能无法完全激发农村地区的经济活力。例如,在主体制度层面,对于集体经济组织的相关规范较为笼统,这造成部分权利的行使主体可能存在争议(如农村土地所有权的行使问题),容易造成相关实体权利制度运行的空转与悬空。同时,对于某些"新型经营主体"的权利义务规定存在阙如,"一些与乡村(农地所在村庄)没有任何关联的外来人员携带资本进驻乡村,成立新型经营主体。但诸多支持乡村振兴的法律制度体系中,对这部分'长期居住乡村'的建设者参与乡村治理的权利与义务没有具体的规定"③。在土地制度层面,尽管通过承包地"三权"分置的方式,激活了农村土地经营权的流转,但却未完善相应的继承制度。土地承包经营权能否继

---

① 李牧、李丽:《当前乡村法治秩序构建存在的突出问题及解决之道》,载《社会主义研究》2018 年第 1 期。

② 胡建国、杨国豪:《乡村法治建设的困境及路径选择》,载《福建农林大学学报(哲学社会科学版)》2019 年第 3 期。

③ 汪恭礼:《乡村振兴:法治保障问题探析》,载《石河子大学学报(哲学社会科学版)》2021 年第 5 期。

承?土地经营权能否继承?如果可以继承,那当二者出现冲突时又该如何处置?以上问题,表面上似乎仅涉及继承问题,但实际上涉及"三权"的权利属性界定问题[①]、主体资格判断等问题,其实并不简单。遗憾的是,针对上述问题,目前无法在现有的规范中找到明确的答案。在农村宅基地制度上,近年来,一种较新的实践是推进宅基地层面上的"三权"分置。这样的尝试无疑是对之前农村地区闲置农房、闲置农地利用问题的积极回应,并在法价值及法逻辑上与土地承包经营权"三权"分置制度保持了统一。但同样地,也存在与土地承包经营权类似的问题。

同时,法律、制度保障的不完整不健全亦会影响到乡村治理的效能。以"三农"领域的立法为例,当前在该领域的立法还不够完善,"……管理性法律较多而授权性法律较少等,使农民的相关权利得不到保障,如农村产权保护、农业市场规范、'三农'支持保护等方面的法律亟待完善"[②]。尽管在政策性文件的层面对当前的一些农村热点问题作出了引导性规定,但由于相关正式立法的阙如,使各地在相关问题的实践上,更多地采取了"摸着石头过河"或"试点"的方式进行。这也使乡村治理的效能未能完全激发。

2."乡政村治"界限模糊,基层执法效能不足

乡村振兴战略的全面推进,带动了我国乡村治理模式由"乡政村治"逐步向"乡村共治"转型,这无疑是对乡村振兴战略"治理有效"内涵与目标的积极回应。在"乡政村治"的治理模式下,"乡镇基层政权对乡镇实施行政管理,乡镇以下的农村实行村民自治……不仅保证了国家强制力的高度行政性……也维护了村民权利的高度自治性和民主性"[③],而以三治结合为核心,多元主体参与的"乡村共治"探索,"要求多元治理主体明确各自角色定位,形成互补协作的治理态势"[④]。需要正视的是,这样的"转型"目前并未完全实现,乡政村治模式也不全是所谓的"理想状态"。目前在一些地区,"乡政"的权力对于"村治"具有压

① 当前对于土地经营权的属性认定问题,相对主流的观点是将其界定为物权属性权利。

② 张红霞、王超:《全面依法治国条件下的农民法治意识培养》,载《红旗文稿》2016 年第 23 期。

③ 袁金辉、乔彦斌:《自治到共治:中国乡村治理改革 40 年回顾与展望》,载《行政论坛》2018 年第 6 期。

④ 邓大才:《走向善治之路:自治、法治与德治的选择与组合——以乡村治理体系为研究对象》,载《社会科学研究》2018 年第 4 期。

倒性的优势，在这样的形势下，“乡政”极易产生制度异化，倾轧“村治”的自治空间。在实践中，笔者亦遇见过“乡政”与“村治”的失衡。如此情形，不仅限制了社会自治力量的运行空间，在一定程度上，由于基层党组织承担了大量的非服务性职能，亦会使其服务能力下降，从而影响基层法治治理效能，影响“乡村共治”“三治结合”的新型良性治理结构的形成。

同时，属于“乡政”侧面的基层执法能力存在不足。首先，从人员素质的角度来说，基层乡镇难以对高水平法治人才形成吸引，基层执法人员素质普遍不高，部分执法人员法律意识淡薄，不能很好地平衡法治底线与基层乡土乡俗之间的关系。其次，从执法类目的角度来说，随着乡村振兴、产业扶贫等“三农”政策的深入推进，农村经济活力相较以往得到了极大的解放，农村经济形态多样化，可谓“麻雀虽小，五脏俱全”。如此背景下的针对农村的相关执法活动涉及门类众多，突破了传统的农业、交通、环保等传统常见领域。在执法人员水平欠佳的情况下，加剧了基层执法的困难。再次，从执法权力配置的角度来说，“全面推进乡村振兴少不了对乡村市场监督管理，但执法权绝大多数集中在县级，且分散在各个部门之间难以形成合力，影响执法效果”①。最后，在执法人员水平欠佳、执法类目庞杂、执法权限不充分、较模糊的情况下，部门乡镇有关部门存在选择性执法的情况，将“有限”的精力更多地放在了绩效权重较大的领域。

3. 农民群体法治意识有待加强，法治环境亟待优化

无论是理论界，抑或是实务界，长期以来均对农民群体的法律意识培养问题给予了高度关注。朱苏力教授出版的《送法下乡》一书，便对基层农村的法治环境作出了深入的阐释，亦对农民群体法治意识的问题有所探讨。党和国家长期以来，高度重视对农民群体法治意识提升与基层良好法治环境构建的工作。各地政府通过“八五普法”“宪法宣传月”等多种形式努力“送法下乡”，取得了积极的成果，农民群体的法治意识与基层法治环境的建设取得了较大的进展。但坦率地说，尽管我国农民法治意识及法治环境构建已经取得了相当的进步，但与“法治乡村”建设的客观要求相比，仍存在一定的差距，此种差距，在我国的欠发达地区尤为明显。

---

① 陈柏峰：《乡镇执法权的配置：现状与改革》，载《求索》2020 年第 1 期。

在学法、懂法的层面上,普法工作质量有待提升。当前农村的普法工作从无到有,从有到多,已经取得了一定的进展。但面对当前社会主要矛盾的深刻转化,普法工作亟须回应的,恐怕是"从多到好"的问题。当前针对乡村地区的普法工作的不足表现为:一方面,宣讲内容重条文讲解而轻法治精神传播,且缺乏针对性;另一方面,多次普法活动间欠缺连续性,群众所接受的法律知识较为零散;再一方面,未能在普法活动中将法治、德治、自治进行有机结合,尤其是法治元素与德治元素的结合程度有所欠缺。

在用法、守法的层面上,部分群体对于法律的信仰有待加强。一方面,由于缺乏对于法治精神核心的理解,部分群众容易割裂法律与乡俗、法治与德治、法治与自治之间的关系。例如,当发生矛盾与冲突时,重视"人"和"权"的作用而轻视"法"的作用,认为维权就是"告状","告状"就要找"大官"、找"大领导",有时会以越级上访、围堵政府机关等方式来解决问题,进而激化矛盾;另一方面,相当数量的农民群众由于对法律知识理解的欠缺,虽具备了初步的维权意识、法律意识,但在具体的实践中,并不具备依法维权、依法办事的能力。

4. 农村法律服务供给不足

根据前文的论述,乡村振兴战略视域下的法治乡村建设能够极大地促进乡村的振兴,其中的"法治"亦能够提供极强的支撑与保障作用。当前,农村地区对于法律服务的需求日益增强。但相应的法律服务供给却存在不足,具体而言:

(1)乡村法律服务专业人员严重不足。从乡村法律服务的社会专业人员来看(以律师群体为例),据有关数据显示,截至2019年,我国共有律师47万余人,民事案件代理数约为480万件,律师人均案件代理数约为10.1件;以我国14亿的人口规模计算,每万人拥有的律师数在3名左右。这说明,从整体来看,全国律师人数仍有巨大缺口。同时,受制于律师行业本身的特性,律师的分布在地域上与该地区经济发展水平呈正相关——律师多集中于经济发展较好的省份,并且多集中于城市而非基层乡村。这便导致越是偏远、越是需要法律服务供给的地区,越是缺乏相应的专业从业人员。政府中相关人员的匮乏已在前文中有所论及,故在此处不再赘述。

(2)对于基层乡村法律服务的制度性建设,未能引起部分地区的重视。一方面，地方财政未能针对法律服务体系的建设提供有力的财政支持，缺乏稳定的财政保障；另一方面，基层乡村法律服务体系的公共性供给难以满足农村群众的现实需求，服务质量有所欠缺；再一方面，未能充分发挥社会力量推动基层乡村法律服务的供给，部分政府并未将购买相关服务纳入财政支出范围。

（3）乡村振兴全面推进所带来的农村发展新业态、新格局、新问题，对传统的乡村法律服务方式提出了新挑战。传统乡村法律服务机构（窗口）所面对的，多涉及相对简单法律纠纷，如相邻权纠纷、地役权纠纷、物权纠纷、合同纠纷等。而随着乡村振兴战略的全面推进，所面临的法律问题呈现出系统化、复杂化的特征。例如，在之后各分章提到的乡村治理问题、产业发展问题、特色养殖问题、农村房产问题、农村旅游问题等。在这样的新背景下，原有的乡村法律服务供给方式恐难以回应农村发展的新需求。

（二）法治乡村建设的整体思路

在上文中，笔者分别从制度保障、治理结构与执法效能、法治环境、法律服务供给等方面，总结了当前法治乡村建设中几个较有代表性的问题，这也为笔者对法治乡村建设的思考提供了有益的启发。

1. 在相关制度保障暂不完善的情况下，应把握住法治乡村建设的几点基本原则

从我国的立法经验来看，我国极少采用“脉冲式”立法的方式完善相关制度。对于某一制度的立法完善，多会经历“政策引导放活—各地试点实践—调研总结问题—正式立法完善”四个宏观阶段。在当前乡村振兴战略全面推进伊始，法治乡村建设刚刚拉开序幕的大背景下，部分制度正处于政策引导放活或各地试点实践阶段，此时部分制度存在一定的不完善之处，部分问题未在法律层面作出明确的回应属于正常现象。在这样的情况下进行法治乡村建设的实践探索，须准确把握法治乡村建设的基本原则，这样可以把握未来的制度配置和完善的倾向，避免走错路、走弯路。

首先，法治乡村的建设应坚持体系化、系统化的原则。对于法治乡村的建设，要紧密联系乡村振兴战略的目标与内涵。上文已经提及，我国的乡村振兴战略具有体系化、系统化的特征。笔者认为，这里的体系化、系统化，不仅是乡村有关制度内部的体系化、系统化，还应当结合城乡统筹发展的观念，使乡村的

振兴与城市的发展协调一致,制度体系形成良性互构。同样地,对于法治乡村的建设亦需要坚持系统化、体系化的原则指导具体实践,并注意与城市法治建设及国家法治建设的大局相统一。

而要使具体的法治乡村建设符合体系化、系统化的要求,笔者认为,宜采取“新功能主义”①的思维方式指导具体实践,帮助实现法治乡村建设的体系性与系统性。各地针对法治乡村建设的实践多种多样,国家层面的指导性政策文件亦层出不穷,如仅从结构主义——仅从现有制度或试点工作的客观表现来分析法治乡村建设的实践,则容易混淆手段与目的,目的与功能之间的关系,进而偏离法治乡村本身的根本性功能诉求,因为在试点工作“百花齐放”的背景下,制度运行的外部环境变动性是较大的。

其次,法治乡村的建设应坚持因地制宜、坚持差异化原则。一方面,应结合本地的现实经济状况,优先完善亟待解决的问题,优先解决有利于经济发展的问题,优先解决事关人民群众福祉的问题;另一方面,应结合本地的社会文化状况与民族构成,考虑本地区特有风俗习惯;再一方面,对于其他地区“有益经验”的采纳,须结合本地实际,充分考虑经验来源地与本地在实践基础层面的差异。同时,应注意把握“体系化原则”与“差异化”原则之间的关系,因地制宜地开展法治乡村建设应以体系化原则为底线与指导。因地制宜地优先开展部分制度的法治化实践,不能以牺牲本地乡村法治化的整体性构架为代价;且应当与国家整体法治乡村建设、乡村振兴战略、城市法治化进程协调统一。申言之,“整体性是第一位的,差异性是第二位的”②。

所谓因地制宜地开展法治乡村建设,就是要“让法律秩序、村规民约和乡村

---

① 新功能主义的产生,是建立在对功能主义扬弃的基础上的,并吸收了结构主义中部分合理的要素,有力地回应了“结构主义”对原“功能主义”的诘问。具体参见谭有模:《浅析〈新功能主义及其后〉的后实证主义研究方法》,载《重庆科技学院学报(社会科学版)》2011 年第 7 期。与功能主义相对应的结构主义,在社会理论上强调社会结构的外在的、有约束力的、普遍的特征,致力于分析社会对个人的强制性和胁迫的力量。往往依据某个主体在特定时空和情境中所表现出来的某种属性来判断某个主体的性质,但当外部条件发生变化时,该主体的客观表现亦会发生一定的变化。而新功能主义(功能主义)则从制度的功能出发思考制度的构建问题,一个制度的功能正是反映了该制度背后的政治、经济及社会关系,能够把握制度本质。由于制度功能的相对稳定性,故建立在新功能主义之上的认识论,可以更好地回应社会快速发展的新变化与新需求,能够更易形成体系化、系统化的实践。

② 张帅梁:《乡村振兴战略中的法治乡村建设》,载《毛泽东邓小平理论研究》2018 年第 5 期。

道德互为经纬，法治、自治和德治协同发力，建设一个利益有保障、纠纷能化解、矛盾能消融的乡村秩序，为乡村振兴战略提供安定有序的社会软环境”①。

最后，法治乡村的建设应坚持行稳致远、逐步推进的原则。“法律者，社会力也。故法规者，随社会之变迁，时间之经过，同时必变其形态。”②通过前文的论述不难发现，我国农村政策的演进具有明显的渐进性，相当多的制度经历了数十年的发展与演变，行稳致远。几乎没有“推倒重来”的情况，每项制度的完善基本都是建立在之前的有益经验之上的。故而对于法治乡村的建设，也应坚持行稳致远的渐进性原则。具体而言，法治乡村的建设实践不宜过于激进，不能脱离本地的经济现实情况，因为“政治、法律、哲学、宗教、文学、艺术等的发展是以经济发展为基础的”③。同时，在具体的法治乡村建设实践中，应充分考虑政策接受度的问题，应注意政策宣讲工作、群众意见收集工作及群众参与的工作。这亦是“三治结合”“乡村共治”治理体系构建的客观要求。另外，“不宜过于激进”并不意味着畏首畏尾，不敢作为。以我们的经验来看，只要能够在法治乡村建设中考虑到本地实际，把握好自治、法治、德治的辩证关系，直切本地乡村法治建设痛点，并将具体的措施以体系化系统化的视角放入整体乡村政策的体系框架内进行审核检验，一般而言，便不会出现“矫枉过正”的被动局面。

2. 加强基层权力规范化建设，提升基层依法行政水平

对于权力的规范化以及基层执法水平的建设，应以权力边界、运行程序以及保障监督机制为重点，即以“有什么权力、怎么用权力、怎么监督权力”为重点。具体而言，可通过构建权责清单的方式明晰各主体间权力边界，避免因权力划定不清而导致的各主体之间的推诿扯皮，应本着“乡村共治党领导”的基本原则进行划分，使得主体间权责边界明晰、关系协调共振、行为规范合法。同时，应注重权力运行的程序问题，尤其在基层乡村相关权力的运行中，更应如此。根据我们的经验，基层乡村存在的“人情社会”特性，使相关权力的运行更易产生随意化倾向，解决问题“以人为核心”重于“以法为核心”的情况时有发生。此时针对权力运行程序的明确工作便显得极为重要，这既涉及权力运行的

① 陈磊：《法治乡村保障乡村振兴战略实施》，载《法制日报》2018 年 2 月 8 日。

② ［日］穗积陈重：《法律进化论》，黄尊三等译，中国政法大学出版社 1997 年版，第 1 页。

③ 《马克思恩格斯文集》（第 10 卷），人民出版社 2009 年版，第 668 页。

效率问题,又涉及公平正义的实现问题。在当前乡村振兴的大背景下,基层农民群众对公平正义的需求正在不断提高。当下,对于正义的实现固然重要,但以怎样的方式实现正义,同样十分重要。再者,对于权力的监督亦需要大力加强。不受监督的权力易滋生腐败,也易引起失范。在监督流程上,既要重视事前监督,也要重视事中监督,还要重视事后监督;在监督主体上,既要重视机构内部的上级监督与同级监督,也要重视机构外部的社会监督,特别要鼓励广大市民群众参与监督,这既是对基层权力运行的监督督促,又是一个在实践中的生动普法用法课堂,有利于提升广大农民群众的法治意识;同时,在监督手段上,可以因地制宜地探索"参与式监督、社会化监督、网络化监督和巡查式监督,从而保障基层权力的行使效益"。[①]

3. 提升乡村重要主体法治意识,改善乡村法治环境

笔者认为,在乡村法治环境建设中,最为重要的两类主体:一是乡村干部,二是农民群体。二者法治意识的高低,直接影响乡村法治环境建设的难易与好坏。"乡村干部是法治乡村建设的推动者、组织者、实践者、示范者。"[②]《习近平关注全面依法治国论述摘编》中指出,"全面依法治国必须抓住领导干部这个'关键少数'"。[③] 同样地,在法治乡村的建设中,乡村干部亦是作为"关键少数"发挥极其重要的作用。他们对于法治的态度与践行,直接影响农民群体对于法治的态度与践行,对法治乡村建设起到了重要的保障作用。从法治意识提升的角度来说,对于乡村干部的法治意识提升,应着重从两个方面进行把握。一方面,应重视乡村干部的法律学习工作。一是要坚持以业务类型为经,以实践突出问题为纬,进行精准的部门法学习,特别是对于涉及行政处罚、行政强制相关业务口的乡村干部,要确保他们在日常业务工作中能够懂法、用法、守法,以典型案例及自身实践中的疑难问题为切入点,提升执法水平;二是要重视对于基础法理论学的学习,深入浅出地阐述权利义务观、权力监督理论等重要的涉及

---

① 王东:《法治乡村建设推进乡村振兴的价值耦合、行动构设与路径选择》,载《西北农林科技大学学报(社会科学版)》2020年第5期。

② 汪恭礼:《乡村振兴背景下法治乡村建设研究》,载《廊坊师范学院学报(社会科学版)》2019年第4期。

③ 中共中央文献研究室编:《习近平关于全面依法治国论述摘编》,中央文献出版社2015年版,第107页。

行政理念和法治理念的法学理论学习。使广大乡村干部在懂得业务法律的基础上,树立正确的行政理念,"树立法律主体意识和依法治乡、治村的观念,让法律至上的权威性铭刻于心,自觉把法律作为一种规则来遵守,作为一种观念来崇尚,作为一种信仰来追求"①。另一方面,应当通过完善问责机制、考评机制、干部任用机制,倒逼乡村干部培育法治思维,依法行使权力。具体而言,一是要加强对乡村干部的用权监督机制、违规问责机制,让违规用权、违法用权的干部"依法承担权力行使不当或者违法行使职权而引起的各种法律责任"。② 二是可以尝试将运用法治解决基层乡村治理及经济社会发展问题列入乡村干部的考评任用体系,通过内部计算权重与外部群众参与评价的内外部双评价体系,确定乡村干部依法行权、依法治理、依法行政的水平。"让'法治型'乡村干部有位置、有舞台,激发他们的潜力,为法治乡村建设提供有力的保障。"③

而对于农民群体法治意识的提升,可尝试从以下两个方面着重发力。一方面,应着力提升普法宣传力度,培养法治氛围。第一,普法工作应坚持法治理念宣传大于法律条文宣讲的基本方针。④ 笔者提出这样的主张是因为:(1)单纯"法律"的宣讲与普及,从记忆效果上来说容易遗忘,从现实实践来说会牵涉程序与实务的具体问题,难以立刻使用。(2)法治的精神以及法律的基本理论指导着具体的立法,只有理解了法治的基本精神,方能在后期理解具体的立法。例如,若无法理解法治中基本的权利义务观念,便很难在具体的条文理解中明白一般条款与但书条款之间的关系。(3)某一具体的法律规则只能指导人们一种或一类的实践,而法治的精神和原则,却能指导人们日常生活中的方方面面。

---

① 陈永红:《论领导干部法治思维的养成》,载《黑河学刊》2018 年第 3 期。

② 马怀德:《法治政府建设的基本要求》,载《中国司法》2018 年第 5 期。

③ 褚楚、杨弘:《基层干部如何推动法治建设》,载《人民论坛》2018 年第 16 期。

④ 需要指出的是,我们所说的法治理念宣传,不是单指对党和国家红头文件照本宣科的复述。法治理念的宣传,应当是通过生动的事例和深入浅出的法谚结合党和国家的最新政策,反映法治的基本精神。举例而言,"法律之内,应有天理人情在"的法谚从法学理论的方面来说,体现了自然法学派的基本主张,同时也体现了法律、道德之间的关系,稍加提炼便很容易上升到"三治"之间的关系上来,之后便可与当前乡村振兴战略、法治乡村建设、实现"良法善治"有机地结合起来。同时,具体法律中的天理人情也是普遍存在的,如《民法典》中的"监护人制度""公平责任原则""居住权制度"等。"任何人不得从其违法行为中获利"的法谚便精辟地总结了获利行为正当性的基础在于"合法"。"你的权利应止于我的鼻尖"则深入浅出地说明了权利的行使应以不侵犯他人权利为限的权利观。以上种种,不胜枚举。

第二,在具体的法律普及工作中,做到精准普法,紧贴乡村生活实际、紧贴乡村高频纠纷、符合普遍认知水平。同时应在具体的实践中,引入多样化、个性化的普法产品,按需供给,精准发力。

另一方面,对于良性法治环境的构建,应配合当前扫黑除恶常态化的部署,对乡村宗族势力、黑恶势力采取常态化高压态势,防止乡村法治毒瘤死灰复燃。"村霸"等黑恶势力的存在,不仅严重危害了基层群众的生命财产安全,同时极大地破坏与阻碍了乡村的法治化建设,污染了乡村法治环境与法治氛围。2021年,"是为期三年的扫黑除恶专项斗争转入常态化阶段的开局之年……全国扫黑办组建32个特派督导组,陆续进驻全国各省(区、市)和兵团,针对常态化开展扫黑除恶开展点穴式督导"。[①] 笔者认为,应以此为契机,在乡村建立完善的常态化防控机制,保障基层法治环境不被污染、不被破坏、不发生倒退。(1)应当强化现任干部责任,并严把用人关,"在选举程序中,要对候选人的资格审查、投票、计票等各个环节都做出明确规定",[②]并加大对乡镇干部、村干部的监督力度。(2)应进一步发动群众,建立常态化巡控机制。"加快乡村社会治安防控体系建设,让公共安全力量覆盖到村庄。"[③]发动退伍军人、共产党员等群体参与乡村巡防联控,并定期针对"黄赌毒"、"两抢一盗"、电信诈骗等高发违法犯罪进行专项整治。

4. 拓展公共法律服务供给通道,提升非公共性法律服务供给水平

如前文所述,在乡村振兴战略全面推进的背景下,当前我国乡村地区法律服务供给暂时还无法完全匹配乡村振兴战略"产业兴旺、生态宜居、乡风文明、治理有效、生活富裕"的总体要求。这就要求我们"要深化公共法律服务体系建设,加快法律服务资源整合"。[④] 法治乡村建设既是全面依法治国战略在我国基层末梢神经推行实践的应有之义,也是我国乡村振兴战略全面推进的重要保障。法治乡村建设本身便具有系统性、体系性。故而作为其"子系统"的乡村法

---

① 南方都市报:《扫黑除恶常态化开局之年,特派督导组首赴地方再查重点线索》,载网易网:https://www.163.com/dy/article/GNR0LDRU05129QAF.html,2021年11月25日最后访问。

② 任禹:《"村霸"现象及其治理路径》,载《领导科学》2018年第18期。

③ 郑风田:《对沦为村霸的村干部必须严惩》,载《人民论坛》2017年第10期。

④ 魏哲哲:《更好满足人民群众法律服务需求》,载《人民日报》2019年7月19日,第5版。

律服务体系也应当是多元、系统的。笔者的一个观点是，乡村法律服务体系，可以分为“公共法律服务体系”与“非公共性法律服务体系”两个部分，所谓“公共法律服务体系”，是指“由政府主导提供，全社会公众共同参与，旨在满足全体公民基本法律服务需求的法律服务体系”。[①] 它具有普惠性与基本性的重要特征。而非公共性乡村法律服务体系，则侧重于律师事务所等法律服务机构所提供的更为深入的具体法律服务。从二者的区别来看，公共法律服务更加强调长期性与持续性；而非公共性法律服务更加强调服务产品供给的针对性和专项性。据此笔者认为，乡村法律服务体系的构建，应分为“增量”与“提质”两个层次。

从“增量”的层次来看，其核心在于拓宽乡村公共法律服务的供给通道，除传统的政府司法机关提供公共法律服务外，还应鼓励其他社会要素参与公共法律服务的供给；同时在非公共性法律服务中通过多主体的参与，鼓励良性竞争，防止非公共性法律服务供给的地区垄断。(1)从国家的宏观层面来看，当前社会法治环境逐步向好，人民群众的法律服务需求日益增加，聘请专业的律师或律师事务所为自己提供法律服务早已不是什么“新鲜事”。基层法治乡村公共法律服务体系的建设应在坚持公共法律服务“普惠性”的基础上，充分利用律师事务所、咨询公司等营利性法律服务机构参与法治乡村建设，供给乡村基层公共性法律服务。(2)应鼓励社会力量，积极开展公益性的法律服务，积极联络民间法律服务志愿团体、律师行业协会、大学生志愿服务社团、大学法学院专业师生等，“通过提供免费的法律咨询、矛盾调解等法律服务，形成全社会共同参与的良好局面”。[②] (3)应积极开展“自身造血”运动，发动广大群众，发挥本地“草根”法治力量的促进作用。充分激发本地“法律明白人”参与邻里纠纷化解，参与普法教育，为农民提供及时、接地气的公共法律服务。

从“提质”的角度来看，其核心在于通过多种手段提升非公共性法律服务质量与效率；通过公共法律服务体系自身质量提升以及与非公共性法律服务体系的良性互动，促进公共法律服务体系的质量提高。(1)完善法律服务采购的流程与标准，充分利用招投标、竞争性磋商等多种方式采购营利性专项法律服务。

---

① 侯学宾：《推进新时代公共法律服务体系建设》，载《中国社会科学报》2019 年 9 月 10 日，第 8 版。

② 袁宗勇：《推进新时代公共法律服务体系建设》，载《四川法制报》2018 年 7 月 17 日，第 5 版。

鼓励良性竞争,防止非公共性法律服务的供给垄断,防止因垄断而造成的“坐地起价”和法律服务水平“停滞倒退”。(2)对于法律服务供给应采取梯次供给的思路。即依据法律服务现实需求的规模、难度、时长等特征,选取适宜的法律供给方式,以达到经济与效率的有机统一。可尝试建立不同层级的法律服务供给主体库,根据具体的情况,进行选用。例如,对于普法宣传、简单纠纷处置等法律服务需求,可利用公共法律服务体系予以解决;对于乡村自治体系规范构建、乡规民约个性化定制、农地利用与转让、特色产业发展法律保障等疑难复杂的法律服务需求,则可根据项目的具体难度,分别利用本地法律服务机构、本省先进法律服务机构、全国领先的法律服务机构进行法律服务供给。(3)强化本地法律服务资源,在公共法律服务领域形成合力。整合人大、基层人民法庭、派出所、司法机构、信访机关、公证机关等相关资源,实现信息共享,共同解决简单纠纷,预先处置调解,提升公共法律服务质量。(4)应加强城乡间法律服务主体的交流与联系。在公共法律服务领域,尝试以上级业务机关对接下级业务机关,指导下级业务机关公共法律服务实践,打通人才向下流动渠道。在非公共性法律服务领域,促进省内优秀律所与基层律所的交流与联系,或可向其购买针对基层法律服务机构提升服务质量的专项法律服务。

第三节　乡村法律服务体系建设

在前文中,笔者利用两节的篇幅阐述了乡村振兴战略与法治乡村建设的相关问题,并说明了二者的辩证关系。同时提出了法治乡村建设中乡村法律服务体系建设的几点思考。不难发现,当前乡村振兴战略与法治乡村建设的实践在性质上互为表里,有机联系。张文显教授认为,所谓法治,“表征治国方略或社会调控方式;表征一种行为方式;表征一种良好的秩序状态;是融会多重含义的综合观念”。[①] 同时,一个法治国家应包含“法律之治;人民主体;有限政府;社

① 张文显:《法哲学范畴研究》,中国政法大学出版社 2001 年版,第 151 ~ 156 页。

会自治；程序中立”[①]五项重要内容。而具体到法治乡村的维度，从目的论的角度来说，“法治乡村建设目标就是要构建一个文明有序、治理有效、生活美好的现代化乡村”。[②] 这无疑与乡村振兴战略的目标保持了高度的一致。例如，法治乡村建设，需要商品经济与市场经济提供的经济基础，而这恰恰是乡村振兴战略“产业兴旺”“生活富裕”的重要目标；乡村法治的政治基础需要以民主政治为保障，这正是乡村振兴战略“治理有效”目标中“三治结合”的重要精神内核；从法治乡村的文化基础来说，需要以“理性文化”为基，而这正是乡村振兴战略中“乡风文明”“生态宜居”目标的重要诉求。由此可以看出，“法治乡村建设与乡村振兴在目标价值上具有多维耦合性，这为法治乡村建设推进乡村振兴奠定了基础前提”[③]。

而法治乡村的建设，离不开乡村法律服务的高水准供给保障。当前学界及理论界对于乡村法律服务的讨论，主要是针对“公共法律服务体系”的探讨，而笔者认为，乡村法律服务体系不应只包含“公共法律服务体系”。笔者已经在前文中提到，法治乡村建设中的乡村法律服务体系，可分为“公共法律服务体系”与“非公共性法律服务体系”两个子系统。二者是“乡村法律服务体系”的一体两面，只有协调好、统筹好二者的关系，实现二者的“比翼双飞”，才能真正助力乡村法律服务供给的高水平发展，才能切实推动法治乡村建设；这对于乡村振兴战略的全面推进具有重要意义。在二者的辩证关系上，公共法律服务体系侧重于解决法律服务“有无”的问题，而非公共性法律服务体系侧重于解决法律服务“好坏”的问题。前者在乡村法律服务体系中处于基础性地位，是整个体系搭建的“基本盘”；后者站在发展的角度上来说，具有极为深远的意义，亦能对当下的疑难问题作出积极的回应。

一、乡村法律服务体系建立完善的意义

（一）政府层面

乡村法律服务体系的建立和完善，有利于促进政府有效履行公共服务职

① 张文显：《法哲学范畴研究》，中国政法大学出版社2001年版，第158～160页。

② 王东：《法治乡村建设推进乡村振兴的价值耦合、行动构设与路径选择》，载《西北农林科技大学学报（社会科学版）》2020年第5期。

③ 王东：《法治乡村建设推进乡村振兴的价值耦合、行动构设与路径选择》，载《西北农林科技大学学报（社会科学版）》2020年第5期。

能,增强政府依法行政能力。

公共法律服务体系的完善,有利于完善政府公共服务职能。当前,我国公共法律服务体系建设已取得了重要的进展,“基本公共法律服务在不断普及,法律服务的多元化、专业化、均衡化空前提升,公共法律服务中心、工作站、村(居)法律顾问已基本实现全覆盖”。[①] 但不可否认,对于公共法律服务体系的建设仍存在一定的问题(前文已有提及)。2014 年,在党的十八届四中全会上,我国提出要推进覆盖城乡居民的公共法律服务体系建设,2019 年 7 月,中共中央办公厅、国务院办公厅印发《关于加快推进公共法律服务体系建设的意见》,进一步强调要“加强欠发达地区的公共法律服务建设,要对民族地区予以倾斜”[②]。可以看出,公共法律服务的供给应属于“服务型”政府的公共服务职责之一。通过公共法律服务体系的构建与完善,能够有效地拓展公共法律服务的供给主体,高效整合公共法律服务资源。政府在公共法律服务体系中是重要的责任主体与服务提供主体,但面对乡村振兴背景下,当前农村经济发展的深刻变化,政府应同时发挥更加有效的领导协调与资源配置作用。如前文所述,完善的乡村公共法律服务体系,将会促进政府在公共法律服务供给中角色的适当转化,促进政府有效履行公共服务职能。

通过非公共性法律服务体系的构建,有利于提升政府依法行政水平。非公共性法律服务在基层政府层面的映射一部分体现在政府法律顾问制度上。当前,随着法治政府建设的不断深化,各级人民政府聘请外部律师担当顾问已成常态,政府聘请外部律师事务所出任法律顾问,有助于推进政府将工作纳入法治轨道;有助于通过培训、普法宣传工作促进政府官员法治观念的形成;并体现了全面依法治国背景下,“法”与“权”之间“依法行权”“权受法制”的关系。同时,非公共性法律服务体系的构建还可以通过“专项业务”的形式,对政府产生积极的影响。例如,笔者所在的新疆元正盛业律师事务所的“信访中介化”“突发事件法律处置”“房地征迁全程介入”等产品,便多以此方式促进政府依法行

① 覃晚萍、王世奇:《民族地区乡村公共法律服务体系建设的困境与出路》,载《华南理工大学学报(社会科学版)》2020 年第 5 期。

② 《中共中央办公厅 国务院办公厅印发〈关于加快推进公共法律服务体系建设的意见〉》,载《人民调解》2019 年第 8 期。

政，并在“合法”的前提下，以第三方的客观中立视角，着力帮助政府决策“合理性”的提升。

（二）乡村层面

乡村法律服务体系的建立与完善，有利于激发乡村经济发展活力，促进新型乡村治理结构形成。

随着乡村振兴战略的全面推进，“产业兴旺、生态宜居、乡风文明、治理有效、生活富裕”的目标为乡村的发展与振兴指明了方向，同时也提出了新的要求。在这样的背景下，乡村对于法律服务的需求日益增强。面对农村经济及产业的新形态、新方式，其对应的法律关系更为复杂；生态保护、乡风建设、治理完善等新课题，亦需要大量的法律服务支持。此时，公共法律服务体系一方面可以基础性普法等服务提升乡村整体法治氛围与水平；另一方面也可以政府采购的方式，将原本属于“非公共性”法律服务范畴的转化为“公共”法律服务，针对乡规民约构建、村民自治规范、集体资产管理等专项问题提供专项法律服务。而对于条件较好的乡村，则可直接以招标等方式聘请有关专业机构作为本乡村法律顾问，提供日常法律服务，并购买相关专项法律服务，从而为农村经济发展与治理体系改革提供法律保障。

（三）农民层面

乡村法律服务体系的建立与完善，有利于提升农民法治意识，有利于提高农民权益保护水平。

公共法律服务的重要落脚点在于农村地区的广大农民群众，公共法律服务对于广大农民群众的法治意识提升具有重要的意义。切实有效的普法宣传活动将极大地提升农民群众法治意识；完善的简单纠纷调解服务，一方面可以减轻基层人民法院诉累，另一方面有利于广大农民群众的权益保护；普遍、长期的公共法律咨询服务，有利于农民群众掌握维权技能。

同时，非公共性法律服务体系的构建，则可以为农民群体的法治意识提升、合法权益保障提供重要的补充；超出公共法律服务体系“普惠性”“基本性”之外的法律服务需求，可以由非公共性法律服务体系提供相应的补充供给，并可通过政府补贴等方式降低农民购买此类服务的成本，鼓励农民群众通过法律手段维护自身权益，以满足农民群众更为高端的法律服务需求。

二、乡村法律服务体系建设:内容、方向与完善

在上一节的内容中,笔者初步探讨了当前乡村法律服务体系的基本问题和完善思路。在本部分中,笔者将以乡村法律服务体系“公共”与“非公共”的二分的视角,更加深入地探讨乡村法律服务体系的建设问题。需要特别说明的是,尽管本书以“公共性”为标准对乡村法律服务进行了分类,但此标准并非绝对的、静止的。相反,依据“公共性”对具体法律服务进行区分时,应采取辩证的、动态的标准。

要想准确界定法律服务的具体性质,应准确把握公共法律服务“普惠性”及“基本性”特征。在公共法律服务中,“普惠性”的指向是广大人民群众,是第一性的,其中包含服务供给平等、对价实惠、高效便民等价值;而“基本性”的指向是各级政府,是第二性的,它划定了抽象的供给范围,既是供给范围的“下限”又是供给的“上限”,“下限”是硬性的,“上限”是动态的;关于“上限”的浮动,应结合本地的实际情况确定。申言之,一项具体的法律服务是属于公共法律服务的范畴,还是非公共法律服务的范畴,应结合当地客观经济条件、地方财政水平及地方支持补贴政策而定,不宜仅依靠法律服务的外部特征而确定。例如,对于部分经济发达的地区而言,基层财政预算充足,当地政府可能通过政府采购的方式向相关法律服务机构购买较为高端的法律服务,以公共法律服务的供给通道向社会间接供给法律服务。此时,这些表面上为“非公共”的法律服务,实质上应属于“公共”法律服务的范畴。

可以这样认为,本书所称“公共法律服务”,是指根据有关政策及规定总结的,无论本地经济基础如何,均应予以供给的“底线性公共法律服务”。而与其相对的“非公共性”法律服务,在本书中指称不属于“底线性公共法律服务”的法律服务。

(一)基于政府服务职能的乡村公共法律服务体系

前文已经有所提及,所谓“公共法律服务体系”,是指由政府主导提供,全社会公众共同参与,旨在满足全体公民基本法律服务需求的法律服务体系。其具有普惠性与基本性的重要特征。所谓“普惠性”的核心在于“非营利性”、“普遍性”与“均等性”,而“基本性”则说明公共法律服务的内容应以一般性、常见性的法律问题处置为重点。近年来,针对公共法律服务体系建设问题的国家性政

策文件频频出台。司法部2017年颁布《关于推进公共法律服务平台建设的意见》,随后又于2018年9月颁布《关于深入推进公共法律服务平台建设的指导意见》,两份重要文件系统性地对我国公共法律服务平台建设的相关问题提出了明确的意见。2019年7月,中共中央办公厅、国务院办公厅印发《关于加快推进公共法律服务体系建设的意见》,从公共法律服务体系建设的宏观层面提出了相关指导性意见。

根据《关于加快推进公共法律服务体系建设的意见》的规定,我国公共法律服务体系的建设应在2022年"基本形成覆盖城乡、便捷高效、均等普惠的现代公共法律服务体系",并在2035年"基本形成与法治国家、法治政府、法治社会基本建成目标相适应的公共法律服务体系"。[①] 由此可以看出,关于公共法律服务体系建设的目标分为近期与远期两个。其中,近期目标中"覆盖城乡""均等普惠"的要求,对乡村公共法律服务体系的建设提出了重要的建设方向。这二者都包含城乡均等、城乡统筹的目的倾向,与乡村振兴战略的精神内核高度一致。从国家层面的规范性文件来看,对于乡村公共法律服务体系的构建应在"坚持司法为民、坚持问题导向、坚持统筹协调、坚持开放创新"[②]四大基本原则的前提下,以公共法律服务三大平台[③]的建设为重要抓手,开展乡村公共法律服务体系的建设。

1."公共性法律服务"的内容

对于"公共性法律服务"范围的理解应紧密结合其"公共"属性。若对于公共性法律服务的范围理解过于宽泛,则可能不当增加政府公共服务负担,压制"非公共性法律服务"市场的活力;若对于公共性法律服务的范围理解过于狭窄,则可能影响政府公共服务的供给水平,不能很好地满足基层人民群众日益

---

① 新华社:《中共中央办公厅 国务院办公厅印发〈关于加快推进公共法律服务体系建设的意见〉》,载中华人民共和国中央人民政府网:http://www.gov.cn/zhengce/2019-07/10/content_5408010.htm,2021年12月2日最后访问。

② 司法部政府网:《司法部关于深入推进公共法律服务平台建设的指导意见》,载中华人民共和国司法部(中国政府法制信息网):http://www.moj.gov.cn/government_public/content/2018-09/18/fggz_39976.html,2021年12月2日最后访问。

③ 所谓三大平台,是指以县、乡镇为重点的实体平台、以"12348"为主的电话热线平台以及网络平台。

增长的公共法律服务需求。根据我们的经验,笔者认为,当前背景下,所谓“公共性法律服务”的范围,具体包括如下几个方面:

(1)普法宣传与法治教育。该项内容从时间来看,具有长期性;从难易程度来看,相对较为简单;从效果来看,具有间接性。符合公共性法律服务的基本特征。普法宣传与法治教育,作为一项乡村法律公共法律服务中的重要内容,有利于营造基层法治氛围,有利于提升基层群众的法治素养,有利于其形成基本的维权能力,是公共法律服务中的一项长期工程。

(2)简单纠纷调解。争议不大、标的较小、法律关系较为简单的纠纷调解,应纳入公共法律服务供给范围。该类纠纷的数量较多且案由集中,同类纠纷具有较高的相似性,在操作上已形成较为成熟的调解与处置经验,处理效率相对于复杂诉讼来说更高。符合公共性法律服务“基本性”的特征。通过公共法律服务体系的调解与处置,既能高效解决纠纷,又可减少法院诉累,可谓一举多得。

(3)法律咨询与乡村法律顾问服务。对于农民群众的日常法律问题,公共法律服务体系应提供相应的基础性咨询服务,在纠纷发生前提供相应的法律性指引,在纠纷发生后提供相应的建议与咨询服务。而乡村法律顾问服务,是乡村日常基础性法律服务常态化供给的重要通道,在内容上具有基础性,在构架上亦可直接将公共法律服务的供给下沉至村。根据相关规定,乡村法律顾问服务具体应包括:“1. 为村民、居民及时解答日常生产生活中遇到的法律问题,提供专业法律意见;2. 接受村民、居民委托,代为起草、修改有关法律文书和参与诉讼活动;3. 定期举办法治讲座,发放法治宣传资料,宣传与日常生产生活相关的法律知识;4. 参与村(居)人民调解委员会主持的纠纷调处工作;5. 协助起草、审核、修订村规民约和其他管理规定,为村民土地征用补偿安置、基础设施建设、城市建设拆迁、环境治理保护等村(居)治理重大决策提供法律意见等。”①

(4)法律援助服务与法律公益性服务。这是公共法律服务体系建设中“司法为民”原则的必然要求。对于情况较为困难、符合相应条件的基层农民群众,

---

①　司法部政府网:《司法部关于推进公共法律服务平台建设的意见》,载中华人民共和国司法部(中国政府法制信息网):http://www.moj.gov.cn/government_public/content/2017-09/04/fggz_6584.html,2021 年 12 月 3 日最后访问。

以及符合相应条件的特殊群体，应给予其法律援助服务，解决其急切的法律服务需求；同时，乡村公共法律服务还应针对本地实际，组建法律服务团队，针对本地企业或本地群众开展公益性法律服务，如企业法治体检、公益诉讼代理等。

乡村公共法律服务体系是乡村法律服务体系的“基本盘”。其在内容上相互联系，有机统一，应注意不同服务内容间的良性互动。通过普法宣传与法治教育的服务，改善“半熟人社会”中“乡村地区依靠人情关系、风土习俗维持的内生秩序被逐渐打破，但依据契约关系、法律规范运作的法治秩序未有效建立，乡村地区的行动规则呈现破碎局面”①的现状；并通过公益性法律咨询与乡村法律顾问服务，对农村日常法律服务实施常态化供给，优化乡村治理的模式与方式；以纠纷调解、法律援助服务与法律公益性服务切实、高效、合理地解决具体法律问题，满足农民群众的法律服务需求。以法治手段解决群众困难，在公共法律服务的深入影响下，改变“法治因无法充分满足乡村治理的现实需要，还处于乡村社会治理的‘外围’，没有充分融入乡村治理的内部流程”②的现状，促进法治融入乡村治理的内部运行流程中去，并发挥其主导性、基础性作用。

2. 重要的建设完善方向

首先需要说明的是，对于乡村公共法律服务体系的构建，笔者希望可以站在“基层”参与者与建设者的角度进行思考，对于超出基层“能力范围”之外的建设与完善，在本书中便不再详述。笔者认为，当前乡村公共法律服务体系的基层建设方面，可以做出如下努力：

(1)以“三大平台”，特别是实体平台建设作为乡村公共法律服务体系之基。乡村公共法律服务体系的建设，应以乡村公共服务三大平台为重要抓手，应特别注意乡镇一级的“公共法律服务工作站”及区县一级的公共法律服务中心的建设工作。乡村公共法律服务站的平台化、一体化建设，有利于整合基层公共法律服务资源，实现乡村公共法律服务的“一站式”供给。在具体的建设上，应坚持“三位一体”的建设思路，应确保三大平台“一体服务”“一体监督”

---

① 王亚丰、黄春蕾：《乡村公共法律服务体系建设的价值、困境与优化——基于社会治理视角》，载《安徽行政学院学报》2021 年第 1 期。

② 王亚丰、黄春蕾：《乡村公共法律服务体系建设的价值、困境与优化——基于社会治理视角》，载《安徽行政学院学报》2021 年第 1 期。

“一体保障”。同时应大力推广与宣传公共法律服务平台的作用,切实提升基层公共法律服务平台的运行实效。以一个2019年针对昆明地区的相关调研数据为例,有76%的民众想要通过法律途径解决纠纷,但只有38%的民众知道公共法律服务(法律援助)和“12348”法律服务热线,其中还有超过一半的民众认为公共法律服务平台发挥作用一般或没有发挥作用。① 这说明,在各地已经按照国家部署建立了相应的公共法律服务平台,但还未完全发挥其实效。这就需要进一步“宣传公共法律服务体系建设的重要意义,推广好做法、好经验,宣介先进典型和创新举措”。②

(2)灵活使用公共法律服务供给方式,鼓励多主体参与公共法律服务供给。政府对于公共服务产品的供给方式分为直接提供与间接提供两种。所谓直接供给,是指政府作为供给主体,基于自身行政职能,直接参与供给;所谓间接供给,是指政府通过招投标等方式为社会购买相应的法律服务,由相关法律服务机构参与公共法律服务的供给。间接供给公共法律服务需要注意相应的经费保障问题,“将基本公共法律服务事项纳入政府购买服务指导性目录”。③ 同时可以进一步丰富乡村公共法律服务资金的筹集方式,“鼓励通过慈善捐赠、依法设立公益基金会等方式,引导社会资金投向公共法律服务领域”,④并应制定相应的激励保障机制,“对积极参与公共法律服务的机构和人员,按照国家有关规定进行表彰奖励,并提供必要支持”。⑤

---

① 张焕彬:《公共法律服务驻在式调研报告——以云南省昆明市为例》,载《中国司法》2019年第5期。

② 新华社:《中共中央办公厅 国务院办公厅印发〈关于加快推进公共法律服务体系建设的意见〉》,载中华人民共和国中央人民政府官网:http://www.gov.cn/zhengce/2019-07/10/content_5408010.htm.,2021年12月3日最后访问。

③ 新华社:《中共中央办公厅 国务院办公厅印发〈关于加快推进公共法律服务体系建设的意见〉》,载中华人民共和国中央人民政府官网:http://www.gov.cn/zhengce/2019-07/10/content_5408010.htm.,2021年12月3日最后访问。

④ 新华社:《中共中央办公厅 国务院办公厅印发〈关于加快推进公共法律服务体系建设的意见〉》,载中华人民共和国中央人民政府官网:http://www.gov.cn/zhengce/2019-07/10/content_5408010.htm.,2021年12月3日最后访问。

⑤ 新华社:《中共中央办公厅 国务院办公厅印发〈关于加快推进公共法律服务体系建设的意见〉》,载中华人民共和国中央人民政府官网:http://www.gov.cn/zhengce/2019-07/10/content_5408010.htm.,2021年12月3日最后访问。

3.相关主体定位

乡村公共法律服务体系是多元主体参与建设的体系，只有各主体之间保持良好的协同关系，才能发挥乡村公共法律服务体系的效能。这就要求“政府、市场、社会共同参与到社会治理的过程之中，在共同的价值追求基础上协调合作，提高治理效能”。[①] 总体来说，“政府是法律服务制度方案的制定者和实践的主导者、居民是受益者和反馈者、法律服务组织是服务或产品的供给者和政民沟通的黏合剂”。[②] 在此背景下，明确乡村公共法律服务体系涉及主体间的定位，无疑将促进乡村公共法律服务体系的高效运转。主要主体有以下三种：

（1）政府。

政府是乡村公共法律服务体系的建设者，也是乡村公共法律服务供给的服务者与组织者。在乡村公共法律服务中起主导作用，是乡村公共法律服务体系建设的核心。政府在乡村公共法律服务体系的建设中，应加强与其他法律服务组织及乡村广大农民群众的联系与互动。一方面，政府应为其他法律服务组织提供应有的财政保障与政策支持，并监督其针对公共法律服务产品的供给质量，促进乡村公共法律服务体系供给侧各主体形成供给合力；另一方面，政府应加强与基层乡村农民群众的交流与互动，对于相应公共法律服务的配置应遵循公共法律服务的“普惠性”特征，公平合理地配置相应公共法律服务资源，并应听取民众反映的需求与建议，及时调整乡村公共法律服务的供给，在权限之内，针对本地公共法律服务体系进行优化。

（2）律师、基层法律工作者及其他法律服务组织。

这个主体是乡村公共法律服务供给的参与者，是重要的补充性力量，并在政府与村民间起到了重要的黏合作用。“法律服务组织在乡村公共法律服务中应该作为沟通政府与社会间的桥梁。”[③]一方面，其应根据政府的安排与要求提供相应的公共法律服务，并及时向政府提出自己的专业性意见；另一方面，其应在具体的服务供给中及时收集基层群众的需求与建议，并肩负一定的解释与调和功

① 黄春蕾：《协同治理视角下我国网络募捐监管体系研究》，载《东岳论丛》2017年第10期。

② 颜玉凡：《城市社区公共文化服务的多元主体互动机制：制度理想与现实图景——基于对N市JY区的考察》，载《南京社会科学》2017年第10期。

③ 文军：《中国社会组织发展的角色困境及其出路》，载《江苏行政学院学报》2012年第1期。

能。律师、基层法律工作者及其他法律服务组织在参与乡村公共法律服务供给及相关体系建设的过程中,不应把自己单纯地视为政府的附庸,也不应完全割裂自身与政府之间的联系,而是应平衡好二者的关系,最大限度地发挥自身效能。

(3)村组织与村民群众。

村组织在乡村公共法律服务体系的建设中具有独特的双重属性。一方面,村组织是公共法律服务的享受者;另一方面,其也起到与其他法律服务主体类似的居中作用。

而对于村民群众来说,他们主要以乡村公共法律服务的享有者的身份出现在乡村公共法律服务体系当中。但需要特别注意的是,村民群众中的"法治先进"群体,即"法律明白人"群体。在"'半熟人社会'环境下,国家法治与民间传统文化存在断裂与冲突,单一法治无法满足乡村治理的现实需求,径直输入的公共法律服务因此难以获取村民的认可与参与"[①],而"法律明白人"群体参与乡村公共法律服务的供给,能够很好地弥合在整个乡土社会从"熟人社会"转入"半熟人社会"后,社会异质性增加、地方性共识丧失、村民主体感丧失的困境。他们作为本地村民,熟知大量本地的地方性知识,"扮演着连接法治规范和乡土社会的中介角色"[②]。

(二)基于市场供需配置的乡村非公共性法律服务体系

非公共性法律服务与公共性法律服务相比,除了具有前文所提及的针对性和专项性以外,还体现出了更强的专业性。申言之,非公共性法律服务,在性质及复杂程度上,已超出了公共性法律服务基本性的范畴;在产品对价上,可能已超出了地方公共财政的承受能力,不宜由公共财政全额负担,不具有公共法律服务普惠性的特征。其供需配置与服务价格波动主要由市场发挥决定性配置作用,具有一定的营利性特征。

1."非公共性法律服务"的内容

从"非公共性法律服务"与"公共性法律服务"的这一组对称来看,非公共性法律服务的范围,应是在法律服务这一宏观系统中,除去"公共性"法律服务的部分。就目前而言,非公共性法律服务主要集中在如下几个领域:

---

① 王亚丰、黄春蕾:《乡村公共法律服务体系建设的价值、困境与优化——基于社会治理视角》,载《安徽行政学院学报》2021年第1期。

② 朱岩:《"新讼师"的出现及其角色退出》,载《人民论坛》2020年第23期。

(1)涉及乡村治理体系构建的相关法律服务。在乡村振兴背景下完善乡村治理体系,既是乡村振兴战略“治理有效”目标的必然要求,也是法治乡村建设的应有之义。非公共法律服务可以在已有的公共法律服务的基础上,进一步为基层自治组织的发展与运行提供助力。一是可以针对乡村基层村民委员会从实体权限与行权程序两方面进行组织层面优化,并提升基层党组织运行效力,提升党的基层治理效能;二是可以对村集体资产、资源进行梳理和管理,并为村集体资产的投资与使用提供专业的法律建议;三是可以组织本地人员开展乡规民约的制定与完善,通过深入的走访调研,评估本地地方性知识在治理体系中的作用,以合法性为底线,以“三治结合”的目标导向,制定富有特色、切实有效的乡规民约体系。

(2)涉及乡村产业项目实施的专项法律服务。无论是之前脱贫攻坚中“产业扶贫”的实践抑或是乡村振兴背景下“产业振兴”的重要目标,都对农村地方产业的发展提出了新的要求,相关法律服务需求亦日益增强。专业的法律服务机构,可以对此提供大量的法律服务。从流程来看,该类服务在项目启动前涉及项目可行性法律论证、相关方尽职调查、风险预先评估、项目框架协议制定等诸多方面;在项目执行中涉及土地使用权转让、建设工程、资金筹集、劳动用工等诸多法律问题的解决;在项目落成后则涉及运行风险防范、运行状况评估等多方面服务。

(3)涉及农村土地确权及流转的专项法律服务。随着我国经济的不断发展,城市对于农村地区劳动力的吸引不断增强,在城乡统筹发展的背景下,城乡间要素流动日益频繁。在国家的高位推动下,农村土地政策近年来不断放活。农村土地要素的流动,提出了新的法律服务需求。例如,在集体土地的征收问题上,相关专业法律服务机构可以对征收行为是否符合“公共利益”提供专业的法律建议,并全程参与征收过程,保障征收有序、合法推进;在集体土地相关权益流转的问题上,相关法律服务机构可针对具体的土地经营权流转或经营权流转提供专业的法律建议,起草相关协议,并可就相关新兴的交易合作模式作出合法性分析,出具相关法律意见。

(4)涉及农村房产的相关法律服务。“生态宜居”是乡村振兴战略的重要目标,当前山东地区开展的“合村并居”实践所反映出来的问题,说明在当前宅基地“三权”分置改革基础性问题尚未明确的前提下,对于农村居住条件的改善与优化,需要慎之又慎。对此,相关法律服务机构可以为有关主体在宅基地申请、使用、退出问题、宅基地建房施工管理、农建房补贴问题上提供专业的法律服务。

(5)涉及农业种植与特色养殖的相关法律服务。“生活富裕”是乡村振兴的根本。对于我国广大农村来说,有相当多的地区需要以传统农业和养殖业作为自身经济发展的主要动力。在国家粮食安全无虞的前提下,提升本地农业生产质量,发挥本地农业特色,成为大量农村提升农业生产效能的新出路。对此,专业法律服务机构可以提供相应的高质量法律服务。例如,为农村标准化农田、生态化农田的建设涉及土地问题、技术及知识产权引进问题、村民与集体的种植养殖协议起草问题提供相应的法律服务保障;为规模化养殖、特色化养殖所涉及的环保问题、种禽引进等问题提供全流程法律服务。

(6)涉及农村特色旅游的相关法律服务。当前乡村旅游的兴起,无疑催生了农村经济发展的新业态。乡村旅游的发展,带动了农村一二三产业的融合提升,并在环境保护领域产生了积极的影响,同时增强了农村地区特色文化的影响力,促进了城乡间要素流动。迎合了乡村振兴战略“产业兴旺”“生态宜居”的要求。但与此同时,面对相对薄弱的乡村法治环境与氛围,乡村特色旅游在发展的过程中需要大量的相关专业法律服务予以保障。例如,相关行政主体的项目引入、行政审批、市场监管问题;相关经营主体的土地申请、项目申报、合作运营问题;相关消费主体的消费者权益保护问题;相关旅游项目的标准问题等。

2. 重要的建设方向

非公共法律服务在内容上相较于公共法律服务更为复杂,在服务目的上也更为深化。这样的客观实际便要求我们在完善非公共法律服务体系时,应更加侧重于对其质量的提升。乡村非公共法律服务的主要供给者,对此应是责无旁贷。笔者认为,对于非公共法律服务体系的建设与完善,可着重从如下两个方面进行。

(1)推行法律服务产品化,提升法律服务质量。

“法律服务产品化”是近年来在律师行业较为火热的一个话题。“所谓法律服务产品化,是指律师链接法律规定和社会需求,把提供的法律服务内容,按照一定的标准、流程和方法拆分、固化，并以某种有形的可批量提供的产品，每个产品相对独立、功能特定、价值明确，从而提高法律服务效率，更好更快地满足社会需要。”[①]从经济社会发展的角度来看，人类社会先后经历了从农业社会到工业社会再到服务社会的变革，人类经济发展的支柱亦从第一、第二产业逐步转向第三产业。“与其他产业相比，服务业在发展中长期存在三个难以解决的问题：标准、定价和评估”[②]，这亦是法律服务行业各从业机构一直难以解决的痛点。而法律服务产品化的改革，将会使非公共法律服务的供给由原本粗放式供给方式转变为标准明确、定价合理、便于质量评估的精细化供给方式；同时，由于产品化改革会使得具体法律服务趋于模块化，这使服务本身具有了进行灵活的个性化定制的可能性。

从乡村振兴全面推进对非公共法律服务供给的影响来看，进行相应的产品化改造已是大势所趋。第一，乡村振兴战略背景下的“三农”工作体现出的综合性，使相应的非公共法律服务需求亦从原本单个方向上的“专业性”发展为多维度的“复合专业性”。以之前提到的产业项目法律服务为例，单个专项服务可能便涉及土地、开发、合作协议、投资融资等诸多方面，且各方面的专业性要求都达到了较高水平。第二，乡村振兴战略所具有的长期性使对于法律服务的需求由原本的“事后救济”阶段扩展到了事前预防及事中控制阶段。第三，乡村振兴战略全面推进所激发的农村发展新业态，以及“三农”工作广泛试点的现状，激发了更为丰富的法律服务需求。这促使非公共法律服务由原本侧重于现有市场空间的倾向，逐步转变为越发重视未来的潜在市场。第四，乡村振兴战略本身内含的多维度社会价值，使得围绕其建立的非公共法律服务供给亦呈现出服务价值的多维性。即当前的乡村非公共法律服务不宜只立足于委托人单一的价值需求，同时还应具有经济、文化、社会、教育等多维度价值。

从非公共法律服务的“产品化”构建来看，应实现法律服务的“五化”，即服务的有形化、流程化、标准化、团队化、市场化。所谓服务有形化，就是要利用相应的技术流程将服务呈现在委托人面前，使当事人对服务产生具象化感知，同

① 孙文俊：《律师业发展路径与制度保障研究》，南京大学经济法学专业 2015 年博士学位论文，第 85 页。

② 杨云龙：《服务能“产品化”吗？》，载《新智囊》2007 年第 5 期。

时方便供应主体的项目管理与质量监控。所谓服务流程化,需要服务供应商对同类型的专项法律服务进行程序性分析,并分割为相对具体的阶段与步骤,利用"流水线"式的供给方式提升供给效率,提升产品与项目的可复制性。所谓服务标准化,就是要适当改变原本对法律服务以"人"为中心的认识,改采以"产品"为核心的分析思路,以产品为中心进行人员配置,以产品为核心进行标准化建设。所谓服务团队化,既是对当前乡村法律服务需求日益高端化、复杂化的积极回应,亦是基于法律服务供给主体长远专业化发展、品牌化建设的必然需求。在单个项目的团队搭建上,应整合供应商内部最优资源,为委托人提供高质量服务。所谓市场化,是指法律服务供应商要结合自身在细分市场的定位,积极迎合乡村非公共法律服务市场的现实需求。并根据自身的法律服务能力、专业化水平、人员配置情况开展相应的非公共法律服务产品研发。一方面,可利用昂普分析(RMP)模式①等理论框架进行横向的新产品研发;另一方面,则可在现有产品的基础上,进行纵向深化。

(2)尊重乡村个体差异,提供个性化定制化法律服务。

之所以提出要尝试提供个性化定制化法律服务,是出于以下三个方面的考虑。其一,乡村地区的文化具有多样性,不同地域的农村往往具有不同的法治环境和物质基础,甚至民族构成的不同,也会影响其对法律服务的需求。其二,对于经济发展来说,应遵循基本的客观规律。不论是农村地区的法治乡村建设,还是乡村振兴战略的本地实践,均应遵循基本的因地制宜原则。这就要求相应的法律服务应同时具备个性化、定制化的特点。其三,从法律服务产品化的角度来说,如过分强调"产品"的特性,则有可能使相应的法律服务发生僵化与停滞。从"法律服务"的特性来看,法律服务的产品化可能存在一定困境——不是所有的法律服务都适合进行产品化的改造——这就要求需要以"个性化""定制化"的法律服务对其产品化改革的弊端进行纠偏。

---

① 普昂分析(RMP)模式,原为吴必虎先生所提出的针对旅游开发的程式性论证分析框架。考虑到旅游业与法律服务业均属于广义的服务产业,故而二者在市场运行逻辑上,具有一定的相似性。以笔者的实践经验来看,RMP 模式确能为非公共法律服务产品研发的论证工作提供有益的分析模型。具体而言,所谓 RMP 模式,是指对于产品的研发,应从资源(resource)、市场(market)、产品(product)三个层次进行。该分析模型,首先以产品为中心,进行 R 性分析和 M 性分析,并以上述分析结果为基础进行 P 性分析,最后得出结论。

如此看来,法律服务的"产品化"改造与"个性化"供给似乎存在一定的矛盾,但事实上并非如此。对于法律服务"产品化"与"个性化"的认识,应从以下三个层面进行把握:第一,产品化是个性化的基础。换言之,如在没有完善的产品化改造的情况下,"跨越式"地对法律服务进行"个性化"定制,可能会适得其反,既无法体现"个性"又无法纾解"痛点"。只有首先对乡村非公共法律服务进行了"产品化"的改造,才有资格和条件对其进行进一步的"个性化"的定制。因为对服务进行"产品化"改造的过程,便是对业务进行深入的纵向提升的过程,这是法律服务供给在效率上从"走"到"跑"、在内容上从"有"到"好"的必然阶段。而之后的个性化,便是进一步使法律服务从"好"到"特"(有特点、有特色)的过程。第二,对于成熟的法律服务产品来说,"产品化"是"外观性"及"程序性"的表征,而"个性化"是法律服务产品的本质性要求。第三,从目的与手段的关系来看,法律服务个性化正是法律服务产品化的重要目的。

在对具体的乡村非公共法律服务进行"个性化""定制化"供给时,应着重注意以下几个问题:第一,对法律服务进行个性化定制,应建立在法律服务本身质量优秀的基础上。第二,对乡村非公共法律服务进行个性化的定制,应广泛开展具有实效的调研活动,了解本地实际情况。并充分听取乡镇政府、村干部、法律明白人及普通村民的意见与建议,对本地地方性知识与需求作出准确、完整的把握。以个性化的"需求",引领法律服务产品的个性化"定制"。第三,应在同类的法律服务产品供给过程中,重视经验总结与知识管理。重视利用"类型化"视野对已完成的项目,尤其是典型性项目进行复盘与总结,提炼相关经验与教训。将实务中常见的"个性化"需求类型化。第四,对于"个性化"的服务定制,应严把合法性底线。这就要求相关法律服务供应主体在掌握已有法律、法规的基础上,还需熟悉本地地方性法规及政策。并对全国相关的试点实践及未来立法倾向进行准确把握。

第二章

乡村振兴立法解读及启示

为保障乡村振兴战略的有效贯彻实施，落实2021年“中央一号文件”提出的“强化乡村振兴法治保障，抓紧研究制定乡村振兴法的有关工作，把行之有效的乡村振兴政策法定化，充分发挥立法在乡村振兴中的保障和推动作用”的要求，十三届全国人大常委会将制定《乡村振兴促进法》列入立法规划，全国人大农业与农村委员会及时组织国家发展改革委、农业农村部、财政部等成立《乡村振兴促进法》起草领导小组和工作小组，通过开展调研、听取意见建议、广泛征求意见等方式深入分析研究，认真吸纳各方面意见，反复修改完善，形成了《乡村振兴促进法》（草案），于2021年4月29日经十三届全国人大常委会第二十八次会议表决通过。《乡村振兴促进法》正式出台，于2021年6月1日起施行。

第一节　《乡村振兴促进法》主要内容解读

一、《乡村振兴促进法》的重要意义

脱贫攻坚目标任务全面完成后，“三农”工作重心历史性转向全面推进乡村振兴。在这样一个关键节点上，《乡村振兴促进法》的出台恰逢其时、意义重大。

（一）《乡村振兴促进法》是实施乡村振兴战略的法治基石

《乡村振兴促进法》是第一部以乡村振兴命名的基础性、综合性法律，聚焦增加农民收入、提高农民生活水平、提升农村文明程度等核心任务，对乡村振兴的总目标、总方针、总要求作出明确规定，把实施乡村振兴战略必须遵循的重要原则、重要制度、重要机制固定下来，阐明了乡村振兴往哪走、怎么走、跟谁走等重大问题。这是促进乡村振兴的一部打基础、管长远、固根本的大法，与2018年“中央一号文件”、《乡村振兴战略规划》、《中国共产党农村工作条例》，共同构成实施乡村振兴战略的“四梁八柱”，而且是“顶梁柱”，必将更好地发挥法律的规范、引领和推动作用，持之以恒、驰而不息促进乡村振兴，确保党中央关于乡村振兴战略部署被不折不扣地贯彻落实。

（二）《乡村振兴促进法》是实施乡村振兴战略的法治保障

习近平总书记强调，全面实施乡村振兴战略的深度、广度、难度都不亚于脱贫攻坚，必须加强顶层设计，以更有力的举措、汇聚更强大的力量来推进。《乡

村振兴促进法》将党中央、国务院关于乡村振兴的重大决策部署和各地行之有效的实践经验法定化、制度化，对产业发展、人才支撑、文化繁荣、生态保护、组织建设等乡村振兴重点任务作出了全方位的规定，既指明了鼓励倡导的方向路径，又划出了禁止限制的底线红线，为尊重农民主体、坚持因地制宜、保持历史耐心，确保乡村振兴不走偏、不走样提供了重要依据，有利于保持政策的连续性和稳定性，举全党全社会之力推进乡村振兴，为新阶段促进农业高质高效、乡村宜居宜业、农民富裕富足提供有力法治保障。

（三）《乡村振兴促进法》是实施乡村振兴战略的法治利器

《乡村振兴促进法》没有规定法律责任，但从制度上将实践证明行之有效的政策体系、工作体系和责任体系规范化、法定化，强化了各级政府及有关部门推进乡村振兴的职责和任务，并对建立考核评价、年度报告、监督检查等制度规定了具体要求，针对城乡融合发展、人地钱支持、工作责任落实等重点难点问题提出了“一揽子”举措，为推动乡村振兴破难题、开新局、聚合力提供了有力抓手。①

二、《乡村振兴促进法》的主要内容解读

《乡村振兴促进法》分为十章，依次分为总则、产业发展、人才支撑、文化繁荣、生态保护、组织建设、城乡融合、扶持措施、监督检查、附则，共 74 条。为帮助大家更好理解适用《乡村振兴促进法》，笔者将对乡村振兴主要内容进行简要解读。

（一）《乡村振兴促进法》与其他涉农法律的关系

《乡村振兴促进法》作为一部综合性法律，一方面，其法律的政策性十分鲜明、目标任务十分精准，即是为了保障乡村振兴战略的有效贯彻实施而制定的，立法的着力点在于把党中央关于乡村振兴的重大决策部署，包括乡村振兴的任务、目标、要求和原则等转化为法律规范，确保乡村振兴战略部署得到落实。另一方面，《乡村振兴促进法》作为全国人民代表大会常务委员会制定实施的一部涉农重要法律，是在现行有效的《农业法》等涉农法律基础上制定的全面促进乡村振兴的法律，着重从“促进”的角度来规范乡村振兴的各项制度，同时在具体

① 唐仁健：《乡村振兴　法治先行——〈乡村振兴促进法〉6 月 1 日实施》，载《农民日报》2021 年 6 月 1 日，第 1 版。

内容上注重与其他涉农法律的规定有效衔接，对其他法律规定不够明确地作出补充性规定，但不替代农业法等其他涉农法律，与其他涉农法律共同构成农业农村法律制度体系。

（二）“五大振兴”

实现乡村全面振兴应当按照产业兴旺、生态宜居、乡风文明、治理有效、生活富裕的总要求，统筹推进农村经济建设、政治建设、文化建设、社会建设、生态文明建设。习近平总书记指出，要坚持乡村全面振兴，抓重点、补短板、强弱项，实现乡村产业振兴、人才振兴、文化振兴、生态振兴、组织振兴，推动农业全面升级、农村全面进步、农民全面发展。“五大振兴”是乡村全面振兴的核心内涵和主要抓手。

因此，《乡村振兴促进法》第二章至第六章分别以“五大振兴”为主要内容，着重从产业发展、人才支撑、文化繁荣、生态保护、组织建设五个方面，将党中央有关方针政策和地方实践中的成功经验，通过立法形式确定下来，明确相关政策措施，完善相关制度，保障乡村全面振兴。特别是着重围绕发展壮大农村集体经济、培育新型农业经营主体、促进农业转型升级、不断提高农业科技水平、严格保护耕地、保障粮食等主要农产品供给、改善乡村生态和人居环境、提高乡村文明程度和思想道德建设水平、传承和发展中华优秀传统文化、建立健全乡村社会治理体系、加强基层组织建设等方面，作出相应规定。

1. 产业发展

产业振兴是乡村振兴的重要基础，对于解决“三农”问题起着至关重要的作用，可以说，产业振兴就是解决农村问题的前提。《乡村振兴促进法》第二章对乡村产业发展作出了全面系统的法律规定，从完善农村集体产权制度、增强农村集体所有制经济发展活力；以乡村优势特色资源为依托，支持、促进农村一二三产业融合发展，推进建立现代农业农村体系；优化农业生产力布局，推进农业结构调整；国家建立农用地分类管理制度，严格保护耕地；加强农业科技创新，建立现代农业产业技术体系；国家加强农业技术推广体系建设，开展农业技术推广服务；各级人民政府应当完善扶持政策，促进乡村产业发展和农民就业；生化供销合作社综合改革，鼓励供销合作社加强与农民利益联结机制等多方面、全方位为产业振兴发展做了明确具体规定、提出了切实有效举措。

根据《乡村振兴促进法》的相关规定，在产业发展上，各级人民政府应当促进农、林、牧、渔等第一产业的发展，同时，各级人民政府也应当促进适宜的新兴第二、三产业的发展，培育新产业、新业态、新模式，促进农村第一、二、三产业融合发展。在产业发展的生产要素和发展动力上，对土地、种子、科技创新、农业技术推广、农业机械化、农业信息化等作出基本规范。在产业发展主体上，规定发展壮大农村集体经济、发展新型农业经营主体、支持创新创业，发挥好国有农（林、牧、渔）场、供销合作社等主体的示范引领和带动作用。此外，乡村产业发展应当促进农民收入稳定增长、农民生活水平不断提升，国家支持各类经济组织与农民建立紧密型利益联结机制。

2. 人才支撑

乡村振兴，关键在人。2021 年，中共中央办公厅、国务院办公厅印发的《关于加快推进乡村人才振兴的意见》明确指出，以习近平新时代中国特色社会主义思想为指导，全面贯彻中共十九大和十九届二中、三中、四中、五中全会精神，坚持和加强党对乡村人才工作的全面领导，坚持农业农村优先发展，坚持把乡村人力资本开发放在首要位置，大力培养本土人才，引导城市人才下乡，推动专业人才服务乡村，吸引各类人才在乡村振兴中建功立业，健全乡村人才工作体制机制，强化人才振兴保障措施，培养造就一支懂农业、爱农村、爱农民的“三农”工作队伍，为全面推进乡村振兴、加快农业农村现代化提供有力人才支撑。

《乡村振兴促进法》第三章“人才支撑”共 5 条，分别从健全乡村人才工作体制机制；加强乡村教育人才培育；加强乡村医疗卫生人才培育；加强乡村高素质农民培育；加强乡村其他人才培育等五方面，对乡村振兴各类人才培养、体制机制建设、政策激励机制做了明确具体的规定要求，有利于激发乡村人才发展的热情和体制机制保障。

3. 文化繁荣

乡村文化振兴作为乡村振兴战略的一个重要组成部分。2020 年 12 月，习近平总书记在中央农村工作会议上指出：“要加强社会主义精神文明建设，加强农村思想道德建设，弘扬和践行社会主义核心价值观，普及科学知识，推进农村移风易俗，推动形成文明乡风、良好家风、淳朴民风。”该内容从物质文明与精神文明辩证统一的理论高度、从繁荣兴盛乡村文化推动中华优秀传统文化创造性转化与创新性发展的历史使命、从乡村文化振兴为乡村振兴铸魂育民的实践需求，为新时代我国乡村文化振兴指明了方向，是“十四五”时期我国乡村文化繁荣兴盛的根本遵循。

《乡村振兴促进法》第四章“文化繁荣”共5条，分别从组织开展新时代文明实践活动，加快培育文明乡风；各级人民政府推动乡村公共文化服务建设、丰富乡村文化生活；各级人民政府应当采取措施保护农业文化遗产和非物质文化遗产，挖掘优秀农业文化深厚内涵，弘扬红色文化，传承和发展优秀传统文化；发展乡村特色文化产业等方面，明确了乡村文化振兴的内涵，对如何开展乡村文化振兴、怎样开展好乡村文化振兴指明了方向。

4. 生态保护

生态宜居是乡村振兴的关键。良好的生态环境是农村的最大优势和宝贵财富，必须尊重自然、顺应自然、保护自然，推动乡村自然资本加快增值，实现百姓富、生态美的统一。在新时代，必须坚持把贯彻落实习近平生态文明思想贯穿于乡村振兴战略实施的全过程，建立健全以生态价值观念为准则的生态文化体系和以产业生态化和生态产业化为主体的生态经济体系，推动乡村生态振兴。

《乡村振兴促进法》第五章“生态保护”共7条，分别从国家健全重要生态系统保护制度和生态保护补偿机制；推动种养结合、农业资源综合开发，优先发展生态循环农业；改善乡村生态环境；持续改善农村人居环境；建立农村低收入群体安全住房保障机制；国家实行耕地养护、修复、休耕和草原森林河流湖泊休养生息制度，用多个条款、大篇幅对乡村振兴生态保护问题做了规定，体现党中央对乡村振兴生态保护的高度重视和决心意志。

5. 组织建设

乡村振兴的重要内容是组织振兴。党的基层组织是党的肌体的“神经末梢”，要发挥好战斗堡垒作用。农村基层党组织与基层群众距离最近、联系最广、接触最多，是党在农村全部工作和战斗力的基础。要推进乡村振兴，必须紧紧依靠农村党组织和广大党员，使党组织的战斗堡垒作用和党员的先锋模范作用得到充分发挥，带领群众同频共振，推进“五大振兴”。与脱贫攻坚相比，乡村振兴战略目标任务更重、难度更大，必须要进一步加强农村基层党组织在农村事业发展中的领导核心作用，增强自身战斗力，团结和凝聚其他组织和各方力量扎实推进乡村振兴的实施。同时，建立健全党委领导、政府负责、民主协商、社会协同、公众参与、法治保障、科技支撑的现代乡村社会治理体制，健全以党组织为核心的组织体系，以农村基层党组织建设为主线，突出政治功能，提升组织力，全面加快农村基层群众性自治组织建设、经济组织建设和社会组织建设，推动乡村组织振兴，打造充满活力、和谐有序的善治乡村。

《乡村振兴促进法》第六章“组织建设”共9条，分别从完善乡村社会治理体制和治理体系；加强党的全面领导；加强农村基层群众性自治组织建设；加强农村经济组织建设；加强农村社会组织建设；加强法治乡村建设；健全农村干部队伍培养机制等方面对乡村振兴组织建设提供了组织保障。

（三）城乡融合

实施乡村振兴战略必须走城乡融合发展之路。习近平总书记2018年在主持中共中央政治局就实施乡村振兴战略进行第八次集体学习时指出：要把乡村振兴战略这篇大文章做好，必须走城乡融合发展之路。改革开放以来，我国进入城镇化快速发展的阶段，但城乡二元结构在总体上没有得到破解，城乡之间发展的不平衡问题仍然比较突出，成为制约全面建成小康社会和建设社会主义现代化强国的重要问题。在协同推进乡村振兴战略和新型城镇化战略的过程中，一些体制机制壁垒还有待进一步破除。一是城乡要素自由流动和平等交换还不够顺畅，制度性通道尚未完全打通。人才、土地、资金、产业、信息等各类要素更多的是向城市流动，而不是向乡村流动，农村居民到城市落户仍有不少限制，城乡统一的建设用地市场尚未完全形成。二是城乡基本公共服务均等化尚未实现，城乡基础设施建设、社会保障和公共服务水平还有不小差距。三是城乡普惠金融服务体系尚未全面建成，金融服务乡村振兴的能力还有待进一步提升。四是工农互促、城乡互补、协调发展、共同繁荣的新型工农城乡关系尚未完全形成。

建立健全城乡融合发展体制机制和政策体系，应当坚持以人民为中心的发展思想，坚持稳中求进的工作总基调，坚持新发展理念，坚持推进高质量发展，坚持农业农村优先发展，以协调推进乡村振兴战略和新型城镇化战略为抓手，以缩小城乡发展差距和居民生活水平差距为目标，以完善产权制度和要素市场化配置为重点，把握以下主要原则。顺应城镇化大趋势，牢牢把握城乡融合发展正确方向，树立城乡一盘棋理念，突出以工促农、以城带乡，构建促进城乡规划布局、要素配置、产业发展、基础设施、公共服务、生态保护等相互融合和协同发展的体制机制。

把县域作为城乡融合发展的重要切入点。加快县域内城乡融合发展，一是要推进以人为核心的新型城镇化，促进城乡融合。二是要把县域作为城乡融合发展的重要切入点，强化统筹谋划和顶层设计，改变城乡分割的体制弊端，加快打通城乡要素双向流动的制度性通道。三是要加快小城镇发展，完善基础设施和公共服务，发挥小城镇连接城市、服务乡村作用。推进以县城为重要载体的城镇化建设。四是要推动在县域就业的农民工就地市民化，增加适应进城农民刚性需求的住房供给，鼓励地方建设返乡入乡创业园和孵化实训基地等。

《乡村振兴促进法》第七章“城乡融合”共8条，分别从各级人民政府应当协同推进乡村振兴战略和新型城镇化战略的实施，整体筹划城镇和乡村发展；优化本行政区域内乡村发展布局；推动城乡基础设施互联互通；推进城乡基本公共服务均等化；国家完善城乡统筹的社会保障制度；国家推动形成平等竞争、规范有序、城乡统一的人力资源市场，健全城乡均等的公共就业创业服务制度；对促进城乡产业协同发展；依法保障农民工工资支付和社会保障权益等方面提出了明确要求，为促进城乡融合发展提供了根本遵循。

(四)扶持政策

“兵马未动，粮草先行。”乡村振兴战略是国家战略，是党和国家的大政方针，要实现“产业兴旺、生态宜居、乡风文明、治理有效、生活富裕”目标，必须有真金白银的硬投入，没有投入都是空谈。2018年“中央一号文件”中共中央、国务院《关于实施乡村振兴战略的意见》提出，“实施乡村振兴战略，必须解决钱从哪里来的问题。要健全投入保障制度，创新投融资机制，加快形成财政优先保障、金融重点倾斜、社会积极参与的多元投入格局，确保投入力度不断增强、总量持续增加”。《乡村振兴促进法》第八章“扶持措施”共10条，分别从国家建立健全农业支持保护体系和实施乡村振兴战略财政投入保障制度；国家加大对革命老区、民族地区、边疆地区实施乡村振兴战略的支持力度；构建以高质量绿色发展为导向的新型农业补贴政策体系；调整完善土地出让收入使用范围；国家建立健全多层次农业保险体系;满足乡村产业、公共服务设施和农民住宅用地合理需求等方面作出了明确规定,以法律的形式构建了乡村振兴扶持政策体系。

1. 健全财政投入和农业支持保护政策

第一,国家建立健全农业支持保护体系和实施乡村振兴战略财政投入保障制度。县级以上人民政府应当优先保障用于乡村振兴的财政投入,确保投入力度不断增强、总量持续增加、与乡村振兴目标任务相适应。

第二,各级人民政府应当采取措施增强脱贫地区内生发展能力,建立农村低收入人口、欠发达地区帮扶长效机制,持续推进脱贫地区发展;建立健全易返贫致贫人口动态监测预警和帮扶机制,实现巩固拓展脱贫攻坚成果同乡村振兴有效衔接。国家加大对革命老区、民族地区、边疆地区实施乡村振兴战略的支持力度。

第三,各级人民政府应当坚持取之于农、主要用之于农的原则,按照国家有关规定调整完善土地使用权出让收入使用范围,提高农业农村投入比例。

第四,加快建立以绿色生态为导向的农业补贴制度。不断调整优化农业补贴政策,支持农民调整产品结构、产业结构和产业布局,提升农产品质量安全水平,增加绿色优质农产品供给。

第五,积极探索国家综合运用财政、金融等政策措施,完善政府性融资担保机制,依法完善乡村资产抵押担保权能,改进、加强乡村振兴的金融支持和服务。

2. 健全农村金融体系和农业保险体系

第一,建立健全有效的农村金融服务体系。为了引导更多金融资源配置到农村经济社会发展的重点领域和薄弱环节,进一步加强和改进农村金融服务,根据《乡村振兴促进法》关于"完善金融支持乡村振兴考核评估机制"的规定,中国人民银行、中国银保监会联合发布了《金融机构服务乡村振兴考核评估办法》,于2021年7月4日起正式实施,明确了评估对象、评估指标和方法、评估程序、评估结果和运用等具体内容,以定量和定性相结合的考核指标评估金融机构服务乡村振兴的情况,强调对新型农业经营主体、小农户等的支持,体现了金融服务乡村振兴的新实践新要求,突出了金融对乡村振兴重点领域和薄弱环节的支持。

第二，进一步明确金融机构的支农责任。一是国家开发银行、中国农业发展银行等政策性金融机构要发挥资金规模优势，重点支持农业农村基础设施建设。中国农业发展银行要继续发挥好在粮棉油收储中的主导作用，加大对多元主体入市收购支持力度。政策性金融机构可以探索以批发贷款方式与商业性金融机构合作支农。二是国有商业银行、股份制商业银行，中国邮政储蓄银行，城市商业银行、民营银行等商业银行要坚持农业农村优先发展理念，进一步加大“三农”领域信贷投放，持续优化重点支持领域的信贷政策，强化对县域支行信贷分类授权，重视培育多方合作的县域风险分担金融生态。重点在产业发展上发力，切实加大对农户和农业经营主体的信贷支持力度，充分考虑其贷款周期、贷款额度等个性化的需求，有针对性地创新金融服务产品，缓解融资难、融资贵的问题。三是农村商业银行、农村合作银行、村镇银行等农村中小金融机构应当主要为本地农业农村农民服务，当年新增可贷资金主要用于当地农业农村发展。农商行、农信社等合作性金融机构要发挥机构网点优势，进一步下沉服务重心，把支持“三农”作为主战场，不离农不脱农，支持农村中小企业、新型农业经营主体和农户发展生产。继续发挥好村镇银行、资金互助社、小贷公司等新型农村金融机构的作用，积极稳妥推进农民合作社内部信用合作，规范运营管理，形成对传统金融机构职能的有益补充，填补农村金融服务的空白。

第三，加强金融产品和服务的创新。一是鼓励以资金需求主体的信用为基础的产品创新，基于相对完备的信用体系，创新信贷产品。二是鼓励农村产权作为抵押的产品创新，结合农村产权交易的情况，创新农村产权抵押融资额度、方式等。三是鼓励服务特色产业链的产品创新，引导金融机构创新产品为整条产业链提供资金支持。四是鼓励数字金融产品的创新，在确保风险可控的前提下，创新数字金融产品，服务农村各类经营主体。五是鼓励开展针对性、差异化的信贷产品，开发劳务经济、返乡创业、妇女创业等小额贷款。

第四，完善政策性农业保险制度。一是随着 2020 年年底中国农业再保险股份有限公司的成立，多层次的农业保险体系基本建立，但是还需要进一步完善包括保险公估等在内的相关制度。二是为了推进农业保险工作的落实落地，《乡村振兴促进法》规定，鼓励商业性保险公司开展农业保险业务，支持农民和农业经营主体依法开展互助合作保险。商业性保险公司通过经营机制和保险产品的创新，与银行、担保、期货等联合起来，共同为农户提供保险和金融服务，提高商业保险公司开展农业保险业务的积极性。开展互助合作保险实际上就是要鼓励互助合作，把保险公司与投保主体的需求有机结合起来，提高农民和各类农业经营主体参与农业保险的积极性，共同推进农业保险的发展。三是《乡村振兴促进法》还强调，县级以上人民政府应当采取保费补贴等措施，支持保险机构适当增加保险品种，扩大农业保险覆盖面，促进农业保险发展。

3. 调整完善土地出让金收入的使用范围

第一，《乡村振兴促进法》第 61 条规定，各级人民政府应当坚持取之于农、主要用之于农的原则，按照国家有关规定调整完善土地使用权出让收入使用范围，提高农业农村投入比例，重点用于高标准农田建设、农田水利建设、现代种业提升、农村供水保障、农村人居环境整治、农村土地综合整治、耕地及永久基本农田保护、村庄公共设施建设和管护、农村教育、农村文化和精神文明建设支出，以及与农业农村直接相关的山水林田湖草沙生态保护修复、以工代赈工程建设等。明确规定要按照国家有关规定调整完善土地使用权出让收入使用范围，提高农业农村投入比例，无疑对乡村振兴资金需求起到了重要支持作用。

第二，通过调整土地出让收入使用范围、土地收入用于乡村振兴比例的计提方式、统计口径、使用范围、核算办法等具体措施举措，必将更好、更精准发挥土地出让收入“取之于农、主要用于农”的良好效果。

4. 保障乡村振兴用地合理需求

第一，县级以上地方人民政府应当推进节约集约用地，提高土地使用效率，依法采取措施盘活农村存量建设用地，激活农村土地资源，完善农村新增建设用地保障机制，满足乡村产业、公共服务设施和农民住宅用地合理需求。土地是稀缺资源，同时我国广大农村还有很多存量用地，如何盘活、利用好农村存量建设用地，对乡村振兴土地需求意义重大。在充分尊重农民意愿的前提下，依照《土地管理法》《农村土地承包法》等法律、法规的规定，积极探索将符合规划的存量集体建设用地，按照农村集体经营性建设用地入市。积极拓展集体建设用地使用途径。积极探索村集体经济组织兴办企业或者与其他单位、个人以土地使用权入股、联营等形式共同举办企业，积极探索土地使用权抵押等担保权能。

第二，县级以上地方人民政府应当保障乡村产业用地，建设用地指标应当向乡村发展倾斜，县域内新增耕地指标应当优先用于折抵乡村产业发展所需建设用地指标，探索灵活多样的供地新方式。保障设施农业用地需求。随着农业现代化水平不断提升，设施农业生产用地需求日益增多，且呈现多样化。2019年12月17日，自然资源部、农业农村部出台了《关于设施农业用地管理有关问题的通知》，明确了设施农业用地地类划分、用地规模、用地管理方式、服务监管等方面的支持政策，为改进设施农业用地管理，丰富农村产业形态，促进乡村振兴发展提供了重要保障。保障农村一二三产业融合发展用地需求。乡村振兴战略实施以来，各地农村产业融合发展形式丰富多样、力度不断加大、效果逐渐显现，为实现乡村产业兴旺奠定了良好基础，为顺应农村发展规律，保障农村一二三产业融合发展合理用地需求，为农村产展壮大留出用地空间。2021年1月，自然资源部、国家发展和改革委员会、农业农村部出台了《关于保障和规范农村一二三产业融合发展用地的通知》，明确农村一二三产业融合发展用地范围。农村一二三产业融合发展用地是以农业农村资源为依托，拓展农业农村功能，延伸产业链条，涵盖农产品生产、加工、流通、就地消费等环节，用于农产品加工流通、农村休闲观光旅游、电子商务等混合融合的产业用地，土地用途可确定为工业用地、商业用地、物流仓储用地等。该通知同时强调，引导农村产业在县域范围内统筹布局。把县域作为城乡融合发展的重要切入点，科学编制国土空间规划，因地制宜合理安排建设用地规模、结构和布局及配套公共服务设施、基础设施，有效保障农村产业融合发展用地需要。规模较大、工业化程度高、分散布局配套设施成本高的产业项目要进产业园区；具有一定规模的农产品加工要向县城或有条件的乡镇城镇开发边界内集聚；直接服务种植养殖业的农产品加工、电子商务、仓储保鲜冷链、产地低温直销配送等产业，原则上应集中在行政村村庄建设边界内；利用农村本地资源开展农产品初加工、发展休闲观光旅游而必需的配套设施建设，可在不占用永久基本农田和生态保护红线、不突破国土空间规划建设用地指标等约束条件、不破坏生态环境和乡村风貌的前提下，在村庄建设边界外安排少量建设用地，实行比例和面积控制，并依法办理农用地转用审批和供地手续。具体用地准入条件、退出条件等由各省（区、市）制定，并可根据休闲观光等产业的业态特点和地方实际探索供地新方式。

第三,经国土空间规划确定为工业、商业等经营性用途并依法登记的集体经营性建设用地,土地所有权人可以依法通过出让、出租等方式交由单位或者个人使用,优先用于发展集体所有制经济和乡村产业。前述《关于保障和规范农村一二三产业融合发展用地的通知》规定,农村集体经济组织兴办企业或者与其他单位、个人以土地使用权入股、联营等形式共同举办企业的,可以依据《土地管理法》第60条的规定使用规划确定的建设用地。单位或者个人也可以按照国家统一部署,通过集体经营性建设用地入市的渠道,以出让、出租等方式使用集体建设用地。同时,优化用地审批和规划许可流程。在村庄建设边界外,具备必要的基础设施条件、使用规划预留建设用地指标的农村产业融合发展项目,在不占用永久基本农田、严守生态保护红线、不破坏历史风貌和影响自然环境安全的前提下,可暂不做规划调整;市县要优先安排农村产业融合发展新增建设用地计划,不足的由省(区、市)统筹解决;办理用地审批手续时,可不办理用地预审与选址意见书;除依法应当以招标拍卖挂牌等方式公开出让的土地外,可将建设用地批准和规划许可手续合并办理,核发规划许可证书,并申请办理不动产登记。强化用地监管。落实最严格的耕地保护制度,坚决制止耕地"非农化"行为,严禁违规占用耕地进行农村产业建设,防止耕地"非粮化",不得造成耕地污染。农村产业融合发展用地不得用于商品住宅、别墅、酒店、公寓等房地产开发,不得擅自改变用途或分割转让转租。各级自然资源主管部门要将农村产业融合发展用地情况纳入国土空间基础信息平台和国土空间规划"一张图"进行动态监管,并结合国土变更调查进行年度评估。

(五)监督检查

实施乡村振兴战略,是一项长期的历史性任务。要科学规划、注重质量、从容建设,不追求速度,更不能刮风搞运动。《乡村振兴促进法》通过设立监督检查专章,有利于促进乡村振兴战略落地实施。

1. 目标责任制和考核评价制度

第一,完善乡村振兴目标责任制。《乡村振兴促进法》第9条明确规定,国家建立健全中央统筹、省负总责、市县乡抓落实的乡村振兴工作机制,并要求各级人民政府应当将乡村振兴促进工作纳入国民经济和社会发展规划,并建立乡村振兴考核评价制度、工作年度报告和监督检查制度。

第二，实施乡村振兴战略实绩考核评价制度。《乡村振兴促进法》规定了考核评价制度，上级人民政府应当对下级人民政府进行考核。2019 年以来，中央农村工作领导小组办公室相继印发《关于建立推进乡村振兴战略实绩考核制度的意见》《关于进一步做好实施乡村振兴战略实绩考核工作的通知》等文件，加快形成和完善乡村振兴战略绩效考核工作体系，打造全面推进乡村振兴的“指挥棒”，督促各地落实推进乡村振兴各项措施，根据意见安排，31 个省（自治区、直辖市）建立了乡村振兴实绩考核制度实施细则，开展了省级对市县乡村振兴实绩考核工作。从 2019 年开始，中共中央办公厅、国务院办公厅将推进乡村振兴战略实绩考核列入督查事项，要求抓紧建立健全实施乡村振兴战略实绩考核制度，推进考核范围覆盖。中央农办已经连续两年开展乡村振兴督查，推进乡村振兴任务重点落实。

2. 评估制度

第一，乡村振兴进展指标。《乡村振兴促进法》第 4 条第 5 项将“根据乡村的历史文化、发展现状、区位条件、资源禀赋、产业基础分配推进”作为该法的原则之一。各乡村应发挥基层首创精神，着力发展自己的优势，走差异化发展的特色乡村振兴之路。通过建立科学的、完善的乡村振兴进展评价体系，有利于形成更加富有动力、因地制宜、统筹协调的乡村振兴新格局。

第二，乡村振兴发展评估。《乡村振兴促进法》第 69 条规定，县级以上地方人民政府应当对本行政区域乡村振兴战略实施情况进行评估。要确保乡村振兴各项目标任务的完成，就必须加强乡村振兴战略规划的定期跟踪评估，通过考核评估层层压实各地各部门推进乡村振兴的责任。

第三，报告制度。各级人民政府作为同级人大的执行机关需要向人大报告工作，听取政府的工作报告是人大行使监督权的一种方式。乡村振兴促进专项工作报告的意义在于，一方面，汇报年度或者半年的乡村振兴促进工作情况以及工作进展，让人大了解当地的乡村振兴工作的具体情况、未来的规划，以及本级政府在其中所起到的作用；另一方面，也要发挥人大监督的作用，人大在听取报告的同时也可就群众集中反映的问题提出意见或建议。

第四，向上级政府报告。上下级政府之间存在组织隶属关系，因而下一级政府应当向上一级政府报告工作。向上级政府报告工作的意义在于：一是有利于提高政府在乡村工作中的公信力；二是有利于对政府促进乡村振兴工作进行监督；三是有利于政府开展乡村振兴工作的阶段性总结，推动下一步工作开展。

第五，协调推进机制。国家发展和改革委员会、农业农村部会同有关部门建立了规划实施协调推进机制，定期跟踪规划确定的重点任务和重大工程、行动、计划进展情况，调度汇总各相关部门乡村振兴规划实施情况，每年向党中央、国务院报告规划实施进展情况。

第二节　乡村振兴地方立法实践

乡村振兴说到底是要解决好“三农”问题，涉及农业农村农民经济社会文化生活的各个方面，这不是一部综合性的促进法就能完全解决的，我们还需要有更多的地方立法来进行支撑，为乡村振兴提供全面的法治保障，推动乡村振兴战略的实施。

一、地方乡村振兴立法情况

乡村振兴是我们国家新时期确定的重大战略，进行立法实践存在诸多不成熟的地方，需要各地立足本地实际，在立法权限范围内创造性地开展立法工作，先行先试，为国家立法积累经验。如湖北省、江西省、山东省、浙江省、天津市、新疆维吾尔自治区等省（市、区）都率先进行了乡村振兴立法的实践并已经出台了各省（市、区）的乡村振兴条例。此外，据不完全统计还有十余省（市、区）也正在起草制定乡村振兴促进条例，分别是吉林省、江苏省、河南省、福建省、四川省、贵州省、广东省、北京市、重庆市等。

（一）湖北省的立法情况

2020 年 1 月 17 日，湖北省第十三届人大三次会议审议通过了《湖北省乡村振兴促进条例》，并于 2020 年 5 月 1 日起施行。《湖北省乡村振兴促进条例》共 11 章 77 条，以党中央关于乡村振兴“产业兴旺、生态宜居、乡风文明、治理有效、生活富裕”的总要求为经，以产业振兴、人才振兴、文化振兴、生态振兴、组织振兴为纬，编织了一幅湖北乡村振兴的美丽“富春山居图”，成为全国首部促进乡村振兴战略实施的综合性地方性法规，在省级层面率先为实施乡村振兴战略提供了制度样本。

（二）江西省的立法情况

2021年1月30日，江西省第十三届人大五次会议审议通过了《江西省乡村振兴促进条例》，并于2021年3月1日起施行。《江西省乡村振兴促进条例》共10章65条，按照产业兴旺、生态宜居、乡风文明、治理有效、生活富裕总要求的逻辑顺序分五个章节作出具体规定，将推进乡村振兴的重要政策举措，以及各地行之有效的实践探索，进行规范化、法定化，明确了江西省乡村振兴的目标任务、基本原则、实施路径和保障措施，从法规制度层面搭建起乡村振兴的“四梁八柱”，是江西省第一部由省人民代表大会审议的实体性法规，为江西全面推进乡村振兴提供了坚强有力的法治保障。

（三）山东省的立法情况

2021年5月27日，山东省第十三届人大常委会第二十八次会议审议通过了《山东省乡村振兴促进条例》，并于2021年7月1日起施行。《山东省乡村振兴促进条例》共10章65条，以产业振兴、人才振兴、文化振兴、生态振兴、组织振兴为主要内容，并专章对城乡融合、扶持措施和监督管理作出了细化规定，突出了农民的主体地位与政府的服务保障，充分发挥农业大省优势，扛起农业大省责任，打造乡村振兴的齐鲁样板，加快山东省农业农村现代化进程。

（四）浙江省的立法情况

2021年7月30日，浙江省第十三届人大常委会第三十次会议审议通过了《浙江省乡村振兴促进条例》，并于2021年9月1日起施行。《浙江省乡村振兴促进条例》共10章60条，重点从城乡融合、产业兴旺、生态宜居、乡风文明、治理有效、数字乡村、人才支撑和保障措施等方面入手，统筹解决地区差距、城乡差距、收入差距，将浙江省在乡村振兴方面的创新举措和有效实践，上升为可持续、能落地的法律制度，对促进浙江省乡村振兴和农业农村现代化先行省建设作出了规范引领和立法保障。

（五）天津市的立法情况

2021年9月27日，天津市第十七届人大常委会第二十九次会议审议通过了《天津市乡村振兴促进条例》，并于2021年11月1日起施行。《天津市乡村振兴促进条例》共10章70条，《天津市乡村振兴促进条例》根据天津市现代都市型农业发展定位和“大城市、小农村”特点，对《乡村振兴促进法》原则规定进行细化和补充，形成国家法律、地方性法规上下衔接配套的法律体系，为依法推动农业农村优先发展，健全城乡融合发展体制机制，建立新型工农城乡关系，促进农业全面升级、农村全面进步、农民全面发展，加快实现农业农村现代化，提供完备的法治保障。

（六）新疆维吾尔自治区的立法情况

2022 年 1 月 27 日，新疆维吾尔自治区第十三届人民代表大会第五次会议通过了《新疆维吾尔自治区乡村振兴促进条例》，并于 2022 年 3 月 1 日起施行。《新疆维吾尔自治区乡村振兴促进条例》共 11 章 62 条，突出强调规划先行、人才支撑、文化引领和乡村善治等相关内容，将行之有效的政策措施上升为法规制度，实现与国家乡村振兴政策措施和法律的有效衔接，为持续全面推进新疆维吾尔自治区乡村振兴提供强有力的法治支撑。

二、地方乡村振兴立法亮点

下面简要介绍湖北省、江西省、山东省、浙江省、天津市等已经出台乡村振兴促进条例的亮点。

（一）《湖北省乡村振兴促进条例》立法亮点

1. 突出法治保障作用

一是明确了实施乡村振兴战略的领导体制和工作机制。该条例明确规定，实施乡村振兴战略，“坚持中国共产党的领导”“建立乡村振兴工作领导责任制，实行省负总责、市县抓落实的工作机制”，并对省、市、县、乡四级政府以及村（居）民委员会和政府相关部门的工作职责做了明确规定。同时，明确提出了发挥乡村居民在乡村振兴中的积极性、主动性、创造性，尊重乡村居民意愿，保障和维护乡村居民合法权益；鼓励、支持和引导企业事业单位、人民团体、社会组织和个人参与、服务乡村振兴，建立政府、市场、社会协同推进的机制。

二是明确了实施乡村振兴战略的主要目标任务和实施路径。该条例分五章具体从产业发展、生态宜居、乡风文明、乡村治理、民生保障等方面，对具体工作内容、实施路径等做了规定。如第三章“产业发展”主要是坚持市场导向，推进农业供给侧结构性改革，着力构建现代农业产业体系、生产体系、经营体系；第六章“乡村治理”主要是加强乡村基层党组织建设，坚持自治、法治、德治相结合,推进乡村治理体系和治理能力现代化。

三是明确了实施乡村振兴战略的考核评价机制。为了保障乡村振兴战略的有效实施,该条例规定了建立实施乡村振兴战略的目标责任制和考核制度,明确县级以上人民政府应当定期对所属有关部门和下级人民政府落实乡村振兴政策、开展乡村振兴工作情况进行考核。考核结果作为有关领导干部综合考核、选拔任用的重要依据。同时,还明确了法律责任规定,增强制度刚性。

2. 明确回应人民群众的关切

一是明确实施乡村振兴战略的支持措施,实施乡村振兴战略,关键在于坚持农业农村优先发展,推动资源向乡村倾斜,促进要素向乡村配置。第八章"支持措施"从三个方面作了具体规定:(1)解决好"钱"的问题。重点是拓宽乡村振兴资金来源渠道,建立财政优先保障、金融重点支持、社会积极参与的多元投入格局。(2)解决好"地"的问题。根据党中央有关文件精神,在现有法律制度框架内,明确促进乡村振兴的土地政策。规定保持农村土地承包关系稳定并长久不变,在保护农民合法权益的前提下,完善承包地"三权"分置制度,适度放活宅基地使用权,用好、用活农村存量建设用地,建立健全农村新增用地保障机制,推进农村集体产权制度改革,壮大集体经济。(3)解决好"人"的问题,重点是培养高素质农民和农村专业人才。加快培育高素质农民,提升乡村专业人才工资待遇,加强农业技术人才和农村实用人才队伍建设,推进市民下乡、能人回乡、企业兴乡。

二是保障和改善民生,增进乡村居民福祉。(1)该条例将"增进乡村居民福祉"作为立法目的之一,在条例第1条明确做了规定。同时,在总则部分明确了"坚持农民主体地位""发挥乡村居民在乡村振兴中的积极性、主动性、创造性,保障乡村居民的知情权、参与权、表达权、监督权,维护乡村居民合法权益"。(2)在"产业发展"一章中,明确规定"推进新型农业经营主体与小农户建立利益联结机制,促进小农户和现代农业发展有机衔接""支持新型农业经营主体通过订单收购、保底分红、股份合作等多种形式带动小农户共同发展,保障小农户共享全产业链增值收益"。(3)在"生态宜居"一章中明确加强生态环境保护,推进人居环境整治,建设美丽宜居乡村。(4)在"乡风文明"一章中规定"加强乡村思想道德建设和公共文化服务,培育文明乡风、良好家风、淳朴民风,提升乡村社会文明程度”“推进移风易俗，遏制大操大办、天价彩礼、厚葬薄养等陈规陋习”“推进乡、村两级公共文化服务全覆盖，丰富乡村公共文化产品供给，满足乡村居民基本文化需求”。(5)单设“民生保障”一章，加强乡村基础设施建设，健全基本公共服务体系，推进教育、医疗卫生、社会保障等资源向乡村倾斜，促进城乡基本公共服务均等化，保障和改善民生。①

(二)《江西省乡村振兴促进条例》立法亮点

1. 体现江西作为

《江西省乡村振兴促进条例》紧紧围绕建设新时代“五美”乡村，对实施乡村振兴战略重点难点工作进行了布置。比如，针对巩固粮食主产区地位这个重点，《江西省乡村振兴促进条例》规定，落实粮食安全省级党政主要领导责任制和菜篮子市长负责制，稳定粮食生产能力，培育粮食全产业链，确保耕地总量不减、质量提高。针对乡风文明建设这个难题，《江西省乡村振兴促进条例》规定，建立健全乡村道德激励约束机制，引导村民依法制定村规民约，推进移风易俗，破除婚丧喜庆大操大办、高价彩礼、厚葬薄养、散埋乱葬等陈规陋习。

2. 体现江西特色

《江西省乡村振兴促进条例》紧密结合江西乡村产业发展基础、优势和潜力，提出了一系列有针对性的政策措施。比如，针对江西省作为全国绿色有机农产品示范基地试点省，《江西省乡村振兴促进条例》规定，建立健全绿色食品产业链，鼓励发展生态循环农业，加大农产品品牌整合、培育和推广力度，加强农产品质量安全和食品安全全过程监管。针对江西省作为农村集体产权制度改革整省试点单位，《江西省乡村振兴促进条例》对深化农村集体产权制度改革、发展壮大集体经济等作出规定，明确“建立健全村集体经济组织管理人员报酬与村集体经济效益挂钩的激励机制”。

3. 体现江西经验

《江西省乡村振兴促进条例》将江西省行之有效的好经验、好做法，及时转化成法规制度。比如，鼓励农技人员提供技术增值服务并合理取酬，建立健全

---

① 《全国首部！权威解读！湖北省乡村振兴促进条例》，载湖北省乡村振兴局官网：http://m.hbtv.com.cn/p/1769239.html，2021年12月10日最后访问。

农村基础设施及村庄环境长效管护机制，加强地方农村建筑特色风貌塑造，依法赋予乡镇人民政府行使查处农村非法占用土地建住宅行为的行政执法权，推动赣服通等一体化在线政务服务平台向农村延伸，统筹县乡机关工作人员待遇标准，引导和激励各类人才向农村流动，依托农业龙头企业、重大农业项目建设人才创业平台等①。

（三）《山东省乡村振兴促进条例》立法亮点

1. 突出农民主体地位

实施乡村振兴战略，核心目的是让乡村人民群众的生活变得好起来。因此，在推动乡村振兴的各项工作中，必须始终坚持农民主体地位不动摇，始终把农民的切身利益摆在首位。《山东省乡村振兴促进条例》在总则中明确，促进乡村振兴应当坚持农民主体地位，充分尊重农民意愿，保障农民民主权利，调动农民的积极性、主动性、创造性，维护农民根本利益。在产业发展方面，应当坚持科技兴农、质量兴农、绿色兴农、品牌强农，引导形成以农民为主体、企业带动和社会参与相结合的乡村产业发展格局；在城乡融合方面，应当分类推进村庄建设，严格规范村庄撤并，严禁违背农民意愿、违反法定程序撤并村庄。另外，该条例还在多方面注重发挥农村基层群众性自治组织作用。比如，在文化生活方面，鼓励和支持农村基层群众性自治组织开展文明村镇、文明家庭创建等群众性精神文明建设活动，发挥村规民约的引导约束作用；在乡村治理方面，应当完善村级民主管理制度和工作运行体系，实现村民自我管理、自我教育、自我服务、自我监督，应当引导农民向上向善、孝老爱亲、重义守信、勤俭持家，加强社会公德、职业道德、家庭美德和个人品德教育。

2. 突出山东特色

习近平总书记要求，山东要充分发挥农业大省优势，扛起农业大省责任，打造乡村振兴的齐鲁样板。为此，《山东省乡村振兴促进条例》注重特色优势，总结实践中行之有效的经验并上升到制度层面。在粮食生产方面，鼓励推进优质粮食工程，培育壮大齐鲁粮油、蔬菜、畜产品公共品牌，确保粮食和重要农产品

① 《江西省乡村振兴促进条例解读》，载江西省人民政府官网：http://www.jiangxi.gov.cn/art/2021/9/28/art_14142_3641738.html，2021年12月10日最后访问。

供给保障能力持续增强。在生态保护方面,推动实施生态系统保护和修复工程,重点加强对黄河流域、南四湖流域等生态敏感区的保护,开展对鲁中山区、沂蒙山区、黄河滩区、山东半岛丘陵地区等区域水土保持和水生态修复治理,改善农村生态环境。在政务服务方面,支持乡村政务服务平台建设,推进乡村政务服务事项一窗受理、一次办好,在村、社区设立便民服务站点,开展政务服务事项延伸服务,提高服务农业生产和农民生活的智能化、便民化水平。

3.突出文化引领作用

乡村振兴,教育、科技、文化都当勠力而为。在教育培训方面,应当加大农村基础教育的投入力度,推动城乡教育资源均衡配置,重点扶持农村学校的建设,改善农村学校办学条件,提升办学质量,对农村教师培养培训给予政策和经费支持;鼓励和支持城市学校教师和高等学校毕业生到农村地区学校任教,并在工资福利、职务聘任等方面给予支持;支持高等学校、职业学校开设涉农相关专业;发挥公益性涉农培训机构主体作用,鼓励高等学校、职业学校、民办培训机构、涉农企业参与。在科技强农方面,应当创新种业研发机制,培育具有自主知识产权的优良品种;加强新品种、新技术、新装备、新产品的推广应用;健全农业知识产权保护机制,推进生物种业、智慧农业、设施农业、绿色投入品、仓储保鲜和农产品加工等领域创新;加强农业应用基础研究、技术研发和推广应用,谋划布局建设现代农业重点实验室体系,完善农业科技成果转移转化机制。在人才兴农方面,应当完善人才培养、引进、使用、激励措施,鼓励和支持社会力量为农业农村人才提供教育培养、技术支持、创业指导等服务;支持从农村致富能手、外出务工经商返乡创业人员、回乡大中专毕业生、退休人员、退役军人等人员中培养村干部;加强农业科研和农业技术推广人才队伍建设,实施基层农业技术人员素质提升工程。在文化繁荣方面,应当加强乡村公共文化体育设施和综合性文化服务中心建设,推进乡、村两级公共文化服务全覆盖;统筹建设简便易用、高效快捷、资源充足、服务规范的乡村文化网络载体;加强历史文化名城名镇名村、历史文化街区、文物古迹、农业遗迹的保护,传承传统美术、戏剧、曲艺、民俗、医药和民间传说等非物质文化遗产,鼓励支持非物质文化遗产传承人、其他文化遗产持有人开展传承、传播活动。

4. 突出政府服务保障

全面推进乡村振兴，离不开优质的政府服务保障。《山东省乡村振兴促进条例》在发挥好政府服务方面做出了切实有效的制度设计。在法治建设方面，应当健全乡村公共法律服务体系；完善人民调解、行政调解、司法调解联动工作体系，推动调解、仲裁、行政裁决、行政复议、诉讼等有机衔接，健全多元化解纠纷工作机制。在资金保障方面，应当建立健全与乡村振兴战略目标任务相适应的财政投入保障制度；县级以上人民政府设立的涉农相关专项资金、基金，应当按照国家和省有关规定加大对乡村振兴的投入；可以吸引社会资本采取市场化方式设立农业产业发展基金，支持乡村产业发展和公共基础设施建设；落实国家农业补贴政策，健全农业补贴增长机制；提高土地出让收益用于农业农村的比例；引导金融机构和地方金融组织依法创新金融产品和服务模式，推动新技术在农村金融领域推广运用，发展农村普惠金融；鼓励金融机构和地方金融组织加大对乡村振兴的支持力度，依法将更多资源配置到乡村振兴重点领域和薄弱环节，在业务范围内为乡村振兴提供信贷支持。[①]

（四）《浙江省乡村振兴促进条例》立法亮点

1. 突出数字乡村

《浙江省乡村振兴促进条例》将数字乡村单设一章，对乡村基础设施数字化、基层治理、现在信息技术服务等方面做了明确和细化，可以预见性地看到数字乡村的未来，推动乡村公共服务模式数字化变革，深化乡村“最多跑一次”改革，加快推进教育信息化，大力发展在线教育和远程教育，推动优质教育资源向农村覆盖。创新发展“互联网 + 医疗健康”，提升基层医疗质量和水平，让群众在家门口就能看得上病、看得好病，加快推进公共数字文化智慧云建设，加快图书馆、文化馆、阅览室等公共文化产品数字化，并接入基层文化服务站点。

2. 突出旅游在乡村振兴战略中的地位

明确把乡村旅游作为产业兴旺的重要抓手，确立了旅游业在新时期乡村振兴战略中的位置。《浙江省乡村振兴促进条例》要求县级以上人民政府应当组

① 《山东省乡村振兴促进条例解读》，载澎湃新闻网：https://m.thepaper.cn/baijiahao_13016430，2021 年 12 月 10 日最后访问。

织编制乡村全域旅游规划,保护和有效开发利用乡村旅游资源;要求依托浙江省内具有优势的文旅资源,如红色文化遗存、唐诗之路、千年古道、诗画浙江、特色农业、美丽乡村等,发展红色旅游、休闲旅游、养生养老、创意农业、农事体验、运动健康等乡村产业;鼓励农村集体经济组织及其成员通过自营、出租或者租金入股等方式,盘活利用闲置住宅,发展民宿、农家乐、乡村电子商务等乡村产业;要求结合当地乡村优势特色资源,扶持发展现代种植业、现代养殖业、农产品加工业、乡村休闲旅游业等产业,促进农村一二三产业融合发展。

3. 突出改善乡村基础设施建设

《浙江省乡村振兴促进条例》要求遵循因地制宜、适度超前、服务便捷的原则,推进农村公路、公交站点和村内道路的建设改造和养护管理,推进农村垃圾分类、污水处理、供水供电供气、信息通信、广播电视、消防、防灾减灾等公共基础设施的建设改造和运营管理;要求加大对乡村快递服务站点建设和运行服务的扶持力度,建设联结城乡、便捷高效、服务优质、安全绿色的农村快递物流服务体系;要求做好大气、水、土壤和农业投入品污染防治工作,开展农村危险房屋、生活垃圾、生活污水治理和违法建筑整治,持续改善农村人居环境,建设美丽乡村;要求统筹规划村内公共服务设施,按照村民意愿有序开展健身活动场所、养老服务设施、集贸市场、婚丧节庆场地、公益性墓地等公共服务设施的建设;要求做好农村公共厕所、户用无害化卫生厕所建设改造的管理和指导,推动农村厕所标准化建设和规范化管理,做好公共厕所的日常保洁和维护工作。

4. 突出改善村容村貌

《浙江省乡村振兴促进条例》要求统筹电力、电视、通信等相关部门和管线运营单位,合理规划建设农村地区的管线,采用多杆合一的方式,按照技术规范和管线优先落地敷设的要求建设各类管线;要求定期开展房屋外立面整治,规范宣传栏、广告牌等设置和太阳能热水器、空调外机等安装,保持村庄公共空间整洁、有序、美观;明确新建农村住房的式样、体量、色彩等要求,提供符合乡村风貌的农村住房设计通用图集,免费供村民建房参考和选用;鼓励有条件的村庄按照景区化标准开展特色风貌、景观环境和田园村居规划设计,建设一村一貌、各具特色的乡村①。

（五）《天津市乡村振兴促进条例》立法亮点

1. 突出壮大农村产业

《天津市乡村振兴促进条例》明确构建现代都市型农业产业体系、生产体系、经营体系，依托乡村优势特色资源，发展现代种植业、现代养殖业、农产品加工业、乡村休闲旅游业等产业。同时，壮大新型农业经营主体，培育家庭农场，支持农业产业化龙头企业建立健全现代企业制度，实行全产业链经营。此外，保障粮食和重要农产品有效供给和质量安全，明确实施最严格的耕地保护制度，加强农业种植资源的保护利用，支持先进农业生产技术的研发和应用。

2. 突出建设美丽宜居乡村

首先是加强乡村生态保护和环境治理，开展重要生态系统的保护与修复工作，加强绿色生态屏障管控地区的建设、保护和管理，发展节水型农业，推行绿色生产生活方式。同时，改善农村人居环境，深化“百村示范、千村整治”工程和农村全域清洁化工程，建立健全政府、村级组织、企业、农民等各方面参与的共建共管共享机制。此外，鼓励和引导农民采用新型建造技术和绿色建材，建设功能现代、结构安全、成本经济、绿色环保的宜居住房。

3. 突出乡村生态保护和环境治理

主张开展重要生态系统的保护与修复工作，加强农业面源污染防治，推行绿色生产生活方式，优化农村人居环境，建设生态宜居美丽乡村。市和相关区人民政府应当实施国土综合整治和生态修复，加强森林、湿地、河湖、海洋等保护修复，加强水土流失综合治理、渤海近岸海域综合治理等工作，改善乡村生态环境；应当完善生态保护补偿机制，加大生态保护补偿力度；应当加强绿色生态屏障管控地区的建设、保护和管理，统筹生产、生活、生态空间，提升生态功能，因地制宜发展乡村绿色产业，完善农村生活服务设施，促进人与自然和谐共生。

4. 突出发展生态循环农业

推动建设健康稳定田园生态系统；推进农业清洁生产，加强农业投入品规

---

① 《关于浙江省乡村振兴促进条例的解读》，载湖州市农业农村局官网：http://nync.huzhou.gov.cn/hzgov/front/s43/xxgk/hygq/zcjd/bmjd/20210927/i3047543.html，2021 年 12 月 10 日最后访问。

范化管理,健全农药、兽药、饲料添加剂等投入品追溯系统和安全评价系统,推进废旧地膜和包装废弃物等回收处理;应当加大近海滩涂养殖环境治理力度,严格控制河流湖库、近岸海域投饵网箱养殖,推行水产绿色健康养殖。

5. 统筹城乡环境治理

禁止违法将污染环境、破坏生态的产业、企业向农村转移。禁止违法将城镇垃圾、工业固体废物、未经达标处理的城镇污水等向农业农村转移。禁止向农用地排放重金属或者其他有毒有害物质含量超标的污水、污泥以及可能造成土壤污染的清淤底泥、尾矿、矿渣等;禁止将有毒有害废物用作肥料或者用于造田和土地复垦。①

(六)《新疆维吾尔自治区乡村振兴促进条例》立法亮点

第一,突出规划先行。明确提出编制乡村振兴规划应当科学合理、统筹城乡发展空间,优化乡村发展布局,立足区域资源禀赋,明确乡村功能定位。并且编制乡村振兴规划以及产业、文化、生态等专项规划,要与国土空间规划等相衔接,避免重复建设和资源浪费,同时还应当征求农民、专家以及其他利益相关方的意见。强调编制村庄规划时,应当结合村庄现状,顺应村庄发展规律,保留新疆维吾尔自治区特有的地域环境、文化特色和建筑风格。

第二,突出人才支撑。明确提出县级以上人民政府应当建立健全乡村人才工作机制,落实人才培训、引进、使用、激励措施,引导社会各方面为乡村人才提供教育培训、技术支持、创业指导等服务。搭建乡村引才聚才平台,推动智力、技术、管理、服务等各类要素下乡,鼓励人才向艰苦边远地区和基层一线流动,为乡村振兴提供服务。逐步完善农业科技人才兼职兼薪、分享股权期权、领办创办企业、成果权益分配等政策措施,逐步加强乡村生产经营、科技、公共服务和乡村治理等人才队伍建设。对乡村发展急需紧缺人才,可以设置特设岗位,不受常设岗位总量、职称最高等级和结构比例限制。

第三,突出文化引领。加强农业文化遗产、历史文化名村名镇、传统村落、历史文化遗产、非物质文化遗产的保护,鼓励支持非物质文化遗产传承人、其他

① 《天津立法加速推进乡村振兴　天津市乡村振兴促进条例 11 月 1 日起施行》,载澎湃新闻网:https://m.thepaper.cn/baijiahao_14772364,2021 年 12 月 10 日最后访问。

文化遗产的持有人开展传承、传播活动。鼓励各民族文化的传承保护和创新交融，树立和突出各民族共享的中华文化符号和中华民族形象。鼓励大家制作反映农民生产生活和乡村振兴优秀文艺作品，丰富和活跃农民精神文化生活。加强乡村文化资源整合，推进乡村文化产业与生态农业、休闲旅游、红色旅游、特色民宿、医疗康养等产业融合发展。

第四，突出乡村善治。坚持党组织的全面领导，发挥基层群团组织和社会组织团结群众、联系群众、服务群众等方面的作用。自治区建立健全党委领导、政府负责、民主协商、社会协同、公众参与、法治保障、科技支撑的现代乡村社会治理体制和自治、法治、德治相结合的乡村社会治理体系，健全以财政投入为主的村级组织运转经费保障机制，加强善治乡村建设，提高乡村治理效能，实现共建共治共享。拓展乡村治理与服务数字化应用，提高乡村治理社会化、法治化、智能化、专业化水平。加强法治宣传教育，培育法治文化，增强农村干部法治观念，引导农民尊法学法守法用法，营造乡村法治环境。

第三节　地方乡村振兴的立法启示

2015 年 3 月 15 日，第十二届全国人民代表大会第三次会议通过《关于修改〈中华人民共和国立法法〉的决定》，其中，赋予所有设区的市地方立法权是本次修改中的一大亮点。修正后的《立法法》第 72 条规定“设区的市的人民代表大会及其常务委员会根据本市的具体情况和实际需要，在不同宪法、法律、行政法规和本省、自治区的地方性法规相抵触的前提下，可以对城乡建设与管理、环境保护、历史文化保护等方面的事项制定地方性法规，法律对设区的市制定地方性法规的事项另有规定的，从其规定。设区的市的地方性法规须报省、自治区的人民代表大会常务委员会批准后施行。省、自治区的人民代表大会常务委员会对报请批准的地方性法规，应当对其合法性进行审查，同宪法、法律、行政法规和本省、自治区的地方性法规不抵触的，应当在四个月内予以批准”。2018 年 3 月，十三届全国人大一次会议通过《宪法》修正案，进一步确认了设区的市具有地方立法权的宪法地位。

赋予所有设区的市地方立法权后，从立法层级上来说形成了“国家、省级、市级”三级立法体系。据全国人大常委会法工委统计数据，自2015年3月至2020年2月，各省、自治区人大常委会共批准322个设区的市、自治州制定地方性法规1864件，其中新赋予地方立法权的设区的市共制定地方性法规1376件。总体来看，市级地方立法呈现热情高涨和立法数量逐年增长的良好态势。

考虑到赋予所有设区的市地方立法权，既要适应地方的实际需要，又要避免重复立法，维护法制统一，将赋予所有设区的市地方立法权限为“城乡建设与管理、环境保护、历史文化保护等方面的事项”的范围。乡村振兴立法正好属于赋予设区的市地方立法权限范围，地方立法在乡村振兴立法大有可为。

当前国家层面已经出台了《乡村振兴促进法》，为地方乡村振兴立法指明了方向。结合目前已经有湖北、江西、山东、浙江等省（市、区）出台乡村振兴地方立法的实践，笔者认为地方乡村振兴立法有以下几点启示。

一、乡村振兴地方立法的功能定位

“国家、省级、市级”三级立法体系，从立法主体来说可以又分为国家立法和地方立法，其中省级立法和市级立法都属于地方立法。国家立法主要法律、行政法规、部门规章的制定；地方立法主要是地方性法规、规章的制定。本章地方立法主要以地方性法规来论述，暂不考虑政府规章。省级立法主要是不违背宪法、法律、行政法规的前提下，根据本行政区域的具体情况和实际需要制定的地方性法规。市级立法主要是不违背宪法、法律、行政法规和本省、自治区的地方性法规的前提下，根据本行政区域的具体情况和实际需要对城乡建设与管理、环境保护、历史文化保护等方面的事项制定的地方性法规。

乡村振兴战略一项长期性的战略，旨在解决发展中不平衡不充分的问题，是解决好“三农”问题和实现全体人民共同富裕的重中之重。由于我们国家幅员辽阔，经过了改革开放40多年的发展，各地的发展程度差异越来越凸显，尤其是农村更为明显，但是各地的“三农”问题又有各自形成的历史原因和地方特色。乡村振兴立法作为乡村振兴战略的法治保障，需要进一步明确三级立法各自的角色定位。国家立法是普遍适用于全国范围，更多的是立法指引和引导的作用。省级立法主要对国家立法细化，或者对本省范围内需要规范的事项通过立法保障，主要是发挥统筹协调的作用，而市级立法更多的是突出地方特色，主要发挥解决地方的突出问题的作用。

国家立法规范引导，省级立法统筹协调，市级立法具体落地，是三级乡村振兴立法的角色定位。乡村振兴的国家立法是为了带动地方实施乡村振兴，而省级立法的承上启下更多关注中央立法如何在当地落地，市级立法主要解决涉及乡村振兴战略中的地方特殊性问题，在国家立法内容的框架内，突出地方立法在乡村振兴中的作用。因此，地方乡村振兴立法应当更多关注本行政区域内乡村振兴的实际问题，通过对乡村振兴实际问题的把握推动国家立法在地方落实与实施，立法中做好立法调研和征求意见，实现科学立法，立法完成后做好宣传引导和执行，实现有法必依。

二、处理好乡村振兴地方立法与政策的关系

我国农业、农村、农民问题具有矛盾较复杂、工作难度大的特点，形成的原因以及解决办法在各地均有很大的差异，这也就形成党统管"三农"工作的格局，"三农"问题上呈现党的政策先行的局面。如果政策长期替代法律，就会使立法滞后于改革发展，法律的引领和推动作用难以体现，政策的不稳定性也会凸显。我们需要认识到乡村振兴地方立法，就是要在《乡村振兴促进法》规范引导下，将当地行之有效的"三农"政策及时转化上升到法律层面，将乡村振兴的制度和政策体系更加健全。

处理好法律和政策的关系，政策与法律的本质是一致的，两者之间具有互补性和融合性。习近平总书记指出，"我们党的政策和国家法律都是人民根本意志的反映，在本质上是一致的"。党的"三农"政策是立法的指引和依据，是法律的来源；立法是将党的政策规范化和系统化，转化为法律。政策具有灵活高效的特点，而法律具有严谨、规范的特点，两者之间相互影响、相互补充。政策是法律的先导和来源，但是政策不能代替法律。政策与法律的差异性并不影响两者在本质上具有融合性，政策转化为法律后，通过国家强制力来保障其实施，维护法律的权威就是维护党的政策的权威。

三、协调好乡村振兴地方立法与其他涉农地方立法

经过多年立法努力，以《农业法》为基础，不同领域的专门农业农村法律为主干，以有关法律中的涉农法律为补充，辅之以行政法规、地方性法规，多层次的农业农村法律制度框架体系已经初步形成。截至2019年8月，现行有效涉农法律26部，含有涉农条款的法律79部，涉农行政法规76部，地方性法规1300多部。

《乡村振兴促进法》是乡村振兴战略实施的核心和基础性法律，是乡村振兴战略的顶层设计，对今后的涉农立法具有统领和指引作用。《乡村振兴促进法》在具体内容上注重与其他涉农法律的规定有效衔接，对其他法律规定不够明确地作出补充性规定，但不替代农业法等其他涉农法律，与其他涉农法律共同构成农业农村法律制度体系。乡村振兴地方立法过程中需要注重与其他涉农地方性法规的有效衔接，成为今后实施乡村振兴战略、解决"三农"问题的重要法律，也要成为今后制定或者修改其他涉农法律的重要指引，发挥好乡村振兴立法的基础性作用。

四、突出规划先行，引领乡村振兴

全国首部促进乡村振兴战略实施的综合性地方性法规——《湖北省乡村振兴促进条例》突出了"乡村振兴规划"的法律地位，明确了省人民政府编制全省乡村振兴总体规划、省人民政府有关部门编制乡村振兴专项规划；市（州）、县（市、区）人民政府及其有关部门编制乡村振兴地方规划；县（市、区）人民政府编制村庄布局规划，指导乡镇人民政府编制村庄规划。湖北省的乡村振兴突出了规划先行，为乡村振兴战略实施提供了规范和指引，也为地方乡村振兴立法作出了有效示范。

规划先行，有利于统一行动，融合发展。乡村振兴，是一项系统工程，是人力、物力、财力的有机结合，是人才、资源、战略的有效统一。实施乡村振兴战略，是要调动全社会的力量，激活主体、激活要素、激活市场，着力增强改革的系统性、整体性、协同性。乡村振兴需要立足全局，综合施策，突出融合发展，因此要精心编制好符合实际、切实可行的地方乡村振兴规划，为乡村振兴各项工作健康有序开展提供科学遵循。

规划先行，有利于长远发展，接续推进。乡村振兴不能简单复制，也不可能一蹴而就，作为一项长期性战略工程、必须持续发力，久久为功。有些地方换个领导换种思路，这在现实中会时有发生。重大决策缺乏长远性，容易导致资源浪费，效率低下。这个实际工作中常见的问题可由规划来解决，规划可以让决策稳定。乡村振兴作为一项重大战略的实施，需要持续发力，不能朝令夕改，而实施乡村振兴的最直接的主体是县、乡、村，并不具备地方立法权，这种情况下就需要发挥规划的作用，通过规划来实现决策的法定约束力，从而保证重大决策的稳定性和延续性。

规划先行，有利于因地制宜，彰显特色。各地自然生存环境、社会经济条件、历史文化背景差异巨大，各地乡村资源禀赋不一样、特色不一。乡村振兴既不能盲目模仿也不盲目探索，既要充分借鉴成功经验又不能拘泥典型，应准确把握因地制宜的精髓和灵魂。推进乡村振兴，各地要积极探索符合本地实际的发展路径，制定科学的规划。乡村规划要适应农民生产生活方式，突出乡村特色，保持田园风貌，体现地域文化风格，注重农村文化传承，不能照搬城市建设模式；要针对各地发展基础、人口规模、资源禀赋、民俗文化等方面的差异，切实加强分类指导，注重因地制宜。

五、优化产业布局，推动城乡融合发展

产业振兴是乡村振兴的物质基础和固本之策，推动产业发展是解决农村问题的关键之关键。如果农村完全依靠农业，就无法支撑农村经济发展。如何改变这种局面，唯有围绕特色产业打造城乡一体化的特色产业链。打造特色产业链，一是要强化“链式思维”，同时向“网状思维”转变，立足特色产业，强化产业上下游延伸、左右链配套，不断拉长产业链条，加大对区域特色产业集群产业链缺失环节的招商力度，加快完善新兴产业链，推进农产品升级、提升产品附加值、促进产品精深加工及深挖产品多重功能，实行规模化、集约化生产，增加农业产业辅助链和拓展链，提升产业链宽度，以工业化理念发展农业，通过增加科技贡献率来推进农业产业化、专业化、组织化、机械化、信息化进程，大力鼓励现有名、特、优农产品和知名企业进入更大的市场。二是在培育新型农业经营主体基础上打造农业产业链，按照不同区域内主导产业的需求，分层次、分渠道、分形式培育龙头企业、家庭农场主、合作组织等，推行产加销一体化的农业产业化组织模式，依托农业示范园、现代产业园、农民创业园等平台，培育家庭农场主、专业大户、种养能手，建立健全产业支撑体系，提升新型经营主体的运行效率和增值效益。三是通过农业产业科技创新不断升级特色产业链，加快农业技术推广体系建设，以科学技术提升产品附加值，引导产业链向高端化拓展，以模式创新提升要素资源利用效率，促进“三产”紧密融合，引导产业链向集约化拓展。四是通过完善特色产业链利益协调机制重构农业产业链，不断完善产业链条中各主体的参与决策机制、利益分配机制和监督管理机制，引导农民、企业、合作组织等经济主体，围绕特色产业建立“农业产业链组织”，实现生产与市场的紧密对接，发挥市场在产业链组织运行中的正向引导和激励作用，提升产业链条各个环节的运转效率。五是借助“互联网+”“共享经济”等新型消费业态，打破城乡之间的要素流通壁垒，建立产供销一体化的农产品城乡流通体系，减少中间交易成本，走高质量绿色生态的城乡融合发展道路。

六、凸显农村和农民的主体地位

《乡村振兴促进法》明确规定，全面实施乡村振兴战略应当坚持农民主体地位，充分尊重农民意愿，保障农民民主权利和其他合法权益，调动农民的积极性、主动性、创造性，维护农民根本利益的原则。包产到户是中国改革一个重要里程碑，毫不夸张地说，中国的改革是从农村起步的，而以安徽小岗村为发端的这场农村改革，最终改变了中国，让中国也发生了翻天覆地的变化。

尊重农民首创精神是实现主体地位的前提，中国的改革取得举世瞩目的成就，其中最基本的经验就是尊重农民的首创精神，推动农村一次又一次的制度创新。农村改革之前的体制没有办法解决中国人的吃饭问题，政府财政又特别困难。没有钱就给政策，从包产到组再到包产到户，让农民成为生产主体，杀出一条血路。邓小平就特别指出：“我们改革开放的成功，不是靠本本，而是靠实践，靠实事求是。农村搞家庭联产承包，这个发明权是农民的”“农村改革中的好多东西，都是基层创造出来，我们把它拿来加工提高作为全国的指导”。农村幅员辽阔，区域差异很大，即使是同一区域内的不同乡村，也因资源禀赋、区域位置、治理水平等不同而存在较大差异，政府是包办不了的，也缺乏用行政力量自上而下推进改革的经验。只有尊重基层实践、尊重农民创新，由农民和基层先行先试，再总结推广。

在当前的乡村振兴中，政府同样没有那么多的财力和人力去包办面积比城市更广阔、问题更复杂的乡村，也只有充分相信农民、依靠农民，给农民和基层更多的自主权，全面放开农民的手脚，调动农民和基层大胆实践、大胆创新的积极性，才能找到适合各地情况的有效办法，制定出为农民所接受、为农民所欢迎的政策措施,形成乡村振兴的原动力。

无论是政府组织还是社会组织,都不能替代农民建设乡村的主体地位。乡村建设的根本目的是让农民有获得感和幸福感,乡村振兴只有靠农民来建设,文化才能传承,产业才能兴旺,乡村发展才能可持续。

第三章

乡村治理中的法律服务

实施乡村振兴战略,是党的十九大作出的重大决策部署,是决胜全面建成小康社会、全面建设社会主义现代化国家的重大历史任务。党的十九大报告指出,要加强农村基层基础工作,健全自治、法治、德治相结合的乡村治理体系。中共中央、国务院《关于实施乡村振兴战略的意见》对我国乡村治理体系进行了更完善的政策布局,如加强农村基层党组织建设、深化村民自治实践、建设法治乡村、提升乡村德治水平以及建设平安乡村等。

本章将重点从乡村振兴战略实施过程中,如何做到依法治理,如何构建起乡村治理的完善法制体系等方面进行讲解,从而进一步增强基层民主自治能力、提高乡村治理法治化水平。

第一节　基层村民委员会的组织管理

一、村“两委”产生背景摘要

村民自治制度是党领导广大农民群众基于中国国情建立起来的基层民主制度,是发展和实现共存基层民主政治的重要创举。自 1979 年广西宜州县合寨村自发成立村民组织到 1987 年《村民委员会组织法(试行)》通过并开始实施,村民自治制度开始在我国逐步建立和推广起来。其后,《村民委员会组织法》于 1998 年修订通过并正式实施。2010 年,《村民委员会组织法》再次修订,广大农村地区全面开始推行村民自治制度并取得显著成效,促进了农村基层民主政治建设进程,激发了广大农民群众建设社会主义新农村的积极性、主动性和创造性。村民自治制度是推进农村基层民主政治建设的重要创举,在实施制度时,一方面要保障和促进农村群众的自治,另一方面要坚持党的领导核心作用。但是,由于我国广大农村地区在经济社会的发展水平差异巨大,村民自治制度在推行的过程中产生了复杂的村“两委”关系问题。本节将对此做详细的论述。

二、村“两委”的相关制度规定

(一)村“两委”产生的制度基础

1982 年颁布的《宪法》第 111 条规定,“城市和农村按居民居住地区设立的居民委员会或者村民委员会是基层群众性自治组织。居民委员会、村民委员会的主任、副主任和委员由居民选举。居民委员会、村民委员会同基层政权的相互关系由法律规定”。1987 年 11 月我国颁布的村民自治管理法律《村民委员会组织法(试行)》第 2 条规定,“村民委员会是村民自我管理、自我教育、自我服务的基层群众性自治组织,办理本村的公共事务和公益事业,调解民间纠纷,协助维护社会治安,向人民政府反映村民的意见、要求和提出建议”。从而以立法形式确立了村民委员会基层群众性自治组织的法律地位,为农村基层村委会的自治制度化发展奠定了法治基础。

(二)村“两委”的相关概念基础

村“两委”就是村中国共产党支部委员会和村民自治委员会的简称;习惯上前者简称为村(党)支部,后者简称村委会。

村民委员会,是我国乡(镇)所辖的行政村的村民选举产生的群众性自治组织。村民委员会是村民自我管理、自我教育、自我服务的基层群众性自治组织。村民委员会一般由主任、副主任和委员 3 ~ 7 人组成。领导班子的产生依赖民主选举,每 5 年选举一次,没有终身制,任何组织或者个人不得指定、委派或者撤换村民委员会成员。不得选文盲、赌徒、违法犯罪者,不得辱骂村民和侵犯人民的利益,一旦发现可以直接举报给当地政府。

村党支部是党在农村的最基层的组织,是本村各种组织和各项工作的领导核心,是团结带领广大党员和群众建设中国特色社会主义新农村的战斗堡垒。

(三)村“两委”相关工作制度

1. 工作制度

村“两委”议事范围包括:

(1)传达贯彻党的路线、方针、政策和国家的法律、法规,研究落实上级党委、政府所布置任务的具体工作措施。

(2)讨论制订本村经济、社会发展、村庄建设的年度和长远规划,以及保证规划实现的工作措施。

(3)研究制定《村民自治章程》(草案)、村民奖惩的办法以及村(财)务民主管理和公开等规章制度(草案)。

(4)讨论决定村会计、调解、治保等机构组成人员人选。

(5)讨论决定低保人选和救灾、救济款物发放对象。

(6)研究提出有关本村重大村务工作的初步方案,经村民代表会议讨论通过后,制定具体的实施措施。

(7)研究决定村集体大额奖金的开支。

(8)其他需要村“两委”会研究或作出决定、决议的事项。

2. 会议制度

(1)村“两委”会议,一般每月 1 次,如工作需要,也可随时召开;村“两委”会议由村党支部书记召集主持;经村党支部书记委托也可由村委会主任、村党支部副书记召集主持;村“两委”会议,各委员均须按时出席,因特殊情况不能参加的,须事先向召集人请假;村“两委”会议必须有过半数的委员参加方能举行。

(2)村会计可列席会议,如工作需要,其他人员也可列席,具体列席人员由召集人确定。

(3)村“两委”会议由村会计负责记录,村会计未列席的,由组织委员记录。会议记录由会议主持人审核签名,存档备查。

3. 议事程序方法

(1)村“两委”会议和议题由村“两委”委员向召集人提出,经村党支部委员会确定后列入会议议题。

(2)村“两委”委员提出的议题,须事先由提出人组织人员研究、协调、论证,提出具体方案供决策时选择参考。

(3)村“两委”会议召开的日期和议题内容,应由召集人提前告知与会人员,一般不临时动议重大问题。属通气性质的问题,可以临时提出,但须简明扼要。

(4)村“两委”会议研究重大问题应坚持民主集中制原则。先由议题提出人作详细说明后,各委员畅所欲言,发表自己的意见,然后采用口头或举手等方式进行表决,赞成人数超过应到会有表决权人数的一半,决议方为有效。

(5)村“两委”成员及其他与会人员要注意保密会议议事信息。凡会议讨论的所有问题,无论意见有无分歧,也无论是否形成决议(包括已作出的决定尚未公开前),均不得外传,谁泄露,谁负责。

(6)村“两委”会议形成的决议会议,主持人应及时向因故未参加会议的村

“两委”成员传达。

(7)村“两委”会议形成的决议,如有必要,可通过召开有关会议或张榜等形式加以公布,以保证决议实施公开透明。

4. 执行和反馈

(1)村“两委”成员必须坚决执行村“两委”会集体作出的决定。个人如有不同意见,可以采用书面形式在会议记录上保留,但不得在决定、决议后有任何反对的言行。

(2)村“两委”成员按照分工负责的原则,必须认真抓好自己分管的工作,不得推诿、拖拉。如执行中发现新问题,须及时提交村“两委”会议讨论,不得自行采取行动。

(3)村“两委”成员应及时将办理结果向会议主持人反馈。会议主持人应抓好决定、决议的督促检查工作,确保决定、决议落到实处。

5. 制度范例

范例1:村党支部主要职责

一、贯彻执行党的路线方针政策和上级党组织及本村党员大会的决议。

二、讨论决定本村经济建设和社会发展中的重要问题。需由村民委员会、村民会议或集体经济组织决定的事宜,由村民委员会、村民会议或集体经济组织依照法律和有关规定作出决定。

三、领导和推进村级民主选举、民主决策、民主管理、民主监督,支持和保障村民依法开展自治活动。领导村民委员会、村集体经济组织和共青团、妇代会、民兵等群众组织,支持和保证这些组织依照国家法律法规及各自章程充分行使职权。

四、搞好支部委员会的自身建设,对党员进行教育、管理和监督,对要求入党的积极分子进行教育和培养,做好发展党员工作。

五、负责村、组干部的村办企事业管理人员的教育管理和监督。

六、搞好本村的社会主义精神文明建设和乡村建设以及社会治安、计划生育等工作。

范例2:村党两委联席会议制度

一、参加人员:联席会议成员为村党支部和村委会全体成员,参加会议的人数须超过应到会人数的半数。

二、会议召集人:会议由村党支部书记和村委会主任共同召集,由党支部书记主持。

三、会议时间:会议至少每月召开一次,也可以根据上级党委、政府的要求以及本村的实际情况随时召开。

四、会议主要研究的内容:贯彻落实上级党委、政府有关决议、指示的实施办法;本村的长远发展规划、年度工作计划;村级组织有关工作人员的调整和奖惩;计划生育、宅基地指标分配和村务、财务公开等群众关注的热点、难点问题及其他重大事宜。

五、议题的确定:由村"两委"成员根据各自的工作分工,向村"两委"会提出需要研究解决的问题,然后,由村党支部书记与村委会主任相互通气,商讨征求意见。在此基础上,由党支部书记确定议题,并拿出初步意见。如党支部书记和村委会主任对需要讨论决定问题的初步意见有较大分歧,应暂缓召开会议,由乡镇包村干部进行协调解决。

六、会议程序:(1)根据议题内容确定中心发言人。(2)组织讨论。会议主持人党支部书记要给与会的同志充分的讨论时间,让大家围绕议题,积极发表意见。如果意见分歧较大,一时形不成决议的,要进一步酝酿,待第二次会议再研究。第二次会议仍形不成决议的,由村党支部报乡镇党委决定。(3)进行表决。经充分讨论后,可采取口头、举手或无记名投票的方法进行表决。表决赞成票必须超过与会人数的半数,决议方能生效。

七、会议纪律:(1)凡在议事范围内的问题,都要由党支部、村委会联席会议集体讨论决定,任何个人不得擅自决定。(2)凡需要集体讨论决定的问题,必须按规定的程序进行,不准用"碰头会"等形式代替联席会议。(3)凡是事先没有列入需要研究的议题,不得临时拿到党支部、村委会联席会议上集体讨论决定。(4)每个成员在集体研究时要畅所欲言,不准会上不说、会后乱说。凡不允许对外泄露的问题,必须严格保密,即使需要公开的内容,也要本着"先党内,后党外，先干部，后群众"的原则，逐步进行公开，否则，造成不良影响或后果的，要追究有关人员的责任。对缺席人员，会后主持人要把会议精神和决议通报本人。(5)党支部书记外出时，在一般情况下，不得召开联席会议研究重大问题。因工作需要确需召开时，必须请示乡镇党委，由乡镇党委负责协调安排。(6)要指定专人做好会议记录。单独设立两委联席会议记录本。

八、会议决议的处理：对集体作出的决议，要在班子成员的职责范围明确分工，并提出完成时间和质量要求，具体负责的同志要定期向党支部书记和村委会主任汇报进展情况，保证决议的贯彻落实。

九、决议实施过程中，党支部书记负总责，对执行情况进行检查监督。每个成员应按照分工，认真完成任务，自觉接受检查。对不执行集体决议或执行不坚决而贻误工作或造成一定后果的，要追究责任，令其作出检查，必要时给予组织处理。

十、执行中如发现决议与政策法规或现实不符，需要修改的，应及时向党支部书记和村委会主任汇报，并召开联席会议重新讨论决定，决不允许任何人擅自更改或不执行集体决议。

十一、凡需要提交村党员大会或村民代表会议或村民大会通过的有关事项，要严格按照《中国共产党章程》和《中华人民共和国村民委员会组织法》等有关法律法规的要求执行。

十二、会议可以邀请乡镇包村干部列席，但乡镇干部不参与表决。

范例3：村务公开制度

一、村务公开的内容：主要包括财务、事务和政务三个方面。

（一）财务公开。把财务公开作为村务公开的重点，所有收支必须逐项逐笔公开明细账目，让群众了解、监督集体资产和财务收支情况。其中，财务公开应包括各种承包费、管理费和利润的收支；兴办公共事务、公益事业及烈属、军属、五保户所需资金的收支；处理集体财产的收支；国家下拨资金的收支；水电费等各种代收缴费用的收支；村干部补贴、差旅费、招待费的支出；土地征用补偿及分配、种粮直接补贴和退耕还林还草款收支等情况。

（二）事务公开。包括农村机动地和“四荒地”发包，村水利工程、引水工程、电力设施的承包、拍卖、转让、出租、征用及兑现情况；村办企业等集体经济项目的立项、承包方案；兴办村办学校、文化站、运动场、敬老院、道路、生态文明建设等公益事业的经费筹集方案和建设承包方案；水电价、水电费交纳的数额及管理情况；村干部以及其他人员享受补助的人数和标准；村民承担的以资代劳情况等。

（三）政务公开。包括农村税费改革和农业税减免政策、新型农村合作医疗政策；国家其他补贴农民、资助村集体的政策落实情况；年度人口出生、已婚育龄妇女避孕节育、社会抚养费征收等情况；国家征用土地情况；政府下拨的救灾救济、抚恤、扶贫等款物的品种、数量以及接受村民的名单、发放品种及数量；宅基地申请的户名、地点、面积、理由、上报、审批等情况；村民负担的税费；村民会议或村民代表会议决定的事项及执行情况；村民委员会年度工作目标执行情况；重大治安案件和民事纠纷的处理情况；其他需要公开的情况。

二、村务公开的形式：在便于村民观看的地方设立村务公开栏，通过公开栏向村民公开村务，还可以利用广播、电视、张榜公告、村民民主听证会等形式公开村务。努力创造更科学、更便于村民监督的新的村务公开形式。

三、村务公开的时间：属于村民委员会年初制定的工作计划、目标、指标要年初公布；涉及村民利益的重大事项和村民关心的问题要随时发生随时公开；集体财务往来较多的村，村财务收支情况要每月公布一次；财务往来不多的和除上述几种情况之外的其他村务每季度要公布一次；年终要公布计划执行情况、财务收入和支出方面的情况、各项指标完成情况、各项制度落实情况等。另外，要对村务事项办理的事前、事中和事后情况进行全程公开。

四、村务公开的程序：村务公开按照“一清二审三报四公布五存档”的程序进行。“一清”，即由村民委员会负责列出应公布内容的清单；“二审”，即由村务公开监督小组审查、补充、完善；“三报”，即报村“两委”联席会议讨论确定，村委会主任签名；“四公布”，即把公布内容逐条逐项固定公开栏公布；“五存档”，即对每次公开的内容，都要存档备查，由专人负责管理。

五、设立村务公开监督小组：小组成员由5～7人组成，设组长1名，小组成员要热爱集体，公道正派，有一定的议事能力，应有一定文化水平和财务知识，由村民会议或村民代表会议在村民代表中推选产生，任期与村民委员会相同，任务是负责监督村务公开制度的落实。村干部及其法定亲属不得担任村务公开监督小组成员。

村务公开监督小组对村民会议或者村民代表会议负责。职责是：认真审查村务公开各项内容是否全面、真实；公开时间是否及时；公开形式是否科学；公开程序是否规范；征求并反映村民对村务公开的意见和建议；督促村民委员会对村民提出的意见和建议及时进行整改并作出答复；及时向村民会议或村民代表会议报告监督情况。对不履行职责的成员，村民会议或村民代表会议要罢免其资格。

六、听取和处理村民意见：对村务不公开或者公开不及时、弄虚作假等行为，村民有权向上级政府、有关部门和村务公开监督小组反映、举报、投诉。村务公开监督小组对村民反映的问题应当及时进行调查，确有内容遗漏或者不真实的，应督促村民委员会重新公布；也可以直接向村党支部、村民委员会询问，村民委员会应在10日内予以解释和答复。村党支部、村民委员会不得对投诉人、上访人进行打击报复，如有此行为，将追究其法律责任。

范例4：村党支部党务公开制度

第一条　为深入贯彻党中央各项决策精神，全面落实治区党委和市（地）委有关党风廉政建设的有关规定，充分发扬党内民主，加强党内监督，特制定本制度。

第二条　党务公开坚持依法公开、注重实效、利于监督、统筹配套的原则。

第三条　党务公开按照长期公开、定期公开、逐段公开和随时公开四种时限进行。

（一）长期公开内容

1. 党支部设置及党员构成分布情况；

2. 党支部领导班子成员分工、主要职责和联系电话；

3. 党支部上年度目标完成情况和年度工作目标、发展规划；

4. 党支部年度发展党员工作计划和完成情况；

（二）定期公开内容

1. 党支部领导班子成员在岗履职和分管工作完成情况；

2. 本村经济社会发展主要指标或工作目标完成情况；

3. 党支部贯彻落实上级党组织交办任务情况等；

4. 党支部领导班子及成员廉政情况：主要包括党风廉政建设责任制落实、经济责任审计及执行财经法规制度和违纪案件查处等方面情况；

5. 党员发展情况：包括积极分子、发展对象培养以及接收预备党员和预备党员转正等情况；

6. 党支部活动开展情况：主要包括理论学习，党组织、党员开展创先争优活动情况等内容；

7. 本村党支部党费收缴和管理情况；

8. 其他需要定期公开的内容。

（三）逐段公开内容

1. 为民办实事项目的动态工作情况；

2. 重大项目建设的阶段性进展情况；

3. 其他分期完成工作进展情况。

（四）随时公开内容

1. 重要事项情况：主要包括贯彻落实党的路线方针政策、上级党委决议决定；党支部重大决策、重要人事任免和重点项目安排；涉及党员群众切身利益的重大问题的解决；重大灾害救助；以及党员群众普遍关心的重大改革措施和其他热点、难点问题的处理等情况；

2. 奖惩情况：主要包括党内各类表彰和违规违纪党员干部处理情况等；

3. 意见建议落实情况：主要包括对党员、干部和群众提出的意见和建议整改落实情况；

4. 干部队伍建设情况：主要包括村党支部班子的选拔任用以及后备干部的选拔培养情况等；

5. 上级党组织认为需要公开的其他内容。

第四条 下列党务信息依法不予以公开：

（一）按照党和国家的有关规定需保守秘密的；

(二)按有关规定不宜公开的;

(三)涉及个人隐私的。

第五条　党务公开的形式。各级党组织可根据实际情况和公开的内容,采用灵活多样的形式,推进党务公开。

(一)适宜在党支部领导班子成员中公开的内容,一般采用会议、文件传阅等形式进行公开;

(二)适宜向全体党员公开的内容,通过召开会议、简报、通报、党组织活动、开展谈话活动等形式进行公开;适宜向部分党员公开的内容,按规定程序向相关党员公开;

(三)适宜向全社会公开的内容,通过召开群众大会、党务公开栏(可与村务公开栏合并)、广播等形式进行公开。

第六条　党务公开的程序和时限。党务公开一般通过草拟方案、组织审核、实施公布、反馈信息、立卷归档等五个环节进行。党支部在进行党务公开前由组织委员草拟公开的内容、范围、形式和时限;党务公开的草拟方案由本村党务公开领导小组集体审核,特别重大的问题和事项,报经上级党组织审核把关;经审核同意后,将公开内容采取适宜的形式在确定范围内及时进行公开,对党内重大事项和涉及党员群众切身利益的重大问题,按照先党内、后党外的原则及时进行公开;公开期间,组织委员负责收集整理党员群众通过各种渠道反映的意见和要求,及时反馈给相关部门,并将处理和落实情况及时予以公开,接受群众监督;公开完毕,整理分类归档保存备查。

第七条　对历次公开的内容和相关工作资料,分类记录保存;对党员群众围绕党务公开内容提出的意见和建议,指派专人负责处理,办理情况和结果视情形公开。对实名反映情况的,及时将处理结果向其本人反馈,并听取其意见。

第八条　党务公开的时限要与公开的内容相适应。固定性的、全面性的或者总结性的工作要实行长期公开;常规性工作实行定时定期公开,一般每季度或半年公开一次;阶段性工作实行逐时逐段公开,一般应在阶段工作完成后及时公开;临时性工作实行随时公开;根据公开后反馈意见进一步完善的内容,应及时公开。固定性的内容长期公开;逐段公开的内容,以阶段时限进行公开;定期公开和随时公开的内容,每次公开的时间为7～15天。

第九条　党员群众有监督党务公开的权利。党员群众可以向党支部书面提出公开相关党务工作内容的要求,本村党支部必须按照党务公开的原则和程序予以公开。对经审核不能公开的,应给予书面回复解释。

第十条　党务公开由本村党务公开领导小组负责领导,党支部书记任组长,分管副书记任副组长,成员由纪检委员、组织委员、宣传委员等人组成。

第十一条　本办法由本村党支部负责解释,自发布之日起施行。

范例5:村民委员会职责

村民委员会是在国家法律规定的范围内,由村民自我管理、自我教育、自我服务的群众性自治组织,受乡镇政府指导和村党总支(支部)的领导。主要职责是:

一、教育、组织村民认真贯彻执行党的路线、方针、政策、自觉遵守国家的法律、法规。

二、向村民会议或村民代表会议负责并报告工作。

三、完成乡镇人民政府布置的行政、经济等工作任务。

四、维护村民的合法权利和利益、教育引导村民履行公民义务。

五、组织村民发展经济、做好本村生产的服务协调工作,促进农村社会和社会主义市场经济的发展。

六、管理本村集体所有的土地和其他财产,教育村民爱护公共财产、合理利用自然资源、保护和改善生态环境。

七、办理本村公共事务、发展公益事业、调解民间纠纷、维护社会治安。向上级政府反映村民的意见、要求和建议。

八、做好优抚抚恤、救灾救济、殡改火化、五保供养等社会保障工作,开展移风易俗活动。

九、发展文化教育、普及科技知识,促进村与村之间的团结、互助,带领群众开展社会主义精神文明建设。

三、村“两委”在乡村振兴中的职能定位

党的十九大报告提出全面实施乡村振兴战略的总要求是：“产业兴旺、生态宜居、乡风文明、治理有效、生活富裕。”这一要求是将我国在新时代以经济建设、政治建设、文化建设、社会建设、生态文明建设为架构的“五位一体”总体布局深入贯彻农村社会发展中的重大战略决策。村“两委”作为政策方针的执行者，应该按照国家顶层设计的要求，将村“两委”的职能向经济、政治、文化、社会、生态和党建等方面实现积极有效的转换。

（一）经济职能

产业兴旺是乡村振兴的重点。经济基础决定上层建筑，产业兴旺农村才能发展，农民才能富裕。村“两委”依法具有管理农村集体土地和财产的经济职能，在乡村振兴战略中，村“两委”的职能应该要与构建现代农业产业体系、生产体系、经营体系三个重点有机衔接。

一是抓紧做好开展农村集体产权制度改革的工作。保护好耕地红线，推进农村土地规模化经营和高标准农田建设，以加快发展农村现代农作物、畜禽、水产、林木种业。

二是为构建农村一二三产业融合发展体系、促进村民走农业产业化道路提供多方面的服务。村“两委”要做村民致富的带头人和排头兵，为村民提供全方位的一体化服务，这种服务应沿产业链，从产前生产资料的供给、信息咨询、市场导向，到产中的生产、机耕、灌溉、种苗、植保、技术、防病，直至产后的运、销、贮、保等，以推进农村经济产业绿色化、优质化、特色化、品牌化发展。

三是在乡村振兴中发挥好经济筹划功能。村“两委”要根据本村的实际，对本村产业经济发展、农业项目规划、村级财务收支、集体资产的保值增值做好科学合理的规划。

（二）政治职能

乡村振兴战略的基本原则之一是：“毫不动摇地坚持和加强党对农村工作的领导，健全党管农村工作领导体制机制和党内法规，确保党在农村工作中始终总揽全局、协调各方，为乡村振兴提供坚强有力的政治保障。”

村党支部是党在农村的基层组织，是党在农村全部工作和战斗力的基础，是农村各种组织和各项工作的领导核心。党支部在乡村振兴中应该突出

自身的政治功能,创新党建工作,以党建促振兴,为乡村振兴提供坚强的战斗堡垒作用。同时,村民委员会在整个村民自治组织体系中处于中心地位,是整个村民自治运作的枢纽环节,也是村民自治与国家管理的连接点。因此,村委会要提升对乡村振兴战略的政治意识,配合村支部的统一领导,在村“两委”政治合力的驱动下,进一步推进村民自治中文化与社会民主选举、民主管理、民主决策和民主监督的新发展,为乡村振兴战略的实施和胜利奠定坚实的政治基础。

(三)文化职能

乡风文明是乡村振兴的保障。应积极发挥村“两委”在乡村振兴中的文化职能,促进繁荣兴盛的乡村文化建设。首先,要明确村“两委”文化职能的意蕴范围。农村文化建设包含了“农村社区文化”和“农村文化”两个不同的概念,严格而言,农村社区文化是指农村社区居民对其所生活的社区(共同体)所具有的一种归属或认同感、独特的价值理念以及调适社区居民行为的伦理规范;而农村文化这个概念,主要是相对城市文化(或都市文化)而言的,农村社区文化是农村文化的重要组成部分。村“两委”的文化职能应该包含这两种概念。其次,村“两委”要加强农村思想道德建设,创新宣传形式和手段,借用互联网新媒体构建完备的农村思想文化宣传教育体系。再次,要充分挖掘农村农耕文明中的优秀成分传承创新,以凝聚人心、教化群众、淳化民风。最后,在国家政策的支持下,建立健全农村公共文化服务机制和文化基础设施,按照有标准、有网络、有内容、有人才的要求,以文化惠及村民,提升文化服务实效,促进村民科学文化素养的大幅提升。

(四)社会职能

治理有效是乡村振兴的基础。村“两委”在乡村振兴中的社会职能具有基础性、综合性和全局性的特点,必须坚持自治、法治、德治相结合,确保乡村社会充满活力、和谐有序。在现代乡村社会治理场域中,自治是基础,法治是根本,德治是保障。村“两委”的社会职能应该在这三者的有机统一下展开。

第一,要深化村民自治实践。依托村民会议和村民代表大会,健全和创新农村基层群众自治组织的体制机制;推动村民自治中的协商民主发展;大力培育服务性、公益性、互助性农村社会组织,有效实现农民的自主参与、自我管理、自我服务、自我保护。

第二，按照全面依法治国的基本方略，推进法治乡村建设。加强村“两委”自身法律素养，加大农村普法宣传，引导广大农民增强遵法、学法、守法、用法意识；建立健全乡村社会法律服务体系，拓宽村民的法律援助和司法救助渠道。

第三，重视乡村德治水平的提升，强化村规民约在乡村社会的道德教化功能，探索和建立村民道德奖惩机制。

最后，要在村“两委”的牵头下，完善和落实农村社会综合治理责任考评机制，维护乡村社会的平安稳定。

（五）生态职能

生态宜居是乡村振兴的关键。按照尊重自然、顺应自然、保护自然的基本原则，维护好农村良好的生态宜居环境，村“两委”在乡村振兴战略中要积极承担和发挥生态职能。首先，根据本村实际，准确统计好农村生态资源总量，配合相关部门做好农村山水林田湖草系统的统筹治理；其次，通过民主程序制定好村庄内部的生态环境治理奖惩制度，引导村民加强对农村突出环境问题的综合治理；最后，正确处理农村生态资源开发和保护的关系，具备市场思维、互联网思维，挖掘农村生态旅游潜能，开发农村特色生态产品，促进农村生态经济的建立和发展，以村“两委”生态职能的有效发挥，实现百姓富、生态美的良性统一。

（六）党建职能

2016 年党的十八届六中全会深刻探讨了新时代全面从严治党的若干重大问题，认为党要管党必须从党内政治生活管起，从严治党必须从党内政治生活严起。农村党支部作为党在农村的基层组织，村支委在乡村振兴中作为领导力量，应该加强农村基层党组织的建设职能。

其党建职能内容应该包括：第一，组织农村支部党员持续加强对党的十九大精神的学习，深刻理解实施乡村振兴战略的重要意义；第二，强化农村基层党组织领导核心地位，创新组织设置和活动方式，持续整顿软弱涣散村党组织，稳妥有序开展不合格党员处置工作，着力引导农村党员发挥先锋模范作用；第三，完善农村党员学习培训制度，积极吸收农村优秀青年，为乡村振兴提供人才支撑；第四，根据实际，研究农村基层党组织工作条例，制定符合当地实际的工作指导思想、原则、目标、任务和方法，强化村党支部的规划引领能力，确保乡村振兴战略的各项政策贯彻落实。

四、村“两委”换届选举原则及程序规定

（一）遵循的基本原则

1. 加强党的全面领导。旗帜鲜明把党的全面领导贯穿村“两委”换届始终，牢牢把握主动权，确保换届工作方向正确。

2. 充分发扬民主。坚持人民主体地位，尊重党员群众民主权利，切实保障广大党员和人民群众知情权、参与权、表达权，推动换届选举过程公平、公正、公开。

3. 严格依法依规。认真遵照、执行党章，坚持以有关换届选举的党内法规和法律规定为依据，不折不扣履行换届法定程序，确保选举程序合法、结果有效。

4. 坚持高线选人。突出政治标准，树立重实干、重实绩、重担当的鲜明用人导向，拓宽人选来源渠道，强化组织把关，实现好中选优、优中选强。

（二）候选人基本条件

把政治标准放在首位，大力选拔政治素质好、道德品行好、带富能力强、协调能力强，公道正派、廉洁自律，热心为群众服务的人员进入“两委”班子，特别是党组书记。

1. 候选人基本条件。（1）政治素质良好，能够自觉学习贯彻习近平新时代中国特色社会主义思想，宣传和贯彻落实党的理论与路线方针政策；（2）敢于担当作为，能够以集体和群众利益为出发点；（3）干事本领较强，能够适应新时代基层工作要求；（4）处事公道正派，能够自觉遵守法律法规，办事公正，廉洁自律，有较好群众基础和口碑；（5）正常在岗履职，能够长期在村工作，具有正常履行职责的身体条件，年龄不超过 55 周岁。特别优秀的，年龄可适当放宽。

村党组书记人选必须具有一定的理论水平，热爱党的工作，对党忠诚，增强“四个意识”、坚定“四个自信”，做到“两个维护”，具有 1 年以上党龄。

2. 不得推荐为候选人的情形：（1）对党不忠诚，政治上的“两面人”，散布违背党的理论和路线方针政策的意见，公开发表违背党中央决定的言论，制造、传播政治谣言及丑化党和国家形象言论的；（2）受党纪、政务处分未满规定时限的；（3）存在“村霸”、涉黑涉恶问题，受过刑事处罚，涉嫌违纪违法正在接受审查调查的;(4)近3年因严重违反土地政策、环保政策,受到职能部门处理的;(5)在担任村(社区)干部或在其他岗位工作期间,因侵占集体资产资源资金、扶贫资金或惠民补贴补助资金被有关部门查处的;(6)非法宗教的组织者、实施者、参与者,搞封建迷信活动,因涉毒、涉黄或参与赌博受到职能部门处理的;(7)操纵宗族宗派势力干扰基层政权建设,煽动、组织群众非正常上访造成群体性事件的;(8)非法串联拉票、胁迫蒙蔽群众或者操纵破坏选举的;(9)被公布为失信被执行人员,违反村规民约造成不良影响的;(10)长期不在村居住或工作,体弱多病不能正常履职,近3年民主评议党员有不合格等次、担任村"两委"班子成员期间年度考核连续2年为不称职或因其他原因被罢免职务的。连续3年未发展党员的村,党组书记不得连任。实行候选人近亲属回避制度,村"两委"(含村务监督委员会)成员之间,选委会成员与正式候选人之间,不得具有配偶、父母、子女、兄弟姐妹、祖父母、外祖父母、孙子女、外孙子女关系。

(三)村党组织换届选举程序规定

村党组织领导班子换届选举要严格按照《中国共产党章程》《中国共产党支部工作条例(试行)》《中国共产党农村基层组织工作条例》《中国共产党基层组织选举工作条例》进行。全面推行"两推一选"办法产生村党组织领导班子,即在上级党组织的领导和指导下,根据党员和群众推荐、上级党组织推荐情况,由村党组织研究提出候选人人选,报上级党组织批准后进行党内选举。主要分三个阶段进行:

第一阶段:准备工作阶段。

上级党组织按照"四清"要求,准确掌握村情民意,逐村确定意向人选,健全完善选情台账,制订换届工作方案,组织业务干部培训。村党组织召开委员会议,讨论通过"关于召开党员大会的决定",提前1个月向上级党组织呈送"关于召开党员大会的请示"。上级党组织批复同意后,村党组织要及时召开委员会和党小组会议,传达上级党组织批复要求,研究召开党员大会相关事宜。

第二阶段:推荐考察阶段。

1. 民主测评。以村为单位,组织召开党员和村民代表会议,对现任领导班子及成员进行民主测评。测评结果作为酝酿人选的重要参考依据。

2. 酝酿人选。在上级党组织的领导和指导下,村党组织按照"两推"程序,以不低于委员职数20%的差额比例提出新一届委员会委员人选，一并提出书记、副书记候选人人选，报上级党组织审查。党员和群众推荐环节，由村党组织召开应到会人数一半以上的党员和村民代表会议，从得票超过半数的党员中确定人选，提出建议名单；重难点村可召开党员和户代表会议，实行分类计票，为推行“一肩挑”摸清民意基础。上级党组织推荐环节，由上级党组织结合民主测评情况和研判结果，充分征求驻村工作队、包村干部意见建议，统筹考虑干部队伍现况，研究提出建议名单，并通报村党组织。

3. 资格联审。上级党组织对候选人人选任职资格审核后，书面征求相关部门意见。

4. 考察公示。上级党组织组建考察组，采取民主测评、个别谈话、档案审核、个人承诺等方式，对符合条件的候选人人选进行考察。根据考察结果，研究确定委员候选人名单并在村予以公示，公示期不少于5个工作日。公示期满无异议后，确定各正式候选人。

第三阶段：党内选举阶段。

村党组织按照有关规定和程序先召开党员大会，差额选举产生新一届村党组织委员会委员，再召开村党组织委员会议，选举产生书记、副书记。党员大会选举时，有选举权的到会党员数不少于应到会党员数的五分之四，会议有效；候选人获得的赞成票超过应到会有选举权的人数的一半，始得当选。选举结束后，选举结果报上级党组织批复。

党员因下列情况不能参加选举的，报上级党组织同意，经村党员大会通过，可以不计算在应到会人数之内：(1)患有精神病或其他疾病导致不能表达本人意志的；(2)自费出国半年以上的；(3)虽未受到留党察看以上党纪处分，但正在服刑的；(4)年老体弱卧床不起或长期生病、生活不能自理的；(5)工作调动，下派锻炼、蹲点，外出学习或工作半年以上等，按规定应转走正式组织关系而没有转走的。

(四)村民委员会换届选举程序规定

村民委员会换届选举要严格按照《村民委员会组织法》进行，在村党组织的领导和上级换届选举工作机构的全程指导下，采取有候选人的方式进行选举。主要分以下三个阶段进行：

第一阶段:宣传教育阶段。

充分运用电视、广播、网络等媒体,并通过召开会议、入户走访等形式,广泛宣传换届选举工作的重要意义、程序步骤、工作纪律和村民委员会的干部职数、结构比例、人选条件等要求。特别是要把选不准、选不好、选不强村干部的危害性告知广大村民,把违法违纪的代价告知村干部和候选人,把干扰或破坏选举的后果告知别有用心的人,教育引导广大党员、群众正确对待换届工作和自己的权利义务,积极有序、依法依规参加选举。

第二阶段:换届选举阶段。

1. 推选选举委员会。选举委员会由5~9人组成,设主任、副主任各1名。选举委员会成员由村党组织提名,上级换届选举工作指导机构或者村民委员会组织召集村民会议、村民代表会议或者村民小组会议,推选产生村民选举委员会。按照法定程序,把村党组书记推选为选委会主任,可将第一书记、包村干部、党组织委员会委员推选为副主任,若选委会主任被提名为村民委员会成员候选人,由副主任主持工作。成员退出村民选举委员会或者因其他原因造成空缺的,按照原推选结果依次递补,也可另行推选。村民选举委员会成立后,应及时张榜向村民公告,接受群众监督。

2. 制定选举办法。村民选举委员会应依法拟定本村选举办法。村民委员会选举办法经村民会议或2/3以上户代表会议讨论;居民委员会选举办法提交居民会议讨论。通过后,由选举委员会对选举办法进行公布、宣传并组织实施。各上级换届选举工作机构应加强指导把关,确保各村选举办法依法依规、具体详细、规范可行。

3. 做好选民登记工作。截至本村选举日为止,年满18周岁的村民,不分民族、种族、性别、职业、家庭出身、宗教信仰、教育程度、财产状况、居住期限,都有选举权和被选举权;但是,依照法律被剥夺政治权利的人除外。

村民选举委员会应将下列人员登记为选民:(1)户籍在本村并且在本村居住的村民;(2)户籍在本村,不在本村居住,本人表示参加选举的村民;(3)户籍不在本村,在本村工作或居住1年(截至选举大会召开日)以上,本人申请并经村民会议或者村民代表会议同意参加选举的公民。在非户籍所在地参加选举的,须出具户籍地未参选证明,并注明拟参选的村名称。经村民选举委员会告知，本人书面表示或选委会成员2人以上电话联系并登记确认不参加选举的，不列入选民名单。选民名单应在选举前20日张榜公布，接受群众监督。

4. 提名初步候选人。本次村民委员会换届选举，必须先提名初步候选人。提名初步候选人由村民选举委员会组织，提名前公布候选人资格条件、公告提名的期限，或者召开村民会议或村民小组会议进行提名。提名时选民应当填写村民委员会主任、副主任、委员初步候选人提名表，填写的初步候选人人数不得超过应选人数。选民所提名的候选人人数多于法定的正式候选人人数时（村民委员会实行差额选举，村民委员会主任、副主任初步候选人名额应当分别比应选名额多出1人，委员初步候选人名额应比应选名额多1～2人），村民选举委员会应当召集村民会议，由村民以无记名投票、公开计票的方式进行预选，按得票由高到低确定初步候选人。

5. 确定正式候选人。村民选举委员会按照村委会职责要求、人选条件的法律规定和本村选举办法，对初步候选人进行资格自审后报上级换届选举工作机构，按照"合格、优选、负面"三张清单进行初审，报上级换届选举工作结构进行资格联审，审核通过后确定为正式候选人。候选人中应至少有1名女性，没有产生女性候选人的，以初步候选人得票最多的女性为候选人。正式候选人确定后，应在正式选举前7天由村民选举委员会按提名或预选得票多少为序张榜公布，同时张榜公布选举时间、投票地点、投票方式、选举办法。已被确定的正式候选人在投票前主动要求退出，候选人形成缺额的，应当从其他已提名的初步候选人中按照票数由高到低的顺序依次递补。

6. 组织选举投票。

（1）选举准备。积极动员、组织选民亲自投票。选举大会应设立主会场，居住分散的可设立分会场或投票站，设立秘密写票处，对不便于参加选举大会的选民可以设立流动票箱，在其住所进行投票。每个投票站、流动票箱应有3名以上监票人员。选举时，由村选举委员会主持选举大会。投票前，应清点到会人数，通过本村选举办法，报告选举工作进展情况，检查票箱，清点选票，推选监票人、计票人（候选人及其近亲属不得担任监票人、计票人），向选民发放《选民证》，选民凭《选民证》参加投票。选举村民委员会，可以采取一次性投票或者分次投票的方式进行，具体投票方式，由村民选举委会在本村选举办法中确认。

(2)选举投票方式。选举实行无记名投票,每一选民在一次选举中只有一次投票权。不能写选票的选民,可以委托近亲属、其他选民或者代写处代写,任何代写人均不得违背委托人的意愿。选民在选举日不能参加选举的,可以委托本村有选举权的近亲属代为投票,每一选民接受的委托不得超过3人。同时,村民选举委员会应当在投票选举前确认委托书,并公布委托人和被委托人名单。实行候选人现场回避制度,候选人在选举日先集中投票,再集体回避,避免候选人在选举现场影响选举人自主投票。

(3)计票方式。投票选举实行公开计票的方法。投票结束后,由监票人、计票人将所有票箱集中到选举大会会场当众开箱,公开核票,公开唱票,公开计票,进行记录,并由监票人签字。选举委员会登记参加选举的村民过半数投票的,选举有效。选举所投票数,等于或者少于所发票数的,该次投票有效;选举所投票数多于所发票数的,该次投票无效。每一选票所选人数,等于或者少于应选人数的选票有效;多于应选人数的选票无效。有效票、无效票都应当计算为参加投票的选民人数。

(4)村委会成员产生。村民委员会主任候选人获得参加投票的村民过半数的选票,始得当选;村委会副主任、委员候选人获得参加投票的村民过半数的选票,依得票数由高到低的顺序分别确定当选人,以得票多者当选。如果候选人的票数相同不能确定当选人,应当就票数相同的候选人再次投票,得票多者当选。获得过半数选票的当选人人数少于应选名额时,不足的名额另行选举。另行选举的,按照差额比例,第一次投票未当选的人员得票多的为候选人,候选人以得票多的当选,但是所得票数不得少于已投选票总数的1/3。

(5)选举结果公布。确认选举投票结果并当场公布选举结果,当场颁发当选证书。对于通过“另选他人”方式得票过半的,当场只宣布计票结果,经村民选举委员会进行资格自审,并报上级换届选举工作机构审核通过后,由村民选举委员会另行宣布选举结果。

第三阶段:总结验收阶段。

1.做好工作交接。由村民选举委员会主持、上级人民政府监督,10日内完成新、老村(居)委会工作移交手续。由上级人民政府主持,对新一届村委会成员进行分工,并进行业务培训。

2. 制定任期目标。上级单位对“两委”班子成员开展全员培训；由上级负责指导新一届村民委员会按照法律法规的规定，健全完善村（居）民自治的各项民主制度和村规民约，研究确定本村发展规划、年度计划和落实措施。

3. 进行检查验收。采取村自查、上级普查、抽查的方式，对换届选举工作进行全面检查验收，并及时上报各类表册、选举结果和工作总结等。

4. 强化备案管理。及时做好村党组书记的备案管理工作，及时变更群众性自治组织法人信息，重新换发统一社会信用代码证书。上级党组织要与离任、落选干部开展一次谈心谈话，建立完善新一届村“两委”班子成员个人档案，做好后备力量人才库的补充更新工作。

范例6：

××村（社区）党组织换届选举大会流程（现场记录）①

（××年×月×日）

各位党员：

中国共产党××村（社区）组织委员会换届选举大会今天在这里举行。镇党委对我村（社区）党支部换届选举工作高度重视，有关领导前来指导我们支部的选举工作。

下面，我介绍前来参加会议的领导。

参加今天会议的有：……[介绍街道派来参加大会的领导同志和其他来宾]

让我们以热烈的掌声，对各位领导的莅临指导表示欢迎和感谢！

根据文件规定，以下五种人员可以不计算在支部党员大会应到会党员人数之内（注：临时请假的不算此五类人员，而属于应到党员）：

（1）患有精神病或因其他疾病导致不能表达本人意志的；

（2）自费出国半年以上的；

（3）虽未受到留党察看以上党纪处分，但正在服刑的；

① 此范例为主持人视角的选举大会现场记录，旨在向读者展示大会流程；需说明的内容均有括注。——编者注

(4)年老体弱、卧床不起和长年生病、生活不能自理的；

(5)工作调动，下派锻炼、蹲点，外出学习或工作半年以上等，按规定应转走正式组织关系而未转走的。

经上级党组织同意，以下人员名单属于五类不计算的应到会人员，分别是：

第一类：张三，李四……

第二类：王五，赵六……

现在提交党员大会讨论。

同意的请举手，(稍停)请放下；不同意的请举手，(稍停)没有；弃权请举手，(稍停)没有。

经举手表决，同意以上人员不列入应到人员的党员数超过应到会党员数的半数，大会通过此项决议。

下面清点到会人数。

中国共产党××村(社区)组织委员会换届选举大会今天在这里举行。这次大会应到党员×人，今天实到会党员×人，因事、因病请假×名，实到会党员超过了应到会党员的4/5，符合法定人数。可以开会。

参加今天大会的有：……(介绍镇党委派来参加大会的领导同志和其他来宾)

列席今天大会的有：……

让我们以热烈的掌声，对他们的光临表示欢迎！

现在我宣布：中国共产党××组织委员会换届选举大会正式开始。

今天会议的主要议程有两项：

一、听取和讨论上届××党组织委员会工作报告；

二、选举新一届党组织委员会。

现在进行会议第一项议程：请××同志代表上一届党组织委员会做工作报告。

(报告完毕)请党员讨论审议工作报告。

现在进行会议第二项议程：选举新一届党组织委员会。这个议程主要有以下几项内容：

现在进行第一项内容,通过大会选举办法。

[宣读选举办法(草案)]

大家有什么意见请发表。(稍停)没有。现在进行表决。同意的请举手,(稍停)请放下。不同意的请举手,(稍停)没有(或请放下)。全体通过(或通过)(鼓掌)。

现在进行第二项内容,通过新一届党组织委员会委员候选人名单。(宣读镇党委批复文件)

(宣读完毕)请党员对新一届委员会候选人名单进行酝酿。(稍候片刻)大家有什么意见请发表。(稍停)没有。现在进行表决。同意新一届委员会候选人名单的请举手,(稍停)请放下。不同意的请举手,(稍停)没有(或请放下)。全体通过(或通过)(鼓掌)。

现在进行第三项内容,通过监票人名单和宣布计票人名单。

(宣读监票人建议名单)

大家有什么意见请发表。(稍停)没有。现在进行表决。同意的请举手,(稍停)请放下。不同意的请举手,(稍停),没有(或请放下)。全体通过(或通过)(鼓掌)。

我宣布大会计票人员名单。这次大会计票人为××同志、××同志。

现在进行第四项内容:进行大会选举。

现在请计票人员清点到会人数。

(计票人清点人数,监票人向主持人报告到会人数)

出席今天大会的党员××名,超过应到会党员的4/5,符合规定人数,可以进行选举。

请监票人检查票箱、封好票箱。

请计票人领取并向党员分发选票。

各位党员都收到选票没有?有没有多领或少领的?如有,请举手。(稍停)没有。

(监票人报告发出选票情况)

各位党员,大会共发出选票××张,与实到党员人数相符。

现在由我说明填写选票注意事项。(对照选票进行说明)

大家听清楚了没有?不清楚的,请举手。

下面,请各位党员填写选票。

(注:选举人不能写选票的,可由本人委托非候选人按选举人的意志代写。因故未出席的党员不能委托他人代为投票。)

投票开始。先请监票人、计票人投票;然后请上届委员会委员和党员依次投票。

(投票完毕)

请监票人和计票人开箱清点选票。

各位党员,经过清点,今天大会实到会党员×人,发出选票×张,收回选票×张,收回选票等于(或少于)发出数,根据大会选举办法规定,本次选举有效。

请计票人在监票人监督下计票。

(计票结束后,监票人向大会报告被选举人得票情况,大会主持人宣布当选人名单)

现在请监票人向大会报告选举计票结果。根据大会选举结果,××、××、××、××、××等5位同志当选为新一届中共××组织委员会委员。

下面请当选新一届中共××组织委员会委员到××会议室召开××党组织委员会第一次会议,其他党员休会,××时××分继续开会。

(休会)

各位党员,下面继续开会,通报新一届党组织委员会书记选举情况。

(通报完)

下面请××镇党委领导××同志讲话,掌声欢迎。

(讲话完)

各位党员,今天会议各项议程经过在座全体党员的共同努力,已经全部完成。现在,我宣布本次党员大会结束。散会。

五、村"两委""四议两公开"制度

"四议两公开"制度,是指在农村基层党组织的领导下,按照规定的程序对村级重大事项进行决策并公开。其中,"四议",是指党支部会提议、村"两委"

会商议、党员大会审议、村民代表会议或村民会议决议;“两公开”,是指决议公开、实施结果公开。通过“四议两公开”制度的实施,村级决策更加民主、科学,有利于保障农民群众的切身利益。

“四议两公开”是有效处理村级事务的村级民主实践探索。在乡村振兴战略实施的背景下,“四议两公开”作为基层民主政治建设的重要制度,在乡村治理中发挥着越来越重要的作用。

(一)“四议两公开”制度运行程序

1. 村党支部会提议

村党支部会提议,是指对村级重大事项进行决策时,首先要由村党支部提出初步的决策方案与意见。具体要求如下:当村里有事关村集体和村民利益的事项需要解决时,农村党组织要充分发挥在村级事务管理中的领导核心作用,牢牢把握维护村集体和村民利益这条主线,广泛征求村干部、党员及村民的意见和建议,深入调研;在此基础上,党组织通过支委会这一会议形式,反复研究,提出解决处理该项事项的初步方案。

村党支部会提议是“四议两公开”制度的第一步,也是“四议两公开”制度运行的基础,此后的程序都要在村党支部会提议的基础上进行。村党支部提议环节发挥了党支部对村级事务的领导作用,通过把握工作方向,广泛听取民意,使提议内容符合农村发展实际,契合农民群众利益,充分体现了党组织在乡村治理中的领导核心地位。

2. 村“两委”会商议

党支部会讨论形成初步方案后,要交由村“两委”会讨论该方案的可行性。村“两委”会商议,是指“两委”委员在村“两委”会议上就党支部会的提议进行充分讨论,论证党支部会的提议是否切实可行。参会的“两委”委员必须过半数,否则该次“两委”会议不能召开。在会上,先由党支部书记对所商议之事和之前党支部会提出的初步方案做详细解释和说明;然后各委员认真思考之后进行充分的讨论,在表决环节要根据当时实际情况采取不同的表决方式,如举手表决、无记名投票等;最后根据表决结果,按照民主集中制的原则形成商议意见。

村“两委”会商议是“四议两公开”制度运行的关键一步,经过“两委”委员的深入研究,反复沟通,最终形成商议内容。村“两委”会商议是党领导下的村民自治的具体表现形式,将党支部的提议纳入村民自治程序中,不仅体现了党组织的领导作用,也保证了村民自治的实现。

3. 党员大会审议

党员大会审议,是指党支部召开党员大会,与会党员认真讨论并进行表决,决定是否通过村“两委”会的商议内容。党员大会召开之前,党支部要将村“两委”会商议内容发给每位即将参会的党员,党员要充分了解即将进行审议的方案,以便在审议环节更准确地作出选择。此外,党支部还要充分了解村民意愿。党员大会的召开要求参会党员人数必须达到党员总数的2/3以上。审议时,参会党员超过半数同意村“两委”会商议内容视为审议通过,进入下一环节。审议通过后,村“两委”必须认真听取与会党员的意见和建议,并据此修改和完善所提方案,同时应主动联系农民群众,做好所议事项的解读工作,为下一步村民会议决议打下基础。

党员大会是党支部的最高领导机关和议事决策机构。党支部召开党员大会,党员充分讨论进行审议决策,既体现了党组织的领导作用,又保障了党员的主体地位,使党员的知情权和参与权得以实现。通过党员大会审议,所议事项的决策向着更加科学和民主的方向迈进。

4. 村民代表会议或村民会议决议

村民代表会议或村民会议决议,是指在村党支部领导下,村委会主持召开村民代表会议或者村民会议,参会村民充分讨论党员大会审议形成的方案,并进行表决。表决通过则形成决议。村委会应根据村民人数决定召开会议的形式。村民人数多的农村应当根据相关法律法规,选举产生村民代表参加村民代表会议。参会人数必须符合法律规定,否则会议无效。所有参会村民代表或者超过半数的参会村民表决通过后,所议方案才可进入下一环节。

该环节是事项决策的最终环节,充分体现了村民自治制度的优越性,实现了村民的知情权、决策权,为村民维护切身利益提供了制度保障。

5. 决议公开和实施结果公开

决议公开,是指决议内容要在村内进行公示,以便全体村民了解该事项的决策。公示地点为村里的村务公开栏,公告时间不少于7天。在此期间,村“两委”委员、党员和村民代表要积极与村民沟通，倾听民意，补充和完善决议事项。公示内容若有遗漏、虚假之处，应重新公示。

实施结果公开，是指决议事项的实施进度和结果要及时向村民公开。决议事项是在村党支部领导下，由村委会具体组织实施的。村委会要及时将决议事项的实施进度和结果公示给全体村民。公示内容要翔实、准确和全面，确保村民了解具体的实施情况。村委会要设立意见箱来收集村民意见，并且在3个工作日之内进行答复。对于遗留问题，可由村党支部召开党员大会审核，再经村民代表大会讨论、表决，表决结果即为最终处理结果。

决议公开和实施结果公开充分体现了村务公开透明化。这方便了村民及时了解村级事务的决策和实施，保障了村民的知情权，并对村级权力形成了有效的监督。

（二）“四议两公开”制度运行的原则

“四议两公开”制度以科学的程序和全新的机制充分发挥了农村基层党组织、村委会、党员、村民等治理主体的作用，保证了村级决策的民主化和科学化。“四议”和“两公开”环环相扣，实现了党的领导、人民当家作主、依法治国在乡村治理中的有机结合，这也正是“四议两公开”制度运行必须坚持的原则。

1. 坚持党的领导

加强乡村治理，必须坚持中国共产党的绝对领导地位，确保治理不偏向。这一结论是在党的百年历史实践中得来的，也是我国发展实际面临的现实要求，更是实现乡村振兴目标的根本原则。回顾历史，中国共产党的革命、建设和改革历程有力证明，如果离开党对乡村工作的领导，乡村工作的基础就会不牢固，也会影响党的事业的发展前途。

“农村包围城市”的正确革命道路、中共八大对于农村形势的正确判断和工作安排以及改革开放时期党对农村土地经营制度的新探索，都充分体现了党对乡村工作领导的重要作用，为革命胜利和推进社会主义建设改革奠定了牢固基础。这一重要历史经验是党在新时代领导乡村治理的重要启示，也是继续加强党的领导的历史底气。

把握当下，在乡村治理中落实“四议两公开”制度，必须加强党对乡村工作的领导。一方面，乡村问题错综复杂，面临的突出矛盾较多。中国共产党是科学执政的政党,只有加强党的领导,才能保证村级重大事项决策的科学性。如果没有党的坚强正确领导,乡村治理很可能成为无头苍蝇,陷入无法发展的泥潭和深渊。另一方面,现实乡村中存在着村霸、恶霸和宗族势力等不稳定因素,严重影响乡村治理的效果和基层民主的发扬。坚决同这些黑恶势力作彻底斗争,必须有党的坚强领导和坚决支持。唯有如此,才能在坚持党的领导过程中改善乡村治理,在乡村治理的过程中进一步加强党的领导。同时,中国共产党是民族复兴伟大事业的领导者,乡村振兴作为民族复兴的重要内容,党也理应必须是乡村治理的领导者。只有加强党的领导,才能确保乡村振兴与民族复兴同向同行,实现党在现阶段的奋斗目标。因此,乡村治理必须坚持党的坚强领导,这是历史结论和现实要求,更是乡村发展的根本原则。

加强中国共产党对乡村治理的绝对领导,为中国乡村发展提供了根本政治保证和发展原则。进言之,将党的政治要求转化为实际治理效能,则需要发挥农村基层党组织和党员干部的积极作用。农村基层党组织是党的各项方针政策的最终执行者和落实者,也是带领乡村实现高质量发展和振兴的直接领导力量。因此,加强党的领导,就必须巩固和完善农村基层党组织的领导,这是科学理念转化为实际效果的必然要求,也是科学解决农村问题和促进农村发展的重要前提。没有党对农村基层党组织工作的支持和赋权,乡村振兴就始终只能是一句空话。基层党组织政治地位的确定,最终需要每一位党员干部发挥作用,具体推进乡村治理工作。基层党员干部是最贴近人民群众的服务者和知心人,是连接政策和人民的中间桥梁。党员干部要善于把握和执行党的决定,也要善于把科学理论转化为人民群众喜闻乐见的话语体系,实现政策和人民的真正互动,切实推进乡村治理工作,做好党的命令的执行者、人民群众的服务员。

2. 坚持以人民为中心

坚持以人民为中心,是党对马克思主义指导思想的忠实继承,是党的性质宗旨的根本体现,也是中国特色社会主义的本质要求。首先,马克思主义是为无产阶级和穷苦人民服务的科学理论,其最高价值目标就是实现每个人的全面发展。中国共产党忠实继承马克思主义的思想精髓,是真正为人民谋幸福的政党。所以,作为马克思主义执政党,就必须始终把人民放在心中最高位置,一切工作为了人民福祉而开展。其次,党的初心和使命就是为民服务,这是建党百年的政治承诺,也是实践经验的科学总结,更是推动改革发展的根本动力。实现党的最高奋斗目标,就必须永远保持党的本色和底色,坚持建党宗旨不改变,这是保持党和人民群众血肉联系的唯一根本途径。最后,建设中国特色社会主义的最本质目标仍然是满足人民美好生活需要,实现共同富裕。

在乡村治理中同样需要贯彻以人民为中心的发展思想,全心全意为基层群众解难题和办实事,这是做好乡村治理工作的出发点,也是落脚点。以人民为中心在乡村治理中就体现为以农民为中心。坚持以农民为中心,必须充分发挥农民群众在乡村治理中的主体作用。"四议两公开"制度是农民依法直接行使民主权利、体现当家做主地位的重要制度。在"四议两公开"制度运行过程中,要重视发挥村级民主治理机制应有的作用和功能,尊重农民群众的各项民主权利;在决策和实施的过程中,要始终听取农民群众的意愿和诉求。只有这样,才能充分调动农民群众的积极性,使农民群众在乡村治理中发挥更大的作用,使乡村治理的成果更好地惠及农民群众。

3. 坚持依法治理

全面依法治国是国家治理的一场深刻革命。能否坚持依法治国是衡量一个国家现代化程度的重要标准,也是建设民主政治的重要基础。依法治国摒弃封建社会的人治模式,运用法治思维治理国家并维护人民权益,为国家稳定持续发展提供重要制度保障。良法善治的核心要义在于,只有完善法律制度体系,提升依法治国的能力和水平,才能真正实现制度体系和执行能力的有机统一,发挥法律维护公平正义和安邦定国的根本作用。

依法治理是依法治国在乡村治理中的具体要求。习近平总书记指出,"依法治理是最可靠、最稳定的治理"。农村是法治中国建设的重要场域,在乡村治理中实行依法治理,为法治中国建设贡献了基层力量。首先,依法治理是坚持农村基层党组织领导的根本保证。党的领导是中国特色社会主义的最大亮点,依法治理从法律层面保证农村基层党组织的领导和决策,体现了其领导核心地位。其次,依法治理是实现农村和谐稳定的重要前提。法治建设是农村发展的基础,农村发展必须在法律的框架下进行,必须运用法治思维和法治手段解决农村发展中出现的问题。再次,依法治理是推进农村改革发展的实践需要。随着改革开放的不断深入,农村经济水平不断提高,乡村治理面临着新问题、新挑战，传统的村规民约已经无法满足新的治理要求，乡村治理必须加强法治建设，出台相关法律法规来完善。最后，依法治理是保障农民权益的内在要求。《村民委员会组织法》通过法律规定，保障了农民在村级事务处理中的知情权、参与权、决策权及监督权，确保所作决策符合农民群众的利益。

我国虽然没有出台相关的法律法规来规范和保障"四议两公开"制度的运行，但是以党内法规的形式体现了"四议两公开"在乡村治理中的重要作用。唯有坚持依法治理，"四议两公开"制度运行的每个环节和最终决策结果才能得到保障，"四议两公开"制度才能真正在乡村治理中发挥其特有的民主自治优势。

典型案例1之村委会选举贿选案例

2018年5月，陕西咸阳进行村级村委会换届选举，宋某涛当选为某寨村村委会主任候选人，曹某等5人当选委员候选人。宋某涛、曹某当选后，发给选民每人200元现金，共计30万元现金。6月正式选举当天，宋某涛、宋某等5人再次贿选，为每位选民发放现金2000元，共计400万元。最终，宋某涛通过现金贿选当选村委主任。后经村民向有关部门举报查处宋某涛一行人的贿选问题。在选举过程中，通过非法手段影响选民选票，严重破坏了选举秩序，影响了选举公平公正。

行贿者经济实力表现形式不同，有些人有着充足实物而没有大量现金。他们通常向选民提供实物来换取选民手中的选票。2017年4月，嵊州市甘霖派出所受到群众举报，某镇白泥墩村存在贿选事件。经核实确认：王某为达到在村主任选举中成功当选的目的，利用实物收买村民的选票。王某利用村民组长的影响力，让其充当中间人到村民家说服村民投票并每户给予1包中华香烟来换取选民的投票，严重破坏了正常选举秩序，带来恶劣影响。2017年12月，青岛即墨区西章嘉埠村村委会换届选举过程中，周某廷向该村2名党员赠送两张体检套餐卡，以此达到贿选目的，最终周某廷受到相应处分。

典型案例2之村务公开案例

最高人民法院于2015年公布了关于"行政不作为十大案例"，其中，"王某升诉寿光市人民政府行政不作为案”的人民法院判决限期责令褚庄村村委会限期公开村务信息，能够更好地促进村务公开，切实维护广大村民知情的权利。

基本案情：山东省寿光市人民政府于2014年2月11日收到了王某升提交的请求责令洛城街道褚庄村村民委员会（以下简称褚庄村村委会）公开村务的申请书：“根据《村民委员会组织法》第三十一条和《山东省实施〈中华人民共和国村民委员会组织法〉办法》第三十八条的规定，现责令你单位依法向王某升公布有关村务信息。特此通知。”并于同日向褚庄村村委会进行了送达。市政府认为其已履行了法定职责。但至本案庭审时，褚庄村村委会并未就王某升申请事项向其公开。王某升遂以市政府为被告向法院提起行政诉讼，请求确认被告不履行责令褚庄村村委会公开村务职责的行为违法；判令被告及时履行责令褚庄村村委会公开村务的职责。

裁判结果：潍坊市中级人民法院一审认为：依据《村民委员会组织法》第31条“村民委员会不及时公布应当公布的事项或者公布的事项不真实的，村民有权向乡、民族乡、镇的人民政府或者县级人民政府及其有关主管部门反映，有关人民政府或者主管部门应当负责调查核实，责令依法公布；经查证确有违法行为的，有关人员应当依法承担责任”之规定，被告市政府依法负有依原告王某升的申请对其反映的事项进行调查核实以及责令褚庄村村委会公布相关村务的法定职责。被告在履行责令职责时，不应仅限于作出并送达责令通知，还应限定公开的合理期限并应跟进监督村委会对责令通知的执行情况，以实现公开的结果。本案中，被告虽已按法律规定向褚庄村村委会作出责令公开村务信息通知，但未限定公开的合理期限，亦未对褚庄村村委会执行通知情况进行核实，被告的所谓履责行为未达到法律规定的“责令”程度，缺乏约束力和执行力，从而导致褚庄村村委会至本案庭审时也未向原告公开相关村务。因此被告并未完全履行法定义务，其应继续履行责令之责。法院遂判决被告于本判决生效之日起60日内责令褚庄村村委会向原告限期公开相关村务信息。一审宣判后，双方当事人均未上诉。

上述典型案例2的典型意义在于人民法院通过司法判决的形式维护村民的监督权、参与权，切实维护广大村民知情的权利，能够更好地促进村务公开，人民法院利用其发挥审判职能、调解职能等多种形式、多种途径依法灵活且有效地解决了乡村发展过程中所产生的各类纠纷,极大地改善了乡村地区的司法环境,维护了社会稳定与经济秩序的良好发展,促进了自治、法治、德治的良好局面的形成,极大地完善了乡村治理的法治体系、社会治理的主体是人民群众,扩大公众参与度是农村基层组织现代化建设的题中之义。我国农村由于教育水平较低,很多农民仍然遗留着封建传统的思想观念,参与公民政治的积极性不足。因此,要加强对农民的思想教育,唤醒他们的主人翁意识,提高参与村务管理的热情。当前,由于公众参与机制不健全,参与渠道较少,农民的利益诉求却无处表达,如果问题得不到及时解决,将可能演变成矛盾冲突。那么,一方面需要疏通利益表达渠道,消除公众参与的障碍;另一方面要加强网络平台建设,利用新型网络媒体手段,拓宽公众的参与渠道。简言之,扩大公众参与可以从提高公众的参与意识和健全公众的参与机制与渠道两个方面着手。

第二节　农村集体组织的“三资”管理

一、农村集体组织“三资”管理重要意义

随着我国乡村振兴工作的不断深入开展,我国农村地区的经济建设也在不断向着规范化、有序化的方向发展。如何加强农村集体组织的“三资”管理,成为深化农村改革、提升村民生产生活质量的重要环节。虽然,在多年的改革中,农村集体“三资”管理取得了一些成绩,但仍然存在管理体制不健全、缺乏规范的管理程序,相关监管措施不到位等问题。“三资”管理成为农村集体经济管理中滋生腐败的重点环节,对于乡村振兴工作的深入开展产生了一些不利的影响。因此,必须全面分析农村集体经济中“三资”管理问题的成因,并针对存在的问题提出全面有效的解决处理方案,才能促使农村集体经济健康良性持续发展。

加强农村集体组织“三资”管理对于现阶段乡村振兴工作具有重要意义。第一,有利于稳定和完善农村基本经营制度,维护集体经济组织和农民群众的合法权益;第二,有利于盘活农村集体存量资产,增加农民财产性收入;第三,有利于壮大农村集体经济实力,增强集体组织为农户服务的功能;第四,有利于推

进农村党风廉政建设,密切党群干群关系。

二、农村集体组织“三资”管理的主要内容

农村集体“三资”,是指农村集体资金、农村集体资产和农村集体资源。

农村集体资金,是指村组集体所有的货币资金,包括现金和银行存款。

农村集体资产,是指村组集体投资兴建的房屋、建筑物、机器、设备等固定资产,水利、交通、文化、教育等基础公益设施以及农业资产、材料物资、债权等其他资产。

农村集体资源,是指法律法规规定,属于集体所有的土地、林地、山岭、草地、荒地、滩涂、水面等自然资源。

此外,按照与社会经济活动的关系划分,农村集体“三资”也可以分为三大类:村集体所有的土地、森林、山岭、草原、荒地、滩涂等资源性资产;用于经营的房屋、建筑物、机械设备等经营性资产;用于教育、文化卫生等公共事务的非经营性资产。

三、农村集体组织“三资”管理存在的问题与规范化解决对策

(一)农村集体组织“三资”管理存在的问题

随着农村经济取得的长足发展,农村集体“三资”的管理问题日益凸显,并引发了诸多矛盾。对于农村集体资产,其中较为突出的问题有:集体成员违规使用集体资产;缺乏主人翁意识;对集体资产经营管理的积极性不高;法律意识淡薄等。村集体组织成员主要关心的是集体资金、集体资源的管理,以及在集体资产管理中所产生的监督、腐败等衍生问题。以上问题究其原因,主要体现在以下几个方面,这也是农村集体“三资”管理中存在的问题的根源:

(1)农村集体“三资”底数不清。中央农办、农业农村部 2017 ~ 2019 年组织开展全国农村集体资产清产核资工作,结果显示我国农村集体账面资产达 6.5 万亿元,这个数字令人震惊,但实际还不止这些,如今很多的农村集体资产中依然存在不同程度的资产不明问题。农村是一个权力高度集中的小集体,而这些资产不清的问题也可能引发其他更严重的治理问题。

(2)农村集体“三资”经营性资产归属不明,没有明确的权利主体和责任主体。

归属不明将会直接导致集体资产的流失,而《民法典》第 262 条第 1 款规

定，“属于村农民集体所有的，由村集体经济组织或者村民委员会依法代表集体行使所有权”。这说明从法律上来讲，农民集体所有权归集体组织以及村委会行使，但是目前这个集体组织仍属于一种虚拟的概念，其并没有相关的组织形式、人员组成、选举情况等诸多实体上的概念，同时在与村民委员会发生冲突矛盾时的解决机制也并未出现。

《村民委员会组织法》第8条第2款规定，“村民委员会依照法律规定，管理本村属于村农民集体所有的土地和其他财产，引导村民合理利用自然资源，保护和改善生态环境”。按照这条法律规定，农民集体所有权是由村委会来行使，故与上述的《民法典》内容产生了一定冲突，而这也变相导致了农民集体所有权由村民委员会来行使。所有权包括占有、使用、收益和处分四种权能，但是法律只是笼统地规定了由村民委员会代表农民集体来行使所有权，但是对于这四种权能究竟是该由全体委员会一致同意、过半数同意抑或是村委会主任负责制则并没有进行相关规定，所以在实际运用中也便产生了一定难题。

此外，由于村委员会是5年选举一次，却没有任期限制，这一方面虽然可以促使任职者更为方便治理农村，但另一方面却会导致权力的高度集中，可能变相导致村委会主任选举成为一种形式过场。权力高度集中之下，腐败便可能随之而至。村民委员会是由全体村民选举产生的，但是权力的过度集中、变相的“终身任职”，可能促使由集体产生的村委会成为个人牟利的工具，其代表的已不是全体村民的利益，而是私人小集团的利益，而这也是“小官大腐”等现象层出不穷的根源，最终集体资产也可能在腐败之中流失。

（3）村集体成员“三资”管理参与度不高。村集体成员往往对集体经营性资产的资金投入、经营支出、最终收益情况不能有充分的了解，集体成员的意见不能够有效反映，问题不能得到及时解决。由于乡村城市化运动，农村里的年轻人倒纷纷来到了城里，这最终导致了农村老龄化的持续加重，甚至出现一村无一年轻者的境况。而这些老龄人的教育文化程度也极为有限，这导致了村委会对集体资产的资金投入、经营支出、最终收益情况等进行公示时，即使公示有误，缺乏文化的农民们也难以发现端倪。在权力高度集中的小集体中，在缺乏完善监督制度的闭环里，集体成员的意见有时便会显得微不足道、隔靴搔痒。而小权力集体代表的是个人、小集体利益，不是广大全村农民的利益，这便进一步打击了农民参与的积极性。

(4)村集体“三资”流失严重。现实中存在类似问题,如村集体在对集体“三资”资产进行发包时价格明显低于市场价,不经专业的评估机构进行评估,甚至出现故意压低价格或是违法交易等问题,这就造成了集体资产损失。虽然农村集体的资产、资金、资源在乡镇都进行了登记备案,但在承包过程中还会受到许多遗留问题的影响,如经常收费不及时、拖欠承包款等,导致农村承包款流失严重。另外,现在很多村民的想法是不愿意种地而愿意出去打工,对他们来说打工挣的钱比种地挣的钱多,因此很多集体土地资源产生了闲置,造成了可耕土地资源的浪费。

(5)村集体经营不透明,管理制度不完善。在现实中,集体经济的管理事务一般是由村民代表参加会议,而后以会议通报的形式公开的。但这实际上都是由领导班子或者是村支书决定的,集体经营事务表面公开,实则不透明。从公开的内容上看,多是财务方面,如对“三资”的现实状况缺少公开且存在事后公开现象。在管理中,农村集体经济中经常出现管理者变动较大的问题,再加上对农村集体固定资产管理不到位,出现了台账管理不规范的现象。另外,在集体资产管理中缺乏民主性,农民无法很好地监督“三资”管理工作。在农村集体管理和财务管理上不能严格按照《农村集体经济组织示范章程》《村集体经济组织会计制度》的规定进行。

(二)农村集体组织中的“三资”管理规范化解决对策

针对前文总结的农村集体组织管理存在的问题,笔者提出以下解决对策:

(1)持续开展村集体资产清产核资工作。

农村集体家底总量庞大,需要自始至终有清楚的认识,对新增加的集体资产要及时纳入集体资产清单并进行公示,由权利主体行使监督保护的职责。

(2)落实村集体收益的分配制度。

集体经营性资产以股份的形式量化到具体的集体成员后,按照成员所持有的份额,严格按照股份进行收益分配。

(3)加强村集体“三资”责任管理意识。

提高村集体“两委”人员及集体成员对“三资”管理的思想认识,树立“三资”管理的重要理念,将其当成基层工作的重点去抓;乡镇政府应采取有效措施,强化法治与财经教育的力度及对“三资”管理的培训宣传,增强集体意识和自律意识,提高基层干部管理“三资”的自觉性和广大集体成员积极参与的主动性;注重对财务人员的素质和技能的培训,提高其专业技能、培养其法治观念。

(4)加强对农村集体“三资”管理过程的管理和监督。

规范财务管理制度和财务人员的考核,完善财务工作流程,使财务工作公开透明,领导干部非依规定程序不得将财务人员开除。建立和完善农村集体资产的核算、评估、承包、转让和清查等机制,罗列资产明细清单,并向村民及时公开,保证公开信息真实、准确。设立监管部门实行常态化监管,实行民主监督,对农村集体资产的管理形成监督合力,同时,要引进责任问责机制,将权力关进制度的笼子,将守法意识记在心头。

(5)实施村集体管理与经营相分离的管理制度。

农村集体经济组织是我国集体经济组织制度的一种组织形式,所以其对集体资产理应享有所有权,对集体资产的占有、使用、收益和处分都应有权由其行使。而根据《村民委员会组织法》第 2 条第 1 款的规定,村民委员会是村民自我管理、自我教育、自我服务的基层群众性自治组织。其目的在于对村民进行自我管理、教育与服务,重点针对村民自身而并不涉及对集体资产所有权的行使,由村委会行使集体资产的所有权确有不当。所以,法律应当进一步对集体经济组织的相关规定进一步细化,规定相关的组织形式、人员安排等,促使该组织与村民委员会相互分离,从而达到政经分离的目的。由集体经济组织来行使集体资产的所有权,而由村民委员会来对村民进行管理、教育与服务,同时村委会与村民还可以对集体经济组织权利的行使进行监督,集体经济组织对村委会进行监督,从而避免对村民权利的损害。而在政经分离的背景下,可以通过外聘相关专业人员以领取薪酬的方式来参加该集体经济组织的工作中,既解决了村民教育程度低而无力对集体资产管理的问题,又可以进一步实现村民利益的最大化,避免政经一体化造成权力过大而产生腐败。

(6)完善农村集体“三资”产权界定体系。

依资产性质进行产权保护。对资源性资产、非经营性资产以及其他有形和无形资产、非货币化资产和货币化资产,依其性质进行管理和保护。明确所有权主体,严格收益分配。

(7)因地制宜,制定详尽的“三资”管理规范。

在基层治理中,最好的规范应该是简单的、公平的、易于理解的、集体成员能获得实实在在利益的规范。因为村集体成员的文化水平普遍不高,对规范理解了之后才会去认同,认同之后才会去执行。在农村集体资产管理规范制定中,采用最简单的形式、最公平的方法、最通俗的语言进行描述,使村集体成员理解参与管理的过程,发挥其主体作用。

典型案例3之《×××村合作社经营管理办法》(以下简称《办法》)

《办法》第1条规定:“为发展集体经济,本村成立养羊合作社和蕨麻种植合作社,为规范合作社发展和利益分配,拟定本办法。”(因羊是当地牧民主要饲养的牲畜,蕨麻是当地特色植物,具有很大药用价值。针对以上两种当地牧民的主要收入来源,为了科学化管理和规模化生产,增加牧民收入,服务集体长远发展,成立专门的养羊合作社和蕨麻种植合作社,并确定合作社职责。)

在养羊合作社成员资格的取得上,《办法》第3条规定:“养羊合作社成员以户为单位,凡向合作社交纳六只二至四岁健康母羊,即认定为养羊合作社成员。合作社不收小羊,病羊、老羊,只收两岁到四岁之间健康的母羊。因分家、分户产生的新户,只要交纳符合标准的母羊即可认定为养羊合作社成员。”(采用最简单的“向合作社交纳母羊”的方式取得社员资格,对牧民来说,经济收益由自己养羊再卖羊转向合作社交羊并按期获得分红;对合作社来说,获得了赖以发展壮大的资本。同时,规定养殖规范,便于实际操作。)

《办法》第6条规定:“村民按合作社统一安排,参与蕨麻采挖;村民将采挖的蕨麻一半上交合作社,一半用于采挖劳务报酬,自行处理。”(牧民参与集体劳动,自己也能获得看得见摸得着的“采挖的蕨麻一半”的收益,参与的积极主动性就明显提高了,通过集体科学规划采挖,减少了乱挖滥采,保证了蕨麻的持续性产量。)

《办法》对养羊合作社和蕨麻种植合作社分别采用以户为单位和以人为单位分配利益,因为蕨麻种植合作社是国家扶贫项目,而采挖蕨麻不需要技术,男女老少都可以做,按照每人采挖的量来分配收益很合理。而养羊合作社成员资格的取得是按照以户为单位,分配利益自然也以户进行。《办法》已在当地施行,并收到了良好的效果。

(8)规范农村集体经济组织体系及“三资”运行体系。

各内设机构切实履行职责,依程序和权限对集体经济中重要的财务事项和重大的经营事项进行决策。对集体资产如宅基地及公共用地、公共设施设备、其他资产设置固定资产账簿,分类建档,专人管理,定期盘点。村民委员会健全各项制度,完善集体资产管理机制,建立农村集体固定资产管理岗位责任制,明确主管村干部、会计和保管人员的责任。

对全体集体成员登记备案,通过管理系统将其信息和持有集体收益分配权份额进行录入,统一管理。对农村集体资产进行定期清查核实,统一公示公开。加强财务管理,设立专门账户,出入账专人专项登记。

(9)重大事项要经过民主程序形成决议。

集体资产处置需经民主决策程序后,村民委员会方可对农村集体资产进行处置。村货币资金属于全体村民,必须按现金使用范围、财务管理规定,依照民主决策程序使用。农村集体资产管理中,与集体资产相关的重大事项决策、重要干部任免、重大项目安排和大额度资金使用事项(“三重一大”),施行决策办法对具体事项进行规定。

明确农村集体“三资”管理中的“三重一大”。重大事项主要指涉及本村集体经济的重大管理决策,关系集体经济成员切身利益的事项,比如制定集体经济发展战略、中长期发展规划、年度工作计划、重要工作制度、管理办法等规范的制定、修改、变更及废止等;重要人事任免主要指本集体经济组织中重要岗位或主要工作人员的工作调整和奖惩。重大项目安排主要指对集体资金、资源、资产设立和安排的事项,具体包括开展的重大工程及实施项目、对村集体所属资产的处置和购置、重大招商引资项目的推进等。对农村集体资产管理中的“三重一大”事项的决定要按程序经过集体讨论作出,可先由集体成员代表大会商议,就事项的可行性提出书面意见,而后由集体成员大会进行讨论、表决。

（10）农村集体“三资”管理的财务制度。

集体经济组织在金融机构分别开设支出账户、征地补偿费专储账户和一般收入专储账户。农村集体专储账户和支出账户采取“收支两条线”的管理方式对农村集体货币资金进行管理。专储账户的唯一支出方式是使用转账支票向农村集体支出账户拨款，转账支票上必须加盖镇（街道）农村集体货币资金管理专用章。征地补偿费专储账户用于存储农村集体经济组织获得的征地补偿费，其唯一支出方向是农村集体支出账户；一般收入专储账户用于存储农村集体经济组织收到的除征地补偿费以外的所有资金，其唯一支出方向是农村集体支出账户。

在财务的日常管理上，按照财政部《关于印发〈村集体经济组织会计制度〉的通知》的要求，设置和使用会计科目，登记会计账簿，编制会计报表。财务开支情况（包括往来票据、账目等）经过经办人签字，村委监督委员会审核并加盖印章后，由本村报账员或会计提交给县农经站做账目处理。符合“三重一大”事项的财会事务，按规定程序交由集体讨论。

（11）对农村集体“三资”的专门监管。

成立专门的监督小组，进行专门监督；涉及全体成员的利益事项，实行“四议两公开”制度，以强化民主监督；实行定期对农村集体资产事项的公开，以强化社会监督；定期或不定期进行审计，以强化审计监督。

（12）农村集体“三资”监管平台建设。

通过建立农村集体“三资”监管平台，可以实现对农村集体资产的全程监督，提升农村集体资产配置合理性，全面放大农村集体资产效能，对于加快新农村建设步伐和实现农村经济健康、持续发展具有重要意义。

农业农村部、中央网络安全和信息化委员会办公室已将“建设农村集体资产大数据”列入《数字农业农村发展规划（2019－2025年）》。各农村集体经营组织要及时提供“三资”信息，推进监管平台建设和运行。推动农村集体资产财务管理走向制度化、规范化、信息化。

农村集体“三资”管理系统具体体现在：通过网络的形式，加强农民群众对财务等工作的监督，扩大知情权、参与权、监督权，实现民主化管理；采用信息技术促进农村资源配置优化、推动传统农业向现代农业转型，使之成为培育现代农民的有效途径；最终通过借由平台的力量，改善农村信息滞后、发展缓慢的现状，推进农村信息化建设，提升农村财政管理水平，实现农民增收，使我国的农村建设走向新的里程碑。

①资金管理。资金管理主要是依托“村账委托代理”，严格收入支出审核把关，随时掌握各村集体的代管资金数额。

②资产管理。资产管理主要建立了资产台账，详细登记每一项资产的数量、价值和管理使用情况，对资产的使用情况进行监管，规范资产、资源管理，做到账账相符，对资产进行盘点，做到账实相符，并将资产、资源使用情况定期向村民公开，确保资产保值增值。

③资源管理。资源管理主要实现了对可利用资源登记造册，建档立案，逐项登记，对资源管理实施全程监督，便于随时查询。

④合同管理。合同管理主要是建立“合同管理台账”，进行电脑录入，动态管理，通过台账掌握各村合同的基本内容和合同金额，已经履行合同的情况等，及时发现违纪违规问题等，统一招投标管理，对招投标过程进行记录和公布，接受社会监督，促进资源使用合理。

四、农村集体“三资”管理系统的建立

（一）目标任务

通过健全制度、强化监督、加强服务，逐步形成产权明晰、权责明确、经营高效、管理民主、监管到位的管理体制和经营机制，推动农村集体“三资”管理的制度化、规范化，实现农村集体“三资”的保值增值，防止农村集体“三资”流失，保障群众的合法权益，为促进农村社会和谐、稳定的发展创造良好的环境。

（二）工作原则

（1）坚持“五权”不变的原则。强化农村集体“三资”监督管理，必须坚持农村集体“三资”所有权、使用权、监督权、处置权和收益权“五权”不变原则，维护村集体和村民涉及“三资”的合法权益，任何组织和个人不得非法侵占、截留和挪用农村集体“三资”。

（2）坚持民主管理的原则。强化农村集体“三资”监督管理，必须坚持民主管理的原则，保障村民以及民主理财小组对村集体“三资”占有、使用、收益和分配的知情权、反映权与监督权。

(3)坚持公开的原则。强化农村集体“三资”监督管理，必须坚持公开原则，及时将村集体“三资”的使用和收益向全体村民公开，资产和资源的承包、租赁、出让必须实行招投标或公开竞价。

(4)坚持成员受益的原则。强化农村集体“三资”监督管理，必须坚持成员受益原则，通过完善收益分配制度，让农民群众随着集体经济的壮大得到更多的实惠。

(三)监管措施

(1)进一步规范完善农村会计委托代理。会计核算及时规范，认真落实收支两条线、非生产性开支限额管理和资金申请审批等制度，强化对村集体资金的监管。

(2)建立健全村集体资产、资源管理制度，重点是资产资源管理内部控制、资产资源清查登记备案、资产资源评估、资产资源经营与处置招投标、资产资源经济合同监管等制度，强化对村集体资产资源的监管。

(四)村集体“三资”管理必须经集体经济组织成员的全体村民会议或村民代表会议讨论决定的事项

(1)集体经济组织年度财务预算和决算；

(2)年度收益分配方案；

(3)集体资金、资产、资源经营方式的确定和变更；

(4)购置和处分重要固定资产及重大投资项目；

(5)集体经济组织产权制度改革；

(6)其他集体资金、资产、资源管理涉及各成员切身利益的事项。

乡村振兴是一个长期战略，并非短时期的政策。在机械化程度不断加快的今天，一家一户的传统种植模式无论在投入还是运行上，都很难跟上发展要求。而面对亿万小农户，国家无法满足地域广大、情况千差万别的农村发展需求，将农民组织起来成立集体经济组织，进行专门化的运营管理，是助力乡村振兴的可行之举。多措并举之下，农村集体经济组织必能不断发展壮大，提高农民收入，助力乡村振兴。

范例7

××村“三重一大”事项决策办法

第一条　为在本村贯彻落实民主集中制原则，落实“三重一大”制度，切实加强对权力的民主监督与制约，实现决策的民主化、科学化，促进依法履职和廉政建设，根据《中国共产党党内监督条例》，结合本村实际情况，制定本制度。

第二条　“三重一大”制度包括与村级事务相关的重大事项决策、重要干部任免、重大项目安排和大额度资金使用事项。

第三条　重大事项主要指涉及本村改革发展稳定、重大管理决策、关系本村村民切身利益，具有全局性、方向性和战略性问题的重大事项，具体包括：

（一）传达学习党的路线、方针、政策，国家法律法规及上级的重要文件、重要会议精神和重要决策部署，并结合实际，研究提出贯彻执行的具体意见。

（二）研究讨论本村经济建设和社会发展中的事项，并作出决定。主要指涉及全局性、倾向性的重大改革方案、政策，制定本村发展战略、中长期发展规划、年度工作计划等。

（三）研究讨论决定党的建设工作举措（讨论决定党员发展等）、党风廉政建设等重要事项。

（四）研究决定党支部领导班子成员分工、内设机构设置、调整等事项。

（五）本村重要工作制度、管理办法等规范的制定、修改、变更及废止。

（六）责任事故、突发事件、防汛防火抗旱抗灾等事关本村安全稳定和谐问题的处置原则及应对方案。

（七）本村财务预算、决算的编制和调整。

（八）其他需要提交党支部集体研究决定的重要事项。

第四条　重要人事任免主要指本村重要岗位或主要工作人员工作调整和奖惩，具体包括：

（一）本村村委会成员的推荐、选拔、任免。

（二）申报镇级以上级别的各类先进个人或集体。

（三）对违纪党员干部的处理。

（四）其他须经党支部集体研究决定的有关人事任免的重要事项。

第五条　重大项目安排主要指对本村资产、资本及其他事项进行设立和安排的事项，具体包括：

（一）本村根据镇政府要求及村庄规划建设管理的需要开展的重大工程及实施项目。

（二）对村集体所属资产处置、购置，房屋修缮等。

（三）村委会主办、承办的文化、体育、旅游、商贸等重大项目安排及年度其他重要项目安排。

（四）重大招商引资项目推进。

（五）其他应由集体决策的重大项目安排。

第六条　主要指本村3000元以上资金的调动和使用，具体包括：

（一）单项经费支出在3000元（含3000元）以上的各类资金的安排、使用与管理（备注：上级部门安排的专门用途的资金或上级部门拨入的定人、定员、定额发放的各类补助、补贴资金不在此范围）。

（二）固定资产更新改造、办公用品（设备）采购或建设项目的预算发生变更，超过预算金额的50%（含50%）以上的支出。

（三）其他需要集体决策的大额资金使用事项。

第七条　村民自治范畴之内的重大事项，村党组织按照如下程序决策：

（一）群众建议。本村村民针对需要集体办理的村级重大事项向村党组织提出建议，既可以个人提出，也可以联名提出，还可以通过本村党员或村民代表提出。

（二）书记建议。村党支部书记就群众提出建议的事项广泛征求意见，分析研究后向村党支部提议；群众没有提出，但涉及村级重大事项范畴的，可由村党支部书记直接向村党支部提议。

（三）支部动议。村党支部召开支委会议进行充分讨论，形成初步方案，提出动议。

（四）“两委”合议。由村党支部书记牵头主持召开村党支部、村民委员会联席会议，对村党支部提出的初步方案进行讨论，讨论通过的事项经征求村务监督委员会意见后，形成重大事项申报方案，报镇政府有关职能部门。

（五）集体商议。镇包村工作队及经管站、司法所、城建科、经济发展科等相关职能部门对村集体申报的重大事项，依据法律、法规和政策规定进行集体商议，就事项的可行性提出书面意见。

（六）党委核议。镇党委作出审核决定后，向本村出具书面审核意见。

（七）党员大会审议。经镇党委核议通过的村集体重大事项申报方案，交由本村集体经济组织成员的党员大会进行审议，充分听取本村集体经济组织成员中的党员的意见，对村集体的重大事项进行评估预审。

（八）村民代表会决议。村集体重大事项申报方案经村党员大会审议通过后，由本村召开村民大会或村民代表会议对事项进行表决。

（九）公示实施。本村将村民大会或村民代表会议作出的决议形成文件进行公示，公示时间不少于一周，广泛听取村民意见。公示期满后，没有提出原则性意见的付诸实施。需要签订农村集体合同的必须使用股份合作社公章。

（十）验收反馈。村重大事项实施后，镇街包村工作队及相关职能部门要针对重大事项申报方案落实情况进行检查验收，并向镇党委、政府报告情况。

第八条　凡属下列情况给村集体造成重大经济损失和严重政治影响的，需追究责任：

（一）不履行或不正确履行“三重一大”制度决策程序，不执行或擅自改变集体决定的。

（二）未经集体讨论决定而个人作出决策，事后又不通报的。

（三）未提供真实情况而造成错误决定的责任人。

（四）执行决策后发现可能造成损失，能够挽回而不采取措施挽回的。

（五）其他因违反本制度而造成损失的。

第九条　责任追究主要依据本人职责范围，明确集体责任、个人责任或直接领导、主要领导责任。对于不执行或不能按要求执行“三重一大”制度规定，造成损失和不良影响的，视情节及损失情况，按有关规定处理。对给村集体造成重大损失和严重政治影响的责任人，根据事实、性质、情节应承担的责任、依法依纪追究其责任。

第十条　本办法从2022年×月×日开始实施。

典型案例4之“三资”管理违规案例

1. 开发区（浦口街道）部分行政村村级小型工程审批制度落实不到位问题。2019年4月，开发区（浦口街道）前园村、大鞍银村、上江村等17个行政村在实施村级小型工程时，违反村级工程建设管理相关规定，在未向开发区（浦口街道）招投标中心进行备案审批的情况下，擅自组织施工。2019年5月，开发区（浦口街道）党工委分别给予上述17个行政村的村党支部书记、村主任、村监委主任等共35名村干部警示谈话、通报批评并扣发全年5%～10%的奖励性报酬处理。

2. 城南新区（三江街道）茶坊村违规发放补贴问题。2019年1～2月，茶坊村未经村民代表会议讨论，违规向13名曾担任村主职干部人员发放补贴共计8200元。2019年5月，城南新区（三江街道）党工委分别给予村党支部书记兼村经济合作社社长汤某江、村主任董某亮、村监委主任祝某钧责令公开检讨并限期收回违规款项处理，给予街道“三资”管理服务中心代理会计钱某芳谈话提醒处理。

3. 甘霖镇石道地村、长乐镇联塘村报账不及时问题。2019年以来，石道地村一直未按月报账，经镇“三资”管理服务中心督促整改后，仍未整改到位。2019年5月，甘霖镇党委分别给予村党总支书记兼村经济合作社社长张某均、村报账员张某正警示谈话处理。2019年4月，联塘村在镇“三资”管理服务中心多次下达整改通知书的情况下，仍未到镇“三资”管理服务中心报账。2019年5月，长乐镇党委分别给予村党支部书记兼村经济合作社社长周某、村主任单某勇、村监委主任李某秋、村报账员张某莹、村出纳周某增通报批评处理，给予驻村指导员王某祥谈话提醒处理。

4. 崇仁镇秀峰村村级用工派出单制度执行不到位问题。2019年以来，秀峰村一直未执行村级用工派出单制度，另外该村还存在未经村民代表会议讨论超标准发放务工工资问题。2019年5月，崇仁镇党委分别给予村党支部书记兼村经济合作社社长沈某焕、村监委主任王某松、村报账员相某正警示谈话处理。

5. 仙岩镇大东村白条抵库问题。检查发现，大东村用一张2015年2月开具的金额为4506.38元的普通领款单冲抵库存现金，存在白条抵库问题。2019年

5月，仙岩镇党委分别给予大东村党支部书记兼村经济合作社社长梅某军、村主任汪某雷、村监委主任俞某军、村报账员汪某清、村出纳员应某惠责令公开检讨处理。

6. 谷来镇谷来二村违规添加会议记录决议问题。2019年2月，谷来二村报账员黄某仁在未召开村民代表会议讨论的情况下，私自在2018年11月20日村民代表会议记录上添加两项内容，用作该村2019年1～2月报账依据。2019年5月，谷来镇党委分别给予谷来二村党支部书记兼村经济合作社社长黄某均、村监委主任黄某炎、村报账员黄某仁通报批评，扣发全年5%奖励性报酬处理。

7. 下王镇溪后村村级工程变更不规范问题。2019年3月，溪后村未经村民代表会议讨论，也未向下王镇党委报告的情况下，擅自增加38 895元的机耕路硬化工程，超出原工程预算近40%。2019年5月，下王镇党委分别给予溪后村党支部书记兼村经济合作社社长陈某土通报批评，扣发全年5%奖励性报酬；村监委主任王某福扣500元奖励性报酬；村主任吕某根警示谈话处理。

8. 雅璜乡戴溪村村级厕所工程违反集体议事原则问题。2018年，戴溪村未经集体讨论，组织实施金额为38 736元的公厕改造项目，2019年1月，出于报账的需要，村里伪造集体讨论的会议纪要。2019年4月，雅璜乡党委分别给予戴溪村党支部书记兼村经济合作社社长樊某成、村监委主任裘某德、村报账员裘某苗通报批评，扣发全年5%奖励性报酬处理。

9. 丹阳市导墅镇葩桥村违规套取集体资金问题。2017年1月至10月，葩桥村村委会采取虚增装修工程量、虚报杂工支出和困难补助等方式，套取村集体资金35 680元，并将村委会收取的企业管理费在账外“坐支”11 340元，用于村务支出。对此，葩桥村原党委书记葛某全负主要责任，此外，葛某全还存在其他违纪行为。2018年12月，葛某全受到党内严重警告处分。

10. 句容市茅山管委会李塔村虚报冒领公益林护林员工资问题。2014年，李塔村村委会上报包括村支委、村会计在内的未从事护林工作的7人至农服中心虚报冒领公益林护林员工资，共计40.96万元，部分用于村日常支出及实际从事护林工作人员工资发放，其余转入村集体账户。2018年6月，李塔村党总支书记简某旺、李塔村会计樊某德分别受到党内警告处分；李塔村党总支副书记徐某荣受到党内严重警告处分。

11. 扬中市西来桥镇三新村违规发放补贴问题。2017 年 1 月，三新村村委会违反集体“三资”管理规定，向 5 名村干部发放 2016 年度办事用车补贴合计 11 800 元。2019 年 7 月，三新村党委书记陆红卫、村委会副主任张某富分别受到党内警告处分。

12. 丹徒区辛丰镇石城村原党总支书记、村委会主任王某成骗取集体资产问题。2014 年，王某成在担任石城村党总支副书记、村委会主任期间，利用管理村委会工程的职务便利，骗取村集体资产 22.75 万元。2018 年，王某成又利用担任石城村党总支书记、村委会主任的职务便利，在协助征地过程中，伙同他人（另案处理）骗取补偿款 15.35 万元，同时王某成还存在其他违纪违法问题。2019 年 3 月，王某成受到开除党籍处分，并移送司法机关依法处理。

13. 镇江新区姚桥镇石桥村对村集体“三资”管理不规范问题。2018 年，石桥村村委会将一处 120 平方米的集体资产直接租赁给陈某某，未按照农村集体资产交易“应进必进”的规定将该租赁项目上传至产权交易平台进行公开招投标。石桥村党总支副书记、村委会主任田某锁作为村集体资产管理的实际负责人，2019 年 7 月受到党内警告处分。

第三节　村规民约的建立和完善

一、村规民约概述

2020 年“中央一号文件”中共中央、国务院《关于抓好“三农”领域重点工作确保如期实现全面小康的意见》进一步明确提出，在 2020 年全面建成小康社会目标实现之年，要加强农村基层治理，充分发挥党组织领导作用，健全乡村治理工作体系，完善村规民约。推进村民自治制度化、规范化、法治化，已成为党和国家推进国家治理体系与治理能力现代化的一项重要工作内容。

乡村治，百姓安，国家稳。乡村治理是国家治理的基石，也是乡村振兴的基础。乡村治理不仅关系到农业农村改革发展，更关乎党在农村的执政基础，影响社会大局稳定。而村规民约在乡村治理体系中又发挥巨大的作用。

依照《村民委员会组织法》之规定，村民会议有权制定村规民约，村民委员会、村民会议、村规民约，均为村民自治的形式。既然是自治，村规民约就有了产生的前提。这可以称为农村事实上的基层“法”，也可以看成约定俗成的规则的一部分。由于民族的、区域的、山区的、平原的情况千差万别，村村寨寨的规则，或者大同小异，或者会有很大不同，而且自古以来就有，因此，乡村治理过程中应当注意和尊重当地的规矩。

二、村规民约的现状分析

实践中，各地区的村规民约多为朗朗上口的宣传口号，少有实效性，更有甚者，内容和程序也存在违反法律、法规的情况。具体分析如下：

（一）未形成制度体系

村规民约系村民自我管理、自我约束、自我服务的行为规范，系乡村管理的软性措施，应涵盖村庄管理的方方面面。为此，村规民约应在乡村整体规划设计法治、德治、自治三治结合的治理体系后，在体系框架内拟定各单行自治制度，而不是为了解决眼前需要，随意性设计规则。有些村虽制定了村规民约，但侧重于对宅基地、流动人口、环境整治等部分事项进行规范，不能涵盖农村治理的方方面面，农村治理规则存在空白之处，未能形成体系化的规范基层党组织、村级组织、村民的治理规则，各制度间也缺乏有效衔接机制。

（二）村规民约实体和程序违法

现实中，村规民约的违法主要表现在实体违法和程序违法：

自治章程内容违法典型例子为规定村民自治章程经本村党员代表大会、村民代表大会表决通过。该规定系自治章程民主审议的程序性规定，该内容违反了《村民委员会组织法》第 27 条“村民自治章程应经村民会议表决通过，并向镇政府备案”的强制性规定。

村规民约内容违法典型例子为规定根据违反情节严重给予罚款处罚。罚款系行政处罚措施之一，只有行政机关有权行使。村集体罚款的内容违法。另有村民代表会议制度规定，村民代表 1 年内 2 次无故不参加会议（如不能参加会议，以书面形式向村委会说清事由），其代表资格自行停止；该规定不符合《村民委员会组织法》第 25 条的规定。

制定村规民约未按照《村民委员会组织法》第27条的规定，履行村民大会审议表决程序的，制定程序违法。

（三）缺乏实操性

在村规民约中设定单一罚款的惩戒措施，通过简单以罚代教的方式进行管理，涉嫌违法，且可操作性差。

典型问题如：对于私排污水采用罚款的方式；对偷水偷电采用罚款和广播曝光的方式；规定"私排污水一律关停，私自'三烧'一律清除，私搭乱建一律拆除，私挖砂土一律报案，私放烟竹一律没收，私偷水电一律重罚，私转承包一律无效"。村规民约中采用"罚款"的惩戒措施容易导致矛盾纠纷，而且，实践中并没有真正处罚的案例，实操性差。在村庄治理中，针对不同程度违反村规的行为，除利用经济手段进行惩戒外（罚款手段可考虑调整为：支付赔偿金、暂扣分红等合法方式），还应配合教育、引导、模范创建等多样化的惩戒措施，让村民自觉认同、遵守村规民约。

三、村规民约重点规范的内容

村规民约、居民公约重点应当包括以下几方面的内容：

（1）规范村集体、村民的日常行为。重点包括：爱党爱国，践行社会主义核心价值观，正确行使权利，认真履行义务，积极参与公共事务，共同建设和谐美好村庄、社区等方面的内容。

（2）维护村集体、村民的公共秩序。重点包括：维护生产秩序，诚实劳动合法经营，节约资源保护环境；维护生活秩序，注意公共卫生，搞好绿化美化；维护社会治安，遵纪守法，勇于同违法犯罪行为、歪风邪气作斗争等。

（3）保障村集体及村民的合法权益。重点包括：坚持男女平等基本国策，依法保障妇女儿童等群体的正当合法权益等。

（4）调解村民之间的矛盾纠纷。重点包括：坚持自愿平等，遇事多商量、有事好商量，互谅互让，通过人民调解等方式友好解决争端等。

（5）引导村民民风民俗正确方向。重点包括：弘扬向上向善、孝老爱亲、勤俭持家等优良传统，推进移风易俗，抵制封建迷信、陈规陋习，倡导健康文明绿色生活方式等。

四、村规民约的制定程序

村规民约、居民公约的制定或修订，一般应经过以下几个步骤：

(1)征集民意。村(社区)党组织、村(居)民委员会广泛征求群众意见，提出需要规范的内容和解决的问题。

(2)拟定草案。村(社区)党组织、村(居)民委员会就提出的问题和事项，组织群众广泛协商，根据群众意见拟定村规民约或居民公约草案，同时听取驻村或社区党代表、人大代表、政协委员、机关干部、法律顾问、妇联执委等意见建议。

(3)提请审核。村(社区)党组织、村(居)民委员会根据有关意见修改完善后，报乡镇党委、政府(街道党工委、办事处)审核把关。

(4)审议表决。村(社区)党组织、村(居)民委员会根据乡镇党委、政府(街道党工委、办事处)的审核意见，进一步修改形成审议稿，提交村(居)民会议审议讨论，根据讨论意见修订完善后提交会议表决通过。表决应遵循《村民委员会组织法》相关规定，并应有一定比例妇女参会。未根据审核意见改正的村规民约、居民公约不应提交村(居)民会议审议表决。

(5)备案公布。村(社区)党组织、村(居)民委员会应于村(居)民会议表决通过后十日内，将村规民约、居民公约报乡镇党委、政府(街道党工委、办事处)备案，经乡镇党委、政府(街道党工委、办事处)严格把关后予以公布，让群众广泛知晓。

(6)适时修订。村规民约、居民公约在保持相对稳定的同时，可根据当地经济社会发展、群众需求变化以及社情民意等进行修订，修订程序参照制定程序执行。

五、村规民约的监督、奖励机制

(一)村规民约的监督机制

乡镇党委、政府(街道党工委、办事处)要加强村规民约和居民公约工作落实情况的督促检查，作为基层组织建设的经常性工作，纳入村(社区)“两委”班子目标责任考核内容，防止流于形式、成为摆设。村(居)务监督委员会应加强对村规民约、居民公约遵守情况的监督，村(社区)“两委”成员、人民调解员、村(社区)妇联执委和德高望重、办事公道的群众代表共同参与监督。充分发挥村

(居)民议事会、人民调解委员会、道德评议会、红白理事会、禁毒禁赌会等群众组织的作用,强化村规民约、居民公约的遵守和落实。

(二)村规民约的奖励机制

要健全完善奖惩机制,可通过开展模范村(居)民评选、文明家庭创建等活动,促进村规民约、居民公约的遵守和落实。对违反村规民约、居民公约的情形,要加强批评教育,并通过合理的处理方式,使违反者受到教育、改正错误,但不得滥用强制处罚,避免简单以罚代教。对可能构成违法犯罪的事件,应及时提请司法机关认定处理,防止以村规民约、居民公约代替法律制裁。

范例 8

××村村规民约规定

为进一步贯彻落实党中央、国务院各项会议决策精神,不断推进我村民主法治建设,维护社会稳定,树立良好的民风、村风,创造安居乐业的社会环境,促进经济发展,建设文明卫生新农村,经村民会议讨论通过,制定本村规民约,作为全体村民共同遵守的行为规范。

一、村风民俗

(一)提倡社会主义精神文明,移风易俗,反对封建迷信及其他不文明行为,树立良好的民风、村风。

(二)提倡喜事新办,丧事从俭,破除陈规旧俗,反对铺张浪费、反对大操大办。

1. 不操办婚丧嫁娶外的其他酒席,已故老人出殡时间原则上控制在 3 天以内。

2. 不举办、参与婚丧嫁娶外的其他酒席。

3. 操办酒席不收受超过 200 元的礼金,参与酒席随礼控制在 200 元以内。

4. 操办婚丧酒席餐饮标准每桌控制在 300 元以内。

5. 操办酒席不收受客人的烟花爆竹,参与酒席不携带烟花爆竹赴席。

6. 操办葬礼不使用高音喇叭播放哀乐。

(三)不请神弄鬼或装神弄鬼,不搞封建迷信活动,不听、看、传淫秽书刊、音像，不参加邪教组织。

（四）建立正常的人际关系，不搞宗派活动，反对家族主义。

（五）积极参加村里组织的各种文化、体育活动，提倡全民健身运动，见义勇为、伸张正义，遵守社会公德，扶老携幼，学好科学文化，社会知识，用自身知识影响老一代，教育下一代。

（六）服从镇村规划，不准乱修乱建，搬迁、拆迁不提过分要求，拆旧翻新需经村“两委”同意，报上级有关部门审核，不准擅自动工。

（七）村民应自觉进行农宴申报。

二、社会治安

（一）每个村民都要学法、知法、守法、自觉维护法律尊严，积极同一切违法犯罪行为作斗争。

（二）村民之间应团结友爱，和睦相处，不打架斗殴，不酗酒滋事，严禁侮辱、诽谤他人，严禁造谣惑众、播弄是非。

（三）自觉维护社会秩序和公共安全，不扰乱公共秩序，不阻碍公务人员执行公务。

（四）严禁偷盗、敲诈、哄抢国家、集体、个人财物，严禁赌博、严禁替罪犯藏匿赃物。

（五）严禁非法生产、运输、储存和买卖爆炸物品；经销烟火、爆竹等易燃易爆物品须经公安机关等有关部门批准。

（六）爱护公共财产，不得损坏水利、道路交通、供电、通信、生产等公共设施。

（七）严禁非法限制他人人身自由或非法侵犯他人住宅，不准隐匿、毁弃、私拆他人邮件。

（八）严禁私自砍伐国家、集体或他人的林木，严禁损害他人庄稼、瓜果及其他农作物，加强牲畜看管。

（九）认真遵守户口管理规定，出生、死亡要及时申报和注销；外来人员需要在本村短期居住的，应向村流管站汇报，办理相关手续，在本村暂住务工或经商的外来人员必须服从本村的村规民约。

三、消防安全

（一）加强野外用火管理，严防火灾发生。

（二）家庭用火做到人离火灭，严禁将易燃易爆物品堆放户内、村内，定期检查、排除各种火灾隐患。

（三）对村内、户内电线要定期检查，损坏的要请电工及时修理、更新，严禁乱拉乱接电线。

（四）加强村民尤其是少年儿童安全用火用电知识宣传教育，提高全体村消防安全知识水平和意识。

四、环境卫生、土地管理

（一）积极开展文明新村建设，搞好公共卫生，加强村容村貌整治，严禁随地乱倒乱堆垃圾、秽物，随地吐痰；修房盖屋余下的垃圾碎片应及时清理，柴草、粪土等应定点堆放。

（二）保持村容整洁和道路畅通，不准挤街占道，私搭乱建，不乱摆乱卖，乱停乱放。

（三）建房应服从建设规划，经村委会和上级有关部门批准，统一安排，不得擅自动工，不得违反规划或损害四邻利益。禁止非法占用耕地建造房屋。

（四）任何个人不得侵占、买卖、出租或者以其他形式非法转让和变更村集体或他人的土地使用权。

（五）严禁在露天焚烧秸秆。

（六）村民各家各户门前院内要保持清洁，清理卫生死角，清除废弃堆积物，禁止在公共场所乱扔乱倒垃圾和渣土及污水直排，做好垃圾分类。

五、公益事业

（一）村内兴办公共（公益）事业建设所需筹资筹劳，实行“一事一议”制度，由村民会议或户代表会议讨论通过。

（二）经“一事一议”决定兴办的公共（公益）事业建设及相关筹资筹劳事宜，必须人人参加，户户参与，不参与投工者，按当地工价折资兑现。

（三）村民议事会成员应密切联系，每年的村级公共服务资金用途群众说了算。

(四)充分发挥村务监督委员会的监督作用。

六、邻里关系

(一)村民之间要互尊、互爱、互助,和睦相处,建立良好的邻里关系。

(二)在生产、生活、社会交往过程中,应遵循平等、自愿、互惠互利的原则,发扬社会主义新风尚。

(三)邻里纠纷,应本着团结友爱的原则平等协商解决,协商不成的可申请村调解委调解,也可依法向人民法院起诉,树立依法维权意识,不得以牙还牙,以暴制暴。

(四)依法使用宅基地,老宅基地要严格遵守历史状况,新宅基地按镇、村规划执行,不得损害整体规划和四邻利益。

(五)村民饲养的动物、家禽造成他人损害的,饲养人或管理人负经济责任,没有或限制行为能力的人给他人造成损害的,监护人应负经济责任。

七、婚姻家庭

(一)遵循婚姻自由、男女平等、一夫一妻、尊老爱幼的原则,建立团结和睦的家庭关系。

(二)婚姻大事由本人作主,反对包办干涉,男女青年结婚必须符合法定结婚年龄要求,提倡晚婚晚育。

(三)自觉遵守计划生育法律、法规、政策,提倡优生优育。

(四)夫妻地位平等,共同承担家务劳动,共同管理家庭财产,反对家庭暴力。

(五)父母应尽抚养、教育未成年子女的义务,禁止歧视、虐待、遗弃女婴。

(六)子女应孝敬父母,应尽赡养老人的义务,不得歧视、虐待、遗弃老人。

八、违反村规民约的处理措施

(一)违反本村规民约的,除触犯法律的交由有关部门依法处理外,村民委员会可作出如下处理:

1. 予以批评教育;责令改正;

2. 要求写出悔过书,并在村内通报;

3. 责令其恢复原状或作价赔偿;

4. 取消享受或者暂缓享受村里的优惠待遇。

（二）凡违反本村规民约要进行处理的，必须在调查核实后，经村民委员会（或村民代表会）集体讨论决定，任何人不得擅自处理。

（三）凡被依法处罚或违反本村规民约的农户，在本年度不得参与、评获“先进、文明户、五好家庭户”等荣誉称号。外来人员在本村居住的，参照执行本村规民约执行。

九、附则

（一）本村规民约如有与国家法律、法规、政策相抵触的，按国家法律、法规、政策规定执行。

（二）本村规民约自村民会议通过之日起施行。

范例9

××村村规民约

为了推进我村民主法治建设，维护社会稳定，树立良好的民风、村风，创造安居乐业的社会环境，促进经济发展，建设文明卫生新农村，经全体村民讨论通过，制定本村村规民约。

一、社会治安

1. 自觉践行社会主义核心价值观，每个村民都要学法、知法、守法、自觉维护法律尊严，积极同一切违法犯罪行为作斗争。

2. 村民之间应团结友爱，和睦相处，不打架斗殴，不酗酒滋事，严禁侮辱、诽谤他人，严禁造谣惑众、播弄是非。

3. 自觉维护社会秩序和公共安全，不扰乱公共秩序，不阻碍公务人员执行公务。

4. 严禁偷盗、敲诈、哄抢国家、集体、个人财物，严禁赌博、严禁替罪犯藏匿赃物。

5. 严禁非法生产、运输、储存和买卖爆炸物品；经销烟火、爆竹等易燃易爆物品须经公安机关等有关部门批准。不得私藏枪支弹药，拾得枪支弹药、爆炸物品，要及时上缴公安机关。

6. 爱护公路，不得损坏水利、道路交通、供电、通信、生产等公共设施。

7. 严禁非法限制他人人身自由或非法侵犯他人住宅，不准隐匿、毁弃、私拆他人邮件。

8. 严禁私自砍伐国家、集体或他人的林木，严禁损害他人庄稼、瓜果及其他农作物，加强牲畜看管，严禁放浪猪、牛、羊。

9. 弘扬正气，扫黑除恶，抵制歪风邪气，不信谣、不传谣。敢于同各种不良现象和违法犯罪行为作斗争，不参与赌博、吸毒、制毒、贩毒、封建迷信、邪教等一切违法和不健康的活动，自觉守法、学法、用法，提倡勤俭节约，反对铺张浪费。

二、消防安全

1. 加强野外用火管理，严防山火发生。

2. 家庭用火做到人离火灭，严禁将易燃易爆物品堆放户内、寨内，定期检查、排除各种火灾隐患。

3. 加强村寨防火设施建设，定期检查消防池、消防水管和消防栓，保证消防用水正常。

4. 对村内、户内电线要定期检查，损坏的要请电工及时修理、更新，严禁乱拉乱接电线。

5. 加强村民尤其是少年儿童安全用火用电知识宣传教育，提高全体村民消防安全知识水平和意识。

三、村风民俗

1. 提倡社会主义精神文明，移风易俗，反对封建迷信及其他不文明行为，树立良好的民风、村风。

2. 红白喜事由红白喜事理事会管理，喜事新办，丧事从俭，破除陈规旧俗，反对铺张浪费、反对大操大办。

3. 不请神弄鬼或装神弄鬼，不搞封建迷信活动，不听、看、传淫秽书刊、音像，不参加邪教组织。

4. 建立正常的人际关系，不搞宗派活动，反对家族主义。

5. 积极开展文明卫生村建设，搞好公共卫生，加强村容村貌整治，严禁随地乱倒乱堆垃圾、秽物，修房盖屋余下的垃圾碎片应及时清理，柴草、粪土应定点堆放。

6. 建房应服从村庄建设规划，经村委会和上级有关部门批准，不得擅自动工，不得违反规划或损害四邻利益。

四、邻里关系

1. 村民之间要互尊、互爱、互助，和睦相处，建立良好的邻里关系。

2. 在生产、生活、社会交往过程中，应遵循平等、自愿、互惠互利的原则，发扬社会主义新风尚。

3. 邻里纠纷，应本着团结友爱的原则平等协商解决，协商不成的可申请村调解委调解，也可依法向人民法院起诉，树立依法维权意识，不得以牙还牙，以暴制暴。

五、婚姻家庭

1. 遵循婚姻自由、男女平等、一夫一妻、尊老爱幼的原则，建立团结和睦的家庭关系。

2. 婚姻大事由本人做主，反对包办干涉，男女青年结婚必须符合法定结婚年龄要求，提倡晚婚晚育。

3. 自觉遵守计划生育法律、法规、政策，实行计划生育，提倡优生优育，严禁无计划生育。

4. 夫妻地位平等，共同承担家务劳动，共同管理家庭财产，反对家庭暴力。

5. 父母应尽抚养、教育未成年子女的义务，禁止歧视、虐待、遗弃女婴，破除生男才能传宗接代的陋习。子女应尽赡养老人的义务，不得歧视、虐待老人。

对违反上述社会治安条款者，触犯法律法规的，报送司法机关处理。尚未触犯刑律和治安处罚条例的，由村委会批评教育，责令改正。

第四章

乡村振兴产业项目实施的法律风险与防范

全面实施乡村振兴战略，首要任务就是加快发展乡村产业，顺应产业发展规律，推动乡村产业发展壮大。中共中央、国务院印发的《关于实现巩固拓展脱贫攻坚成果同乡村振兴有效衔接的意见》就指出，要支持脱贫地区乡村特色产业发展壮大；《乡村振兴促进法》同样对振兴乡村产业的内容进行了立法规定。

乡村产业振兴项目在实施前、实施过程中，需要确定目标体系，通过中央关于乡村产业振兴的文件精神，构建现代化乡村产业体系和推进农业绿色发展，是我们的主要目标体系。而要构建和完成这两个主要的目标体系，我们需要依托乡村特色优势资源，逐步打造和完善农业全产业链，立足于通过在乡、县布局特色农产品生产及深加工产地，将农村建设成为农业产业园、农业产业主阵地和特色农业产业集群地，推进农产品市场建设和农产品流通主干线网，开发休闲农业和农村旅游精品线路，完善配套设施。实施土地保护性建设，推广保护性耕作模式，健全耕地休耕轮作制度。推进农药化肥减量增效，推广农作物病虫害防治，加强畜禽粪污组合资源利用。推进荒漠化治理工作，巩固退耕还林还草体系，完善政策、有序推进。完善草原生态保护奖励政策，稳步推进还草、还林、防沙措施。

为实现这两个主要的目标体系，首先需要在项目实施过程中构建相应的法律关系，主要包括项目主体、项目特殊的法律规定、项目所在地政策、项目资金使用及监管、项目运营、项目参与主体内部的规制以及项目运营过程中产品交易、流通、运输、项目产品产供销等系列问题，这里面涉及的大量的法律关系、法律问题，需要结合政策，深入一线、深入项目才能构建起具有实践价值、有可操作性的法律体系，为乡村振兴产业项目发展提供法律保障。特别是项目法律关系中所涉及的参与主体、权益方、责任承担方及监督方、具体实施方等各类法律关系，需要通过交易方式、交易途径、合作模式等法律文书形成，而该形成过程是本书建议进行法律关系构建的关键所在。因此，本章将通过乡村产业振兴项目实施过程中的法律法规政策、参与主体、各主体之间的法律关系以及乡村振兴产业项目法律风险以及风险防范等方面进行论述。

第一节　乡村振兴产业项目的重点法律法规及政策

乡村振兴项目的规划、实施以及项目的落地，离不开顶层设计，而顶层设计需要依赖相应的法律规范及政策给予保障，因此在乡村振兴项目全流程中，法律法规的制定、适用、完善和体系化，必然成为顶层设计中的合规依据。目前我国已经出台和正在实施的相应法律规范和已经发布的政策性文件，对实施乡村振兴项目是适用的，同时在此基础上结合发展程度及实务中实际遇到的问题，需要逐步完善，也需要立法机构尽快完善相应的规定。

就目前而言，乡村振兴产业项目在实施过程中需要适用和遵循的法律法规十分庞杂、烦琐。乡村振兴产业所对应的重点法律法规，除本书第二章介绍的《乡村振兴促进法》及部分省市依据该法律并结合当地实际制定本省市的《乡村振兴促进条例》外，还包括：《民法典》《土地管理法》《土地管理法实施条例》《城乡规划法》《建筑法》《农业机械化促进法》《耕地占用税法》《耕地占用税法实施办法》《农村土地承包法》《村民委员会组织法》《农民专业合作社法》《村民委员会自治法》等法律法规。

除上述重点法律法规外，现阶段针对乡村振兴产业项目实施，中央有关部委、部门也分别公开发布了健康、医疗、交通运输等有关文件，对相关工作作出具体安排部署。本书仅以中央委办局为单位，通过查阅汇总的关于乡村产业振兴所涉及的部级以上中央局委办的政策文件有：

(1)2021 年“中央一号文件”中共中央、国务院《关于全面推进乡村振兴加快农业农村现代化的意见》；

(2)农业农村部《对十三届全国人大三次会议第 4942 号建议的答复》；

(3)农业农村部《全国乡村产业发展规划(2020 - 2025 年)》；

(4)农业农村部乡村产业发展司《2021 年乡村产业工作要点》；

(5)农业农村部办公厅、国家乡村振兴司综合司《社会资本投资农业农村指引(2021 年)》；

(6)农业农村部办公厅、财政部办公厅《关于开展优势特色产业集群建设的通知》；

（7）财政部办公厅《关于进一步做好国家级田园综合体建设试点工作的通知》；

（8）农业农村部办公厅《关于开展全国“一村一品”示范村镇认定工作的通知》；

（9）中央农村工作领导小组办公室、农业农村部、国家发改委等《关于实施家庭农场培育计划的指导意见》；

（10）农业农村部等十五部门《关于促进农产品精深加工高质量发展若干政治措施的通知》；

（11）农业农村部《关于印发〈全国农业农村信息化示范基地认定办法（修订）〉的通知》；

（12）中共中央、国务院《关于实施乡村振兴战略的意见》；

（13）中共中央、国务院《关于坚持农业农村优先发展做好“三农”工作的若干意见》；

（14）农业农村部、国家发展改革委等印发《国家质量兴农战略规划（2018－2022年）》；

（15）中共中央、国务院《关于促进乡村产业振兴的指导意见》；

（16）国务院办公厅《关于加快推进农业供给侧结构性改革大力发展粮食产业经济的意见》；

（17）国务院办公厅《关于加强农业种质资源保护与利用的意见》；

（18）国务院办公厅《关于支持返乡下乡人员创业创新促进农村一二三产业融合发展的意见》；

（19）农业农村部《关于落实好党中央、国务院2021年农业农村重点工作部署的实施意见》；

（20）农业农村部办公厅《农业生产“三品一标”提升行动实施方案》；

（21）国家发展改革委、财政部等《关于在农业农村基础设施建设领域积极推广以工代赈方式的意见》；

（22）农业农村部、财政部等《关于金融支持新型农业经营主体发展的意见》；

(23)财政部、农业农村部《发布2021年重点强农惠农政策》;

(24)农业农村部《高标准农田建设质量管理办法(试行)》;

(25)人力资源社会保障部、国家发展改革委等十五部门《关于做好当前农民工就业创业工作的意见》;

(26)中共中央办公厅、国务院办公厅《数字乡村发展战略纲要》;

(27)国家林业和草原局、民政部、国家卫生健康委员会、国家中医管理局联合印发《关于促进森林康养产业意见》等。

除了上述法律法规以及部门政策性规定外,在乡村振兴产业项目实施过程中,还有各个地方性文件,但由于各地方性文件具有地域特点,可参考借鉴性需要与各地的实际发展情况及农村产业发展的状况、基础以及当地人文相关联,因此本书对于地方性政策性文件,不进行列举,各地区可根据本地的乡村振兴产业项目开展情况、区域优势,结合地方性具体政策文件与上述法律法规及中央部委文件结合因地制宜贯彻适用。例如,喀什地区纪委监委为进一步发挥纪检监察机关"监督保障执行、促进完善发展"职能作用,紧紧围绕党中央、自治区党委关于巩固拓展脱贫攻坚成果同乡村振兴有效衔接决策部署,在统筹纪律监察监督、行政监督、财政监督、巡察监督、审计监督、统计监督等监督力量的基础上,积极探索引入法律监督,选取人员结构、地域面积、工作特点各不相同的县市开展综合监督及风险防控试点工作,通过聘请专业律师共同开展监督检查、风险化解、经验推广等多种方式,促进喀什地区各级党政依规依纪依法履职尽责,推动乡村产业振兴。

第二节　乡村振兴产业项目的参与主体

开展巩固拓展脱贫攻坚成果同乡村振兴有效衔接,是党中央作出的重大决策部署,是全面建设社会主义现代化国家的重大历史任务,促进相关要求全面贯彻落实,推动党中央决策部署落地生根,不仅是重大政治任务,也是人民群众的迫切期望。只有厘清各个参与方的职能、作用和参与边界,确定政府、企业、村委会、村民等各参与主体各自的职能,并进行准确的定位,才能促进所有乡村振兴参与各方的协作和有效分工，充分发挥好政府的引领作用、村委会的基础堡垒作用、社会企业的资金、技术和服务支撑作用与农民的主要主体作用。

乡村振兴产业项目，因为实施的周期长、涉及面广，资金、土地、产业类型等根据各地实际发展状况不同而存在不同的发展。但是乡村振兴产业项目的发展，参与的主体是最广泛的，村民、乡贤、村集体、合作社、企业、地方及上级政府等参与主体均在其中，各参与主体在项目中所处的深度和广度又有不同，因此各主体之间从而存在着各种各样的法律关系。但是，通过乡村振兴业务中的开展以及“建立法律服务与综合监督融合贯通体系保障乡村振兴战略”在喀什地区的贯彻落实，笔者发现这些主体是不可缺少，而且是必须要相互依赖、共促发展的。

一、村民是乡村振兴产业项目中重要的主体

村民是乡村振兴产业项目中最重要的主体，也是最基础的主体，乡村振兴首先应坚持村民的主体地位。根据《农村土地承包法》的规定，村民属于乡村土地承包的基本主体，而且村民是乡村建设的直接参与者和主要的实施者，更应该是乡村建设的受益者。根据《村民委员会组织法》的规定，村民依托村民委员会的自治管理，直接参与乡村振兴项目实施，也是乡村振兴项目实施的见证者。村民通过村民委员会来实施相应的政策规定，村民委员会是村民自我管理、自我教育、自我服务的基层群众性自治组织，实行民主选举、民主决策、民主管理、民主监督。村民委员会向村民会议、村民代表会议负责并报告工作。村民委员会支持和组织村民依法发展各种形式的合作经济和其他经济，承担本村的生产服务和协调工作，促进农村生产建设和经济发展。村民委员会依照法律规定，管理本村属于村农民集体所有的土地和其他财产，引导村民合理利用自然资源，保护和改善生态环境。村民委员会尊重并支持集体经济组织依法独立进行经济活动的自主权，维护以家庭承包经营为基础、统分结合的双层经营体制，保障集体经济组织和村民、承包经营户、联户或者合伙的合法财产权和其他合法权益。党的十九大强调：“农业、农村、农民问题是关系国计民生的根本性问题，必须始终把解决好‘三农’问题作为全党工作重中之重。”因此，乡村本土“原住民”的地位和作用不可忽视。坚持村民的主体地位，是以人民为中心的发展观在乡村振兴战略中的具体体现，只有全面实现村民在乡村振兴中的受益主体、

建设主体和治理主体地位，才能更好地发挥农民的主体作用，使乡村振兴战略行稳致远。

乡村本土“原住民”的发展，是农业、农村发展的实际需要。村民是乡村的守护者，实施乡村振兴战略，首先须明确振兴乡村是为了谁以及乡村振兴依靠谁。实施以村民为主体的乡村振兴战略，重点针对的应该是那些留在农村不能进城的村民，他们长期驻守在农村，是熟悉和属于乡村的这类人群。乡村振兴战略要靠一批真正懂农业、爱农村的这群人去落实。村民是乡村的守护者，也是乡村村落和乡村文化的守护者。只有村民才最珍惜和熟悉土地，未来也只有让村民来经营农地，才能保障农业生产可持续健康发展。也只有尊重村民的意愿，才能更好地保护乡村村落和传承优秀乡村文化。乡村发展的本质是人的发展，绝不能让村民成为农村改革旁观者，而应让其有切身的参与感，让村民成为改革红利的主要受益者。

在实务中，村民经常遇到的问题，大多与土地有关，如根据《农村土地承包法》的规定，村民对于耕地有 30 年的土地承包经营权，林地和草地的土地承包经营权比耕地的承包期限要长一些。就土地承包权、土地种植面积、土地灌溉用水、土地以及种植补贴等权益，村民会在权益受到侵害时就此进行各种权利救济，有的甚至因此走上违法犯罪的道路。我们在实务中处理的关于土地承包合同关系、土地合作经营关系等纠纷中，也充分体现了村民在乡村经济发展中的主体作用和意义所在。

家庭经营是农村发展的基础和特点。根据过去的农村发展阶段以及《乡村振兴促进法》的规定，家庭经营（包括家庭农场）成为最普遍的农业经营形式，也是由农业的产业特征决定的。虽然将来农业经营形式会多样化，但家庭经营任何时候都会是我国农业最基本的经营形式。在过去一段时间内，有人曾经提出以农村土地进行规模化和资本化运作，完全将农村土地作为市场交易的一种标的，是不符合我国农村实际情形的。就我国目前大部分农村而言，在现阶段维持土地制度的稳定性确有其必要性，谨防陷入过度规模化、资本化带来农民失业、乡村社区功能削弱等情形。为此，有必要从法律、政策层面因地制宜地对社会资本下乡的规模、涉足领域等设定明确的界限。比如，可以引导、鼓励社会资本在为乡村土地耕种、育种、示范化等方面提供优良品种、先进技术、储运设施、营销加工等方面发挥更好的作用。只有依靠村民，才能解决“三农”的根本问题，具体要做到：

（1）保障村民权利。不可否认的是，村民群体由于主体地位的缺失，正在令人不可察觉地逐步丧失发展能力。尊重、保障村民的各项权利，是落实村民主体地位的基础。从相关法律法规来看，村民享有诸多权利，但在现实层面，村民群体太弱，没有能力保护自己的权利，这些权利也就更多地只能是停留在纸面上。习近平总书记反复强调：“新形势下深化农村改革，主线仍然是处理好农民和土地的关系。”所以，要推进体制机制创新，强化乡村振兴制度性供给，完善产权制度，巩固和完善农村基本经营制度，深化农村土地制度改革，深入推进农村集体产权制度改革。农村土地问题的核心是土地制度的缺陷，或者说是体制问题。通俗地说，改革的目标应是确保村民在自己的承包地和宅基地上能真正做得了主，给予村民真正权利。各个地区应当根据自身的情况，结合国家相应的法规与政策指导，制定地方性法规，以此来对农业经营主体的法律地位进行明确。

（2）提升村民能力。要提升村民的发展能力，须多措并举，全方位发力。具体来说：

①推动农村基础设施提档升级，加强农村社会保障体系建设；

②推进健康乡村建设，持续改善农村人居环境；

③建立健全引导各类人才服务乡村振兴长效机制；

④要打好精准脱贫攻坚战，强化乡村振兴的人才支撑、投入保障及法治保障，大力培育新型职业农民等。

其实，类似的要求在近年来的中央文件特别是每年的“中央一号文件”中，都有论述及具体体现，但村民的发展能力始终提升不明显。提高认识，仅靠宣传教育是不够的，必须有配套的制度来约束，如完善领导体制机制，确保把农业农村优先发展原则体现到各个方面。

二、乡贤是乡村振兴进程中不可或缺的参与主体

乡贤在乡村振兴产业项目的实施和发展过程中必然起着带头和率领作用。乡贤在家乡拥有很高的威望，而且他们在一定的范围和地域范围内还有一定的号召力与引导力，他们是一个地区的优秀传统文化的继承者以及当代先进文化的杰出代表。因此，乡村振兴工作应该多引导乡贤助力乡村振兴，积极在支持家乡产业发展、提升治理水平、乡风涵养等方面发挥积极作用。

新时代乡贤的一个基本素质就是要爱农民、懂农业、爱农村。所以，在引进乡贤的时候，应该充分考虑到本地人的感情要更为浓烈等实际情况，因此需要重点引进本乡本土的外出人员，通过返乡、返村参与本地乡村振兴产业的建设和发展。与此同时，我们还应该注意到不同的乡贤所发挥的作用各不相同，有的可以带领大家致富发展，有的能教书育人，有的则可以调解纠纷、化解矛盾。所以，在引进乡贤时应该分门别类，不能笼统对待。这些也都符合乡村振兴中人才振兴的政策规定。

要想让乡贤更好地助力乡村振兴，就要充分发挥乡贤在乡村治理方面的作用。乡贤通常都是一些比较有威信、道德水平、管理经验以及文化修养的人。因此，充分发挥他们的领导才能与管理专长，让他们通过各种形式、各种手段参与到基层工作中，帮助乡村基层组织对各类规章制度进行建立和完善。此外，还可以让他们利用个人威望以及乡规民约去对乡村治理进行有效改善，对各类社会矛盾进行调节与化解，从而牢牢树立文明乡风，有力促进乡村有效治理。

让乡贤更好地助力乡村振兴，需要充分发挥乡贤的引领和示范作用。这样做不仅可以有效推动乡村的产业发展，完善乡村治理，树立起良好的乡风，更为重要的是乡贤也会为广大的乡村群众，特别是乡村青年提供很好的学习榜样。充分考虑乡贤在外发展过程中所获得的创业经验、先进思想理念以及苦干务实的精神，并将这些精神在乡村进行发扬、宣传和树立典型性，从而进一步引领本地村民奋发进取，进一步激发广大村民对建设美好家园的热情。

三、村集体是乡村振兴产业发展和规范性管理的基础性组织

村集体在乡村振兴项目实施过程中始终居于重要的枢纽作用，它在具体的产业项目实施过程中始终是一个参与者、实施者、组织者。正因如此，村集体在乡村振兴项目实施过程中必然会形成一些自有资产，并通过这些资产为村民谋取最大的发展，因此村集体经济是一种必不可少的经济组织形式。

根据中共中央、国务院《关于稳步推进农村集体产权制度改革的意见》的要求，从 2017 年开始，中央农村工作领导小组办公室、农业农村部组织开展了全国农村集体资产清产核资工作，发现村集体资产相对凌乱和散落各地的情况多有发生,因此如何把农村集体经济巩固好、利用好、发展好是实施乡村振兴战略的一个重大问题。

党的十九大报告提出,“实施乡村振兴战略……深化农村集体产权制度改革,保障农民财产权益,壮大集体经济”,为农业农村发展指明了方向。而在中国农村集体经济的发展历程中,农村集体经济的着力点一直在于服务农业生产与农村社会发展,《乡村振兴促进法》也强调了农村集体经济在乡村振兴中的作用。结合来看,村集体及村集体经济在乡村振兴项目中所起的作用,明显又具体,能够有效完成乡村现代农业生产建设工作。

现今,互联网、大数据、人工智能等科技带领农业与农村社会进入智慧化发展的新模式,我国农业发展已从过去主要依靠增加资源要素投入进入依靠科技进步的新阶段。国家统计局关于全国农业普查主要数据公报显示,农业生产经营在向现代化、规模化和专业化方向发展,新型农业经营主体数量大幅增加。

农村集体经济是社会主义经济的重要形式。农村集体经济应优先发展农业生产,这样有利于实行专业化、集约化、规模化、企业化经营、可以做到地尽其用,避免农业生产的碎片化过程。

中华人民共和国成立后的农村集体经济组织,其发挥的首要功能是为农业生产、农村社会发展提供最为基本的公共服务,以集体的力量完成个体难以办到的事情。从农业生产的集体化时期再到改革开放的双层经营制,许多农村通过发展和壮大集体经济,不仅提升了农业生产水平,也激活了农村集体经济组织的社会服务功能。因此,优先服务农业生产、农村社会应成为农村集体经济发展的重要目标。我国 2006 年起取消了农业税,此后,国家逐步加大对农村公共产品的投入,原先由农民自己承担经费的农村道路、供水、供电、义务教育、医疗、五保供养等改由公共财政承担,国家还对农村厕所改造、污水、垃圾的收集和处理给予大量投资。因此,在国家提供农村社会服务产品的同时,农村集体经济也应该担负起在农村社会发展中的责任。集体经济应当因地制宜地投资于数字网络、智慧农村等现代化设施建设,为农民提供教育、医疗、五保供养等服务,着力于提高农民的文化知识水平,缩小城乡居民差距,实现城乡协调发展,以起到实现集体经济对于社会和谐发展的作用。

随着农村集体经济发展,尤其是农村产权制度的改革以及农村集体资产清查核实工作完成，国家应以立法的形式提升农村集体经济优先发展农业农村现代化的作用，发挥农村集体经济组织承担农业生产的服务与农村社会公共产品的供给职能，使农村集体经济组织回归服务农业和农村这一主体地位，以突出中国现代化特色农村经济形态的特征。

四、农民专业合作社是乡村振兴项目实施中的重要参与主体

农民专业合作社，是指在农村家庭承包经营基础上，农产品的生产经营者或者农业生产经营服务的提供者、利用者，自愿联合、民主管理的互助性经济组织。2017 年 12 月 27 日，第十二届全国人民代表大会常务委员会第三十一次会议修订了《农民专业合作社法》；中共中央、国务院《关于实施乡村振兴战略的意见》提出，“实施新型农业经营主体培育工程，培育发展……合作社……发展多种形式适度规模经营”，因此，农民专业合作社作为新型经营主体，在农民组织化、土地规模化、治理高效化等方面将发挥不可或缺的作用。

农民专业合作社，有利于增加农民收入，提高农民的组织化程度。组织化，简单说就是把分散的农民重新联合在一起，抱团才能力量大；把零碎的土地整合起来，规模经营，农民才能富裕。不管搞农业产业化还是农业产业结构调整，抑或是最终实现农业现代化，必须把农民组织起来，而现阶段最好的组织形式，就是成立农民专业合作社。

合作社组织方式，提高了农民的谈判地位。在市场经济中，竞争能力的强弱和组织化程度的高低成正比。合作社作为一个整体参与市场交易，有一定的定价权。有产品，有数量，成规模，就有了市场的议价权。如果组织得好，还可能争取到定价权。

合作社运营模式，能够提供农民的抗风险能力。对于农民来说，市场风险高于自然和技术风险。市场风险主要就是对接问题，千家万户的小农经济没法和千变万化的大市场对接。合作社运营模式，能降低农业的生产成本，降低了农户的交易费用。如果农民用合作社来统一销售农产品、购买生产资料，多次交易就变成一次交易，这样更加简化了相应的决策和交易方式。同时，农民专业合作社有利于龙头企业的发展，既降低了企业的交易成本，又降低了企业的交易风险，同时还降低了企业的生产风险。

另外，农民专业合作社有利于基层政府的治理。合作社推动了农村生产力的发展，推动了农村生产关系的变化，推动了农村土地的规模经营，推动了政府治理能力的提高。中共十九届四中全会通过了中共中央《关于坚持和完善中国特色社会主义制度、推进国家治理体系和治理能力现代化若干重大问题的决定》，明确基层乡镇政府也是治理体系的重要组成部分，而通过农民专业合作社把农民组织起来，对基层乡镇政府提高乡村治理能力有很大益处。过去，我国农村的治理模式中，乡村治理只有一个单一主体，那就是政府，这产生了很多问题，农民有很多不满意的地方。实际上，乡村治理应该有多方力量参与，既有作为主导力量的乡镇政府，也应该有作为补充力量的乡村社会组织，来弥补基层政府力量的不足。农民专业合作社作为乡村社会互助组织，和农民联系密切，在农村有“地缘、情缘、血缘”，有基层政府所不具有的优势，因此，合作社不仅仅是农村的新型经营主体，今后还是乡村治理的新平台，是农村治理的新的抓手。乡镇政府抓合作社这个新平台，能降低管理成本。可以通过这个平台宣传农业政策，推广新技术。另外，农民合作社特有的“一人一票”治理机制，在乡村治理中也能推进农村的民主管理，农民在合作社的经营管理中学到了民主决策民主管理，增强了民主意识，提高了民主能力，就能真正发挥好村民自治的作用，提高乡村治理的有效性，为乡村振兴贡献自己的力量。

五、企业是乡村产业振兴项目中最主要、最活跃的主体

企业是进行投资并具体实施运营的市场主体，他们属于乡村振兴项目中必不可少的组织。过去我们可能认为，在产业项目振兴中，投资公司是最有实际意义和重要性的，然而在目前我国发展乡村振兴业务中，企业投入资金和投资的路径还不是很多，但是乡村振兴项目中，企业却能够给乡村振兴带来多种不可替代的好处。

在乡村振兴业务实施过程中，由于企业的加入，能够带来以下良好效果：

(1)企业能为乡村振兴项目带来投资。乡村振兴项目，离不开大规模的资金投入，企业在参与项目和投资项目的过程中都是一种资金投入的过程，在这一过程中，有些企业投资相对稳定，而有些却不稳定，但尽管如此，企业依然是乡村振兴项目中最重要的主体。

(2)企业能为乡村振兴项目带来很多的就业岗位。乡村振兴的最终目标是带动农民致富奔小康，而企业的设立和运营必然会创设一些非农岗位就业机会,而这些非农岗位就业机会,就是增加农民收入的重要因素,也是拓宽农民收入渠道的主要途径。因此企业运营进乡村,对于解决部分农民的就业渠道和增加收入是企业在乡村振兴项目作用中的一个重要体现。

(3)企业可以推进、改变乡村治理模式。企业与乡村的有机结合,有助于乡村的发展,不但能够给当地带来更大的经济增量,还能对当地经济管理模式的转变起到积极的推动作用和变化,更能对当地的同业经营者提供制度建设上的模式。

(4)企业能够实现对农村生产要素的重新组合和更优配置。企业进驻乡村后,有利于将农业劳动力和农民手中的土地等生产要素进行重新配置,使农民在获得更高的土地流转收益的同时,还能够更好地利用要素资源,且能够进一步利用剩余的劳动力提供社会帮助。同时,企业的介入还有利于培养一批新秀的农民企业家以及管理人员,这些人通过企业的培训和不断交流,能够成长为乡村振兴中最受益的一部分人,这对于农民身份的转变和推进新型城镇化建设都大有益处。

当然,在企业对接乡村振兴战略过程中,还要重视企业投资效益的提高。企业家及企业管理人员要学会与本地农民打交道、作交流,懂得农民的基本需求,不能搞盲目开发,更不能搞形式意义上的投资。在投资过程中,尤其要防止新一轮的土地开发热,更要注重保护农民的各种权益。各地主要可通过法律服务人员、律师走访企业、法律讲座、法律体检、公证等方式,针对企业用工及管理、知识产权、债权债务、印章管理等方面进行法律体检,主动为现有管理中存在的问题提供法律意见和建议。积极引导企业依法治企。针对企业转型升级中遇到的一系列新难题和法律问题,组织法律服务团,为企业量身定制专属产品。只有更多的企业投入农村地区,乡村振兴战略的目标才能更顺利更快地实现。

六、政府在乡村振兴项目中的职能作用

政府在乡村振兴战略中的作用是非常重要的,许多项目都需要政府作为引导者、主导者,甚至在项目实施过程中始终是最重要的协调方。正是因为政府在乡村振兴中的重要作用,所以政府在此过程中必然要进行一系列的作为。但如果政府作为不够或者介入太多,又可能导致项目运营出现问题。因此,我们通过研究分析政府在乡村振兴中的职责和作用,明确政府在振兴项目中应当发挥“指引、服务、实践、监督、推动”这五大作用。

(1)政府的指引作用。其主要表现在政府对乡村振兴项目规划的引导、运营模式指导以及政策宣贯和指引。规划引导具体体现在推进乡村振兴的生态规划、空间规划、产业规划、社会发展规划、土地利用规划“五规”合一,在政府规划管理部门引导下制定好具体振兴规划。运营模式指导主要体现在根据我国各省所在各地乡村的资源存放条件与社会经济发展的基础,通过产业梳理进行深化,总结提炼出“特色小镇”“生态社区”“特色庄园”“田园综合体”等风格不同的乡村振兴产业模式,按渐进式或梯度式分类推进的原则,在充分尊重群众意思、选定具体可操作模式的基础上,帮助村镇进行全力推进。政策宣贯和指引体现为深入宣传贯彻落实国家关于乡村振兴战略的法律法规规定及诸如“中央一号文件”等政策性文件中关于惠农政策的宣传与指引,把文件中有关政策精神具体化并落实到乡村振兴实践中,在维护公有制经济基础上,促进土地有效流转,加快推进乡村土地利用混合化、承包地的资产化、乡村资源的资本化。

(2)政府的服务作用。其主要表现在给广大乡村居民、本村原始村民、外来流动人员扎根村民等提供政务服务和公共服务,围绕乡村振兴建设所可能涉及的民事调解、仲裁、投融资建设、基础设施服务、便民服务、土地供给、设施农业建设基础完善等方面开展工作,维护乡村社会稳定,对村委和民兵、妇女、老龄人员等群团组织的业务工作进行对口服务。

(3)政府的实践作用。其主要表现在依法依规履行职责,为乡村振兴产业项目的落地实施、良好运营、创造效益、市场竞争、收益分配等各方面,将法律法规规定及政策性文件的规定落实到位,确保乡村振兴各参与主体能够通过协力合作,共同实现乡村振兴产业项目的发展。

(4)政府的监督作用。其主要表现为对各类乡村振兴的建设项目的投资、建设、运营及其收益分配进行审计监督;对乡村村、支“两委”及其党员干部进行监督,开展“微监督”;对体制内的组织换届与选举工作进行组织与纪律监督;对侵害农民等乡村振兴参与主体的合法权益的行为进行监督等。

(5)政府的推动作用。其主要表现为推动水、电、路、气、讯、文、教、卫、养、保等公共产品的正常供给,包含建设、运营维护;整合涉农项目投资,集中投放于乡村振兴事业;对于乡村振兴项目在项目区内的国有土地出让收入,用于支持区内项目建设等;主动配合乡村积极争取相应上级政府部门获取各类支持政策与资金,促进地方乡村振兴建设等。

故在乡村振兴产业实施过程中,对乡村振兴产业项目中涉及的主要参与主体进行体系化和功能化的分析与定位是有必要的。政府可培育以家庭农场为主体的新型农业经营主体,以应对多变复杂的风险挑战。当前我国农业现代化的短板在于农业生产主体不强、农业生产质量效益水平较低、国际竞争力偏弱。我国农业要真正走出一条具有中国特色的农业现代化道路,从根本上取决于是否能够形成一支具有生态自觉意识、兼具企业家精神和工匠精神、能够对不断变化的市场迅速实施冲击—反应式调整、抗风险的意识和能力强、能主要依靠自身力量而非依赖政府政策支持、有别于传统小农户而自主能力强、符合未来中国农业发展整体目标的新型农业经营主体。培育以家庭农场在内的新型农业经营主体,既能够增强抵抗产业风险的能力,又能够促进农业经营主体现代化,对于加快实现农业农村现代化具有重要作用。家庭农场是现代农业经营体系建设的重要组成部分,有助于实现现阶段农业由数量增长向质量增长转换、实现绿色可持续发展、提高农业国际竞争力、保障粮食安全和提高农业生产者收入。

在实际操作中,为完成和实现乡村振兴,各主体之间的关系也必然是相互作用和相辅相成的关系,因此需要充分投入和协调各种主体之间的相互作用与支持力度,从而使乡村振兴项目的实施更加和谐、在快车道上快速发展。

第三节　实施乡村振兴产业项目存在的法律风险及防范

民族要复兴,乡村必振兴。脱贫攻坚取得胜利后,要全面推进乡村振兴,这是“三农”工作重心的历史性转移。目前,全国各省市县都在推进乡村振兴战略实施,按照“产业兴旺、生态宜居、乡风文明、治理有效、生活富裕”的总要求探索符合各自特色的乡村振兴实现路径,努力做好巩固拓展脱贫攻坚成果同乡村振兴的有效衔接。乡村振兴包含产业、人才、文化、生态、组织的振兴,在这五个振兴当中,最重要、最关键的是产业的振兴。《土地管理法》,国务院《关于促进乡村产业振兴的指导意见》,农业农村部、自然资源部《关于规范农村宅基地审批管理的通知》,中共中央、国务院《关于建立健全城乡融合发展体制机制和政策体系的意见》,原国土资源部、原农业部《关于完善设施农用地管理有关问题的通知》(已失效)等一系列政策的接续发布,均为发展符合乡村特点的休闲农业、乡村旅游、餐饮民宿、文化体验、民俗展览、康养服务等新产业、新业态提供了精准指导与支持,明确了规范化管理办法,因此,乡村产业在选择与发展、合法经营与建设过程中面临的法律问题及风险需要引起我们的高度重视。

一、选择乡村振兴产业项目以及项目主体面临的法律风险及防范

脱贫攻坚阶段,各地政府为快速带动当地产业发展,通过招商引资引进不同的项目实施主体,包括企业、大户、农民专业合作社等经营主体,他们在解决乡村扶贫、增加农民收入、完成消除绝对贫困方面,以及在实现共同富裕的道路上迈出坚实的一大步发挥了重大的作用。现阶段,虽然消除了绝对贫困,但仍要清楚地意识到,扶贫只是解决吃饭脱贫问题,但要彻底改变农村的落后现状,实现乡村振兴,达到风景如画、农民富足、环境优美的目标,则要通过产业振兴解决建设发展问题。此外,部分乡镇、村干部对过渡期政策理解不到位,未能将上级要求细化为具体举措,推动工作能力弱;在机构设置及力量配备上,对乡村干部的调整面过大,新进干部多,人员调整轮换频繁,业务不熟、衔接不畅、承接不力,工作脱节时有发生,一些乡镇对过渡期工作研究不够、指导落实缺位,有的乡镇领导对工作开展情况底数不清,对资金使用、项目安排及实施情况,不关注、不了解、不掌握,经不起问、经不起看、经不起查;少数干部对工作开展有畏难情绪,思想观念没有适时调整,重工作安排、轻政策学习,对项目实施主体真实情况无从得知等问题的存在,导致各地在推进乡村振兴战略实施过程中,如何选择乡村振兴产业项目、如何选择乡村振兴产业项目实施主体,仍然是需要解决的首要问题。

"产业兴旺,是解决农村一切问题的前提。"国务院印发的《关于促进乡村产业振兴的指导意见》,要求聚焦重点产业,聚集资源要素,强化创新引领,突出集群成链,培育发展新动能,加快构建现代农业产业体系、生产体系和经营体系。

乡村产业振兴既是攻坚战又是持久战,应坚持问题导向、目标导向、发展导向,切实走出一条符合实际、科学有效的产业发展之路,为乡村振兴提供坚实支撑。从笔者长期为各县市人民政府提供法律服务的实践经验来看,在选择乡村振兴产业项目及项目实施主体过程中,县市人民政府面临的主要法律问题及风险是:乡村振兴产业项目投资规模巨大,缺乏有投资实力、有生产管理能力、有技术服务能力的项目合作的实施主体,而有的政府在尚未确认参与项目的实施主体真实实力的情况下,为求项目落地实施,有时会作出不切实际的优惠扶持承诺,仓促推进项目上马,造成极大的风险隐患。

在现阶段,通过产业振兴实现乡村振兴,最有效、最稳健的办法,莫过于通过发展劳动密集型产业,充分发挥我国农村剩余劳动力富足的优势,实现农民向产业工人的转变、增加收入,进而带动乡村经济的发展。但要发展劳动密集型产业,需要投入的资金、人力、物力等规模巨大,那么参与经营乡村振兴产业项目的实施主体的实力就尤为重要。但有些地方忽视对项目实施主体的考察,为求得项目落地、尽快实施,仅根据项目实施主体提供的片面信息,未经过论证,就同意项目实施主体提出的明显有违法律法规或政策规定的要求,与其签订协议。在项目实施过程中,出现项目实施主体在资金、管理、技术、市场等方面跟不上,或者项目实施主体在乡村振兴产业项目实施过程中,依据签订的协议要求政府兑现其承诺的优惠条件,如不兑现就不再进行投资或经营,既造成项目烂尾或难以持续经营,给当地经济以及农民造成重大损失,同时会出现项目实施主体据此向政府主张违约责任、政府人员被行政追责等问题。

鉴于此,在选择乡村振兴产业项目以及项目主体时,可以通过如下措施提前做好风险防范:

(1)选择乡村振兴产业项目,应结合当地的经济条件、自然地理环境、农民意愿、产业布局规划等,突出地方特色,坚持市场导向,选择覆盖人群广、辐射范围大、生产经营风险较小、能够形成品牌优势的有竞争力的项目,通过发展特色支柱产业,再不断延伸上下游产业链,形成完整的具有当地特色的产业链。选择乡村振兴产业项目时,尤其不能脱离当地实际,盲目追求高、大、快,造成项目落地实施后因“水土不服”而出现推倒重来的情形。例如,新疆喀什地区紧盯产业、就业、基础设施建设、公共服务等乡村建设重点工作,督促各级党组织坚持市场导向，围绕地区发展劳动密集型产业开展招商引资，持续发展壮大特色产业，健全产业链，发展好现代畜牧业、鲜果和甜瓜产业、蔬菜产业、馕产业和以“喀什味道”为品牌的特色餐饮业，采取搭建用工平台、以工代赈、调整优化公益性岗位等方式，保障有序推进乡村振兴战略。同时，选择乡村振兴产业项目时，还可以征求当地农民的意愿，充分发挥农民的积极主动性，共同参与产业项目的实施，既要增加农民收入，也要让其掌握一技之长，让农民也实实在在感受产业项目能够带来的各种利益。

（2）选择乡村振兴产业项目的实施主体时，首先应对项目实施主体进行必要的尽职调查，通过查询裁判文书网、失信被执行人信息网等网站或软件，确认项目实施主体是否有未结的影响项目实施的重大涉诉案件、是否有被列为失信被执行人、股东是否有被限制消费、是否有被处以行政处罚等资信风险，在此基础上，优先选择有较强资信实力、具备实施产业项目所需的生产经营经验以及销售渠道、团队管理专业规范的主体。选择项目实施主体，最重要的不仅仅是促成项目实施主体能够在当时当下进行投资、实施项目，更重要的是，要推进乡村振兴产业项目在市场竞争下，能够依靠自身的实力，长久地可持续、稳定发展，获得收益。

（3）总结提炼工作经验。按照试点先行、稳步推进、以点带面原则，及时总结梳理项目实施、法律监督在工作开展中取得的成效、形成的经验以及发挥的作用，制定关于乡村振兴产业项目实施的工作手册，尤其就法律法规或国家、省市对乡村振兴产业项目发布或提供的有关土地供应、税收减免、融资贷款、补贴申请、项目奖励等方面的规定进行汇总，适时全面推广，深入推进依法行政、依法管理，并定时进行更新，组织人员进行学习掌握，做到承诺的优惠条件有依据，及时依法依规予以兑现，支持乡村振兴产业项目及项目实施主体稳定、有序发展。

（4）由于自然风险的形成不可控，加之农业本身的自然属性，决定了发展乡村产业，既是经济再生产过程，又是自然再生产过程，要充分考虑自然风险对传统农业生产带来的冲击。新发展阶段，要坚持绿色发展理念引领，促进乡村产业与生态系统平衡。首先，乡村产业要注重维护生态系统平衡。作为我国生态系统的重要组成部分，农业生态系统应兼顾优质农产品供应和改善农业生态环境双重功效，要在农业生态系统资源与环境承载能力范围内，巩固乡村产业发展需要的资源环境基础。其次，乡村产业要注重生产方式的转变，即生态、绿色将日益成为乡村产业的基因和灵魂。然后，建设具有中国特色的乡村产业体系，还应该向特色化、品牌化、绿色化转型。

二、乡村振兴产业项目落地实施前面临的法律风险及防范

选定乡村振兴产业项目及项目实施主体后，对于项目实施前以及项目实施过程中各方的权利义务及职责，主要是通过各方签订的协议或合同来进行约定。在乡村振兴产业项目落地实施前，政府与项目实施主体在签订协议或合同时，主要面临的法律问题及风险有：

（1）违反政府采购及招投标程序。乡村振兴产业项目必然会涉及工程建设、各类产业所需设备采购等内容，而对于这些内容中，由政府进行投资建设或采购的项目，如政府采购（生产设施设备等）、工程施工（主要是指政府投资建设的工程），应依法依规履行招投标程序。但实际上，有些政府认为履行招投标程序所需时间较长，为加快项目建设、尽早达成项目投产，往往会不经过招投标即直接指定建设工程的施工主体或政府采购的供应主体，或者通过对不能分解的招投标事项进行分解，将整体项目分解成若干个小项目后，直接指定相应的实施主体，以此规避招投标法的相关规定，其行为严重违反政府采购及招投标法的规定。从本质上来说，无论政府采购或是建设工程的招投标，都是为了能够择优选择最佳的实施主体。如果政府不履行招投标程序即指定实施主体，既违反了公开、公平、公正的原则，同时很有可能会因此滋生大量的腐败问题。

典型案例5

拆分工程规避招投标，他受到组织处理（节选）①

“本以为不吃拿卡要就没问题，经过谈话我才认识到自己违规操作问题的严重性……”近日，诸暨市牌头镇靖江村党总支书记周某某对拆分工程规避招

① 《清廉村居进行时丨诸暨：拆分工程规避招投标，他受到组织处理》，载百度百家号·澎湃新闻客户端：https://m.thepaper.cn/baijiahao_9350692，2021年11月10日最后访问。

投标一事后悔不已。

靖江村杨曙霞自然村实施地面硬化和路边水沟加宽工程。为加快推进速度,规避招投标程序和相关制度约束,周某某在村"两委"会上提出,将该预算14万余元的工程拆分成3个小工程,直接指定施工方承接。之后,该方案经讨论通过并组织实施。

"拆分工程规避招投标的行为已经违纪,考虑到未造成不良影响,其本人认错态度也较好,给予其诫勉谈话处理。"牌头镇纪委书记、监察办主任方飞霞介绍说,今年5月开始,对全镇村级工程项目开展专项督查,通过现场踏勘、入村走访、查阅资料等形式抽查项目10余个,发现未经集体讨论随意变更工程内容、虚构资料套取工程款、违规程款支出等违规违纪问题4个,实施"第一种形态"处置3人,有关违纪违法问题正在进一步调查中。

(2)土地供应存在的法律问题及风险。

①未履行土地挂牌程序,提前约定土地出让价格。乡村振兴产业项目实施主体本身作为商业主体,其目的是追求利润最大化,那么相应地,他们会要求政府尽可能地以最优惠的条件支持其建设、发展,以降低成本。乡村振兴产业项目的落地实施,不可回避的问题就是项目用地的问题。根据《土地管理法》等法律法规规定,利用国有土地进行建设的,应通过招拍挂程序出让土地使用权,通过竞拍,由价高者得。在未履行招拍挂程序前,无法确认土地使用权最终的出让价格。但在实践中,政府为促使项目实施主体投资建设,往往会根据项目实施主体的要求,签订合同时在合同中直接约定土地出让价格,明显违反法律规定。

②违法减免土地出让金或先征后返土地出让金。有些地方为保证乡村振兴产业项目实施主体能够进行投资,其提供的优惠条件包括减免土地出让金或项目实施主体缴纳土地出让金再向其返还。但根据国务院办公厅《关于规范国有土地使用权出让收支管理的通知》之规定,任何地区、部门和单位都不得以"招商引资""旧城改造""国有企业改制"等各种名义减免土地出让收入,实行"零地价",甚至"负地价",或者以土地换项目、先征后返、补贴等形式变相减免土地出让收入。财政部、原国土资源部、中国人民银行印发的《国有土地使用权

出让收支管理办法》亦作出相同规定。根据以上规定,政府向项目实施主体承诺减免或返还土地出让金,既违反了拍卖出让土地使用权应当遵循的公平公开原则,也损害了国家利益,属于无效约定。

③非法低价出让国有土地使用权。我国《土地管理法》《土地管理法实施条例》等法律、法规,对出让国有土地使用权的批准权限、程序和要求等都做了明确具体的规定,但有些地方领导,在乡村振兴产业项目实施过程中,违反土地管理法规,滥用职权,非法低价出让国有土地使用权,侵犯国家对国有土地的使用管理制度,破坏了国有土地使用管理的正常活动,如果情节严重,还将被依法追究刑事责任。

典型案例6

佛山市原副市长宋某平:被指受贿2000多万、滥用职权损失6亿多元(节选)[①]

12309中国检察网近日公布了佛山市原副市长宋某平滥用职权、受贿案起诉书。根据起诉书,宋某平滥用职权共计造成国有土地出让金损失人民币6.028519亿元,收受他人财物人民币1304.4035万元、港币1143万元。

检察机关经依法审查查明,被告人宋某平有滥用职权的犯罪事实。宋某平于2005年至2006年担任广东省佛山市三水区委副书记、区长期间,滥用职权,未经委托评估,违规批准以低价挂牌出让御江南项目地块,造成国有土地出让金损失人民币5.328886亿元;滥用职权,未经委托评估,违规批准以低价挂牌出让金太阳酒店(二期)项目地块,造成国有土地出让金损失人民币6996.33万元,共计造成国有土地出让金损失人民币6.028519亿元。

检察机关还指控被告人宋某平犯有受贿罪:1997年至2015年,被告人宋某平先后担任广东省佛山市社会保险局局长,佛山市三水区委副书记、区长,佛山

① 《佛山市原副市长宋某平:被指受贿2000多万、滥用职权损失6亿多元》,载百度百家号·羊城派:https://baijiahao.baidu.com/s?id=1681785558489375407&wfr=spider&for=pc,2021年11月10日最后访问。

市委秘书长,佛山市副市长,其间利用职务上的便利,为他人在工作调动、公司经营、土地招拍挂等事项上提供帮助,共计收受他人财物人民币13 044 035元、港元1143万元。

广州市人民检察院认为,被告人宋某平身为国家工作人员,利用职务上的便利,非法收受他人财物、数额特别巨大,为他人谋取利益;被告人滥用职权,致使公共财产遭受重大损失,情节特别严重,其行为分别触犯了《刑法》有关规定,犯罪事实清楚,证据确实充分,应当以受贿罪、滥用职权罪追究其刑事责任。被告人宋某平一人犯数罪,根据《刑法》的规定,应当数罪并罚。被告人宋某平犯罪以后自动投案,如实供述自己的罪行,是自首,依照刑法的规定,可以从轻或者减轻处罚。检察机关据此提起公诉。

(3)项目实施主体提供担保问题。前文提到,乡村振兴产业项目因投资规模巨大,对项目实施主体的实力有较高的要求。在实践中,政府为了财政税收、办理手续等需要,会要求项目实施主体在当地设立项目公司,并由项目公司具体负责乡村振兴产业项目的建设、经营、管理等事宜。但项目公司作为新近成立公司,资信能力和抗风险能力较弱,部分政府职能部门往往缺乏法律知识,会想当然认为项目出现问题,应该有项目公司与项目实施主体共同承担法律责任,殊不知,从法律关系上说,除非合同中有明确约定,否则项目公司与项目实施主体作为两个独立的法人,因一方原因造成乡村振兴产业项目无法实施的,很难要求另一方承担相应的法律责任。因此,要求项目实施主体对项目公司实施项目过程中出现的法律后果提供担保,或者要求项目实施主体以财产提供担保或股东提供保证担保等问题,就会显得必不可少。

(4)个别政府越权。乡村振兴产业项目实施中,政府最主要的作用应该是协调引导、化解矛盾、监督监管。但在实践中,工程建设、民生、"国有投资平台公司"、公共资产等领域问题频发。工程建设领域腐败案例主要体现在,查处工程不公开、不民主,有的地方个人说了算;安置房、乡村道路等偷工减料、质量低劣等问题,招投标、资金拨付、验收等重点环节滋生腐败等问题。民生领域存在侵害群众利益的"微腐败",在查处低保户、残疾人评定中弄虚作假;发放种苗,质量以次充好、数量以少充多、价格以低充高；工作人员利用信息不对称欺上瞒下等方面腐败和作风问题。有个别人利用国有“投资平台公司”搞利益输送，在工程发包中暗箱操作；在融资、举债中吃“回扣”、吃利差；在土地经营中冒充农民身份低价承包、高价租赁等。在公共资产领域，存在产业产权不清晰、公私不分明、责任不明确，导致产生监管真空、化公为私、化整为零、中饱私囊等贪污侵占问题，损害国家、村集体以及农民利益。

(5)乡村振兴产业项目合同签订不规范。项目合同作为项目实施的重要基础文件，既是明确政府与项目实施主体所享有的权利，同时对其应承担的义务和责任进行约束。但在实践中，能看到有些投资额度高达上亿元的项目签订的合同，仅有几页纸的内容。当然，这并不是说合同内容越复杂、篇幅越长就越好，但就合同规范性、严谨性而言，仅凭几页纸的内容，是无法对项目实施过程中所面临的风险或问题进行防范的。同样，有些项目合同对政府的义务要求过多，但对项目实施主体的责任约定过于简单，很容易出现政府违约的情形，况且，对于合同中的关键条款，经常也是未作约定或只是简单几句带过。虽然从形式上来说，合同内容约定简单貌似有助于项目实施过程中可以根据实际情况进行补充变更，给双方均留有余地，但实际上，一旦项目实施出现问题，若合同没有就此做明确约定或解决方法，很容易引发纠纷、引起诉讼。

为避免上述法律风险，笔者建议采取如下措施进行防范：

(1)加强对政府采购及招投标领域的监管，重视并发挥第三方招标代理机构的作用。紧紧围绕巩固拓展脱贫攻坚成果与乡村振兴各项工作，压实主体责任、监管责任、落地责任，以有效监督推动各项措施高效落实。一方面，政府应将采购内容、要求及标准等各项信息及时予以公布，接受社会舆论与群众的监督；另一方面，政府相关职能部门，如财政、监察、审计等部门，对政府采购及招投标工作开展监督检查强化综合监督，统筹各级纪检监察、巡察、财政、审计、统计等监督力量，围绕各项工作落实情况，开展综合监督检查，精准发现并解决责任、纪律、作风及政策落实等方面存在的问题。坚持一体推进，始终保持严的主基调不变，严肃查处涉黑、涉恶、腐败和“保护伞”，坚决整治工程领域内外勾结，违规招投标。对违反政府采购及招投标规定的行为，进行督促纠正，涉及违规或违法的，应予以严肃查处。此外，政府开展采购及招投标程序的，可以选择经验丰富、有较强专业能力、人员素质高的第三方招标代理机构，代为开展招投标工作。与此同时，政府也应组织政府采购部门或各职能部门负责政府采购的人员，学习《政府采购法》《招标投标法》等法律法规，严格按照有关程序规定要求执行，确保程序合法合规，贯彻“公开、公平、公正”原则，客观、公正地对待所有参与投标的主体，严禁暗箱操作和虚假招标，建立懂法规、懂程序、懂规则的专业的政府采购及招投标人才队伍。

（2）严格依法依规履行土地出让程序，制定关于不同类型土地供地流程及操作手册，在土地使用审批、征收、规划方面，除国家法律法规的规定外，对土地供应涉及工作人员的岗位制度、工作时间、工作内容、工作方式全程模板化，保障有序、有责的工作模式，实现工作人员严谨认真开展各项工作内容。

（3）依法依规要求乡村振兴产业项目实施主体提供担保，勿让担保流于形式。对在当地暂无可供抵押资产的项目实施主体，可以要求股东提供保证担保或其他有实力的相关联第三方提供抵押担保，待项目实施主体完成投资形成资产后，将其部分资产用于提供抵押担保。同时要明确，签订抵押担保合同仅是设立抵押担保，其抵押权的生效，还应以不动产登记中心完成抵押登记、出具他项权证方可生效。对于项目实施主体出现根本违约或已不能正常生产经营的，及时采取措施终止项目合同，并在担保期限内追究其责任。

（4）政府制定权责清单，明确其应履行的职责。紧盯巩固拓展脱贫攻坚成果，紧盯重点帮扶、动态监测、易地搬迁、资产管理等政策措施落实情况，督促落实“四个不摘”要求、防止返贫动态监测和帮扶机制，巩固“两不愁三保障”成果，做好易地扶贫搬迁后续扶持，厘清各类扶贫项目形成的资产底数，做到资产清、项目清、产权清、合同清。在乡村振兴产业项目实施过程中，政府更多的是要发挥协调、服务、监管的作用，而不能频繁成为合同的当事人，出现权责不清、“既当裁判又当运动员”的情形。政府及其权责部门要紧盯党员干部履职激情消减、工作动力不足，领导干部守着摊子等指示，驻村干部数着日子等轮换，产生歇歇脚、喘口气等麻痹松劲思想。紧盯层层传达不落实、层层开会没内容、个个建群要“打卡”等肢解干部时间和精力的“不重视”的官僚主义和“过度重视”的形式主义。坚决纠治文件多、会议多、督查多、问责多等形式主义、官僚主义突出问题，坚决把党中央关心关爱基层干部、持续不断为基层减负的要求贯彻落实到位。坚决纠治思想松懈麻痹,"四个不摘"政策落实不到位,扶贫资产管理混乱,动态监测帮扶不及时等问题,坚决防止出现规模性返贫。

(5)政府应重视并发挥第三方服务机构的作用,加强法律指导服务,建立重大决策合法性审查机制,依法规范合同签订、平台公司运营,有效防范项目引入、投资、建设、运营等环节的决策、管理风险,推进依法行政、依法管理和法治政府建设。在签订项目合同前,聘请律师、审计、会计、造价等人员,充分听取其意见,结合项目实际情况,力求项目合同能够做到内容完整、权利义务明确、争议解决方式可行、违约责任清晰,这样,既能保证项目实施过程中各方能够依据合同约定明确本方应履行的义务及享有的权利,同时有利于一旦项目出现问题时,能够及时通过项目合同约定维护本方的合法权益,避免损失无法得到赔偿。

三、乡村振兴产业项目落地实施过程中面临的法律风险及防范

乡村振兴产业项目落地实施过程中,主要面临的法律问题及风险包括:

(1)不按合同约定履行义务。政府与项目实施主体签订合同后,双方依约按合同开始履行,共同推进项目落地实施。但在实践中,会因为一方或双方原因,造成合同无法正常履行,如政府承诺的优惠条件未能按期兑现,项目实施主体的投入资金未能到位或未能足额到位,项目手续未能正常办理导致项目建设延期,甚至出现因前期对项目实施主体未做详细的尽职调查,在项目实施过程中,项目实施主体出现资金链断裂、终止投资建设或其他导致合同无法继续履行的根本违约情形。

(2)乡村振兴产业项目涉及资金的风险。

①相较于脱贫攻坚阶段,虽然乡村振兴产业项目资金规模有所减少,但很多项目投资仍然动辄达到上千万元甚至上亿元,一旦乡村振兴产业项目出现问题,其所涉资金将面临重大损失的风险。面对如此大规模的资金,有些地方政府对资金的管理、使用严重缺乏经验,如何确保发挥资金使用的最大效益面临巨大挑战。

②乡村振兴产业项目的实施,往往是政府与项目实施主体共同合作建设促进乡村振兴产业项目推进。政府的投资建设内容,包括乡村振兴产业项目所需设备采购、生产厂房及车间建设或政府对项目实施主体的扶持补贴等。虽然绝大部分政府采购项目或建设工程施工项目经过招投标程序确定中标人后,会与

其签订合同，并在合同中明确约定款项支付节点，但在实践中，经常会遇到因中标人原因未能按期供货或完工的情况下，政府仍然会提前支付款项；或者是中标人已按合同约定履行义务后，因政府资金拨付审批流程缓慢、繁杂，造成资金无法按时拨付等情形，继而引发后续的矛盾纠纷。

(3)政府行政干预频繁，影响项目实施主体正常生产、经营。任何一个乡村振兴产业项目，从立项、批复、建设、试生产、正式投产到产出、盈利，都应遵循客观的生产建设规律，在政府与项目实施主体签订合作合同时，也会对相应的乡村振兴产业项目建设周期、投产时间等进行约定。但实际上，有些政府为追求政绩、好大喜功，仅顾眼前利益，违背生产建设规律，违反合同约定，盲目要求项目实施主体加快建设、投产运营，甚至在产业项目还未见到任何效益的情况下，不做市场调查、科研论证，即盲目扩大规模，加重项目实施主体的建设成本及经营负担，从而使项目实施主体不堪重负直至被拖垮，既造成乡村振兴产业项目无法正常实施，又造成政府与项目实施主体的大量投入或造成严重浪费，或长期烂尾闲置、无法收拾，也给当地的营商环境带来负面影响。

(4)乡村振兴产业项目的收益风险。推进乡村振兴产业项目的发展，其最终目的是要农民获得可持续的、稳定的收益，确保不会出现大面积返贫情形。但在实践中，如果失去国家补贴资金或当地政府的持续资金的“输血式”投入，很多乡村振兴产业扶贫项目无法获得可持续的“造血式”发展。一旦乡村振兴产业项目发生停产、破产或其他无法正常生产经营的风险，不仅会导致农民的收益无法得到保障，还会导致政府信用受损，农民不敢再轻易参与风险较大的产业或种养新品种，同时会导致基层干部为避免项目失败后被问责而减少作为，反过来更加没有项目实施主体愿意参与项目实施，农民的收益也就无从得到保证，形成恶性循环。

乡村振兴产业项目的落地实施，是一个长期而又复杂的过程，需要各方通力合作、共同努力，既不能脱离实际、违背规律大踏步推进，也不能长期拖延、停滞不前。无论是政府，抑或是项目实施主体，均应互相配合、互相信任、互相支持、协调解决项目实施过程中遇到的各类问题。当然，上述法律问题及风险并不是乡村振兴产业项目实施面临的全部风险，实践中还存在因市场因素、项目实施条件变更等其他原因引发的风险。为有效避免上述风险带来的影响，笔者建议通过如下方式进行风险防范：

(1)项目实施紧扣各方签订的项目合作合同，严格依照合同约定履行，尤其是合同中约定的关键时间节点、应完成或履行的义务内容。当一方未能按合同约定履行义务的时候，应及时对其进行催告或要求整改。催告时应注重依法依规履行催告程序，通过书面通知、电话、短信等方式进行催告时，应妥善保存催告、沟通、谈判过程中形成的各类文件或材料。在项目实施主体已经出现无法正常履行项目合同、推进项目实施的情形时，应尽早进行决策，做好解决矛盾纠纷、追究违约赔偿的方案措施。

(2)乡村振兴产业项目资金管理、使用过程中，组建专业、权威、法治的监督队伍，推动巩固拓展脱贫攻坚成果同乡村振兴有效衔接政策落地、工作落实、管理规范、治理高效。严格依照相关资金使用的政策文件的规定，实现资金使用到位，简化资金支付审批流程，按期、足额、依法依规使用资金，既不能出现长期拖欠、无法支付，严重影响项目或项目实施主体的生产、经营，造成项目不能有序发展壮大，更不能违法违规使用资金、超额或提前拨付资金，出现项目资金无法追回而给国家、集体或农民造成重大损失的情形，同时要防范部分领导干部套取、挪用或以其他违法手段占用项目资金的情形。政府及其权责部门针对在低保户残疾人评定、公益性岗位聘用中弄虚作假、优亲厚友，社会服务管理中吃拿卡要、作风粗暴，利用畜禽良种繁育中心、土地经营管理公司、农村合作社"三类"涉农机构和村级经济综合体、电商销售平台侵害群众利益，以及利用国有投资平台公司搞利益输送、侵吞公共资产等问题，要坚持系统谋划、一体推进，做到一年一部署、半年一督查、一季一调度，查处情况一月一报告，提升整治效果。

(3)政府充分发挥协调、服务、监督的作用及职能，为乡村振兴产业项目的有序实施提供便利条件，引导项目实施主体合法经营，同时依法依规为项目兑现优惠政策条件，同时针对项目实施主体可能侵害农民、产业工人或其他主体合法权益、危害项目正常实施的违法违规行为，行使监督权，着力健全挂钩监督机制，完善综合监督挂钩联系制度，构建地区负总责、县市协调配合、乡镇日常监督跟踪督办的联动监督机制，通过划分责任，充分发挥监督检查、问题整改、跟踪问效作用，把重点工作监督融入日常，做到了解、掌握项目运营情况的同时，不应过多干预、影响项目的正常实施。各级纪检委要精准执纪问责。坚持

“惩前毖后、治病救人”方针，严格执纪，动真碰硬，注重抓早抓小、防微杜渐，严肃查处监督检查过程中发现的过渡期内及群众身边的腐败和作风问题，落实“三个区分开来”要求，精准运用监督执纪“四种形态”，形成强监督、抓整改、严问责、促落实的闭环式监督执纪链条。通过运用纪律检查建议书、监察建议书等形式，督促发案单位查找腐败风险点，健全制度、堵塞漏洞，对查结典型案件一律点名道姓通报曝光，分级分类制作系列警示教育片，召开警示教育大会，发挥查处一件、教育一片、震慑一方的效果。

四、乡村振兴产业项目监管过程中面临的法律风险及防范

前文已经提到，乡村振兴产业项目的实施是一个长期的过程，项目的投产实施运营只是良好的开端，最终乡村振兴产业项目的发展结果如何，则需要通过长期的市场考验来进行判断。在此过程中，为防止项目实施主体实施违法违规行为，侵害国家、集体或农民的合法权益，造成项目失败、国有或集体资产流失等重大损失，势必要对乡村振兴产业项目进行长期的、有效的监管。在对乡村振兴产业项目监管过程中，面临的法律问题及风险主要有：

(1)乡村振兴产业项目的效益兑现。乡村振兴产业项目的实施，归根结底，目的是要通过产业发展带动农民增收最终实现乡村繁荣。但在乡村振兴产业项目实施过程中，往往会出现项目实施主体拖欠农民劳动报酬、向农民高价出售原料、低价收购农产品、违反销售合同约定造成农产品滞销等侵害农民利益的情形。有的地方本身自然生态环境脆弱，但有的项目实施主体在生产经营过程中，却仍然违反有关环境保护的规定，造成土地或环境污染，进一步加剧当地生态环境的恶化，其带来的效益，远不及给当地造成的损害。

(2)项目实施主体自身经营状况的变化。项目实施主体作为市场经济的商业主体，其目的始终是追求利润最大化。有的项目实施主体，利用乡村振兴产业项目的机会，在获得巨额的补助补贴或项目资金后，再以各种理由或借口，通过股权转让或质押、变更法定代表人、减少注册资本、项目转让、财产抵押融资等方式，逐渐从乡村振兴产业项目中抽身，最终只剩下一个“空壳”公司，造成乡村振兴产业项目面临严重的危机。甚至有的项目实施主体，长期高负债经营，其所得盈利无法偿还债务，根本无法再进行产能提升、扩大规模，最终因资不抵债而走向破产。

(3)农民利益得不到保障。政府通过引导、宣传、协调农民参与乡村振兴产业项目实施中,但对农民利益保障问题却未能引起足够的重视。常态化帮扶机制不健全,监测帮扶流于形式,漠视群众利益和疾苦,不担当、不作为、作风漂浮等问题依旧存在。时至今日,仍然能看到关于拖欠农民工工资、农民合法权益受到侵害、未能按时足额得到项目收益等问题的新闻报道。

(4)乡村振兴产业项目的长期稳定健康发展面临挑战。乡村振兴产业项目的实施,国家给予了大量的扶持政策及资金支持,但一个只有长期接受国家或政府给予的政策扶持或资金支持才能维持运营本身并无市场竞争力的产业项目,注定是无法长久经营的。因此,乡村振兴产业项目如何从"被动输血"向"主动造血"进行转变,实现长久经营发展,也是乡村振兴产业项目实施过程中重要的监管内容。

对乡村振兴产业项目如何进行监管、监管又应达到什么样的程度、如何确保农民能够真正享受到产业项目所带来的利益、如何确保产业项目能够长久健康发展,始终是各级政府及项目实施主体面临的重大难题。如果不进行监管,放任项目实施主体完全自行进行生产、经营,那很有可能出现项目长期亏损、企业负债严重、农民利益被侵害、国有资产重大损失等问题。但如果政府监管过严,一方面,政府没有足够的人手去参与监管,而且即使指派人员进行监管时,因监管人员的素质、能力的高低不同,也可能会引发更多的矛盾纠纷;另一方面,政府监管过严、过深,也可能反过来会束缚企业及项目的发展,引起项目实施主体的反感,从而激化双方之间的矛盾,引起更严重的后果。鉴于此,笔者认为可以采取以下措施对乡村振兴产业项目监管过程中面临的风险进行防范:

(1)政府与项目实施主体,共同"产业项目监督管理委员会",选择政府工作人员、项目实施主体、各职能部门、当地乡政府、村委会、农民代表、聘用的第三方律师、审计等人员,作为监督委员会的成员,结合实施产业项目依据的法律法规、国家政策以及项目合作合同约定等,定期对产业项目实施情况进行监督,通过对"产业项目进行体检"方式,实时掌握企业经营效益、收益分配、人员工资发放、产品生产及销售、原料采购及供应、使用等信息,发现问题提出整改建议,及时纠错和备查,保障产业项目进入正轨良性轨道。监督委员会应当坚持问题导向,聚焦工作目标任务,深入查找短板和不足,针对发现的问题,研究解决办法，一体推进形成监督检查、监测预警、整改落实、系统治理的闭环式监督体系。坚持精准原则，确立“精准”理念，在组织统筹上，形成系统抓、抓系统、各级书记抓落实工作格局；在重点内容上，治理腐败、微腐败的同时，纠治形式主义、官僚主义；在行业治理上，督促职能部门履行监管责任，形成工作合力。针对纪律监察监督不够专业、行政监督手段不够权威、基层依法办事不够规范等实际，引入法律监督，可有效防范脱贫攻坚后评估、巩固拓展脱贫攻坚成果与乡村振兴有效衔接，特别是乡村建设等工作中签订合同、协议、平台公司、资产权属、经营管理等方面的风险隐患。

（2）实时关注项目及项目实施主体的变化，根据项目实施情况，政府可以协助项目实施主体进行贷款融资、产品销售、原料采购、人员招聘及管理等方面的工作，并通过不断优化升级，保证产业项目具备较强竞争力，能够经受市场的考验，不断强化产业项目“自我造血”功能。

（3）政府各职能部门应定期对各产业项目在土地使用、人员聘用等方面进行检查，确保项目实施主体不存在违规开发使用土地、改变项目内容、违法用工侵害员工利益、偷逃税款等行为。同时，纪律监察部门应持续紧盯“县里的权、乡里的情、村里的点”，聚焦县委、县政府及有关职能部门的决策权、资金分配使用权、基础设施和产业项目决定权等公权力运行情况；聚焦乡镇因人情关系而优亲厚友、弄虚作假、虚报冒领等群众身边不公不廉等问题；聚焦村里各项惠农政策，特别是帮扶政策落实到户、落实到人的情况；着重强化工程领域建设、民生领域啃食群众利益、利用国有“投资平台公司”搞利益输送、侵吞公共资产等四类腐败问题，以及形式主义、官僚主义等“四风”问题监督。

（4）持续改善基础设施条件，优化公共服务，不断提升发展水平。持续深化惠民惠农财政补贴资金“一卡通”发放管理问题专项治理，确保“每一分”惠民惠农资金都用在群众身上。坚决纠治不顾实际，急功近利，盲目做决策、上项目，搞华而不实“形象工程”，造成资源低效浪费以及“等靠”思想严重、工作被动、行动迟缓、消极懈怠等问题。

五、乡村振兴产业项目中面临的其他法律风险及防范

乡村振兴产业项目是政府与项目实施主体共同推进实施的项目，往往会涉及各方在项目实施过程中享有的权利、承担的义务以及获得收益等方面的内

容。因乡村振兴产业项目实施过程发生矛盾纠纷，如一旦处理不好，往往会给政府、项目实施主体甚至农民造成重大损失。乡村振兴产业项目实施过程中，除前文已提到的法律问题及风险，各方参与主体往往还有可能承担如下风险责任：

(1)民事责任。乡村振兴产业项目中的民事责任风险，主要是针对作为乡村振兴产业项目的实施主体来说，因作为项目实施主体一方签订项目合同及其他相关联合同，在项目实施过程中，或因主观原因不愿继续履行项目合同，或因客观原因造成未能按合同约定履行义务，最终导致项目无法正常运营，或者直接造成项目终止无法继续实施。此时，企业作为项目实施主体，会要求政府或其职能部门赔偿或补偿由此造成的损失。同样，如果因企业未能按合同约定履行义务，造成损失或其不再具备承担继续实施项目的能力，政府或其职能部门据此主张违约赔偿时，合同未约定违约责任或承担违约责任方式或计算违约金的方式不明确的，很有可能导致损失无法得到赔偿。

(2)行政责任。乡村振兴产业项目中的行政责任风险，主要是指项目实施过程中，政府或职能部门的工作人员存在违规插手工程项目、收受好处费，或弄虚作假、套取补贴资金，或敷衍了事、置国家资金使用安全于不顾，或心中无民、漠视农民利益，或工作作风不扎实、形式主义和官僚主义突出，或挥霍浪费、吃拿卡要、优亲厚友、推诿扯皮、不作为、慢作为、乱作为等行为的，将由主管部门或监察机关依法给予处分。

(3)刑事责任。乡村振兴产业项目中的刑事责任风险，主要是针对乡村振兴产业项目实施过程中的政府职能部门的广大领导干部而言的。无论是之前的脱贫攻坚阶段，还是现在的乡村振兴阶段，广大干部队伍中涌现出无数的模范典型，但与此同时，也总有少数的领导干部，因为自身的原因触及法律的底线，不仅给国家、集体和农民造成重大的损失，也断送了自己的前途，最终被追究刑事责任、处以刑事处罚。通过对乡村振兴产业项目实施过程中所涉及的被追究刑事责任的案例进行汇总分析后发现，其主要面临的刑事责任风险主要有以下几类：

①贪污类犯罪。从事乡村振兴产业项目实施的国家工作人员，利用职责范围内主管、经手、管理公共财产的职权所形成的便利条件，将自己管理或经手的

公共财物加以隐匿、扣留、非法转卖或擅自赠送他人，应上交的不上交，应支付的不支付，应入账的不入账，或者通过虚构事实或隐瞒真相，非法占有公共财物的，其行为构成贪污罪。

从主体上说，此处的"国家工作人员"，不仅是指在国家权力机关、行政机关、司法机关以及军事机关中行使一定职权、履行一定职务的人员，还包括：

国有公司、企业、事业单位、人民团体中从事公务的人员；

国家机关、国有公司、企业、事业单位委派到非国有公司、企业、事业单位、社会团体从事公务的人员；

村民委员会等村基层组织中协助人民政府从事行政管理工作的人员，包括从事救灾、防疫、抢险、防汛、优抚、帮扶、移民、救济款物的管理，社会捐助公益事业款物的管理，国有土地的经营和管理，土地征收、征用补偿费用的管理，代征、代缴税款，有关计划生育、户籍、征兵工作等。

从数额上说，按照《刑法》的规定，贪污数额在 3 万元以上，即达到刑罚制裁的起刑点。如果贪污的是"救灾、抢险、防汛、优抚、扶贫、移民、救济、防疫、社会捐助等特定款物的"，属于《刑法》认定的"其他较重情节"，贪污数额在 1 万元以上的就构成贪污犯罪，将被依法追究刑事责任。

典型案例 7

分 38 笔支取 18100 元！云南一只"苍蝇"竟盯上了贫困户的低保金①

前不久，云南省大理市凤仪镇三哨村石老仁长村民小组冉某亮因为贪污贫困户的低保金，被判处有期徒刑 7 个月，并处罚金 10 万元，追缴的低保金已如数返还。

"这是典型的蝇贪、蚁贪。从 2015 年 1 月至 2017 年 10 月，冉某亮认可和默许妻子分 38 笔，'蚂蚁搬家式'支取了低保户谢某权存折上的低保金，一共

① 《分 38 笔支取 18100 元！云南一只"苍蝇"竟盯上了贫困户的低保金》，载光明网：https://m.gmw.cn/2020－06/07/content_1301268858.htm，2021 年 11 月 10 日最后访问。

18100元。金额虽不多,但直接影响老百姓的切身利益。”负责办理该案的大理市检察院检察官马仲双表示,村民小组长是最基层的可以行使公权力的人员,贪污行为严重影响脱贫攻坚,必须坚决查处。

石老仁村民小组是山区贫困村,贫困人口比例较大,村民思想闭塞、生活困难,各项事务多由村组干部代办。村民谢某权符合国家低保政策的条件,被确定为享受低保金补助的建档立卡贫困户,但因其没有民事行为能力,村里单独为其指定了监护人。冉某亮之所以将贪污低保金的对象选定为谢某权,就是因为他无法独自支取低保金,对是否领取低保金也说不清楚。在冉某亮侵吞低保金的过程中,相关部门多次核查,均被其以各种借口搪塞和隐瞒而未被发现,冉某亮更加胆大妄为。

“村干部贪污所涉及的民生资金额度不算大,但直接关系到每家每户,尤其是贫困户。尽管目前制度规定较为严格,但因为不少贫困群众自身文化水平较低,对政策不太知悉,还是给贪污犯罪提供了可乘之机。”马仲双说。

法律规定贪污扶贫资金一万元以上,就可以追究刑事责任。按照最高人民法院、最高人民检察院《关于办理贪污贿赂刑事案件适用法律若干问题的解释》的有关规定,贪污数额在一万元以上不满三万元,但贪污救灾、抢险、防汛、优抚、扶贫、移民、救济、防疫、社会捐助等特定款物的,应当认定为刑法第三百八十三条第一款规定的“其他较重情节”,依法判处3年以下有期徒刑或者拘役,并处罚金。

贪污一些特定款项1万元就达到了追究刑事责任的标准,但并不意味着贪污1万元以下扶贫资金就不会受到查处。这两年,大理市纪委监委加强对村组一级的巡察,不少蝇贪、蚁贪虽然达不到追究刑事责任的标准,但是一样受到纪委监委查处。纪法衔接持续深入,增强了打击蝇贪、蚁贪的力度。

除了加大打击犯罪的力度,同样要做好贫困地区的预防腐败教育工作。“一方面,要提高乡村干部的法治意识,让他们不敢腐;另一方面,也要加强对贫困群众的政策宣传,让他们知道自己到底享有哪些权利,知道自己该拿多少补助。只有加强群众对村级事务的监督,使村干部不能腐,多管齐下才能减少蝇贪、蚁贪。”马仲双说。

②受贿类犯罪。从事乡村振兴产业项目实施的国家工作人员，利用本人职务范围内的权力，即自己职务上主管、负责或者承办某项公共事务的职权及其所形成的便利条件，主动向他人索取财物，或者非法收受他人财物，为他人谋取利益的，其行为构成受贿罪。

从主体上说，此处的“国家工作人员”的范围与前文提到的“贪污类犯罪”中的“国家工作人员”范围一致。从数额上说，按照《刑法》的规定，受贿数额在3万元以上，即达到刑罚制裁的起刑点，如果受贿数额在1万元以上不满3万元，但存在多次索贿的，或者为他人谋取不正当利益，致使公共财产、国家和人民利益遭受损失的，或者为他人谋取职务提拔、调整的，其行为也构成受贿罪，将被依法追究刑事责任。

在实践中，从事乡村振兴产业项目实施的国家工作人员，在项目实施过程中，常见的可能构成受贿罪的情形有：

接受项目实施主体的请客、吃喝、会员服务等；

收受项目实施主体、工程施工主体、设备供应主体等给予的回扣、好处费等；

通过高买低卖或者低买高卖的交易形式，从中赚取差价，收受财物；

以开办公司等合作投资名义，未实际出资，通过收受干股、获取分红的方式收受财物的；

以投资证券、期货、基金或者其他委托理财的名义，未实际出资而获取“收益”，或者虽然实际出资，但获取“收益”明显高于出资应得收益的；

在打牌、打麻将过程中，收取他人故意输掉牌局支付的赌资财物的；

约定在职位时为其谋取利益，但在离职后收受财物，且在离职后收受财物的。

典型案例 8

敛财近百万！广西一县扶贫办原主任被判[①]

2019年5月27日，广西平南县人民法院依法对平南县扶贫办原主任陈某畅犯受贿罪、滥用职权罪一案进行公开宣判。被告人陈某畅犯受贿罪，判处有期徒刑四年九个月，并处罚金人民币三十万元；犯滥用职权罪，判处有期徒刑一年九个月；数罪并罚，决定执行有期徒刑五年九个月，并处罚金人民币三十万元。

被告人陈某畅退出至贵港市纪律检查委员会的犯罪所得人民币570000元，退出至贵港市人民检察院的犯罪所得人民币70000元，退出至平南县法院的犯罪所得人民币340886元，由各收款单位予以没收，上缴国库。

受贿犯罪事实

2012年至2018年期间，被告人陈某畅利用其担任平南县安怀镇党委书记、平南县扶贫开发办公室主任、平南县扶贫开发领导小组办公室主任、综合协调专责小组副组长的职务便利，在项目承揽、项目推进、资金拨付等方面，分别为岑某付、黄某、梁某、刘某波、吕某迪、陈某星、区某金、陈某保、黎某华、吴某波谋取利益，先后多次收受上述人员的钱物共计98.0886万元。

另查明，被告人陈某畅到案后主动供述了调查机关尚未掌握的其收受岑某付、黄某、梁某、刘某波、吕某迪、陈某星、区某金、陈某保、黎某华好处费的犯罪事实，且案发后吴某波代被告人陈某畅退出犯罪所得260000元至贵港市纪律检查委员会，被告人陈某畅的家属代其退出310000元至贵港市纪律检查委员会，退出70000元至贵港市人民检察院，退出340886元至法院。

犯滥用职权罪事实

2017年，被告人陈某畅在担任平南县扶贫开发办公室主任、平南县扶贫开发领导小组办公室主任、综合协调专责小组副组长期间，在负责实施平南县扶贫物资政府采购过程中，滥用职权，擅自决定提高猪苗采购价格，造成国家扶贫资金损失109.67万元。

---

① 《敛财近百万！广西一县扶贫办原主任被判》，载搜狐网：https://www.sohu.com/a/318204945_120024968，2021年11月10日最后访问。

法院认为：被告人陈某畅身为国家机关工作人员，利用职务之便，为他人谋取利益，非法收受他人财物，数额巨大，其行为构成了受贿罪；被告人陈某畅在担任平南县扶贫领导小组办公室主任期间，不正当履行职责，造成国家财产重大损失，其行为构成滥用职权罪。

公诉机关指控被告人陈某畅犯受贿罪、滥用职权罪罪名均成立。被告人陈某畅一人犯数罪，依法应实行数罪并罚。被告人陈某畅如实供述犯罪事实并主动供述了办案机关尚未掌握的同种余罪，依法可以从轻处罚。被告人陈某畅积极退出全部受贿犯罪所得，可以酌情从轻处罚。

根据被告人陈某畅犯罪的事实、性质、情节和对社会的危害程度，依照相关法律的规定，并经法院审判委员会讨论决定，遂依法作出上述判决。

③挪用公款类犯罪。从事乡村振兴产业项目实施的国家工作人员，尤其是负责关于款项拨付、资金统筹等事项或其他管理公款的国家工作人员，挪用公款归个人使用，进行非法活动，或者挪用公款数额较大、进行营利活动的，或者挪用公款数额较大、超过 3 个月未还的，其行为构成挪用公款罪。

从事乡村振兴产业项目实施的国家工作人员，利用职务上的便利，如果挪用公款归个人使用，进行非法活动，或者挪用公款数额较大、进行营利活动的，只要有“挪用”的行为和事实，无论挪用后立即归还或者过一段时间后归还，均构成挪用公款犯罪。如果挪用公款数额较大，且超过 3 个月未归还的，那么即使未将公款用于个人使用、进行非法活动或进行营利活动的，因超过法律规定时限未能归还，其行为也将构成挪用公款罪。

根据最高人民法院、最高人民检察院《关于办理贪污贿赂刑事案件适用法律若干问题的解释》之规定：

如果挪用公款归个人使用，进行非法活动，数额在 3 万元以上的，应当以挪用公款罪追究刑事责任；挪用公款金额在 300 万元以上的，应当认定为“数额巨大”。

如果挪用公款归个人使用，进行营利活动或者超过 3 个月未还，数额在 5 万元以上的，应认定为是挪用公款“数额较大”；挪用公款金额在 500 万元以上的，应当认定为“数额巨大”。

如果挪用用于救灾、抢险、防汛、优抚、扶贫、移民、救济等特定款物归个人使用的,从重处罚。

典型案例9

贪污、挪用公款　六安一村干部一审获3年半(节选)[①]

安徽省六安市金安区先生店乡范庵村原党支部书记、村委会主任何某宏,在2014年至2020年间,利用职务上的便利,伙同金安区先生店乡范庵村"两委"成员,在协助人民政府从事公务过程中,通过虚报征迁项目内容套取项目资金并截留、出售安置房收款不入账等方式,套取公共财产计人民币182万余元放在村三资账外。期间,何某宏伙同该村"两委"人员从三资账外资金中以过年过节发放福利等名义私分21万余元,并多次从该村账外资金中挪用公款,用于偿还个人债务和日常开销,且超过三个月未归还。

2020年8月17日,被告人何某宏被六安市金安区监察委员会立案调查,同年8月20日调查人员从金安区先生店乡纪委办公室将被告人何某宏带至留置场所。被告人何某宏在区委巡察期间主动交代了挪用公款的犯罪事实,其归案后如实供述了贪污的犯罪事实。案发后,被告人何某宏已退缴个人实际贪污款86 100元和挪用的公款540 654元。

六安市金安区人民法院认为,被告人何某宏在协助人民政府从事公务过程中,利用职务上的便利,侵吞公款,数额巨大;挪用公款数额较大、超过三个月未归还。其行为构成贪污罪、挪用公款罪,应当数罪并罚。公诉机关的指控成立。被告人何某宏犯贪污罪具有坦白情节,犯挪用公款罪具有自首情节,愿意接受处罚,积极退赃,可以从轻处罚,公诉机关的量刑建议适当。

④渎职类犯罪。

一是滥用职权犯罪。

从事乡村振兴产业项目实施的国家工作人员滥用职权,擅自决定或处理没

① 《贪污、挪用公款 六安一村干部一审获3年半》,载百度百家号·安徽网:https://baijiahao.baidu.com/s? id=1692749677118371016&wfr=spider&for=pc,2021年11月10日最后访问。

有具体决定、处理权限的事项，或者玩弄职权，随心所欲地对事项作出决定或者处理，或者任意放弃职责、以权谋私、假公济私，不正确地履行职责，致使公共财产、国家和人民利益遭受重大损失的，其行为构成滥用职权罪。

在实践中，有些从事乡村振兴产业项目实施的国家工作人员的意识中，往往认为如果凡事严格按照法律法规及政策要求执行，可能会导致产业项目无法及时落地投产，影响当地产业发展的整体排名，从而造成在工作中不严格遵从法定程序，不依照法定条件审核，对没有审批权限或不在自己职责范围内的事项，如土地出让、招投标、合同签订、项目建设、竣工验收、审计结算、资金支付等，擅自超越权限作出处理，或者在上级领导的安排下违背原则，违反规定作出处理，导致重大损失的后果。

典型案例 10

哈尔滨市城镇化建设领导小组办公室原主任张某杰一审获无期徒刑①

2021 年 11 月 17 日上午，黑龙江省哈尔滨市中级人民法院对哈尔滨市城镇化建设领导小组办公室原主任张某杰受贿、滥用职权，同案被告人王某玉受贿一案进行公开宣判，以受贿罪判处张某杰无期徒刑，剥夺政治权利终身，并处没收个人全部财产；以滥用职权罪判处张某杰有期徒刑十年，决定执行无期徒刑，剥夺政治权利终身，并处没收个人全部财产。以受贿罪判处王某玉有期徒刑十四年，并处罚金人民币三百万元。对涉案违法所得及其孳息予以没收、追缴。

法院经审理查明：2009 年至 2011 年，被告人张某杰在任哈尔滨市道里区政府副区长兼道里区改制领导小组组长期间，在国有企业哈尔滨市原种繁殖场并购过程中，以及在哈尔滨市哈齐铁路客运专线工程建设领导小组办公室、哈尔滨市土地储备中心城市建设投资集团有限公司收购、收储哈尔滨市原种繁殖场部分土地过程中，徇私舞弊、滥用职权，致使征地补偿款被并购单位违规获取、

① 《哈尔滨市城镇化建设领导小组办公室原主任张某杰一审获无期徒刑》，载百度百家号 · 北青网：https://t.ynet.cn/baijia/31740914.html，2021 年 11 月 10 日最后访问。

部分职工安置款被违规使用，造成公共财产损失共计人民币2.3259亿余元。

2011年11月至2012年7月，被告人张某杰在利用职务上的便利为并购单位谋取利益后，先以借款为名向该单位实际控制人索要人民币500万元，后伙同王某玉向该实际控制人索要以哈尔滨市原种繁殖场土地参与的该单位50%股权，折合人民币9317万余元。案发后，办案机关依法扣押、冻结了上述单位资产及张某杰、王某玉部分违法所得款物。

哈尔滨市中级人民法院认为，被告人张某杰的行为已构成受贿罪、滥用职权罪；被告人王某玉的行为已构成受贿罪，均应依法惩处。法庭遂作出上述判决。

二是玩忽职守犯罪。

从事乡村振兴产业项目实施的国家工作人员玩忽职守，违反工作纪律、规章制度，擅离职守，对于自己应当履行的，而且也有条件履行的职责，不尽自己应尽的职责义务，或者不认真履行职责义务，该管不管，该做不做，听之任之，造成人身伤亡、公私财物或严重损害国家机关正常活动和声誉等方面的重大损失，其行为构成玩忽职守罪。

从事乡村振兴产业项目实施的国家工作人员构成玩忽职守罪，其最主要的原因，在于身为党员干部，应以身作则，各尽其责认真履行好自己的职责，但一些领导干部，思想懈怠，在落实工作任务过程中责任心不强，懒政怠政不作为，对工作的重要性认识不足，工作抓而不紧、抓而不细，存在"得过且过"的想法。此外，还有些干部长期处于工作第一线，平时忙于具体事务性工作，忽视和放松了对法律法规及业务知识学习，法治观念淡薄，专业素质不高，在执行公务中只讲感情、不讲原则，导致违纪违法行为时有发生。更有甚者不清楚失职渎职的后果，自认为"为公不犯罪""不揣腰包不犯罪""不作为不犯罪"，只要在工作中不利用职务之便收受他人的钱财就不会触犯法律。而且，在乡村振兴产业项目实施过程中，缺少具体的可操作性，没有相应的监督机制予以督促制约，致使在工程建设、项目监督、管理工作中所负有的职权形同虚设，在造成危害后果后，掩盖事实时间跨度长、涉及面广，但其间却无人发现有关情况，使权力失去应有的控制和约束。

典型案例 11

成都两村干部套取扶贫款获刑，两镇干部渎职自首被判有罪免刑①

因对扶贫项目监管不力致使专项资金被套取，成都市青白江区清泉镇两镇干部投案自首，近日被法院判犯玩忽职守罪，免予刑事处罚。

在此之前，清泉镇红岩村两名村干部套取扶贫款 80 多万元，或挪作其他村务开支或占为己有，被以贪污罪和挪用特定款物罪判刑。法院审理认为，上述两名镇干部对工作严重不负责任，致使专项扶贫资金被套取，其行为构成玩忽职守罪。

村支书和村文书联手套取扶贫款，虚开发票报账

红岩村位于成都市东郊约 35 公里处，2013 年被认定为相对贫困村后，上级财政和扶贫单位投入资金对该村进行"精准扶贫"。

1966 年出生的黄某明在红岩村担任村支书多年，2016 年 8 月因涉嫌贪污罪被逮捕。同村的村委委员、文书邱某俊，2016 年 9 月因涉嫌挪用公款罪被取保候审。

成都市青白江区检察院指控，2013 年至 2015 年期间，在红岩村扶贫项目实施过程中，黄某明和邱某俊利用担任村支书、村文书的职务便利，采取虚开发票、虚报管理人员误工费等方式，先后多次套取财政扶贫专项资金 883450 元。

中国裁判文书网公布的判决书显示，成都市青白江区法院审理查明，黄某明和邱某俊套取的 883450 元扶贫专项资金，大部分是通过虚开发票的形式完成，其中最大的一笔，是黄某明通过苗木公司虚开了 30 万元苗木发票。黄某明平时承包一些工程。套取扶贫资金后，他将应由个人支付的车辆油费、餐费都拿到"小金库"报账，甚至其个人工程的工人工资，也由村里扶贫资金来"买单"。法院查明，邱某俊按照黄某明的安排，将套取扶贫资金中的 3 万元以黄某明个人

① 《成都两村干部套取扶贫款获刑，两镇干部渎职自首被判有罪免刑》，载百度百家号 · 澎湃新闻客户端：https://baijiahao. baidu. com/s? id = 1598230355015200791&wfr = spider&for = pc，2021 年 11 月 10 日最后访问。

名义借给他人，还先后四次用扶贫款支付黄某明个人承包工程的工人工资、材料费等11万多元；此外，黄某明还从套取的扶贫资金中以报销油费、餐费、土地租金等形式，非法占有套取的扶贫资金共计179628元。

青白江区法院认为，黄某明、邱某俊作为基层组织人员，协助政府开展扶贫工作，两人违反国家关于特定款物专用的财经管理制度，将扶贫专项资金252452元挪作其他村务开支，情节特别严重，其行为构成挪用特定款物罪；黄某明利用村支书的职务便利将套取的专项资金222928.85元非法占为己有，其行为构成贪污罪。

法院遂以贪污罪、挪用特定款物罪数罪并罚，决定对黄某明执行有期徒刑三年二个月，并处罚金人民币二十万元；以挪用特定款物罪判处邱某俊犯有期徒刑一年，缓刑一年。

两名镇干部渎职，“未审核就签字”

黄某明、邱某俊套取扶贫款案发后，2017年6月，成都市清泉镇工作人员秦某彬、钟某强先后到青白江区检察院投案。

当时，1968年出生的秦某彬是清泉镇农业中心主任，比他大三岁的钟某强为该中心工作人员。根据清泉镇党政办公会和镇扶贫工作领导小组的安排，镇农业中心对扶贫项目实行验收把关，具体工作由秦某彬、钟某强负责。

红岩村的扶贫项目当时是清泉镇的扶贫工作重点，包括该村的野李子基地、苗圃基地、景观建设等项目。按照工作流程，红岩村上报扶贫项目与预算，镇农业中心秦某彬和钟某强到现场对项目进行验收，审核后报分管领导，再上报区扶贫办等单位，扶贫资金才能按照程序拨付。

“我们没有到现场去进行监管，对红岩村报上来的扶贫资金数额也没有认真审核就签了字。”秦某彬向办案人员交待，特别是对于扶贫树苗等项目，红岩村的村干部黄某明和邱某俊把数据报上来后，他和钟某强都没有把好关，“没有进行审核，我们就签了字，扶贫资金也就拨付出去了”。

钟某强也供述，黄某明和邱某俊套取扶贫资金80多万元，给社会造成不良影响，“这是我们未认真履行工作职责导致的结果”。

法院判决书显示，成都市青白江区法院审理后认为，被告人秦某彬、钟某强身为清泉镇农业中心主任和工作人员，代表政府对扶贫工作项目履行具体的监督、验收职责，但对工作严重不负责任，不认真履行职责，致使专项扶贫资金被套取，造成国家利益遭受重大损失，其行为均已构成玩忽职守罪。两被告人主动到案并如实供述犯罪事实，均系自首；其行为是执行公务中的过失行为，犯罪情节轻微。

2018年3月21日，成都市青白江区法院判决秦某彬、钟某强均犯玩忽职守罪，免予刑事处罚。

乡村振兴产业项目实施过程中有诸多风险，政府及政府的领导干部在项目实施过程中，可能会因各种原因而面临承担违约责任、行政责任甚至刑事责任的风险，因此，提前做好风险防范就显得尤为重要。笔者对此提出如下防范措施：

（1）重视合同文本的起草、修改及签订工作，做好项目合同管理，重要的合同文本内容，应交由专业的律师、审计或会计等第三方服务机构进行审查并提出修改意见后，结合项目的实际情况，对合同进行修改完善，在双方达成一致后再签订合同。切勿在项目内容尚未敲定时，为求快而仓促签订合同，在履行过程中出现问题时才发现合同对此未作约定或者约定不明，从而发生纠纷双方扯皮，严重影响项目进展。同时，对于合同内容的约定，尤其要对重点内容，包括项目建设内容、双方的权利与义务、违约责任、争议解决等，要做明确的、具体的约定，一旦出现问题，应及时根据合同约定行使催告、限期履行或主张违约赔偿的权利。

（2）增强工作人员的岗位责任意识，责任落实到位，熟悉已出台的政策措施，严格把控项目申报、招投标资格审定、资金拨付、项目验收等环节的审批权限及流程，提高法治思维和依法行政能力，牢固树立权由法定、权依法使等基本法治理念，将政府职能、法律依据、实施主体、职责权限、管理流程、监督方式等事项以权力清单的形式向社会公开，恪守合法行政、程序正当、高效便民、权责统一等依法行政基本要求。建立主体责任和监督责任追究机制，加强对乡村振兴领域所有公职人员的监督监察。

(3)加大对乡村振兴领域渎职、失职犯罪案件的查办结果及法治宣传,加强对运行权力的监督,加大打击力度,强化问责追究,对乡村振兴领域的失职、渎职行为绝不姑息,加大对办结案件的宣传力度,用身边的典型案例,不断给广大干部加强自我警示,牢固树立正确的权力观,慎用自己手中的权力,增强自律意识,筑牢思想防线,增强法治观念。

(4)促进法律监督与综合监督融合贯通。

①纪检监察机关应立足"监督的再监督"职责定位,紧盯关键单位、关键部门、关键责任人,特别是涉及资金、项目、问题线索较多的个人、领域,发挥好统筹协调作用,建立健全联动机制,视情抽调派驻机构、乡镇纪委、村监督力量及相关行业部门成立联合监督检查组,以"小切口"专项整治为突破口,综合运用好"靶向式""交叉式""专项式""指导式""回马枪式""监督 + 调研 + 指导"等监督检查方式,推动监督贯通协同、形成合力。

②总结经验成效,全面梳理总结扶贫领域腐败和作风问题专项治理中的经验做法,坚持把常态监督检查、开展专项巡察、工作到村到户、线索核查处置、案例通报曝光等好经验、好做法持续贯通运用。组织人员对乡村振兴工作进行系统总结,深入剖析查找存在的不足,补齐短板。强化统筹部署,统筹纪律监督、监察监督、巡察监督、派驻监督力量,紧盯关键领域、关键环节和关键人物,整合监督力量,开展跨区域、跨系统、跨部门联合监督工作,综合运用常规式、机动式、"回头看"等监督检查方式,做到监督检查统一安排、人员力量统一调配、信息数据归口管理、问题整改统一推进、监督成果综合运用,形成齐抓共管的监督体系。

③拓宽线索来源,运用好电话投诉、信访接待和微信公众号举报平台等现代信息技术手段,全面收集汇总;联合职能部门,利用好扶贫、财政、民政等大数据平台系统,定期分析比对;发挥群众监督积极作用,广泛宣传信访举报受理范围、举报途径,落实检举控告严重违纪违法问题予以表扬和奖励规定,提高群众积极性、主动性。发挥巡察作用,发挥巡察综合监督平台作用,把巩固拓展脱贫攻坚成果同乡村振兴有效衔接作为巡察工作重要内容,综合运用常规、专项、机动、提级和"回头看"等方式进行巡察,做好问题线索分析研判,及时指出存在问题、列出整改重点、提出意见建议,督促推动抓好落实。精准追责问责,坚持"惩

前毖后、治病救人”方针，注重抓早抓小、防微杜渐，精准运用监督执纪“四种形态”，落实“三个区分开来”要求，坚决避免问责泛化、畸轻畸重。加强问题线索梳理研判，分级分类建立问题线索台账，把好线索处置质量关，按照属地管理权限集中规范处置，定期对问题线索进行“大起底”和回头看，对未办结或办理不到位的，重新进行处置。

④深化以案促改，坚持标本兼治、系统施治，按照“类案共性分析”“个案深度剖析”要求，深入剖析问题根源，运用纪律检查建议书、监察建议书等方式，督促发案单位健全制度、堵塞漏洞；对查结的典型案件一律点名道姓通报曝光，分级分类制作系列警示教育片，召开警示教育大会，用身边事教育身边人；做好受处理党员干部回访等工作，使受党纪政务轻处分的干部消除顾虑，推动以案示警、以案促教、以案促建、以案促治，实现以案促改制度化、常态化。

⑤强化建章立制。坚持举一反三、标本兼治，把发现问题整改与根源整治相结合，在推进整改工作长效化、制度化上持续用力。围绕多发频发及典型问题，健全完善相关制度规定，突出制度的精准性和可操作性，强化机制规范运行和管理监督，逐步形成科学、严密、有效的制度体系，坚决堵塞制度漏洞。建立包联会议机制，地区包联领导落实包联责任，定期组织召开包联会议，听取试点县委、政府工作情况汇报，共同研究解决突出问题，明确阶段性重点工作，推动巩固拓展脱贫攻坚成果同乡村振兴有效衔接、稳步推进。

⑥建立联合监督机制，地区纪委监委牵头，每季度统筹各监督力量，开展联合监督，避免和减少多头检查、重复检查，切实减轻基层负担。巡察机构坚持上下联动，结合综合监督情况，适时开展过渡期专项巡察。建立问题整改机制，每次联合监督结束后，地区纪委监委牵头组织召开问题反馈会，各类监督主体形成专题报告向试点县点对点反馈问题，推动地县行业部门、责任主体抓好整改落实和综合成果运用，进一步规范促进工作。

⑦建立综合预警机制，试点县委、政府牵头，运用大数据技术，探索将网上政务服务、重大投资项目建设以及民生领域资金项目等纳入监管范围，打造实时监督、全时监督、流程监督等综合监督平台，有效防范和化解风险。建立问责追责机制，加强对各级党组织工作落实情况的监督检查，做到态度不变、决心不减、尺度不松，坚持“三不”一体推进，在运用四种处置方式基础上，积极采用谈

心谈话方式处置一般性问题线索，形成释放压力、团结信任、鼓励鞭策的正能量。建立以案促改机制，坚持标本兼治、系统施治，充分发挥查办案件“后半篇文章”作用，加强警示教育。

⑧建立试点推广机制，对好的经验做法总结梳理，形成一套可复制、可推广的经验做法。每季度组织各县市召开 1 次经验交流推广会议，组织学习相关政策、最新工作要求，推动重点工作落实。

第四节 乡村振兴产业项目常用法律文书范例

范例 10

乡村振兴产业项目招商引资框架协议书

甲方：

乙方：

为巩固产业脱贫成效，充分发挥甲、乙双方的优势，依据《中华人民共和国民法典》等有关法律法规之规定，甲、乙双方本着诚实信用、平等自愿、合作互惠的原则，经友好协商，就乙方在甲方所在地投资建设“________________（暂定名）”的相关事宜，共同达成如下框架协议条款：

一、合作目标

甲、乙双方按照“政府引导、市场运作、互利互惠、合作共赢”的原则，各自发挥土地、政策、资金、技术、人才和市场等方面优势推动该项目，通过项目的示范巩固产业脱贫成效，共同实现经济高质量发展的目标。

二、合作项目

1. 项目名称：________________（暂定名）

2. 项目建设地点：________________，项目占地面积约____亩（最终以实际勘测用地面积为准）。

3. 项目总投资：暂定总投资约____元，其中甲方投资额不超过____元，乙方投资额不少于____元。

4. 项目建设内容：甲方投资建设内容包括________________，乙方投资建设内容包括________________。

三、合作主体

本框架协议签订生效之日起____日内，乙方在甲方所在地注册设立项目公司（项目公司注册资本不少于人民币____万元，乙方、持股比例不低于____%），甲、乙双方均同意项目公司成立后，乙方在本协议及关联协议项下关于生产、经营、管理等方面的全部权利和义务由项目公司承接，并由项目公司在甲方（或关联方）要求的期限内签订正式合作协议。乙方承诺对项目公司履行本协议及正式合作协议过程中发生的全部法律后果（包括但不限于债务承担、违约赔偿、补偿等）承担连带担保责任。

四、甲、乙双方的权利和义务

1. 甲、乙双方应依法依规履行项目用地出让手续，乙方依法取得项目用地使用权后，足额缴纳土地出让金，并依法依规办理土地使用权证等手续，并在《国有使用权土地出让合同》约定的建设期限内完成本协议及正式合作协议约定的全部建设内容。项目用地面积最终以《国有使用权土地出让合同》约定面积为准。

2. 甲方全力做好企业落地的服务，并协助乙方办理相关手续，所需费用由乙方自行承担。

3. 甲方支持促进本项目向品牌化、规模化、集团化发展，积极争取该项目申报列入“重点项目”。

4. 甲方有权了解乙方用于投资建设项目的资金使用情况，并监督和督促项目建设进度，向乙方提出合理化建议。

5. 未经甲方书面同意，乙方不得擅自改变项目内容、改变土地用途。

6. 乙方建设项目必须达到国家环保和安全生产要求，合法经营，不得从事各类违法活动，在建设生产经营期间，守法经营，安全生产，严格按照环保“三同时”原则建设，确保企业“三废”达标排放。

7. 乙方承诺在签订正式合作协议时，由乙方及股东或经甲方认可的乙方关联企业或第三人，为乙方及项目公司在本协议约定项目下所产生的全部义务及债务，提供连带担保责任，并签订抵押担保合同、保证担保合同，作为正式合作协议的重要组成部分。

五、违约责任

1. 甲、乙双方应严格履行各自义务，因一方不履行或不完全履行所约定的义务，守约方有权追究其违约责任，要求违约方赔偿由此给守约方造成的全部直接损失和间接损失。

2. 因乙方未按照本框架协议及正式协议的约定按期足额履行投资义务影响项目进展的，经甲方催告后仍然不履行的，甲方有权做出要求乙方履行协议或解除、变更协议的书面决定，并要求乙方承担违约责任，除返还已享受的扶持、优惠政策等全部资金外，还应赔偿由此给甲方造成的全部直接损失和间接损失。

3. 因一方违约，违约方除承担违约责任外，还应承担守约方为主张权利而支出的合理费用，包括但不限于律师费、公告费、差旅费、诉讼费、评估费、鉴定费、公证费、保全费、保全担保费等费用。

六、责任免除

1. 由于不可抗力造成的本合同不能履行或部分不能履行，可以免除责任，但应在条件允许下采取一切必要的补救措施，以减少因不可抗力造成的损失。当事人迟延履行后发生不可抗力的，不能免除责任。

2. 发生战争、自然灾害等其他情形的。

3. 发生以上免责事由，任何一方应在免责事由发生后的一周内告知对方，并在告知后的五日内提供相关证明文件，经双方协商一致后，双方均可免责。

七、特别申明

本协议为合作框架协议，作为甲、乙双方合作的指导性文件，甲、乙双方在合作项目项下的具体权利、义务及具体项目实施内容、方式、标准、期限、违约责任等，以甲方（或项目具体实施主体）与乙方（或项目公司）签订的正式协议内容为准，但不应与本框架合作协议原则相违背。

八、其他约定

1. 本框架协议一式____份，经甲、乙双方法定代表人或授权代表签字盖章后生效，甲、乙双方各执____份，具有同等法律效力。

2. 甲、乙双方承诺提供的所有文件资料真实、准确、完整，作出的所有陈述和保证在本协议有效期内真实有效。

3. 本框架协议未尽事宜，可另行协商补充约定，补充协议以作为本框架协议的附件，与本合同具有同等法律效力。

4. 因履行本框架协议发生争议时，各方应尽可能协商解决；协商解决不成的，任何一方均有权向本项目所在地人民法院提起诉讼。

5. 本框架协议或“全国企业信用信息公示系统”载明的甲、乙双方的联系地址、联系电话等，均为各方真实有效的信息，且作为各方接收法律文书（包括但不限于通知、起诉状、开庭传票、裁定书、判决书等）、往来文件等材料的有效联系方式。任何一方如发生变更，应在变更前通知其他方，否则依据上述联系方式送达法律文书（包括但不限于通知、起诉状、开庭传票、裁定书、判决书等）、往来文件等材料，自送达时即视为送达成功。

（以下无正文，为协议签署页）

甲方：　　　　　　　　　　法定代表人或授权代表：

联系地址：

联系电话：

乙方：　　　　　　　　　　法定代表人或授权代表：

联系地址：

联系电话：

签订时间：　　　　年　　月　　日　　签订地点：

范例11

设备租赁协议书

甲方(出租方):

法定代表人:

联系地址:

联系电话:

乙方(承租方):

法定代表人:

联系地址:

联系电话:

甲、乙双方为共同发展__________产业项目,本着互惠互利、共同发展的原则,经过平等磋商,现就乙方租赁甲方设备开展__________产业项目事宜达成一致,特签订如下协议共同遵守。

一、租赁物概况

1. 租赁物概况:设备规格、型号、数量、品牌等明细详见附件《租赁设备清单》。

2. 租赁物所有权:甲方购买的上述设备价值共计人民币____元(含采购、运输、保险、税金、装卸、安装、调试及验收等全部费用),设备所有权归甲方所有,乙方仅享有租赁使用权。

3. 租赁地点:乙方租赁使用的设备位于________________。

4. 租赁方式:甲方出资购买设备,由乙方租赁上述设备用于____________等,乙方向甲方支付租金,并由乙方自行负责项目的经营、管理,自行承担租赁期间的全部风险。

二、租赁期限

1. 甲、乙双方约定租期为____年,自设备完成安装、调试并验收合格后交付乙方之日起算。

2. 租赁期限届满前九十日，经甲、乙双方协商一致，可续签合同，乙方在同等条件下，享有优先租赁权。

三、租金及支付方式

1. 租金标准：甲、乙双方约定，乙方租赁使用设备的租金为人民币________元/年。

2. 租金支付期限：乙方应在租期起算之日起满六个月前支付第一年租金的50%，即____________元，此后乙方应每六个月支付当年租金的50%。

3. 租金支付方式：乙方应通过银行转账方式，将租金按期、足额支付至甲方或甲方指定的银行账户。

四、甲方的权利和义务

1. 甲方负责提供设备，并有权要求乙方按照协议约定按期足额支付租金，甲方收到租金后用于壮大村集体经济、保障农民利益。

2. 甲方有权对乙方使用、经营设备的情况进行监督，提出合理化建议，有权对乙方违反合同约定的行为提出整改要求。

3. 甲方不参与乙方的生产、经营活动，不得干扰、影响乙方正常的生产、经营活动。

五、乙方权利和义务

1. 乙方应按合同约定用途使用租赁设备，不得随意改变租赁用途。对乙方擅自改变租赁物租赁用途的，甲方有权要求限期整改，逾期不整改，甲方有权终止协议，一切损失由乙方自行承担。

2. 乙方依法享有设备的使用权，在协议约定范围内自主经营，自负盈亏。

3. 乙方必须维护设备的完整性，不得损毁、损坏。若发生上述情况应照价赔偿或自费维修（合理的自然损耗除外）。如乙方在租赁期内需对设备进行改造，在征得甲方书面同意后，可根据需要进行必要的改进或改造。

4. 租赁期内，除因设备自身质量原因发生的损坏由甲方负责维修外，乙方应定期（每____个月）在生产经营过程中对设备进行维护、修缮，因乙方不合理使用，致使设备发生损毁、损坏的，乙方应负责维修或承担赔偿责任。

5. 乙方在生产经营期间，应注意生产安全，因乙方原因发生设备伤人等情况，与甲方无关，由乙方自行承担全部赔偿责任。

6. 乙方应按期、足额支付租赁费，并按期、足额缴纳生产经营期间产生的各项费用，包括但不限于水、电、暖、网络、税金等。

7. 租赁期内，未经甲方书面同意，乙方不得将本协议项下的全部权利、义务转让、转包、分包或转租给第三人，或允许第三人以乙方的名义进行养殖、经营、管理，也不得将租赁的设备进行抵押、转让、转租等行为。

六、各项费用的缴纳

1. 租赁期间，乙方就生产、经营、管理设备所产生的水、电、通信、设备等有关费用均由乙方承担，乙方应在相关职能部门规定的期限内支付前述费用。协议生效后，由乙方对设备进行定期检查，发现问题应及时维修并承担费用。

2. 因乙方逾期支付相关费用，或未定期对设备进行维修养护的，如由甲方承担或支付上述费用的，甲方有权要求乙方偿还甲方代（垫）付费用，同时按甲方代（垫）付费用的____%支付违约金。

七、协议的解除或终止

1. 经甲、乙双方协商一致，可变更、解除本协议。

2. 租赁期内，设备因不可抗力发生毁损、灭失等无法使用的情形的，本协议终止，双方互不承担责任。

3. 租赁期内，乙方存在利用租赁物从事违法违规行为或违反本合同约定构成根本违约等行为的，甲方有权解除本协议。

八、违约责任

1. 租赁期间内，除不可抗力或因国家相关政策发生变更等造成协议终止或解除外，任何一方提前解除或终止协议的，违约方应向守约方支付本合同租金总额的____%作为违约金。如违约金不足以赔偿守约方损失的，应按实际损失予以赔偿。

2. 租赁期间，乙方逾期支付租金的，每逾期一日，应按欠付金额的____%支付逾期违约金。逾期____日以上的，甲方有权解除本协议，并要求乙方按本合同租金总额的____%支付违约金。

3. 租赁期间，如乙方发生擅自转让、转租、抵押（或质押）设备或允许他人以乙方名义经营等行为的，属于乙方根本违约（经甲方同意除外），甲方有权解除本协议，并要求乙方按本合同租金总额的____%支付违约金。

4. 因一方违约，守约方向违约方主张权利的，违约方应承担守约方为此支出的全部费用，包括但不限于诉讼费、保全费、保全担保费、公证费、评估费、鉴定费、律师费、交通费等。

九、争议处理

本合同在履行过程中发生的争议，由双方当事人协商解决；协商或调解不成的，任何一方均有权向甲方所在地人民法院起诉。

十、附件及其他

1. 本协议一式____份，由甲、乙双方法定代表人或授权代表签字盖章后生效，甲、乙双方各执____份，具有同等法律效力。

2. 本合同生效后，双方对合同内容的变更或补充应采取书面形式，作为本合同的附件。附件与本合同具有同等的法律效力。

3. 本合同载明或“全国企业信用信息公示系统”载明的甲、乙双方的联系地址、联系电话等，均为各方真实有效的信息，且作为各方接收法律文书（包括但不限于通知、起诉状、开庭传票、裁定书、判决书等）、往来文件等材料的有效联系方式。任何一方如发生变更，应在变更前通知其他方，否则依据上述联系方式送达法律文书（包括但不限于通知、起诉状、开庭传票、裁定书、判决书等）、往来文件等材料，自送达时即视为送达成功。

（以下无正文）

甲方（公章）：________________________________

法定代表人或授权代表（签字）：________________

乙方（公章）：________________________________

法定代表人或授权代表（签字）：________________

签订日期：　　　　年　　月　　日

签订地点：______________________

范例 12

厂房租赁合同书

甲方(出租方):____________________
联系地址:____________________
联系电话:____________________

乙方(承租方):____________________
法定代表人或负责人:____________________
联系地址:____________________
联系电话:____________________

甲、乙双方为共同发展__________产业项目,本着互惠互利、共同发展的原则,经过平等磋商,现就乙方租赁甲方厂房开展__________产业项目事宜达成一致,特签订如下协议共同遵守。

一、租赁物概况

1. 租赁物所在地:____________________

2. 租赁物概况:每栋厂房建筑面积____m^2,共计____栋,总面积共计____m^2,投资额为__________元;厂房建设验收标准为合格,乙方有偿租赁使用厂房,并确认厂房符合乙方生产、使用、经营等方面的全部要求。

3. 租赁物权属:厂房所有权归甲方所有,乙方仅享有租赁使用权。

4. 租赁方式:乙方租赁使用全部厂房,用于__________,乙方支付租金,甲方不负责参与经营、管理,由乙方自行负责经营、管理,并自行承担租赁期间的全部风险。

5. 租赁用途:乙方须按本协议约定用途使用租赁物。如乙方因经营需要改变用途的,除经甲方书面同意外,还应向政府部门申请办理各种经营许可、证明。未经同意或批准,乙方擅自变更租赁物用途的,甲方有权单方解除本协议,解除协议的通知自到达乙方时生效。

二、租赁期限

1. 甲、乙双方约定租期为五年，自厂房交付乙方之日起算。

2. 租赁期满或合同解除后十五日内，乙方应按约定返还甲方交付乙方使用的厂房，乙方应在返还前结清租赁期间因经营、管理、使用而产生的各项费用。

3. 甲、乙双方同意续签协议的，任何一方应在租赁期满前六十日内提出书面申请，另一方应在收到书面申请后七日内予以答复，双方均同意续签的，乙方在同等条件下享有该厂房的优先承租权。

三、租金及支付方式

1. 租金标准：甲、乙双方约定，每栋厂房每年租金为人民币____元。

2. 租金支付期限：乙方应在租期起算之日起满六个月前支付第一年租金的50%，即人民币____元；此后乙方应每六个月支付当年租金的50%。

3. 租金支付方式：乙方应通过银行转账方式，在支付期限内将租金支付至甲方或甲方指定的银行账户。

四、甲方的权利和义务

1. 甲方负责提供厂房，并有权要求乙方按照协议约定按期足额支付租金。

2. 甲方有权对乙方的使用、经营厂房的情况进行监督，提出合理化建议，有权对乙方违反合同约定的行为提出整改要求。

3. 甲方不参与乙方的生产、经营活动，不得干扰、影响乙方正常的生产、经营活动。

五、乙方权利和义务

1. 乙方租赁的厂房应按合同约定的用途使用，不得随意改变租赁用途。未经甲方书面同意，不得私自拆改搭建其他建筑物，否则，甲方有权限期整改，逾期不整改，甲方有权强制拆除，并终止协议，一切损失由乙方自行承担。

2. 乙方依法享有厂房的使用权，在合同约定范围内自主经营，自负盈亏。

3. 乙方必须维护好厂房的完整性，不得损毁、损坏，若发生上述情况应照价赔偿或自费维修。如乙方在租赁期内需对厂房进行改造，在征得甲方同意，可根据需要进行必要的改进或改建。

4. 租赁期内，乙方应定期（每____个月）在生产经营过程中对厂房进行维护、修缮，因乙方不合理使用，致使厂房发生损毁、损坏的，乙方应负责维修或承担赔偿责任。

5. 乙方在生产经营期间，应注意生产安全，预防疫病疫情等情况的发生。若发生上述等情况，与甲方无关，所有费用及责任由乙方自行承担。

6. 乙方承诺指派技术人员免费提供技术指导和培训，以传、帮、带的方式和周边群众一起致富，达到共同致富的目的。

7. 乙方应按期、足额支付租赁费，并按期、足额缴纳生产经营期间产生的各项费用，包括但不限于水、电、暖、网络、税金等，且在租赁期满时结清上述全部费用。

8. 租赁期内，未经甲方书面同意，乙方不得将本协议项下的全部权利、义务转让、转包、分包或转租给第三人，或允许第三人以乙方的名义进行养殖、经营、管理。

六、各项费用的缴纳

1. 租赁期间，乙方就生产、经营、管理厂房所产生的水、电、通信、设备等有关费用均由乙方承担，乙方应在相关职能部门规定的期限内支付前述费用。协议生效后，由乙方对厂房进行定期检查，发现问题应及时维修并承担费用。

2. 因乙方逾期支付相关费用，或未定期对厂房进行维修养护的，如由甲方承担或支付上述费用的，甲方有权要求乙方偿还甲方代（垫）付费用，同时按甲方代（垫）付费用的15%支付违约金。

七、协议的解除或终止

1. 经甲、乙双方协商一致，可变更、解除本协议，双方互不承担责任。

2. 租赁期满，本协议自然终止。

3. 租赁期内，有下列情形之一的，本协议终止，双方互不承担责任：

（1）厂房占用范围内的土地使用权依法提前收回，造成合同无法继续履行的；

（2）厂房因不可抗力毁损、灭失的。

4. 乙方违反本合同约定构成根本违约的，甲方有权解除本协议。

5. 若甲方交付的厂房存在缺陷，危及乙方安全，使乙方无法正常经营、协议无法履行的，乙方有权解除本协议。

八、违约责任

1. 租赁期间内，除不可抗力或因国家政策发生变更等造成协议终止或解除外，任何一方提前解除或终止协议的，违约方应向守约方支付本合同租金总额的____%作为违约金。如违约金不足以赔偿守约方损失的，应按实际损失予以赔偿。

2. 租赁期间，乙方逾期支付租金的，每逾期一日，应按欠付金额的____%支付逾期违约金。逾期____日以上的，甲方有权解除本合同并收回厂房，同时要求乙方按本合同租金总额的____%支付违约金。

3. 租赁期间，如乙方发生擅自转让、转租或允许他人以乙方名义经营等行为的，属于乙方违约行为（经甲方同意除外），甲方有权解除本合同并收回厂房，同时要求乙方按本合同租金总的____%支付违约金。

4. 乙方应在租赁期届满或本合同提前终止、解除之日起____日内搬离场地。如乙方未按时搬离的，则甲方有权向乙方收取占用使用费、水费、电费等占用期间所发生的费用，并有权向乙方追讨由于其未能按时迁出给甲方造成的其他损失。乙方在甲方催告后仍未搬离的，将被视为自动放弃租赁场所内物品的所有权（无论属于乙方或第三方），甲方有权就此作出处理，由此产生的不利后果由乙方承担。

5. 乙方如在清场过程中对甲方或任何第三方造成损失或损坏的，乙方须承担所有的赔偿责任。

6. 不可抗力或免责条款。租赁期间，因不可抗力的自然灾害导致损毁或造成甲乙双方合同目的不能实现的，甲、乙双方均应书面告知对方，双方互不承担责任。

7. 因一方违约，守约方向违约方主张权利的，违约方应承担守约方为此支出的全部费用，包括但不限于诉讼费、保全费、保全担保费、公证费、评估费、鉴定费、律师费、交通费等。

九、争议处理

本合同在履行过程中发生的争议，由双方当事人协商解决；协商或调解不成的,依法向甲方所在地人民法院起诉。

十、附件及其他

1. 本协议一式____份,由甲、乙双方法定代表人或授权代表签字盖章后生效,甲方执____份,乙执____份,具有同等法律效力。

2. 本合同生效后,双方对合同内容的变更或补充应采取书面形式,作为本合同的附件。附件与本合同具有同等的法律效力。

3. 本合同载明或“全国企业信用信息公示系统”载明的甲、乙双方的联系地址、联系电话等,均为各方真实有效的信息,且作为各方接收法律文书(包括但不限于通知、起诉状、开庭传票、裁定书、判决书等)、往来文件等材料的有效联系方式。任何一方如发生变更,应在变更前通知其他方,否则依据上述联系方式送达法律文书(包括但不限于通知、起诉状、开庭传票、裁定书、判决书等)、往来文件等材料,自送达时即视为送达成功。

(以下无正文,为本合同签署页)

甲方(公章):________________________________

法定代表人或授权代表(签字):________________

乙方(公章):________________________________

法定代表人或授权代表(签字):________________

签订日期:　　　年　　月　　日　　签订地点:________

第五章

集体土地征收、集体土地入市及土地流转法律实务

产业振兴是乡村振兴的基础,土地要素决定着乡村振兴的落地实施。无论是《乡村振兴促进法》中产业发展涉及的完善农村集体产权制度,增强农村集体所有制经济发展活力,还是乡村优势特色资源为依托下的农村一二三产业融合发展;无论是优化农业产业生产力布局,还是农用地分类管理制度,保护耕地,控制农用地转为建设用地,合理有效地发挥土地要素在乡村振兴中的作用;无论是种质资源库建设,还是农业科技创新;无论是农业技术推广或农业机械生产研发和推广应用,还是国有农(林、牧、渔)场的规划建设,都离不开土地资源要素。利用好政策,解决和应用好土地资源对乡村振兴将产生积极深远的影响。本章主要从利用土地要素实践出发,从三个方面总结介绍实务经验,对统筹城镇和乡村发展用地,开展集体土地征收与补偿和集体建设用地入市,合理配置资源,最好地发挥土地资源要素。利用土地流转的各种形式开展各类产业发展,以家庭承包经营为基础、统分结合的双层经营体制大幅度提高土地流转价值,带动融资、就业、产业,以期给大家带来一些实务操作方面的指引。

第一节 集体土地征收与补偿法律实务

自20世纪我国土地改革开始后,中国实行土地的社会主义公有制,土地的所有制形式包括国家所有(全民所有)和劳动群众集体所有两种形式。其中,集体土地,是指农民集体所有的土地,也叫劳动群众集体所有的土地。这里的集体,专指乡(镇)、村,村民小组等类同性质的农业集体经济组织对土地的所有权,其他任何集体对土地是不具有所有权的,农村的土地(包括城市郊区),除法律规定属于国家所有或已依法征收的外,均属于集体所有;农民使用的宅基地、自留地、自留山等都属于集体所有。集体土地的概念应运而生,土地作为农村集体经济组织重要的生产生活资料,与广大农民的生产生活息息相关。随着改革开放的推进,全国各地大力发展经济和城市建设,一批批建设项目拔地而起,为保证项目用地需要征收大量的集体土地,进而转为项目的建设用地,当今乃至未来的几十年内,各地方仍然将地方城市发展作为重要任务之一,势必会存在大量的项目征收集体土地。而在集体土地征收的过程中农民失去了土地意味着失去了最重要的生产资料甚至是世代生产生活的情感纽带，被征地的农民往往会因担心失去持续的收入来源和情感寄托难以接受失去土地，但绝大多数人会支持国家利益和集体利益的项目建设，因而主要关注的焦点就是补偿内容。如2019年全国各地因集体土地征收发生纠纷的案件有680件，其中642件案件与征地补偿标准相关。[①] 2021年实施的《乡村振兴促进法》，专章规定了城乡融合发展的战略性指导意见，其中很多的项目实施都与集体土地征收以及乡村振兴发展息息相关。

集体土地的征收补偿的相关问题一直是社会各界讨论和关注的重点。在城市发展中，在依法保障农民的权利的同时，要想最大限度避免因征收集体土地产生的矛盾或是诉讼的提起，需要作为征收主体的各地方政府严格把握并遵循征收农村集体土地与地上附着物的相关法定程序，作出合法、合规的农村集体土地征收的具体行政行为，充分保障被征地的集体经济组织成员的知情权、参与权以及补偿等合法权益。1986年第一部《土地管理法》颁布实施，其关于集体土地征收的相关规定相对较为简单，程序也较为烦琐，审批时间长，为加快实施各类项目，各地在实施征地的过程中另辟蹊径以达到征收目的的行为数不胜数。自《土地管理法》实施至今，历经了三次修改，2019年8月29日，全国人大通过第三次修正的《土地管理法》；2021年4月21日，国务院第132次常务会议修订通过《土地管理法实施条例》，集体所有的土地征收补偿安置的程序上较前两次修订做了非常大的调整，调整后的新程序的特点主要表现在征收主体行使征收权的程序更加细化，征收目的的法定要求更高，被征地主体的权利保障更加完善等特点。本章就新集体土地征收补偿程序法律实务进行探讨和分享，以期能为全国各地在集体土地征收项目的开展中提供帮助。

一、集体土地征收中的公共利益审查实务

随着我国城乡结合的发展进程加快，政府征收集体土地用于经济建设的现象逐渐增多，因征地而引发的土地纠纷层出不穷，农民的土地权益保障面临极大的挑战。2019年修正的《土地管理法》第一次以法律的形式将集体土地征收

---

① 参见天津二中院：《最高人民法院涉土地行政征收案例大数据报告》，载澎湃网：https://www.thepaper.cn/newsDetail_forward_14582060，2021年12月12日最后访问。

的公共利益之目的法律化，填补公共利益的概念及内涵无法律规定的空白。公共利益作为集体土地征收的法定条件之一，而如何在集体土地的征收过程中对公共利益进行具体审查，则是一个现实而紧迫的问题。

（一）公共利益的概念和意义

公共利益是一定社会条件下或特定范围内不特定多数主体利益相一致的方面，它不同于国家利益和集团（体）利益，也不同于社会利益和共同利益，具有主体数量的不确定性、实体上的共享性等特征。《土地管理法》第45条对此做了列举兼概括式规定："为了公共利益的需要，有下列情形之一，确需征收农民集体所有的土地的，可以依法实施征收：（一）军事和外交需要用地的；（二）由政府组织实施的能源、交通、水利、通信、邮政等基础设施建设需要用地的；（三）由政府组织实施的科技、教育、文化、卫生、体育、生态环境和资源保护、防灾减灾、文物保护、社区综合服务、社会福利、市政公用、优抚安置、英烈保护等公共事业需要用地的；（四）由政府组织实施的扶贫搬迁、保障性安居工程建设需要用地的；（五）在土地利用总体规划确定的城镇建设用地范围内，经省级以上人民政府批准由县级以上地方人民政府组织实施的成片开发建设需要用地的；（六）法律规定为公共利益需要可以征收农民集体所有的土地的其他情形。前款规定的建设活动，应当符合国民经济和社会发展规划、土地利用总体规划、城乡规划和专项规划；第（四）项、第（五）项规定的建设活动，还应当纳入国民经济和社会发展年度计划；第（五）项规定的成片开发并应当符合国务院自然资源主管部门规定的标准。"这也是我国首次通过法律的形式将公共利益的概念进行明确，填补了多年来"公共利益"没有法律概念的空白，具有重要的意义。

（二）公共利益的实务操作

根据上述规定，笔者认为，对集体土地的征收中的"公共利益目的"的审查，应重点审查是否符合土地利用总体规划、是否符合土地年度利用计划、是否满足耕地占补平衡等建设用地管理要求；对于单独选址项目，则考量其是否符合产业政策和供地政策、是否符合用地预审控制规模、供地方式是否符合法律规定等因素。如何在实务中量化建设项目是否属于公共利益这一要件，使各地人民政府在行使征收权具备法定的正当理由，保障建设项目的顺利实施，接下来笔者将参照、借鉴国有土地上房屋征收的实务经验具体研讨。首先，《土地管理法》第45条第2款规定,建设活动应当符合国民经济和社会发展规划、土地利用总体规划、城乡规划和专项规划,其中扶贫搬迁、保障性安居工程应纳入国民经济和社会发展年度计划,成片开发还应当符合国务院自然资源主管部门规定的标准。因新修正的《土地管理法》并未明确具体的征地实施部门,但县级人民政府作为地方政府无论在一线工作中还是人员保障上均不能充分保障征收工作的具体实施,因此,笔者认为可以参照国有土地上房屋征收流程,在征收项目实施过程中通过确定征收实施部门的方式确定具体的实施单位(关于主体的论述将在下文进行论述),同时便于征收工作的具体开展使公共利益的审查与实务相结合。其次,关于集体土地征收公共利益的审查如何量化的问题,笔者认为可由确定的征收部门在建设项目取得批复后,根据《土地管理法》第45条第2款的规定向有关规划主管部门的书面征询征收范围是否符合相关规定,有关规划主管部门予以书面审查答复的方式予以确定,保障建设项目在符合《土地管理法》规定的要求的同时将公共利益的审查实务化,以此完善相关程序便于下一步工作的具体开展。

二、新修改的《土地管理法》及《土地管理法实施条例》下的集体土地征收法律程序梳理

新修改的《土地管理法》及《土地管理法实施条例》规定的集体土地征收的程序,基本可分为"立项+启动公告+补偿安置方案+签订补偿安置协议+审批+二次公告"等程序步骤,为便于直观地了解项目征收土地的法律程序,笔者将分13个阶段逐一体现集体土地征收的法律程序,并进行实务说明,同时在关键节点辅以文书模板便于实务操作,具体如下:

(一)第一阶段:建设项目立项

政府投资的建设项目从提出到启动实施,需要经历多个流程和步骤,而征收工作只是其中一个环节,无论是《土地管理法》下的集体土地征收与补偿,还是国有土地上房屋征收与补偿适用的《国有土地上房屋征收与补偿条例》,其内容并未涉及建设项目立项的问题,而是直接规定已经确定的建设项目实施征收工作的法定程序及相关要求。但在实务中,建设项目的提出到立项对依法启动征收工作至关重要,是必不可少的一个环节。因此,笔者结合项目立项的相关规定,就集体土地征收项目的立项实务进行浅析。

根据新修改的《土地管理法》和《土地管理法实施条例》的规定，一个新的建设项目系根据土地利用总体规划（或国土空间规划）确定的，具体实施则由具体的建设单位提出建设项目立项的申请，经市、县级人民政府会议讨论通过后，由发展和改革部门或有批准权的部门批复立项，至此建设项目的立项工作基本完成，具体细节可根据实际确定。建设项目使用土地涉及征收集体土地的，建设单位自项目立项批复后报请县级以上人民政府召开常务会议确定征收工作启动开展的具体实施方案，由确定的“征地实施部门”（“征地实施部门”的相关问题将在本节第三部分展开论述）依法开展具体征收工作。

文书模板1之立项申请报告

县（市）项目立项申请报告

县（市）发展和改革委员会：

经县（市）号文件批准，选址于　　县（市）（地址），建设项目为：　　该项目已取得　　县（市）政府批复。现向贵局申请办理建设项目立项手续，恳请批准！

建设单位：

年　　月　　日

文书模板2之立项批复

关于县（市）建设立项的批复

建设单位（　　）：

你部门《关于县（市）建设立项报告》已收悉。经研究同意立项，具体内容和要求如下：

一、建设地点：

二、建设内容及规模：

三、总投资：

四、建设期：

请收到文件后，抓紧时间按照基本建设管理程序和规定办理有关手续，严格执行项目管理“四项制度”，尽早开工，建成使用和发挥投资效益。

县(市)发展和改革委员会

年　　月　　日

(二)第二阶段：公共利益审查

公共利益笔者已在上文中详细阐述，此处将不再论述。根据《土地管理法》第45条的规定，由征地实施部门向自然资源部门、发展和改革委员会、住房和城乡建设部门发文征询，确定建设项目是否符合市、县国民经济和社会发展规划、土地利用总体规划、城乡规划和专项规划。涉及扶贫搬迁、保障性安居工程还应当纳入国民经济和社会发展年度计划。成片开发的，除满足上述条件外，还应当符合《土地征收成片开发标准(试行)》的规定。

文书模板3之征询函

关于县(市)集体土地征收项目的征询函

县(市)发展和改革委员会：

县(市)建设项目已经县(市)人民政府开会讨论通过，符合《中华人民共和国土地管理法》第四十五条项，现拟征收县(市)村部分村民的土地[土地征收范围以县(市)建设项目征收范围示意图为准]。根据《中华人民共和国土地管理法》第四十五条之规定，建设项目征收范围应当符合县国民经济和社会发展规划(扶贫搬迁、保障性安居工程、成片开发建设的需要，应当纳入市、县级国民经济和社会发展年度计划)。为了该建设项目得以顺利进行，现依法向贵委征询该项目是否符合县国民经济和社会发展规划。

请予书面回函答复为感！

县(市)房屋征收部门
二〇一 年 月 日

附:县(市)建设项目征收范围示意图(略)

文书模板4之对征询函的回复

关于县(市)集体土地征收项目征询函的回复

县(市)房屋征收部门:

你部门报来县(市)建设项目,拟征收县(市)村民土地[土地征收范围以县(市)建设项目征收范围示意图为准]。经审查该建设项目征收范围符合规划。请依据依照相关程序办理。

县(市)
年 月 日

(三)第三阶段:征收土地启动公告

《土地管理法实施条例》第26条规定,需要征收土地,县级以上地方人民政府认为符合《土地管理法》第45条规定的,应当发布征收土地预公告,并开展拟征收土地现状调查和社会稳定风险评估。具体由征地实施部门报请市、县人民政府发布征收土地预公告,并在征收范围内公告,公告时间不少于10个工作日。内容应当包括征收单位、征收范围、征收目的、开展土地现状调查的安排以及不予补偿的情形等。

文书模板5之征收土地预公告

市、县(项目)征收土地预公告

征收文号:

土地所有权人、使用权人:

为了公共利益的需要,经市、县人民政府会议讨论通过,拟实施的项目,需征收土地。根据《中华人民共和国土地管理法》《中华人民共和国土地管理法实施条例》等法律法规政策的规定,经市、县人民政府研究决定,现发布征收土地预公告:

一、征收主体:人民政府。

二、征地实施部门:

三、拟征收土地目的:

本次拟征收土地拟用于项目建设,项目类型为用地,属于《土地管理法》第四十五条规定的第“____”种征收情形,项目符合市、县国民经济和社会发展规划、土地利用总体规划、城乡规划和专项规划。

四、拟征收土地的位置、范围、权属、用途

1. 拟征收土地位置:(具体以征收范围示意图为准)

2. 涉及的农村集体经济组织:

3. 拟征收土地用途:

五、开展土地现状调查的安排

拟于　　年　月　日至　　年　月　日,由征地实施部门对位于拟征收范围的土地进行勘测定界、清点确认地上附着物和青苗,请有关单位和承包经营权人持不动产权属证明材料按时到现场确认和登记。

被征收土地村的具体土地征收补偿安置方案,待勘测调查和社会稳定风险评估完成后,由市、县人民政府制定并公告。

六、其他事项

本公告发布之日起一年内,凡发现拟征收土地范围内抢栽、抢种、抢建以及其他不当增加补偿费用的行为,一律不予补偿。

本公告在征收土地涉及的街道和村、村民小组所在地予以张贴，自发布之日起公示10个工作日。本公告同时在省征地信息公开查询系统中发布。

特此公告。

征地实施部门联系方式：

市、县人民政府

年　　月　　日

（四）第四阶段：征收土地现状调查登记

由征地实施单位组织征收工作人员对被征收土地的位置、权属、地类、面积、青苗等，以及住宅和其他地上附着物等进行调查和登记。除制作相应的调查表外，鉴于集体土地征收再申请征收土地时应当对个别不同意征收的被征地集体经济组织成员的情况进行说明，在入户调查的同时应做好入户调查记录。

文书模板6之入户调查记录

县建设项目入户调查记录

时间：　　　　年　　月　　日

地点：

工作人员：

被征地人员：

身份证号：

记录人：　　　　　　　　　　　翻译人：

我们是　　县集体土地征收工作组的成员，根据县国民经济和社会发展规划、县土地利用总体规划、县城乡规划和专项规划，需要对该片区集体土地实施征收，我们此次来的目的就是想了解一下你对此次征收的看法：

问：政府发布的征收启动公告、禁止在征收范围内实施抢栽、抢种、新建、扩建、改建和改变土地用途等不当增加补偿费用行为的内容，你是否清楚？

问:家庭成员情况(几个子女,未婚或已婚、分户独立居住还是共同居住)?
问:此次征收,选择货币补偿还是产权调换(土地置换)?

(五)第五阶段:社会稳定风险评估

市、县人民政府组织相关部门、乡镇以及村集体对征收土地的社会稳定风险状况进行研判,确定风险点,提出风险防范措施和处置预案,并形成评估结果。

文书模板7之风险评估报告

县(市)项目集体土地征收社会稳定风险评估报告

县(市)征收项目范围内的集体土地征收补偿安置方案,征求意见公示超过30天,集体土地征收补偿安置方案现已确定并公布,根据《中华人民共和国土地管理法》规定,政府申请征地前,应当按照有关规定进行社会稳定风险评估。

社会稳定风险,广义上是指一种导致社会冲突,危及社会稳定和社会秩序的可能性,是一类基础性、深层次、结构性的潜在危害因素,对社会的安全运行和健康发展会构成严重的威胁。一旦这种可能性变成现实性,社会风险就会转变成公共危机。广义的社会风险是一个抽象的概念,它涵盖了生态环境领域、政治领域、经济领域、社会领域和文化领域的各种风险因素。在狭义上,社会风险是指由于所得分配不均、发生天灾、政府施政对抗、结社群斗、失业人口增加造成社会不安、宗教纠纷、社会各阶级对立、社会发生内争等社会因素引起的风险,仅指社会领域的风险。

项目土地征收补偿工作有可能引发矛盾纠纷,所以必须对其潜在的风险进行先期预测、先期研判、先期介入、先期化解,在了解民情、反映民意、集中民智、珍惜民力的基础之上,实现科学决策、民主决策、依法决策,切实维护最广大人民群众的根本利益。

基于上述情况,县(市)政府及时组建风险评估工作组,启动评估工作。采取召开座谈会、重点走访等方法,广泛听取各有关部门及被征地集体经济组织及其成员的意见,同时向有关单位和个人咨询,广泛听取意见和建议。对项目集体土地征收范围内的补偿项目在合法性、合理性、可行性、可控性等方面实施了全面具体的社会稳定风险评估,形成如下社会稳定风险评估报告。

一、项目概况

县(市)项目集体土地征收项目,该项目均属于《中华人民共和国土地管理法》第四十五条规定列举的内容。

县(市)征收部门通过征询,经县(市)发展和改革委员会经审查,确定该项目符合县国民经济和社会发展规划;经县(市)国土资源局经审查,确定该项目符合县土地利用总体规划;经县(市)住房和城乡建设局经审查,确定该项目符合县城总体规划及专项规划。该项目征收范围内征收土地　　亩。

二、前期的主要工作

征收前期,县(市)政府会同各征收小组召集征收范围内的部分住户,组织召开了民意调查座谈会,了解被征收人真实的想法、宣讲国家有关公益项目建设的政策法规和当前经济形势,经调查,绝大多数同意政府征收。在此工作基础上,征收部门对拟征收土地范围内的情况进行了入户调查、核实、公示。

　　年　月　日,县(市)在充分征求相关部门及被征收人意见基础上形成了县(市)集体土地征收补偿安置方案,经县政府批示后,于　　年　月　日对外进行公布广泛征求公众意见、征求意见期限从　　年　月　日起至　　年　月　日止,共30天。

征收补偿费用已足额到位,专户存储,专款专用。

在征收补偿方案征求意见期限内,针对被征收人反馈的意见情况,对方案进行了讨论,修改并及时公布。

三、集体土地征收可能引发的社会稳定风险内涵及其成因

集体土地征收引发的社会稳定风险,即政府在执行土地征收决策、实施征收的过程中给人民群众的生活、生产、财产等与其切实利益相关的各个方面造成的负面影响和损失的可能性。

土地征收对征收范围的人群影响是多方面的:失去生产资料、失去宅基地及住宅、原有生活方式和邻里关系改变、产生失落感、剥夺感等。另外,不同时

间之间、不同区域之间、不同征收性质之间的不同补偿标准和方式，有可能导致群众对比甚至盲目攀比，造成误解，产生不公平感等。因集体土地征收需要而迁出原居住地的被征地农户，为了公共利益的需要，他们不得不离开家园，失去原有的生存空间，去适应一个新的未知环境。引发征收社会稳定风险的原因，分析如下：

（一）被征收人对补偿的期望值过高

随着城市化的演进，被征收人对补偿标准的预期加强，要价和附带条件越来越高。征收补偿标准，虽然实行的是片区综合地价，但和被征收人不断增加的要求和欲望相比，补偿常常不能满足被征收人的要求。

（二）征收带来的破坏性

土地被征收后，被征收人原有的生活模式会受到影响，部分被征收人的生产资料将会丧失，收入来源减少，部分经营人员发生改变。这种破坏性将影响被征收人的生产生活水平的提高。

（三）征收的合法性、合理性遭质疑的风险

县（市）政府经过充分可行性论证，严格按照《中华人民共和国土地管理法》及有关法规实施，程序合法，手续齐全。

征收相关手续符合县国民经济和社会发展规划、土地利用总体规划、城乡规划和专项规划，征收程序按照有关法律规定，决策民主、程序正当、结果公开。

但是，上述依法进行的活动并不能彻底解决个性问题。首先，社会各界对征收补偿的合法性还持有怀疑的态度。其次，该项目虽然属于公益性征地范围，但如果用于住宅、商业等非公益用途，其合法性必将被质疑。

（四）被征收人对生活环境变化的不适风险

征收意味着居民生存方式将会面临改变，让他们感到不适应。随着该区域配套设施及文化旅游设施的建成，居民的生活、就业、出行等条件将得到明显改善，并能长期从该项目所带动的城市化进程中受益。

（五）被征收人对生活保障担忧的风险

征收在实现公共利益的同时，把群众的短期需要和长远利益结合起来综合考虑。县（市）政府已严格依照《中华人民共和国土地管理法》等有关规定拟定了征收补偿安置方案，并组织征求意见，补偿方案的合理性群众未提出异议。

（六）可能引发社会矛盾的风险

在征收补偿过程中尽量做到不引发、少引发被征收人的不满情绪，以情感人，以理服人。在制订征收补偿安置方案时，召开座谈会，反复征求被征收群众的意见和建议，尽可能使补偿方案更完善、更合理。开展宣传教育，针对被征收人所提意见和关心的问题，现场解答疑问。对抵触情绪较大的被征收人，采用"换位"思考方式，尽力解决实际问题，消除对抗心理。

四、已经和正在采取的风险防范措施

根据对征收可能诱发的风险及其评价，采取下述风险防范措施：

（一）注重对被征收人切身利益的保护

按照《土地管理法》及相关规定制定了征收补偿安置方案，为了确保征收的顺利进行，在具体操作的时候，本着有利于保护被征收人切身利益的角度，按照政策规定，补偿标准取高舍低。

（二）科学安排和监管补偿资金使用

征收补偿金已足额到位、专户存储、专款专用。

（三）减少征收期间的扰民

严格要求征收工作人员，换位思考，热情服务，文明工作，减少扰民。

（四）保障征收工作全过程治安安全

在征收过程中采取以预防为主加强综合治理工作，保证日常治安环境的良好。密切关注极少数人可能的因对补偿不满意引发的上访、闹访、煽动群众、示威等动向，第一时间采取教育、说服、化解等措施，将问题消除在萌芽状态。

五、下一步风险防范方案

尽管征收发生不利于社会稳定的风险程度低，但并不意味着该征收项目不存在风险，仍要注意加强对征收实施过程中可能出现的个体矛盾冲突的防范，并随时戒备和征收进展中可能出现的风险发生。

（一）继续加强征收政策的宣传，营造良好的社会舆论氛围

通过现场入户"一对一"宣传使群众意识到，土地征收有完善城市基础设施建设、拉动地方经济发展、提升旅游城市品质、增加人民就业和发展的机会等积

极影响。尽管短期内居民会有少量的利益损失或者转型期的生活不便，甚至带来感情的痛苦、焦虑等，权衡利弊，该区域群众不会降低生活质量。因此，有必要继续加强征收政策的宣传，舆论先行。

（二）创新思路，讲求科学的征收方法，以人为本，促进和谐

在征收过程中要不断创新工作思路，讲求科学有效的方法，尤其要最大限度地照顾被征收人的利益。通过政策、帮扶、帮助等工作减少对被征收人造成的影响。在征收过程中，还要按规定做好公开、公示工作，保证被征收人的知情权。

（三）加强风险预警，做好征收现场维稳工作

建立风险预警制度，对征收过程中发生的不稳定因素进行每日排查。加强现场的治安保障，突发事件一旦发生或是出现发生的苗头后，各方力量和人员都能立即投入到位，各司其职，有条不紊地开展工作；涉及单位的主要领导要亲临现场，对能解决的问题要现场给予承诺和答复，确保事态不扩大，把不稳定因素的影响控制在最小范围内。

（四）加强对资金使用的监管，预防腐败的发生

加强对补偿资金、资产合法使用的监管，防止因资金使用、资产运作不当而影响群众切身利益，甚至发生"次生"社会不稳定现象。

六、维稳措施

针对上述风险，县政府会同相关部门采取了以下几项维稳措施：

（一）为防范风险，避免一切不稳定因素的发生，县政府在征收决定下发前，与各部门多次走访入户，反复征求意见，化解矛盾。

（二）加强领导，由征收办等相关单位联合成立维稳专项组，指定专人，搞好信访接待，以确保该项目的顺利进行。

七、结论

本报告对集体土地上征收过程中可能发生的社会稳定风险进行了识别与评价，结论如下：

集体土地征收项目可能会引发三类不利于社会稳定的风险，风险发生的可能性大小评价结果是：

第一类风险,征收工作合法性、合理性遭质疑的风险,该类风险在建设项目发生的可能性客观存在,须加以防范;

第二类风险,抵制征收的风险,该类风险发生的可能性较大,须做好宣传解释工作,通过政策扶持、低收入群体照顾、经营户帮助等措施降低风险;

第三类风险,征收工作可能引发社会矛盾的风险,该类风险发生的可能性客观存在,但通过疏导、预防工作对征收工作不足以造成根本性的影响。

综合评价:目前已经采取的和下一步将采取的系列风险防范措施,在一定程度上会起到降低以致消除社会风险的效果。但其效果的好坏,取决于这些防范措施执行力度大小的影响。

县(市)人民政府

年　月　日

(六)第六阶段:征地补偿安置方案

市、县人民政府根据社会稳定风险评估结果,结合土地调查情况,组织自然资源、财政、农业农村、人力资源和社会保障等相关部门拟订征地补偿安置方案。在征收范围内公开征求意见,征求意见期限不少于30日。

多数被征地的农村集体经济组织成员认为拟订的安置补偿方案不符合规定的,应由市、县人民政府组织听证,并根据听证结论公布。

文书模板8之安置补偿方案征求意见的公告

县(市)项目征地补偿安置方案公告

为了公共利益需要,　　年　月　日,市、县人民政府依法发布了《启动公告》,现依据《中华人民共和国土地管理法》规定,在征收范围内土地调查的基础上,结合我县实际,拟订本方案。

一、征收机构

征收主体:

征收部门：

二、征收依据

（一）征收项目符合《土地管理法》第四十五条第（一）项至第（六）项认定的“公共利益需要”；

（二）征收项目符合《土地管理法》第四十五条的相关规定，其中：

1. 经县发展和改革委员会认定，符合县国民经济和社会发展规划（认定文件见批件）；

2. 经县国土资源局认定，符合县土地利用总体规划（认定文件见批件）；

3. 经县住房和城乡建设局认定，符合县城总体规划和专项规划（认定文件见批件）；

三、征收范围

拟征地范围位于，其中农用地　　亩，建设用地　　亩，未利用地　　亩，合计拟征地　　亩；

四、征地补偿标准及费用

土地补偿费：按当地公布的片区综合地价及标准确定。

安置补偿费：按当地公布的片区综合地价及标准确定。

青苗费：按当地公布的片区综合地价及标准确定。

地上其他建筑物、附着物的补偿：按当地公布的补偿标准确定，如未制定标准，建议由具备资质的评估机构评估确定。

五、社会保障

按当地制定的标准执行。

六、《征收土地预公告》公布后，土地现状及地上附属物状况无合法理由发生变化的，不予对变化后的土地及地上附属物办理征地补偿登记。

七、拟征地农村集体经济组织、农村村民或其他权利人对本公告内容有不同意见的，请于公告之日起30日内，即　　年　月　日前提出书面意见，送达征地实施部门。逾期未提出的，视作无意见。

多数农村集体经济组织成员认为本方案不符合法律、法规规定，并在书面意见中明确指出的，市、县人民政府应当组织召开听证会。

八、《征地补偿安置方案》在征求意见后，经市、县人民政府确认后，由征地实施部门组织实施后续工作。

特此公告。

联系地址：

联系方式：

县(市)人民政府

年　　月　　日

(七)第七阶段：签订征地补偿协议

征地补偿安置方案确定后，由征收土地实施部门与被征地集体经济组织成员签订征地补偿安置协议书。

个别确实难以达成征地补偿安置协议的，在申请征收土地时书面说明。

文书模板9之征地补偿安置协议(仅农用地)

市、县项目土地征收补偿安置协议书

协议编号：

征地实施部门(以下简称甲方)：

法定代表人：

地址：

被征收人(以下简称乙方)：

姓名(户主)：　　　　身份证号：

姓名(配偶)：　　　　身份证号：

姓名(子女)：　　　　身份证号：

委托代理人：　　　　身份证号：

联系电话：

依据《中华人民共和国土地管理法》、《中华人民共和国土地管理法实施条例》及其他相关法律、行政法规，遵循平等、自愿、公平和诚实信用的原则，就市、县项目土地征收补偿事宜，经双方协商，达成本协议。

一、被征收土地范围、面积、性质

被征收土地范围：

被征收土地面积：

被征收土地性质：

二、征收土地补偿安置方式

根据《市、县项目征收补偿安置方案》规定，征地补偿安置方式：

三、征收土地补偿金额

根据市、县公布的片区综合地价标准（文件名称、文号），乙方土地补偿金额如下：

1. 安置补助费：

2. 青苗费：

3. 其他地上附着物：

以上合计：

四、征收土地补偿费用支付方式

自本协议签订之日起，甲方应于日内通过方式将补偿款一次性向乙方支付完毕。

五、其他补偿方式

按《市、县项目征收补偿安置方案》规定办理。

六、被征收土地权属

本协议签订时，乙方应一并将被征收土地权属证书交予甲方。

七、交付被征收土地

乙方应于领取补偿款或选择土地置换之日，将被征收土地交付甲方，地上其他附着物乙方不得拆除，否则应补偿价值赔偿给甲方造成损失。

八、本协议签订后，甲乙双方应严格按照本协议约定的时间及方式履行义务，如因一方未如实履行义务，给对方造成损失的，违约方应按本协议补偿价值的____%向守约方承担违约责任。

九、甲乙双方在履行本协议的过程中发生争议的，应当协商解决。协商不能解决的，可以依法向人民法院提起诉讼。

十、双方约定的其他事项：

1. 乙方承诺本协议项下被征收土地没有其他权利瑕疵，否则由此引起的一切不利后果由乙方自行承担。

2. 双方签订本协议后，乙方与被征收土地家庭成员或其他第三方的相关事宜，由乙方自行妥善解决，所发生的一切费用由乙方自理。

3. 乙方确认在本协议第十一条约定的土地交付期限届满之日后，不再对本协议所涉被补偿土地及其附属物享有和行使任何权利，甲方有权在该期限届满之后依法办理相应的产权注销登记手续。

4. 其他约定事项

____

十一、本协议经甲乙双方签名或盖章后正式生效，协议一式____份，甲方执____份，乙方执____份，实施单位____份。

甲方（盖章）：

乙方（签名）：

经办人：　　　　　　　　　　签约日期：　　年　　月　　日

（八）第八阶段：征地审批阶段

市、县人民政府申请征收土地。依照《土地管理法》第46条的规定报有批准权的人民政府批准。

有批准权的人民政府应当对征收土地的必要性、合理性、是否符合《土地管理法》第45条规定的为了公共利益确需征收土地的情形以及是否符合法定程序进行审查。

（九）第九阶段：发布征地公告

征收土地申请经批准后，县级以上人民政府自收到批准文件之日起15日内在征收范围内发布征收土地公告，并组织实施。

文书模板10之征地公告

市、县人民政府征收土地公告

根据《中华人民共和国土地管理法》《中华人民共和国土地管理法实施条例》的相关规定，现将绵阳市二环路二期工程项目建设用地征收有关事宜公告如下：

一、批准机关、文号、时间和用途

（一）批准机关：

（二）批准文号：

（三）批准时间：

（四）批准用途：

二、被征收土地的所有权人、位置、面积和地类

（一）被征收土地的所有权人：

（二）被征收土地位置：

（三）被征收土地面积和地类：

三、征地补偿标准和农业人员安置途径

根据当地制定的标准和农业人员安置情况确定。

四、征地补偿登记、协议签订相关情况

五、征地实施

市、县人民政府按照征地补偿安置方案内容，组织有关部门实施。

六、行政复议、诉讼权告知

公民、法人或者其他组织认为该征地行为侵犯其合法权益的，可以自本公告期满之日起60日内依法向市政府提出行政复议申请。可在本公告期限届满之日起60日内向上一级人民政府申请行政复议，或在本公告期限届满之日起6个月内向人民法院提起行政诉讼。

复议、诉讼期间，不影响土地征收工作。

七、本公告期限为10个工作日。

特此公告。

市、县人民政府

年　　月　　日

（十）第十阶段：征地补偿安置决定

根据《土地管理法实施条例》第31条的规定，对个别未达成征地补偿安置协议的依法作出征地补偿安置决定，被征地农村集体经济组织成员可在收到征地补偿安置决定之日起60日内向作出决定的县级人民政府上一级人民政府申请行政复议，也可在收到正度补偿安置决定之日起6个月内向有管辖权的人民法院提起行政诉讼。

文书模板11之土地征收安置补偿决定

市、县项目土地征收安置补偿决定书

〔20　　〕第　　号

征收主体：市、县人民政府

地址：

法定代表人：　　　　　　，职务：

被征收人：　　　，（性别）　　，（民族）　　，（出生日期）　　，住址：

被征收人在《市、县项目土地征收安置补偿方案》规定的签约期限内未与市、县征收部门达成土地征收补偿协议，经市、县征收部门报请本机关作出土地征收安置补偿决定，市、县人民政府依法受理。

阐述征地程序的履行情况及土地征收批准情况。

阐述被征收人未签订协议的原因及协商情况。

根据《土地管理法》《土地管理法实施条例》的规定，结合市、县国有土地征收补偿安置方案内容，作出以下补偿决定：

一、被征收人可以选择下列补偿方式：

（一）实行货币补偿：

（二）实行土地置换，被征收人可在以下地点选择置换土地：

二、农业人员安置途径：

三、限被征收人自接到本决定之日起十五日内到市、县征收部门选择补偿方式并自行搬迁，向市、县征收部门交土地；逾期不选择补偿方式，市、县征收部门将以货币补偿方式支付补偿款，补偿价款已足额专项存储在征收补偿账户内。

被征收人对本决定不服，可以自收到本决定书之日起六十日内，向上一级人民政府申请行政复议或在六个月内向人民法院提起行政诉讼。

被征收人在法定期限内不申请行政复议或不提起行政诉讼，在本补偿决定规定的期限内不搬迁的，市、县人民政府将依据《土地管理法》的规定，依法申请人民法院强制执行。

市、县人民政府

年　　月　　日

（十一）第十一阶段：履行催告

根据《行政强制法》第35条的规定，行政机关作出强制执行决定前，应当事先催告当事人履行义务。

文书模板12之履行土地征收安置补偿决定催告通知书

履行土地征收安置补偿决定催告通知书

被征地：

市、县人民政府于20　　年　月　日作出《土地征收安置补偿决定书》，并留置送达给你。被征地在规定期限内不履行土地征收安置补偿决定书义务，也未依法申请行政复议或者提起行政诉讼。依据《中华人民共和国行政强制法》

第五十四条的规定，现向你发出催告：

1. 限被征地于20　　年　月　日前与市、县签订土地征收安置补偿协议，并在20　　年　月　日前交回土地；

2. 被征地有权在本催告书送达后10日内向市、县进行陈述和申辩；

3. 无正当理由，被征地有权在本催告书送达后10日内仍不履行房屋征收补偿决定书义务的，本机关将依据《土地管理法》相关之规定，申请人民法院强制执行。

市、县人民政府

年　　月　　日

（十二）第十二阶段：申请强制执行

在法定期限内，收到征地补偿安置决定的被征地农村集体经济组织成员未申请行政复议或提起行政诉讼的，依法申请人民法院强制执行。

文书模板13之强制执行申请书

强制执行申请书

申请人：市、县人民政府

法定代表人：

职务：

地址：

被申请人：

地址：

联系方式：

申请事项：

1. 依法强制被申请人履行《市、县土地征收安置补偿决定书》（文号）；

2. 执行费用由被申请人承担。

事实和理由：

市、县人民政府作出了《市、县项目土地征收启动公告》，被申请人的房屋在征收范围内。根据《市、县项目土地征收安置补偿方案公告》规定，在规定的期限内，双方未达成协议，申请人于　　年　月　日作出《　　　　市、县人民政府土地征收安置补偿决定书》并送达被申请人，被申请人在法定的期限内（复议和诉讼情况），且未在补偿决定规定的期限内签订协议和完成搬迁。　　年　月　日申请人向被申请人下发了《市、县项目履行土地征收安置补偿决定催告书》，被申请人仍然拒绝签订协议和完成搬迁。目前，被申请人货币补偿资金全额共计　　元（包含《土地管理法》规定的应当予以补偿的内容）申请人已专户存储。被申请人选择的产权调换房屋房源范围为：________。

据此，申请人依据《土地管理法》相关规定，依法向贵院提出强制执行申请。

此致

市、县人民法院

申请人：市、县人民政府

负责人：__________

年　　月　　日

附：1. 强制执行申请书副本一式三份；

2. 组织机构代码证、法定代表人身份证明、法人身份证复印件各一份；

3. 市、县项目土地征收卷宗一本。

（十三）第十三阶段：收尾

经财政、审计等相关单位对征地费用使用、档案管理及相关程序进行审查、审计、归档。

三、集体土地征收常见法律问题探讨

随着城市化和工业化进程的加快，土地的供需日益紧张，城市土地资源的稀缺性与农村用地的粗放性，使征收集体土地成为国家获得土地发展公共事业，扩大城市规模的主要途径。为此，笔者从实务的角度，对土地征收中常见的法律问题探讨如下：

（一）集体土地征收由征收主体确定的实施部门法律问题探讨

综观新修改的《土地管理法》和《土地管理法实施条例》的全部规定，在依法实施集体土地征收的程序中，其仅规定了由市、县级以上人民政府具体组织实施，但并未如《国有土地上房屋征收与补偿条例》规定的，可由市、县级人民政府确定的征收部门具体实施。尤其是我国集体土地的征收涉及农民生存的根本，容易产生矛盾，也涉及从立项开始的公告、调查登记、拟订补偿安置方案、协议签订以及社会保障等复杂的系统工作，工作任务繁重而艰巨。法律界针对行政机关的权力行使有一种通俗的说法——法无明文规定即禁止，在没有明确规定征地实施部门的前提下，按此方式是否与法律精神相悖值得讨论。而在实际工作中，仅以人民政府的人员具体实施也是不现实的；因此，由市、县级人民政府确定具体的实施部门具体实施，在一定程度上可以使具体的工作程序规范并贴合实际。关于集体土地的征收由市、县级人民政府确定具体的实施部门是否有法律根据，笔者通过查阅相关规定，认为新修改的《土地管理法》及《土地管理法实施条例》虽然未明确规定，但根据其规定的法律含义以及其他相关规定，这种做法在法理上是行得通的。

首先，在集体土地征收中，程序包含两部分：一是内部审批程序，二是外部实施程序。就内部审批程序而言，在土地征收审批中，根据现行有效的《建设用地审查报批管理办法》的相关规定，土地行政主管部门负责建设用地的申请受理、审查、报批工作。在集体土地征收中自然资源部门亦是履行报批的具体工作，而县级人民政府则是履行批准的职责。其次，根据《土地管理法》第 47 条第 3 款的规定，县级以上地方人民政府应当组织有关部门测算并落实有关费用，保证足额到位，与拟征收土地的所有权人、使用权人就补偿、安置等签订协议。其他相关条款也多次明确由县级以上人民政府具体组织实施，其“组织”一词不言而喻，法律虽未明确规定征地实施部门，但地方人民政府职权中对此“组织”有法律根据。最后，经查阅自然资源部全国征地信息共享平台的公开数据可知，由县级人民政府确定的自然资源部门实施已成为共识。据此，笔者认为，集体土地的征地主体系市、县级人民政府已然明确；那么在征收工作的具体实施中确定征收部门来具体实施，根据上面的简单论述和实践参考是可行的。关于具体的操作，笔者认为可以通过两种模式具体实施，一是确定一个具体的县级职能部门或土地所在乡镇人民政府具体实施；目前全国各地已开展集体土地征收项目的地方，普遍由自然资源部门具体实施。二是由县级人民政府内设一个征收办公室具体实施。

（二）集体土地成片开发征收的相关问题探讨

根据《土地管理法》第45条第6款第5项的规定，在土地利用总体规划确定的城镇建设用地范围内，经省级以上人民政府批准由县级以上地方人民政府组织实施的成片开发建设需要用地的，可以依法实施征收。根据自然资源部《土地征收成片开发标准（试行）》的规定，成片开发，是指在国土空间规划确定的城镇开发边界内的集中建设区，由县级以上地方人民政府组织的对一定范围的土地进行的综合性开发建设活动。一般情况下的“成片开发”即工业园区、城市新区等大面积的开发区域，在选定的地块上进行多功能的综合性开发建设。而成片开发在《土地管理法》2019年修正前后，在国家严格缩小征地范围的政策上，成片开发一致广为社会各界关注和讨论，因为成片开发很难公共利益挂钩，即使成片开发中涉及基础设施的建设也只是仅占其中一部分，但无论何种角度，成片开发是符合我国发展趋势的。

那么如何启动“成片开发”的项目？程序该怎么履行？笔者就成片开发程序相关问题结合相关规定做如下探讨：

1.“成片开发”的范围

所谓“成片开发”，是指在国土空间规划确定的城镇开发边界内的集中建设区，由县级以上地方人民政府组织的对一定范围的土地进行的综合性开发建设活动。我们不难发现，其前置条件即国土空间规划确定的城镇开发边界内（或土地利用总体规划确定的城镇建设用地范围内）的集中建设区内进行的综合性开发活动（城镇开发边界示意见图5-1），那么“成片开发”具体的范围是什么？一般情况下，工业园区、经济区、新城区就属于典型的成片开发，那如果仅有数个不同性质的建设是否也属于“成片开发”呢？笔者认为，在部分地方因人口、经济等条件无法满足大面积的综合性开发建设的，为改善人居环境开展的城中村改造、乡镇自然村改造以及因改造而搭配的相应配套公益性项目的综合性发展的建设活动也应属于“成片开发”的范围。

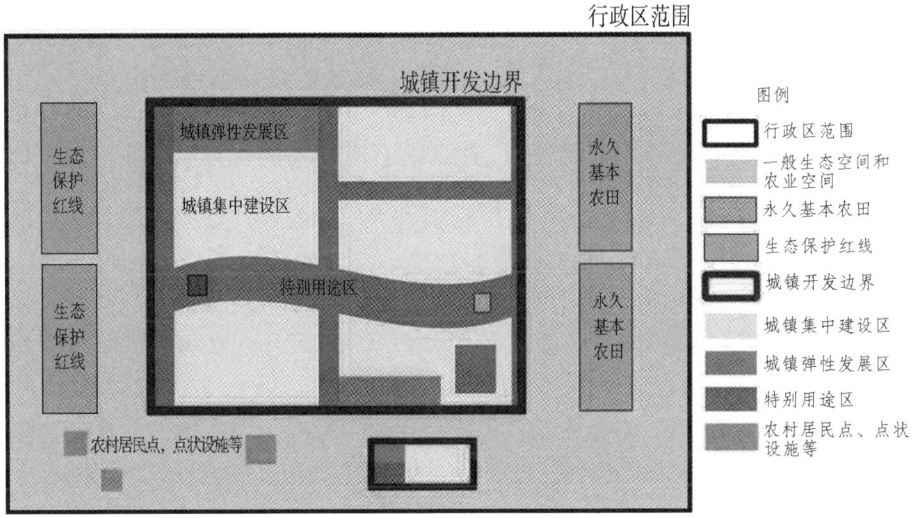

图5-1 城镇开发边界示意

2. 如何启动“成片开发”项目

根据《土地征收成片开发标准(试行)》的规定，“成片开发”的主要启动是以编制土地征收成片开发方案的方式开展，经公开征求意见后，报省级人民政府批准即可按土地征收程序开展实施。

3. “成片开发”的标准

一是在成片开发范围内基础设施、公共服务设施以及其他公益性用地所占比例不低于40%；二是成片开发方案应当充分听取人大代表、政协委员和有关专家学者的意见；三是经集体经济组织的村民会议2/3以上成员或者2/3以上村民代表同意；四是以人民为中心，注重保护耕地，注重保护农民合法权益，注重节约集约用地，注重生态环境保护，促进当地经济社会可持续发展。

4. 成片开发存在的问题

为防止成片开发征收土地的滥用，《土地管理法》采取了省级人民政府审批规划的方式予以限制，但由于市、县级人民政府是成片开发的实施主体，又是土地利用总体规划、国土空间规划、国民经济和社会发展年度计划的主要编制和实施主体，可能会存在频繁调整规划开展成片开发的潜在风险，但可以在合法的范围内予以实施。

(三)如何理解《土地管理法》第47条第4款规定的“个别”含义

在集体土地征收过程中,个别被征收土地的所有权人、使用权人(土地承包权人、宅基地使用权人或房屋所有权人)不愿意土地被征收或对补偿安置标准不满意,难以达成征地补偿安置协议,县级以上地方人民政府应当在申请征收土地时如实说明。对“个别”含义的理解不同,会对申请集体土地征收审批及作出征地补偿安置决定产生一定的影响。

《土地管理法》第47条第3款、第4款规定:“多数被征地的农村集体经济组织成员认为征地补偿安置方案不符合法律、法规规定的,县级以上地方人民政府应当组织召开听证会,并根据法律、法规的规定和听证会情况修改方案。拟征收土地的所有权人、使用权人应当在公告规定期限内,持不动产权属证明材料办理补偿登记。县级以上地方人民政府应当组织有关部门测算并落实有关费用,保证足额到位,与拟征收土地的所有权人、使用权人就补偿、安置等签订协议;个别确实难以达成协议的,应当在申请征收土地时如实说明。”《土地管理法实施条例》第29条第2款规定:“对个别确实难以达成征地补偿安置协议的,县级以上地方人民政府应当在申请征收土地时如实说明。”

如何把握“个别”的具体数量或比例,是集体土地征收实务操作中过程中的难题,而现行法律法规对此并无具体规定。笔者查阅了一些地方的规范性文件,对“个别”的理解也有区别。例如,2020年2月28日颁布并实施的《厦门市土地征收工作程序暂行规定》第1条征地报批前程序中第5项签订补偿安置协议规定:“区人民政府应组织有关部门与被征收土地的所有权人、使用权人(土地承包权人、宅基地使用权人或房屋所有权人)就补偿、安置等签订协议。个别确实难以达成协议的,区人民政府应当在申请土地征收时如实说明情况,详细说明缘由及将采取何种措施保障其合法权益。(一般项目被征收土地所有权人、使用权人总数在100户以下的,未签协议数不得超过10%;被征收土地所有权人、使用权人总数在100户以上的,未签协议数不得超过5%;或者,未签协议土地及房屋占地面积不得超过土地征收总面积的10%。省市重大重点项目未签协议户数或面积占比不得超过20%、国家项目不得超过30%。)”

重庆市江北区人民政府办公室《关于印发重庆市江北区〈土地管理法〉(修正案)施行过渡期征地报批及实施工作事项的暂行实施意见的通知》第5条规

定：补偿登记及协议签订拟征地公告张贴发布后，区征地事务中心会同镇（街）按规定开展入户调查工作，对拟征土地的权属、地类、面积以及地上建、构附着物现状进行调查，被征地农村集体经济组织、农户和地上建、构附着物所有权人、使用权人确认调查结果。其后与土地所有权人和使用权人于拟征地公告确定的时间办理补偿登记，签订补偿安置协议。拟征地公告确定的补偿登记、签订协议时间到期后，区征地事务中心会同相关镇（街）组织被征地农村集体经济组织、农村村民和其他权利人参加的代表会，告知补偿安置协议的签订结果，明确是否组件报批土地。在土地所有权人和使用权人签订协议人数达到2/3以上后，由区征地事务中心负责出具拟征收土地补偿、安置协议签订情况书面证明材料，区规划和自然资源局组件报批征地。

从上述地方规定中不难发现，在没有具体的法律、法规明确“个别”的含义时，对“个别”的理解难以统一。笔者通过查阅《现代汉语词典》发现，“个别”是指“极少数的；少有的”。故《土地管理法》第47条、《土地管理法实施条例》第29条中的“个别”确实难以达成征地补偿安置协议的，应指极少数的土地所有权人和使用权人难以与政府达成征地补偿安置协议。因此，笔者认为，将“个别确实难以达成征地补偿安置协议的”理解为未签协议土地及房屋占地面积不超过土地征收总面积的10%，应更符合立法者的本意。

（四）集体建设用地上的住宅补偿相关问题

在具体的征收项目实施过程中，可能会存在仅涉及集体住宅的征收，或是与国有土地上房屋混杂的征收活动，诸如城中村、城边村或城乡接合部的征收。在上述情形中，最高人民法院《关于审理涉及农村集体土地行政案件若干问题的规定》第12条第2款规定，征收农村集体土地时未就被征收土地上的房屋及其他不动产进行安置补偿，补偿安置时房屋所在地已纳入城市规划区，土地权利人请求参照执行国有土地上房屋征收补偿标准的，人民法院一般应予支持，但应当扣除已经取得的土地补偿费。如果土地征收时房屋所在地未被纳入城市规划区，该如何补偿？

《土地管理法》第48条规定，征收农用地以外的其他土地、地上附着物和青苗等的补偿标准，由省、自治区、直辖市制定。对其中的农村村民住宅，应当按照先补偿后搬迁、居住条件有改善的原则，尊重农村村民意愿，采取重新安排宅基地建房、提供安置房或者货币补偿等方式给予公平、合理的补偿,并对因征收造成的搬迁、临时安置等费用予以补偿,保障农村村民居住的权利和合法的住房财产权益。上述规定并未明确规定住宅征收的补偿标准,新修订的《土地管理法实施条例》中也没有明确规定征收集体住宅用地以及地上附着物的补偿标准,而是将住宅的征收补偿标准授权给了省、自治区、直辖市人民政府制定。自2020年1月1日新修正的《土地管理法》实施以来,笔者查阅了全国各地依据新修正的《土地管理法》制定其地方性法规的省,结果是本书写作时仅辽宁省将其土地管理法实施办法进行了修订,其他省(市、区)对《土地管理法》的修正也只是出具了指导性或衔接的相关文件,并没有制定新的或修订地方性法规,大多数地方仍沿用之前的规定。

如何确定集体土地上村民住宅的补偿标准,是各地在制定地方性法规的过程中应当重点考虑的实务问题之一。根据中共中央纪委办公厅、原监察部办公厅《关于加强监督检查进一步规范征地拆迁行为的通知》的精神,房屋拆迁要按照建筑重置成本补偿,宅基地征收按当地规定的征地标准补偿,被征地拆迁农户所得拆迁补偿以及政府补贴,能够保障其选购合理居住水平的房屋。《土地管理法》的修正并未将涉及集体住宅征收的补偿标准进一步明确,而是将集体土地上的住宅补偿具体内容授权省级人民政府制定。综观全国各地,在2019年《土地管理法》修正前,一些地方已制定了集体土地上房屋征收补偿规定,但各地就集体土地上房屋具体的补偿标准适用仍存在巨大的差异。笔者认为,此次《土地管理法》修正对集体土地建设用地入市做了重大突破,与国有土地同地同价。在此之前集体建设用地上的住宅房屋的土地补偿基本采用农用地的补偿标准进行补偿,住宅房屋因只能采取房地分离的作价标准,导致集体土地上房屋的补偿价值相对较低,更有甚者可能导致征收返贫的现象发生。因此在集体建设用地与国有建设用地未来同地同价的环境下,应将集体建设用地的征收补偿与农用地的征收补偿进行分离,是符合立法精神的。具体补偿可引入具备相应资质的评估作价机构这一程序,对集体土地上房屋征收与补偿进行估价作价,但应当在土地补偿费用中考虑集体利益。

第二节　集体建设用地入市法律实务

一、集体建设用地入市概述

（一）集体建设用地入市界定

在狭义的法律层面，立法尚未对“集体建设用地入市”作出明确规定。笔者研究和学习了改革试点地区的相关规定和政策，多数试点地区对“集体建设用地入市”的规定和认识较为统一。鉴于目前可以入市的集体建设用地主要限于集体经营性建设用地，集体经营性建设用地入市是指依法取得并在土地利用总体规划、城乡建设规划中确定为工矿仓储、商服、旅游等用途的农村集体建设用地在所有权不发生改变的前提下，按照依法、自愿、公平、公开的原则，在一定年限内，以出让、租赁、作价出资（入股）、转让、出租和抵押等方式使农村集体经营性建设用地使用权发生转移的行为。

（二）集体建设用地入市政策

2017 年 10 月，党的十九大报告首次提出“乡村振兴战略”。2018 年，李克强总理在《政府工作报告》中提到要大力实施乡村振兴战略，中共中央政治局审议了《国家乡村振兴战略规划（2018－2022 年）》，中共中央、国务院印发了《乡村振兴战略规划（2018－2022 年）》。2021 年 2 月，中共中央、国务院《关于全面推进乡村振兴加快农业农村现代化的意见》发布；2021 年 6 月，《乡村振兴促进法》施行。从上述相关政策及文件中可看出，从首次提出“乡村振兴战略”至《乡村振兴促进法》的施行，国家在逐步有序推进开展乡村振兴工作。而乡村经济的振兴与集体土地的利用密切相关，因此，集体建设用地入市问题成为实务中关注的焦点。

改革开放以后，我国沿海地区大力发展乡镇企业，因而对建设用地需求量较大。在经济发展过程中，集体建设用地有一定的存量。为盘活存量建设用地，控制建设用地增量，国家开始整顿治理土地市场。在整顿土地市场取得初步成效的情况下，2004 年 10 月，国务院出台《关于深化改革严格土地管理的决定》，提出城镇建设用地增加要与农村建设用地减少相挂钩，农村集体建设用地必须符合土地利用总体规划、村庄和集镇规划。在符合规划的前提下,村庄、集镇、建制镇中的农民集体所有建设用地使用权可以依法流转。为落实国务院《关于深化改革严格土地管理的决定》关于城镇建设用地增加与农村建设用地减少相挂钩的要求,原国土资源部制定了《关于规范城镇建设用地增加与农村建设用地减少相挂钩试点工作的意见》(现已失效)。党的十七届三中全会提出,逐步建立城乡统一的建设用地市场,农村集体经营性建设用地必须通过统一有形的土地市场、以公开规范的方式转让土地使用权,在符合规划的前提下与国有土地享有平等权益;抓紧完善相关法律法规和配套政策,规范推进农村土地管理制度改革。党的十八届三中全会指出,建立城乡统一的建设用地市场,打破城乡二元结构。2014 年 12 月 31 日,中共中央办公厅、国务院办公厅印发《关于农村土地征收、集体经营性建设用地入市、宅基地制度改革试点工作的意见》,对开展农村集体经营性建设用地入市试点工作进行了具体部署,分两批在北京大兴区、湖南浏阳市等 33 个县(市、区)开展改革试点工作。

(三)集体建设用地入市模式

关于集体建设用地入市模式,实践中主要有两种传统模式:政府主导模式和村集体主导模式。具体以北京市大兴区西红门镇和广东省南海区为例。

1. 模式一:村集体主导模式

采用村集体主导模式的以北京市大兴区西红门镇为典型地区。西红门镇当地的企业生产以劳动密集和粗放型生产为特点,但长期以此模式发展,一定程度上阻碍了当地经济的良性发展。为促进当地经济良性发展,促进产业升级,当地开展改造工作。在改造过程中,西红门镇采用了"镇集统筹模式",并将该方式沿用至集体建设用地入市的环节。具体来讲,该镇的数个村共同成立公司,以集体土地使用权作价入股,由该公司负责集体土地入市的相关工作。比如,由该公司开展入市前的勘测定界、委托评估等准备工作;该公司制订入市方案;向相关部门提出入市申请。

2. 模式二:政府主导模式

采用政府主导模式的以广东省南海区为典型地区。2016 年,南海区成立了全国首个区级土地整备中心。① 村集体与土地整备中心签订协议，将其享有土地所有权的土地交由土地整备中心统一管理。土地整备中心作为入市土地，与拟使用土地的主体签订协议。

（四）集体建设用地入市程序

结合改革试点地区集体土地入市的程序操作，参考《江苏省常州市武进区农村集体经营性建设用地入市管理办法（试行）》《江西省鹰潭市集体经营性建设用地入市管理办法（试行）》等试点规范性文件，笔者总结出一套集体土地入市的程序，以供参考。

1. 第一步：入市准备

入市主体开展并完成拟入市土地的勘测定界、地上附着物的补偿、申请取得符合规划条件的文件、委托评估机构评估入市价格。

2. 第二步：民主决策

农村集体经营性建设用地入市决议，并形成《某某市（县/区）农村集体经营性建设用地入市决议》。决议应当包含以下内容：集体经营性建设用地所有权人、土地位置、四至、面积、用途等、有偿使用方式、使用年限、入市交易形式、入市价格、期限届满时使用权及地上建筑物的处理办法等内容，并进行公示。

3. 第三步：制订方案

入市主体制订入市方案，入市方案应当包含以下内容：拟入市宗地的位置、四至、面积、有偿使用方式、使用年限、土地用途、规划条件、交易方式、入市价格、收益分配、付款方式等事项。

4. 第四步：申请和批准入市

入市主体向乡（镇）人民政府提出入市申请，乡（镇）人民政府批准后报市（区/县）自然资源主管部门，并由自然资源主管部门报市（区/县）人民政府审核，并核发核准证书。

5. 第五步：入市交易

根据入市方案确定的交易方式，在土地交易平台及相关媒介发布交易公

① 参见胡如梅、谭荣：《集体经营性建设用地统筹入市的模式选择》，载《中国土地科学》第35卷第4期。

告，按照公开、公平、公正的方式进行交易。成交后，由土地交易机构与竞得使用权的主体签订成交确认书。在交易平台及相关媒介公示交易结果。

6. 第六步：签订合同

入市主体与土地竞得人签订《农村集体经营性建设用地使用权出让（租赁/作价出资）合同》，合同签订后向乡（镇）人民政府和市（区/县）自然资源主管部门备案。

7. 第七步：办理登记

土地竞得人按照相关规定缴纳价款和相关税费后，可向不动产登记中心申请办理集体建设用地使用权登记。

（五）集体建设用地入市的相关文书

笔者依据全国试点地区的相关政策，结合上文提到的入市程序，起草《农村集体经营性建设用地使用权出让合同》，以供参考。

范例 13

农村集体经营性建设用地使用权出让合同

甲方（出让方）：
统一社会信用代码：
法定代表人：
住址：
联系方式：

乡方（受让方）：
身份证号/统一社会信用代码：
地址：
联系方式：

鉴于：甲方为振兴乡村经济，增加集体组织的经营性收入，更好地为集体组织成员提供服务，拟将位于　　　　区域内的集体经营性建设用地出让给乙方。

乙方拟通过受让上述集体经营性建设用地使用权的方式，经营某某项目。

甲乙双方本着平等、自愿、有偿的原则，就集体经营性建设用地出让事宜达成一致意见，签订本协议。

一、出让土地的面积、位置、界限

1. 甲方自愿将位于某省某市某县某镇（乡）某村（具体面积、位置、界限见附件）的农村集体经营性建设用地（以下简称“出让地块”或“目标地块”）出让给乙方使用。

2. 目标地块方位：东起________，西至________，北至______，南至________（详见附件）。

3. 目标地块地上建筑物情况：________。

二、出让金及支付方式

1. 目标土地的出让金为每亩每年人民币______元（大写____________），目标地块出让金每年共计人民币______元（大写____________），____年出让期内目标地块总计出让金为______元（大写____________）。

2. 甲方指定收款账户：

开户行：

账户名：

账号：

3. 支付方式：一次性支付。支付时间为下述条件全部满足之后的30个工作日内：

（1）本协议经双方签署生效；

（2）目标地块上建筑物拆除完毕；

（3）甲方向乙方出具了与集体组织成员签署的《集体土地收回协议》（或其他类似性质的协议）；

（4）甲方向乙方出具了出让目标地块已按照《土地管理法》的规定取得了本集体经济组织成员的村民会议三分之二以上成员或者三分之二以上村民代表的同意的文件；

（5）甲方向乙方出具了本协议附件的相应原件；

（6）甲方协助乙方取得目标地块集体经营性建设用地使用证书。

4. 受让目标地块过程中所产生的税费由____方承担。

三、目标地块出让期限

1. 该目的地块出让期限为____年，自________年____月____日起至______年____月____日止。

2. 出让期限届满后，双方同意续签本协议的，可另行签署书面出让协议。双方不再续签的，针对乙方已投资开发建设的资产处置分配事宜，双方可另行签署书面协议予以明确。

四、目标地块出让用途

乙方受让该集体经营性建设用地后主要开发建设用途为：开展乡旅文化建设、民宿的开发与建设及其他配套设施的建设。

五、目标地块地上物的处置

针对目标地块现有地上建筑物的处置，采取第____种方式：

1. 甲方应于________年____月____日将地上建筑物处置完毕，因处置产生的人工费、材料费、机械费以及其他所有费用均由甲方承担。

2. 乙方负责处置目标地块地上建筑物，处置费用（同上）由甲方承担。

3. 乙方负责处置目标地块地上建筑物，处置费用（同上）由乙方承担。

六、特别约定

1. 为保证本协议合同目的的实现，甲方承诺在签署本协议前已按照《土地管理法》的规定就本协议涉及的事项充分告知了集体组织成员，并按照《土地管理法》第六十三条、第六十六条及其他法律、行政法规、规章和规范性文件的规定完成了集体土地的收回及其他前置程序工作，确保乙方在土地出让期内，开发建设目标地块不受任何集体组织成员和第三方的干扰，否则视为甲方根本违约。

2. 甲方承诺，协议履行期间，如该目标地块上乙方所开发建设的建筑物进行拆迁、征地、腾退等，无论届时该地上建筑物是否进行权属登记，其所有权归属于甲方。因拆迁、征地、腾退该地上建筑物产生的补偿应归属于乙方。同时，甲方应按照乙方实际使用目标地块期限返还剩余土地出让金。

七、甲方义务

1. 甲方有义务全力配合乙方申请相关国家政策和相关手续，因甲方配合不力或不及时为乙方造成损失时，乙方有权要求甲方退还全部出让金并赔偿乙方损失。

2. 甲方有权按照协议约定收取出让金;出让期限内,甲方不得要求乙方支付除出让金外的其他任何费用。

3. 保障乙方自主经营,不侵犯乙方的合法权益。

4. 按照协议约定,保证水、电畅通,并无偿提供通往目标地块的道路。

5. 为乙方提供自来水,并给予乙方以甲方村民的同等待遇。

6. 在协议履行期内,甲方不得重复出让该目标地块,否则视为甲方根本违约。

7. 甲方保证对该出让的土地具有处分的权利,且已经本集体经济组织成员的村民会议三分之二以上成员或者三分之二以上村民代表的同意。保证该土地上无任何抵押权利,签订本协议后至过户乙方名下之前,甲方不得与第三方签订任何与该目标地块有关联的任何合同协议。乙方自动受让该土地原有的地役权和相邻权。

8. 甲方确认:目标地块转让至乙方前,地块上不存在其他权利瑕疵和各种费用拖欠。转让后如第三方向乙方就目标地块主张权利和有关费用的,由甲方负责处理并承担相应赔偿或支付责任。

八、乙方权利

1. 乙方享有依法自主使用和经营目标地块的权利。

2. 乙方享有目标地块的收益权和按照协议约定兴建、购置财产的所有权。

3. 乙方享受国家规定的优惠政策,享有对公共设施的使用权。

4. 乙方可在目标地块上建设与约定用途有关的生产、生活设施,乙方开发建设的建筑物及修建的附属设施由乙方占有、使用、收益和处分,甲方无权干涉,协议期满后,乙方有续订本协议的优先权。

5. 无须甲方同意,乙方可将受让的目标地块进行转让、互换、出资、赠与或者抵押。

九、协议的变更和解除

1. 本协议一经签订,即具有法律约束力,任何一方不得随意变更或者解除。经甲乙双方协商一致签订书面协议方可变更或解除本协议。

2. 本协议履行中,如因不可抗力致使本协议难以履行时,本协议可以变更或解除,双方互不承担责任。

3. 本协议履行期间,如遇国家建设征用该土地,本协议自动解除,协议解除后按照本协议第六条约定执行。

4. 如甲方重复出让该地块或擅自断电、断水、断路或因甲方原因导致乙方无法正常经营达10个自然日以上的,乙方有权解除本协议,解除通知到达甲方时本协议解除。协议解除后,甲方应将乙方已支付未到期的出让金返还给乙方,并按照乙方针对目标地块的全部投入向乙方赔偿。

十、违约责任

1. 在协议履行期间,任何一方违反本协议的约定,视为违约。违约方按照本协议具体条款中约定的违约责任执行。

2. 乙方依法将本协议转让后,因甲方的原因致使转让合同不能履行,给转让后的受让方造成损失的,甲方应承担相应的责任。

十一、争议解决方法

本协议履行中如发生纠纷,由争议双方协商解决;协商不成,任何一方可向乙方所在地具有管辖权的人民法院提起诉讼。

十二、其他约定

1. 本协议经甲、乙双方签字或盖章后生效。

2. 本协议未尽事宜,可由双方约定后作为补充协议,补充协议与本协议具有同等法律效力。

3. 本协议一式　　份,甲乙双方各　　份。

4. 本协议附件包括:

(1)附件1:

(2)附件2:

(3)附件3:

签署时间:　　年　　月　　日

甲方(签字或盖章):

法定代表人或授权代表(签字):

乙方(签字或盖章):

二、集体建设用地入市现实困境

为破解城乡土地"二元化"管理、促进城乡"一体化"发展，2015 年起，国务院陆续在全国 33 个县（市、区）部署开展农村"三块地"改革试点工作。2019 年 12 月，试点改革工作进入尾声。在总结各试点经验的基础上，修正的《土地管理法》于 2020 年 1 月 1 日正式施行，明确规定符合土地利用总体规划、城乡规划的集体经营性建设用地可以依法入市流转，但仍然存在以下问题。

（一）实施主体方面的分析

随着党中央、国务院对农村土地制度改革的高度重视，党的十八届三中全会对农村土地征收、集体经营性建设用地入市、宅基地制度改革作出重要部署。2015 年 2 月 27 日，第十二届全国人大常委会第十三次会议审议通过《关于授权国务院在北京市大兴区等三十三个试点县（市、区）行政区域暂时调整实施有关法律规定的决定》，按照党中央、国务院部署要求，2015 年 3 月 23 日至 25 日，原国土资源部召开试点工作部署暨培训会议，正式启动农村土地征收、集体经营性建设用地入市、宅基地制度改革试点工作。城镇国有土地使用制度的改革、城市化进程的加快，农村集体土地特别是城市规划区内的农村集体建设用地的使用权价值和资产价值越来越显现，交易活动越来越频繁，这也就形成了集体土地入市。第十三届全国人大常委会第十二次会议审议通过了《关于修改〈土地管理法〉的决定》，新修改的《土地管理法》破除了农村集体建设用地进入市场的法律障碍，删除原《土地管理法》第 43 条"任何单位或个人需要使用土地的必须使用国有土地"的规定；增加规定农村集体建设用地在符合规划、依法登记，并经 2/3 以上集体经济组织成员同意的情况下，可以通过出让、出租等方式交由农村集体经济组织以外的单位或个人直接使用，同时使用者在取得农村集体建设用地之后可以通过转让、互换、抵押的方式进行再次转让。那么，从集体经营性建设用地入市程序来说，明确相应的实施主体对开展此项工作极为重要。

1. 集体经营性建设用地入市实施主体的主要形式

《土地管理法》第 9 条第 2 款规定："农村和城市郊区的土地，除由法律规定属于国家所有的以外，属于农民集体所有；宅基地和自留地、自留山，属于农民集体所有。"第 11 条规定："农民集体所有的土地依法属于村农民集体所有的，由村集体经济组织或者村民委员会经营、管理；已经分别属于村内两个以上农村集体经济组织的农民集体所有的，由村内各该农村集体经济组织或者村民小组经营、管理；已经属于乡（镇）农民集体所有的，由乡（镇）农村集体经济组织经营、管理。”由此可知，集体经营性建设用地入市主体首先是代表集体土地所有权的农民集体，农民集体包括乡镇农民集体、村级农民集体和村民小组农民集体。此次新修改的《土地管理法》，为了保护农民分享土地增值收益，成为土地增值受益人，更大地激发了农民管理、经营土地热情。

2015 年《土地管理法》的修正删除原第 43 条“任何单位或个人需要使用土地的必须使用国有土地的规定”，第 63 条增加：“经依法登记的集体经营性建设用地，土地所有权人可以通过出让、出租等方式交由单位或者个人使用，并应当签订书面合同，载明土地界址、面积、动工期限、使用期限、土地用途、规划条件和双方其他权利义务。同时还应当经本集体经济组织成员的村民会议三分之二以上成员或者三分之二以上村民代表的同意。”从而再次确认，允许再次入市的主体为已经取得集体经营性建设用地使用权的使用人，使用权人既可以是个人，也可以是在市场监督行政管理部门依法登记注册成立的具有企业法人资格的组织机构。

2. 集体经营性建设用地入市试点地区实施主体的表现形式

通过各地试点情况看，实施主体的选择方式各有不同：

一是以村民委员会或村民小组作为入市实施主体。如山西泽州以村民委员会为入市实施主体，江西余江由村民小组作为入市实施主体。二是以农村集体经济组织为入市实施主体。如上海松江以镇级农村集体经济联合社和村级集体经济合作社分别作为镇集体土地和村集体土地入市实施主体，贵州湄潭以村股份经济合作社为入市实施主体。三是委托授权具有市场法人资格的代理机构作为入市实施主体。如四川郫县集体经济组织委托农村集体资产管理公司作为入市实施主体。四是乡（镇）政府作为入市实施主体。乡（镇）集体经济所有的经营性建设用地，在乡（镇）集体经济组织缺位的情况下，由乡（镇）政府作为入市实施主体。五是镇级土地联营公司或土地储备中心为入市实施主体。如北京大兴组建了镇级土地联营公司，各村集体以土地使用权作价入股，土地使用权交给联营公司实施入市；广东南海区成立了镇级集体土地储备中心，集体经济组织将一定期限内的土地使用权委托给土地储备中心，由土地储备中心代表集体经济组织作为入市实施主体。

3. 集体经营性建设用地入市实施主体存在的问题

(1)村民委员会和村民小组。村民委员会作为普遍存在的入市实施主体，每个行政村都有，村民委员会依据《村民委员会组织法》开展农村村民自治工作。由于其是村民自治组织，不具备市场经济主体职能，在活跃的市场经济活动中，由于制度限制障碍导致行为能力明显不足。村民小组作为村民委员会的组成部分，存在同样的问题。

(2)农村集体经济组织。包括乡(镇)农村集体经济组织、村集体经济组织和组集体经济组织，是集体资产管理的主体，表现为经济合作社或股份经济合作社。农村集体经济组织作为入市实施主体，提高了农民集体参与市场竞争的能力，但由于各地各级农村集体经济组织发展水平不平衡不均衡，导致农村集体经济组织作为入市实施主体并不是通用的做法。

(3)具有企业法人资格的组织机构。具有企业法人资格的组织机构与农民集体是委托—代理关系，多以代理公司形式出现，双方之间没有太多经济利益上的牵连，基本能够实现政经分离。但作为社会资本成立的具有企业法人资格的组织机构，当作为集体土地经营性建设用地入市的实施主体时，在追求经济利益最大化的同时，有可能存在不能体现全体村民意愿和违反民主原则的行为。

(4)土地联营公司或土地储备中心。在市场中介机构尚未发展起来时，为了弥补市场供给不足，由政府出资组建平台公司，镇级土地联营公司和土地储备中心应运而生。虽然作为集体土地经营性建设用地入市的实施主体，提高了经营管理水平、降低集体土地交易成本、防范了经营风险；但是由于二者是政府成立的公司，由于政府处于强势地位，难免出现干预集体决策，同时政府与市场的界限不清，不利于激发市场活力。

(二)集体经营性建设用地入市范围不明晰，与土地征收制度存在冲突

1. 新增集体经营性建设用地入市来源未明晰，缺乏相关细则

2015 年，全国人大授权国务院在试点县(市、区)暂时停止实施《土地管理法》第 43 条、第 63 条和《城市房地产管理法》第 9 条关于集体建设用地不得入市流转等规定。中共中央办公厅、国务院办公厅《关于农村土地征收、集体经营

性建设用地入市、宅基地制度改革试点工作的意见》(以下简称《试点意见》)将改革的入市范围限定在存量集体经营性建设用地范围之内,即试点改革进行前已确定为经营性用途的集体土地才可入市流转,如乡镇企业、批发市场、供销社等具有生产经营性质的集体土地。目前我国集体经营性建设用地呈现规模较小且分散的特点,同时受地域、经济发展的影响,东部地区的集体经营性建设用地数量比中西部地区数量多。关于存量集体经营性建设用地的具体数量没有准确数据,"二调"(第二次全国国土调查)结果显示,集体经营性建设用地约占农村建设用地总量的10%。[①] 另根据自然资源部"三调"结果,全国建设用地总量6.13亿亩,城镇建设用地总规模达到1.55亿亩,[②]推算目前我国存量农村建设用地规模约为4.58亿亩,其中存量集体经营性建设用地约为0.458亿亩。实践中,各试点严格遵循《试点意见》的规定,在改革试点工作中将可入市的集体建设用地限定在存量农村集体建设用地,但部分试点在改革工作中发现,存在因土地征收安置等原因出现大量新增集体建设用地,根据试点政策,这些手续完备的新增集体建设用地不能入市,不仅可能造成土地资源的闲置浪费,还会严重影响农民收益。针对集体建设用地入市范围较窄的问题,部分试点地区建议,在符合规划和用途管制的前提下,进一步扩大入市范围,允许新增集体建设用地入市。[③] 在总结试点经验基础之上,2019年修正的新《土地管理法》第63条、《土地管理法实施条例》第38条规定依法办理所有权登记且符合经营性用途的集体建设用地可以采用出租、出让等方式进行流转。至此,从法律层面确定集体经营性建设用地入市范围不仅限定于存量集体经营性建设用地,还包括新增集体经营性建设用地。新增集体经营性建设用地主要来源于宅基地整合结余转用及农用地转用,新《土地管理法》及新《土地管理法实施条例》对宅基地整合结余转用、农用地转用为集体经营性建设用地后入市的相关内容未作出明确细则,仅在新《土地管理法》第23条确定每年可安排一定的新增集体经营

---

① 参见林依标、林瀚:《集体经营性建设用地入市的实践思考》,载《中国土地》2021年6月。

② 参见《第三次全国国土调查主要数据成果发布》,(2021-08-26),载中华人民共和国自然资源部官网:http://www.mnr.gov.cn/dt/ywbb/202108/t20210826_2678337.html。

③ 参见《国务院关于农村土地征收、集体经营性建设用地入市、宅基地制度改革试点情况的总结报告》,(2018-12-23),载中国人大网:http://www.npc.gov.cn/npc/c12491/201812/3821c5a89c4a4a9d8cd10e8e2653bdde.shtml。

性建设用地指标。这导致各地对宅基地整合结余转用、农用地转用为集体经营性建设用地后入市看法不同,缺乏统一的操作准则。

2. 集体经营性建设用地入市范围与土地征收范围存在竞合,导致利益冲突

允许集体经营性建设用地入市必然会存在征收与入市边界上的冲突。新《土地管理法》第45条规定为了公共利益,政府在六种情形下,可以依法对集体土地实施征收。新《土地管理法》第45条进一步缩小了征收范围,给集体经营性建设用地入市留出空间。目前新《土地管理法》没有明确规定集体经营性建设用地只能入市,不得征收,也就是说,当集体经营性建设用地符合第45条规定时,其可能就会被政府依法征收,即集体经营性建设用地可以依法入市,也可以依法被政府征收,存在竞合部分,也势必造成利益冲突。

集体经营性建设用地入市可能对地方政府征收工作产生以下影响:首先,集体经营性建设用地入市将导致政府征收范围的进一步缩小,导致地方财政收益减少。根据原《土地管理法》第43条的规定,任何单位和个人进行建设必须使用国有土地,这使我国的土地市场几乎被国有建设用地垄断,若某企业需要在集体建设用地上建设,那么首先需要政府对该区域进行征收,使该区域土地性质转变为国有建设用地后才能进入土地市场流转;在流转中,政府可以通过收取土地出让金的方式来增加地方财政收入。若允许集体经营性建设用地之直接入市,那么地方政府的财政收入将大幅减少。在允许集体经营性建设用地入市后,若不能平衡地方政府与集体分配土地增值收益调节金的程度,有的政府可能会阻碍一部分集体经营性建设用地入市。其次,集体经营性建设用地入市意味着供地主体的多样化,可能出现恶意竞价等情况,对国有土地市场等造成冲击。在允许集体经营性建设用地入市前,集体经营性建设用地进入市场的唯一方式就是由地方政府征收,土地市场供地主体较为单一,不容易出现恶意竞价等情形。集体经营性建设用地入市意味着地方政府、村集体、农民集体等都可能作为供地主体进入土地市场,在利益驱使下,可能出现恶意竞争等行为,致使土地市场交易秩序混乱,也会在一定程度上影响征收工作。再次,由于征收安置的效益远低于集体经营性建设用地入市所带来的效益,农民更倾向于集体经营性建设用地入市会给政府征收工作带来较大的阻力。目前我国对征收集体经营性建设用地的补偿标准没有作出统一的明确规定,而是由省、自治区、

直辖市因地制宜地制定补偿标准,但定价普遍低于市场价格。允许集体经营性建设用地入市后,其市场价格可能受区位、供求均衡度、交易方式等多方面的原因影响产生差异,农民通过对比两种市场化方式产生的效益,一旦形成集体经营性建设用地入市更有利的思维模式,会对地方政府的征收工作产生一定的阻碍。最后,土地财政收入减少后,可能影响地方政府提供公共服务及基础设施建设的能力。在集体经营性建设用地入市前需要投入大量的人力、物力、财力进行基础设施建设。在试点工作中,政府根据《农村集体经营性建设用地土地增值收益调节金征收使用管理暂行办法》第 4 条及第 6 条的规定,由集体经营性建设用地使用权人向国家缴纳土地增值收益 20% ~50% 的调节金,地方财政部门统筹安排使用,形成了地方政府、农民集体和农民三方主体共同对土地增值收益进行分配的模式。试点工作结束后,《农村集体经营性建设用地土地增值收益调节金征收使用管理暂行办法》失效,但新《土地管理法》对土地增值收益的分配、未作出明确规定,处于无法可依的状态。若集体经营性建设用地所有权人和使用人只享受权利,不承担相应的义务,将会进一步加重地方政府的财政压力,影响地方政府的公共投入,进而打击地方政府对集体经营性建设用地入市的积极性。

(三)集体经营性建设用地入市收益分配

2018 年国家乡村振兴战略提出,乡村的发展越来越受到关注,这是全面建设成小康社会、全面建设社会主义现代化强国的一项重大战略任务。2021 年 2 月 21 日,“中央一号文件”中共中央、国务院《关于全面推进乡村振兴加快农业农村现代化的意见》正式发布。该文件明确指出,民族复兴,乡村振兴,要坚持把解决好“三农”问题作为全党工作重中之重。其中,将探索实施农村集体经营性建设用地入市制度,作为深入推进农村改革,完善农村产权制度和要素市场化配置机制,充分激发农村发展内生动力的重要事项。

农村集体经营性建设用地入市改革的推动与发展,有利于盘活农村土地资源资产,助力农村产业发展兴旺,实现乡村振兴。2018 年 12 月 23 日,在第十三届全国人民代表大会常务委员会第七次会议上,国务院《关于农村土地征收、集体经营性建设用地入市、宅基地制度改革试点情况的总结报告》指出:33 个试点县(市、区)已按新办法实施征地 1275 宗、18 万亩;集体经营性建设用地已入市地块1万余宗,面积9万余亩,总价款约257亿元,收取调节金28.6亿元,办理集体经营性建设用地抵押贷款228宗、38.6亿元;腾退出零星、闲置的宅基地约14万户、8.4万亩,办理农房抵押贷款5.8万宗、111亿元。33个试点县(市、区)征地补偿安置标准比法定补偿标准普遍提高,增加的征地补偿费用全部由财政列支。集体经营性建设用地入市进一步显化了集体土地价值,试点地区共获得入市收益178.1亿元。浙江德清已入市集体经营性建设用地183宗、1347亩,农村集体经济组织和农民获得净收益2.7亿元,惠及农民18万余人,覆盖面达65%。宅基地制度改革通过解决历史遗留问题,保障了农民土地权益,形成了多样的农民住房保障形式,有效满足了农民的多元化居住需求。农房抵押、有偿退出、流转等制度设计,增加了农民财产性收入。

1. 土地增值收益分配主体

集体经营性建设用地入市后,收益分配成为核心问题之一。《农村集体经营性建设用地土地增值收益调节金征收使用管理暂行办法》规定,“农村集体经营性建设用地土地增值收益,是指农村经营性建设用地入市环节入市收入扣除取得成本和土地开发支出后的净收益,以及再转让环节的再转让收入扣除取得成本和土地开发支出后的净收益。”集体土地入市收益分配的实质在于实现土地使用价值和权利人合法权益的最大化,其分配公平与否直系农民切身利益。由于涉及的利益方众多,《土地管理法》的历次修改都经历了较长时间的研究和讨论,如何平衡各方的利益是法律修改的主要难题。集体经营性建设用地入市作为土地管理法修订的最大亮点,从试点开始,就影响各方的利益。党的十八届三中全会决定明确指出要“建立兼顾国家、集体、个人的土地增值收益分配机制”。集体经营性建设用地使用权入市收益分配主体主要涉及政府、农民集体以及农民集体内部成员。由这三方主体构成收益分配关系,一是总收益在农民集体和政府间的分配关系(集体与政府之间的分配),决定了农民集体的土地净收益。二是净收益在农民集体与农民集体之间的分配关系(集体之间的分配),这决定了不同农民集体分别能分到多少净收益。三是流转收益在农民集体与内部成员之间的分配关系(集体与农民之间的分配),决定了每一户集体成员的收益和留存于集体组织的收益的比例。如何平衡政府、农民集体、农民个人三者利益,从而推动改革持续深化是土地制度改革中的重中之重。

(1)政府的收益分配。

虽然学界对于政府是否应该参与收益分配存有分歧,但各地实践均对政府的收益分配权予以了肯定。政府通过政策、制度的创新,探索集体土地入市的方法和路径,是实现国有土地和农村集体建设用地同权同价,打破城乡二元结构的关键。在集体经营性建设用地入市的试点地区,多数地方政府参与分配流转中产生的收益或者通过税收分享收益成果。政府与集体间的分配主要依据2016年财政部和原国土资源部联合发布的《农村集体经营性建设用地土地增值收益调节金征收使用管理暂行办法》的规定,农村集体经济组织通过出让、租赁、作价出资(入股)等方式取得农村集体经营性建设用地入市收益,以及入市后的农村集体经营性建设用地土地使用权人,以出售、交换、赠与、出租、作价出资(入股)或其他视同转让等方式取得再转让收益时,向国家缴纳调节金。

(2)集体的收益分配。

农村集体经济组织是农村集体土地的所有权人,可享受占有、使用、收益和处分土地所带来的收益。新《土地管理法》规定只有经依法登记的集体经营性建设用地才能参与流转,在利益的驱动下,将极大地推进集体土地确权登记工作。农村集体经营性建设用地一般分属不同的集体经济组织,因规划用途、交通区位的不同带来的入市收益也存在差异,因此需要平衡集体经济组织之间因用途、区位造成的入市收益差异,以顺利推动土地入市。集体土地入市后产生的收益可用于农村基础设施和公用事业的建设、集体经济组织范围内成员的社会保障等用途。

(3)集体内部成员的收益分配。

在试点前,巨大利益的诱惑催生了集体土地私下流转的现象,由于交易信息透明度低,不利于保障处于弱势地位农民的根本利益。在集体内部成员之间的分配上,则更多地强调遵循意识自治原则,不少学者认为集体内部收益分配的实质是集体自治问题,所以具体分配比例、方式和资金使用情况等问题应由集体成员自主决定。无论是直接受益还是通过集体经济组织的公共服务来受益,农民都应该是农民集体获得集体用地流转收益的最终受益者。集体土地入市后,产生的收益无论是采用明确的比例分配给农民还是折算成股份由授权单位统一经营管理,都应保障交易和分配的有序进行,有利于维护农民的合法权益。

2. 政府如何参与增值收益分配

农村集体经营性建设用地入市如果不能建立起合理的土地增值收益分配机制，会带来两个失衡：一是土地财政的失衡。集体经营性建设用地直接入市意味着市县政府通过出让取得的土地收益相应减少，这对严重依赖土地财政的地方政府来说无疑面临严峻挑战。二是收益分配的失衡。受区位条件和规划用途的影响，不同集体经济组织之间的入市收益苦乐不均，远郊农村与城乡接合部之间、规划为建设用地与规划为生态用地之间可能出现巨大不平衡。地方政府与农民集体经济组织之间的入市收益分配问题，除关系地方政府能否获得可持续财税收入外，还关系土地征收转用与集体土地入市取得的土地增值收益在国家和集体之间分享比例能否大体平衡，以及不同集体经济组织之间土地收益能否公平分配。可见，在地方政府与农民集体之间合理分配入市收益，是入市收益分配的核心和前提。归结起来，政府参与收益分配中主要涉及"收什么""收多少"两个方面的问题。

(1)"收什么"：收税还是收费。

有人质疑，认为集体土地的增值收益（地租）是集体土地所有权的经济体现，政府不是集体土地的所有权人，没有理由要在集体土地的增值收益中征收土地增值收益调节金。征收土地增值收益调节金作为入市改革试点阶段的一项特别授权，并无不妥，而对于试点过后的制度安排，是收税还是收费（金），确有讨论之必要。第一，《农村集体经营性建设用地土地增值收益调节金征收使用管理暂行办法》第15条规定调节金按照"非税收入"收缴管理；可见官方层面未将其作为税收。第二，调节金不是"费"。"费"具有有偿性，缴纳者能够从政府提供的相应服务中直接受益，缴费和服务存在对应的有偿交换关系。政府征收土地增值收益调节金未提供直接对应的公共服务，故调节金不属于"费"的范畴。第三，调节金实际上具有税收的特点和作用。税的突出特点是无偿性，国家税收对具体纳税人既不需要直接偿还，也不需要付出任何形式的直接报酬或代价，这使税收区别于国有经济收入、规费收入等其他财政收入范畴。土地增值收益调节金实质上符合此种强制性和无偿性，具有收入分配和宏观调控的功能，能够通过再次分配实现公平价值。

从世界范围看，在实行土地私有制的国家或地区，对土地使用权转让收益大都要课以不同种类的税收。有的是对土地所得与其他所得一样征收所得税，有的是对土地使用权转让收益单独征收土地增值税。此外，对土地转移行为（无论土地转移是否有所得或增值）课税的国家和地区也很多。我国未来对于农村集体经营性建设用地入市的一般行为，可以采取征收土地增值税办法，征税更符合农村集体经营性建设用地的所有权属性和征税、减费的税改原则。而在整体实施农村土地综合整治的地区，也可以借鉴其他国家和地区的做法，实行“谁受益，谁付费”，由集体经济组织分担公共设施用地和抵费地。我国目前主要采取“按比例分配为主，税收为辅”的模式，即绝大部分试点地方要求集体缴纳一定比例的土地收益调节金以保证政府的分配权利，少数地方还涉及税收问题，如广东省、浙江德清、广西北流等地。

(2)“收多少”:收取比例问题。

按照中共中央办公厅、国务院办公厅《关于农村土地征收、集体经营性建设用地入市、宅基地制度改革试点工作的意见》的要求，农村集体经营性建设用地入市，农村集体经济组织取得出让收益，政府应确定合理比例收取土地增值收益调节金。财政部、原国土资源部于2016年发布了《农村集体经营性建设用地土地增值收益调节金征收使用管理暂行办法》的通知，其第2～6条规定土地增值收益调节金为农村集体经济组织取得农村集体经营性建设用地入市收益以及再转让收益时，向国家缴纳的调节金，由试点县财政部门会同国土资源主管部门负责组织征收，比例按入市或再转让农村集体经营性建设用地土地增值收益的20%～50%征收。在契税暂无法覆盖农村集体经营性建设用地入市环节的过渡时期，政府还会再按成交价款的3%～5%征收与契税相当的调节金。

中共中央办公厅、国务院办公厅《关于农村土地征收、集体经营性建设用地入市、宅基地制度改革试点工作的意见》提出，“农村集体经营性建设用地入市，农村集体经济组织取得出让收益，政府应综合考虑形成土地增值收益的因素，从当地实际出发，确定合理比例收取土地增值收益调节金，以实现土地征收转用与集体经营性建设用地入市取得的土地增值收益在国家和集体之间分享比例的大体平衡”。一是根据集体经营性建设用地的入市方式、所属规划区域、用途、确定不同分配比例。浙江德清以“同等入市、同地同权同价”分两步确定土地增值收益调节金收取比例。第一步，参照国有土地出让金提取情况确定集体经营性建设用地出让收入收取调节金的基础比例。第二步，再考虑不同用途、不同区位政府投入的基础设施配套费用，分别确定集体经营性建设用地调节金收取的最终比例。四川郫县区分入市土地的类型、用途、方式分别确定土地收益资金、基础设施建设资金和耕地保护资金征收标准，综合确定入市地块调节金的收取比例。二是完善现有“按比例分配为主、税收为辅”的分配模式。政府从集体土地收益中收取调节金，也是寻求该平衡点的一个尝试。在东部经济发达的沿海地区，出现了具有明显调节力度的“累进制”调节金收取方式，即根据总成交价款或增值收益的高低，分别适用不同层级的提取比例，收益越高，则适用的比例越高。如浙江义乌市采用“三级超率累进制”，吉林长春九台区参照土地增值税分级超额累进计税方法。另外，还可以根据征收转用与直接入市两方面的土地增值收益进行统筹核算确定。浙江德清的做法是，首先，按照国有建设用地有偿使用收入扣除征地补偿安置费用及土地开发支出等成本后，计算近年来征收转用产生的平均土地增值收益；其次，按照集体经营性建设用地入市扣除取得成本和模拟开发成本后，计算已入市土地平均增值收益；最后，对二者结果进行比较研究和统筹分析，根据规划用途、区位、政府基础设施配套等差异，差别化收取收益调节金，对收取的调节金重点用于农村基础设施建设、环境建设、土地前期开发等支出，也符合《关于调整完善土地出让收入使用范围优先支持乡村振兴的意见》的方向。

（四）如何保障集体、农民的收益权益

按照集体入市土地所属三级经济组织的不同，将集体经营性建设用地入市所有权收益，按不同比例折算于农村集体，形成了以农村集体利益为主的土地利益分配规则。从试点区域政策来看，大部分优先用于农村基础设施建设，还有部分试点用于村民的社会保障。农民集体和各级政府都参与了土地收益分配，不过农民集体始终是集体经营性建设用地入市收益分配的主角。尽管政府主体参与分配比例在不同地区有所区别，但农民集体始终在集体经营性建设用地入市进程中居于主体地位。关于农民集体与集体成员之间的收益分配，虽然各试点地区出于经济发展阶段和社会保障水平的差异对集体成员的收益分配比例作出了不同的规定，但集体成员毕竟在集体经营性建设用地入市中得到了实实在在的收益，农民集体所取得的收益大多也用于集体成员福利的支出，利益的享有者仍为集体成员。

土地增值收益在集体内部的分配，主要涉及三方面问题：一是如何合理认定分享土地增值收益的集体成员，二是如何合理确定集体经济组织提留和成员分配比例，三是如何建立集体提留资金用途及其财务管理制度。按照相关法规和政策，集体成员资格认定需经村民大会或村民代表大会2/3以上通过后方可生效；妇女、儿童等集体新成员应享有完整的成员财产权，任何组织和个人不得剥夺和侵害其合法财产权利。关于集体经济组织提留和成员分配比例，各地存在较大差异。比如，四川郫县统一以“二八”分成作为指导性分配比例，即将不高于入市净收益的20%用于村民分红，剩下由集体经济组织统一分配使用。又如，贵州湄潭县规定集体存留比例不得少于征收增值收益调节金后收益的30%，农民集体与集体成员分配比例由集体经济组织成员民主决议。对于集体提留资金的用途及其财务管理，各地制定了相应管理制度。总的来看，集体提留主要用于相关村、组集体社区的各项基础设施建设、社会福利事业和其他基本公共服务开支，纳入农村集体资产统一管理和监督。基础设施建设、社会福利事业及其他基本公共服务的重大事项依法履行民主决策程序，并在集体经济组织内部公示，接受村民自治组织及乡（镇）政府的监督管理。

（五）收益分配的困境

1. 无法有效平衡农民集体内部的收益分配

收益如何合理分配是集体经营性建设用地入市面临的核心问题，集体经济组织资产所有人泛化，真正权利者不明，造成集体内部无法形成可持续的增值收益分配机制，从而实际上使得农民在土地增值收益分配中处于劣势地位。当前很多地方的农村集体经济组织是一个泛化的组织，农村集体经济组织成员与村民混同。集体民主管理机制不健全的地方，往往由村委会代行决议，不仅不利于提升农村集体建设用地入市的经济效率，更不利于土地增值收益在集体内部公平分配。作为真正的资产权益主体的农村集体经济组织成员难以对收益资产的使用进行有效监督，进而从资产中受益，造成集体经济组织成员权利的虚化。

2. 无法有效平衡不同区位土地所有者之间的利益

经济发达地区或城市近郊由于经济发展水平较高，土地区位较好，土地有效需求旺盛,使其集体建设用地入市后能俘获大量土地增值收益,从而出现“一夜暴富”现象。相反,经济落后地区或城市远郊则由于经济发展水平落后,土地区位较差,使其农村集体土地入市后增值不明显,集体经营性建设用地入市后获得的出让金在去掉政府调节金、安置成本等各项成本之后面临收不抵支的现象。同时,由于土地用途管制的存在,使处于规划区内的农民集体能俘获大量土地增值收益,而处于规划区外的农民,则不能享受经济发展带来的红利,加剧了土地增值收益分配不公。

3. 缺乏有效的、可操作的监督制度

一方面,由于集体经营性建设用地入市涉及问题复杂、各地情况不一,急需各类监管政策、实施细则和操作指引的出台,引导市场走向正轨,但政策的完善需要一个漫长的探索过程,在这期间必然出现相关配套文件缺位或不完善而引发的一系列问题;另一方面,农村集体拥有集体经营性建设用地的所有权,但处置权实际上可能掌握在村干部或相关利益群体手中,在农民对集体经营性建设用地入市交易不了解、监督缺位的情况下,难免出现农村集体利益受损的情况。

三、集体经营性建设用地入市困境的解决路径

1. 针对宅基地转用、农用地转用制定细则,为新增集体经营性建设用地入市扫清障碍

国家对集体经营性建设用地入市的总基调是“控制新增集体建设用地,盘活存量集体建设用地”。《土地管理法实施条例》第 37 条、《乡村振兴促进法》第 67 条规定地方政府要优先盘活农村存量土地,节约集约用地,进一步激活农村土地资源。但因缺乏宅基地转用、农用地转用为集体经营性建设用地相关细则,导致新增集体经营性建设用地入市较为困难。

首先,宅基地在农村集体建设用地中占比最高,是乡村振兴战略的重要组成部分,随着乡村振兴战略的实施,宅基地由原来的居住保障功能逐渐向居住、经营、财产增值等复合功能转型。根据国家出台的相关法律法规及政策可以看出,在符合规划的前提下,国家对集体公益性建设用地(如宅基地)转变为集体经营性建设用地未持否定态度。《土地管理法实施条例》第 33 条、《土地管理法》第 62 条、农业农村部《关于积极稳妥开展农村闲置宅基地和闲置住宅盘活利用工作的通知》规定国家鼓励农村集体经济组织及其成员节约集约利用闲置

宅基地、住宅开展乡村旅游、餐饮民宿、电子商务以及农产品冷链、初加工、仓储等一二三产业融合发展项目。中共中央、国务院《关于建立健全城乡融合发展体制机制和政策体系的意见》明确在农民自愿的前提下，可以将有偿收回的宅基地转用为集体经营性建设用地入市，[①]但实践中，宅基地转用仍然存在阻碍。随着城市经济的迅速发展，很多农村人口进城务工，但因城市商品房价格过高、保障性住房覆盖面过窄等问题，一部分农村人口未能在城镇定居，实现农村人口的市民化，此时闲置宅基地的居住保障作用就体现了出来，因此需要进一步明确对宅基地是否可以转用、转用的准入条件、流转主体、流转方式、流转年限、开放利用方式等方面作出明确规定，进而建立城乡统一建设用地市场平台，通过该平台拍卖、挂牌等方式进行交易。减少村集体或农民因为短期利益将宅基地转用而“无房可住，无路可退”的现象发生，在一定程度上对农民居住进行保障，稳定农村社会。

其次，对于农用地转变为集体经营性建设用地国家虽然未持否定态度，但秉持着严格把控、非鼓励的态度。“三调”结果显示，截至2019年年末，我国耕地规模为19.18亿亩，实现了国家2030年耕地保有量达18.25亿亩的目标。[②]根据《土地管理法》第四章、《土地管理法实施条例》第三章及第四章第二节相关条款，我国仍然坚持最严格的耕地保护制度，严格控制耕地转为非耕地，对于农用地转用为建设用地有着非常严苛的审查程序。实践中，部分农用地存在产值低、规模小等现象，对于此类耕地，《土地管理法》第42条明确国家鼓励村集体对中、低产田进行改造，对闲散地、废弃地进行整治，以此保证18亿亩耕地红线不突破，为粮食安全做好保障工作。避免耕地被擅自改变为建设用地的有效办法，是继续严格实行土地用途管制制度。

2. 明确集体经营性建设用地入市与征收边界，通过调整征收补偿标准、设置政府优先受让等措施发挥市场作用，间接减缓入市与征收的冲突减缓集体经

---

① 参见《中共中央　国务院关于建立健全城乡融合发展体制机制和政策体系的意见》(2019-04-15)，载中华人民共和国中央人民政府网：http://www.gov.cn/zhengce/2019-05/05/content_5388880.htm，2021年12月21日最后访问。

② 参见《第三次全国国土调查主要数据成果发布》(2021-08-26)，载中华人民共和国自然资源部网：http://www.mnr.gov.cn/dt/ywbb/202108/t20210826_2678337.html，2021年12月21日最后访问。

营性建设用地入市与土地征收之间的冲突可以从以下几个方面进行：首先，明确集体经营性建设用地入市与征收边界，即当同一块集体经营性建设用地既可以入市又可以由政府征收时，哪一种市场化方式更为优先的问题。可以分为两种情况予以解决：第一，该块土地上的建设属于有争议的公共利益用途时，应确保优先将集体经营性建设用地入市。当土地上的建设属于开发经营性的公共利益或《土地管理法》第45条规定的其他征收情形，存在公共利益属性争议时，应当根据乡村振兴战略及城乡建设用地市场“同权同责，同等入市”的趋势，确立集体经营性建设用地入市优先原则。如政府决定采用PPP模式对某土地进行公共建设，那么可以由农民或集体将该土地进行投资，由PPP项目公司购买后进行开发建设，由此保证农民或集体收益最大化。但同时需要把握集体经营性建设用地入市优先的程度，一味地优先势必对公共利益造成损害，因此需要对集体经营性建设用地入市的权利作出必要限制。第二，该块土地上的建设属于无争议的公共利益用途，应确立政府征收优先原则，即该土地上的建设符合《土地管理法》第45条前五种征收情形时，属于无争议的公共利益用途，为确保公共建设，应由政府优先征收，一定程度上保证政府的财政收入，减轻地方政府提供公共服务及基础设施建设的资金压力。其次，构建城乡统一的土地价格管制制度，进一步提高土地征收补偿，基本与市场价格持平。土地价格是国家构建城乡统一的土地市场的有力抓手，通过对土地范围、质量等进行评估，制定基准土地价格进行公示，防止因缺乏基准底价等造成土地市场出现恶意竞价、地价混乱等情况。同时以国有建设用地的市场价格作为参考，进一步提高土地征收补偿数额，当集体经营性建设用地入市或政府征收的利益回报相当时，农民或集体对集体经营性建设用地被征收的抵触心理自然会减少。

第三节 土地经营权流转法律实务指引

在本节中，笔者主要探讨的是用于农业生产活动的土地经营权流转问题，集体建设用地（包括宅基地）等土地流转问题在本书其他章节有详细阐述。

按照经济学的生产三要素论，土地是最基本的生产要素。中国是一个农业大国，对中国的很多乡村来说，土地是其唯一方便获得和利用的生产要素，集体土地的经营方式是关系到中国广大乡村经济发展和数亿农村人口生活保障的关键问题。只有激活土地要素，资本、劳动力和技术等其他要素才可能涌入。2019 年《土地管理法》修正后，确定了主要坚持农村土地集体所有，实现所有权、承包权、经营权“三权”分置，引导土地经营权有序流转的集体土地权利制度。

农村集体土地流转之所以频繁受到关注，根本原因是其作为土地要素的价值长期未被激活，导致其使用效率和增值空间双低。事实上，长期以来，连接着农民土地权益、城乡融合发展的集体土地流转问题，是许多“三农”学者、城乡经济研究者高度关注的议题。乡村振兴战略大力促进村民积极参与土地流转，盘活丢荒、闲置耕地，唤醒“沉睡”土地资产，力争土地连片规模化流转、集约化经营，以更大的力度激发农村土地资源要素活力。

乡村振兴战略中，土地作为乡村最重要的生产资料，其流转问题一直是乡村工作中的重点和难点，本节笔者重点探讨用于农业用途的集体土地流转在实务中存在的一些问题。

一、农村集体土地现状和土地经营权流转的重要意义

（一）让土地流转助推“乡村振兴战略”

2020 年，中共中央总书记、国家主席、中央军委主席习近平对新时代推进农村土地制度改革、做好农村承包地管理工作作出重要指示强调，新时代推进农村土地制度改革，要坚持把依法维护农民权益作为出发点和落脚点，坚持农村土地农民集体所有制不动摇，坚持家庭承包经营基础性地位不动摇。要运用农村承包地确权登记颁证成果，扎实推进第二轮土地承包到期后再延长 30 年工作，保持农村土地承包关系稳定并长久不变。要根据实践发展要求，丰富集体所有权、农户承包权、土地经营权的有效实现形式，促进农村土地资源优化配置，积极培育新型农业经营主体，发展壮大农业社会化服务组织，鼓励和支持广大小农户走同现代农业相结合的发展之路，使农村基本经营制度始终充满活力，不断为促进乡村全面振兴、实现农业农村现代化创造有利条件。

习近平总书记的讲话高屋建瓴地指出了农村集体土地在乡村振兴战略中的重要作用。党的十九届五中全会强调：“优先发展农业农村，全面推进乡村振兴。”2020年“中央一号文件”再次强调：“开展第二轮土地承包到期后再延长30年试点在试点基础上研究制定延包的具体办法。鼓励发展多种形式适度规模经营。鼓励发展多种形式适度规模经营。”而农地适度规模经营的前提就是推进农村土地有序流转，只有加快农地流转，才能推进农业规模化、产业化、集约化、集群化发展，才能大范围推广农业科技和农业生产基础设施，实现农业现代化发展。因此，加快推进农村土地有序流转是推进农村经济发展、实现乡村振兴的关键因素。

全面推进乡村振兴战略过程中，资金的投入是战略落实的重要保障。一方面国家和地方政府会投入大量资金，另一方面村集体也应当积极努力不断提高村集体的收入。对于村集体而言，如果能够利用好集体土地的经营权流转，这将是壮大集体经济的重要抓手，为乡村振兴战略提供资金保障。利用的方式包括两种：一是将村民集体所有的机动地和荒山、荒沟、荒丘、荒滩等四荒地充分利用起来；二是建立科学稳妥的流转经营模式，从农户手中流转土地经营权，由村委会或者其他村民自治组织集中统一经营或二次流转。通过这两种方式，可盘活集体土地资源，厚植乡村振兴的物质基础，解决资金紧缺的突出问题。从短期来看，“土地流转”能够让农户获得一定的收益，同时土地也能够得到更高效的经营利用，产业也将随之逐步发展壮大起来。从长期来看，乡村产业发展起来后，就能辐射带动群众发展产业或者参与产业发展，也能带动群众获得更多收益，这就是“土地流转”的强大优势所在，同时体现土地流转在乡村振兴战略中起到的关键性、基础性作用。

（二）“三权”分置带给集体土地流转的新变化

我国农村土地人多地少的资源禀赋一直是制约农业集约化和规模化的“瓶颈”，农业生产关系受土地制度的影响是明显而关键的。长期以来，我国采取的是所有权和承包权“两权分离”的土地制度。随着进入新时期，要按照新发展理念推进现代农业建设，就必须不断地完善和改进土地制度。中共中央办公厅、国务院办公厅《关于完善农村土地所有权承包权经营权分置办法的意见》和《深化农村改革综合性实施方案》等多项法规和政策，以完善我国农村生产关系，实际上已经提出了土地“三权”分置的基本形态。党的十九大报告提出：“实施乡村振兴战略”“深化农村土地制度改革，完善承包地‘三权’分置”“发展多种形式适度规模经营，培育新型农业经营主体。”实行农村土地“三权”分置改革，这为土地经营权流转提供了政策依据。之后党中央、国务院出台的一系列政策和文件，将“三权”分置提升并确立为我国土地制度最前沿的发展理念。2018 年我国对《农村土地承包法》进行了修改，2019 年又修改了《土地管理法》，以法律的形式明确了“三权”分置的基本土地制度。

我国之所以大力推广“三权”分置的相关改革，主要目的是实现落实土地集体所有权和稳定土地的承包权的同时，在一定程度上使土地流转更为灵活。在“三权”分置的土地改革制度中，土地经营权的概念被提了出来（如图 5－2 所示）。这里我们首先需要明确的是，“三权”分置的改革并不是重新构建土地经营权，而是在最初的土地权利的基础上进行“三权”的分离。在“三权”分置的土地制度下，我们需要注意到以下土地经营权流转中的一些问题和事项。

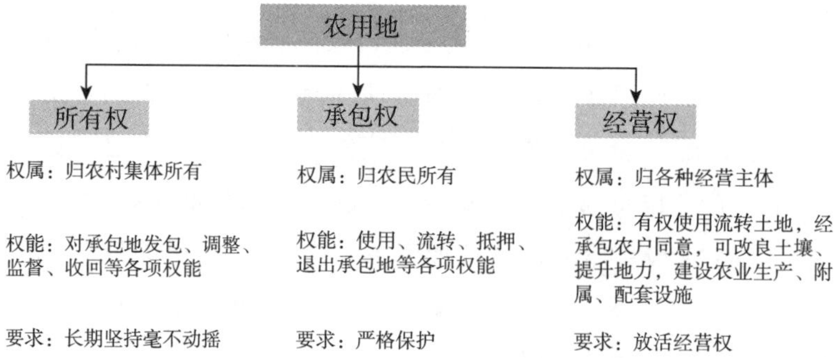

图 5－2 “三权”分置示意

1. 土地经营权的内涵

土地经营权是一种用益物权，土地经营人拥有对其所具有经营权的土地的占有、经营使用和享受收益回报的权利。土地经营权的实质是对原本的土地承包经营权进行农民身份因素的消除，也就是说，由于消除了身份限制因素，因此土地经营权的所有人能够对其拥有的权利进行自由的处置，即土地经营权的流转。这在一定程度上进一步扩大了土地经营权的应用范围，这样在实践中，土地的实际经营者可以是土地承包权所有人，也可以是通过土地流转等方式获得经营资格的人，而一旦获得土地经营权，那么这些人就具有土地的占有、经营使用和享受收益回报的权利。

2. 土地经营权流转的受让主体

在家庭联产承包责任制实施之初，土地承包权人和土地的实际经营者是一致的，并且必然是农民身份。而在经营权发生流转后，土地承包权之外的第三方通过土地流转的形式获得对某一块土地的经营权。

实施“三权”分置的土地制度改革之后，土地经营权接受转让的一方的范围有一定的扩展，也就是说，土地经营权人的范围得到一定的扩大。这样能够真正让土地经营权变得更为灵活，之所以实施“三权”分置的改革，其目的就是使更多的非农村集体组织中成员参与到农业生产经营中，让更多的具有专业的管理能力和农业技能的企业、组织和其他个人来经营土地，使集体土地发挥出更大的作用，创造更多的价值和财富。因此，土地经营权流转的受让主体可以是农户，也可以是企业或者其他法人组织。

根据农业农村部数据，截至 2021 年 7 月底，全国纳入家庭农场名录系统的家庭农场超过 380 万个；依法登记的农民合作社达到 224.7 万家，组建联合社 1.4 万家。截至 2020 年年底，全国以生产托管为主的农业社会化服务组织总量超过 90 万个。全国经县级以上农业农村部门认定的龙头企业超过 9 万家，培育农业产业化联合体 7000 多个。2014 年以来，国家林草局已命名 4 批共 511 家国家林业重点龙头企业。

以上这些农业、林业龙头企业，农民合作社，农业社会化服务组织，家庭农场均属于合法的土地经营权流转的受让主体，而这类主体的数量和规模正在迅速发展壮大。可以想到，在乡村振兴战略稳步推进的过程中，这类主体将发挥更加明显的积极作用。

3. 土地经营权流转的方式

土地经营权的流转方式是比较灵活的，除了最为常见的流转给受让方进行农业经营外，还可以进行抵押。《民法典》第 339 条规定：土地承包经营权人可以自主决定依法采取出租、入股或者其他方式向他人流转土地经营权。《农村土地承包法》第 53 条规定：通过招标、拍卖、公开协商等方式承包农村土地，经依法登记取得权属证书的，可以依法采取出租、入股、抵押或者其他方式流转土地经营权。这样，就为农村集体土地抵押铺平了道路，对于解决农村、农民融资难的局面有明显帮助。

为最大限度地发挥出土地的价值和作用，我们需要不断探索土地流转的方式和模式，因地制宜，充分调研，根据不同的自然条件、产业需求以及农户的情况，确定一种最有利于经营发展，既能充分创造价值，又能更好地保障农户利益的流转方式，切不可盲目模仿、东施效颦。

（三）目前我国集体土地经营的基本情况

我国是一个农业大国，农民人数众多，幅员辽阔，但我国地质条件中平原地区占比较小，山地、丘陵、沙漠占去了大量的土地面积，人均耕地面积不足世界平均水平的一半。而就现有耕地而言，连片集中的耕地数量较少，耕地零碎分散是客观上普遍存在的现象。近年来，随着我国城市化进程加快，大量农业人口流入城市，土地撂荒现象不断加剧，特别是中西部省区农村出现了大量青壮年劳动力流入城市务工，老年人和儿童留守农村的现象，农村老龄化现象也较为明显。长期来看，农村人口的不断减少将会持续多年，集体土地经营权的流转范围和程度将不断扩大。

二、制约土地经营权流转的常见问题

我国农村面积广大，农户数量众多，但人多地少、人均耕地面积小，不同地区自然环境差异大等问题都导致了土地经营权流转过程中存在的种种问题。

（一）土地流转规模的问题

当前土地流转的面积占集体土地总面积的比重依然较小，虽然近些年在政策的鼓励下，土地流转的规模在不断扩大，但是这种规模与乡村振兴和农业现代化所需要的流转规模相比，仍然差距巨大。同时，从客观条件来说，我国地域差异显著，平原面积较小，受自然条件影响，存在很大比例的零碎化的农用地，如西南、东南的丘陵地带，这些土地难以集中起来进行统一规划流转。

同时，土地流转到底应当达到什么规模，如果规模过大，导致绝大部分现有的农业人口离开了土地的经营，而同时没有足够的产业岗位或其他安置岗位对这些农业人口进行安置，则会引发新的社会问题。在这个问题上难以确定一个适用于全国的标准，而应当根据不同地区、不同乡村的实际情况进行确定，但应当秉持一个基本的原则，即脱离农业生产的农业人口应当得到妥善的安置。

（二）土地流转方式的问题

当前广大乡村土地流转的方式主要还是局限于农户与农户之间的零散流转，这些流转基本上都是自发性行为。农民群体普遍法治意识还较低，流转过程中存在的程序不规范、合同不明确，保障措施欠缺等问题比较突出。

同时，农户与农户之间的土地流转，对规模化、集约化利用土地没有明显的促进作用，对实施乡村振兴战略的保障作用也不凸显。而农户与其他农业企业、合作社之间的流转，普遍存在缺乏桥梁和协调的问题，这也是土地经营权从零散流转向规模化、集约化的“瓶颈”问题。

（三）土地流转意愿的问题

绝大部分拥有土地承包权的农户对于土地的执念依然深厚，即便当前已经有很大一部分农民转变为常年在城市务工的群体，他们依然会将自己在乡村拥有的土地视为自身安身立命的依靠，特别是在心理上，会作为这一类群体的一种心理依靠。这导致很多农户对于将土地经营权流转出去的意愿不强，尤其是流转向企业、其他组织这些非自然人的受让方，因为此类土地的流转会存在期限较长的问题。特别是很大比例的中老年人农民群体，受制于知识水平和思想观念（惜土、恋地、认为不种地就没事干）的束缚，对农地流转有强烈的抵触情绪。即便是目前的农业生产已经没有办法带来较为满意的收益，他们仍然不愿通过土地经营权的流转来取得固定收益的方式进行生活。

同时，因为我国农业土地的基本情况，每户农户拥有的土地总面积较小，有流转意愿的农户，特别是有意愿流转给企业和其他组织进行集约化利用土地的农户，往往缺乏一个便利的渠道。而企业、其他组织这样的新型农业经营主体的经营能力必然存在高下之分，何种企业经营能力较强，何种企业经营能力令人担忧，对于个体的转让方来说是难以判断的，这也导致最终土地流转大多局限在自然人之间。

（四）土地流转服务与监管问题

要解决土地经营权从零散的农户流转向企业、其他组织等新型农业经营者，必须依靠政府或者村集体自治组织的引导，而这就带来了服务和监管的问题。基层政府、集体自治组织理应对土地流转提供服务、进行监管，甚至建立起相应的市场和体系，以此来引导集体土地流转健康良性发展。但在实践操作中，大部分基层政府和集体组织在相关方面并不具有足够的经验，介入后，就有可能会出现服务角色错位、监管角色缺失的现象。甚至会出现一些规模较大、投入较大的企业出于效率或者其他因素的考虑，不愿意自行与农户协商，而是直接与当地的基层政府沟通的现象。个别政府出于政绩、经济指标和其他绩效考核指标等因素的考虑，可能会代替企业完成土地流转的相关前期工作，这就可能会带来强制流转、低价让地等一些对农户不利的手段。同时，企业支付的土地流转的对价资金也可能会经过政府之手，这一环节中又需要防范个别工作人员出现截留、挪用等违纪违法行为。如广东曾通报的一起案例中，陈某在2008年至2012年担任普宁市某村党支部书记、村委会主任期间，违规出卖村集体土地87.2亩，同时存在其他违纪违法问题，后受到开除党籍处分，被判处有期徒刑5年。因此，一方面，基层政府和集体自治组织必须参与农户集体土地的流转，为实现土地集约化、规模化利用搭建平台和桥梁；另一方面，必须注意对基层政府和集体自治组织参与土地流转工作的制约，不断提升服务水平，建立健全服务体系和保障体系，同时为了保护农户的利益，要加强土地流转各个环节的监管，尤其是对农地流转后擅改土地用途现象的监管、流转资金的监管。

三、因地制宜创新流转模式，最大限度地盘活土地资源

（一）由零散走向整合，加快培育新型农业经营者

土地“三权”分置的制度为促进集体土地经营权的流转起到了关键性的作用，而土地经营权的流转将为乡村振兴战略起到关键性的作用。前文已经分析，目前我国土地流转的现状，主要是在零散的农户之间基于自发而流转，而要发挥土地更大的作用，就必须引导零散的农户向企业、其他组织这些新型的农业经营主体流转，才能最大限度地盘活土地资源，促进集体土地集约化、规模化利用，发展新形势下的现代化农业。

此类新型农业经营者的数量目前还不能满足土地流转所需，同时很多农户也没有土地流转的意识，需要辖区的基层政府和集体组织加以引导。为了更好地降低土地经营权流转的风险，保障流转土地经营权的农户利益，笔者建议，基层政府可以考虑积极培育本地的新型农业经营主体。各地区可以根据自身的实际情况，结合乡村振兴建设，充分整合各类农业、农机、农技资源，通过政策引导、技术支持、资金扶持等举措，扶持和培育家庭农场、农民合作社、种植大户，

甚至可以打造农业龙头企业。整合涉农资金建设连片高标准农田，引导零散农户将土地经营权优先流向新型农业经营主体和家庭农场、专业大户等规模经营农户，为新型农业经营主体发展壮大提供更大保障。鼓励承包农户通过共同使用农业机械、开展联合营销等方式发展联耕联种，为乡村振兴建设打好基础。

在这一进程中，国有企业成为上述的新型农业经营主体无疑是最有保障性的方式。国有企业作为流转的受让方，也能够让绝大多数流转经营权的农户信赖和认可。因此建议地方政府大力鼓励和扶持本地具有农业经营能力与资质的国有企业，积极投入土地经营权流转中，将分散在农户手中的零散土地集中经营，实现农业的规模化、集约化发展。国有企业可以充分利用自身在融资、政策扶持、资源协调、市场口碑等方面的优势，敢于担当，发挥出农业生产经营中流砥柱的作用。由于国有企业独特的优势，在解决一些土地流转后的伴生问题，如1949年后的劳动力转移就业的问题，建立完整产销体系的问题上展现出比其他民营企业和组织更加突出的执行力，也更容易得到广大农业群众的支持和信赖；对于较复杂的土地流转进程来说，国有企业作为主导可能会完成得更快、更好。

（二）创新土地流转模式，最高效率使用土地

1. 土地承包模式

这一模式大家均不陌生，属于土地经营权流转的最常见模式，也是零散农户之间土地流转最普遍的方式，其中耕地流转占主要地位，还有林地、园地、养殖用地和闲置用房。该模式法律关系较为简单，属于一种初级的流转方式。其中需要注意的是，“承包”一词是农户之间的习惯用法，其他如“转包”“出租”“转让”等词，表达的实质意思均相同，都是将土地经营权让渡给其他个人、公司或者组织，定时收取流转费用的一种流转方式。

这一模式的法律关系最为简单，操作最为便捷，农户只要签订了《土地经营权流转合同》，按约定交付了土地，从受让方处取得流转费用即可，对农户而言，这种方式最为方便快捷，同时是风险较小的一种流转方式，因此也是实践中最普遍的流转方式。但需要注意的是，该种方式最适宜农户与农户之间零散的土地流动，对于大面积、大范围的土地流转来说，这种流转方式有一定的局限性，因为如果采取该种方式流转数千数万亩这样大面积的土地，对承包方而言，前

期投入的资金量是巨大的，承包方有较大压力。同时，大面积的土地流转会涉及成百上千户农户，导致订立合同的成本大幅度增加。但正如前文所述，土地规模化、集约化经营，才是农村土地得以充分利用，充分发挥价值的经营方式，零散农户之间的土地流转，对于壮大农村力量，提高农民收入，实施乡村振兴战略的帮助是有限的，因此，我们重点关注的应当是大规模连片流转土地的问题。

要大面积地流转土地，笔者认为，最适宜的方法应该是以村民集体组织来牵头实施，如果有条件的地区建立了土地经营权流转交易市场或平台，通过平台实施则更加便利。可以通过召开村民代表大会等形式，征求绝大部分农户的同意，由农户授权给本集体组织，如村委会。集体组织在取得村民授权后，选择和对接资金实力雄厚，经营能力突出的从事农业生产的公司、合作社或其他组织，分别或集中签订《土地经营权流转合同》，并交付土地。在整个土地经营权流转过程中，一方面由集体组织代表全体农户完成关键环节，另一方面可以由村集体组织实施监督，确保农民的利益得到保障。特别是在一些土地撂荒严重的地区，可能会出现青壮年劳动力普遍前往城市务工，老人、儿童留守的局面。这些务工的青壮年农民没有时间和精力投入土地流转的程序中，而留守的老幼又不具备相应的能力。在这种情况下，委托本集体组织，是一种最为稳妥的方式，农民对本集体组织的信赖和信心也是超越其他受托人的。

在大面积、规模化的流转中，集体组织也可以与流转的受让方签订协议，明确流转受让方的经营范围和内容，避免土地出现“非粮化”“非农化”。

2. 土地信托模式

在“三权”分置的土地政策制度改革过程中，各地也纷纷探索新型的农村土地流转方式。信托这种土地流转模式较为新颖，目前在我国安徽宿州、浙江绍兴和湖南益阳等地出现了农村土地信托流转的试点。农村土地信托流转的制度改革在这些地方达到了较好的效果，但也存在较多的法律问题，如农村土地流转信托的主体失范、信托客体不明确、信托当事人之间的权利义务和风险防范等方面存在立法空白。因此，如何建立系统完善并符合我国农村实际的土地信托流转制度，如何实现土地信托流转各方当事人利益最大化仍然是土地信托流转模式需要深入思考和研究的问题。

（1）确定土地信托流转法律关系的主体。

土地信托，是指以土地承包经营权或以“三权”分置改革中析出、代表土地经营权的一支权利为信托财产，以土地的高效利用为信托意图，将土地规模化经营的收益有效反馈给土地承包经营权人的一种商业信托模式。

信托这种法律关系一般包括委托人、受托人、受益人这三种主体，农村土地流转信托也属于信托的一种，其主体符合信托关系的主体，但也有自己的独特之处。

信托的委托人是信托关系的创设人，决定信托关系的产生，其应当具有相应的民事行为能力。农村土地信托流转的适格委托人应当是土地经营权人，有人认为信托的委托人应当是所有权人，这一观点是有问题的。信托的有效成立，要求委托人将信托财产移转给受托人，这就要求委托人对信托财产享有处分权。委托人用于设立信托的财产，必须具有可转让性。如果一项财产不具有可转让性，则不能通过声明或移转的方式来设立信托。在我国，农村土地归农民集体所有，是不允许对外流转的，因此村集体不能作为农村土地流转信托的委托人。而农村土地经营权作为用益物权，是一种财产权可以移转，其权利人即农村土地经营权人对经营权有相应处分的权利，可以作为农村土地流转信托的委托人。

（2）确定土地信托流转中合适的受托。

余卫明在《信托受托人研究》一书中指出：信托关系中的受托人，是指接受委托人的委托，为受益人的利益或者特定目的，对信托财产进行管理或者处分的人。[①] 可见，受托人是信托关系中重要的当事人之一，其在信托关系中起着中枢的关键性作用。根据我国《信托法》第 24 条的规定，具有完全民事行为能力的自然人和法人都可以作为信托受托人。但在农村土地信托中，基于我国农村土地生产经营的一些特殊性，自然人并不宜作为农村土地流转信托的受托人。因为在农村土地流转中，绝大部分受让的自然人是其他农民，而农民在经济活动中往往处于一种弱势地位，这种弱势地位来自法律知识的薄弱、经济实力的不足和权益受到侵害时，维权能力的欠缺。如果受托人无论是出于主观还是客

---

① 参见余卫明：《信托受托人研究》，法律出版社 2007 年版，第 49 页。

观的原因,不能履行义务,就会给受益人带来损害。而在农村土地的流转中,关系到无数农民群体的切身利益,一定要慎重谨慎地行事,尽可能避免较大的风险。因此,在选择受托人时仍然需要注意选择资金实力雄厚、信用可靠、经营能力良好的信托公司、合作社或其他组织作为农村土地流转信托的受托人。

(3)农村土地流转受益人与委托人身份的重合。

信托关系中,受益人是委托人设立信托时意图给予利益之人,是在信托中享有受益权之人。在我国,设立农村土地流转信托的目的之一就是使农民获得土地流转收益,因而,在农村土地流转信托中,受益人应当为农民自身,而委托人也是享有土地经营权的农民自身。可见,在农村土地流转信托中,委托人与受益人身份上是重合的,在信托关系中,这种信托在类型上属于自益信托,即农民为了自己获得土地流转收益而设立的信托。土地信托示意如图 5 - 3 所示。

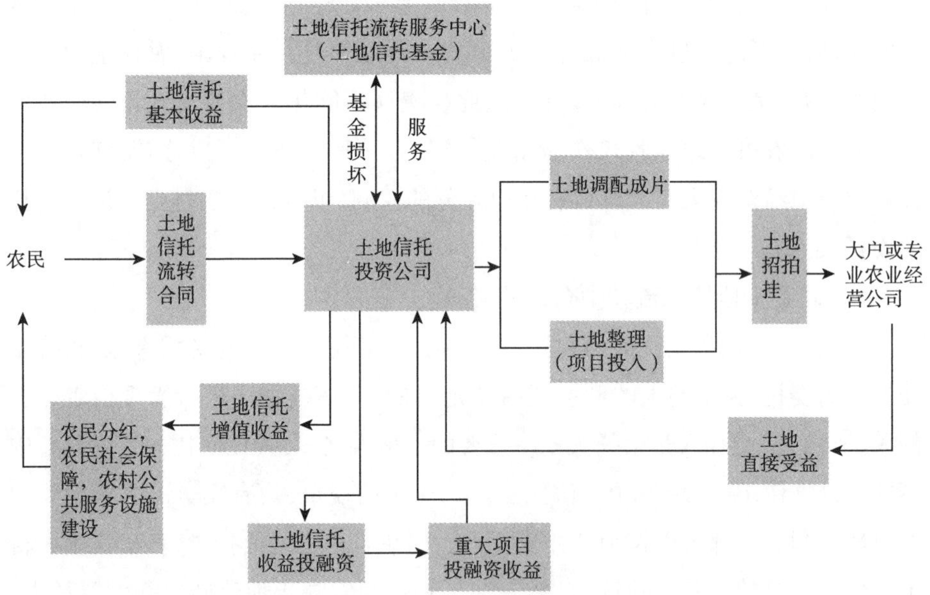

图 5 - 3　土地信托示意

但这里需要注意的是,我国采取的是家庭联产承包责任制,一个农户家庭的全部成员都具有土地承包权和经营权,但在土地承包经营权证书上,承包人姓名一栏往往只写了户主一人,因此信托合同中指定受益人处往往也只会写上户主一人，这种情况在实践中是非常普遍的。但在个别情况下，家庭组织的成员之间可能会发生纠纷，那么必须明确，虽然合同上的受益人可能只有一人，但是真正的受益人应当是家庭组织中所有拥有土地承包经营权的成员，而非户主一人。

(4)土地信托关系中要重点关注保护农民的合法权益。

在土地信托中，农民同时兼具委托人和受益人身份，而受托人一般是实力较为强大的公司、合作社或其他组织，二者在法律意义上虽然具有相同的民事主体地位，但实践中农民显然处于弱势的一方。为了在土地信托关系中，尽可能保护农民的合法权益，笔者建议基层政府积极参与土地信托流转关系。一方面，土地信托是一种较为新颖，相对来说采用较少的土地流转模式，广大农户对于土地信托这种流转模式是没有足够的法律知识和社会阅历支撑他们独立完成流转过程的。另一方面，土地信托的受托人有其独特性，要选择符合条件，又具有足够履约能力的受托人可能需要详尽的法律调查，这也不是农户能够轻易解决的问题。因此，在土地信托的流转模式中，基层政府及时介入，发挥出政府引导的作用，是能够在土地信托过程中起到积极良好的作用的。

我国《信托法》第10条第1款规定："设立信托，对于信托财产，有关法律、行政法规规定应当办理登记手续的，应当依法办理信托登记。"但该条规定是一条原则性的规定，对于信托登记的主体、范围、如何登记、登记机关等具体的内容均未明确。同时，"三权"分置后，农村土地经营权的变动采取了登记对抗主义，因此，建议土地信托应当依法进行登记，以此公示信托关系，维护当事人的权利和保障交易安全。

3. 土地经营权入股模式

土地经营权入股的流转模式，是当前现有的各种土地经营权流转模式中比较高级的一种形式，但实际上，土地经营权入股并不是一种非常新颖的流转模式，早在20世纪90年代的广东省南海地区(现属佛山市)，就已经出现了农户保留承包权，以土地经营权入股农业合作社，形成一种联合生产的农业经济组织。土地入股模式示意如图5－4所示。目前在实践中，土地经营权入股的流转模式也正进入一个快速发展的阶段。大部分土地入股仍然是采取入股合作社的模式，但并不是所有的入股合作社都能够取得良好的经营效果，由于地域的差别、管理能力的差距等各种因素的影响，入股合作社在农户口中褒贬不一，有一些合作社经营良好，不断壮大，也有一些日渐衰落，甚至已经名存实亡，成为“僵尸”合作社。合作社的经营管理能力对入股农户的权益保障是尤为关键的，2015年、2016年、2017年连续三年的“中央一号文件”都明确提出，加强农民合作社规范化建设，可见，提高入股合作社的经营管理质量，仍然是此种土地流转模式的重难点。

同时，随着土地经营权流转的进一步灵活，以土地经营权入股有限公司的流转模式也开始兴起。

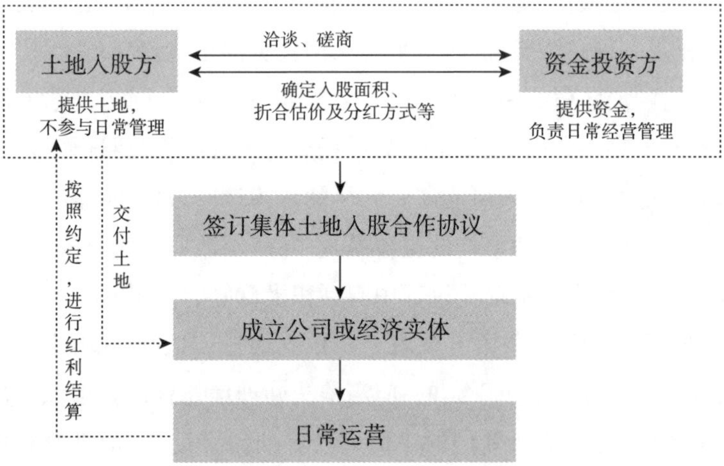

图5－4　土地入股模式示意

(1)土地经营权入股农民专业合作社。

土地经营权入股合作社的模式，最出名和最具代表性的当数广东南海采取的流转方式，被理论界称为“南海模式”。“南海模式”的特点在于将集体土地折价入股于一个名为“股份合作社”的组织，农民对集体土地享有的产权(包含土地承包经营权)转化为对“股份合作社”享有的股权。以“南海模式”为代表的土地承包经营权入股股份合作社的流转模式，将土地集体所有的模糊产权变成了农民手中实实在在的股权，有利于集体土地产权的明晰化，有利于实现规模经营，在过去多年来的农业生产经营中，对村集体和农户起到了良好的积极作用。然而这种模式存在一些难点，最重要的一点是股份合作社并没有明确的法律依据。2006年，国家出台了《农民专业合作社法》，此后，全国多地都逐渐以农民专业合作社替代原来的股份合作社，以此解决股份合作社没有市场主体资格的弊端。

农户以土地经营权入股农民专业合作社的行为一直得到鼓励，这确实是发展农业规模化、集约化经营中的有力措施。但是入股农民专业合作社也需要注意一些问题。最为关键的就是如何避免农民失地的风险。《农民专业合作社法》第48条明确规定："农民专业合作社破产适用企业破产法的有关规定。但是，破产财产在清偿破产费用和共益债务后，应当优先清偿破产前与农民成员已发生交易但尚未结清的款项。"由此可见，如果专业合作社面临破产，其农民成员仍然存在失地风险，而失地是农民难以承受的风险，也是政府需要竭力避免的风险。

因此，在实际运行中，土地经营权的入股和其他财产的入股应当有所区别，需要特别注明成员入股的土地具有以下几个特点：第一，入社农户仍然是土地承包权人，入股的承包地也不是合作社法人的独立财产，合作社没有占有权。第二，合作社对入社农户的承包地在约定的入股期限内可以行使经营权。第三，入社农户可以按照土地承包经营权作价出资形成的股份参与合作社相应的盈余分配。第四，合作社对入社农户的土地没有处置权。在解散、破产清算时，土地承包经营权不得用于清偿农民专业合作社的债务，不得作为剩余资产进行分配。合作社终止时，入股土地将退回原承包农户。

（2）土地经营权入股有限公司。

2007年，重庆曾经进行"股田制"试点，农民不仅可以土地承包经营权出资入股设立农民专业合作社，还可以设立有限公司。但仅经历了1年多，重庆的"股田制公司"改革就被紧急叫停。主要的原因是，如果入股后的公司股权再经过流转，可能会由非农村集体组织成员取得土地经营权，而更关键的是，如果企业出现了破产等情况，则农民可能会面临失地危险。

但正如前文所述，其实农民专业合作社在面对破产问题时与有限公司并没有本质区别，在法理上都需要按照《企业破产法》的规定来依法开展破产程序。农民专业合作社真正减少风险的原因是，其由农民自行管理经营，集体组织可以起到监督职责，所从事的仍然也是农业生产，相对有限公司而言，在生产经营过程中的风险较小。因此,仅以存在农民失地的风险而杜绝土地经营权入股有限公司的做法,法理依据是不足的。但在实践中,入股有限公司确实在操作上的风险明显高于农民专业合作社,因此,笔者建议,对入股有限公司要格外慎重,尽可能为农民股东设置保底分红权、优先回购权等保障方式,避免出现失地风险。

4. 土地托管模式

土地托管现象是在市场经济条件下,在土地制度改革进程中产生的新成果。2020 年"中央一号文件"明确指出,"推广统防统治、代耕代种、土地托管等服务模式",对土地托管这种流转方式是鼓励的。土地托管的具体含义是指部分不愿耕种或无能力耕种者把土地委托给一个社会化服务组织(如供销社、农民合作社)或种植大户,并由其代为耕种管理的做法。受委托的组织为农民提供一个、多个或全部生产环节的服务,土地的收益依然是农民的。在实践中,存在土地服务性全托管模式、土地收益性托管模式、土地半托管合作模式等类别。土地托管这种流转模式,比起其他流转方式而言,风险较土地入股的模式为小,比土地承包的模式要大,但总体而言,对于绝大部分的中国农村,这是一种比较适宜的土地流转模式。首先,在土地托管模式中,农民不存在失地的风险。其次,接受委托的组织显然比零散的农户拥有更强的生产经营能力,同时这种模式也适合大规模大范围的土地流转。再次,土地托管的模式便于形成产业链,如一些大型的农业经营企业,其同时具备生产、加工、销售等各个环节的经营能力,土地托管的模式可以成为其生产环节的一环。最后,这种模式也利于农民的接受,土地入股、信托等模式较为新颖,虽然在东南沿海或者其他一些经济相对发达的地区也有不错的范例,但对于绝大多数地区的农户而言,这两种流转模式的法律特性、风险仍然不便于农户理解和操作,但对于土地托管模式而言,这种流转方式是农户比较容易理解接受的。实践中,土地托管一般有以下几种方式:

(1)土地服务性全托管模式。

土地服务性全托管模式被称作"土地托儿所形式",这种托管模式是一种包含产前、产中、产后的"一条龙"服务模式,受托的服务组织收取一定服务费,完全自主独立地经营土地,提供"耕、种、收、管、售"等全过程的服务,农户不再参与任何生产经营过程，只需要在合同约定的时间内获得收益就可以了。一般情况下，双方会在合同里注明各项附属条件，并向农户保证达到定额的产量。这种托管模式的优点显而易见，就是农户最为省心便捷，不需要自己投入时间和精力。但是缺点也很明显，在这种托管模式下，由于存在收成的不稳定性，农民的议价能力较差，不能保证能够实现最后的优质优价，自己将承担种植风险，同时，要给合作社支付一定数额的服务费。

（2）土地收益性托管模式。

此托管模式与土地服务性全托管模式实际上基本相同，区别在于接受托管的组织会以租金或分红的形式支付给农民一定的收益。这种方式的优点是前期农户不需要付出费用，对于农户而言负担更轻。

（3）土地半托管合作模式。

土地半托管模式，有的地方也叫"菜单式托管"。托管组织和农民商量，提供各项服务项目，农户按照自己的实际需要，自愿选择一些服务项目，托管组织提供服务，服务结束后由农户验收作业质量，托管组织和农民结算服务费用。这种模式由农民自主选择托管的内容，较为灵活。农民可以完成适宜自身完成的内容，对委托托管组织完成的内容，可以随时监督，并进行验收，保证种植物作业质量，这样农民心中更加有信心。

上述各种托管模式的本质和核心都是相同的，都是由更加适合进行土地生产经营的组织替代农民来进行农业生产。对农户来说，有以下优点：一是彻底把农民从繁重的体力劳动中解放出来，有利于劳动力向第二、三产业转移。二是不剥夺农民的土地权利，没有失地风险。三是有助于实现规模化种植、机械化生产、标准化管理、品牌化销售、产业化经营，推进农产品市场化，从长远来看，是提高农民收入的重要途径。同时，在这种流转模式下，受托方拥有一些明显的优势：一是受托方的技术优势得以发挥，农业生产收获有所提高，通过改善生产条件，规模化连片种植，农资、农具、农机的高效使用，甚至还可以通过大量采用新品种、新技术等手段提高生产效率，实现土地价值的提高，实现增产增收。二是托管服务收入稳定，受托客户根据市场订单制订生产计划，加强管理，拓宽农产品的销售渠道。三是市场议价能力良好，在大规模连片种植的情况下，有利于集中采购农资，进一步降低农资采购成本，而农资是农业经营中仅次于人工的成本,通过降低成本的方式,增强农产品议价能力和抵御市场波动风险能力。

上述几种土地托管模式均能够实现提高土地利用效率、有效统筹农业资源的作用,但也各有特点。土地服务性托管模式下农户最为便捷省心,土地收益性托管模式下农户的经济负担较轻,而土地半托管模式更为灵活,农户可以根据自身情况选择托管的具体内容。

当然,在土地托管模式下,我们也需要注意几个问题。一是农业生产是有一定的风险性的,如气候等不可抗力对农业生产的影响是比较大的,有时候可能无法得到预期的产量。二是绝大部分托管的组织都愿意流转平原地区,连片经营的土地最适合机械化生产。但如前文所述,我国农业土地的细碎化问题非常突出,关于细碎化土地如何高效利用,仍然是个难点。三是要慎重选择托管组织,托管组织的能力和水平决定了土地生产经营的水平,有一些托管组织不具备相应的能力,托管经营的效果可能还不如农民自营的,甚至有些组织并不是专心于经营活动而是另有目的,如利用国家优惠政策套取补贴资金,这就容易引发农户与托管组织的信任危机,同时损害了农户的合法权益、浪费了土地资源。

但综合而言,笔者认为,从当前我国农业、农村、农民的现状来看,土地托管仍然是目前最适合进行大规模土地流转的一种方式。建议基层政府和集体组织可以谨慎地选择实力雄厚、经营能力突出的托管组织开展土地托管的流转模式,特别是如果能够建立起生产—加工—销售全产业链的经营模式,而流转托管的土地仅仅作为这一经营模式的其中一个部分,形成供销一体化,则产品质量、数量有提升、销路有保障,对农业发展极有裨益。

(三)解放劳动力,引导农村劳动力向第二、三产业转型

目前全国广大农村土地经营权流转的程度不同,大体而言,东南地区经济较为发达,农村土地经营权流转的程度也较高。截至2019年年底,就已经有五个省级行政区家庭承包耕地流转面积占承包面积超过了50%,其中上海市已经接近90%,而西北、西南等经济相对不发达地区土地经营权的流转程度是较低的。但可以预料的是,在实施乡村振兴战略之后,农村土地经营权的流转将会迅速扩大,基层政府和村民自治组织引导下的土地有目标、有方向的流转将成

为经营权流转的主流，新型农业经营主体作为流转受让方的比例会不断提高。当家庭联产承包的土地流转比例达到较高水平时，将会带来一个明确的问题，即大量原来在农村从事农业生产的劳动力将会得到解放，这一批劳动力的去向问题，将是乡村振兴战略中必须解决的一个问题。

毋庸讳言，土地经营权的流转，可以更好、更充分地发挥出土地作用和价值，但在当前的经济形势下，土地原有的承包者通过土地流转所取得收益支撑起全部的生活负担，甚至满足小康生活所需是不现实的。目前，广大农村，特别是人口稠密地区的农村，大量青壮年劳动力已经放弃了农业生产，而转变成各类其他行业从业者。这些土地经营权原本的主人不能通过经营土地而取得足够生活的收益，即便土地经营权流转向其他更能够充分发挥土地价值的主体，也不能奢望就能因此使原有的农户衣食无忧。即便在个别自然条件优越、农业产业发达的地区能够实现这样的目标，但大量劳动力进入了无所事事的状态，也并不利于和谐社会的建设。

乡村振兴战略中，产业振兴是核心内容。农村劳动力转移向各类产业的方式和实务操作，在本书其他章节有详细的阐述，此处不再赘述。在本章中我们需要强调的是，引导农村劳动力向第二、三产业转型是应当与土地经营权大面积流转同时考虑、同时研究的问题。特别是在土地连片、集中流转的情形中，一次性流转的土地面积可能达到数万亩的庞大体量，会一次性出现成百上千的空余劳动力。无论是我们的政府还是基层群众自治组织，在主导和操作这样大体量的土地流转时，必须将空余劳动力的转移和安置作为核心问题，同步推进。特别是如果土地流转后新的经营主体出于经营的需要，也可能会产生大量的用工岗位，这类岗位，完全可以雇用流转了土地经营权的农户。当然，新的经营主体对于土地的经营很可能与原来的农户不同，需要学习新的技术，接受新的工作模式。其中所需的相应培训、岗位锻炼也应当是重点研究部署的内容。

四、完善土地流转服务体系，积极建立土地流转市场或产权交易市场

《农村土地经营权流转管理办法》专门列出了“流转管理”一章，从发包方、乡（镇）人民政府、县级以上人民政府三个层次分别规定了关于流转管理方面的内容，其中最重要的一条是第25条，该条规定：“鼓励各地建立土地经营权流转市场或者农村产权交易市场。县级以上地方人民政府农业农村主管（农村经营管理)部门应当加强业务指导,督促其建立健全运行规则,规范开展土地经营权流转政策咨询、信息发布、合同签订、交易鉴证、权益评估、融资担保、档案管理等服务。”

土地经营权流转市场的概念并非《农村土地经营权流转管理办法》首创,早在2014年,“中央一号文件”就明确指出:建立农村产权流转交易市场,推动农村产权流转交易公开、公正、规范运行。2016年,农业农村部出台了《农村土地经营权流转交易市场运行规范(试行)》。该文件明确了农村土地经营权流转交易市场的概念“农村土地经营权流转交易市场,是指为农村土地经营权依法流转交易提供服务的平台,主要包括农村土地经营权流转服务中心、农村集体资产管理交易中心、农村产权交易中心(所)等”,也对农村土地流转市场基本的权限、服务的内容、交易的过程管理等方面作出了指引。

土地承包经营权确权登记颁证工作完成之后,为农村土地经营权流转交易市场的建设打下了良好的基础。培养出一个优质高效的流转交易平台,是实现土地高效率、有秩序、低成本流转的有效途径。特别是在土地由零散流转向规模化、集约化生产经营的过程中,这样一个平台的建设,在流转土地的档案整理、登记管理、流转双方的沟通交流以及交易的安全方面都可以发挥有益的作用。

目前,在江苏、浙江等沿海经济较为发达,同时是农村土地经营权流转程度较高的地区,农村土地经营权流转交易市场建设工作已经取得了可喜的成效,实践中对于农村土地流转工作中所产生的效果也是令人满意的。但是对于广大中西部地区,农村土地经营权流转交易市场这个概念还是比较陌生的,要搭建一个体系完备、作用明显的交易平台还是有相当难度的。实践中普遍存在资金的问题、监管的问题、人员的问题等,需要我们一一加以解决。

要建设农村土地经营权流转交易平台,通过农民自发的方式难度是非常大的,也不利于监督管理,必须由政府牵头,这也有利于政府从宏观角度调配土地资源,为地区经济发展助力。笔者建议,农村土地交易流转市场以县级为单位建设更具有可操作性,当然,如果能够以地区(市、州)一级建设交易流转市场,统筹协调辖区各县级行政区域的交易流转市场,建设形成相互之间既独立又能够信息共享的交易平台,则更有助于交易流转市场发挥作用。

要建设好农村土地经营权流转平台，必须进一步加大政府资金投入，通过加强政府引导和利用媒体宣传的方式，逐步拓展交易品种，扩大交易范围。同时，通过举办培训会和业务交流会的方式，尽快培养和组建一批责任心强、业务熟练的农村产权交易人才队伍。同时，在各乡（镇）设立办公室或办公点，工作人员可以由乡镇负责农经的人员兼任，如果在条件允许的情况下，办公点也可以延伸到村一级。

农村土地经营权流转平台到底应当发挥出什么样的作用？笔者认为，农村土地经营权流转市场至少应当具有以下职能：

1. 健全土地经营权信息，成为土地经营权流转的信息发布渠道

农村土地经营权流转平台应当与有关部门实现信息联网，共享农村土地确权登记的信息，并通过多种渠道对外发布土地经营权流转的信息、公告。在土地经营权流转发生的情况，也进行及时的公示，一方面有助于土地经营权流转效率的提升，另一方面也有助于保障流转的公平。

2. 规范土地经营权流转的程序

流转交易平台应该形成固定的流转程序，对于每一起流转交易的发生，需要提供何种资料、签订何种流转合同，履行何种手续等方面进行规范，以此解决土地经营权流转中经常出现的合同不规范、程序不完善的问题。特别是在分散的农户集中将土地经营权流转给同一经营者的情况下，可能会出现成百上千起交易，通过流转交易市场进行流转交易，可以妥善地处理好这样大范围的流转问题。

同时，流转交易平台也可以通过组织招投标等方式开展土地经营权流转工作，进一步提升土地流转的工作效率。

3. 拓宽流转市场，提高议价能力

零散的农户自身寻找流转受让方的能力是有限的，流转交易平台的建立则可以为拓宽流转市场起到关键性作用。相对于农户个人，流转交易市场在寻找农业经营能力更出色，实力更强大的流转受让方这一点上拥有更好的条件和能力，这显然可以为土地经营权的流转找到更加适合的流转提供更多的可能性。同时，由于流转交易平台对资源、信息的整合，其在土地流转交易过程中的议价能力显然是高于零散的农户的，能够为农户争取更多的利益。

同时,流转交易平台可以通过自身掌握的信息进行梳理研判,评估土地流转的合理价格,在合适的情况下发布土地流转指导价格,引导本地土地流转市场的健康有序发展。

4. 加强监督管理,保障农户合法权益

通过交易平台的建设,使土地流转交易更多地展露在阳光下,流转的各个环节能够得到及时有效的监督,避免出现违法违规的现象,损害农户的合法权益。

这里需要注意的一点是,虽然本章的内容主要是对农村土地经营权流转的探讨,但农村土地交易中还包括宅基地等集体建设用地的交易流转,因此,在建设土地经营权流转交易平台时,完全可以对用于农业的集体土地和建设的集体土地进行统筹考虑。建设一个农村产权交易平台,同时将建设用地和农业用地纳入平台管理。这样做可以节省政府在财力、物力和人力方面的投入,同时能够更加方便交易各方的参与,进一步提高工作效率。

五、建立土地流转风险保障体系,妥善化解矛盾纠纷

千百年来,土地始终是中国农民的"命根子",即便是进入社会主义市场经济时代,土地撂荒现象日渐增多,农民的主要收入来源不一定来自土地,但土地仍然是农民无法割舍的最重要生产资料。在大力推进土地流转进程的同时,要格外注意风险的防范,在确定流转受让方、签订流转合同、履行流转程序,依法依规备案登记等方面必须谨慎对待,避免出现纠纷。

农村土地流转纠纷最常见的有以下四种类型,笔者分别进行探讨。

(一)无书面土地流转合同而引发的纠纷

《农村土地承包法》第40条规定,土地经营权流转,当事人双方应当签订书面流转合同。但在实践中,很多土地经营权流转时并没有签订书面合同,当事人仅以口头形式约定流转事宜。如果发生了纠纷,则应当以是否交付了流转物为合同是否生效的标志,但合同具体内容,如期限、价格、面积、违约条件等没有书面约定,在实际解决纠纷中将较为困难。因此,为尽可能避免纠纷,维护农户的合法权益,应当尽可能在每一起土地流转交易中都签订土地流转合同。基层政府或农村土地经营权流转交易平台可以制定《流转合同》参考文本,供农户使用,同时建议加大对法律、政策的宣传,提高农户依法保护自身权益的意识和能力。

（二）土地经营权流转未备案引发的纠纷

《农村土地承包法》第36条规定：承包方可以自主决定依法采取出租（转包）、入股或者其他方式向他人流转土地经营权，并向发包方备案。但在实践中，由于农村土地承包人法律意识相对淡泊，同时农村又是一个熟人社会，土地经营权的流转往往未向发包方备案，由此产生的纠纷也是农村土地经营权流转常见的纠纷。其中最常见的是交易的一方以土地流转未报备为由，要求确认土地流转合同无效的案件。对于此类案件，需要明确的是，根据《农村土地承包法》的规定，四种常见的土地流转方式里，只有将集体土地承包经营权转让给本集体组织的其他成员需要经过发包方的同意，通过其他方式流转土地经营权的，并不需要经过发包方同意，只需要进行备案。备案和批准同意并不是相同含义，其法律意义是完全不同的，承包土地经营权的流转完全由流转双方当事人自主决定，报送发包方备案并非交易生效的要件，而是通过备案的方式方便土地经营权流转的管理。因此对于此类案件，最高人民法院《关于审理涉及农村土地承包纠纷案件适用法律问题的解释》有明确的裁判原则。该解释的第14条规定：承包方依法采取出租、入股或者其他方式流转土地经营权，发包方仅以该土地经营权流转合同未报其备案为由，请求确认合同无效的，不予支持。

（三）土地流转期限约定不明引发的纠纷

在土地经营权流转过程中，因土地流转期限约定不明引发的纠纷主要有两种：第一种是承包土地采取互换方式流转土地经营权，第二种是通过出租、入股、代耕等方式流转土地经营权。一般情况下，应当依据最高人民法院《关于审理涉及农村土地承包纠纷案件适用法律问题的解释》第16条的规定进行处理。该条内容为：当事人对出租地流转期限没有约定或者约定不明的，参照《民法典》第730条规定处理。除当事人另有约定或者属于林地承包经营外，承包地交回的时间应当在农作物收获期结束后或者下一耕种期开始前。但第一种情况存在特殊之处，如果土地经营权流转的双方都是本集体经济组织的成员，则必须厘清双方土地经营权流转的实质，如果双方的目的是方便耕种和需要，约定了将经营权（或记载为承包权）互换，并且将双方承包的土地进行了相互交付，则双方实质的合同目的，是将土地的承包权、经营权都进行了互换，这一互换是永久性的，在这种情形下，笔者认为，双方流转的期限应当以农村土地承包确定的期限为准，如双方互换土地时，承包权还有 15 年到期，则流转期限也应当为 15 年。

（四）流转当事人违约引发的纠纷

流转一方当事人或双方当事人违反约定而引发纠纷是土地经营权流转中最常见的纠纷类型。近年来，党中央、国务院不断出台各种惠农政策，经营土地的收益有所提升。正因如此，由于利益驱动，流转当事人可能不再满足于之前约定的合同条款，希望获得更大的利益，或者认为之前的合同约定显失公平，自身的利益受损，因而毁约，导致纠纷。处理此类纠纷，笔者建议，应首先采取释法析理的工作，通过人民调解，基层组织调解这些方式，提高争议双方的关于土地经营权流转方面法律法规的认知，尽可能遵法守法。农村存在熟人社会的特质，为尽可能化解矛盾，建设和谐乡村，优先通过调解、和解、协商的方式解决争议，《农村土地经营权流转管理办法》也有条款明确，当事人可以请求村民委员会、乡（镇）人民政府等进行调解，笔者建议在乡规民约中也可以加入关于土地经营权流转的内容。无法通过此类方式尽可能化解矛盾的，最终还是需要通过仲裁或诉讼处理纠纷。除了《土地管理法》《农村土地承包法》《农村土地经营权流转管理办法》等法律法规外，最高人民法院 2020 年 12 月 29 日出台的《关于审理涉及农村土地承包纠纷案件适用法律问题的解释》也是审理土地经营权类纠纷的重要依据，需要广大参与土地经营权纠纷调解处置的法律工作者和其他人员重点学习。

六、集体土地流转环节中应当注意的问题

2021 年 1 月 26 日，农业农村部发布了《农村土地经营权流转管理办法》（以下简称《流转管理办法》），该办法自 2021 年 3 月 1 日起开始实施。《流转管理办法》是目前在集体土地流转领域中最重要的法律依据，对流转当事人、流转方式、流转合同、流转管理等内容都进行了规定。

1. 流转的主体

流转经营权的土地包括家庭联产承包土地和其他土地，土地经营权流转的主体应当包括转让方和受让方。在“三权”分置模式下，家庭联产承包土地经营权流转的转让方即为通过家庭联产承包方式取得本集体经济组织土地承包权的农户，其有权自主决定是否流转其承包的土地经营权，并选择流转的受让方和流转方式。受让方可以是农户，也可以是企业、专业合作社等其他按照法律规定可以从事农业经营的新型农业经营主体。这里需要注意两个问题：一是在同等条件下，本集体经济组织的成员享有优先权，这也是我国关于农村土地的法律和政策历经演变中一以贯之的原则。二是发包方不能作为经营权流转的主体，即既不能作为转让方，也不能作为受让方；这里的发包方，即本集体经济组织。

其他土地的转让方可以是通过依法取得承包权的承包人，受让方与家庭联产承包土地经营权流转的受让方相同。

在土地经营权流转的主体问题上，特别需要注意的是二次流转的问题。流转的受让方能否将土地经营权再次流转的问题，在修改后的《农村土地承包法》中得到了明确，但也作出了限制。《农村土地承包法》明确，受让方如果想要对土地经营权进行再次流转，须征得土地承包经营权人的书面同意，并且还要向土地承包经营权人所在的集体组织进行报备，同时，《农村土地经营权流转管理办法》也有相同的规定。可见，在符合限定条件的前提下，土地经营权是可以二次流转的。为了更好地发挥土地资源的用途，也避免发生纠纷，建议在实践操作中，流转的双方应当在签订流转合同时就对此问题进行商讨和约定。

2. 流转的客体

土地流转的客体是土地经营权，学术上关于土地经营权是债权还是物权一直有争论，但已经失效的《物权法》明确土地经营权为用益物权，之后《民法典》也将土地经营权的内容编写进了“物权编”中用益物权的分编。因此，在学理上没有定论之前，实践中我们应当按照用益物权来看待，土地经营权利用权利的客体产生收益，这也是用益物权的最基本的特征。同时，土地经营权具有一定的对抗效力，《民法典》第341条规定：土地经营权未经登记，不得对抗善意第三人。本条的引申含义非常清晰，土地经营权登记后就享有土地经营权权利不被侵犯的法律效力。即使土地经营权未经登记，如果第三人是恶意的，法律也必须保护土地经营权不被恶意侵犯。由此可见，不管土地经营权登记还是未登记，土地经营权人都受到法律合理的保护，这和债权有本质的区别。

3. 流转的方式

《农村土地经营权流转管理办法》将流转方式专门列为一章，其中明确了可以采用出租、入股和其他方式。在前文中，笔者已经对几种土地流转的方式进行了阐述，这里需要注意的是，无论采取何种方式进行流转，土地的承包方与发包方之间的承包关系不变，双方的权利义务保持不变。

在实践中，超过 85% 的农户选择的仍然是以出租的形式进行流转，这种方式使流转的农户并未完全离开土地，能够带给农户一种心理上的保障。要进一步提高土地流转的比例和程度，一方面需要加强对农户的引导，打消顾虑；另一方面需要建立完备科学的交易市场和保障体系，这样才能够使农户心理上得到支撑。

这里需要重点说明的是，土地经营权的融资担保行为，也属于对土地经营权的流转。新修改的《农村土地承包法》第 53 条明确，“通过招标、拍卖、公开协商等方式承包农村土地，经依法登记取得权属证书的，可以依法采取出租、入股、抵押或者其他方式流转土地经营权”。《民法典》第 342 条也有相同的规定。土地经营权能够进行担保，这也体现了其物权属性。虽然法律有所规定，但在实践中，经营权的担保方式在可操作性上均有所欠缺。以土地经营权的抵押为例，我国法律规定的抵押方式主要包括拍卖、折价、变卖被抵押物等。当土地经营权被抵押后，一般情况而言，抵押权所有人基本上都是各类金融机构，如果采取折价的方式，这些机构并没有农业生产经营的能力和相关资质，又不符合成为土地经营权人的法定条件，因此往往会导致土地经营权无法抵押给金融机构。如果采取拍卖或变卖的抵押方式实现土地经营权的抵押。由于要成为土地经营权人应当具备一定条件，如需要具备相应农业生产的资质，可能会出现没有合适的第三方愿意取得该土地经营权的情况，因此，土地经营权的融资担保问题，目前还不够成熟，期待后续出台其他可操作性更强的法律法规。

4. 流转的期限

家庭联产承包制实施以来，承包权的期限一直被明确为 30 年。党的十九大又明确提出，保持土地承包关系稳定并长久不变，第二轮土地承包到期后再延长 30 年。《民法典》明确规定，耕地的承包期为 30 年，草地的承包期为 30 年到 50 年，林地的承包期为 30 年到 70 年。由于土地经营权是基于土地承包权才存在的一种权利，因此土地经营权流转的合同期限，不能高于承包期限。《农村土地承包法》明确规定耕地承包期为 30 年，流转期限不超过剩余承包期，也就是最长 30 年。举例而言，如果一户农户家庭联产承包的土地已经承包了 10 年，则其对外流转土地经营权的期限就不能超过 20 年。这里还需要注意的一个问题是，实践中有人可能会提出流转合同期限与《民法典》冲突的问题，《民法典》规定最长租赁年限为 20 年，这个 20 年的规定沿用了当初《合同法》（已失效）的规定，当时的官方释义明确《合同法》（已失效）第十三章关于租赁合同的相关规定不适用于土地使用权的出让、转让和农村土地承包经营权。因此，此处并不存在冲突，土地经营权的流转应当按照《农村土地承包法》的规定，不超过剩余承包期，即理论上的最长期限是 30 年。

5. 流转合同的内容

《农村土地经营权管理办法》第 17 条规定：承包方流转土地经营权，应当与受让方在协商一致的基础上签订书面流转合同，并向发包方备案。

承包方将土地交由他人代耕不超过 1 年的，可以不签订书面合同。其中关于向发包方备案的规定，笔者的理解是基于两方面的考虑。一方面，相关土地的所有权属于发包方，发包方有义务监督土地正常经营生产，通过向发包方备案，避免承包方将土地经营权流转给一些并不适宜的受让方。另一方面，这样的规定也是对承包方的保护，正如前文所述，许多承包方受限于其文化水平、信息等各方面的限制，在土地经营权流转过程中签订的流转合同存在较大疏漏的情况，这一问题是有普遍性的。相应的流转合同报发包方进行备案，可以由发包方对合同进行审核，及时填补疏漏。

至于该条第 2 款，虽然规定了“可以”不签订书面合同，但笔者仍然建议，在实践中应当尽可能签订书面合同，以免发生纠纷后没有书面合同证据，导致难以查明事实，不利于保护农户的合法权益。

关于土地经营权流转合同中应当载明的内容，无论是《农村土地承包法》还是《农村土地经营权流转管理办法》都做了详细的规定，也均是民事合同中常见的内容，在此不再赘述。

6. 流转的登记

2014 年起，中央明确提出用 5 年左右基本完成土地承包经营权确权登记颁证工作，到2018年年底，全国农村承包地确权登记颁证工作基本完成。这一重要工作的完成，为突击经营权流转的登记打好了基础。

土地作为一种不动产，土地经营权作为一种物权，符合《民法典》不动产物权登记效力原则的二元体系：一是符合登记要件（生效）主义，即不动产物权的设立、变更、转让和消灭不登记不生效；二是符合登记对抗主义，即不登记不得对抗善意第三人。

《农村土地承包法》第三章“其他方式的承包”第49条规定：“通过招标、拍卖、公开协商等方式承包农村土地，经依法登记取得土地承包经营权证或者林权证等证书的，其土地承包经营权可以依法采取转让、出租、入股、抵押或者其他方式流转。”通过其他承包方式，其土地承包经营权只有进行依法登记，承包方才取得物权性质的土地承包经营权。这里《农村土地承包法》第49条规定的登记属于民法上不动产物权登记要件（生效）主义的登记，不登记不发生物权效力（承包方不能取得物权性质的土地承包经营权）。最高人民法院《关于审理涉及农村土地承包纠纷案件适用法律问题的解释》答记者问提到：“《解释》第二十条首先从权利性质方面区分，如果一方已经依法登记，则该人享有的是一种物权性质的权利。其他未进行依法登记的仅为合同权利，在性质上属于债权。”可见，通过其他承包方式，其土地承包经营权只有进行依法登记，承包方才取得物权性质的土地承包经营权。这里《农村土地承包法》第49条规定的“登记”属于民法上的不动产物权登记物权性质的土地承包经营权变动登记。

《农村土地承包法》第35条规定：“土地承包经营权互换、转让的，当事人可以向登记机构申请登记。未经登记，不得对抗善意第三人。”第41条规定：“土地经营权流转期限为五年以上的，当事人可以向登记机构申请土地经营权登记。未经登记，不得对抗善意第三人。”第47条也规定：“向金融机构融资担保。担保物权自融资担保合同生效时设立。当事人可以向登记机构申请登记；未经登记，不得对抗善意第三人。”以上各条规定，均体现出土地经营权的登记对抗主义。此处的“善意”是指第三人对此项内容完全不知情。如果第三人知情，且实施了侵害当事人合法权益的行为，则需要承担相应的责任。

7. 流转合同的参考文本

在此，笔者提供了《土地经营权流转合同》和《土地经营权委托经营合同》

(《土地托管协议》)供读者参考。但需要注意的是,因地域、合同相对方、流转目的及其他因素的不同,土地流转类型的合同应当根据拟流转经营权土地的实际情况和不同的流转方式,谨慎地起草合同,本合同仅供参考。另外,一些省、自治区、直辖市的农业主管部门也曾制定相关的示范文本,较为贴合本地实际,也可以进行参考。

范例 14

土地经营权流转合同

合同编号:

甲方(流转方):
通信地址:
身份证号:
电话:

乙方(受让方):
通信地址:
身份证号:
电话:

甲乙双方根据《中华人民共和国农村土地承包法》等有关法律、法规和国家政策的规定,本着平等协商、自愿、有偿的原则,就甲方拥有的土地经营权流转事宜协商一致,订立本合同。

一、基本情况

1. 土地位置:该土地位于市(县)______乡(镇)______村______组。

2. 流转面积____亩;其中:承包地____亩,自留地____亩,机动地____亩,集体其他耕地____亩。

3. 流转承包地情况:

<table>
<tr><td rowspan="2">序号</td><td rowspan="2">地块名称
(地块编号)</td><td rowspan="2">面积
(亩)</td><td colspan="4">四至</td><td rowspan="2">土地承包经营权证
或承包合同编号</td></tr>
<tr><td>东</td><td>南</td><td>西</td><td>北</td></tr>
<tr><td></td><td></td><td></td><td></td><td></td><td></td><td></td><td></td></tr>
<tr><td></td><td></td><td></td><td></td><td></td><td></td><td></td><td></td></tr>
<tr><td>合计</td><td></td><td></td><td></td><td></td><td></td><td></td><td></td></tr>
</table>

4. 土地质量等级:__________________

二、流转期限

土地经营权流转期限为____年,自________年____月____日起至________年____月____日止。

三、土地的用途

该土地以______________方式流转给乙方经营,乙方具体项目为:____________________。流转期限内,乙方不得擅自改变流转土地的用途或用于非农建设。

四、土地交付时间

甲方应于________年____月____日前将流转土地交付乙方。

五、流转价款

双方同意按以下第____种方式确定流转价款:

1. 流转单价为每年每亩____元,年合计____元。

2. 第一年流转单价为每亩____元,年合计____元;以后流转单价每年递增率为____%。

3. 流转单价为每年每亩按____斤稻谷计算,第一年流转单价按当地政府收购指导价折合____元,年合计____元。

4. 其他____________________________。流转单价为每年每亩____元,年合计____元。

六、支付方式

双方同意按以下第____种方式支付流转价款:

1. 一次性支付:乙方应于________年____月____日前向甲方全部支付完毕。

2. 分期支付：乙方应于________年____月____日前向甲方支付第一年度流转价款，以后每年____月____日前付清该年度流转价款。

3. 其他____。

七、风险保障金

乙方应于本合同签订之日起____日内向甲方支付____元作为集体土地流转风险保障金。

八、双方权利和义务

1. 甲方有权获得流转收益，有权按照合同约定的期限到期收回流转的土地。

2. 甲方有权要求乙方按约履行合同义务，有权监督乙方合理利用土地，制止乙方损坏土地、其他农业资源和环境的行为。

3. 甲方保证其流转的土地经营权合法、真实、有效。

4. 在合同约定的期限内，甲方不得干涉乙方依法进行正常的生产经营活动。

5. 乙方有权自主开展农业生产经营并取得相关收益。

6. 经甲方同意，乙方可以依法投资改良土壤，建设农业生产附属、配套设备，并取得相关生产经营收益。

7. 乙方不得损害农田基础设施，不得从事掠夺性经营，不得损害土地、其他农业资源和环境。

8. 未经甲方同意，乙方不得将土地再流转。

9. 流转土地被依法征收、征用、占用时，双方有权依法获得相应的补偿。征收、征用、占用时有关补偿费归属______________。

九、违约责任

1. 甲方逾期交付土地的，每逾期一天，应向乙方支付____元违约金。

2. 乙方逾期支付流转价款的，每逾期一天，应向甲方支付____元违约金。

3. 乙方有下列情形之一的，甲方有权解除合同；给甲方造成损失的，乙方应予以赔偿：

(1)擅自改变土地的农业用途的；

(2)弃耕抛荒连续两年以上的；

(3)给土地造成严重损害或者严重破坏土地生态环境的；

(4)有其他严重违约行为的。

对于第(1)项情形，甲方还有权要求乙方恢复土地原状，乙方所交风险保障金不予退还。

4. 甲方非法干预乙方正常生产经营活动的，乙方有权解除合同；给乙方造成损失的，甲方应予以赔偿。

5. 其他违约责任______________________________。

十、合同的变更或解除

在本合同有效期内，遇下列情况之一者，可以变更或解除合同：

1. 国家、集体建设需要依法征用、使用流转土地的，应服从国家或集体需要。

2. 经甲、乙双方协商一致，可以变更或解除合同，应当签订书面的变更或解除协议。

3. 乙方在流转期间，若遇不可抗拒的自然灾害造成土地被毁而无法复耕的可解除或变更合同。

十一、流转合同提前解约或期满终止时做如下处理：

1. 属国家征、占用地原因提前解约合同的，国家给予的征、占用的土地补偿归甲方所有，地上附着物的补偿属于甲方建设的，如机井、辅助用房、通电设施的补偿归甲方所有，青苗及附着的乙方种植的作物的补偿款归乙方所有；

2. 因不可抗力造成合同不能履行或部分不能履行的，双方互不承担损失赔偿责任，善后工作由双方协商解决。

十二、其他约定

1. 合同期满，双方同意按以下第____种方式处理乙方的相关设施及地上附着物。

(1)归甲方所有，甲方不做补偿。

(2)双方协商通过折价方式由甲方给予乙方补偿，归甲方所有；协商不成的，由乙方在____日内拆除，恢复原状，甲方不做补偿。

2. 流转土地交还时，双方关于土地恢复原状的约定：______。

3. 其他约定____。

十三、争议解决方式

1. 双方发生争议的，可以自行和解，也可以请求村民委员会、乡（镇）人民政府等调解解决。双方和解、调解不成或者不愿和解、调解的，可以直接向合同履行地人民法院提起诉讼。

2. 双方一致确认本合同中记载的各方通信地址和联系方式为各方履行合同、解决合同争议时向接收其他方商业文件信函或司法机关（法院、仲裁机构）诉讼、仲裁文书的地址和联系方式。

3. 因违约致使守约方为实现债权而发生的费用（包含但不限于催收费、诉讼费、保全费、保全担保费、公告费、执行费、律师代理费、交通费以及其他守约方为实现债权所发生的一切费用）由违约方承担。

十四、附则

1. 本合同未尽事项，双方可以另行签订补充协议。补充协议与本合同具有同等法律效力。

2. 本合同自甲乙双方签字或盖章之日起生效。

3. 甲乙双方可以自愿向乡镇集体土地流转管理部门办理合同备案。

4. 本合同一式四份，双方各执一份，发包方和乡（镇、街道）集体土地承包管理部门各备案一份。

甲方（签字/签章）：

身份证号（组织机构代码）：

住所：

联系方式：

签约日期：

乙方（签字/签章）：

身份证号（组织机构代码）：

住所：

联系方式：

签约日期：

发包方(签字/签章)：

地址：

联系方式：

备案日期：

鉴证方(签字/签章)：

地址：

联系方式：

鉴证日期：

使用说明

一、本合同为示范文本，供当事人在集体土地经营权出租(转包)时参照使用。

二、本示范文本签订前请仔细阅读，签订合同的条款应当力求具体、确定。需要约定的条款请表述清楚，不需要约定的条款请载明“本合同不涉及此条款”或“本合同对此条款不需约定”。

三、本示范文本中集体土地经营权流转价款的事项，应当由当事人协商确定。流转的收益归集体土地经营权出让方所有，任何组织和个人不得擅自截留、扣缴。

范例15

土地经营权委托经营合同

合同编号：

甲方(委托方)：

通信地址：
身份证号：
电话：

乙方（受托方）：
通信地址：
身份证号：
电话：

甲乙双方根据《中华人民共和国农村土地承包法》等有关法律、法规和国家政策的规定，本着平等协商、自愿、有偿的原则，就甲方拥有的土地经营权委托经营事宜协商一致，订立本合同。

一、土地承包经营权委托方式

经甲乙双方协商同意甲方采用委托经营方式将其承包经营的土地委托给乙方经营，具体委托方式为收益性托管，即甲方委托乙方对委托经营的土地提供从耕种到收获、出售的全程种植托管服务，乙方向甲方支付固定收益。

二、委托经营土地的种类、位置、面积

1. 土地位置：该土地位于市（县）______乡（镇）______村______组。

2. 委托经营面积____亩；其中：承包地____亩，自留地____亩，机动地____亩，集体其他耕地____亩。

3. 委托经营土地情况：

序号	地块名称（地块编号）	面积（亩）	四至				土地承包经营权证或承包合同编号
			东	南	西	北	
合计							

4. 土地质量等级：__________________

三、土地承包经营权委托经营的期限和起止日期

甲乙双方约定，土地承包经营权委托经营期限为____年，自________年____月____日起至________年____月____日止。

四、委托经营的土地用途

委托经营的土地为农业用地，乙方必须合法使用委托经营的土地，不得改变委托土地用途，不得用于非农业生产。

五、固定收益标准及支付方式

1. 合同双方约定，乙方按照固定收益标准向甲方支付土地收益，固定收益标准为每年____元/亩，合计：______（小写）/年（大写____________），乙方应当于每年____月____日将固定收益支付给甲方。

2. 除固定收益标准外的其他产出收益归乙方所有，作为乙方经营报酬。

3. 委托经营的土地上级各项补贴归乙方所有，委托经营土地的其他税费由乙方承担。

4. 如因不可抗拒的自然灾害或其他不可抗力导致委托经营土地无产出或产出低于该年度之前三年平均产出标准的80%（经当地农业部门确认），则双方约定按照实际产出的收益来进行分配，具体标准为，甲方获得实际收益的____%，乙方获得实际收益的____%。

六、甲方的权利和义务

1. 按照合同规定收取土地委托经营收益，按照合同约定的期限收回委托经营的土地。

2. 有权监督乙方不改变委托经营土地的农业用途。

3. 协助乙方按合同行使土地经营权，帮助调解和其他承包户之间发生的用水、用电等方面的纠纷，但不得干预乙方正常的生产经营活动。

4. 配合甲方做好作物收获后的晾晒、收储等工作。

5. 按照合同约定及时足额向甲方支付委托经营费用。

七、乙方的权利和义务

1. 在委托经营的土地上，具有生产经营权、收益权。

2. 在国家法律、法规和政策允许范围内，从事生产经营活动，按照合同规定按时足额交纳土地委托经营费，对委托经营的耕地（荒地、林地）等进行有效保护，不能依法保护，造成损失的，乙方自由承担责任。

八、合同的变更和解除

有下列情况之一者，本合同可以变更和解除：

1. 经当事人双方协商一致，又不损害国家、集体和个人利益的：

2. 订立合同所依据的国家政策发生重大调整和变化的；

3. 一方违约，使合同无法履行的；

4. 乙方丧失经营能力使合同不能履行的；

5. 因不可抗力致使合同无法履行的；

6. 因国家征收、征用土地的。

九、违约责任

1. 甲方非法干预乙方生产经营，擅自变更或解除合同，给乙方造成损失的，由甲方赔偿乙方损失，并向乙方支付金额为委托经营年固定收益____%的违约金。

2. 乙方违背合同规定给甲方造成损失的由乙方承担赔偿责任，并向甲方支付金额为委托经营年固定收益____%的违约金。

3. 乙方有下列情况之一者甲方有权收回土地经营权：

（1）不按合同规定用途使用土地的；

（2）荒芜土地的、破坏土地上附着物的；

（3）不按时向甲方支付固定收益，逾期超过三十日的。

十、合同纠纷的解决方式

甲乙双方因履行委托经营合同发生纠纷，先由双方协商解决，协商不成的由乡（镇）农业经营管理部门调解。

不同意调解或调解无效的，经双方协商向上级农业承包合同管理部门申请仲裁，不服仲裁决定的，可在收到裁决书之日起三十日内向甲方所在地有管辖权的人民法院提起诉讼。

十一、特殊条款

1. 如遇国家征收征用土地，在甲方签订了《土地征收（征用）协议》后，乙方必须在《土地征收(征用)协议》约定的交付时间及时交付土地。

2. 如遇国家征收征用土地,土地安置补偿费用和甲方投资建设的地上附着物补偿费用由甲方享有,青苗补偿费和乙方投资建设地上附着物补偿费用由乙方享有。

十二、其他约定事项

1. 本合同未尽事宜,由甲乙双方协商,达成一致意见形成书面补充协议,补充协议与本合同具有同等法律效力。

2. 本合同一式三份,甲方、乙方各一份,报委托经营土地的发包方一份。

3. 合同自甲、乙双方签字或盖章之日起生效。

甲方(签字/签章):

身份证号(组织机构代码):

住所:

联系方式:

签约日期:

乙方(签字/签章):

身份证号(组织机构代码):

住所:

联系方式:

签约日期:

发包方(签字/签单):

地址:

联系方式:

备案日期:

第六章

农村房产相关法律实务

第一节 宅基地的申请、使用及退出

在乡村振兴战略推进过程中，实现宅基地使用权的高效流转是推动乡村现代化及乡村振兴的核心。我国目前处于全面建成小康社会决胜阶段，乡村振兴发展必须要盘活农村村民手中的土地资源，让宅基地使用权合理高效地流转，从而给农村村民带来经济利益，优化农村新产业，弘扬乡村历史文化，给农村发展注入活力，从而创新农村发展新模式。

本节从宅基地概念、性质及“三权”分置出发，以宅基地使用权的概念、性质、申请为基础，对宅基地超面积使用、有偿退出、宅基地建房施工全过程管理、建房补贴、农村住宅商用、农村房产转让抵押实务等方面进行合法性及实践案例分析，从而提出有利于我国农村土地利用率、促进高效流转农村的宅基地及农村房产，推进乡村振兴战略发展的建议。

一、宅基地使用权概述

（一）宅基地的概念、性质与乡村振兴的关系

1. 宅基地的概念

农村宅基地是指农村村民经依法批准，用于建造住宅的集体所有土地。[①]

2. 宅基地的性质

按照按土地性质分类，宅基地属于集体所有土地；按照土地用途分类，宅基地属于建设用地；按照《土地利用现状分类》（GB/T 21010－2017）分类，宅基地属于住宅用地。

3. 宅基地与乡村振兴的关系

2014 年中央通过了农村土地制度三项改革的意见，提出了推进完善宅基地权益取得方式、探索宅基地有偿使用、宅基地自愿有偿退出机制等改革事项。

2015 年 2 月，全国人大授权国务院在北京市大兴区等 33 个试点县（市、区）

---

① 《新疆维吾尔自治区农村宅基地管理办法》第 2 条规定：“本办法所称农村宅基地，是指农村（包括村庄和集镇）村民经依法批准，用于建造住宅（包括住房、附属用房等）的集体所有土地。”

行政区开展宅基地制度改革试点，首次提出了宅基地“三权”分置的概念，在宅基地改革中探索宅基地所有权、资格权和使用权的“三权”分置。①

2018年中共中央、国务院《关于实施乡村振兴战略的意见》提出完善村民闲置宅基地和闲置农房政策，探索宅基地所有权、资格权、使用权“三权”分置。

2019年，全国人大修正的《土地管理法》，明确了保障户有所居多种实现形式、下放宅基地审批权、允许农民依法自愿有偿退出宅基地。

2020年国家提出重点探索宅基地所有权、资格权、使用权“三权”分置，进一步深化农村宅基地制度改革试点。

宅基地是国家保障村民居住的政策，是村民安身立命、“户有所居”的基础，也是农民最为根本的生活物资，但宅基地以往的管理方式已经不能适应现今乡村振兴发展的需要。国家在进行宅基地制度改革实现所有权、资格权、使用权“三权”分置的探索、目的是以发挥宅基地保障农民生活、乡村振兴重要作用。

（二）宅基地的“三权”分置

1. 宅基地所有权

我国在宪法和法律的层面上规定了宅基地所有权，《宪法》第10条、《土地管理法》第9条均规定宅基地所有权是归农民集体所有，农民只享有宅基地的使用权。

2. 宅基地资格权

宅基地资格权目前在理论学说研究，没法律规定，但学说观点中成员权说占据主流地位。②

成员权说认为，无论是从农地制度改革的协同性还是农地权利体系的协调性考虑，都宜将土地承包权和“宅基地资格权”界定为农民集体成员权。③ 因此，宅基地资格权属于成员权，由农村集体经济组织成员共同享有宅基地资格权。

经笔者检索，目前将宅基地资格权提升到规范性文件层面的，仅有宁波市象山县自然资源和规划局《象山县农村宅基地资格权管理暂行办法》，提出了对

---

① 鲍建平：《农村宅基地入市交易的“义乌智慧”》，载《浙江国土资源》2018年第1期。

② 管洪彦：《宅基地“三权分置”的权利结构与立法表达》，载《政法论坛》2021年第3期。

③ 陈小君：《宅基地使用权的制度困局与破解之维》，载《法学研究》2019年第3期。

于宅基地资格权人的认定、宅基地资格权人居住权的实现、宅基地资格权审查备案登记等内容。

3. 宅基地使用权

《民法典》物权编的"用益物权"分编第十三章第362条规定了宅基地使用权人对集体所有的土地享有宅基地使用权,有权依法占有和使用该土地建造住宅及其附属设施,概括规定了宅基地使用权的取得、行使、转让和灭失、登记等。

目前我国法律对宅基地使用权有明确规定的主要为《土地管理法》及相关政策。本章节以宅基地"三权"(宅基地的所有权、资格权、使用权)分置出发,从宅基地使用权概念、性质、特点出发,分析宅基地使用权的申请(取得)、使用及退出的相关内容。

(三)宅基地使用权的概念、性质、特点

1. 宅基地使用权的概念

《民法典》第362条规定,宅基地使用权是农村集体成员依法对集体所有的土地上享有的占有、使用,并利用该土地建造住宅及其附属设施的权利。

2. 宅基地使用权的性质

宅基地使用权属于用益物权。

3. 宅基地使用权的特点

(1)主体资格的限定性。

农村宅基地使用权人只能是本集体经济组织之成员。宅基地使用权与集体经济组织成员身份紧密挂钩,具有较强的人身依附属性。

(2)用途范围的受限性。

农村宅基地使用权范畴仅限于本集体经济组织成员建造房屋及其他附属设施。

(3)申请数量的有限性。

农村宅基地的申请及审批实行严格的"一户一宅"制度。我国现行《土地管理法》规定,农村村民一户只能拥有一处宅基地,其面积不得超过省、自治区、直辖市规定的标准。

(4)初始取得的无偿性。

农村集体经济组织成员初始取得宅基地的使用权除交纳数量极少的税费

外,无须交纳其他费用,原则上属无偿取得。

(5)服务功能的福利性。

农村宅基地制度系为保障农民"居者有其屋"这一最基本生存权而设立,具有重要的社会保障职能。

(四)宅基地使用权人的权利和义务

1.宅基地使用权人的权利

(1)占有权,是指宅基地使用权人对宅基地实际支配和控制的权利,是宅基地使用权人实现使用、收益等其他权能的基础①。

(2)使用权,是指宅基地使用权人按照宅基地的自然属性和特点、用途等使用宅基地权利,如其在该宅基地上建造住宅以及鸡圈、厕所等附属设施。

(3)收益权,是指宅基地使用权人利用宅基地取得经济价值的权利。例如,在探索宅基地"三权"分置的过程中农业农村部《关于积极稳妥开展农村闲置宅基地和闲置住宅盘活利用工作的通知》提出,"支持农村集体经济组织及其成员采取自营、出租、入股、合作等多种方式盘活利用农村闲置宅基地和闲置住宅"。

(4)处分权,是指宅基地使用权人对其占有的宅基地进行建房、对其房屋出租、转让、赠与等的权利。②《民法典》第399条③规定,禁止抵押宅基地使用权。宅基地使用权人可对其住宅进行出卖、出租、赠与的处分,但处分后再申请宅基地的,不予批准。

(5)物上请求权,是指宅基地使用权人为排除他人妨碍其行使的请求权,包括停止侵害、排除妨碍、返还占有、恢复原状、赔偿损失等内容。④

① 施晓琳:《农村宅基地使用权人的权利与义务》,载《南京农业大学学报(社会科学版)》2007年第2期。

② 中央农村工作领导小组办公室 农业农村部《关于进一步加强农村宅基地管理的通知》提出:"鼓励村集体和农民盘活利用闲置宅基地和闲置住宅,通过自主经营、合作经营、委托经营等方式,依法依规发展农家乐、民宿、乡村旅游等。城镇居民、工商资本等租赁农房居住或开展经营的,要严格遵守合同法的规定,租赁合同的期限不得超过二十年。合同到期后,双方可以另行约定。"

③ 《民法典》第399条规定:"下列财产不得抵押:(一)土地所有权;(二)宅基地、自留地、自留山等集体所有土地的使用权,但是法律规定可以抵押的除外;(三)学校、幼儿园、医疗机构等为公益目的成立的非营利法人的教育设施、医疗卫生设施和其他公益设施;(四)所有权、使用权不明或者有争议的财产;(五)依法被查封、扣押、监管的财产;(六)法律、行政法规规定不得抵押的其他财产。"

④ 施晓琳:《农村宅基地使用权人的权利与义务》,载《南京农业大学学报(社会科学版)》2007年第2期。

2. 宅基地使用权人的义务

宅基地使用权人在享有权利的同时，也负有义务。

(1)按特点和约定用途利用。

宅基地上建设的住宅也要符合乡镇土地利用总体规划、村庄规划，按照约定用途利用，不得占用永久基本农田。

(2)对宅基地保护与合理使用。

农村宅基地使用权人有保护宅基地完好的义务。农村宅基地使用权人应当按照农村宅基地的法律属性和自然属性合理地使用其土地，不得造成农村宅基地负担过度。[①]

(3)注意相邻关系。

农村宅基地使用权人应当为相邻权利人用水、排水、通行等提供必要的便利，不得排放大气污染物、水污染物、土壤污染物、噪声、光辐射、电磁辐射等有害物质。

二、宅基地使用权的申请

根据我国法律规定及农村村民取得宅基地一般有两种：第一种是通过土地改革分配、通过申请宅基地建造住宅等的原始取得，第二种是通过购买房屋、继承等从其他宅基地使用权人受让取得。由于下文将涉及农村宅基地上房屋买卖问题，在此仅对通过申请宅基地建造住宅等的原始取得问题展开讨论。

(一)宅基地使用权的申请条件

根据《土地管理法》的规定，[②]申请取得条件有以下四个：

---

① 韩玉斌：《农村宅基地使用权立法论纲》，载《四川大学学报》2002年第2期。

② 《土地管理法》第62条规定："农村村民一户只能拥有一处宅基地，其宅基地的面积不得超过省、自治区、直辖市规定的标准。人均土地少、不能保障一户拥有一处宅基地的地区，县级人民政府在充分尊重农村村民意愿的基础上，可以采取措施，按照省、自治区、直辖市规定的标准保障农村村民实现户有所居。农村村民建住宅，应当符合乡(镇)土地利用总体规划、村庄规划，不得占用永久基本农田，并尽量使用原有的宅基地和村内空闲地。编制乡(镇)土地利用总体规划、村庄规划应当统筹并合理安排宅基地用地，改善农村村民居住环境和条件。农村村民住宅用地，由乡(镇)人民政府审核批准；其中，涉及占用农用地的，依照本法第四十四条的规定办理审批手续。农村村民出卖、出租、赠与住宅后，再申请宅基地的，不予批准。国家允许进城落户的农村村民依法自愿有偿退出宅基地，鼓励农村集体经济组织及其成员盘活利用闲置宅基地和闲置住宅。国务院农业农村主管部门负责全国农村宅基地改革和管理有关工作。"

1. 申请人的资格条件

对于宅基地使用权申请人的资格条件：申请人必须为农业户口；申请人必须为该集体农业经济组织成员；申请人此前没有享受过宅基地。

宅基地使用权的申请主体不是村民个人，而是以“户”为单位，并且有“一宅一户”的限制。关于“户”的认定，地方规定优先，没有地方规定的，对“户”的认定应以公安部门户籍登记信息为基础（户籍信息无法认定的，可参考当地农村集体土地家庭承包中承包集体土地的农户情况，结合村民自治方式），同时应当符合当地申请宅基地建房的条件。[①]

不同省（市、区）对于申请的条件又有具体的规定。依据《新疆维吾尔自治区农村宅基地管理办法》的规定，[②]有农村村民子女达到法定年龄结婚确需分户（宅基地不够标准）、外来人口成为本村村民（没有宅基地的）、需要搬迁（因自然灾害、实施村庄和集镇规划）等条件之一的，可以申请宅基地。

2. 建设住宅须符合法律规定

宅基地的面积要除了符省、自治区、直辖市规定的标准外，建设的住宅也要符合乡镇土地利用总体规划、村庄规划，经乡镇人民政府审核批准，不得占用永久基本农田，并尽量使用原有的宅基地和村内空闲地。

3. 不得存在禁止的情形

依据《土地管理法》的规定，农村村民出卖、出租、赠与住宅后，不得再申请宅基地的，即使申请也不予批准。

4. 宅基地使用权的重新分配

依据《民法典》第 364 条规定，[③]在宅基地因自然灾害等原因灭失致使宅基地使用权消灭的，应当依法对失去宅基地的村民重新分配宅基地。

---

① 参见自然资源部办公厅《关于印发〈宅基地和集体建设用地使用权确权登记工作问答〉的函》。

② 《新疆维吾尔自治区农村宅基地管理办法》第 7 条规定：“农村村民符合下列条件之一的，可以申请宅基地：（一）子女达到法定年龄结婚确需分户，而宅基地不够标准的；（二）外来人口落户，成为本集体经济组织成员（村民），没有宅基地的；（三）因发生或者防御自然灾害、实施村庄和集镇规划，需要搬迁的；（四）符合法律规定的其他情形。”

③ 《民法典》第 364 条规定：“宅基地因自然灾害等原因灭失的，宅基地使用权消灭。对失去宅基地的村民，应当依法重新分配宅基地。”

（二）宅基地使用权的申请程序

依据农业农村部、自然资源部《关于规范农村宅基地审批管理的通知》，宅基地使用权的申请程序如下：

1. 农户申请

符合宅基地申请条件的农户，以户为单位向所在村民小组提出宅基地和建房（规划许可）书面申请。

2. 村民小组讨论（公示）

村民小组收到申请后，应提交村民小组会议讨论，并将申请理由、拟用地位置和面积、拟建房层高和面积等情况在本小组范围内公示。公示无异议或异议不成立的，村民小组将农户申请、村民小组会议记录等材料交村集体经济组织或村民委员会审查。

3. 村级组织开展材料审核

村级组织重点审查提交的材料是否真实有效、拟用地建房是否符合村庄规划、是否征求了用地建房相邻权利人意见等。

审查通过的，由村级组织签署意见，报送乡镇政府。没有分设村民小组或宅基地和建房申请等事项已统一由村级组织办理的，农户直接向村级组织提出申请，经村民代表会议讨论通过并在本集体经济组织范围内公示后，由村级组织签署意见，报送乡镇政府。

4. 乡镇受理审核

乡镇政府一窗口受理、多部门联动联审联办。

农业农村部门负责审查是否符合申请条件、是否符合宅基地合理布局要求和面积标准、宅基地和建房（规划许可）申请是否经过村组审核公示等；自然资源部门负责审查是否符合国土空间规划、用途管制要求；涉及其他部门的及时征求意见。

5. 乡镇政府审批

根据各部门联审结果，由乡镇政府对农民宅基地申请进行审批，出具《农村宅基地批准书》。

（三）宅基地使用权的登记

依据法律及有关部门规范性文件规定，涉及宅基地使用权的登记有登记机关、登记费用、登记规则等。①

1. 宅基地使用权的登记机关

依据《不动产登记暂行条例》的规定,宅基地使用权的登记机关为国家各级不动产登记机关。②

2. 宅基地使用权的登记费用

依据自然资源部办公厅《关于印发〈宅基地和集体建设用地使用权确权登记工作问答〉的函》的规定,单独申请宅基地使用权登记、申请宅基地使用权及地上房屋所有权登记的费用为不动产权属证书的工本费(每本 10 元)申请集体建设用地使用权及建(构)筑物所有权登记的,应当按照相关规定缴纳不动产登记费 80 元。③

3. 宅基地使用权的登记规则

(1)可单独申请。

依据《不动产登记暂行条例实施细则》的规定,可以单独申请宅基地使用权登记,也可以一并申请宅基地使用权及房屋所有权登记。④

---

① 《民法典》第 209 条规定,"不动产物权的设立、变更、转让和消灭,经依法登记,发生效力;未经登记,不发生效力,但是法律另有规定的除外。依法属于国家所有的自然资源,所有权可以不登记"。第 365 条规定:"已经登记的宅基地使用权转让或者消灭的,应当及时办理变更登记或者注销登记"。实践中,宅基地使用权的登记管理混乱,但未加强宅基地管理保护宅基地使用权人合法权益有关部门出台了许多规范性文件,2008 年原国土资源部发布《关于进一步加快宅基地使用权登记发证工作的通知》(已失效),2014 年原国土资源部、财政部、住房和城乡建设部等联合出台《关于进一步加快推进宅基地和集体建设用地使用权确权登记发证工作的通知》,2016 年原国土资源部发布《关于进一步加快宅基地和集体建设用地确权登记发证有关问题的通知》、2019 年农业农村部发布《关于积极稳妥开展农村闲置宅基地和闲置住宅盘活利用工作的通知》,农业农村部、自然资源部发布《关于规范农村宅基地审批管理的通知》,2020 年自然资源部发布《关于加快宅基地和集体建设用地使用权确权登记工作的通知》等。

② 《不动产登记暂行条例》第 7 条规定,"不动产登记由不动产所在地的县级人民政府不动产登记机构办理;直辖市、设区的市人民政府可以确定本级不动产登记机构统一办理所属各区的不动产登记。跨县级行政区域的不动产登记,由所跨县级行政区域的不动产登记机构分别办理。不能分别办理的,由所跨县级行政区域的不动产登记机构协商办理;协商不成的,由共同的上一级人民政府不动产登记主管部门指定办理。国务院确定的重点国有林区的森林、林木和林地,国务院批准项目用海、用岛,中央国家机关使用的国有土地等不动产登记,由国务院国土资源主管部门会同有关部门规定"。

③ 参见自然资源部办公厅《关于印发〈宅基地和集体建设用地使用权确权登记工作问答〉的函》。

④ 《不动产登记暂行条例实施细则》第 40 条规定,"依法取得宅基地使用权,可以单独申请宅基地使用权登记。依法利用宅基地建造住房及其附属设施的,可以申请宅基地使用权及房屋所有权登记"。

(2)递交的登记材料。

①首次登记的材料。《不动产登记暂行条例实施细则》第41条规定了申请宅基地使用权首次登记的材料:申请人基本信息、权属来源材料、有关不动产界址面积材料,以及其他必要材料。[①]

②转移申请登记材料。依据《不动产登记暂行条例实施细则》的规定,因依法继承、分家析产、集体经济组织内部互换房屋等导致宅基地使用权及房屋所有权发生转移申请登记的材料:权属来源材料、依法继承材料、分家析产材料、互换房屋的材料及其他必要材料。[②]

(3)登记申请的实质性审查。

不动产登记机关依据《不动产登记暂行条例》第18条、第19条[③]对登记申请进行实质性审查。

(4)不得登记的情形。

①依据《不动产登记暂行条例》第22条的规定,对于违反法律、行政法规、存在尚未解决的权属争议、申请登记的不动产权利超过规定期限的等其他情形不予登记。

②依据自然资源部《关于加快宅基地和集体建设用地使用权确权登记工作的通知》的规定,对于乱占耕地建房、违反生态保护红线管控要求建房、城镇居

---

① 《不动产登记暂行条例实施细则》第41条规定,"申请宅基地使用权及房屋所有权首次登记的,应当根据不同情况,提交下列材料:(一)申请人身份证和户口簿;(二)不动产权属证书或者有批准权的人民政府批准用地的文件等权属来源材料;(三)房屋符合规划或者建设的相关材料;(四)权籍调查表、宗地图、房屋平面图以及宗地界址点坐标等有关不动产界址、面积等材料;(五)其他必要材料"。

② 《不动产登记暂行条例实施细则》第42条规定,"因依法继承、分家析产、集体经济组织内部互换房屋等导致宅基地使用权及房屋所有权发生转移申请登记的,申请人应当根据不同情况,提交下列材料:(一)不动产权属证书或者其他权属来源材料;(二)依法继承的材料;(三)分家析产的协议或者材料;(四)集体经济组织内部互换房屋的协议;(五)其他必要材料"。

③ 《不动产登记暂行条例》第18条规定,"不动产登记机构受理不动产登记申请的,应当按照下列要求进行查验:(一)不动产界址、空间界限、面积等材料与申请登记的不动产状况是否一致;(二)有关证明材料、文件与申请登记的内容是否一致;(三)登记申请是否违反法律、行政法规规定"。该条例第19条规定,"属于下列情形之一的,不动产登记机构可以对申请登记的不动产进行实地查看:(一)房屋等建筑物、构筑物所有权首次登记;(二)在建建筑物抵押权登记;(三)因不动产灭失导致的注销登记;(四)不动产登记机构认为需要实地查看的其他情形。对可能存在权属争议,或者可能涉及他人利害关系的登记申请,不动产登记机构可以向申请人、利害关系人或者有关单位进行调查。不动产登记机构进行实地查看或者调查时,申请人、被调查人应当予以配合"。

民非法购买宅基地、小产权房等,不得办理登记。

三、宅基地的使用

宅基地的使用最直接体现为宅基地使用权的申请、登记,以及建造住宅及附属设施。此处说明下宅基地建房的审批程序,并着重分析宅基地的超面积和继承问题。

(一)宅基地的建房审批

1. 宅基地建房的审批程序(与宅基地使用权的审批基本同步)

(1)农户申请。

在农户向所在村民小组提出宅基地申请时一并提出建房(规划许可)书面申请。

(2)村民小组讨论(公示)。

经村民小组讨论(公示)拟用地位置和面积、拟建房层高和面积等情况。

(3)村级组织开展材料审核。

村级组织重点审查提交的材料是否真实有效、拟用地建房是否符合村庄规划、是否征求了用地建房相邻权利人意见等,审查通过的,由村级组织签署意见,报送乡镇政府。

(4)乡镇受理审核。

乡镇政府一窗口受理、农业农村部门、自然资源部门及其他部门联动联审联办。

(5)乡镇政府审批。

根据各部门联审结果,由乡镇政府对农民宅基地申请进行审批,出具《农村宅基地批准书》,“鼓励地方将乡村建设规划许可证由乡镇一并发放,并以适当方式公开。乡镇要建立宅基地用地建房审批管理台账,有关资料归档留存,并及时将审批情况报县级农业农村、自然资源等部门备案”①。

(6)划定宅基地用地范围、确定建房位置。

经批准用地建房的农户,应当在开工前向乡镇政府或授权的牵头部门申请划定宅基地用地范围,乡镇政府及时组织农业农村、自然资源等部门到现场进

① 参见农业农村部、自然资源部《关于规范农村宅基地审批管理的通知》。

行开工查验,实地丈量批放宅基地,确定建房位置。

(7)验收建房。

农户建房完工后,乡镇政府组织相关部门进行验收,实地检查农户是否按照批准面积、四至等要求使用宅基地,是否按照批准面积和规划要求建设住房,并出具《农村宅基地和建房(规划许可)验收意见表》。

(8)申请宅基地使用权地上房屋所有权登记。

通过验收的农户,可以向不动产登记部门申请办理不动产登记。可以单独申请宅基地使用权登记,也可以一并申请宅基地使用权及地上房屋所有权登记。

2. 宅基地上原址翻建、改扩建房屋的审批

根据《城乡规划法》的规定①,宅基地上原址翻建、改扩建房屋也应当依法取得乡村建设规划许可证且是按照乡村建设规划许可证的规定进行建设的。农业农村部、自然资源部《关于规范农村宅基地审批管理的通知》中关于需要办理宅基地审批程序的范围也包含了原址翻建、改扩建。因此,宅基地上原址翻建、改扩建房屋的审批也应当按照宅基地建房的审批程序进行。

(二)宅基地的超面积使用

1. 宅基地使用面积的规定

《土地管理法》第62条第1款规定,农村村民一户只能拥有一处宅基地,其宅基地的面积不得超过省、自治区、直辖市规定的标准。目前各省市根据宅基地所述土地性质、土地区域等特点规定了各自的宅基地使用面积标准。

①浙江省宅基地的使用面积标准:《浙江省土地管理条例》根据土地性质不同宅基地的使用面积标准不同:使用耕地的,宅基地的面积标准,最高不得超过125平方米;使用其他土地的,最高不得超过140平方米;山区有条件利用荒地、

① 《城乡规划法》第65条规定,"在乡、村庄规划区内未依法取得乡村建设规划许可证或者未按照乡村建设规划许可证的规定进行建设的,由乡、镇人民政府责令停止建设、限期改正;逾期不改正的,可以拆除"。

荒坡的，最高不得超过169平方米。[①]

②山东省宅基地的使用面积标准：《山东省实施〈中华人民共和国土地管理法〉办法》，根据所属区域规定了新建宅基地面积限额：城市郊区及乡（镇）所在地，每户面积不得超过166平方米；平原地区的村庄，每户面积不得超过200平方米，村庄建在盐碱地、荒滩地上的最多不得超过264平方米；山地丘陵区，村址在平原地上的，每户面积132平方米；在山坡薄地上的，最多不得超过264平方米。[②]

③新疆宅基地的使用面积标准：

《新疆维吾尔自治区农村宅基地管理办法》以县人均耕地为单位规定，分级的宅基地的使用面积，以及使用未利用土地建住宅的，宅基地面积标准可适当放宽，但最高不得超过前款规定的1倍的规定。人均耕地0.04公顷以下的，每户住宅用地不得超过200平方米；人均耕地0.04公顷以上0.07公顷以下的，每户住宅用地不得超过300平方米；人均耕地0.07公顷以上0.1公顷以下的，每户住宅用地不得超过400平方米；人均耕地0.1公顷以上0.14公顷以下的，每户住宅用地不得超过500平方米；人均耕地0.14公顷以上0.34公顷以下的，每户住宅用地不得超过600平方米；人均耕地0.34公顷以上的，每户住宅用地不

---

① 《浙江省土地管理条例》第55条规定，"农村村民一户只能拥有一处宅基地，宅基地的面积标准（包括附属用房、庭院用地），使用耕地的，最高不得超过一百二十五平方米；使用其他土地的，最高不得超过一百四十平方米；山区有条件利用荒地、荒坡的，最高不得超过一百六十平方米。村村民宅基地和公寓式住宅的具体标准与管理办法，由设区的市、县（市、区）人民政府按照国家和省有关规定结合当地实际制定"。

② 《山东省实施〈中华人民共和国土地管理法〉办法》第43条规定，"农村村民一户只能拥有一处宅基地。农村村民建住宅，必须符合乡（镇）土地利用总体规划，结合旧村改造，充分利用原有的宅基地、村内空闲地和山坡荒地，严格控制占用农用地。新建宅基地面积限额为：（一）城市郊区及乡（镇）所在地，每户面积不得超过一百六十六平方米；（二）平原地区的村庄，每户面积不得超过二百平方米。村庄建在盐碱地、荒滩地上的，可适当放宽，但最多不得超过二百六十四平方米；（三）山地丘陵区，村址在平原地上的，每户面积一百三十二平方米；在山坡薄地上的，每户面积可以适当放宽，但最多不得超过二百六十四平方米。人均占有耕地六百六十六平方米以下的，每户宅基地面积可低于前款规定限额。县级人民政府可以根据本地具体情况，在本条第二款规定的限额内制定本行政区域内的宅基地面积标准"。

得超过800平方米。①

2. 宅基地超面积使用实务

(1)宅基地超占面积的登记处理。

为规范宅基地的使用,2011年11月10日原国土资源部、中央农村工作领导小组、财政部、原农业部发布《关于农村集体土地确权登记发证的若干意见》,提出农村集体土地确权登记发证于尊重历史、注重现实、有利生产生活、促进社会和谐稳定的原则。②

2011年11月10日,原国土资源部、中央农村工作领导小组、财政部、原农业部发布《关于农村集体土地确权登记发证的若干意见》规定,以1982年《村镇建房用地管理条例》实施、1987年《土地管理法》实施为阶段的宅基地超占面积的登记处理:

①1982年2月13日以前建房占用宅基地,按现有实施使用面积进行登记(这种情况在农村已不多见);

②1982年2月13日至1987年1月1日建房占用宅基地,处理超过部分后按照实际使用面积进行登记;

③1987年1月1日后建房占用宅基地,依法对标准面积予以确权登记,超占面积在登记簿和权属证书附记栏中注明(在补办相关用地手续后),此种情形在当前确权过程中最为普遍。

---

① 《新疆维吾尔自治区农村宅基地管理办法》第4条规定,"农村村民一户只能拥有一处宅基地,其宅基地面积不得超过《新疆维吾尔自治区实施〈中华人民共和国土地管理法〉办法》第四十六条规定的标准(人均耕地以县为单位),即:(一)人均耕地0.04公顷以下的,每户住宅用地不得超过200平方米;(二)人均耕地0.04公顷以上0.07公顷以下的,每户住宅用地不得超过300平方米;(三)人均耕地0.07公顷以上0.1公顷以下的,每户住宅用地不得超过400平方米;(四)人均耕地0.1公顷以上0.14公顷以下的,每户住宅用地不得超过500平方米;(五)人均耕地0.14公顷以上0.34公顷以下的,每户住宅用地不得超过600平方米;(六)人均耕地0.34公顷以上的,每户住宅用地不得超过800平方米;使用未利用土地建住宅的,宅基地面积标准可适当放宽,但最高不得超过前款规定的1倍"。

② 参见2011年11月10日原国土资源部、中央农村工作领导小组办公室、财政部、原农业部发布的《关于农村集体土地确权登记发证的若干意见》。

(2)宅基地超占面积使用探索。

《海南省农村宅基地管理试点办法》第16条、第17条、第19条规定①,对于宅基地使用面积超过175平方米的超出部分面积、“一户多宅”超出一户宅基地面积的超出部分面积的实行宅基地有偿使用。由村集体经济组织收取有偿使用费。有偿使用费收取范围、缴纳标准由市县人民政府结合实际确定。宅基地有偿使用费缴纳标准应定期调整。

(三)宅基地使用权的继承

1.宅基地使用权继承的规定

2020年9月9日,自然资源部对十三届全国人大三次会议第3226号建议的答复规定,“六、关于农村宅基地使用权登记问题。农民的宅基地使用权可以依法由城镇户籍的子女继承并办理不动产登记。根据《继承法》的规定,被继承人的房屋作为其遗产由继承人继承,按照房地一体原则,继承人继承取得房屋所有权和宅基地使用权,农村宅基地不能被单独继承。《不动产登记操作规范(试行)》明确规定,非本农村集体经济组织成员(含城镇居民),因继承房屋占用宅基地的,可按相关规定办理确权登记,在不动产登记簿及证书附记栏注记“该权利人为本农民集体经济组织原成员住宅的合法继承人”。

因此,根据目前法律及政策规定,农村宅基地使用权不能被单独继承,但被继承人的房屋作为其遗产由继承人继承,基于“房地一体”原则,继承人可以继承取得房屋所有权和宅基地使用权。也就是说,宅基地上有房屋才可以继承取得房屋所有权和宅基地使用权。

2.宅基地上房屋不适用遗赠

2018年6月11日北京市高级人民法院《关于审理继承纠纷案件若干疑难

---

① 《海南省农村宅基地管理试点办法》第16条规定,“有下列情形之一的,可结合实际实行宅基地有偿使用:(一)宅基地使用面积超过175平方米的超出部分面积;(二)‘一户多宅’超出一户宅基地面积的超出部分面积;(三)非本集体经济组织成员通过继承、受赠房屋或其他方式合法占有的宅基地;(四)本集体经济组织成员因继承、受赠房屋或其他合法方式使用的宅基地,与原有宅基地合计面积超过175平方米的超出部分面积”。第17条规定,“有偿使用费由村集体经济组织收取。有偿使用费收取范围、缴纳标准由市县人民政府结合实际确定。宅基地有偿使用费缴纳标准应定期调整。宅基地有偿使用年限由村集体经济组织确定,但最长不得超过70年”。第19条规定,“宅基地有偿使用费归村集体经济组织所有,主要用于村内基础设施和公益事业建设、村内贫困户帮扶、土地复垦及宅基地有偿退出回购等”。

问题的解答》明确,“遗赠人生前将宅基地上房屋遗赠本集体经济组织以外的人,受遗赠人在遗赠人死后主张因遗赠取得宅基地上房屋所有权的,人民法院不予支持”。

四、宅基地的退出

(一)宅基地退出的意义

农村宅基地和住宅是农民的基本生活资料和重要财产,也是农村发展的重要资源。[①] 目前,我国宅基地的“浪费”与“闲置”现象并存且普遍存在,严重阻碍了城镇化推进、城乡融合发展和乡村振兴的推动。[②] 在解决这一问题的过程中,宅基地退出机制作为农村土地改革的一项重要内容,很多城市已经在加快对这一制度的探索。[③]

(二)宅基地退出的相关规定

《土地管理法》第 62 条第 6 款规定,“国家允许进城落户的农村村民依法自愿有偿退出宅基地,鼓励农村集体经济组织及其成员盘活利用闲置宅基地和闲置住宅”。

《土地管理法实施条例》第 35 条规定,“国家允许进城落户的农村村民依法自愿有偿退出宅基地。乡(镇)人民政府和农村集体经济组织、村民委员会等应当将退出的宅基地优先用于保障该农村集体经济组织成员的宅基地需求”。

2021 年 3 月 12 日全国人民代表大会发布《中华人民共和国国民经济和社会发展第十四个五年规划和 2035 年远景目标纲》,规定“允许农村集体在农民自愿前提下,依法把有偿收回的闲置宅基地、废弃的集体公益性建设用地转变为集体经营性建设用地入市”。

上述法律、文件明确规定了宅基地有偿退出制度,但对宅基地有偿退出的规定相对简单。鉴于我国宅基地所有权归本集体经济组织成员集体所有、农村村民只能拥有宅基地使用权,宅基地有偿退出实质为宅基地使用权的有偿退

① 农业农村部《关于积极稳妥开展农村闲置宅基地和闲置住宅盘活利用工作的通知》。

② 彭舒月:《宅基地退出的法律制度探究——以重庆的“地票”模式为例》,载《法制博览》2017 年第 26 期。

③ 彭舒月:《宅基地退出的法律制度探究——以重庆的“地票”模式为例》,载《法制博览》2017 年第 26 期。

出。本书从宅基地使用权的有偿的概念、条件、效力及探索等方面进行分析。

(三)宅基地有偿退出的探索

《土地管理法》第62条规定,"国家允许进城落户的农村村民依法自愿有偿退出宅基地,鼓励农村集体经济组织及其成员盘活利用闲置宅基地和闲置住宅"。2020年9月,全国104个县(市、区)以及3个地级市启动实施新一轮农村宅基地制度改革试点,探索宅基地自愿有偿退出其中的重要内容。

1. 宅基地有偿退出的概念与相关辨析

(1)宅基地有偿退出的概念。

宅基地使用权有偿退出,应当是指农村村民自愿将宅基地使用权交回农村集体经济组织或者村民委员会,农村集体经济组织或者村民委员会给予相应补偿的制度。① 因此,宅基地有偿退出是指宅基地使用权的退出。

(2)宅基地有偿退出与宅基地使用权流转的异同。

共同点:表现为都是宅基地使用权人自愿、宅基地使用权人发生了权利变动。

差异性:表现为宅基地使用权消灭与否:宅基地使用权的退出是宅基地使用权消灭,宅基地使用权流转中并未消灭,宅基地使用权转让或者赠与使宅基地使用权主体发生了变化。能否获得对价:宅基地使用权有偿退出的原宅基地使用权人可以获得相应补偿;宅基地使用权转让的原宅基地使用权人可以获得相应对价,但宅基地使用权赠与的原宅基地使用权人不能获得对价。

2. 宅基地使用权的有偿退出条件

宅基地使用权有偿退出的条件主要有退出主体、退出意愿和退出补偿三个方面的条件。②

(1)关于宅基地使用权有偿退出的退出主体。

依据《土地管理法》第62条的规定,宅基地使用权有偿退出的退出主体为"国家允许进城落户的农村村民",即进城落户的宅基地使用权人。进城落户是指具有宅基地使用权农村村民的户籍由农村变为了城镇。但目前法律没有规

① 肖鹏:《宅基地使用权有偿退出制度浅析》,载《土地科学动态》2019年第6期。
② 肖鹏:《宅基地使用权有偿退出制度浅析》,载《土地科学动态》2019年第6期。

定“没有进城落户的宅基地使用权人能否享有有偿退出的权利”。

(2)关于宅基地使用权有偿退出的退出意愿。

依据《土地管理法》第62条的规定,宅基地使用权有偿退出是宅基地使用权人的自愿退出,充分尊重宅基地使用权人对宅基地使用权的处分意愿,不允许强制退出。

(3)关于宅基地使用权有偿退出的退出补偿。

依据《土地管理法》第62条的规定,自愿退出宅基地使用权村民应当获得合理的补偿,但对于补偿的标准没有明确的规定。中央农村工作领导小组办公室、农业农村部《关于进一步加强农村宅基地管理的通知》规定,“对进城落户的农村村民,各地可以多渠道筹集资金,探索通过多种方式鼓励其自愿有偿退出宅基地”。

另外,对于宅基地使用权有偿退出是否需要农村集体经济组织或者村民委员会同意,《土地管理法》并未明确规定。笔者认为,宅基地使用权退出应当与宅基地使用权的申请一致,宅基地使用权退出应当征得农村集体经济组织或者村民委员会的同意,因为宅基地所有权与使用权分置,宅基地使用权退出是双方的法律行为。

3. 宅基地使用权的有偿方式

2018年12月23日,国务院《关于农村土地征收、集体经营性建设用地入市、宅基地制度改革试点情况的总结报告》指出,“试点实践中,试点地区对宅基地有偿使用和自愿有偿退出做了多种尝试。如湖北宜城依据宅基地使用对象的身份及宅基地利用现状,对超占部分按照时段、面积、区域等标准收取有偿使用费;云南大理对利用宅基地上住房从事客栈餐饮等经营活动的由集体按使用面积收取土地收益金;江西余江、安徽金寨对退出宅基地或放弃建房进城购房的农户实行购房补贴;宁夏平罗探索建立农村老年人‘以地养老’模式,允许农村老人自愿将宅基地、房屋、承包经营权退回集体,置换养老服务。因此,建议:原则规定鼓励进城落户的农村村民依法自愿有偿退出宅基地”。

(1)货币补偿,如湖北宜城出台《农村宅基地自愿有偿退出办法》,对宅基地超过200平方米的部分收取有偿使用费,从而引导超占的农户自愿退出多余的宅基地。

(2)购房补贴,如江西余江对于常年在城镇工作生活、自愿放弃宅基地并进城购房的农户,可以在政府划定的县城优势地段选购房屋,同时享受政府600~800元/平方米的房价补贴。

(3)置换养老服务,如宁夏平罗探索的"以地养老"模式,农村老人如果自愿退出宅基地、房屋以及承包地,可以换取相应的养老服务。

(4)结合模式,如天津市蓟州区《蓟州区村民自愿有偿退出宅基地补偿安置实施方案(试行)》规定,"按照自愿退出的合法有效的宅基地实际面积,以30万元/亩的标准,给予宅基地使用权人一次性经济补贴,对地上附着物不再另行补贴。同时,区政府可以为宅基地使用权人提供保障性住房""出宅基地面积在200平方米以下(含200平方米),可按规定在100平方米以下(含100平方米)的房源中自由选择,如需购买100平方米以上的户型,超出部分房屋单价上浮5%;退出宅基地面积在200平方米以上(不含200平方米),可按规定自由选择房源面积"。

以上是国家探索对宅基地有偿退出的积极实践,下文将对宅基地建房施工全过程管理、建房补贴、农村住宅商用、农村房产转让抵押实务等方面进行合法性及实践案例分析,旨在为盘活农村闲置宅基地、提高土地资源利用效率、促进乡村振兴发展带来启发。

第二节　农村建房管理

习近平总书记在党的十九大报告中提出了乡村振兴战略,其中指出,实施乡村振兴战略,致力于建设"美丽乡村"。2017年中央农村工作会议也提出,要让农村成为安居乐业的美丽家园。2020年"中央一号文件"强调,推进乡村建设审批"多审合一、多证合一"改革,扎实搞好农村人居环境整治。由此可见,改善农村人居环境,建设生态、美丽、宜居的现代乡村是当前实施乡村振兴战略的一项重要任务。[①]

① 余剑平:《乡村振兴战略实施背景下农村人居环境的改善与整治——以城乡结合部XC乡镇为实证》,载《农村经济与科技》2019年第20期。

房子是人居环境的核心要素，也是关系到农村发展的重要民生问题。2018年2月，中共中央办公厅、国务院办公厅印发的《农村人居环境整治三年行动方案》将农村建房管理列为重点工作，提出了具体要求。

一、农村建房管理现状

农村住宅兼具生活资料和生产资料双重功能，是农民安身立命的根本和最重要的财产积累形式，更是农民重要的文化寓所，对农民而言历来举足轻重。改革开放以来，全国推行农业生产责任制，农村经济迅速恢复，前后形成了三次建房热潮。①

新农村建设将农村住宅建设推入了发展建设的快车道，新问题和难点接踵而至。随着国家和农民大量的建设资金投入，传统村落像摊大饼一样在不断扩大，门前屋后的耕地在逐渐消失，浪费了大量土地资源。②

农村经济发展带来的收入持续增加，村民资产快速积累，引发农民不断更新住房的热情。但是，在村民集体组织弱化及政府规划建设管理难以深入农村的情况下，不少地方出现村庄规划滞后、建设管理弱化及村庄整治不力的问题，导致农房建设基本成为农民个体行为，村庄基础设施配置和人居环境状况不能同步改善。③ 在农村住宅建设管理上，仍需从乡村建设规划、住宅设计和施工管理方面不断完善，持续推进宜居宜业的美丽乡村建设。

二、农村建房规划管理

（一）管理模式

1. 立法沿革

相较城市建设规划管理，乡村规划管理较为粗放和薄弱。2008年《城乡规划法》出台之前，我国依据《城乡规划法》和《村庄和集镇规划建设管理条例》对城市和乡村分别实施规划管理，城市、镇规划区的建设项目通过发放“一书两证”，即《建设项目选址意见书》、《建设用地规划许可证》和《建设工程规划许可证》进行规划管理，村庄和集镇规划区的建设项目通过出具《选址意见书》进行规划管理。

---

① 胡建坤：《农村“建房热”的制度解读与政策建议》，载《村镇建设》2013年第3期。

② 黄存先：《我国南方农村住房建设探讨与分析》，载《城市建设理论（电子版）》2015年第21期。

③ 刘李峰、牛大刚：《加强农民住房建设管理与服务的几点思考》，载《城市规划》2009年第6期。

2008 年出台的《城乡规划法》推动城乡规划管理进入了城乡统筹发展新时期，打破了城乡规划管理的“二元结构”，城市和乡村均依据《城乡规划法》进行规划管理，城市、镇规划区仍然实施“一书两证”管理，乡、村庄规划区实行《乡村建设规划许可证》管理。

中共十九大报告把“乡村振兴战略”列为全面建成小康社会的七大战略之一，以期更好地解决农村发展不充分、城乡发展不平衡等重大问题。2018 年“中央一号文件”进一步提出乡村振兴战略的要求和路径，之后中央农村工作领导小组办公室发布《国家乡村振兴战略规划（2018 - 2022 年）》，体现了国家对振兴乡村、缩小城乡差距，推动我国城乡规划管理的“二元结构”调整的高度重视。同时，我国乡村系统的复杂性使乡村建设规划面临许多现实问题，阻碍城乡统筹协调发展。①

2. 法规依据

乡村建设规划的国家层面法规依据规定得较为原则，包括 1993 年颁布的《村庄和集镇规划建设管理条例》、2008 年颁布的《城乡规划法》和 2014 年住房和城乡建设部出台的《乡村建设规划许可实施意见》。

《村庄和集镇规划建设管理条例》明确在集体建设用地上进行建设的，需要出具《选址意见书》，但未涉及建设工程相关许可。《城乡规划法》规定在乡、村庄规划区内进行乡镇企业、乡村公共设施和公益事业建设的，需核发乡村建设规划许可证。第一次明确了在乡、村庄规划区内实施乡村建设规划许可管理，乡村建设规划许可证成为乡村建设项目法定审批凭证。《乡村建设规划许可实施意见》进一步明确了许可的原则、适用范围、内容、审查和决定、变更及保障措施等内容。②

地方层面的乡村建设规划法规文件对国家层面法规深化和细化、创新和探索的内容较多，各地区的规定和做法不尽相同。大部分省、自治区的乡村建设规划许可管理直接依据《城乡规划条例》、《村镇规划建设管理条例》和《农村住

① 耿慧志、胡淑芬、徐烨婷、王琦：《乡村建设规划许可实施的难点、问题和完善策略》，载《城市发展研究》2020 年第 2 期。

② 耿慧志、胡淑芬、徐烨婷、王琦：《乡村建设规划许可实施的难点、问题和完善策略》，载《城市发展研究》2020 年第 2 期。

房建设管理办法》;一些地区还发布了《村庄和集镇规划建设管理办法》以及《乡村建设规划许可实施意见》;一些地区采取文件通知的形式对乡村建设规划许可证制度进行规定;还有一些省、自治区出台了专门的《乡村建设规划许可实施意见》等,对乡村建设规划许可适用范围、申请主体、申请程序和申请材料等均做了相关规定;这些文件的出台时间主要集中在《乡村建设规划许可实施意见》发布后的2016~2018年。

3. 审批主体

《城乡规划条例》和《村镇规划建设管理条例》中有关乡村建设规划许可管理的规定较为原则,主要明确许可证的适用范围和核准程序,对许可管理实际操作的指导作用不强。《村庄和集镇规划建设管理办法》包括规划许可申请要件、程序和审批规程等规定内容;《农村村民住宅建设管理办法》包括规划许可管理技术标准和具体流程等规定内容。①

同时,《城乡规划法》和《乡村建设规划许可实施意见》中,对于乡镇企业、乡村公共设施和公益事业的许可主体的意见较为一致,但对于农村村民住宅建设的许可主体各地做法存在差异。

部分地区规定不同规划区的许可主体不同,如《云南省城乡规划条例》规定在城市、县人民政府所在地镇规划区内的村民建房由城市、县人民政府城乡规划主管部门核发;其他由乡、镇人民政府核发。部分地区规定新建住房和翻建住房的许可主体不同,新增宅基地的村民建房由区城乡规划管理部门核发,原有宅基地上翻建房屋由镇级人民政府核发。部分地区统一规定由县级人民政府规划主管部门或乡、镇人民政府许可审批。

4. 规划许可与用地审批

依据《城乡规划法》和《土地管理法》,建设单位或个人在取得乡村建设规划许可之后方可办理用地审批相关手续,明确了规划许可和用地审批的前后顺序,《乡村建设规划许可实施意见》没有对许可申请程序作出具体规定。乡村建

① 耿慧志、胡淑芬、徐烨婷、王琦:《乡村建设规划许可实施的难点、问题和完善策略》,载《城市发展研究》2020年第2期。

设规划许可证具有在用地许可和建设许可上的双重身份。[①] 各地区对其发挥作用的认识不同，在许可申请程序的安排上有差异。

部分地区在乡村建设规划许可实际管理过程中分为规划许可和用地审批，如合肥市将其分为选址用地类和建设工程类，在发放乡村建设规划许可证（选址用地类）之后再办理土地使用手续，然后申请乡村建设规划许可证（建设工程类），使用原宅基地则只需申请乡村建设规划许可证（建设工程类）。而长沙市则是在核发乡村建设规划许可证之后再办理土地使用手续，两者在规划许可和用地审批前后关系上具有显著差异。

（二）规划实施难点

1. 适用范围不清晰

法律法规文件给了地方较大的自主空间，但客观上也造成了地方乡村建设规划许可管理的混乱。[②] 乡村建设规划许可的适用范围包括空间范围、行为范围和权属范围，分别指适用的空间地域，建设行为和土地所有权限。[③]《城乡规划法》和《乡村建设规划许可实施意见》对空间范围规定为“乡、村庄规划区”，行为范围规定为“乡镇企业、乡村公共设施和公益事业、农村村民住宅”和“农村住宅、乡镇企业、乡村公共设施和公益事业”，但未能明确权属范围。各省出台的《乡村建设规划许可管理办法》对适用范围界定有所突破，如山东省规定空间范围为“本省行政区域内”，湖南省规定权属范围为“集体土地上”。

2. 编制覆盖范围不理想

统计公报数据表明，截至 2016 年年底全国已编制村庄规划的行政村 323 373 个，占所统计行政村总数的 61.5%，距离全面覆盖乡村建设规划许可管理有规可依还有较大差距。

《城乡规划法》和《乡村建设规划许可实施意见》规定乡村建设规划许可证的核发应当依据经依法批准的城乡规划，并且应按照先规划、后许可、再建设的

① 罗异铿：《乡村建设规划许可制度下的村庄规划编制研究》，华南理工大学 2015 年博士学位论文。

② 耿慧志、胡淑芬、徐烨婷、王琦：《乡村建设规划许可实施的难点、问题和完善策略》，载《城市发展研究》2020 年第 2 期。

③ 王波：《杭州乡村建设规划许可制度研究》，浙江大学 2012 年博士学位论文。

要求。然而由于我国幅员辽阔，村庄数量众多，村庄规划编制任务量大，村庄规划编制不全面导致的许可依据缺位是乡村建设规划许可管理面临的重要问题。①

3. 用地指标限制规划实施

近几年，我国不断加大对建设用地的调控，对建设用地指标采取自上而下、层层分配的方法，许多村庄规划确定的建设用地无法取得建设用地指标，导致规划无法实施。

已编制村庄规划质量不高，同时规划实施的经费受限。一方面，村庄规划的编制较为粗放，村庄规划质量不高，难以发挥对规划实施应有的指导作用。另一方面，乡镇地方财政相较城市比较有限，村庄规划所确定的建设项目通常需要足够的资金支持，乡镇财政无力承担也造成规划实施困境。

由于建设用地指标的短缺，部分村庄暂停发放《乡村建设规划许可证》，在控制了建设用地无序增长的同时，导致部分合理建设需求无法得到满足。

4. 审批程序复杂

农民建房审批作为一件涉及村民切身利益的大事，是社会关注的焦点和热点，几乎每年人大、政协提议案中都有谈及农民建房难的问题。农民建房审批程序虽然逐步得到简化，政府部门服务水平和工作效率也在逐年提高，但对部分农民而言，农民建房仍然存在困难。

以浙江省松阳县为例，根据2017年年底出台的松阳县《农民建房审批管理办法》，村民建房审批主要流程如下：

向村委会提出申请，村委会上报乡镇→乡镇组织自然资源所、驻村干部到村里进行现场踏勘，上交审批所需材料→自然资源所对上交材料进行审查汇总，乡镇组织集体会审，送达旧房处置方案通知→乡镇对旧房处置情况进行验收，通过验收后办理不动产注销或转移→完成《农村农民私人建房用地呈报表》，村委会、自然资源所和乡镇分别签字审批，公示10天，无异议后上报自然资源和规划局备案，乡镇、自然资源所制作《乡村建设规划许可证》→乡镇组织

① 耿慧志、胡淑芬、徐烨婷、王琦：《乡村建设规划许可实施的难点、问题和完善策略》，载《城市发展研究》2020年第2期。

自然资源所完成现场放样，放样结束后即可动工建设→房屋竣工后，由乡镇组织自然资源所到实地进行竣工验收，验收合格后不动产登记中心按规定办理不动产产权证。①

综上所述七项流程来看，假如农户所有资料准备齐全且旧房已处置到位，根据该流程估算，从提出申请到可动工建设前后需58个自然日，乡镇、部门间前后至少跑十多趟，对于偏远山区和年纪大的人非常不便，当然，这还仅仅是"理想型"审批。②

实践中，少有农民主动向相关部门申请审批。一方面，大部分农民认为建房由自己出资、自己找地、自己找人，属于自己的事情，不需要与政府部门打交道，缺少有关建房审批的法律知识、不了解建房审批制度、权利保护意识薄弱，导致农民主动积极申报的能动性较低；另一方面，由于建房审批流程烦琐耗时，部分农民不愿意承担审批中的金钱和时间成本，本着多一事不如少一事的心态忽略申请程序，其主动熟悉法律政策的动力不足。正因如此，农村部分房屋属于违法建筑，当农民权益遭受侵害的时候，很难受到法律保护。③

（三）建议对策

1. 强化规划许可依据地位

村庄规划是指导乡村建设规划许可管理的法定依据，其编制质量的高低在很大程度上决定了许可管理的水平高低。因此，提高村庄规划的编制质量，增加其实施的可操作性，是解决目前乡村建设规划许可的实施困境，提高其管理效用的有效途径。

各级城乡规划管理部门应加快编制村庄详细性控制管理规划，切实提升村庄详细性控制管理规划的前瞻性、可实施性和可操作性，在村民整个建房过程中做好过程控制，并将《城乡规划法》落到实处，规范好村民的建房行为；各级土地管理部门应加强与各级城乡规划管理部门的协调和配合，因地制宜，因时

---

① 项柳洲、邓智虹、叶红嫣：《农民建房审批存在问题及对策——以松阳县为例》，载《浙江国土资源》2020年第6期。

② 项柳洲、邓智虹、叶红嫣：《农民建房审批存在问题及对策——以松阳县为例》，载《浙江国土资源》2020年第6期。

③ 郭韵奇、彭真：《乡村振兴战略下村民建房问题探讨》，载《科学与财富》2020年第3期。

制宜。

2. 优化审批程序

由于村庄规划、村土地利用规划尚未全覆盖，乡村规划管理相对薄弱，乡村建设规划许可应当针对乡村地区实际，将程序进行简化，[①]尤其在乡村振兴、农村土地制度改革和当前国务院组成部门调整的大背景下，乡村建设规划许可管理不再涉及多部门管理，程序简化拥有良好的操作背景。[②]

2019年自然资源部发布的《关于推进建设用地审批和城乡规划许可"多审合一"改革的通知（征求意见稿）》中提出："结合村庄规划的编制和实施，同步办理建设用地审批和乡村建设规划许可。确需占用农用地的，市、县自然资源主管部门可以将乡村建设规划许可和农用地转用审批同步办理。"规划许可和用地审批的"多审合一"能够有效简化乡村建设规划许可的申请办理手续，推动其有效实施。

3. 创新法规政策宣传

在当前制度和立法背景下，公众对于农村房屋产权登记的价值未能充分了解，甚至有可能还存在误解。但是，随着城乡一体化进程的发展和国家土地政策的改变，农民的观念在不断更新，因此，需要抓住时代发展的契机，充分利用多种渠道，多元载体，用通俗易懂又喜闻乐见的方式，及时向村民广泛宣传农村房屋合规建设、登记颁证的重要意义，以及相关法律法规在不动产登记方面的要求，提高农村房屋建设管理、登记政策的透明度和知晓度，增强广大农民对该项工作的认知和接受程度。[③] 让新农村建设的方针政策走进千家万户、深入人心。

政府相关部门应当主动积极走进村民，了解村民建房需求，提供法律指导，加强农村建房相关的政策宣传。在很长一段时间内，上述工作做得不够具体，不够细致，导致村民与相关监管主体之间存在较大隔阂。消除隔阂的关键应当是相关部门主动融入村民中，提供专业性、有针对性的指导，切实解决有关问题，引导农民积极主动合规建设农村住宅，增强村民对相关部门的信任。

---

① 王波：《杭州乡村建设规划许可制度研究》，浙江大学2012年博士学位论文。

② 耿慧志、胡淑芬、徐烨婷、王琦：《乡村建设规划许可实施的难点、问题和完善策略》，载《城市发展研究》2020年第2期。

③ 刘李峰、牛大刚：《加强农民住房建设管理与服务的几点思考》，载《城市规划》2009年第6期。

在熟人文化体系的农村，罕有掌握建房知识的专业人士，农民很难听到专业化建议。住房和城乡建设部办公厅2019年发布的《关于开展农村住房建设试点工作的通知》提出："组织引导建筑师、规划师等专家和技术骨干参与农房设计和建设的实施指导"，专业力量的下乡服务长效机制有助于补充基层人员的短缺，有利于为乡村建设规划许可的实施提供核心技术保障。[①]

4. 加强批后监管

乡村建设规划许可的批后监管由于管理力量和水平的匮乏，以及村庄布局分散等原因，相较城市监管难度更大。[②] 为了改善违建、乱建的情况，保障乡村建设有序推进，政府相关部门应补齐批后监管的短板，形成涵盖开工前、建设中、竣工时和竣工后的全程监管系统，高质量建设"美丽乡村"。

三、农村建房设计管理

（一）管理模式

1. 法规依据

我国在农村房屋设计方面的相关标准和法律法规不够完善，甚至在农村自建低层住宅设计方面存在盲区。

国务院1993年公布实施的《村庄和集镇规划管理条例》仅对建筑跨度、跨径或者高度超出规定范围的乡（镇）村企业、乡（镇）村公共设施和公益事业的建筑工程，以及二层（含二层）以上的住宅，要求必须由取得相应的设计资质证书的单位进行设计，或者选用通用设计、标准设计，排除了农村自建房的规定。提出农民自建两层（含两层）以下住宅的建设活动，县级建设行政主管部门的管理以为农民提供技术服务和指导作为主要工作方式。

2006年12月14日原建设部发布的《关于加强农民住房建设技术服务和管理的通知》中，就加强对二层（含二层）以下农民住房建设的技术服务和管理提出了具体要求：充实和加强农民住房设计技术力量，提高农民住房设计水平。允许并支持注册建筑师、注册结构工程师等具有工程建设执业资格的人员以个

---

① 耿慧志、胡淑芬、徐烨婷、王琦：《乡村建设规划许可实施的难点、问题和完善策略》，载《城市发展研究》2020年第2期。

② 汤海孺、柳上晓：《面向操作的乡村规划管理研究——以杭州市为例》，载《城市规划》2013年第3期。

人身份从事农民住房设计。指导有条件的县(市、区)逐步组建农村建设技术服务单位,多渠道吸引专业技术人员参与农民住房设计与建设、监理工作。

2. 审批主体

住房和城乡建设部是房屋建设质量安全的主管部门。2004 年原建设部发布《关于加强村镇建设工程质量安全管理的若干意见》,要求各地建设行政主管部门因地制宜,并通过必要的试验,组织编制、修订本行政区域内建制镇、集镇规划区内的居民和村庄建设规划范围内的农民自建住宅标准、通用设计图或标准设计图集,并向村庄建设规划范围内的建房农民无偿提供,加强服务和指导力度,提高村镇工程质量安全水平;同时要求建制镇、集镇规划区内所有加层的扩建工程必须委托有资质的设计单位进行设计。

2006 年原建设部发布《关于加强农民住房建设技术服务和管理的通知》,就加强对二层(含二层)以下农民住房建设的技术服务和管理提出了具体要求,确保农民住房建设选址与设计安全。要求通过严格执行选址意见书制度和开工许可证制度,落实先设计后施工原则,加强对农民住房建设选址的安全把关,防止农民在地震断裂带及滑坡、泥石流易发地段建房,切实加强对地震、台风多发区的农民住房设计安全审查。

部分省、自治区、直辖市人民政府的住房与建设部门出台《农村住房建设管理办法》,深化、细化农村住房建设设计管理。其中《云南省农村住房建设管理办法》规定,凡新建、重建住房使用的图纸应当通过审查批准,凡无图纸或者图纸不合格的工程不得开工。《湖南省农村住房建设管理办法》规定,村民申请建房,必须持有住宅建设工程设计方案或者政府免费提供的设计图。《浙江省农村住房建设管理办法》规定,建设农村住房,由建房村民委托建设工程设计单位或者建筑、结构专业的注册设计人员进行设计并出具施工图;建设三层以及三层以下且不设地下室的农村住房(以下统称低层农村住房)的,也可以选用免费提供的农村住房设计通用图集,或者委托具有建筑、结构专业中级以上职称的设计人员进行设计并出具施工图。

(二)存在的问题

1. 宏观设计仍需完善

科学的规划设计是保障农民房屋建设科学性和合理性的前提,并且可以保障农村土地资源的高效利用，减少耕地浪费。现阶段，我国农村房屋建设的宏观设计仍需完善。[①]

由于我国土地资源规划管理滞后等方面原因，传统村落房屋无序建设现象严重，拆旧房建新房，见缝插针，任意朝向，随意占地，乱占乱建，房屋新旧夹杂，村内道路狭小，弯曲不畅，房屋基地高低不齐。

同时，不系统的农村建筑规划，严重影响了我国农村的长期可持续发展，村内道路交通、消防通道狭窄、房屋防火间距不足，安全隐患严重一旦发生火灾，消防施救困难，极易出现“火烧连营”，严重危害农民的生命和财产安全。[②]

此外，在农村居民提出完善农村各项娱乐设施的要求时，农村基层管理人员却忽视了进一步改善农村的基础文化设施建设，供水供电系统和道路交通等都缺乏科学合理的设计，无法满足农村居民不断增长的生活需要，也会影响农村经济社会的发展。

2. 缺乏前瞻性和科学性

长期以来，农村住宅建设大多没有正规设计、没有正规设计图纸，多是简单地模仿，自筹自建，缺乏系统的设计，农村新建住房普遍存在大而不当、使用不便，适应性差等问题。[③]

受地理环境、风水观念及传统生活生产方式的影响，大多数农村住宅布局和空间往往极不合理，人畜混住，生活生产不分，内外不分，动静无序，设备简陋。在污水处理和环境垃圾收集等方面的设计没有与房屋建设相适合，厨房和卫生间的功能不全，室内污染物严重超标，使农村的生活环境污染越来越严重，农民的居住舒适度难以得到相应提高。多数农村与农房配套的基础设施和公共服务设施建设不能同步实施，新建农房缺少上下水，村内公共卫生整治管护、改厕与粪便无害化处理、废弃物收集转运等滞后。[④]

不少农民建房盲目追求高大、美观、气派，甚至形成攀比之风，却往往忽略

---

① 李平：《新农村房屋设计现状及建设》，载《科技风》2013 年第 12 期。

② 黄存仙：《我国南方农村住房建设探讨与分析》，载《城市建筑理论研究（电子版）》2015 年第 21 期。

③ 李平：《新农村房屋设计现状及建设》，载《科技风》2013 年第 12 期。

④ 刘李峰、牛大刚：《加强农民住房建设管理与服务的几点思考》，载《城市规划》2009 年第 6 期。

房屋本身的功能设计和保温、隔热、节能性能，既造成建筑资源浪费，还增加农户冬季取暖等生活能耗，加重村庄环境污染。全国政协 2007 年的专项调研显示，陕西省、辽宁省、北京市农户家庭冬季取暖能耗较高，折合标准煤分别达到 1.1 吨、1.5 吨和 2.3 吨。但是，冬季室内平均温度只能保持在 10℃，辽宁省本溪市，抚顺市山区甚至只有 5℃ ~6℃，与城市冬季供暖期 15℃ ~18℃的平均室温相比有较大差距，农民居住舒适度较差。

农村房屋设计缺乏科学的抗震、抗台风概念和抗震、抗台风设计计算标准，一旦遭遇地震等自然灾害，损失难以估量。

很多农房的结构设计和建设缺乏前瞻性，使用十几年甚至仅几年后，就需要根据新的功能需求扩建、改建甚至重建，导致农民本可以用于发展生产、改善生活的资金被挤占。①

3. 陷入特色危机

农村房屋在建设中存在趋同化的问题，房屋设计没有突出当地的本土特色，而是采用现代化的统一的方格子设计，这就导致各地区的地域建筑文化逐渐为人们所遗失，各类具有科学价值的传统的施工技术也被现代化的施工手段代替。但是，历史的经验教训告诉人们，传统的建筑文化是一个地区文化传承的重要载体，是一个地区长期发展下去的精神支柱，为此，农村房屋设计中的地域特色和民俗风情不能丢。②

（三）建议对策

1. 政府主导

在农村房屋建设中，应该很好地发挥政府的主导作用，引导农村地区做好规划，建设，尤其是农村经济依然脆弱，在新农村住宅建设初期，政府前期应做好规划，土地管理、设计、动员、指导、服务和监督工作。在农村住宅建设过程中，要实现房屋建设的“人性化、生态型、均好性、健康性、旅居结合”，就必须坚持以科学发展观为指导，在注重住宅建设的稳固性的基础上，使我国的农村房屋建设逐渐由资源浪费型向资源节约型转变。

---

① 刘李峰、牛大刚：《加强农民住房建设管理与服务的几点思考》，载《城市规划》2009 年第 6 期。

② 李平：《新农村房屋设计现状及建设》，载《科技风》2013 年第 12 期。

2. 依法建设

各项法律制度规范的制定是确保我国农村住宅建设沿着可持续发展方向建设的重要保障，为此，我国相关部门应该针对现阶段农村住宅建设中存在的不足之处，完善相应的法律法规，在提高村干部法治观念的基础上，引领全体村民依法建房，真正实现农村住宅建设的法治化管理。

3. 重视建筑特色

农房是地方传统文化特色的集中表现，建筑特色是一个地方名片、品牌。不管是北方民居的恢宏大气，还是江南民居的婉约精致，农房普遍具有与传统文化息息相关的特殊格调和韵律，①是可以成为拉动一个地方的经济、文化产业发展的隐形巨大力量。具有类似商业上无形资产的特性，各地政府都应当意识到其独特性，建设的同时，或保持传统的建筑风格，或创新具有自己的特色，蕴含于农村房屋建设当中。

四、农村建房施工管理

从事建设工程活动，必须严格执行基本建设程序，坚持先勘察、后设计、再施工的原则。在参与工程建设活动的单位中，建设单位、勘察单位、设计单位、施工单位和施工图审查机构、工程质量检测机构、监理单位，都属建设工程质量责任主体。但是，农村村民建房绝大多数工程没有经过严格的规划、勘察、设计、施工、监理。②

（一）管理模式

我国在农村房屋建设工程方面的相关标准和法律法规不够完善，甚至在农村自建低层住宅方面存在监管的盲区。2019 年我国修改了《建筑法》，其中规定，农民的自建低层住宅的建筑活动不适用于本法。国务院在 2000 年 1 月 10 日发布的《建筑工程质量管理条例》并于 2017 年 10 月 7 日、2019 年 4 月 29 日分别作了修改，仍然没有将农村自建房纳入其管理监督范围。

1. 开工许可

国务院 1993 年公布实施的《村庄和集镇规划管理条例》规定，乡（镇）村企

① 刘李峰、牛大刚：《加强农民住房建设管理与服务的几点思考》，载《城市规划》2009 年第 6 期。

② 朱亚朋、白健：《农村自建房屋司法鉴定相关问题的探讨》，载《建筑工程技术与设计》2017 年第 8 期。

业、乡（镇）村公共设施、公益事业等建设，在开工前，建设单位和个人应当向县级以上人民政府建设行政主管部门提出开工申请，经县级以上人民政府建设行政主管部门对设计、施工条件予以审查批准后，方可开工。农村居民住宅建设开工的审批程序，由省、自治区、直辖市人民政府规定。

河南省的相关规定中，村镇内的各项建设工程开工前，必须按规定办理开工建设手续；对住宅开工建设也参照城市施工许可程序，需要经过审批发证、现场验线方可开工。

2. 质量安全管理

2004 年原建设部发布的《关于加强村镇建设工程质量安全管理的若干意见》和 2007 年 6 月 15 日原建设部办公厅发布的《关于加强农村建房质量安全管理工作的紧急通知》，对建房质量管理进行了规定，但对农村低层住宅建设质量安全管理的责任主体和管理规范仍未明确。

2021 年河南省人民政府发布《关于印发〈河南省农村宅基地和村民自建住房管理办法（试行）〉的通知》，明确住房城乡建设部门负责依法履行村民自建住房建设质量安全行业管理工作，指导乡镇政府对村民自建住房建设质量安全进行监管，明确村民自建住房需选择经过培训的建筑工匠或具备资质的施工单位，并签订施工合同，约定质量和安全责任。

3. 竣工验收

国务院 1993 年公布实施的《村庄和集镇规划管理条例》规定，县级人民政府建设行政主管部门，应当对村庄、集镇建设的施工质量进行监督检查。村庄、集镇的建设工程竣工后，应当按照国家的有关规定，经有关部门竣工验收合格后，方可交付使用。

2019 年湖南省人民政府发布《湖南省农村住房建设管理办法》，规定农村住房验收不合格的，不得入住。2021 年河南省人民政府发布《关于印发〈河南省农村宅基地和村民自建住房管理办法（试行）〉的通知》，规定村民自建住房完工后，要向乡镇政府申请竣工验收。

（二）存在的问题

1. 缺乏建设标准

《建筑法》第 83 条规定：抢险救灾及其他临时性房屋建筑和农民自建低层

住宅的建筑活动,不适用该法。《建设工程质量管理条例》第 80 条规定:抢险救灾及其他临时性房屋建筑和农民自建低层住宅的建设活动,不适用本条例。对于农民自建低层住宅,《村庄和集镇规划建设管理条例》、原建设部《关于加强村镇建设工程质量安全管理的若干意见》中,均没有规定具体的、强制性建设标准。

目前,除危旧房加固改造政府相关部门有具体的实用做法作指导外,多数农村新建房都是按房主的要求由工匠凭经验建盖而成,未经专业设计和计算,缺乏科学的检验检测手段,特别是建造过程缺乏具体的建设标准,所以质量安全隐患问题突出。一旦遭遇自然灾害,损失难以估量。[①]

2. 监管不到位

我国农房建设缺乏有效的行业监管和行政管理,只能依靠农民的自控自律。《建筑法》中关于质量安全的规定并不适用于农民自建低层住宅的建设活动,不少乡镇在机构改革中撤销了村镇建设管理机构。农民建房除了按照土地利用规划和村庄建设规划要求,在占地面积和房屋间距方面受到一定限制外,在建筑功能、空间布局、层数层高、建材使用以及质量监控、施工安全等很多方面缺乏有效约束。随着标高层高日益提高,建筑体量更加庞大,施工难度不断增加,农民自建住房在结构安全、施工质量等方面存在的问题和矛盾变得十分突出。[②] 同时,由于村民不主动申报建房审批,政府相关部门难以摸清农民建房时间和地点,难以有效地对施工方进行监管。[③]

3. 施工质量没有保障

目前,大部分的农村房屋是由不具备资质的本地的建筑工匠、包工头建成的,他们通常没有专业施工设备、对建材质量没有把控、施工管理较为松散、不重视安全防护、没有交工验收环节,使农村建房质量安全存在隐患。

目前,我国没有严格要求农村建房施工资质。国务院 1993 年发布的《村庄和集镇规划建设管理条例》第 23 条第 2 款规定,"在村庄、集镇规划区内从事建

① 黄存先:《我国南方农村住房建设探讨与分析》,载《城市建筑理论研究(电子版)》2015 年第 21 期。

② 刘李峰、牛大刚:《加强农民住房建设管理与服务的几点思考》,载《城市规划》2009 年第 6 期。

③ 郭韵奇、彭真:《乡村振兴战略下村民建房问题探讨》,载《科学与财富》2020 年第 3 期。

筑施工的个体工匠，除承担房屋修缮外，须按有关规定办理施工资质审批手续”。其中涉及个体工匠资质的管理的《村镇建筑工匠从业资格管理办法》已于2004年7月废止。

此后，虽然2006年原建设部发布的《关于加强农民住房建设技术服务和管理的通知》，要求各地要积极引导取得农民住房建筑工匠资格认证的工匠个人或由其组成的农民住房建筑施工队伍优先承接农民住房建设工程。但并没有关于个体工匠的资质问题具体的、强制性的资质规范要求。

（三）建议对策

1. 完善法规体系

对于农村自建低层住宅，各地区多采用指导、引导方式开展管理工作。新形势下，应当创新机制，逐步完善农民住房建设管理的制度体系。在《城乡规划法》相关条文的基础上，推进《村庄和集镇规划建设管理条例》的修订完善，建立以“一法一条例”为基础的村镇建设管理法规体系。研究制定农房建设的管理实施细则、农房建筑标准、质量安全控制指标体系，逐步规范农民建房行为。推进农村有形建筑市场的形成，组建适合农房建设的咨询服务机构，建立针对农房建设的监管体系。

自2004年原建设部废止《村镇建筑工匠从业资格管理条例》后，乡镇村镇建设服务站对农民个人建房建筑工匠的管理陷入无法可依的局面，由于无法可依，农村建筑市场管理准入和清出制度无法建立。新形势下，应当恢复农村建筑工匠管理制度，加强对农村个体工匠的职业技能培训，有条件的地区要推行农村建筑工匠的职业资格审查与认证制度，推进建筑工匠持证上岗并加强日常管理。[①]

农村房屋产权登记是保障农村房屋产权人合法权益的必备条件，是加强农村房屋产权管理以及推进农村房屋产权流转改革的现实需要。新形势下，要逐步推进农村的房屋产权登记制度，为农村建设项目的施工管理提供制度保障。

2. 强化管理措施

量大面广是基层土地管理、农村建房管理的一大难题，新形势下，相关部门

① 刘李峰、牛大刚：《加强农民住房建设管理与服务的几点思考》，载《城市规划》2009年第6期。

应当加强农民住房建设的技术服务和质量安全管理。依托现有乡镇质监站、安监站的组织体系，建立农房建设监管的组织机构，认真抓好新农村房屋建设过程管理、全方位控制，采取有效措施，落实先设计后施工原则，强化农房建设质量安全监管力度。加大对农村建材市场的检查和监管力度，重点要加强对流入施工现场的钢材、水泥等建筑材料的抽检，为农民建设适居宜居住房提供物质条件。

鼓励有资格的建筑师，建造师、监理工程师等工程技术人员、大专院校师生、建筑科研机构的人员积极投身新农村建设，充实和加强农民住房设计技术力量。[①] 专业力量的下乡服务长效机制有助于补充基层人员的短缺，有利于为乡村建设规划许可的实施提供核心技术保障。[②]

3. 建立农房政策性保险制度

乡镇农民个人建房活动的责任主体是建房主和包工头，两者签订建房合同后成为经济责任主体，活动行为受到合同法等法规的约束，理所当然承担农民个人建房活动中的具体质量和安全责任。但是建房活动中不可避免地会发生质量和安全事故，一旦事故发生后会因为经济赔偿等问题聚众闹事，耗费村镇建设服务站大量的精力。

一些县、市针对安全事故试行了农民个人建房意外伤害保险制度，但是由于保险面小、赔付风险大，导致保险公司没有合理的利润而退出。化解社会矛盾的想法是，以省为单位统一建立工程质量和意外伤害政策性保险制度，保障建房户和建筑工匠的切身利益，通过社会统筹保险形式化解质量和安全问题纠纷。

第三节　农房建设补贴的范围、标准、流程

近年来，国家通过财政资金大力支持农村危房改造、农房抗震改造、新农村

---

① 刘李峰、牛大刚：《加强农民住房建设管理与服务的几点思考》，载《城市规划》2009 年第 6 期。

② 耿慧志、胡淑芬、徐烨婷、王琦：《乡村建设规划许可实施的难点、问题和完善策略》，载《城市发展研究》2020 年第 2 期。

建设等农房建设工作。各地针对建档立卡贫困户、低保户、农村分散供养特困人员和贫困残疾人家庭等重点家庭的贫困程度、房屋危险程度和改造方式制定了分类分级的补助标准,将危房改造纳入脱贫攻坚金融支持范围,通过农民自筹、政府补贴、贷款贴息补助、社会捐助等帮助农村村民通过多渠道、低成本筹集资金,统筹支持农村房屋建设,使农民居住条件和乡村风貌得到普遍的改善,使农民能够住上符合新时代、新生活的宜居型房屋。

一、农村建房补贴的范围

自 2017 年以来,中央财政对农村建房的补助资金重点集中于以下几类的农房建设。

(一)农村贫困户

农村贫困户包括农村的低保户、五保户、贫困残疾人农户以及建档立卡的贫困户,上述贫困户在建造房屋之前,可以向村集体提交书面的补贴申请材料,由村集体审核并进行公示,公示期届满无异议,由乡镇级政府进行进一步的审核,审核通过后,可获得相应的补贴资金,用于农房建设。

(二)农村危房改造户

目前,农村危房改造的补助对象是居住在 C 级或 D 级危房中的建档立卡贫困户、低保户、农村分散供养特困人员和贫困残疾人家庭等。农村危房由住房和城乡建设主管部门组织专业人员实对房屋各组成部分的危险性进行鉴定,共划分 A、B、C、D 四个等级:其中 A 级和 B 级为房屋结构能够满足正常使用,不影响主体结构安全的房屋,C 级为局部出现险情的局部危房,D 级为承重结构已不能满足正常使用要求,房屋整体出现险情的整幢危房。当前,C 级和 D 级危房被列入农村危房改造范围,原则上对 C 级危房采用修缮加固方式,D 级危房采用原址拆除重建的方式。

在农村危房改造政策实施期内,中央财政设立危房补助金用于支持农村危房改造工作,帮助农村危房住户修缮房屋,补助资金实施期限暂至 2023 年 12 月 31 日,期满后由财政部会与住房和城乡建设部根据有关规定及工作需要评估确定后续期限。

县级财政部门负责本地区农村危房改造补助资金的管理,补助资金的支付,应当按照国库集中支付制度有关规定执行,对于支付给农户的资金,应当根据实际情况分阶段、按比例足额支付到农户"一卡通"账户,支付时间不应晚于危房改造完成,竣工验收后 30 日。

(三)农房抗震改造户

农房抗震改造的补助对象是有意愿建设抗震设防达标住房的农户或者当前居住的住房达不到抗震设防的要求有意愿加固的农户。农房抗震改造补助资金优先支持抗震设防烈度 8 度地区和符合补助条件的对象中经济相对较弱的农户。通常,已列入危房改造计划的农户,不得同时申请抗震改造补贴。

(四)农村"迁村腾地"户

"迁村腾地"即把居住在环境恶劣、经济落后、基础条件差、不适宜居住地的村民整体搬迁至交通便利、生活条件较好的地区进行集中安置,将腾出的土地进行复垦,增加耕地面积,提高土地利用率。[①] 农村拆迁腾地户根据乡镇统一规划布局建房,政府会对相应农户的再建房屋给予一定的补贴款。

(五)新农村建设户

新农村建设是实现乡村振兴的重要环节,为了推进新农村建设,改善农村村民的居住环境,根据相关政策规定,在政府统一规划的新农村建设地区,政府给予一定数额的建房补贴,以鼓励村民在政府规划指定的区域内建设农房。

二、农村建房补贴的标准

根据中央财政有关农村建房补助资金管理使用的规定,由地方各级财政、住房和城乡建设部门确定本地区的补贴标准,因此,农村建房的补贴各省、自治区、直辖市标准不一,不同补贴类型,补贴标准存在差异。以危房改造为例,根据危房等级、改造方式、补助对象自筹资金能力等不同情况,实施差异化补助,各省、市的补贴核算标准不一样,有些地区规定,只要是符合申请建房补贴的农民,都可以领取一部分固定金额的基础建房补贴,有些地区除基础补贴外,还有其他类型的补助。

三、农村建房补贴的流程

农户建房申请政府补贴大致需要经过以下程序:

---

① 崔步凡、蔡青松:《新农村建设进程中"迁村腾地"实施的多维困境实证研究——以湖北宜城为例》,载《中小企业管理与科技》2014 年第 29 期。

（一）提交申请

符合补助条件的农户，自愿向村委会提交书面《补贴申请书》、身份证、户口本、农户家庭住房基本情况登记表等符合当地政府要求的申请资料。

（二）评议表决

村委会接到申请后，组织村民代表召开村民大会或村民代表大会，对所申请的房屋是否符合补助的条件和标准进行评议和表决，评议符合补助条件的予以公示，公示无异议的，上报乡（镇）政府。对公示有异议的，应及时调查原因，对于确定不符合补助条件的，予以驳回申请。

（三）审核公示

乡（镇）政府接到村委会的申报材料后，应上门逐户进行核查确认，其真实的生活环境、情况与提交的申请中所描述的情况是否一致。经核查符合条件的，在村内进行公示，公示后报县级住房部门审批。

（四）审批公示

县级住房城乡建设部门接到乡（镇）报送的材料后，在进行复核抽查的基础后完成审批工作，审批结果下发至各村进行公示。审批通过后才能动工改建。

（五）组织验收

农房改造建设完成后由县级住房城乡建设部门会同乡（镇）政府逐户逐项及时组织验收，验收合格方可投入使用，验收不合格的要责令限时整改，整改合格后方能全额拨付补助款项。

（六）补贴发放

根据《中央财政农村危房改造补助资金管理办法》等法规、政策的规定，农村危房改造财政补助资金（农房抗震改造补助资金）严格按照“一卡（折）通”渠道，由财政部门通过银行直接拨付到农户（集中统建的除外）。县级财政部门负责本地区农村危房改造补助资金管理和支付，农村危房改造补助资金的支付，应当按照国库集中支付制度有关规定执行。对于支付给农户的资金，应当根据实际情况分阶段按比例足额支付到农户“一卡通”账户，支付时间不应晚于建设完成竣工验收后 30 日。

对于政府组织实施加固改造，以及统建集体公租房等兜底解决特困户住房的，可在明确改造标准、征得农户同意并签订协议的基础上，将补助资金直接支付给施工单位。

四、不予补贴的情形

根据相关规定，违反以下原则，私自建设农房，属于违法建房，政府不予补贴：

（一）建房不符合“一户一宅”原则

《土地管理法》第63条规定，农村村民一户只能拥有一处宅基地，其宅基地的面积不得超过省、自治区、直辖市规定的标准。人均土地少、不能保障一户拥有一处宅基地的地区，县级人民政府在充分尊重农村村民意愿的基础上，可以采取措施，按照省、自治区、直辖市规定的标准保障农村村民实现户有所居。

根据上述法律规定，我国农村实行“一户一宅”原则，即农村村民以户为单位，每户只能拥有一处宅基地，且其宅基地的面积不得超过省、自治区、直辖市规定的标准。人多地少，不能保证一户拥有一块宅基地的地区，应保障村民户有所居，每个地区的村民，所申领的宅基地面积因各省、自治区、直辖市的标准不同而有所差异，因此，各地农村建房的面积也有很大差异。笔者认为，《土地管理法》第62条是结合我国农村的普遍生活状况和人居实际情况，对农民宅基地的取得及宅基地上建房作出的合理限制。[①]

（二）建设面积超过申报批准的面积标准

农村建房，除了要符合“一户一宅”原则之外，所建房屋的面积也应当与申报批准的面积一致，不能超过申报批准的面积数额，层数一般为三层以下，具体的建设面积要求，各省标准不同。根据《关于加强建档立卡贫困户等重点对象危房改造工作的指导意见》等涉及农村建房的文件规定，应当严格控制农村建房面积，农村危房改造一般采用维修加固方式的，不改变原住房面积。对于采用拆除重建方式的原则上1至3人户控制在40～60平方米以内，且1人户不低于20平方米、2人户不低于30平方米、3人户不低于40平方米；3人以上户人均建筑面积不超过18平方米，不得低于13平方米。各地可根据当地的民族习俗、气候特点等实际情况，制定细化面积标准。对于自筹资金和投工投料能力

① 吴昭军：《宅基地使用权继承的理论障碍与廓清——以重释“一户一宅”为切入点》，载《农业经济问题》2021年第5期。

极弱、需要社保政策兜底脱贫的特困户，改造房屋面积按下限标准控制。根据《土地管理法》第 78 条的规定，超过申报批准的面积，多占用土地建房以非法占用土地论处。

（三）占用耕地建房

农村乱占耕地建房是指没有合法合规用地手续或用地手续不全，占用各类耕地建设房屋的行为。近几年部分地区将耕地私自挪为他用，违规使用耕地建房的行为频发。农村村民住宅用地，涉及占用农用地的，依照《土地管理法》的规定应当办理农用地转用审批手续。如果没有转用手续就私自进行建房，所建房屋属于违法建筑。根据《土地管理法》第 78 条的规定，农村村民非法占用土地建住宅的，由县级以上人民政府农业农村主管部门责令退还占用的土地，限期拆除在非法占用的土地上新建的房屋。

（四）未在指定的规划区域内建造房屋

为了便于统一管理，改善村容村貌，当前各省市相继实施集中统一建房，并出台了相应的统一的规划标准。农村自建住房应当符合村庄规划，未编制村庄规划的，应当位于县域村庄分类和布局规划划定的村庄建设用地边界内，符合乡镇国土空间规划明确的国土空间用途管制规则和建设管控要求，位于自然保护地、风景名胜区、文物保护范围和建设控制地带、历史文化名镇名村、传统村落等区域的农村自建住房，还应当符合相关专项规划。未经批准，擅自在统一规划范围外建造房屋，其所建造的房屋属于违法建筑。

（五）未经审批而提前建房

根据农业农村部、自然资源部《关于规范农村宅基地审批管理的通知》的规定，农村宅基地申请由乡镇政府进行审批，并出具《农村宅基地批准书》。符合宅基地申请条件的农户，以户为单位向所在村民小组提出宅基地和建房（规划许可）书面申请。村民小组收到申请后，应提交村民小组会议讨论，并将申请理由、拟用地位置和面积、拟建房层高和面积等情况在本小组范围内公示。公示无异议或异议不成立的，村民小组将农户申请、村民小组会议记录等材料交村集体经济组织或村民委员会（以下简称村级组织）审查。村级组织重点审查提交的材料是否真实有效、拟用地建房是否符合村庄规划、是否征求了用地建房相邻权利人意见等。审查通过的，由村级组织签署意见，报送乡镇政府。没有分设村民小组或宅基地和建房申请等事项已统一由村级组织办理的，农户直接向村级组织提出申请，经村民代表会议讨论通过并在本集体经济组织范围内公示后，由村级组织签署意见，报送乡镇政府。在审批中原则上优先使用村内空闲地、未利用地，尽量少占和不占耕地。确实需要占用耕地建房的，必须按照规定的程序依法经过审批以后才能在批准的土地上建房，不得未批先建、边报边建、少批多建。

总之，新农村建设是实现乡村振兴的重要环节，政府通过财政补贴大力支持农房建设，帮助农户筹措资金，改善居住环境，实现乡村振兴，但因补贴对象、补贴范围和补贴标准的不同而各地农房补贴的金额有所差异。

第四节　农村住宅商用的合法性分析及实践案例

为了全面实施乡村振兴战略，促进农业全面升级、农村全面进步、农民全面发展，加快农业农村现代化，全面建设社会主义现代化国家。农村住宅商用在乡村振兴的前进道路中被着重关注。

一、农村住宅是否可以商用

农村宅基地，是农村村民用于建造住宅及其附属设施的集体建设用地，包括住房、附属用房和庭院等用地，不包括与宅基地相连的农业生产性用地、农户超出宅基地范围占用的空闲地等土地。农村住宅，是指农村中主要供从事农业生产者居住的宅院。二者一般统称为“宅基地”。

住宅是否可用于商业用途，我国法律并没有明确的禁止性规定，原《物权法》第77条明确规定：“业主不得违反法律、法规以及管理规约，将住宅改变为经营性用房。业主将住宅改变为经营性用房的，除遵守法律、法规以及管理规约外，应当经有利害关系的业主同意。”现《民法典》对该规定，仍然保留。由此可见，住宅商用并非为法律所禁止，而是符合一定的条件及程序就完全可用于商业用途。

那么农村住宅，是否一样？回望笔者的成长经历，从有记忆起家里村队上就有稀疏几家零食商店，就设置在家里院子的偏房，至今这种结构仍在延续。

随着经济的发展，在约定俗成的集市街道附近，商店、饭店、蔬菜店、“大众”洗浴中心、农药化肥店等，陆陆续续呈现在大家的视野中，也方便了群众的生活。

二、农村住宅商用合法性的确认

在我国经济发展和城市建设中，农民起到了至关重要的作用。精准扶贫相关政策颁布以来，宅基地便成了当下流行的话题。

农村住宅商用的合法性确认，随着宅基地政策的演变，以改革开放、《物权法》颁布、《土地管理法》修正为标志，可以分为四个阶段：

第一阶段是 1949 年至 1978 年，集体所有制逐步建立。1954 年《宪法》规定了农民宅基地所有权。1962 年《农村人民公社工作条例修正草案》规定了宅基地归生产队所有，一律不准出租和买卖。

第二阶段是 1978 年至 2007 年，宅基地严格管理阶段。1982 年 2 月，国务院发布《村镇建房用地管理条例》提出宅基地限额要求，并对特定城镇居民取得宅基地的合法性做了规定。1997 年 4 月，中共中央、国务院印发《关于进一步加强土地管理切实保护耕地的通知》，第一次以中央文件形式提出“一户一宅”的要求。1998 年修改的《土地管理法》，删除了 1986 年《土地管理法》关于城镇非农业户口居民使用集体土地建住宅的规定；规定了“一户一宅、限定面积”，即“农村村民一户只能拥有一处宅基地，其宅基地的面积不得超过省、自治区、直辖市规定的标准”。1999 年 5 月，国务院办公厅印发《关于加强土地转让管理严禁炒卖土地的通知》，首次禁止城市居民在农村购置宅基地的行为。

第三阶段是 2007 年至 2018 年，改革赋权扩能阶段，农村住宅可以商用也得以确认。

2007 年 3 月出台的《物权法》，明确宅基地使用权为用益物权。2014 年 12 月，中共中央办公厅、国务院办公厅印发《关于农村土地征收、集体经营性建设用地入市、宅基地制度改革试点工作的意见》，部署开展农村宅基地制度改革试点。2018 年“中央一号文件”提出探索宅基地所有权、资格权、使用权“三权”分置，标志着宅基地制度改革探索进入新阶段。

2018 年全国国土资源工作会议在北京召开，在此次会议上，原国土资源部部长、国家土地总督察姜大明表示，要完善农民闲置宅基地和闲置农房政策，探索宅基地所有权、资格权、使用权“三权”分置，落实宅基地集体所有权，保障宅基地农户资格权和农民房屋财产权，适度放活宅基地和农民房屋使用权。

简单说就是，农村住宅可以进行商用了。

第四阶段是自2019年以来，宅基地规范管理阶段，也是农村住宅商用得以全面规范实施的阶段。

2019年8月，第十三届全国人民代表大会常务委员会第十二次会议对《土地管理法》进行了第三次修正。新修正的《土地管理法》，明确了一户一宅、户有所居的宅基地分配制度，统筹合理安排宅基地用地的村庄规划编制制度；明确宅基地由乡（镇）人民政府审核批准，可以依法自愿有偿退出，鼓励盘活利用闲置宅基地和闲置住宅，以及国务院农业农村主管部门负责全国农村宅基地改革和管理工作的宅基地管理新体制。

新修正的《土地管理法》标志着我国农村宅基地管理，进入规范管理的新时期。农村住宅商用也从管理机构、制度设计、政策指导、监督检查，全面进行制定要求。

三、农村住宅商用的主体及利用方式

农村住宅商用，以农村闲置宅基地和闲置住宅盘活利用为模式。闲置宅基地盘活利用要统筹考虑区位条件、资源禀赋、环境容量、产业基础和历史文化传承等因素，选择适合本地实际的农村闲置宅基地和闲置住宅盘活利用模式。

（一）关于闲置宅基地和闲置住宅盘活利用的主体

农业农村部《关于积极稳妥开展农村闲置宅基地和闲置住宅盘活利用工作的通知》提出，依法保护各类主体的合法权益，推动形成多方参与、合作共赢的良好局面。即盘活利用的主体主要包括以下三类：

（1）农村集体经济组织及其成员。在充分保障农民宅基地合法权益的前提下，支持农村集体经济组织及其成员采取自营、出租、入股、合作等多种方式盘活利用农村闲置宅基地和闲置住宅。鼓励有一定经济实力的农村集体经济组织对闲置宅基地和闲置住宅进行统一盘活利用。

（2）返乡人员。支持返乡人员依托自有和闲置住宅发展适合的乡村产业项目。国务院办公厅《关于支持返乡下乡人员创业创新促进农村一二三产业融合发展的意见》提出“支持返乡下乡人员依托自有和闲置农房院落发展农家乐。在符合农村宅基地管理规定和相关规划的前提下，允许返乡下乡人员和农民合作改建自住房”。

(3)社会企业。引导有实力、有意愿、有责任的企业有序参与闲置宅基地和闲置住宅盘活利用工作。

鼓励各个主体间相互合作,形成合作共赢、共同发展的模式。

(二)关于闲置宅基地和闲置住宅盘活利用的方式

根据农业农村部《关于积极稳妥开展农村闲置宅基地和闲置住宅盘活利用工作的通知》,盘活利用主要有以下方式:

(1)利用闲置住宅发展符合乡村特点的休闲农业、乡村旅游、餐饮民宿、文化体验、创意办公、电子商务等新产业新业态。

(2)利用闲置住宅发展农产品冷链、初加工、仓储等一二三产业融合发展项目。

(3)采取整理、复垦、复绿等方式,开展农村闲置宅基地整治,依法依规利用城乡建设用地增减挂钩、集体经营性建设用地入市等政策,为农民建房、乡村建设和产业发展等提供土地等要素保障。

四、农村住宅在休闲农业和乡村旅游中的重要商用模式——民宿及具体规定

民宿是利用自用住宅空闲房间,结合当地人文、自然景观、生态、环境资源及农林渔牧生产活动,以家庭副业方式经营,提供旅客乡野生活之住宿处所。

我国民宿的发展目前正处于起步阶段,浙江省的民宿处于国内领先水平,国家出台了一系列鼓励旅游和国内民宿的相关政策规定,以指导合法运营。

(1)根据2019年文化和旅游部出台的《旅游民宿基本要求与评价》(LB/T 065－2019):

①旅游民宿是指利用当地民居等相关闲置资源,经营用客房不超过4层、建筑面积不超过800平方米,主人参与接待,为旅客提供体验当地自然、文化与生产生活方式的小型住宿设施,分为城镇民宿和乡村民宿。

②旅游民宿的经营场地应符合本市县国土空间总体规划(包括现行城镇总体规划、土地利用规划)、所在地民宿发展有关规划。

③经营民宿应符合治安、消防、卫生、环境保护、安全等有关规定与要求,取得当地政府要求的相关证照。

(2)根据中央农村工作领导小组办公室、农业农村部《关于进一步加强农村宅基地管理的通知》的规定：

①鼓励村集体和农民盘活利用闲置宅基地和闲置住宅，通过自主经营、合作经营、委托经营等方式，依法依规发展农家乐、民宿、乡村旅游等。

②城镇居民、工商资本等租赁农房开展经营的，要严格遵守合同法的规定，租赁合同的期限不得超过20年。合同到期后，双方可以另行约定。

目前我国的民宿分布主要集中在浙江、广西、云南等南方地区，北方占有少量份额，主要集中在旅游景区周边依托于旅游景点，以景区为核心向周边辐射，形成了过分集中于景区的特点。主要的形式有家庭旅馆、客栈、农家乐、青年旅舍、乡村别墅、酒店式公寓等。

对于消费者而言，客栈民宿产品区别于标准化住宿产品的地方在于不仅实现了“住”的功能，同时可以通过环境的营造和提供个性化的服务使消费者身心舒展、感受到有别于日常生活的个性化旅游体验。

五、农村住宅商用存在的违法问题

农村住宅得以商用，由我国法律法规进行确认，并大力鼓励、支持其发展，但商用发展支系各个行政部门综合管理要求。由于农村宅基地管理规范存在薄弱之处，以农村住宅的角度，笔者认为，实践中存在以下违法问题：

(一)未经审批，占地建房、超过批准面积，破坏国家“一户一宅”制度

乡村旅游的蓬勃发展，这为开展乡村旅游的地区创造了巨大的商机。不少农家乐或者休闲农庄主在未经审批的情况下：

(1)私自占地建房；

(2)出售房屋后未经批准再建；

(3)侵占街道、消防通道、广场、公共绿地等公共部分建房；

(4)利用屋前屋后的空地违章搭建，或在原有房屋上加盖；

(5)超过批准面积建房。

(二)违反土地使用途径、土地规划规定建房，违反国家土地使用基本政策

具体做法有：

(1)违法占用基本农田、林地、草地等建房；

(2)违反土地利用总体规划、不符合村镇建设规划建房。

（三）非法交易农村宅基地及住房，破坏农村宅基地流转政策

农村住宅商用化，使当地土地价格大幅上升，非法买卖宅基地的现象大量出现，有部分村民往往选择将农村的宅基地向不符合流转主体高价卖出。

（四）污染环境、环境破坏

具体做法有：

（1）生活垃圾、废水，随意倾倒；

（2）不可逆的土地硬化；

（3）接待人数超标，超越环境承载力。

（五）住宅建房存在严重安全隐患

具体做法有：

（1）修建木屋或钢架房，节省资本、易于拆除；

（2）随意加盖或更改住宅设计结构，破坏安全平衡。

农村宅基地政策，是我国一项重要基础民生政策。在顺应时代进步、推动乡村振兴的发展中，农村住宅商用应势而出，但仍需坚守盘活利用底线：保护农民利益，遵守国家和地方关于宅基地管理、国土空间规划、用途管制、市场监管和传统村落保护，与村庄规划相衔接，与乡村发展规划相匹配，遵守安全消防规定，符合环保卫生要求，注重绿色发展。

六、案例分析

典型案例12之违法加盖、扩建住房，造成坍塌悲剧

案件事实：

2020年8月29日，山西临汾市襄汾县陈庄村的“聚仙饭店”，正在举办一场寿宴，但饭店的宴会厅忽然发生坍塌，悲剧发生。据悉，出事饭店为农村自建房，曾多次加盖扩建。

山西襄汾县陶寺乡陈庄村党支部书记祁占国表示：发生事故的聚仙饭店，最早的建筑，属于20世纪80年代初的农村自建房，但在随后，多次进行了加盖扩建。其看着是两层，实际上只有地下这层，上面是空的。8月29日9时40分左右，饭店二层预制板瞬间整个塌了下来，造成下面宴会厅内的客人，大多来不及逃生。

事故调查结果显示:事故原因为农村自建房无监管藏隐患。按照农村宅基地有关管理办法,除了对面积要审批,有些对高度上有要求之外,宅基地上的自建房屋怎么盖,目前的审批和监管,都没有明确。再者,有梁坡村的个人经营者就表示,平时的检查,多集中在卫生方面,对房屋质量检查,还没有遇到过。

律师分析:

当前基层农村经营管理体系存在不健全、力量不匹配、保障不到位等问题,根据2019年9月11日,中央农村工作领导小组、农业农村部专门制定了《关于进一步加强农村宅基地管理的通知》,已经明确提出:按照新修订的土地管理法规定,农村村民住宅用地由乡镇政府审核批准。乡镇政府要因地制宜探索建立宅基地统一管理机制,统筹协调相关部门宅基地用地审查、乡村建设规划许可、农村建房监管等职责;要开展农村宅基地动态巡查,及时发现和处置涉及宅基地的各类违法行为。农村村民一户只能拥有一处宅基地,面积不得超过规定标准;农村村民应严格按照批准面积和建房标准建设住宅,禁止未批先建、超用面积占用宅基地。

目前农村住宅经营使用前,需要合法投建,严格按照当地乡镇政府要求,否则将因成为违法建筑被行政处罚或者被要求强制拆除。

典型案例13之鼓励农村住宅商用,尊重农民意愿,保障农民权益,权力设置合法有序①

案件事实:

一审法院认定事实:2020年4月初,在20名村民的联名倡议下,哈克村村委会与党支部委员会研究起草了《"西部乌镇"项目实施方案(草稿)》,坚持村民自愿原则,因地制宜盘活农民宅基地,利用老百姓的闲置庭院,打造集旅游民宿,民宿文化、休闲农业、特色养殖等为一体的"西部乌镇"项目,参与该项目的农户按1600平方米面积计入宅基地基准收益,不参与该项目的农户只享受不超

① 本案例除"律师点评"部分外,内容摘自"段某顶、克拉玛依市乌尔禾区乌尔禾镇哈克村村民委员会排除妨害纠纷民事二审民事判决书"[(2021)新02民终445号]。已做隐名处理。——编者注

过1600平方米的宅基地使用权，超出部分由村集体依法收回。2020年5月12日，哈克村村委会向段某顶送达《关于放弃参加“西部乌镇”项目机会的相关事项告知书》，告知“接到本告知书3日内，你户仍可申请加入‘西部乌镇’项目，享受有关优惠政策；逾期则视为自动放弃参加‘西部乌镇’项目机会。选择放弃参加‘西部乌镇’项目机会后，不得以任何方式影响、干扰‘西部乌镇’项目运营；居住期间，不得擅自开展与‘西部乌镇’项目竞争的产业，包括民宿、旅游、餐饮、零售等活动”段某顶最终决定不参与“西部乌镇”项目。2020年6月17日，哈克村村委会召开17名村民代表大会决议关于“哈克村收回6户超出1600平方米宅基地面积的事宜”，同时召开了哈克村“两委”会，讨论决定由村集体收回110号段某顶等6户超出1600平方米宅基地的面积。同时，哈克村村委会向乌尔禾区农业农村局发出《关于征求宅基地意见的函》，2020年6月17日，乌尔禾区农业农村局作出《关于对〈关于征求宅基地意见的函〉的复函》，研究同意哈克村村委会对6户村民宅基地面积超出部分收回的决定。

同日，哈克村村委会向段某顶送达《告知书》一份，告知每户宅基地面积统一按照自治区人民政府规定的上限1600平方米执行，根据查询资料和实地测量，段某顶户现有宅基地面积6710.30平方米，超出面积将由村集体适时依法收回。同日，哈克村村委会张贴了《关于收回我村宅基地超出标准面积的6户农户超出部分的公示》及《宅基地摸底清单》。2020年6月17日，哈克村村民代表大会讨论通过了对段某顶户超出核定面积部分的集体建设用地予以收回的决定，并于2020年6月17日至6月23日进行了公示，公示期内未收到异议，经哈克村村委会研究决定，近期将收回段某顶户超出核定面积部分的集体建设用地。2020年7月4日，乌尔禾区自然资源分局作出《宅基地确权情况告知书》，告知该分局将对段某顶坐落于乌尔禾镇哈克村110号宅基地颁发《集体土地使用证》，证载使用权面积1600平方米，超出部分5110.89平方米在记事栏中进行注明，该宗宅基地超出面积5110.89平方米应由该村村委会依法收回经营管理。2020年7月14日，哈克村村委会向段某顶送达《关于收回你户超出核定面积部分集体建设用地的通知》，经核查，段某顶户实际圈占集体建设用地6710.30（实测）平方米，超出核定面积5110.30平方米。

2013 年 11 月 16 日，克拉玛依市自然资源局不动产登记簿中“农村宅基地使用权－初始登记——初审”载明“宗地代码、宗地地号 61650205053001JC00269；权利人段某顶；土地坐落乌尔禾乡哈克村；使用权面积 1600 平方米”。另查，2021 年 5 月 17 日，段某顶所有的哈克村 110 号院宅基地内被打桩钉柱三根。

二审法院认为：关于哈克村村委会钉桩、砌墙是否侵害段某顶合法权益的问题。段某顶诉称其宅基地使用权面积为 $6476m^2$，哈克村村委会在该范围内钉桩、砌墙，侵害其合法权益。哈克村村委会认可是其实施的行为，但认为其是在段某顶依法核准登记的宅基地使用权面积 $1600m^2$ 以外实施的行为，未侵害段某顶的合法权益。《中华人民共和国民法典》第二百零九条规定，不动产物权的设立、变更、转让和消灭，经依法登记，发生效力；未经登记，不发生效力，但是法律另有规定的除外。第二百一十六条规定，不动产登记簿是物权归属和内容的根据。第二百一十七条规定，不动产权属证书是权利人享有该不动产物权的证明。不动产权属证书记载的事项，应当与不动产登记簿一致；记载不一致的，除有证据证明不动产登记簿确有错误外，以不动产登记簿为准。根据以上法律规定，段某顶的宅基地使用权面积应以不动产登记簿登记内容为准。2013 年克拉玛依市乌尔禾区人民政府向哈克村村民颁发了《集体土地使用证》，为涉案宅基地核准登记颁发了克集用（2013）第 05004191 号《集体土地使用权证》，证载核准土地使用面积为 $1600m^2$。2013 年 11 月 16 日，克拉玛依市自然资源局不动产登记簿中载明的段某顶宅基地使用权面积同样为 $1600m^2$。2020 年 7 月 4 日，克拉玛依市自然资源局乌尔禾区分局作出《宅基地确权情况告知书》，向段某顶告知其宅基地使用权面积为 $1600m^2$，超出部分可由村委会收回。以上证据可以证实段某顶宅基地合法使用权面积为 $1600m^2$，且段某顶知悉其权属范围，故本院对段某顶主张其宅基地使用权面积为 $6476m^2$ 的意见不予采信。段某顶的宅基地合法权益范围为依法核准登记的 $1600m^2$ 使用权面积，其在该范围内的合法权益受法律保护。段某顶未举证证实哈克村村委会钉桩、砌墙是在 $1600m^2$ 范围内，即未能证实哈克村村委会侵害其宅基地合法权益，故本院对段某顶要求哈克村村委会排除妨碍，停止侵害的主张不予支持。

判决结果：驳回上诉，维持原判。

律师分析：

国家发展乡村振兴，盘活利用闲置农村住宅，鼓励集体经济组织牵头农村新形态发展，在权力及程序设置上坚持农民主体地位，充分尊重农民意愿。同时，根据土地相关法律规定，做到严格依法行政，保障农民民主权利和其他合法权益，调动农民积极性、主动性、创造性。

典型案例14之农村住宅商用形成产业新业态，但取得营业执照并非等于合法运营①

案件事实：

2019年11月26日，金海湖镇政府工作人员在现场检查时发现涉案建筑涉嫌违法建设，对涉案建筑进行了现场检查、现场勘验、测量、拍照。2020年8月10日，金海湖镇政府进行立案，并于当日向北京市规划和自然资源委员会平谷分局（以下简称平谷规自分局）去函调查涉案建筑是否取得乡村建设规划许可证，北京市规划和自然资源委员会于当日回函，主要内容为：位于金海湖镇海子村南环路×号的京平金政文［2020］168号所示内容，未依法取得乡村建设规划许可证。2020年8月11日，金海湖镇政府向刘某付及刘某发出谈话通知书及权利义务告知书，通知刘某付及刘某接受调查，提交陈述、申辩材料及相关证据。当日下午，刘某付及刘某前往金海湖镇政府接受询问，后刘某付提交了协议书、证明、营业执照等证据材料。2020年8月10日，金海湖镇政府向原金海湖镇政府综治办主任秦小义调查了解综治办出具证明的情况。2020年8月13日，金海湖镇政府作出京平金镇限拆字［2020］第17号《限期拆除决定书》，主要内容为：刘某、刘某付，你在金海湖镇海子南环路×号建设的上下两层砖混仝顶结构刘连民俗餐厅，总建筑面积约561.6平方米的，用于居住、农家乐营业的建筑，未取得乡村建设规划许可证或临时乡村建设规划许可证，违反了《北京市城乡规划条例》第二十九条的规定，以上事实有现场照片、测量数据、规自分局认

① 本案例除“律师点评”部分外，内容摘自“刘某付与北京市平谷区金海湖镇人民政府强制拆除行为二审行政判决书”［（2021）京03行终253号］。已做隐名处理。——编者注

定复函为证，依据《中华人民共和国城乡规划法》（以下简称《城乡规划法》）第六十五条之规定，责令你于2020年8月17日9时前拆除上述建设，并接受复查。

（二审法院）本院认为，根据《城乡规划法》第六十五条的规定，金海湖镇政府对乡、村庄规划区内违反乡村规划进行建设且逾期不改正的行为，具有强制拆除的法定职权。

根据1992年10月1日起施行的《北京市城市规划条例》第二条第二款、第三十二条规定，在本市行政区域，新建、扩建或改建建筑物、构筑物等建设活动需申请规划许可。此后，《北京市城乡规划条例》于2009年10月1日起施行，根据该条例第二条第一款、第二十三条之规定，本市依法实行规划许可制度，各项建设用地和建设工程应当符合城乡规划，依法取得规划许可。2019年4月28日起施行的修订后的《北京市城乡规划条例》第二条第一款、第二十九条亦规定了与前述条款一致的内容。根据上述规定并结合本案实际案情，涉案建筑物位于北京市乡村规划区内，刘某付建设涉案建筑时及其后未取得相应的规划许可手续，故金海湖镇政府认定涉案建筑物属于违法建设并无不当。现有证据不能证明刘某付建房取得了合法的宅基地审批手续，且工商部门允许北京海子刘某民俗餐厅在涉案房屋注册登记并经营并不能证明涉案建筑取得的合法规划许可。

判决结果：驳回上诉，维持原判。

律师分析：

依托发展农业农村的乡村振兴政策，针对农村住宅可以进行休闲农业、乡村旅游、餐饮民宿、文化体验等产业新业态。商业形态的发展系综合管理的产物，需乡镇政府统筹，工商行政管理部门、土地行政部分、环保部门、治安部门等部门协调管理。对农村住宅的商用，仅取得营业执照，并非等同完全合法利用。《乡村振兴促进法》第3条规定：促进乡村振兴应当按照产业兴旺、生态宜居、乡风文明、治理有效、生活富裕的总要求，统筹推进农村经济建设、政治建设、文化建设、社会建设、生态文明建设和党的建设，充分发挥乡村在保障农产品供给和粮食安全、保护生态环境、传承发展中华民族优秀传统文化等方面的特有功能。

典型案例15之盘活利用的农村闲置住宅需依法取得、权属清晰，要坚守法律和政策底线，各方盘活利用主体均需依法守行①

案件事实：

原告起诉称：2012年、2013年期间，经青山村村委会招商引资，原告及丈夫袁某泉（已于2016年9月12日去世）到杭州市余杭区黄湖镇青山村投资兴建民宿，发展旅游业。在青山村村委的安排下，原告及丈夫通过与村里孤寡老人周某明签订遗赠扶养协议的方式，利用周某明的建房资格在周某明的宅基地上建造了一幢房屋，用以开办民宿，黄湖镇城建办对此全程监管。原告及丈夫为此不仅花费了巨大的建筑成本，还捐赠了村里路灯全覆盖资金缺口5万元，缴纳了超面积土地的有偿使用费，并承担了周某明老人的全部赡养支出。民宿落成后，杭州市国土资源据杭州分局于2018年1月3日作出杭土资余罚字（2017）97号土地行政处罚决定书责令原告退还非法占用的土地、限期拆除建筑物和其他设施、并处以44975元罚款，为了减轻原告的损失，××村村委××青山经济合作社根据《2018年余杭区“三农”改革工作实施方案》的精神和《青山村闲置农房回收利用方案》的规定，青山经济合作社与原告签订了一份《农房回收利益协议》，根据协议，原告所建房屋评估作价375万元，青山经济合作社以75万元的价格回收，并以每年4万元（此后每5年递增）的价格出租给乙方使用，期限为20年。双方并签订《补充协议》一份，约定青山经济合作社不得单方解除协议，否则要承担高额赔偿。然而，杭州市余杭区人民法院还是于2018年12月10日作出（2018）浙0110行审263号行政裁定书，之后原告兴建的民宿被强制拆除，农房回收利用协议签订后，民宿拆除前又产生536600元装修款（其中450000元已实际支付给装修公司，尚余86600元待付），该部分款项也全部损失。原告缴纳的存量违建有偿使用款、回收房产的1万元租金都是青山经济合作社收取的。原告认为，原告与××村村委××青山经济合作社系招商引资合同关系，原告到青山村村委会所属村里投资，利用周某明的个人建房资格兴建民宿，在被处

① 本案例除“律师点评”部分外，内容摘自“韩某娟与杭州市余杭区黄湖镇青山村村民委员会、杭州余杭黄湖镇青山股份经济合作社合同纠纷一审民事判决书”［（2020）浙0110民初380号］。已做隐名处理。——编者注

以行政处罚后通过签订房屋回收利用协议来减轻损失，都是在××村村委××青山经济合作××排下进行的，青山村村委会作为基层组织，主观上对政策的理解存在偏差，客观上导致原告无法实现投资目的，造成原告巨大的损失，理应承担赔偿责任。青山村村委会的经济职能实际上均由青山经济合作社享有和承担，青山经济合作社应与青山村村委会一起承担赔偿责任。

本院认为，原告的户籍位于杭州市下城区××街道××，并非青山村集体经济组织成员，其通过与青山村村民周某明签订《赡养遗赠协议》的方式在周某明的宅基地上建造房屋属于借用他人名义修建房屋的行为。而宅基地使用权具有人身依附性，以权利人具有农村集体经济组织成员的身份作为基础，非本集体经济组织成员不能申请宅基地使用权。不符合宅基地申请条件的个人为规避政策借用他人名义修建房屋的，属恶意串通，违反了国家法律、法规强制性规定，亦损害了国家、集体和其他村民的利益，应认定该借名建房行为无效。原告与周某明、××村村委××青山经济合作社未签订书面的借名建房协议，但签订了《赡养遗赠协议》，该协议中有涉及借名建房的内容，青山村村委会并非《赡养遗赠协议》中的甲方或乙方，其在该协议中加盖了公章，并不能当然认定为合同相对方。但在案涉房屋被杭州市国土资源局余杭分局认定为违法建筑，责令退还土地并拆除房屋后，青山经济合作社又依据经过村民代表同意的《青山村闲置农房回收利用方案》与原告签订《农房回收利用协议》及《补充协议》，原告依协议缴纳了10000元款项，并对房屋进行了装修。该两份协议内容虽为由青山经济合作社回收原告的房屋，但协议实质系因案涉房屋被认定为违法建筑，青山经济合作社及原告想通过签订回收利用协议的方式改变建筑物违法的性质，保留房屋不被拆除，该协议系借名建房行为的延续，其目的系规避政策，恶意串通，损害了国家、集体和其他人的合法权益，亦应属无效。根据法律规定：合同无效或者被撤销后，因该合同取得的财产，应当予以返还；不能返还或者没有必要返还的，应当折价补偿；有过错的一方应当赔偿对方因此所受到的损失，双方都有过错的，应当各自承担相应的责任。××村村委××青山经济合作社作为基层自治组织具有管理本村公共事务及土地等财产的职责，其应知晓非集体经济组成员不能享有宅基地使用权。但××村村委××青山经济合作社不仅未制止原告借名建房的行为，还在房屋已经被执法部门认定违法的情况下，青山经济合作社又与原告签订协议，试图改变房屋违法的性质，××村村委××青山经济合作社应该按照过错程度承担一定缔约过失责任。原告作为城镇居民，意图通过借名建房的方式规避政策，其本身存在一定过错，对于损失应自担相应的责任。对于原告的损失，根据《农房回收利用协议》青山经济合作社同意按照750000元的价格回收原告的房屋，以该价格确定原告的损失，再加上原告的装修损失，原告主张的装修损失为536600元，因其举证的收据中的数额为450000元，对原告未实际支付的部分，不予采信，综上，认定原告因《农房回收利用协议》无效所受到的损失总额为1200000元。依据原、被告的过错程度，酌情支持××村村委××青山经济合作社赔偿原告损失840000元。对于原告主张的其他损失，无事实和法律依据，本院难以支持。综上，对原告诉讼请求中的合理部分，本院予以支持。据此，依照《中华人民共和国合同法》第五十八条、第一百零七条、第一百一十三条，《中华人民共和国民法总则》第一百五十三条、第一百五十四条，《中华人民共和国民事诉讼法》第六十四条，《最高人民法院关于适用〈中华人民共和国民事诉讼法〉的解释》第九十条之规定，判决如下：

一、被告杭州市余杭区黄湖镇青山村村民委员会、杭州余杭黄湖镇青山股份经济合作社赔偿原告韩某娟损失840000元，于本判决生效后十日内付清；

二、驳回原告韩某娟的其他诉讼请求。

律师分析：

关于盘活利用农村住宅主体，根据农业农村部《关于积极稳妥开展农村闲置宅基地和闲置住宅盘活利用工作的通知》，在充分保障农民宅基地合法权益的前提下，支持农村集体经济组织及其成员采取自营、出租、入股、合作等多种方式盘活利用农村闲置宅基地和闲置住宅。鼓励有一定经济实力的农村集体经济组织对闲置宅基地和闲置住宅进行统一盘活利用。

但盘活利用的农村闲置住宅需依法取得、权属清晰，要坚守法律和政策底线，不得违法违规买卖或者变相买卖宅基地，要严格按照农村住宅相应利用方式、经营产业、租赁期限、流转对象等规范进行运营使用。

第五节　农村房产买卖、抵押实务

在城镇化快速推进，农业转移人口数量不断增加，农村宅基地和住宅闲置浪费问题日益突出的背景下，国家及地方的相关政策也向盘活土地的方向倾斜。2019 年 9 月 30 日，农业农村部发布《关于积极稳妥开展农村闲置宅基地和闲置住宅盘活利用工作的通知》，要求以提高农村土地资源利用效率、增加农民收入为目标，在依法维护农民宅基地合法权益和严格规范宅基地管理的基础上，探索盘活利用农村闲置宅基地和闲置住宅的有效途径和政策措施，为激发乡村发展活力、促进乡村振兴提供有力支撑。也就是说，随着“城乡一体化”步伐加快，逐步放宽农村宅基地流转条件，赋予农村土地更多活力，使土地价值产生更多效益，做到“物尽其用”是大势所趋。本节从农村房产买卖及抵押的现状出发，阐述当下农村宅基地上房屋买卖及抵押在不同情形下其效力认定的问题，并探索“乡村振兴”政策下，宅基地上房屋买卖及抵押的合法途径。

一、宅基地上房屋买卖实务

农村房屋系农村同一集体经济组织成员基于特定身份，无偿从本集体经济组织取得宅基地使用权后建造的房屋，具有社会福利性质，承载着农村社会稳定的重任，目的是保证本村村民基本的居住权利。[①] 在我国，实行“房地一体”主义，即宅基地是房屋存在的基石和载体，房屋是宅基地存在的目的和意义，二者是相互关联、互相依存、密不可分的整体。[②] 单独处分宅基地上房屋所有权或者单独处分房屋下宅基地的使用权之行为，均是违反“房地一体”制度和理念的，故，农村房屋的买卖必然涉及农村宅基地使用权的流转问题。

（一）宅基地上房屋买卖的现状

在司法实践中，农村集体土地使有权流转与地上房屋所有权登记冲突问题及司法裁判的困惑屡见不鲜，该类案件审理的争议焦点即合同效力认定的问

---

① 李宁宁：《农村房屋买卖合同效力研究》，沈阳师范大学 2015 年硕士学位论文。

② 靳双权：《两个集体组织成员之间的农村房屋买卖纠纷案件》，载找法网 2018 年 12 月 10 日，https://china.findlaw.cn/lawyer/jdal/d176832.html。

题。换言之，宅基地上房屋的流转（买卖）会因买受人“身份属性”的不同，从而导致房屋买卖行为效力的不同，即买卖主体之间签订的房屋买卖合同或形成的事实上的房屋买卖合同如被认定为有效，则房屋所有权流转，买卖行为成立；如被认定为无效，则房屋所有权不发生流转，买卖行为不成立。因此，在实践中，农村房屋买卖合同的效力认定成为人民法院在审理该类案件中的重中之重。其次，便是其效力被认定为无效后的法律后果。在农村房屋买卖合同无效的情形下，卖方应将房款返还至买方，买方应将房屋返还给卖方。买方不仅要腾房、重新购房，且可能丧失房屋价值上涨带来的收益以及间接利益，如房屋拆迁、转卖带来的收益。故人民法院会依据买卖双方的过错程度来判定双方应当承担的赔偿责任。有过错的一方应当赔偿对方因此所受到的损失，双方都有过错的，应当各自承担相应的责任。一般情况下，农村房屋买卖的纠纷多因土地、房屋升值产生，故合同无效的原因主要在于出卖方受利益驱动而违背诚实信用原则，影响了买方生活和社会稳定。因此，在合同无效的过错认定方面，一般都认定卖方应对合同无效承担主要责任。但人民法院亦会正视农村房屋产权登记现实并尊重土地历史遗留问题，运用诚实信用、公序良俗等民法原则，结合合同签订的时间、背景目的、履行情况、交易习惯等进行综合考虑，充分保障合同双方的合法权益。

（二）农村宅基地上房屋买卖的情形

1. 买卖双方系同一集体组织成员

买卖双方系同一集体组织成员，是指针对拟出卖的农村房屋，买受人与出卖人其身份都属于同一村集体的成员。该类买卖行为因不违反《土地管理法》关于宅基地由农民集体所有的规定，对集体经济组织利益没有侵害，因此房屋买卖协议应认定为有效。[①] 但根据《土地管理法》第 62 条的相关规定，“农村村民一户只能拥有一处宅基地，农村村民出卖、出租、赠与住宅后，再申请宅基地的，不予批准”。故实践中，若买方有两处以上宅基地，可通过拆除、恢复耕种、收归集体所有等措施，来实现国家及相关法律关于“一户一宅”的要求。

---

① 江苏省高级人民法院民一庭：《商品房买卖合同纠纷审判疑难问题研究》，载《民事指导与参考》第 70 辑。

2. 买卖双方非同一集体组织成员

(1)宅基地改革试点地区。

中共中央办公厅和国务院办公厅于2014年联合下发了《关于农村土地征收、集体经营性建设用地入市、宅基地制度改革试点工作的意见》,对改革试点地区宅基地流转的限制性法律规定予以放宽;2016年11月30日,《最高人民法院第八次全国法院民事商事审判工作会议(民事部分)纪要》第19条第1款针对农村房屋买卖问题作出明确:"在国家确定的宅基地制度改革试点地区,可以按照国家政策及相关指导意见处理宅基地使用权因抵押担保、转让而产生的纠纷。"对此,属于宅基地改革试点地区的宅基地使用权及地上房屋转让合同的效力可以根据试点地区的相关意见予以处理。

2019年修正的《城市房地产管理法》和《土地管理法》(自2020年1月1日起施行)在集体土地入市方面作出了变革性规定。2020年《土地管理法》几大变革:一是删去了2004年《土地管理法》第43条关于"任何单位和个人进行建设,需要使用土地的,必须依法申请使用国有土地"的规定;二是对土地利用总体规划确定为工业、商业等经营性用途,并经依法登记的集体建设用地,允许土地所有权人通过出租、出让等方式交由单位和个人使用。2020年《城市房地产管理法》为与《土地管理法》修改做好衔接,扫清集体经营性建设用地入市的法律障碍,第9条规定,"城市规划区内的集体所有的土地,经依法征收转为国有土地后,该幅国有土地的使用权方可有偿出让,但法律另有规定的除外"。

当然,从目前的司法实践来看,确认农村村民与非同一集体经济组织之间签订的宅基地使用权及地上房屋买卖合同有效并非主流裁判。但各地法院针对该类纠纷案件,已逐步放宽,主要体现在关于合同效力的补正条件(一审辩论前土地性质已变更为国有的,合同不必然无效)及各地法院根据合同签订的时间、背景目的、履行情况、交易习惯等进行综合考虑后,对城镇非农业户口买受人利益的倾斜性保护。以上均是国家为落实乡村振兴战略,在"推动城乡发展一体化"战略方针的指引下推进宅基地改革所做出的努力。

(2)非宅基地改革试点地区。

根据《最高人民法院第八次全国法院民事商事审判工作会议(民事部分)纪要》第19条第2款的规定:"非试点地区,农民将其宅基地上的房屋出售给本集体经济组织以外的个人，该房屋买卖合同认定为无效。合同无效后，买受人请求返还购房款及其利息，以及请求赔偿翻建或者改建成本的，应当综合考虑当事人过错等因素予以确定。”原国土资源部《关于印发〈关于加强农村宅基地管理的意见〉的通知》要求：“严禁城镇居民在农村购置宅基地，严禁为城镇居民在农村购买和违法建造的住宅发放土地使用证”，城镇居民不能在农村购置宅基地和农民住宅。据此，农村私有房屋买卖后，出卖人将成为失地农民，不利于保护农民的利益，同时不利于农村集体经济组织的利益，故在当前城乡界限尚未完全打破，土地制度未变革完全的情况下，根据现行法律规定，农民与不属于同一集体经济组织的成员签订的农村房屋买卖合同，应认定为无效。但在无效后的处理上，各级人民法院将依据最高人民法院关于审理该类纠纷的指导意见及司法解释等综合权衡买卖双方的利益，尤其是出卖人因土地升值或征收补偿所获利益，以及买受人因房屋现值和原买卖价格的差异造成的损失，妥善处理房屋的返还与补偿问题。

但需要注意的是，一审辩论前土地性质已变更为国有的，买卖合同不必然无效。《最高人民法院第八次全国法院民事商事审判工作会议（民事部分）纪要》第20条规定：“在涉及农村宅基地或农村集体经营性建设用地的民事纠纷案件中，当事人主张利润分配等合同权利的，应提供政府部门关于土地利用规划、建设用地计划及优先满足集体建设用地等要求的审批文件或者证明。未提供上述手续或者虽提供了上述手续，但在一审法庭辩论终结前土地性质仍未变更为国有土地的，所涉及的相关合同应按无效处理。”根据以上规定，在一审辩论终结前土地性质若已变更为国有土地（已下征收决定），在对欠缺生效条件合同的效力认定处理上，采取了补救性的措施，已符合法律、行政法规规定的条件，其无效的情形已得到修正，则相关合同不必然无效。

典型案例16①

裁判要旨：

法院再审认为，本案的争议焦点为：被申请人麦某某伊敏·麦某某木与被

① 叶某甲与麦某某伊敏·麦某某木、叶某确认合同无效纠纷再审［案号：（2019）新23民再12号］。

申请人叶某签订的房屋买卖《协议书》的效力如何确定。《第八次全国法院民事商事审判工作会议(民事部分)纪要》理解与适用第19条第2款规定,农民将其宅基地上的房屋出售给本集体经济组织以外的个人,该房屋买卖合同认定为无效。合同无效后,买受人请求返还购房款及利息,以及请求赔偿翻建或者改建成本的,应当综合考虑当事人过错等因素予以确认。本案中,麦某某伊敏·麦某某木非案涉宅基地所在村集体经济组织成员,因被申请人麦某某伊敏·麦某某木是城市户口,不是本集体经济组织成员。被申请人麦某某伊敏·麦某某木与被申请人叶某房屋买卖宅基地的行为违反了上述法律、行政法规的强制性规定,被申请人叶某与被申请人麦某某伊敏·麦某某木签订的《协议书》为无效合同,一审判决对此认定正确,应予维持。

(三)集体土地上房屋买卖权益保障的路径选择

在中国现行法律框架内,农民对集体土地只享有占有、使用的权利,并不拥有所有权和处分权,而城镇非农业户口买受人对集体土地上房屋进行购买的目的是获得房屋所有权,在土地使用权和房屋所有权冲突状态下,法律必须寻找其他可保障城镇非农业户口买受人合法权益的途径,使房屋买卖合同效力确认的规定形同虚设,有效抑制村民因利益驱动而背信弃义的违约行为。

1. 及时补正集体土地上房屋买卖合同生效要件

“集体土地及其地上房屋转让合同”是广义上的转让合同,包括宅基地转让协议、集体土地上房屋转让协议、赠与协议以及合作建房协议等。实践中,上述协议均可能导致集体土地使用权变相转移给城镇非农业户口买受人,各地法院基本均认定此类协议无效。

根据土地管理相关法律规定,农村宅基地只能在同一集体经济组织成员内部进行流转,由于“房地一体”原则的束缚导致集体土地上房屋买卖主体受限,但“集体经济组织成员”的身份不是一成不变的,可以从宅基地流转的性质也可能发生变化切入。

(1)原来的集体经济组织成员转为城镇居民的,此时可将其名下的涉案宅基地通过政府审批形式转为国有土地,故村民在享有国有土地使用权基础上建造房屋并将房屋予以出卖，城镇非农业户口买受人可在缴纳土地出让金之后，享有该地上的房屋所有权并能依法办理所有权变更登记。

（2）如果房屋买卖合同签订后，城镇非农业户口买受人的户口迁入宅基地房屋所在的集体经济组织，成为该组织成员，可以补正之前签订的合同效力，并依法办理房屋所有权变更登记。

2. 实现集体土地性质转变为国有土地

根据上述《最高人民法院第八次全国法院民事商事审判工作会议（民事部分）纪要》第20条之规定，在一审辩论终结前土地性质若已变更为国有土地（已下征收决定）但未同步予以补偿的，可认定在对欠缺生效条件合同的效力认定处理上采取了补救性的措施，其无效的情形已得到修正，则相关合同不必然无效。

3. 实现集体土地上房屋产权有限变动

为维护农村房屋买卖合同的法律效力，保护合同当事人合法权益，在案件审理中，宅基地上的房屋所有权归属问题不仅要看是否进行了过户变更登记，更应正视当前我国农村房屋产权大多未登记的现实和土地管理历史遗留问题，综合考虑城镇非农业户口买受人对房屋的占有使用情况、购买房屋的目的、买卖双方的法律认知水平、相互关系等事实情况，根据案件当事人的证据材料，结合日常生活经验规则，在充分查明事实的基础上维护真正物权人权益。如果买卖合同合法有效，且双方当事人已经实际履行完毕，房屋交付给城镇非农业户口买受人占有居住多年，但是受限于不完善的登记制度而没有进行房屋变更登记的，城镇非农业户口买受人诉请确认房屋所有权的，可以受理并依法进行审查，以保障城镇非农业户口买受人在房屋交易后出现的征收或“三旧”改造补偿等利益得到合理分配。

4. 为宅基地使用权设立地上租赁权

宅基地使用权是一种用益物权，权利人对该宅基地享有法律上的占有、使用、收益的排他性权利，试想由宅基地使用权派生出一种权利，令其具有支撑买卖合同及其所有权的效力，赋予房屋所有权人在宅基地使用权不改变权属关系的情况下占有宅基地的合法地位，充分保障城镇非农业户口买受人的居住权益，以此有望解开宅基地使用权及地上房屋所有权流转的死结。韩世远教授认为，成立“法定租赁权”，使宅基地使用权人不至于因为转让地上房屋而失去宅基地,也可保全宅基地使用权人正常行使用益物权而同时转让闲置房屋。简言之,法定租赁权作为债法上的财产关系,是基于法律的直接规定而当然发生的结果,农村房屋城镇非农业户口买受人在取得房屋所有权的同时,对于房屋所在的宅基地并非取得作为物权的"宅基地使用权",而是取得作为债权的"宅基地租赁权",基于租赁权的法律基础,房屋城镇非农业户口买受人定期或一次性向宅基地所在集体经济组织支付租金(以20年为限,否则超过部分无效),便可以占有、使用宅基地。村民仍可以其享有的宅基地使用权向集体经济组织主张该租金收益及未来可能发生的征收或"三旧"改造利益归其所有。

对于集体土地及其地上房屋,若一味回避集体土地使用权及房屋所有权在流转中的权利冲突问题,固守禁止让与的理论惯性,不能真正地起到维护农民利益的作用。中央探索集体土地入市流转目的在于赋予农民更多实际的财产权益,探索集体土地使用权与房屋所有权分离的流转制度,既不触动土地公有制的强制性规范和集体土地使用权身份属性的特征,也为集体土地使用权及其地上房屋开拓市场化流转的合法渠道,为农民提供机会公平分享市场经济带来的土地增值收益,从而促进团结与稳定。

总的来看,城镇非农业户口买受人集体土地及其地上房屋买卖合同的有效性及征收或"三旧"改造补偿利益纠纷,关乎多方利益,任何一方都无法在纠纷中独善其身,亦不应从中获得不合理利益,如何低成本、高效率地解决这一问题是需要多方共同努力的。从现有司法判例来看,尊重事实、多方协商、公平合理是解决城镇非农业户口买受人拆补权益纠纷的核心思路。

二、宅基地上房屋抵押实务

宅基地上房屋抵押行为,是指为担保债务的履行,债务人或者第三人(宅基地房屋所有权人)不转移宅基地房屋的占有,将该房屋抵押给债权人,并办理抵押登记的行为。办理抵押登记后,债权人即作为抵押权人,当债务人不履行到期债务或者发生当事人约定的实现抵押权的情形时,有权就该房屋申请拍卖、变卖,从而就所得价款优先受偿。根据"房地一体"原则及《民法典》第379条之规定,以建筑物抵押的,该建筑物占用范围内的建设用地使用权一并抵押。以建设用地使用权抵押的,该土地上的建筑物一并抵押。抵押人未依据前款规定一并抵押的,未抵押的财产视为一并抵押。宅基地上房屋抵押后,债权人(抵押权人)通过拍卖、变卖的方式实现宅基地上房屋抵押优先受偿权时,就意味着宅基地使用权的流转。据此,农村宅基上房屋的抵押必然也会涉及农村宅基地使用权的抵押。

(一)宅基地上房屋抵押现状

1. 宅基地使用权的抵押

根据《民法典》第 399 条之规定:“下列财产不得抵押:(一)土地所有权;(二)宅基地、自留地、自留山等集体所有土地的使用权,但是法律规定可以抵押的除外;(三)学校、幼儿园、医疗机构等为公益目的成立的非营利法人的教育设施、医疗卫生设施和其他公益设施;(四)所有权、使用权不明或者有争议的财产;(五)依法被查封、扣押、监管的财产;(六)法律、行政法规规定不得抵押的其他财产。”由此可知,我国法律明确禁止抵押宅基地使用权。那么宅基地上合法建造的房屋能否抵押呢?

2. 宅基地上房屋的抵押及抵押现状

对此,需先了解我国法律规定中关于可抵押财产的范围。《民法典》第 395 条第 1 款规定:“债务人或者第三人有权处分的下列财产可以抵押:(一)建筑物和其他土地附着物;(二)建设用地使用权;(三)海域使用权;(四)生产设备、原材料、半成品、产品;(五)正在建造的建筑物、船舶、航空器;(六)交通运输工具;(七)法律、行政法规未禁止抵押的其他财产。”农村宅基地上房屋作为上述规定中的“建筑物”,村民对其进行抵押,法律并未禁止。但就如本节开篇所述,根据我国“房地一体”原则,将农村宅基地上房屋及其他建筑物抵押的同时就意味着宅基地也将被抵押。在过往实践中,宅基地上的房屋无法进行抵押。

2018 年 1 月 2 日,中共中央、国务院发布《关于实施乡村振兴战略的意见》,该意见指出:要推进体制机制创新,强化乡村振兴制度性供给。深化农村土地制度改革,系统总结农村土地征收、集体经营性建设用地入市、宅基地制度改革试点经验,逐步扩大试点,重视《土地管理法》修改,完善农村土地利用管理政策体系。完善农民闲置宅基地和闲置农房政策,探索宅基地所有权、资格权、使用权“三权”分置,落实宅基地集体所有权,保障宅基地农户资格权和农民房屋财产权,适度放活宅基地和农民房屋使用权。据此可知,“宅基地所有权、资格权、使用权‘三权’分置”改革正处探索过程中,农房及宅基地抵押业务已不再如过往实践中那般完全无法进行，针对宅基地改革试点地区，宅基地上房屋系可以进行抵押的，但目前并未全面实施，有限的抵押试点也仅限于银行信贷业务范围。

（二）宅基地上房屋抵押的情形

1. 抵押权人系自然人

根据《民法典》第402条之规定，以建筑物和其他土地附着物抵押的，应当办理抵押登记，抵押权自登记时设立。即不动产抵押权的设立以登记为生效要件。因此，宅基地房屋所有权人欲针对农村房屋进行抵押，需协同抵押权人一起向当地不动产登记中心申请抵押登记。《不动产登记暂行条例实施细则》《不动产登记操作规范（试行）》等法律法规对房屋抵押登记的申请人的资格没有限制性规定，自然人以自有的房屋抵押至自然人，并办理登记的，相关法律、法规、部门规章等并未禁止。但在实践中，国家出于对借贷市场的保护等原因，抵押权人系自然人情形的，各地不动产登记中心针对抵押权人的身份有一定限制，可能无法办理抵押登记。对此，自然人之间的宅基地房屋抵押需结合当地政策进行办理。如无法办理，则农村房屋抵押权未设立，债权人就无法针对抵押房屋优先受偿。

实践中，农民为资金流转往往会通过以物（房）抵债的方式将宅基地上房屋抵偿给自然人，从而认为完成了宅基地上房屋的"抵押"；其实不然。农民为向自然人借款，约定以自有宅基地上房屋作为担保物待借款到期后无法偿还借款便用该房屋抵偿给自然人的，并非法定意义上的抵押。以物（房）抵债合同的效力也需参照本节中关于宅基地上房屋买卖的原则予以确认。

典型案例17[①]

本案发生的背景事实是城中村改造过程中，负责实施城中村改造的居委会向外举债，后通过订立以物抵债合同的方式，将改造后在宅基地上建设的房屋部分抵偿给债权人，该以物抵债合同是否有效？因涉及宅基地的流转问题，最

① 嵩县城关镇人民政府、吴某乐、闫某梅、吴某洋、嵩县城关镇北店街社区居民委员会借款合同纠纷申请再审案［最高人民法院（2016）最高法民申3285号］。

高人民法院对此持否定态度。

裁判要旨:

农村宅基地使用权不能自由流转,债务人通过以物抵债方式将宅基地使用权及房屋抵偿给非集体经济组织成员的债权人的,以物抵债合同无效,原借款关系未消灭,债务人仍应履行原借款关系项下的还款义务。

案情简介:

一、2012 年,北店街城中村改造指挥部向三江源公司借款,城关镇政府为担保人。

二、2013 年,北店街城中村改造指挥部、北店街居委会与三江源公司签订《还款协议》,约定北店街城中村改造指挥部仍欠三江源公司本息约 700 万元,北店街城中村改造指挥部在于沟河建设完工后划出一层商业房 700 平方米交给三江源公司,用于偿还所有本息。后北店街城中村改造指挥部撤销,权利义务由北店街居委会承担。

三、《还款协议》所涉及的抵债房屋属于城中村改造工程的一部分,建设在农村宅基地上。

四、2015 年,三江源公司与吴某民签订《债权转让协议书》,将全部债权及从权利转让给吴某民,并通知北店街居委会、城关镇政府。

五、吴某民向洛阳中院起诉,请求判令:北店街居委会、城关镇政府归还借款 700 万元及利息 200 万元。诉讼中吴某民死亡,其法定继承人闫某梅、吴某乐、吴某洋参加诉讼。洛阳中院认为,还款协议系无效合同,北店街居委会应当继续承担还款责任。故判决:北店街居委会支付闫某梅、吴某乐、吴某洋 700 万元及其利息,城关镇政府对北店街居委会不能清偿部分在 1/2 范围内承担连带赔偿责任。

六、北店街居委会、城关镇政府不服,上诉至河南高院,主张《还款协议》不违反法律效力性强制性规定,应认定为有效,协议对双方权利义务做了终结,且已履行完毕,双方债权债务关系已经消灭。河南高院认为,吴某民及闫某梅三人均非北店街集体经济组织成员,《还款协议》因合同一方当事人不具备受领代物清偿标的物的主体资格而应认定无效,北店街居委会应按原借款权利义务关系承担还款责任。故判决:驳回上诉,维持原判。

七、城关镇政府仍不服,向最高人民法院申请再审,最高人民法院裁定:驳回城关镇政府的再审申请。

裁判要点:

最高人民法院认定案涉《还款协议》无效的原因在于:首先,《还款协议》用于抵债的房屋属于城中村改造工程的一部分,建设在农村宅基地上。根据地随房走的一般原则,案涉宅基地使用权将与房屋一并实现流转。其次,根据《土地管理法》第8条规定,宅基地属于农民集体所有。吴某民及闫某梅三人均非北店街集体组织成员,不享有该集体组织宅基地使用权,不能通过以物抵债方式受让该集体组织宅基地上房屋。因此《还款协议》的约定违反现行法律规定,应认定《还款协议》无效。因《还款协议》自始无效,原借款关系并未消灭,故北店街居委会、城关镇政府仍应履行原借款关系项下义务。

对于城市商品房和存量房买卖,由于城镇土地归国家所有,房屋所有权和土地使用权可以流通,因此买卖、抵押担保等协议一般有效。但农村房屋的流通便受到了土地管理的限制,由于农村土地归集体所有,宅基地使用权具有封闭性,只能在本集体组织村民之间流通,并具有很强的行政干预管理特点,因此导致无法对集体组织之外人员转让房屋的所有权。

2. 抵押权人系银行业金融机构

银行业金融机构,是指在中华人民共和国境内设立的商业银行、城市信用合作社、农村信用合作社等吸收公众存款的金融机构以及政策性银行以及在中华人民共和国境内设立的金融资产管理公司、信托投资公司、财务公司、金融租赁公司以及经国务院银行业监督管理机构批准设立的其他金融机构。银行业金融机构作为抵押权人,根据上述提及的《民法典》第402条及《不动产登记暂行条例实施细则》《不动产登记操作规范》(试行)等法律法规之规定,也需办理抵押登记,抵押权自登记时生效。针对抵押权人系该类机构的情形,通常被称为农民住房财产权抵押贷款。2016年3月15日,中国人民银行、原中国银行行业监督管理委员会、原中国保险监督管理委员会、财政部、原国土资源部、住房和城乡建设部针对试点地区联合发布《农民住房财产权抵押贷款试点暂行办法》,明确农民住房财产权抵押贷款,是指在不改变宅基地所有权性质的前提下,以农民住房所有权及所占宅基地使用权作为抵押、由银行业金融机构向符合条件的农民(借款人)住房所有人发放的、在约定期限内还本付息的贷款。过去,因涉及银行间金融机构作为抵押权人在行使抵押权时受到宅基地使用权无法流转的限制,从而优先受偿存在现实困境的问题,并不会办理该类放贷业务。但从 2015 年起,国家为进一步深化农村金融改革创新,加大对"三农"的金融支持力度,引导农村土地经营权有序流转,对满足一定条件的地区针对农民住房财产权抵押贷款陆续开展了试点工作。未来,针对该类抵押权人系银行业金融机构的情形将有望在全国范围内出现。

(三)农民住房财产权抵押贷款试点

2015 年 8 月 10 日,国务院为慎重稳妥推进农民住房财产权抵押、担保、转让试点,做好农村承包土地(指耕地)的经营权和农民住房财产权(以下统称"两权")抵押贷款试点工作,发布了《关于开展农村承包土地的经营权和农民住房财产权抵押贷款试点的指导意见》。该指导意见指出:选择"两权"抵押贷款试点以县(市、区)行政区域为单位,满足一定条件的地区[①]可作为农村承包土地的经营权和农民住房财产权抵押贷款试点地区,且明确指出农民住房财产权设立抵押的,需将宅基地使用权与住房所有权一并抵押。

1. 试点地区范围、抵押贷款条件

2015 年 12 月 27 日,全国人民代表大会常务委员会发布《关于授权国务院在北京市大兴区等 232 个试点县(市、区)、天津市蓟县等 59 个试点县(市、区)行政区域分别暂时调整实施有关法律规定的决定》,确定了包括新疆维吾尔自治区伊宁市在内的 59 个农民住房财产权抵押贷款试点。农民(借款人)以农民住房所有权及所占宅基地使用权作抵押申请贷款的,应同时符合以下条件:(1)具有完全民事行为能力,无不良信用记录;(2)用于抵押的房屋所有权及宅

① 详见国务院《关于开展农村承包土地的经营权和农民住房财产权抵押贷款试点的指导意见》严格试点条件:"两权"抵押贷款试点地区应满足以下条件:一是农村土地承包经营权、宅基地使用权和农民住房所有权确权登记颁证率高,农村产权流转交易市场健全,交易行为公开规范,具备较好基础和支撑条件;二是农户土地流转意愿较强,农业适度规模经营势头良好,具备规模经济效益;三是农村信用环境较好,配套政策较为健全。

基地使用权没有权属争议,依法拥有政府相关主管部门颁发的权属证明,未列入征地拆迁范围;(3)除用于抵押的农民住房外,借款人应有其他长期稳定居住场所,并能够提供相关证明材料;(4)所在的集体经济组织书面同意宅基地使用权随农民住房一并抵押及处置。以共有农民住房抵押的,还应当取得其他共有人的书面同意。

2021 年 7 月 5 日,农业农村部网站发布“对十三届全国人大四次会议第 1374 号建议的答复”“对十三届全国人大四次会议第 4409 号建议的答复摘要”。答复明确:农业农村部将会同有关部门,指导试点地区有序开展新一轮农村宅基地制度改革试点。围绕宅基地“三权”分置,重点在探索宅基地自愿有偿退出机制等方面开展试点,总结一批可复制、能推广、惠民生、利修法的制度创新成果,为乡村振兴提供土地等要素保障。[①] 2020 年 9 月,中央农村工作领导小组、农业农村部召开深化农村宅基地制度改革试点电视电话会议,新一轮农村宅基地制度改革试点将在 104 个县(市、区)和 3 个地级市启动,其中包括新疆维吾尔自治区伊宁市及奇台县。2021 年 10 月 18 日,家住新疆奇台县半截沟镇腰站子村的农民陈青林,获得了由奇台农商银行发放的全疆金融系统首笔 10 万元“农村宅基地使用权抵押贷款”。[②] 奇台县作为新疆维吾尔自治区农村宅基地制度改革试点地区之一,当地银行已陆续开展农民住房财产权抵押贷款工作。

2. 宅基地使用权及地上房屋作为抵押物处置的现实困境

国务院在《关于开展农村承包土地的经营权和农民住房财产权抵押贷款试点的指导意见》中指出:“要建立抵押物处置机制。因借款人不履行到期债务或者发生当事人约定的情形需要实现抵押权时,允许金融机构在保证农户承包权和基本住房权利前提下,依法采取多种方式处置抵押物。完善抵押物处置措施,确保当借款人不履行到期债务或者发生当事人约定的情形时,承贷银行能顺利实现抵押权。对农民住房财产权抵押贷款的抵押物处置,受让人原则上应限制在相关法律法规和国务院规定的范围内。”根据上述章节可知,宅基地使用

---

① 《划重点!新一轮农村宅基地制度改革试点展开 探索自愿有偿退出机制》,载央视网:http://news.cctv.com/2021/07/06/ARTItoYNdetihjRotFoR0MQo210706.shtml。

② 《农村宅基地使用权抵押贷款:来这可办!》,载“新疆农信”微信公众号 2021 年 10 月 25 日。

权的流转仅限于同一集体经济组织成员之间。据此,当实施抵押行为的农民不履行到期债务时,作为抵押权人的承贷银行在通过拍卖、变卖的方式处置抵押物时,其受让群体的范围将存在一定局限性(仅限同一集体经济组织成员之间)。实践中,集体经济组织内部很难找到符合条件的受让人,农民住宅流转受到较大限制。这将必然会影响到抵押权人债权的实现。

众所周知,所有权与使用权相分离是我国土地制度的核心。关于宅基地制度改革,中共中央、国务院《关于实施乡村振兴战略的意见》提出,要探索宅基地所有权、资格权、使用权"三权"分置,落实宅基地集体所有权,保障宅基地农户资格权和农民房屋财产权,适度放活宅基地和农民房屋使用权。如果说,"三权"分置的核心理念是将资格权与使用权相分离,则未来宅基地房屋抵押权的实现障碍则不复存在,但前提是,"三权"分置改革落到实处,且需要配套修改相关法律。目前,宅基地制度改革尚未真正铺开,在理论层面如何界定"三权"分置以及在实践中如何进行操作也混沌不明。如此看来,实现农村宅基地房屋抵押还有很长一段路要走。

第七章

生态农业与特色养殖

第一节　生态农业与特色养殖概述

2021 年 4 月 29 日全国人大常委会审议通过并发布《乡村振兴促进法》，6 月 1 日正式实施。中共中央政治局常委、全国人大常委会委员长栗战书同志在乡村振兴促进法事实座谈会上，深刻阐述了立法目的和重大意义，从因地制宜促进乡村产业发展，进一步增加农民收入、提高农民生活水平，培养造就新型职业农民队伍，传承农村优秀传统文化，加强农村生态环境保护，加强农村基层政权建设，巩固和确保党长期执政的基层基础，保障和维护农民合法权益等方面作出明确强调。

《乡村振兴促进法》的颁布实施，对乡村振兴产业发展、生态保护、扶持措施予以明确且具体的规范，对于全面推进乡村振兴发展工作具有划时代的历史意义。本节主要围绕乡村振兴产业发展中生态农业与特色养殖方面的常见问题、法律理解与适用、实务操作、风险规避等内容进行阐述。从农、林、牧、渔四个产业入手，以常见经营合作模式、典型案例、风险防范与法律分析为出发点，对现阶段我国生态农业与特色养殖行业当中常见法律风险进行简要归纳及概括。

《乡村振兴促进法》第 3 条规定："促进乡村振兴应当按照产业兴旺、生态宜居、乡风文明、治理有效、生活富裕的总要求，统筹推进农村经济建设、政治建设、文化建设、社会建设、生态文明建设和党的建设，充分发挥乡村在保障农产品供给和粮食安全、保护生态环境、传承发展中华民族优秀传统文化等方面的特有功能。"生态农业与特色养殖，作为推进乡村振兴、产业发展的重要途径，肩负着实现农民生活富裕的历史使命。

一、我国农业及相关产业统计现状

（一）我国农业及相关产业统计口径

根据《农业及相关产业统计分类（2020）》，现阶段我国将农业及相关产业主要划分为农林牧渔业，以及产品为农林牧渔业所用、直接使用农林牧渔业产品和依托农林牧渔业资源所衍生出来的第二、三产业，包括农林牧渔业生产、加工、制造、流通、服务等环节形成的全部经济活动。

目前，农业种植领域通常划分为农作物和林业作物两个大类，养殖业通常以畜牧养殖和水产品养殖再予以细分。常见的农作物主要包括粮食作物和经济作物，粮食作物中又细分为谷物（主要包括稻谷、小麦、玉米，其他作物如谷子、高粱、大麦等）、豆类（包括大豆、杂豆等）、薯类（马铃薯、甘薯、山药、芋类等）；经济作物中又细分为油料作物（主要包括花生、油菜籽、芝麻、胡麻子、葵花籽等）、棉花、麻类（主要包括黄红麻、苎麻、大麻、亚麻等）、糖料（甘蔗、甜菜等）、烟叶（包括烤烟、香料烟等）、药材、茶叶、蔬菜、瓜果类（主要包括苹果、柑橘、梨、葡萄、香蕉、西瓜、甜瓜、草莓等）以及其他农作物。林业作物通常包括木竹商品和林产品，其中，木竹商品主要包括木材和竹材；林产品主要包括板栗、竹笋干、油茶籽、核桃、紫胶等。

现行养殖业中，畜牧养殖通常以畜牧出栏量和畜产品产量作为统计口径，其中，大牲畜出栏量（主要包括牛、马、驴、骡、骆驼）、猪、羊、家禽、兔等；畜产品产量（主要包括奶类产量、羊毛产量、山羊绒产量、蜂蜜产量、禽蛋产量、蚕茧产量等）。水产品养殖主要以水产品总产量和水产品养殖面积作为划分标准，其中，水产品总产量又分为：内陆水产品养殖产量和海水水产品养殖产量，主要包括鱼类、甲壳类、贝类、藻类等；水产品养殖面积又分为：内陆养殖面积（主要包括池塘养殖、湖泊养殖、河沟养殖、水库养殖等）；海水养殖面积（主要包括浅海养殖、滩涂养殖、陆基养殖等）以及稻田养殖面积。

（二）农业及相关产业统计数据

国家统计局农村社会经济调查司编制了《中国农村统计年鉴2020》。该年鉴公布的数据以2019年度全国农业生产发展数据为依据，按照农林牧渔的统计口径，综合统计公布了2019年度国家农业发展现状及数据分析。

2019年全国粮食总产量13 277亿斤，比上一年度增长0.9%，连续5年保持在1.3万亿斤以上。2019年全国粮食作物单产381公斤/亩，每亩产量比上年增长1.8%，全国粮食播种面积17.41亿亩，比上年下降0.8%，粮食单产同比提高。2019年，全国棉花产量589万吨，比上一年下降3.5%，其中，新疆棉花产量500万吨，占全国棉花总产量的84.9%。2019年，生猪出栏和猪肉产量下降，生猪出栏54 419万头，比上一年度下降21.6%；猪肉产量4255万吨，比上一年度下降21.3%。与生猪产量相反，2019年全国肉牛出栏4534万头，比上一年度增长3.1%；全国羊出栏31699万只，比上年增长2.2%。2019年全国家禽出栏146.41亿只，比上年度增长11.9%；禽肉产量2239万吨，比上年度增长12.3%；禽蛋产量3309万吨，比上年度增长5.8%；2019年年末全国家禽存栏65.22亿只，同比上年度增长8.0%。2019年全国水产品总产量6480万吨，比上年度略增0.4%；其中，养殖水产品产量5079万吨，增长1.8%；捕捞水产品产量1401万吨，下降4.5%。

从上述统计数据可以看出，我国农林牧渔业发展态势整体呈现增长，但绝大多数以传统模式发展，乡村振兴战略发展的效果尚未凸显。

二、生态农业常见风险及法律分析概述

生态农业，是以生态学原理和经济学原理，运用现代科学技术成果和管理方法，以传统农业为基础利用有效经验建立起来的，能获得较高的经济效益、生态效益和社会效益的现代化高效农业。要求把发展粮食与多种经济作物生产，发展大田种植与林、牧、渔业，发展大农业与第二、三产业结合起来，利用传统农业精华和现代科技成果，通过人工涉及生态工程、协调发展与环境之间、资源利用与保护之间的矛盾，形成生态上与经济上的良性循环，经济、生态、社会三大效益统一。

2007年，中共十七大正式提出要建设生态文明。2012年，党的十八大将生态文明提升到战略高度，把建设生态文明作为全党和全社会的共同任务。习近平总书记多次强调"绿水青山就是金山银山"的发展理念，中共十八届五中全会确立了"创新、协调、绿色、开放、共享"的发展理念，为我国推进生态文明建设和绿色发展理念继而发展生态农业建设提供了丰富的理论基础。

《乡村振兴促进法》第12条第2款规定，"各级人民政府应当坚持以农民为主体，以乡村优势特色资源为依托，支持、促进农村一二三产业融合发展，推动建立现代农业产业体系、生产体系和经营体系，推进数字乡村建设，培育新产业、新业态、新模式和新型农业经营主体，促进小农户和现代农业发展有机衔接"。

2013年，习近平总书记到湖南湘西考察时首次作出了"实事求是、因地制宜、分类指导、精准扶贫"的重要指示。2014年中共中央办公厅详细规制了精准扶贫工作模式的顶层设计，推动了精准扶贫思想的落地。2018年5月，中央政

治局召开会议，审议通过了《乡村振兴战略规划（2018－2020）》和《关于打赢脱贫攻坚战三年行动的指导意见》，为全面推动乡村振兴发展奠定了坚实的政策依据。

《乡村振兴促进法》的颁布实施，标志着我国推进乡村振兴法治化建设工作迈出实质性步伐。但是，现阶段针对乡村振兴产业发展相关法律法规尚待进一步完善健全，例如，生态农业财政补贴目前只停留在政策层面，尚未出台统一的刚性补贴法律制度。此外，对于生态农业发展金融服务、生态农业科技研发与技术推广服务、生态农业产品检测、标示及流通监管等领域的配套法律制度目前尚未形成统一的法律规范。

现阶段，我国大多数贫困县市均分布在经济欠发达地区，由于受到地理环境等因素的影响，与国内发达地区的社会经济发展差距日益明显，亟须举国家之力予以带动和扶持。新疆的南疆三地州作为精准扶贫政策实施的主阵地，已连续多年通过中央专项资金的精准定向扶持，使当地农民脱贫率大幅提升，人民群众生活水平普遍提高。新疆元正盛业律师事务所作为新疆和田地区部分县市精准扶贫专项法律服务的提供者，有幸参与并见证了当地精准扶贫政策的落地实施。同时，与同为南疆三地州的喀什地区开展广泛联系，为喀什地区开展乡村振兴工作提供法律保障。2021 年，新疆（含兵团）获批创建优势特色产业集群 6 个、国家现代农业产业园 7 个、农业产业强镇 25 个，其中喀什地区创建有 6 个农业产业强镇，分别为伽师县江巴孜乡、卧里托格拉克镇，叶城县夏合甫乡、依提木孔乡，莎车县阿热勒乡，疏附县萨依巴格乡。

实践中，大量扶贫资金的到位，使南疆三地州部分贫困地区经济状况明显改善，如身处沙漠腹地的和田地区在短短几年里，有效提升了农业发展水平及城市建设规模，人均 GDP 明显提升。但是，由于基层一线的个别工作人员对扶贫政策的把握和理解因素有待提高，在具体操作过程中，也存在一定的法律风险值得关注。比如，基层政府部门招商引资引进国内先进企业参与扶贫项目时，代表农民与社会参与方签订合同文本时内容有时不够全面，由于农业发展的特殊性和复杂性，其间可能涉及诸多环节需要明确界定权利义务关系并签订书面协议。以农业种植为例，合作项目可能涉及土地承包经营权、生产资料的采购与供应、生态环保的相关具体要求、农业生产合作的相关细节等，对于农业合作的具体方式、周期、收益等重要因素有时约定还不够具体详尽，对于扶贫资金全流程监管还应进一步明确约定，对于出现违约情形后的权利救济，维护农民集体的利益，追究违约方违约责任的方式和途径还有待强化和完善。当然，作为落实乡村振兴战略的一线政权，对于乡村振兴政策落地和确保扶贫资金合法合理使用，有效化解风险具有天然的高度敏锐性和强烈的现实需求，亟须大量专业的法律工作者协助并提供专项法律服务。

《乡村振兴促进法》第 39 条规定，“国家对农业投入品实行严格管理，对剧毒、高毒、高残留的农药、兽药采取禁用限用措施。农产品生产经营者不得使用国家禁用的农药、兽药或者其他有毒有害物质，不得违反农产品质量安全标准和国家有关规定超剂量、超范围使用农药、兽药、肥料、饲料添加剂等农业投入品”。农产品的生产安全，已然成为乡村振兴产业发展的核心要素之一。国家已明确在内蒙古、甘肃和新疆支持 100 个县整县推进废旧地膜回收利用，鼓励其他地区自主开展探索。其中，喀什地区确定叶城县、麦盖提县、英吉沙县、泽普县、喀什市 5 个县市农田废旧地膜回收利用项目示范县市，2021 年度累计安排项目补助资金 2553.95 万元。此外，莎车、疏附 2 个县实施小麦种植生产绿色高质高效行动项目，巴楚、麦盖提 2 个县实施棉花种植生产绿色高质高效行动项目，在重点作物绿色高质高效行动中协同开展化肥减量增效示范工作，取得一定成效。

此外，从积极参与扶贫产业项目的社会主体来看，绝大多数企业态度积极，参与带动贫困地区农业发展的主观能动性强烈，愿意利用自身先进技术和经营理念投身到扶贫产业项目当中。但是，也不排除个别企业以赚取扶贫专项资金使用形成的利润及相关费用为目的，动机不纯或者存在重大债务风险参与产业扶贫项目。因此，在选定合作方之前的开展的社会背景调查显得极为重要，必要时应当委托专业的机构开展详尽的尽职调查。

三、特色养殖常见风险及法律分析概述

特色养殖，顾名思义是与传统养殖相比较而言的，在自然资源、地理环境、生态健康、养殖品种、社会经济价值等方面区别于传统养殖的新兴业态。国家鼓励发展生态健康养殖产业，特色养殖已经成为我国养殖产业的新兴力量。

我国现行关于畜牧业、渔业管理的法律、法规、规章有 70 余部，如《畜牧法》

《渔业法》《种畜禽管理条例》《畜禽规模养殖污染防治条例》《水产资源繁殖保护条例》《草畜平衡管理办法》《蚕种管理办法》《养蜂管理办法》《水生野生动物利用特许办法》等，已经形成了一整套相对完善的法律及政策体系。但是，就新兴的特色养殖行业而言，由于其特点及与传统养殖的区别，尚需进一步形成具有针对性的法律体系框架予以规范，合法、合规且合理地开展特色养殖，至关重要。

2019 年 1 月 11 日，农业农村部、生态环境部、自然资源部、国家发展和改革委员会、财政部、科学技术部、工业和新兴化部、商务部、国家市场监督管理总局、中国银行保险监督管理委员会等十个部委联合发布《关于加快推进水产养殖业绿色发展的若干意见》，明确以坚持质量兴渔、坚持市场导向、坚持创新驱动、坚持依法治渔为基本原则，明确到 2035 年，水产养殖布局更趋科学合理，养殖生产制度和监管体系健全，养殖尾水全面达标排放，产品优质、产地优美、装备一流、技术先进的养殖生产现代化基本实现。

2021 年 4 月 20 日，农业农村部办公厅发布《实施水产绿色健康养殖技术推广“五大行动”的通知》，决定在“十四五”期间组织实施生态健康养殖模式示范推广、养殖尾水治理模式推广、水产养殖用药减量、配合饲料替代幼杂鱼和水产种业质量提升等水产绿色健康养殖技术推广“五大行动”。

特色养殖往往利用当地的独特自然资源，使养殖的品种凸显地方特色，创造出良好的经济效益。随着人民群众生活水平的日益提高，人们对于肉食产品食材的要求也越来越高。现实生活中，在养殖环节控制传统畜禽饲养中饲料的添加剂和抗生素，生产“无公害”、“生态”和“有机”肉食产品，已经得到普遍认可。此外，开展与传统养殖不同的特种养殖，以驯化、繁殖野生动物，形成高附加值的肉食、药材，也是很多地方采取的方式，如养殖野猪、狐狸、梅花鹿、鳄鱼、淡水鲨鱼等。再者，是通过扩大传统养殖的规模和技术，降低投入成本，形成相对高效的收益。但是，实践中很多地方开展特色养殖，也存在一些制约因素。比如，特色养殖规模小，利用价值单一；项目前期投入大、周期长、收益慢；特色养殖的饲养技术和专业能力不高，养殖成本大；从事相关领域特色养殖的技术人员匮乏；市场流通及宣传推广不对称，增加养殖成品的市场流通难度等，特别是在从事特色养殖期间，涉及的相关法律风险，可能会对特色养殖的发展产生至关重要的影响。比如，从事野生动物驯化、繁殖的，应当注意《野生动物保护法》的相关规定，避免出现违法情形。同时，诸如在养殖环节中针对饲料的选用、兽药的使用、生态环境及水产资源的保护、动植物防疫及检疫等方面，也都存在诸多法律风险，需要予以足够的重视以确保特色养殖产业的规范良性发展。

《乡村振兴促进法》第 35 条规定，"国家鼓励和支持农业生产者采用节水、节肥、节药、节能等先进的种植养殖技术，推动种养结合、农业资源综合开发，优先发展生态循环农业。各级人民政府应当采取措施加强农业面源污染防治，推进农业投入品减量化、生产清洁化、废弃物资源化、产业模式生态化，引导全社会形成节约适度、绿色低碳、文明健康的生产生活和消费方式"。绿色生态环保理念，已不再停留在政策文件当中，而是纳入法律规定范畴。

第二节　农业作物种植法律实务及风险防范

乡村兴则国家兴，乡村衰则国家衰。农业作为国民经济的基础，也是实现乡村振兴战略目标的基础，本节主要针对农作物生产情况、农业行业诉讼纠纷的情况、当前农业面临的主要风险以及农业种植方面常用法律文书范例四个方面进行论证分析。

根据国家统计局以及《中国农村统计年鉴 2020》公布的官方数据以及所反映的农作物主要产品的分类目录，笔者将本节的农作物分为粮食作物和经济作物。

一、农作物生产情况

(一)2020 年粮食作物生产情况

2020 年，全国粮食作物总产量 66 949.2 万吨，比 2019 年增加 565.2 万吨，同比增长 0.85%，创历史最高水平。

从粮食作物收获季节来看，粮食作物分为夏收粮食、早稻和秋收粮食。夏收粮食，是指上年秋、冬季和本年春季播种，夏季收获的粮食作物，如冬小麦、夏收春小麦、大麦、元麦、夏收马铃薯等。秋收粮食，是指本年春、夏季播种，秋季收获的粮食作物,如中稻、晚稻、玉米、高粱、谷子、甘薯、大豆等。

从粮食作物的生长周期来看,同类粮食作物因地域、气候等生长条件不同生长周期亦不同。其中,水稻在东北等地区,一般为一年一熟;水稻在长江中下游等地区,一般为一年两熟;水稻在南方等地区,一般为一年两熟或一年三熟(如海南)。小麦一般为一年一熟,在华北平原、塔里木盆地等地区也有两年三熟的情况。其他的主要粮食作物一般为一年一熟。

从粮食作物分类来看,粮食作物分为谷物、豆类和薯类。其中,谷物包括稻谷(按成熟期分为早稻、中稻和一季晚稻、双季晚稻等)、小麦(按成熟期分为春小麦、冬小麦)、玉米以及其他谷物(如谷子、高粱、大麦、燕麦、荞麦等)。

(二)2020年经济作物生产情况

1. 棉花生产情况

2020年,全国棉花总产量591万吨,比2019年增加2.1万吨,同比增长0.36%。其中,新疆棉花产量516.1万吨,比上年增加15.9万吨,同比增长3.18%,占全国棉花总产量的87.33%。

2. 麻类作物生产情况

2020年,全国麻类产量24.9万吨,比上年增加1.5万吨,增长6.41%。2019年,全国麻类播种面积为98.9万亩,比上年增加13.92万亩,增长16.38%。

3. 油料作物生产情况

2020年,全国油料作物产量3586.4万吨,比上年增加93.4万吨,同比增长2.67%。全国油料作物播种面积为19 693.5万亩,比上年增加306万亩,增长1.58%。

4. 糖料作物生产情况

2020年,全国糖料作物产量12 014万吨,比上年减少155.1万吨,同比下降1.27%。全国糖料播种面积为2355万亩,比上年减少60.71万亩,同比下降2.51%。

5. 烟叶作物生产情况

2020年,全国烟叶作物产量213.4万吨,比上年减少1.9万吨,同比下降0.88%;其中,烤烟产量202.2万吨,比上年增加0.1万吨,同比增长0.05%。

6. 蔬菜及食用菌生产情况

(1)蔬菜生产情况。

2020 年,全国蔬菜产量 74 912.9 万吨,比上年增加 2810.3 万吨,增长 3.9%。2019 年,全国蔬菜播种面积 31 294.11 万亩,比上年增加 635.7 万吨,同比增长 2.07%。2019 年,全国蔬菜单位面积产量 2304.03 公斤/亩,比上年增加 9.5 公斤/亩,同比增长 0.41%。

从蔬菜分类来看,蔬菜包括叶菜类、白菜类、甘蓝类、根茎类、瓜菜类、菜用豆类、茄果类、葱蒜类、水生菜类和其他蔬菜。

(2)食用菌生产情况。

从食用菌分类来看,食用菌主要包括香菇、黑木耳、平菇、金针菇、双孢菇、毛木耳、杏鲍菇、真姬菇、茶树菇、滑菇、银耳、秀珍菇、草菇、鸡腿菇等。

2019 年,全国食用菌总产量 3933.87 万吨,比上年增加 144.01 万吨,同比增长 3.8%。其中,香菇产量为 1115.94 万吨,比上年增加 73.01 万吨,同比增长 7.0%,占食用菌总产量的 28.37%,香菇为我国菌类第一大品种,也是目前我国仅有产量在千万吨以上的食用菌;黑木耳产量为 701.81 万吨,比上年增加 27.64万吨,同比增长 4.1%,占食用菌总产量的 17.84%,为我国菌类第二大品种;平菇产量为 686.47 万吨,比上年增加 43.71 万吨,同比增长 6.8%,占食用菌总产量的 17.45%,为我国菌类第三大品种;金针菇产量为 258.96 万吨,比上年增加 1.29 万吨,同比增长 0.5%,占食用菌总产量的 6.58%,为我国菌类第四大品种。

7. 水果生产情况

2019 年,全国水果产量 27 400.80 万吨,比上年增加 1712.45 万吨,同比增长 6.67%。全国果园类水果种植面积 18415.02 万亩,比上年增加 602.74 万亩,同比增长 3.38%;非果园类水果种植面积 3249.9 万亩,比上年增加 74.1 万亩,同比增长 2.33%。

从水果分类来看,水果分为园林类水果和非园林类水果(瓜果类),但不包括采集的野生水果。其中,园林类水果包括香蕉、苹果、柑橘、梨、葡萄、菠萝、红枣以及柿子等;非园林类水果(瓜果类)包括西瓜、甜瓜、白兰瓜、哈密瓜以及草莓等。

8. 茶叶生产情况

2019 年，全国茶叶产量 277.7 万吨，比上年增加 16.66 万吨，同比增长 6.38%。全国茶园面积 4657.20 万亩，比上年增加 178.5 万亩，同比增长 3.99%。

从茶叶的分类来看，根据制造方法的不同和品质上的差异，将茶叶分为绿茶、青茶、红茶、黑茶、黄茶、白茶、其他茶等。

二、农业行业诉讼纠纷的情况

乡村振兴，治理有效是基础。社会治理的基础在基层，薄弱环节在乡村。《乡村振兴促进法》的制定与出台，为全面实施乡村振兴战略提供有力法治保障，加强乡村基层工作，健全乡村治理体系，加大乡村法律服务力度，对促进农业全面升级、乡村全面进步以及农民全面发展具有重要意义。

（一）农业行业诉讼纠纷案件基本情况

通过检索中国裁判文书网公开的近 5 年（2016 年至 2020 年）全国农业行业诉讼纠纷的裁判文书，笔者对全国农业行业诉讼纠纷的案件进行大数据分析，5 年间全国农业行业案件争议标的总额为 1633.97 亿元，案件总量为 225 143 件。其中，全国农业案件数量最多的案件类型为民事诉讼案件，案件量为 204 612 件，占案件总量的 90.88%；其次是民事执行案件，案件量为 14 305 件，占案件总量的 6.35%；最后是行政涉诉案件，案件量为 5725 件，占案件总量的 2.54%。

（二）农业行业诉讼纠纷案件的大数据分析

从农业诉讼纠纷案由来看，全国农业诉讼纠纷一级案由案件数量最多的为合同、准合同纠纷，案件量为 161 937 件；其次是劳动争议、人事争议，案件量为 14 546 件；再次是物权纠纷，案件量为 8395 件。全国农业诉讼纠纷二级案由案件数量最多的为合同纠纷，案件量为 160 335 件；其次是劳动争议，案件量为 13 879 件；再次是侵权责任纠纷，案件量为 5242 件。全国农业诉讼纠纷三级案由案件数量最多的为借款合同纠纷，案件量为 57853 件；其次是买卖合同纠纷，案件量为 23 736 件；再次是租赁合同纠纷，案件量为 11 936 件。全国农业诉讼纠纷四级案由中与农业种植密切相关的诉讼纠纷案由中案件数量最多的为金融借贷合同纠纷，案件量为 17 211 件；其次是土地租赁合同纠纷，案件量为 5669 件；再次是追索劳动报酬纠纷，案件量为 5407 件。

从农业诉讼纠纷审理地域来看，全国审理农业诉讼纠纷案件数量排名前三的地域分别为四川省，案件量为 16 149 件；河南省，案件量为 15 434 件；山东省，案件量为 15 185 件。

从农业诉讼纠纷对手行业来看，全国农业诉讼纠纷数量最多的对手行业为金融业，案件量为 32 695 件；其次批发和零售业，案件量为 6935 件，再次是制造业，案件量为 6696 件。

从农业诉讼纠纷案件的特点来看，全国农业诉讼纠纷在成讼时间上具有明显的集中性，其原因是农作物的种植与收获受到自然规律的制约和影响，90%以上的农业诉讼纠纷案件当事人选择在农闲季节提起诉讼，即主要集中在每年的秋收后至次年春播前；其次是诉讼主体具有群体性的特点，以农村土地承包纠纷为例，部分纠纷中，发包方违约明显，承包方证据充分，胜诉率相对较高。在产品（种子）责任纠纷中，起诉时仅是个别当事人提起诉讼，但涉及问题却可能牵扯到其他类似主体或全体集体经济组织成员的群体利益，一个案件处理不当，往往引起连锁反应，波及整个村庄甚至乡镇；再次是纠纷类型多样性的特点，随着社会主义市场经济体制的逐渐完善和新农村建设的不断深入，农村经济发展呈现出多元、快速发展态势。

三、当前农业行业面临的主要风险

农业作为国民经济的基础，重要性不言而喻，但在具体生产过程中也会面临诸多风险因素，从农业作物耕种、收获及加工环节来看，可分为土地使用环节的风险、种植生产环节的风险、收益环节的风险等。

（一）土地使用环节的风险

我国农村土地一直属于稀缺资源，并直接关乎农民的基本生活保障。如何在现有土地制度中合法承包土地，减少农村土地承包纠纷，显得至关重要。现阶段，我国农村土地使用环节中主要存在以下风险：

1. 农村土地流转产权界定不清的风险

农村土地流转市场交易的稳定需要“产权清晰，归属明确”为前提和基础。农村土地流转市场交易的客体产权界定不清或者归属不明，市场交易行为就会处于不稳定状态，使市场主体的交易预期难以实现，市场交易结果难以确定，交易风险就无法避免。在我国当前农用地流转市场中，农村土地产权虽有分割和界定，但主体不明确的情形依然存在，尤其在所有权主体为村集体时更加明显。因此，农村土地承包经营权进入市场流转，须对承包土地的所有权、承包经营权、使用权、收益权的内涵和外延进行明确界定，才能使农村土地产权关系有效正常运行，减少交易风险的存在。

2. 流转交易环节的风险

在我国现阶段农村土地流转实践中，交易环节存在的风险主要表现为合同签订及履行的风险，包括农地流转交易合约签订、农地流转合约履行、农地流转违约责任追究等方面的风险。

3. 流转监管环节的风险

由于农地流转信息不对称、农地流转市场"失灵"、农民农地流转市场观念不强、利益博弈主体力量不均衡等主客观因素的影响，政府对农地流转市场的监管的作用日益显著。由于政府所具有的有限性决策特点使得政府不可避免地存在非理性管制问题。主要表现在：一是基于寻利目的的假借政策要求直接推进农地流转发展，致使流转行为失范，不能真正反映承包农民利益诉求；二是对农地流转市场行为进行直接干预，甚至封锁农地流转需求信息；三是在流转方式选择上偏好表现明显，如"反租倒包""成片流转"等形式；四是当农地流转主体出现"违约"行为处理中，倾向于维护规模经营主体利益，忽视流转农民利益诉求和保障。

针对上述情况，笔者检索了典型案例并加以分析如下：

典型案例 18

案情简介：

刘某取得位于某市某镇某村某河边 4.8 亩土地的承包经营权。2015 年年底，刘某及其子刘某海协商合伙流转其他村民的土地用于种植。二人共同与刘某同等部分村民签订土地流转协议书，流转土地总面积为 100 多亩，其中包含刘某承包的土地 4.8 亩。实际经营中由刘某一人流转，刘某与刘某同之间未签订书面土地流转合同。最初刘某将流转土地用于种植、养殖套养，后开挖成片的蟹塘。2015 年、2016 年、2017 年的土地流转金刘某同已按照每年每亩 1000 元的标准收取。2018 年年底，刘某同拒绝接受刘某的土地流转金，并要求收回土地。刘某同后起诉至法院，要求解除土地流转协议，收回土地。

法院认为：

本案中，原告、被告虽未签订书面的土地流转合同，但原告、被告之间已经形成事实的土地流转关系。原告已收取被告前3年的土地流转租金，包括原告在内的100余亩土地已形成成片的蟹塘，原告的土地在蟹塘中间，无法单独划出。最初被告与其他村民签订的书面土地流转协议中约定的土地流转用途为种植，实际被告用于种植及养殖。2018年11月，被告与其他数十户村民均重新签订了土地流转合同，用途为种、养殖。被告未改变土地的农业用途，约定的土地流转租金与周边流转土地用于养殖的土地流转租金数额基本一致。成片蟹塘涉及数十户村民，现仅原告一户起诉要求解除土地流转协议，返还土地，无事实和法律依据。法院作出驳回原告诉讼请求的裁判。

律师点评：

(1)关于事实土地流转关系的认定。

本案原告系土地承包人，被告系流转受让人，原告、被告即为土地流转合同的当事人。《民法典》第490条规定，"当事人采用合同书形式订立合同的，自当事人均签名、盖章或者按指印时合同成立。在签名、盖章或者按指印之前，当事人一方已经履行主要义务，对方接受时，该合同成立。法律、行政法规规定或者当事人约定合同应当采用书面形式订立，当事人未采用书面形式但是一方已经履行主要义务，对方接受时，该合同成立"。以双方已履行的行为来看，双方对原告刘同谋将其承包土地流转至被告刘某进行经营已达成一致的意思表示。在口头合同被实际履行的3年过程中，原告、被告双方均未对流转合同的履行状态提出异议或反对，即便双方未按法律规定签订书面合同，考虑到土地流转合同当事人的诉讼能力，以及从盘活土地、鼓励交易的政策目的出发，应当认定原告、被告之间流转合同的成立。

(2)土地的农业用途的认定。

在审判实践中，对于改变土地用途的认定应当从宏观角度来理解"农业用途"，不宜根据流转合同中双方约定的细化的、具体的土地用途来直接认定。一是从维护合同稳定性的角度，应当给予受让方在"农业用途"的范畴内进行相对自由的经营活动；二是基于当事人的诉讼能力，实践中流转合同多为样本式合同，其中对于土地用途的约定往往趋于雷同，直到双方发生争议时才对此提出异议。基于上述两点，一般认为只要流转土地仍在“农业用途”范畴内进行经营活动，原则上一般不视为改变土地用途。

(3)对承包方流转自主权的限制保护。

土地承包经营权流转自主权的规定是为了保护承包方的权益，对其权利保护并非无条件，应当结合具体情况予以限制保护。就本案例而言，原告欲行使其流转自主权，要求解除流转协议、恢复原状。综合案情来看，原告承包的土地位于被告流转的多处土地中心位置，且经被告开挖改造，流转土地已形成成片蟹塘，若支持原告的诉讼请求，则可能产生的后果一是裁判结果可能不具备执行可能性，二是裁判结果可能损害其他大多数承包人的利益，三是裁判结果与“三权”分置改革盘活土地、鼓励交易的政策目的存在不符。基于此，法院驳回原告的诉讼请求有效地保障了承包方流转的自主权。

(二)种植生产环节的风险

农作物的种植生产过程，受自然生长规律影响的特点显著。从农作物种植生长的环节来看，其大致分为育种、播种、施肥、植保、成熟等环节。在这些环节中，存在的法律风险主要表现在以下几个方面：

1. 刑事犯罪风险

在农作物种植的生产环节，涉及《刑法》范畴的主要有生产、销售伪劣产品罪；生产、销售伪劣农药、兽药、化肥、种子罪；非法经营罪；虚假广告罪；生产、销售有毒、有害食品罪等。从刑事案件的构成要件来看，以上犯罪主体包括个人及单位；犯罪客体是刑法所保护的公民人身权利不受非法侵害的这种社会关系，如公民不受假种子侵害的社会关系；犯罪的主观方面以上犯罪行为主观故意明确，目的是非法牟利；犯罪的客观方面都具有犯罪行为的具体表现，如生产假农药、假兽药、假化肥。

2. 行政处罚风险

行政处罚风险主要有种植违法作物，违反土地使用性质，种植国家未审批作物将受到对应的行政处罚。行政执法机关在执法过程中必须依法行政，《行政处罚法》修改后，对于行政机关开展行政执法并依法作出处罚决定的程序和依据予以进一步细化明确。如查处行政违法案件,由两名以上具有执法资格的行政执法人员为一组,负责调查行政违法案件,提出初步处理意见,交由行政执法机关法制部门审查。同时健全错案追究制度,正确界定错案标准。对于程序违法,或者已构成犯罪而不移送、以罚代刑的现象则不视为错案予以追究。

3. 民事法律风险

农作物种植生产的过程中,合同与协议贯穿始终。民事法律风险极为常见,又难以完全逾越,常规以合同风险为主。无论是政府、企业与村集体或农户签订的种植回购合同,还是种子、化肥、农药、地膜等买卖过程批发合同或零售合同,以及劳动力雇佣合同都需要大量的合同或协议作为支持。因此,民事法律风险无处不在。

典型案例 19

案情简介:

2017 年 8 月 8 日,胡某某向某县农业委员会投诉,反映其在胡某必处购买农药用于 503 亩稻田,部分田地经施药后稻子发黄死亡,杂草丛生。某县农业行政执法大队对胡某某和胡某必进行了调查询问。后经某县农业委员会委托检验,以实测田水稻优劣占比和优劣田水稻产量比例计算被测田产量为平均亩产 875.8 斤。经查询胡某某所在村水稻平均亩产为 1096 斤,其所种植的稻田被鉴定田亩减产 220.2 斤。某市产品质量监督检验所出具检验报告,认定前述农药均不存在质量问题。

法院认为:

某分公司工作人员胡某必未能正确说明农药使用范围和剂量,存在明显过错。未正确指导用药行为与部分稻苗发黄、死亡、杂草较多等现象存在关联,并与水稻减产之间存在因果关系,应当承担相应侵权责任。胡某某作为农药使用者,自用药时应尽到审慎注意义务,其未按照农药标签标注的使用范围和剂量要求和注意事项使用农药,违反了《农药管理条例》第 34 条的规定,自身存在一定过错,故可以合理减轻某分公司的责任。结合胡某某农药购买数量、水稻种植面积、减产损失举证情况、某分公司对用药指导方面的过错程度、胡某某自身过错程度等因素，可以酌情确定某分公司的责任数额。如某分公司管理的财产不足以承担上述损失，由供销总公司承担赔偿责任。

律师点评：

本案是一起典型的农作物受到药害后，农户起诉农药经营者要求赔偿的侵权纠纷，当事人争议具有较高代表性。法院立足保护农业生产和农户利益、规范指引农药经营者行为的司法理念，在公平原则下合理适用举证责任倒置规则，为该类案件的审理提供了生动的实践样本，对同类型案件具有示范作用。该案不仅制裁了农药经营者的不规范经营行为，还提醒农户对于农药使用应尽到审慎注意义务，并在发现侵权行为后要有取证意识，以便完成举证证明责任。

（三）收益环节的风险

农作物在种植环节除了人为因素的制约，还受自然环境的影响。到了收获季节又受制于市场的供需关系，因此导致农户在收益环节存在产品滞销、销售合同违约和无法偿还贷款的风险。

1. 产品滞销的风险

农户种植出的农产品需要销售，但如果种植规模超出了市场需求或因市场波动导致该类农产品市场需求量明显减少时，就会产生农产品滞销的情形。

近年来，关于“农产品滞销”的新闻似乎越来越多，从茄子滞销、洋葱滞销、芹菜滞销、卷心菜滞销、白菜滞销、莴笋滞销到土豆滞销，滞销现象不断。2021年以来，苹果、荔枝、核桃等农产品价格持续低迷，即便是价格一降再降，农户们依旧很难打开销路。尤其是近年来核桃种植的规模远超出市场需求，很多核桃种植户找不到销路，导致几十万斤核桃堆积在地里烂掉，亏损严重，辛酸不言而喻。

2. 销售合同的违约

农户为了保证产品销路，往往会与合作社或收购企业签订销售合同。但有些企业开始时承诺以一定价位全部收购，但到收购之际却会出现压价现象，收购价远低于承诺价或市场价。例如，四川一家粮油加工企业与当地一个土地合作联社签订了4000亩的油菜籽收购订单。双方约定,农户按照企业要求种植指定的品种,企业为农户提供种子补贴,并承诺按照高于市场价格收购。但到了收获季节,企业却只收到了几百亩的油菜籽,其余的被农民因缺少人手、无法按企业要求晾晒等原因再转卖他人。再如,某县番茄酱制酱厂与当地贫困户签订收购合同,在农产品的市场价格低于合同价格时,企业存在变相压价收购农户番茄等违约行为。同时,当出现农产品的市场价格高于合同价格时,农户也存在将产品卖给出价较高者的现象,给企业带来意外损失。这就导致了双方之间的不信任,难以形成紧密的利益合作机制。

3. 逾期偿贷的风险

农户在种植农作物的过程中,往往存在自身缺乏经济实力的情形,国家与各地政府为了推进农业的发展,除为农户提供相应补贴,政府鼓励金融机构为农户提供小额贴息贷款。鉴于上述列举的产品滞销的风险、销售合同的违约以及自然灾害和市场波动等多种因素影响,农户的收益情况具有很强的不确定性,因此可能会导致逾期偿贷的风险。

典型案例20

案情简介:

原告建设塑料大棚一座,种植生产经营蔬菜,经人介绍后,原告以乙方名义,被告以甲方名义签订《大棚番茄种子生产协议》,约定:甲方委托乙方在其大棚生产番茄杂交种子。约定:甲方无偿提供制种杂交组合亲本种子及制种技术资料,在播种、花期、授粉、采收期间派专业技术人员到现场常驻基地监督指导,生产的合格种子按照每公斤1000元的最低价格收购。合同签订后,被告即提供番茄种子并派技术员(无相应资质证)常驻基地指导原告从事育苗、移栽、授粉等系列番茄杂交制种工作。张进某指导原告将番茄母本栽植于大棚内,父本移植于大棚外,实行分开培植,共计40亩。令原、被告预想不到的是,授粉期间,大棚内的母本大量开花,而大棚外面的父本开花较少,造成父本、母本花期不遇。被告向原告垫付46 000元作为化肥款、工人工资。原告最后只采收得20余公斤种子,双方因产量过低的原因、违约责任、价格而发生纠纷,所采收的种子一直在原告保存,未按约定移交、出售。原告遂诉至法院,要求被告承担相应法律责任。

法院认为:

本案双方签订协议明确约定,被告负责提供种子和技术指导、监督并垫付部分资金,原告提供制种场地和劳动力,被告不承担因自然灾害造成的损失。被告委派的技术员没有相应资质证,双方所提供的证据材料不能直接有效地证明原告存在违约情形,综合本案原告、被告履行合同的具体优劣势情况,造成最后产量过低,被告方依法应当承担60%的主要责任,其余40%为自然条件等客观原因造成,被告不应当承担。双方在合同中明确约定制种面积40亩,如果平均产值达不到10 000元,则应当提高单价,使其达到10 000元,故双方订立合同时预见到或者应当预见到的因违反合同可能造成的损失为400 000元。原告所采收的20余公斤种子,双方因产量过低的原因、违约责任、价格而发生纠纷,所采收种子一直在原告保存,双方未按约定鉴定验收、移交、出售,原告应当采取组织鉴定验收、移交给中间人保管等防止损失扩大的措施但原告没有采取,应当自行承担因此所造成的损失。

律师点评:

合同目的的实现条件是多方面的,有主观条件,也有客观条件,需要技术、种子、资金提供方的高度负责任和精准到位的技术指导,还有场地、劳动力提供方的精准及时配合等主观人为因素,同时还有土壤肥力、水分、气候等客观条件。合同一旦签订,当事人就应当按照约定全面履行自己的义务,不得有丝毫的疏忽怠慢,否则造成合同目的不能实现,违约方就可能面临赔偿对方因此所造成的损失。损失赔偿额应当相当于因违约所造成的损失,包括合同履行后可以获得的利益,但不得超过违反合同一方订立合同时预见到或者应当预见到的因违反合同可能造成的损失。人民法院综合本案原告、被告履行合同的具体优劣势情况,合理运用自由裁量权,判决被告方依法应当承担60%的主要责任,其余40%为自然条件等客观原因造成,被告不应当承担,符合案件客观实际情况。

四、农业种植方面常用法律文书范例

西方有句名言,财富的一半来自合同。在农业的生产、发展过程中,合同始终贯穿其中。根据农作物种植、收获以及销售环节的实践操作经验,在此过程中涉及的常用合同主要包括土地承包合同、土地租赁合同、雇佣合同、租赁合同、买卖合同、运输合同、仓储合同、承揽加工合同等。因此,做好合同法律风险防范,是维护农户或企业合法权益的基础。在此节选农业种植过程中部分常用法律文书范例供读者参考。

范例 16

农作物保底收购协议

协议编号:________

甲方:(公司)

乙方:(农户)

本协议由甲、乙双方于________年____月____日在________订立。

根据《中华人民共和国民法典》及国家有关法律、法规的规定,甲、乙双方在协商一致基础上,本着平等、自愿、公平、诚实信用的原则,双方就××种植保底收购事宜签订本协议,以兹共同遵守。

第一条　农作物、品种、收购价格

农作物	保底收购价(元/斤)	订单数量(斤)	质量标准	备注
大豆	××(当实际收购时市场价格高于保底收购价,则以实际收购时市场价格为准)	以甲方下达的订单为准	种皮为黄色、淡黄色、脐为黄褐、淡褐或深褐的籽粒不低于95%,籽粒完好,无生霉粒、虫蚀粒、病斑粒等	

第二条　质量要求

2.1　内在质量:乙方应按规范操作,严格按照国家标准使用农药及化肥,保证质量符合国家无公害农产品质量安全标准。

2.2　外观质量:存在病害、虫害及腐烂等现象的大豆比例不得超过1%。

第三条　合同期限、交货方式、时间及地点

本合同期限为____年，自________年____月____日起至________年____月____日止。

乙方按照甲方下达的订单，每年于____月____日前将种植的××运输到甲方指定收货地点____________，运输费用由乙方自行承担。甲方按照保底价格进行收购。

第四条　结算方式

甲方采取现场验收的方式进行保底收购，验收合格后由甲方出具验收合格单据，乙方于验收合格当日起3个工作日内，按甲方结算要求将款项结算所需资料（身份证复印件、收款账户信息、供货明细表、收购协议复印件等）提供给甲方，甲方自收到乙方结算资料经核实无误后5个工作日内向乙方指定账户支付全部收购款。

第五条　甲、乙双方权利与义务

5.1　甲方权利及义务

5.1.1　甲方有权拒收乙方提供的不符合合同质量标准的标的物，但甲方不得无故拒收或随意变更收购验收标准。

5.1.2　甲方应做好收购安排，提前通知乙方供货时间、数量及地点。

5.1.3　合同期间，甲方应安排技术人员（不少于两人），对乙方种植大豆进行定点现场技术指导。

5.1.4　甲方应按协议约定按时足额支付收购款项。

5.2　乙方权利及义务

5.2.1　乙方有权要求甲方按时足额支付收购款项，并有权甲方按照约定的方式组织验收。乙方接到甲方通知将标的物运输到甲方指定地点后，超过48小时甲方未组织人员现场开展验收工作的，视为验收合格。

5.2.2　乙方应按照甲方下达订单种植面积和数量及标准开展种植工作，其间，应当合理施肥并妥善开展相应配套种植工作。

5.2.3　乙方可以按照甲方技术人员的现场指导进行科学种植，因甲方技术人员原因，导致种植标的物减产或未达到合同约定的质量标准，与乙方无关。

5.2.4　乙方应根据甲方具体安排，配合甲方做好标的物采摘晾晒及运输交付工作，并确保标的物在交付期间的质量。

第六条　违约责任

6.1　乙方应当将种植的××按约定要求送达到甲方指定交货地点，甲方未及时接收××的，每逾期1天，按照该批次××收购款（按照保底价格计算，市场价格高于保底价格的，则按照市场价格计算。下同）的5‰承担违约金；逾期超过10天不收购的，乙方有权自行对外销售处理，由此造成的乙方全部经济损失（含预期收益损失）由甲方负责赔偿，并按照该批次××收购款的××%向乙方支付违约金。

6.2　甲方应当在收到乙方提供的结算资料后5个工作日内按期足额向乙方支付收购款，每逾期1日，甲方应向乙方支付应付款项5‰的违约金。

6.3　乙方未按约定质量安全标准提供产品或未按照行业标准开展种植，导致甲方拒收或因此造成的经济损失应由乙方自行承担。

6.4　甲、乙双方任何一方违约，守约方为追偿债权而发生的律师费、诉讼费、交通费等费用由违约方承担。

第七条　不可抗力

7.1　任何一方由于不可抗力的原因不能履行协议时，应及时告知其他协议方不能履行或不能完全履行的理由，并根据情况可部分或全部免除责任。

7.2　本合同所称不可抗力是指地震、飓风、水灾、火灾等自然灾害、战争以及其他不能预见、不可避免且不能克服的客观情况。

7.3　当事人因不可抗力不能履行合同的，受不可抗力影响的一方应在不可抗力发生之日起五日内以书面形式通知对方，并及时向对方提供公证机关证明事件的存在和影响的证明文件。受不可抗力影响的一方可据此免除全部或部分责任。不可抗力发生后，受不可抗力影响的一方应采取合理措施，减少损失发生。

第八条　协议变更、解除和终止

8.1　本协议依法签订后，甲、乙双方应当全面履行协议约定的职责和义务，未经双方同意，任何一方不得擅自变更协议内容，确需变更时，由双方协商一致可另行签订书面变更协议。

8.2 经双方协商一致，可解除本合同。依照法律规定或合同约定单方解除本合同的，合同自解除通知送达对方之日解除。

8.3 协议期满或双方约定的协议终止条件出现，协议自行终止。

8.4 协议未尽事宜，双方可签订补充协议，补充协议与本协议不可分割，具有同等的法律效力。

第九条 争议解决

9.1 本协议在履行过程中发生争议由双方协商解决，经双方协商未能达成一致，双方均有权向合同签订地所在地有管辖权的人民法院提起诉讼。

9.2 因实现本合同争议债权发生的费用（包括但不限于违约金、诉讼费、律师费、差旅费、执行费、调查费、保全费、诉讼担保费、送达费、鉴定费等）由违约方/败诉方承担。

第十条 附则

10.1 本协议自甲、乙双方签字盖章之日起生效。

10.2 本协议一式____份，甲、乙双方各执____份，具有同等的法律效力。

10.3 本协议尾部载明的双方地址、电话等信息，系各方有效联系方式，如发生变更，应提前书面通知相对方，否则依该联系方式送达相关文书的，视为送达成功。

（以下无正文，为本协议签署页）

甲方：	乙方：
法定代表人（或委托代理人）：	身份证号：
社会统一信用代码：	开户银行：
开户银行：	账号：
账号：	地址：
地址：	联系电话：
联系电话：	电子邮箱：
电子邮箱：	
合同日期：　年　月　日	合同日期：　年　月　日

范例 17

农村土地承包经营权流转合同

合同编号:________

根据《中华人民共和国民法典》《中华人民共和国农村土地承包法》和《农村土地经营权流转管理办法》等相关法律法规,本着平等、自愿、公平、诚信、有偿的原则,经甲乙双方协商一致,就流转合同项下土地经营权事宜,签订本合同。

甲方(出租方):________________________________

□社会信用代码:________________________________

□身份证号码:________________________________

法定代表人(负责人/农户代表人):________________

身份证号码:____________________________

联系地址:______________________________

联系电话:______________________________

经营主体类型:□自然人　□农村承包经营户　□农民专业合作社　□家庭农场　□农村集体经济组织　□公司　□其他:____

乙方(承租方):______________________________

□社会信用代码:______________________________

□身份证号码:______________________________

法定代表人(负责人/农户代表人):______________

身份证号码:____________________________

联系地址:______________________________

联系电话:______________________________

经营主体类型:□自然人　□农村承包经营户　□农民专业合作社　□家庭农场　□农村集体经济组织　□公司　□其他:____

一、流转标的土地

（一）经双方自愿协商，甲方将____亩土地经营权（具体见下表及附图）流转租赁给乙方。

序号	村/组	地块名称	地块代码	坐落（四至）				面积（亩）	质量等级	土地类型	承包合同代码	备注
				东	西	南	北					
1												
2												
3												

（二）流转土地上的附属建筑和资产情况现状描述：________________。

流转土地上的附属建筑和资产的处置方式描述（可另附件）：__________。

二、流转土地用途

流转土地用途为________________。

三、租赁期限

合同期限共计____年，自________年____月____日起至________年____月____日止。

四、土地交付时间

甲方应于________年____月____日前完成土地交付。

五、租金及支付方式

（一）租金标准

双方当事人选择以下第____种标准履行交付义务。

1. 现金。即每亩每年人民币____元（大写：____________）

2. 实物或实物折资计价。即每亩每年____公斤（大写：____________）

□小麦 □玉米 □稻谷 □其他：________或者同等实物按照□市场价□国家最低收购价为标准折合成货币。

3. 其他：________________。

租金变动：根据当地土地流转价格水平，每____年调整一次租金。

具体调整方式：________________。

（二）租金支付

双方当事人选择第____种方式支付租金。

1. 一次性支付。乙方须于________年____月____日前支付租金____元（大写：____________）。

2. 分期支付。乙方须于每年____月____日前支付（当□前□后）一年租金____元（大写：____________）。

3. 其他：________________________________。

（三）付款方式

双方当事人选择第____种付款方式。

1. 现金

2. 银行汇款

甲方账户名称：

银行账号：

开户行：

3. 其他：

六、甲方的权利和义务

（一）甲方的权利

1. 有权要求乙方按合同约定支付土地租金；

2. 有权监督乙方按合同约定的用途依法合理利用和保护标的土地；

3. 有权制止乙方损害标的土地和农业资源的行为；

4. 租赁期限届满后有权收回标的土地经营权；

5. 其他：________________。

（二）甲方的义务

1. 按照合同约定交付标的土地；

2. 合同生效后____日内依据《中华人民共和国农村土地承包法》第三十六条的规定向土地发包方备案；

3. 不得干涉和妨碍乙方依法进行的农业生产经营活动；

4. 有义务确保乙方在合同约定期限内合理、自主使用标的土地；

5. 其他：________________。

七、乙方的权利和义务

（一）乙方的权利

1. 要求甲方按照合同约定交付标的土地；

2. 在合同约定的期限内占有并使用标的土地，自主开展农业生产经营并取得收益；

3. 经甲方同意，乙方依法投资改良土壤，建设农业生产附属、配套设施，并有权按照合同约定对其投资部分获得合理补偿；

4. 租赁期限届满，有权在同等条件下优先承租；

5. 其他：________________。

（二）乙方的义务

1. 按照合同约定及时接受出租土地并按照约定向甲方支付租金；

2. 在法律法规政策规定和合同约定允许范围内合理利用出租土地，确保农地农用，符合当地粮食生产等产业规划，不得弃耕抛荒，不得破坏农业综合生产能力和农业生态环境；

3. 依据有关法律法规保护出租土地，禁止改变出租土地的农业用途，禁止占用出租土地建窑、建坟或者擅自在出租土地上建房、挖砂、采石、采矿、取土等，禁止占用出租的永久基本农田发展林果业和挖塘养鱼；

4. 其他：________________。

八、其他约定

（一）甲方同意乙方依法

□投资改良土壤建设农业生产附属、配套设施

□以土地经营权融资担保

□再流转土地经营权

□其他：________________。

（二）该出租土地的财政补贴等归属：____________。

（三）乙方向____□缴纳□不缴纳风险保障金____元（大写：__________），合同到期后的处理：________________。

（四）本合同期限内，出租土地被依法征收、征用、占用时，有关地上附着物及青苗补偿费的归属：________________。

（五）其他事项：________________。

九、合同变更、解除和终止

（一）合同有效期间，因不可抗力因素致使合同全部不能履行时，本合同自动终止，甲方将合同终止日至租赁到期日的期限内已收取的租金退还给乙方；致使合同部分不能履行的，其他部分继续履行，租金可以做相应调整。

（二）如乙方在合同期满后需要继续经营该出租土地，必须在合同期满前____日内书面向甲方提出申请。如乙方不再继续经营的，必须在合同期满前____日内书面通知甲方，并在合同期满后____日内将原出租的土地交还给甲方。

（三）合同到期或者未到期由甲方依法提前收回出租土地时，乙方依法投资建设的农业生产附属、配套设施处置方式：

□由甲方无偿处置。

□经有资质的第三方评估后，由甲方支付价款购买。

□经双方协商后，由甲方支付价款购买。

□由乙方恢复原状。

□其他：________________。

十、违约责任

（一）任何一方违约给对方造成损失的，违约方应承担赔偿责任。

（二）甲方应按合同规定按时向乙方交付土地，逾期一日应向乙方支付年租金的万分之____（大写：____________）作为违约金。逾期超过____日，乙方有权解除合同，甲方应当赔偿损失。

（三）甲方出租的土地存在权属纠纷或经济纠纷，致使合同全部或部分不能履行的，甲方应当赔偿损失。

（四）甲方违反合同约定擅自干涉和破坏乙方的生产经营，致使乙方无法进行正常的生产经营活动的，乙方有权解除合同，甲方应当赔偿损失。

（五）乙方应按照合同规定按时足额向甲方支付租金，逾期一日乙方应向甲方支付年租金的万分之____（大写：____________）作为违约金。逾期超过____

日,甲方有权解除合同,乙方应当赔偿损失。

(六)乙方擅自改变出租土地的农业用途、弃耕抛荒连续两年以上、给出租土地造成严重损害或者严重破坏土地生态环境的,甲方有权解除合同、收回该土地经营权,并要求乙方赔偿损失。

(七)合同期限届满的,乙方应当按照合同约定将原出租土地交还给甲方,逾期一日应向甲方支付年租金的万分之____(大写:____________)作为违约金。

十一、合同争议解决方式

本合同发生争议的,甲乙双方可以协商解决,也可以请求村民委员会、乡(镇)人民政府等调解解决。当事人不愿协商、调解或者协商、调解不成的,可以依据《中华人民共和国农村土地承包法》第五十五条的规定向农村土地承包仲裁委员会申请仲裁,也可以直接向________人民法院起诉。

十二、附则

(一)本合同未尽事宜,经甲方、乙方协商一致后可签订补充协议。补充协议与本合同具有同等法律效力。

补充条款(可另附件):________________。

(二)本合同自甲乙双方签字、盖章或者按指印之日起生效。

(三)本合同一式____份,由甲方、乙方、农村集体经济组织、乡(镇)人民政府农村土地承包管理部门各执____份,具有同等的法律效力。

(四)本协议首部载明的双方地址、电话等信息,系各方有效联系方式,如发生变更,应提前书面通知相对方,否则依该联系方式送达相关文书的,视为送达成功。

(以下无正文,为本协议签署页)

甲方:

法定代表人(负责人/农户代表人)签字:

乙方:

法定代表人(负责人/农户代表人)签字:

签订时间：________年____月____日

签订地点：

附件清单：

序号	附件名称	是否具备	页数	备注
1	甲方、乙方的证件复印件			
2	出租土地的权属证明			
3	出租土地四至范围附图			
4	其他（例如：附属建筑及设施清单、村民会议决议书及公示材料、代办授权委托书和证件复印件等）			
共计____份，____页				

范例 18

农产品运输合同

合同编号：________

甲方（托运方）：

法定代表人（负责人/农户）：

社会信用代码/身份证号码：

住所：

联系电话：

乙方（承运方）：

法定代表人：

社会统一信用代码：

住所：

联系电话：

根据《中华人民共和国民法典》及国家有关法律、法规的规定，甲、乙双方在协商一致基础上，本着平等、自愿、公平、诚实信用的原则，双方就合同项下农产品运输服务事宜签订本合同，以兹共同遵守。

第一条　承运标的物及起止地点

1.1　甲方委托乙方承运的标的农作物为：________；属性：________；存储条件为：________；运输方式为：________。

包装：甲方应保证标的产品符合有关国家及行业规定的标准包装。

1.2　货物的起运地点：________；到达地点：________。

1.3　甲方指定的货物交付地点：______；指定标的货物接收人为：______；联系方式：________。

1.4　合同项下涉及甲方托运的其他服务内容，以货物运单或合同附件为准。

第二条　标的货物运输

本合同项下标的货物按照以下程序操作：

(1)甲方发出运输指令；

(2)乙方确认并组织发货；

(3)标的农作物发往目的地并交付；

(4)收货方验签；

(5)甲方支付运费。

2.1　装货前承运人对货物的检验和送货单的签署事项，由乙方指定代表根据甲方提供的《送货单》内容进行现场核验，并在送货单签字确认。

2.2　装货、卸货的具体安排可由甲方自行负责或委托乙方完成。

2.3　验收、收货的具体安排。甲方指定接货人员依据乙方提供的送货清单进行收货验货并在收货单据上签字确认。

2.4　货损货差的数量和价值的认定。甲方在接货时，发现存在货损货差的应及时联系乙方或乙方指定联系人。由甲乙双方指定代表现场对货损货差进行价值认定，并由双方签字确认。乙方拒绝配合的，甲方可自行委托第三方鉴定机构，对货损价值进行鉴定，该鉴定结果乙方不得拒绝。

第三条　甲方的义务和责任

3.1　甲方应于农作物发货前，至少提前____小时以电话（传真、微信、电子邮件等）形式告知乙方，通知内容包含装运时间、运输方式、农作物名称、数量、规格，明确发运地点和目的地址及联络方式等信息。

3.2　甲方保证所托运的货物不属于违禁品，不具有污染性。

3.3　因甲方原因导致乙方无法抵达目的地或无法联系收货人所造成的损失应由甲方自行负责。

3.4　甲方应当按本合同约定及时结算运费给乙方。

第四条　乙方义务和责任

4.1　乙方接受甲方的委托，提供标的农作物的运输服务，乙方应及时转运标的货物，安全、准时、准确地将标的货物运至甲方指定地点。

4.2　乙方必须严格按照甲方确定的到货时间履行运输服务义务，若因特殊情况，标的货物未能按预定时间到达时，乙方应及时与甲方取得联系，向甲方汇报并进行处理，并对因乙方原因导致迟延交付的经济损失承担赔偿责任。

4.3　乙方承运标的货物期间，应当按照标的货物的特性做好保管及防护义务，包括但不限于：保温、保鲜、除湿、防水等，因乙方原因导致运输期间出现货损货差的，乙方应当承担全部责任。

4.4　乙方在承运过程中发生的货物被盗、丢失、火损、淋湿、货损、交货不清、货物破损等，概由乙方负责赔偿。

4.5　因不可抗力（如自然灾害、政府管控等导致运输中断）造成货物无法准时到达，乙方必须及时通知甲方，由双方协商解决。若因乙方未及时通知甲方而造成货物过期或变质，由此造成甲方损失应由乙方负责赔偿。

4.6　由于交通事故造成货物无法准时到达，乙方必须及时通知甲方，并由乙方立即组织转运标的货物，确保标的货物在约定时间内及时到达，因此造成甲方经济损失应由乙方负责赔偿。

第五条　保险、理赔和索赔

5.1　乙方负责办理标的货物运输期间保险,保险受益人为甲方,保险费用由乙方承担。

5.2　保险险种和承保范围明细:险种为货物损失险。承保金额或限额不得低于标的货物的发货价格及运费的总和。

5.3　货损货差及赔偿额的确定方法:车辆运输出现因偷盗、遗失等原因造成货物损失的,乙方按货物损失实际额度赔付给甲方。如因交通事故出现货物损差的,可由保险公司或其他事故责任方直接向甲方赔付,不足部分由乙方赔付补齐;由乙方原因无法获得保险公司或其他事故责任方赔付的,由乙方全部赔付。

5.4　在保险承保范围内的货损货差,乙方应主动收集办理保险理赔的相关材料并积极办理理赔事宜,如果乙方逾期未提供出险资料或出险资料不符合保险公司理赔要求的,由乙方向甲方承担全额赔偿责任。

5.5　在保险承保范围外的货损货差,由乙方向甲方承担全额赔偿责任。

5.6　理赔程序:理赔办理全权由乙方负责,甲方应给予必要配合。

5.7　甲方向乙方索赔程序:甲乙双方确认理赔金额后,甲方将从该批次运输款项对应扣除乙方应承担理赔金额后支付。若运输费用不足以支付理赔金额,乙方需在7个工作日内足额补偿。

第六条　费用及结算方式

6.1　费用的结算标准以双方协商确定的价格为准。

6.2　结算方法为:按照《发货单》记载运费金额(运输单价与运输总量)与乙方进行结算,收货方收到乙方交付标的货物且验收合格后7日内,甲方全额支付运输费用。

第七条　违约责任

7.1　因甲方提供资料不齐全而导致乙方无法送达或者延误送达,损失由甲方负责。乙方在运输期间如果发现甲方所提供的收货人联系电话、地址有误,必须及时告知甲方,否则损失由乙方负责。

7.2　乙方错运到达地点或错误交付的,乙方须无偿将货物运到指定地点并交付给指定收货人，由此造成的货物逾期送达的，按甲方本合同约定处理。若因货物误收而导致丢失、损毁的，乙方应照价赔偿。

7.3 因乙方原因导致货物过期到达，超过双方约定的时限（且没有取得甲方的认可），乙方应承担违约责任并向甲方支付违约金人民币____元。由于不可抗力造成乙方交货延误，影响执行合同时，乙方应及时通知甲方并采取措施防止事件的扩大，经双方协商可适当放宽到货时间。

第八条 合同文本及时效

8.1 本合同签订时，双方必须出具有效资格文件、证件和其他注册资料。如属法人委托人签署的，应有法人委托书原件。

8.2 本合同一式二份，甲、乙双方各持一份，具有同等法律效力。

8.3 本合同有效期为____年，自________年____月____日起至________年____月____日止。

8.4 本合同自双方签字盖章之日起生效。

第九条 合同变更、解除与终止

9.1 合同如有变更或者补充，经协商一致后，以补充协议形式确定，补充协议与原合同具有同等效力。

9.2 合同的解除

（1）双方经协商一致，可以解除合同。

（2）有下列情形之一的，协议当事人一方或双方可以解除合同：

1）因不可抗力致使协议无法履行；

2）因一方违约致使合同无法实际履行或实际履行已无必要；

3）本合同约定的其他解除条件。

9.3 本合同终止后，合同双方仍承担合同终止前本合同规定的双方应该履行而未履行完毕的一切责任与义务。

第十条 争议解决

若合同在履行中产生纠纷，双方应及时协商解决。协商不成的，采取下列方式解决：

□提交________仲裁委员会仲裁。

□依法向________人民法院起诉。

第十一条　附则

11.1　本协议自甲、乙双方签字盖章之日起生效。

11.2　本协议一式四份，甲、乙双方各执两份，具有同等的法律效力。

11.3　本协议首部载明的双方地址、电话等信息，系各方有效联系方式，如发生变更，应提前书面通知相对方，否则依该联系方式送达相关文书的，视为送达成功。双方均同意将合同首部记载的地址作为司法机关送达文书的确认地址。

（以下无正文，为本协议签署页）

甲方：

法定代表人（负责人/农户）签字：

乙方：

法定代表人（负责人/农户）签字：

签订时间：________年____月____日

签订地点：

范例 19

农作物种子买卖合同

合同编号：________

买受人：__________，证件号码：__________，

住　所：__________，联系电话：__________。

出卖人：＿＿＿＿＿＿，社会统一信用代码：＿＿＿＿＿＿，
住　所：＿＿＿＿＿＿，联系电话：＿＿＿＿＿＿。

根据《中华人民共和国民法典》《中华人民共和国种子法》等国家有关法律、法规的规定，双方在协商一致基础上，本着平等、自愿、公平、诚实信用的原则，双方就种子买卖事宜签订本合同，以兹共同遵守。

第一条　标的、数量及价款

序号	标的名称	品牌	生产单位	规格等级	单位	数量	单价	金额
合计人民币金额（大写）：＿＿＿＿＿＿；小写：＿＿＿＿＿＿								

第二条　质量标准

严格执行国家、行业标准，出卖人给买受人提供标的种子具体标准为（净度＿＿%以上，发芽率＿＿%以上），种苗（发芽率达＿＿%以上），其他标准为：＿＿＿＿＿。

第三条　出卖人对质量负责的内容及期限

出卖人应确保向买受人提供的标的种子符合本合同第二条约定的质量标准，因标的种子或种苗质量原因造成不发芽或发芽率未达到约定比例的，出卖人应免费补足种子或确保种苗直至符合质量标准。

第四条　交货时间、地点、方式及风险承担

1. 对买受人采购的种子、种苗，出卖人应在本合同生效后＿＿日内以适合标的物的运输方式以及包装送至买受人指定地点＿＿＿＿＿＿。

2. 货物毁损、灭失的风险自出卖人将货物运至买受人指定的交货地点且经买受人验收合格后转移至买受人。

第五条　验收

1. 买受人应在收到货物之日起＿＿日内进行验收。如对种子的品种、质量、

数量等有异议的,应在验收之日起____日内向出卖人提出。出卖人应在收到买受人提出的异议后____日内对存在的问题进行处理,直至符合合同要求。买受人的验收不免除出卖人对货物质量问题应承担的责任。

2. 种子实际质量由种子毛重量乘以净度决定。种子净度的确定可由双方共同自行或委托鉴定,随机选取种子样本____份,每份____g,挑去杂质后称重,以称重后质量除以____g 乘以 100% 确定净度,样本取平均值确定最终本品种种子净度,双方现场签字确认。

3. 种子出苗率实际鉴定方法,待出苗后,双方确定出苗情况是否达到标准,并双方签字确认。若达到所约定的出苗率,则认定出卖人提供种子质量达到要求,若未达到所约定的出苗率,则认定出卖人提供种子质量未达到要求,并按所约定条款进行补救及赔偿。

第六条　结算方式、时间及地点

1. 出卖人将种子发运到买受人指定地点并经买受人验收合格后____日内,买受人向出卖人支付合同总价款的____%,即人民币(大写)____________元,(小写)________元;

2. 买受人播种后____日内出苗率达到本合同约定标准后,买受人向出卖人支付合同总价款的____%,即人民币(大写)____________元,(小写)________元。

3. 出卖人应当与买受人支付合同价款前____日,开具支付金额等额的正规发票并交付买受人。

第七条　违约责任

1. 双方均应严格遵守本合同的有关条款,任何一方违反本合同的约定不履行或者不按约定履行本合同义务的,均应向另一方承担违约责任并赔偿相应的损失。

2. 买受人未按合同约定的期限付款的,每迟延一日,应向出卖人支付应付未付款金额____‰的违约金。

3. 出卖人未按合同约定期限交货或补货的,每逾期一日,按合同总金额的____‰向买受人支付违约金;逾期超过____日的,买受人有权解除合同,并要求出卖人按合同总金额的____%承担违约责任。

4. 出卖人交付的货物不符合合同约定的要求或质量标准的，给买受人造成损失的，应按合同总价款的____%向买受人支付违约金，并赔偿因此给买受人造成的全部损失。

第八条 不可抗力

任何一方由于不可抗力的原因不能履行协议时，应及时告知其他协议方不能履行或不能完全履行的理由，并根据情况可部分或全部免除责任。

第九条 协议变更、终止和解除

1. 本协议依法签订后，甲、乙双方必须全面履行协议约定的职责和义务，未经双方同意，任何一方不得擅自变更协议内容，确需变更时，由双方协商一致签订书面变更协议。

2. 协议期满或双方约定的协议终止条件出现，协议自行终止。

3. 协议的解除

(1)双方经协商一致，可以解除本协议。

(2)有下列情形之一的，协议当事人一方或双方可以解除协议：

1)因不可抗力致使协议无法履行；

2)因一方违约致使合同无法实际履行或实际履行已无必要；

3)本合同约定的其他解除条件。

第十条 争议解决

1. 本协议在履行过程中发生的争议，由双方当事人协商解决或申请有关部门调解，或按下列第____种方式解决。

(1)提交________________仲裁委员会仲裁。

(2)依法向________________人民法院起诉。

2. 因实现本合同争议债权发生的费用(包括但不限于违约金、诉讼费、律师费、差旅费、执行费、调查费、保全费、诉讼担保费、送达费、鉴定费等)由违约方/败诉方承担。

第十一条 附则

1. 本协议自双方当事人签字盖章(签字捺印)后生效；本合同一式____份，

买受人执____份，出卖人执____份。

2. 本合同签订前，双方当事人应提交能证明主体身份的身份证或营业执照，并将证明身份的材料复印件作为合同附件。

3. 本协议尾部载明的双方地址、电话等信息，系各方有效联系方式，如发生变更，应提前书面通知相对方，否则依该联系方式送达相关文书的，视为送达成功。

4. 双方当事人需要约定的其他事项________________。

（以下无正文，为本协议签署页）

出卖人：	买受人：
法定代表人/委托代理人：	身份证号：
社会统一信用代码：	开户银行：
开户银行：	账　　号：
账　　号：	地　　址：
地　　址：	联系电话：
联系电话：	电子邮箱：
电子邮箱：	

第三节　林业作物种植法律实务及风险防范

一、概述及分类

（一）林业种植业概述

我国林业资源相对匮乏，其特点是存量小、分布不均、林业产品质量参差不齐、结构不合理，林木生长量不高，经营管理水平较低，林业相关法律法规怠于完善等。但与林业资源匮乏相对应的是，林业资源在我国现阶段社会资源中又占有极为重要的位置，也是可再生资源重要的组成部分，对促进中国特色社会主义社会全面发展具有重要作用，对本书所述的乡村振兴推进及落实工作也具有较强的战略意义。现阶段，为全面促进林业工程长远建设，强化林业种植，实现林业总产值稳定增长，最终助推乡村振兴战略目标得以实现，妥善把控林业种植中所产生的法律风险就显得至关重要。科学化的林业种植措施能够使林业资源得到有效补充，良好的乡村营商环境能够反哺林业种植行业间竞争的良性循环，公平公正的法律体系建设能够使林业种植的发展空间稳步提升，从而使法律规定的乡村振兴制度及措施平稳落地实施。

本节将对林业种植的法律实务问题以及应对策略进行探析，旨在促进林业种植活动的有序开展。

（二）林业种植业产品分类

根据国家统计局公布的林业相关分类来看，林业种植业所涉及的种类主要分为两个大类，分别是木竹商品及林产品。其中，木竹商品项下的两个重要分类为竹材和木材；林产品项下所涵盖的重要分类为板栗、竹笋干、油茶籽、核桃、紫胶（原胶）。前述分类主要构成了我国林业种植结构，结合我国部分城市、乡村林业种植基本现状来看，林业种植结构并不完善，排除环境因素很多地区多为过于单一化的林业种植方式，如在城市道路绿化中，多数城市首选油松类林木。并且，在林业种植过程中所采取的科学技术手段相对落后，在林业生产种植活动到产品产出、深加工、销售过程中大多采取粗放式的经营模式，这些都不利于生物多样性发展，也不利于林业种植业的健康发展。

（三）林业种植业的相关数据

笔者经查询并归纳近 3 年的公开数据发现，在林业种植领域中，从种植到产出主要涉及的三方面数据，分别为：林木的培育和种植、木竹采伐、林产品。

1. 林木的培育和种植方面数据

2020 年度，全国造林总面积为 6770 千公顷，较 2019 年减少 620 千公顷；全年度全国人工造林面积为 2890 千公顷，较 2019 年减少 568.32 千公顷。

2. 木竹采伐方面数据

2019 年度全国木材（商品材）采伐量为 10 045.9 万立方米，同 2018 年相比增加 14%。2019 年度全国竹材采伐数量为 314 479.7 万根，同 2018 年相比减少 0.3%。

3. 主要林产品产量方面数据

2019 年度全国橡胶产量为809 859 吨;2019 年度全国核桃产量为4 689 184 吨;2019 年度全国油茶籽产量为2 679 270 吨;2019 年度全国板栗产量为 2 198 130 吨;2019 年度全国竹笋干产量为1 032 505 吨;2018 年度全国松脂产量为1 375 367 吨;2018 年度全国生漆产量为18 882吨;2018 年度全国油桐籽产量为 348 173 吨。

二、与林业种植相关的法律关系

根据国家统计局公布的数据,2020 年度我国林业总产值为 5961.58 亿元,约占农林牧渔业总产值的 4.3%,与农牧渔业相比占比较小,数据往往可以直观地反映行业现实发展情况及未来发展的空间,为了优化我国林业种植结构,就需要了解对当前我国林业种植过程中存在的问题,比如,林业种植种类分布不均、林业设计规划与各项标准不相适应、林业种植结构不完善、林业相关法律法规不完善、林业种植人员缺乏市场化经济的经营理念。通过科学化措施对这些历史遗留问题予以解决,从法律法规层面对林业种植行业发展进行顶层设计,运用法律技术保障林业种植行业的发展。

笔者通过综合梳理林业种植业法律实务中产生的主要问题,归纳总结出以下几种常见的法律关系(不完全列举):土地(林地)承包、林权转让、租赁(包括设备租赁等)、雇佣(包括劳动、劳务合同等)、采伐、运输、产品初加工/深加工、知识产权类等。

三、与林业种植相关的法律风险

法律风险顾名思义指合约在法律范围内无效而无法履行,或合约订立不当等原因引起的风险,本节所指的与林业种植相关的法律风险,是指公民、法人或者其他组织拒不履行林业法律法规规定的义务,或者从事了林业法律法规所禁止的行为并具备了违法行为的构成要件所应接受的不利的法律后果。

从林业种植行业内容角度出发,可以分为行政法律风险、刑事法律风险和民事法律风险,下文将结合法律行为和法律后果对这三种风险逐一展开论述:

(一)行政法律风险

行政法律风险主要是由于行政违法行为而承担的法律责任。目前,与林业种植行业相关的行政违法行为主要几种存在于林木采伐、林地使用、木材运输三个方面,其中与林木采伐有关的林业行政违法行为主要有以下几种:(1)盗伐林木行为;(2)滥伐森林或者其他林木行为;(3)在林区非法收购明知是盗伐、滥伐的林木的行为;(4)买卖林木采伐许可证的行为;(5)未按照规定完成更新造林任务的行为。与林地有关的林业行政违法行为主要有以下几种:(1)毁林开垦行为;(2)擅自改变林地行为;(3)毁林行为。与木材运输有关林业行政违法行为主要是非法运输木材行为,具体是指违反森林法规的规定,未取得木材运输证或者虽然取得木材运输证但未按规定运输木材或者使用伪造、涂改的木材运输证运输木材的行为。

存在行政违法行为必然会产生相应的行政处罚,在我国法律体系中,由法律、行政法规、规章设定的林业行政处罚行为共计近百项,其中,涉及的行政处罚种类主要包括:通报批评(标准化的规定);罚款,没收财物或者变卖所得;吊销特许猎捕证、狩猎证、种子生产经营许可证等;责令补种树木等。与行政处罚相关的行政措施包括:责令改正、责令限期限改正或者恢复原状、责令停止违法行为(申请法院强制执行)等。与行政处罚相关的行政强制措施包括:责令补种树木,如违法行为人拒不补种树木的,由林业主管部门代为补种,补种的费用由违法者承担的规定,扣押等。

(二)刑事法律风险

与林业种植行业相关的刑事违法行为主要集中在以下几个方面:

(1)故意毁坏森林、林木、林地以及林业基础设施等公私财物的,应当适用《刑法》第275条的规定追究当事人的刑事责任。

(2)伪造、变造或者买卖林木采伐许可证的。林木采伐许可证属于国家公文,盖有国家机关印章,应当适用《刑法》第280条规定追究当事人的刑事责任。

(3)向林地排放重金属或者其他有毒有害物质含量超标的污水、污泥,以及可能造成林地污染的清淤底泥、尾矿、矿渣等,造成重大环境污染事故,致使公私财产遭受重大损失或者人身伤亡的严重后果的,应当适用《刑法》第338条的规定追究当事人的刑事责任。

(4)非法占用林地,改变林地用途,数量较大,造成林地大量毁坏的,应当适用《刑法》第342条的规定追究当事人的刑事责任。

(5)毁坏古树名木和珍贵树木的,应当适用《刑法》第344条的规定追究当事人的刑事责任。

(6)盗伐、滥伐森林或者其他林木,数量较大或者巨大的,以及非法收购、运输明知是盗伐、滥伐的林木,情节严重的,应当适用《刑法》第345条的规定处罚追究当事人的刑事责任。

(7)各级人民政府及其有关部门工作人员在实施补贴发放、核发许可、行政处罚等林业保护和监督管理工作时,如果出现了滥用职权、玩忽职守或者徇私舞弊,致使公共财产、国家和人民利益遭受重大损失的,应适用《刑法》第397条的规定追究当事人的刑事责任。

(8)林业主管部门的工作人员违反森林法的规定,超过批准的年采伐限额发放林木采伐许可证或者违反规定滥发林木采伐许可证,情节严重的,应当适用《刑法》第407条的规定处罚追究当事人的刑事责任。

(三)民事法律风险

民事法律风险的起因多是合同文本,而合同是自然人、法人等民商事主体一系列经营活动的主要手段,也是当今社会通过经济杠杆分配社会资源的重要方式,但由于各地区经济发展状况不同、行业不同、管理水平不同,不同地区的合同无论是制作还是管理出现了两极分化的现象,即发达地区的合同制作与管理均达到了较高的水平;欠发达地区的合同制度与管理有待提高,甚至有些偏远地区仍然处在"约定靠口头""履行靠诚意"的状态,给某些不诚信现象和个别不公正裁判提供了可乘之机。

在林业种植行业,从土地(林地)承包、林业种植、林业产品采伐、林业产品运输、林业产品买卖等都需要合法且合理公平的合同文本来规范交易双方的权利及义务。并且,还需要针对每笔交易的重要性、复杂程度、当事人的素质及偏好、发生违约的可能性等因素决定合同条款。那么,这就要求该合同文本在具有基本条款(如当事人及住所、合同标的、数量与价款或报酬、标的质量、履行期限及方式、结算期限及方式、检验方法、违约责任、争议解决方法等)的基础上,亦应当具有内在质量(如主体资格是否合格、约定内容是否合法、合同条款是否实用、权利义务是否明确、交易需求是否满足等)。只有如此,才能最大限度地做到对满足交易需求和控制法律风险两个方面的平衡,达到防范民事法律风险的最终目的。

四、与林业种植相关的合同模板(范例)

在民商事法律领域,意思自治和契约自由是非常重要的原则,即当事人双方协商后对特定的事项达成合意并形成约定,只要该约定不违反禁止性强制性法律规定,就认为该约定具有合同上的效力,合同双方应当按照该约定履行相关义务并享受相关权利,这也是合同成立并生效的过程。笔者根据林业种植这一行业的特点归纳整理了相对高频次的合同文本,仅供读者在合同签约时参考,且在参考适用本合同文本时应当根据自身情形对相关内容进行借鉴并调整。

范例 20

集体林地承包合同

发包方(甲方):

统一社会信用代码:

法定代表人(负责人):

联系电话:

联系地址:

承包方(乙方):

统一社会信用代码/身份证号码:

户主(农民)/法定代表人(负责人):

联系电话:

联系地址:

具有林地承包经营权的全部成员(家庭承包方式):

序号	姓名	身份证号码	联系方式	与户主关系
1				
2				
……				

第一条　承包林地情况

为维护林地承包双方当事人的合法权益,促进林业发展,根据《中华人民共和国农村土地承包法》《中华人民共和国森林法》等有关法律法规,按照本集体经济组织成员村民会议三分之二以上成员或者三分之二以上村民代表同意的林地承包方案,在公开、平等、自愿的原则下,经双方(发包方、承包方)协商同意,订立本合同。

发包方将____宗、面积共____亩的林地(具体见下表及附图)发包给承包方,承包期共____年。

承包林地基本情况信息表

宗地序号				
不动产单元号				
林地集体所有/国家所有				
承包经营权/经营权*				
林木所有权/林木使用权				
地块名称(小地名)				
林班号				
小班号				
面积(亩)				
四至界线	东			
	南			
	西			
	北			
公益林/商品林				
人工林/天然林				
树种				
起始日期				
终止日期				

备注:*以家庭承包方式承包林地的填写承包经营权,以招标、拍卖、公开协商等其他方式承包林地的填写经营权。

第二条　承包林地的用途

本承包林地必须用于林业生产，未经依法批准不得用于非林业建设或者其他建设。

第三条　承包价款及支付方式、期限

（一）承包价款

本合同约定林地承包价款总计为________元人民币（大写：__________）。

1. 林地承包价格为____元/亩·年，承包期为____年，合计________元人民币。

2. 林地上附属建筑物、构筑物及设施承包价款总额为________元人民币。

3. 林地上林木承包款总额为________元人民币。

（二）价款支付方式及支付时间

承包方采取下列第____种方式支付：

1. 现金方式一次性支付：________________。

2. 分期付款支付：________________。

3. 其他方式支付：________________。

第四条　双方的权利和义务

（一）发包方的权利和义务

1. 权利

（1）发包方有权监督承包方依照本合同约定的用途合理利用和保护林地。

（2）发包方有权制止承包方损害承包林地和其他森林资源的行为。

（3）承包方对承包林地造成永久性损害的，发包方有权向承包方要求损害赔偿。

（4）发包方有权要求承包方按当地林业发展规划完成造林任务。

2. 义务

（1）确认合同项下的承包林地、林木产权清晰，无权属纠纷和经济纠纷；未设立担保物权。

（2）维护承包方的林地承包经营权或林地经营权，不得非法变更、解除承包合同。

(3)尊重承包方的生产经营自主权,不得干涉承包方依法进行正常的生产经营活动。

(4)协助承包方申请不动产权证并提供有关办证手续。

(5)协助承包方做好护林防火、林业有害生物防治等工作。

(6)依照本合同约定为承包方提供生产、技术、信息等服务。

(二)承包方的权利和义务

1. 权利

(1)依法享有承包林地使用、收益权;有权自主组织生产经营和依法处置林木及产品;有权依法自主决定承包林地是否流转和流转的方式。

(2)在承包期限内,经发包方同意,承包方可以将林地承包经营权转让给本集体经济组织的其他农户。在承包期限内,可以对属于同一集体经济组织的林地承包经营权进行互换,也可以依法采取出租(转包)、入股或者以其他方式向他人流转林地经营权,并向发包方备案。

(3)在承包期限内,有权依法使用承包地的林地经营权向金融机构融资担保,并向发包方备案。

(4)以家庭联户形式承包林地的,在承包期内,各联户需要对承包林地进行分割分户经营的,在发包方的组织下,经协商一致,以原承包合同为依据,订立分割分户承包合同,明确四至界线和林地林木权利,并依法申办不动产登记相关手续。

(5)林地承包人在承包期限内死亡的,其继承人可以依法继承承包。

(6)承包期内承包林地被依法征用、占用的,有权依法获得相应的补偿。

2. 义务

(1)维持承包林地的林业用途,不得用于非林建设或者使之闲置荒芜。属于生态公益林和天然林的,不得擅自改变其性质。

(2)落实造林和管护措施。荒山应自承包合同生效之日起____年内参照国家有关造林标准造林。林木采伐后应在当年或次年更新。

(3)依法保护和合理利用林地,不得自行或准许他人在承包林地内实施毁林开垦、采石、挖沙、取土等给林地造成永久性损害的行为。在承包林地内发生毁林和乱占滥用林地行为时，应积极采取措施予以制止，并及时向有关部门报告。

(4)保护好野生动物、植物资源，依法做好森林防火和林业有害生物防治工作。

(5)依照合同规定，及时、足额支付承包费。

(6)如遇国家征用、占用林地，配合林业等有关部门办理相关手续。

(7)配合发包方执行县(市、区)、乡(镇、办事处)林业总体规划、重点工程实施方案，参与本集体经济组织内部的林业基础设施建设。

第五条　特别约定

(一)发包方通过招标、拍卖、公开协商等其他方式发包(含"四荒地")的，应提供：

1. 发包土地的《不动产权证书》复印件；

2. 依法经本集体经济组织成员的村民会议三分之二以上成员或者村民代表会议三分之二以上村民代表同意承包的决议记录复印件；

3. 乡(镇)人民政府批准意见书或同意发包的证明材料。(注：发包给本集体经济以外的单位和个人提供)

(二)其他：________________。

第六条　合同的变更、解除和终止

(一)本合同法律效力不受双方(发包方、承包方)负责人变动影响，也不因集体经济组织的分立或合并而变更或解除，任何一方不得擅自终止合同。

(二)合同有效期间，如因政府依法征占用该承包林地，或者因不可抗力因素致使合同全部不能履行时，本合同自动终止。

(三)承包期内，承包方可以自愿将承包地交回发包方。承包方自愿交回承包地的，可以获得合理补偿，但是应当提前半年以书面形式通知发包方。承包方在承包期内交回承包地的，在承包期内不得再要求承包林地。

(四)承包合同期满后，承包方未继续承包林地的，承包方应当在合同期满后30日内将原承包的林地交还给发包方；未如期交还的，发包方有权收回林地。如林木未采伐，双方(发包方、承包方)约定的处理方式为：□将林木折价给发包

方　□延长承包方林地承包期限至林木采伐完毕　□其他________________。涉及产权变动的，应办理不动产登记相关手续。

（五）合同终止或解除后，原由承包方修建的道路、灌溉渠等设施，处置方式为________________。修建的房屋及其他可拆卸设施，处置方式为________________。

（六）合同期满后，发包方可依法再行发包或延包。再行发包的，原承包方在同等条件下有优先权。

第七条　违约责任

（一）本合同签订后，如因发包方发包地手续不合法或因发包地权属不清产生纠纷，致使合同全部或部分不能履行的，视为发包方违约，由发包方负责协调处理，由此给承包方造成经济损失的，由发包方负责全额赔偿。

（二）承包期内，发包方擅自收回承包林地，或者干预承包方正常的生产经营活动，使承包方遭受损失的，应承担赔偿责任。

（三）承包期内，承包方未按规定用途使用承包地、改变林地用途，未按合同约定落实造林营林等经营及管护责任，或者造成林地永久性损害的，经劝阻无效发包方可依法解除合同，并由承包方承担林地恢复费用。

（四）承包方不按约定缴纳林地承包费用，按日承担应缴资金____‰的违约金；逾期超过90日不缴纳的，发包方可解除合同收回承包林地。

（五）承包方在承包的林地上非法建筑、开矿等改变林地用途的，发包方有权终止合同，并视情节交由相关部门依法处理。

第八条　合同争议的解决方式

本合同在履行过程中发生的合同争议，由双方协商解决；协商不成的，由村民委员会、乡（镇）政府等进行调解；协商、调解不成的，约定采用如下方式解决：□提请当地农村土地仲裁机构仲裁　□向有权管辖的人民法院提起诉讼。

第九条　通知与送达

双方关于本合同履行及相关事宜的通知，应当按照本合同尾部载明的地址发出。通知一般以对方或授权代表签名或者盖章确认为准。如果以特快专递或者挂号信形式寄送的，自发出之日起第四日视为送达之日。在合同有效期内，任何一方的联系方式发生变更的，应当及时书面通知对方，否则应承担因此产生的不利后果。双方因本合同发生纠纷的，本合同中双方确认的地址可作为司法文书送达的地址。

第十条　其他约定

____。

第十一条　其他事项

（一）本合同履行期间，如有未尽事宜，应由双方协商，作出补充规定，补充规定与本合同具有同等效力。

（二）本合同一式____份，由发包方、承包方、乡镇人民政府、县级林业主管部门、________、________各执一份。

（三）本合同自签订之日起生效，至合同期限届满之日自动终止。

发包方（盖章）：

负责人（签字）：

签约日期：　　年　　月　　日

承包方（盖章）：

负责人（签字）：

签约日期：　　年　　月　　日

附件清单

序号	附件名称	是否具	页数	备注
1	发包方林权的权属证明			
2	村民集体决议书和承包方案			
3	乡镇人民政府批准文件			
4	承包林地四至范围附图			
5	图幅比例：大地2000坐标系的地籍图			
6	附属建筑及设施清单			
7	发包方、承包方的证件复印件			
8	代办授权委托书和证件复印件			
共计____份，____页				

范例 21

林地租赁合同

甲方：

统一社会信用代码：

法定代表人：

住址：

乙方：

统一社会信用代码：

法定代表人：

住址：

甲乙双方根据《中华人民共和国农村土地承包法》、《农村土地承包经营权流转管理办法》和国家有关法律法规的规定，本着互惠互利的原则，经平等协商，甲方同意将其享有使用权的林地租赁给乙方用于营造工业原料林开发及农业综合开发，为明确双方权利和义务关系，特订立本合同条款如下：

一、租赁林地的地点、范围、面积和测量方法

租赁林地地点________、四至界址以林权证为准。实际租赁面积计：____亩，范围详见本合同附件1《1∶10000 地形图》。实际租赁面积是用林权证面积减去无法经营面积后计算得出的面积。无法经营面积是指经济林占地、风水山、石头裸露地、坟地等不能种植地以及输电线、电缆等线路法定占用的林地。无法经营面积由甲、乙双方共同使用 GPS 或用 1∶10000 小班地形图现场勾绘测量确定。林权证登记状况和双方确认的实际租赁面积详见下表。

林权证编号	宗地号	林地小地名	小班（内业号）	林权证登记面积（亩）	实际租赁面积（亩）
面积合计					

二、租赁期限

林地租赁期限为____年，自________年____月____日起至________年____月____日止。

三、林地租赁价格和现有林木处理办法

甲方将林地出租给乙方，同时也将林地上现有的林木无偿提供给乙方自行处理。林地租金按实际租赁面积计算，每亩年租金总额为：______元（人民币，不含税，下同），由乙方一次性支付给甲方。乙方付清林地租金后，林地上现有林木即归乙方所有。在租赁期内，甲方不得以任何理由和形式再向乙方收取其他费用。

四、林地租金支付办法

4.1　林地租金按____支付，首次支付____年，在双方签订合同后10个工作日内支付，此后以此类推。首笔租金支付前，甲方应将林权证原件交给乙方，林权证在甲方协助乙方完成办理流转手续后予以归还。

4.2　林地租金支付方式按以下第____款的方式支付。

4.2.1　现金支付：甲方可指定代表人亲自签收或委托代理人代收，代表人或代理人领取林地租金时，必须提供本人身份证复印件、甲方的委托书等相关证明给乙方。

4.2.2　银行转账：甲方需按乙方的要求向乙方提供转账所需的书面依据（指户名、账号、开户行、身份证复印件、相关的证明和委托书）。

五、双方的权利和义务

5.1　甲方的权利和义务

5.1.1　甲方保证租赁给乙方的林地符合下列条件：

a. 林地权属为甲方所有，周边界线清楚。

b. 无纠纷、争议；没有被抵押、查封；没有租赁、转包给他方或与他方合作经营等的林地。

c. 属于经批准的分类经营划定的非生态公益林区的林地，且不属于放牧山、薪材山、风水山及坟墓用地。

d. 甲方租赁给乙方的林地须报乡（镇）人民政府或林业主管部门备案，并出具《林地、林木流转林权变更登记申请书》。

5.1.2 甲方无偿提供现有通往出租林地的道路设施给乙方使用，不得人为破坏和故意阻塞。如出现人为破坏和故意阻塞的由甲方负责解决，造成乙方损失的由甲方负责赔偿。经过相邻村、组的各种道路出现人为破坏和故意阻塞的，甲方有义务配合乙方调解处理。

5.1.3 在乙方租赁期间，如乙方需要增开或拓宽通往所承租林地的道路须占用土地时，甲方负责理顺各种关系；如地上有果树或农作物的，占地、青苗补偿费按乙方与收取补偿方协商（或按当地乡镇修建乡村四级路）的补偿标准进行补偿，由乙方一次性补清后不再承担任何责任，并且有权无偿使用；所修的道路双方共同维护，不得毁坏。

5.1.4 甲方必须确保乙方能顺利进场作业和稳定经营，如发生权属纠纷或村民阻挠施工、侵占林地等情况的，甲方必须无条件负责处理，所发生的一切费用由甲方承担。

5.1.5 甲方不得在乙方所租赁的林地范围内野外用火、放牧、割草和打柴或修建任何设施，如因此造成乙方损失，由甲方负责向乙方赔偿乙方的全部损失；属甲方以外的单位、个人责任的，甲方有责任协助乙方追究当事人的经济、法律责任。

5.1.6 甲方不得在乙方租赁的林地内开矿、开石、取土。不得允准甲方以外的人在承租的林地范围内葬坟，原有的旧坟不得再扩大范围。甲方需新增葬坟的，每穴不得超过____平方米，因此损害林木的，应向乙方交付林木补偿费（由甲方交清补偿费后才能使用）。

5.1.7 协助乙方办理承租林地的林权证过户手续，完善权属登记。

5.1.8 因国家建设需要，征用乙方承租的林地时，甲方必须协助乙方办理各种补偿手续，尽快取得补偿金，地上附着物补偿金全部归乙方所有，同时自被征用之日起，甲方必须退还被征用面积剩余年限的租金（剩余年限的租金=剩余年限×平均年租金×被征用面积）给乙方，并由甲方从国家征用土地补偿费中优先支付给乙方。

5.2 乙方的权利和义务

5.2.1 按时交纳林地租金；落实资金，搞好造林规划、设计，尽快开展造林工作。

5.2.2 在租赁期内有权自主经营、与他方合作经营或转租给他方经营。

5.2.3 乙方在租赁林地内所种植的林木全部归乙方所有，林木所有权登记在乙方名下。

5.2.4 乙方租赁经营过程中所发生的债权债务均由乙方享有和承担。

5.2.5 乙方租赁林地主要用于营造工业原料林及农业综合开发（含修建必需的房屋、设施用地）。如乙方需修建非农林开发用途的建筑物时，须自行根据国家有关的法律法规及政策办理手续。

六、违约责任

6.1 甲乙双方任何一方不履行或不完全履行本合同规定的义务，致使本合同无法履行或者无法完全履行的，违约方需赔偿守约方全部损失，相关条款已有约定的按其约定执行，没有约定的，按照《中华人民共和国民法典》的规定承担违约责任。

6.2 因甲方出租的林地不符合本合同第五条约定，导致乙方造林受阻碍或不能采伐林木的，由甲方负全部责任并全额赔偿乙方的一切经济损失。

6.3 如发生权属纠纷，村民阻挠施工、侵占承租林地等情况，甲方在一个月内未能妥善解决的，因此造成乙方经济损失，由甲方负责赔偿乙方的经济损失。如在乙方种植后发生上述情况的，甲方除赔偿乙方在此之前对该地块所投入的一切费用的经济损失外，还需赔偿乙方在承包期内经营该林地所应得的收益。

6.4 甲方单方解除合同或擅自将出租给乙方的林地另行出租、转包给他人的，甲方须赔偿乙方一切经济损失（含乙方对该租赁地投入的一切费用和乙方应得收益）。

6.5 因林地权属纠纷或侵权行为，经处理后仍不能解决的，乙方可根据可经营林地面积的情况，决定解除合同或将存在权属纠纷、侵权的林地面积从租赁面积中扣除。甲方应按实际租赁面积或扣除面积退回乙方所支付的林地租金并赔偿乙方因此而产生的一切损失。

七、合同的解除

7.1 如乙方租赁的林地____%以上被国家征用，乙方自愿放弃经营的，双方均可解除本合同。

7.2　本合同提前解除或期满终止的，做如下处理：

7.2.1　属国家征地原因致本合同提前解除的，依第五条第一款第（八）项规定处理补偿费。

7.2.2　因一方违约导致本合同提前解除的，由此造成的损失由违约方承担。

7.2.3　由于不可抗力因素使本合同提前解除的，甲乙双方协商处理或依法律规定处理。

7.2.4　属租赁期间乙方投资购置的设施、设备、建筑物、种植的林木等归乙方所有，合同期满或本合同提前解除，处置权归乙方所有；如甲方给予合理的补偿后归甲方所有。最后一期林木砍伐后，存留的竹子或林木归甲方所有，造林基地地面以自然萌芽更新植被覆盖为主。

7.2.5　合同期满终止时如甲方继续出租或转让的，在同等条件下乙方有优先租赁权或受让权。

八、合同争议的解决方式

本合同在履行过程中发生的合同争议，由双方协商解决；协商、调解不成的，约定采用如下方式解决：

□提请当地______仲裁机构仲裁；□向有权管辖的人民法院提起诉讼。

九、通知与送达

双方关于本合同履行及相关事宜的通知，应当按照本合同尾部载明的地址发出。通知一般以对方或授权代表签名或者盖章确认为准。如果以特快专递或者挂号信形式寄送的，自发出之日起第四日视为送达之日。在合同有效期内，任何一方的联系方式发生变更的，应当及时书面通知对方，否则应承担因此产生的不利后果。双方因本合同发生纠纷的，本合同中双方确认的地址可作为司法文书送达的地址。

十、其他约定

____。

十一、附则

11.1　本合同一式二份，合同各方各执一份。各份合同文本具有同等法律效力。

11.2　本合同经各方签署后生效。

11.3　本合同的附件为本合同不可分割的部分，与本合同具有同等的法律效力。附件应包括：

11.3.1　用1:10000地形图勾绘的甲方租赁林地范围示意图。

11.3.2　《土地所有权证》、《林权证》、身份证等相关资料的复印件。

11.4　本合同签署时间为：________年____月____日；签署地点：______。

甲方（签字或盖章）：

法定代表人或授权代表（签字）：

乙方（签字或盖章）：

法定代表人或授权代表（签字）：

范例22

林权转让合同

说明：

本合同适用于单位或个人将依法享有的森林、林木和林地转让给其他单位或个人时使用。转让合同，使原承包关系发生改变，且须经发包方同意并办理林权证变更登记。

甲方（出让方）：________。

地址：________。

统一社会信用代码/身份证号码：________。

联系电话：________。

乙方(受让方):________。

地址:________。

身份证号码:________。

联系电话:________。

丙方(发包方):________。

地址:________。

统一社会信用代码/身份证号码:________。

联系电话:________。

为规范森林、林木和林地流转行为,维护流转当事人合法权益,根据《中华人民共和国森林法》《中华人民共和国农村土地承包法》等有关规定,本着自愿、平等、有偿的原则,经森林、林木和林地原权利人丙方同意,甲方将以下森林、林木和林地经营权转让给乙方。现经三方协商一致,特订立此合同。

一、转让森林、林木和林地的状况

序号	林权证号	坐落小地名	面积	林种	树种	蓄积量(株数)	四至			
							东	南	西	北
1										
合计										

合计转让面积(大写):____________亩。

二、转让期限及用途

1. 森林、林木和林地承包期的剩余期限至________年____月____日。

2. 甲方应于________年____月____日之前将林地交付乙方。

3. 转让森林、林木和林地的用途:________。

三、转让价款和支付方式及时间

林权转让价款采取以下第____种方式支付,如需具体收取可在本合同第九条作补充约定。

1. 一次性付款方式。林权的转让价款在合同生效后____日内按每年每亩____元,年数____年,面积____亩,共计为____元。

2. 分期付款方式。共分为____期,每期____年,每期转让价款递增____%。合同生效后____日内由乙方向甲方一次性支付第一期的转让价款____元,以后每____年于当年____月____日前由乙方向甲方支付下一期的林权转让价款。

3. 其他支付方式:________________。

四、甲方的权利和义务

1. 甲方将上述森林、林木和林地经营权转让给乙方后,甲方与丙方在上述地块上的森林、林木和林地承包关系自行终止,不再享受和履行原有的在该森林、林木和林地上经营权利和义务。

2. 甲方按约定交付转让的森林、林木和林地。

3. 甲方确认转让给乙方的森林、林地和林木产权清晰,没有权属纠纷,不是甲方债务的抵押物。

五、乙方的权利和义务

1. 依法享有经营权、处置权和收益权。

2. 乙方在经发包方的同意下,可以对林地再次流转,但流转期限不得超过本合同约定剩余年限。

3. 依法享受国家和当地政府提供的各种支农惠农政策补贴和服务。

4. 按时向甲方支付约定的转让价款。

5. 责任山转让由乙方与丙方签订新的承包合同。

6. 依法保护和合理利用林地,不得改变林地性质。积极做好森林防火、病虫害防治及森林资源的管护工作。需采伐林木的,必须依法申请《林木采伐许可证》。

7. 法律、法规规定的其他权利和义务。

六、丙方的权利和义务

1. 协助乙方林木采伐审批、营造林规划、森林防火及森林资源管护。

2. 帮助乙方解决在合同期内林业生产上遇到的矛盾和纠纷。

3. 在流转期限内,不重复流转该林地。

4. 责任山转让由丙方与乙方签订新的承包合同。

5. 法律、法规规定的其他权利和义务。

七、违约责任

1. 甲方应按合同约定按时向乙方交付转让的森林、林木和林地,逾期一天应向乙方支付应缴纳的转让价款的____‰作为违约金。逾期____个月,乙方有权解除合同,甲方承担____元违约金,违约金不足以弥补乙方损失的,甲方应当另行补偿。

2. 甲方转让的森林、林木和林地手续不合法,或权属不清产生纠纷,致使合同全部或部分不能履行,甲方应向乙方承担____元违约金,违约金不足以弥补乙方损失的,甲方应当另行补偿。

3. 甲方违反合同约定擅自干涉和破坏乙方的生产经营,致使乙方无法进行正常的生产经营活动的,乙方有权单方解除合同,甲方应承担____元违约金或其他违约责任。

4. 乙方应按照合同规定按时足额向甲方支付森林、林木和林地的转让价款,逾期一天乙方应向甲方支付本期(年)应付转让价款的____‰作为违约金。逾期____个月,甲方有权单方解除合同,乙方应承担____元违约金或其他违约责任。

5. 合同生效期间,因丙方原因导致合同目的无法实现,丙方应当向甲方、乙方分别承担合同总价款20%的违约金。

八、合同争议的解决方式

本合同在履行过程中发生的合同争议,由双方协商解决;协商、调解不成的,约定采用如下方式解决:

□提请当地______仲裁机构仲裁;□向有权管辖的人民法院提起诉讼。

九、通知与送达

双方关于本合同履行及相关事宜的通知,应当按照本合同尾部载明的地址发出。通知一般以对方或授权代表签名或者盖章确认为准。如果以特快专递或者挂号信形式寄送的,自发出之日起第四日视为送达之日。在合同有效期内,任何一方的联系方式发生变更的,应当及时书面通知对方,否则应承担因此产生的不利后果。双方因本合同发生纠纷的，本合同中双方确认的地址可作为司法文书送达的地址。

十、其他约定

____。

十一、附则

1. 森林、林木和林地转让后，甲方应协助乙方及时向县级林业行政主管部门申请《林权证》变更登记。

2. 本合同一式四份，甲方、乙方、丙方各执一份，县级林权登记机关备案一份（如有鉴证方，相应增加一份）。

3. 本合同自甲、乙双方和丙方签章后生效，至合同期限届满后自动终止。

4. 本合同签署时间：________年____月____日；签署地点为：____________。

甲方（签章）：

签署时间：　　　　年　　月　　日

乙方（签章）：

签署时间：　　　　年　　月　　日

丙方（签章）：

签署时间：　　　　年　　月　　日

范例 23

木材（竹子、板栗等林产品）买卖合同

卖方（甲方）：

统一社会信用代码：

法定代表人：

住所地：

买方（乙方）：

统一社会信用代码：

法定代表人：

住所地：

根据《中华人民共和国民法典》及有关法律、法规的规定，本着平等、互利的原则，经买卖双方充分协商，特订立本合同，以便双方共同遵守。

第一条　标的、数量、价款

品名	品种	产地	规格	等级	单价(元)	总数量	总金额
合计人民币金额(大写)：							

（注：空格如不够用，可以另接。）

第二条　标的物的计量单位和计量方法：

计量单位：________；计量方法：________________________________

第三条　质量标准：________________________________

第四条　包装标准、包装物的供应和回收及费用负担：________________

包装标准：甲方按行业标准及符合本协议项下标的物包装的要求包装，甲方提供货物的包装材料不予收回。

因履行本合同项下标的物交付产生的包装费用，已经包含在合同价款中，不再另行产生包装费用。

第五条　合理损耗标准及计算方法：________________________

第六条　标的物的风险转移

标的物的所有权自____时起转移，但买方未履行支付款价义务的，标的物属于____所有。标的物损毁灭失的风险自____时起转移。

第七条　交(提)货方式、地点、时间、数量：

运输方式：____。

交付地点：____。

交货时间：____。

交付数量：____。

第八条　运输方式及运输费用负担：____________________________。

第九条 检验标准、方法、地点及期限：

1. 质量标准和验收

(1)甲方保证向乙方提供的货品符合国家质量要求和行业有关标准及本协议约定的数量、规格，且为合格成品。

(2)甲方将本协议项下货品的相应样品封存并邮寄给乙方，作为乙方验收时检验本协议项下货品质量标准的依据。

(3)甲方交付的货品应严格执行本协议约定的标准规格及乙方书面签字盖章确认的封存样品的质量标准，如质量不符，乙方有权拒绝接受，甲方应无条件接受退款退货。

2. 验收方法：____。

3. 验收地点：____。

4. 交货期限，甲方应当于本合同签订之日起____日内，将合同项下标的货物送达到乙方指定地点。

5. 甲方指定联系人为：________，联系方式：________；乙方指定联系人为：____________，联系方式：____________。甲乙双方指定联系人为履行本合同的代理人，未经甲乙双方书面确认，不得随意变更。因擅自变更指定联系人而导致合同争议的，由责任一方承担全部责任。

第十条 结算方式、时间及地点：________________________________。

价款采取以下第____种方式支付：

1. 一次性付款方式。合同价款在标的物交付且验收合格____日内一次性支付，共计为____元。

2. 分期付款方式。合同生效后____日内由乙方向甲方支付预付款____元，合同项下标的物交付且验收合格后____日内一次性付清剩余价款。

3. 其他支付方式：____。

4. 乙方付款前，甲方应向乙方开具付款金额等额的增值税发票。

第十一条 合同变更、解除与终止

(一)合同变更

1. 任何一方以书面形式提出变更合同内容请求时，须经双方协商一致后方可进行变更。

2. 双方协商一致变更的内容,以书面形式另行订立补充合同。补充合同约定的内容与本合同不一致的,以补充协议为主。

(二)合同解除

1. 双方经协商一致,可以解除合同。

2. 有下列情形之一的,合同当事人一方或双方可以解除合同:

(1)合同双方任何一方无故不履行合同约定内容,守约方可于逾期30日后解除合同;

(2)因不可抗力致使合同无法履行;

(3)因一方违约致使合同无法实际履行或实际履行已无必要。

3. 任何一方提出解除合同的,符合本合同约定或者合同法规定的情形的,应提前15天以书面形式通知对方。

4. 本合同解除后,本合同约定的有关费用支付、争议解决方式的条款仍然有效。

(三)合同终止

1. 除合同解除外,双方在合同约定期限内另行签署书面合同时,本合同终止。

2. 本合同按约定履行完毕后,自动终止。

第十二条　不可抗力

1. 本合同所称不可抗力是指地震、飓风、水灾、火灾等自然灾害、战争以及其他不能预见、不可避免且不能克服的客观情况。

2. 当事人因不可抗力不能履行合同的,受不可抗力影响的一方应在不可抗力发生之日起五日内以书面形式通知对方,并及时向对方提供公证机关证明事件的存在和影响的证明文件。受不可抗力影响的一方可据此免除全部或部分责任。

3. 不可抗力发生后,受不可抗力影响的一方应采取合理措施,减少损失发生。

第十三条　违约责任

1. 甲方未按约定向乙方提供标的物,除按照乙方要求退还货及赔偿乙方损失外,甲方还需承担总货款20%的违约金。

2. 甲方逾期交付货物的，应当向乙方偿付违约金，每逾期一天，按协议总金额的万分之五偿付违约金，逾期超过15天的乙方有权单方解除本协议，并可主张甲方承担乙方全部损失及协议总价款20%的违约金。

3. 乙方逾期付款的，按应付金额每日万分之五向甲方偿付逾期付款的违约金，自应付款日起计算至实际付款日止。

第十四条　争议解决

本合同在履行过程中发生的争议，由双方当事人协商解决；也可申请当地工商行管理部门调解；调解或协商不成的，按下列第____种方式解决：

（一）提交________仲裁委员会仲裁；

（二）依法向__________人民法院起诉。

第十五条　通知与送达

双方关于本合同履行及相关事宜的通知，应当按照本合同尾部载明的地址发出。通知一般以对方或授权代表签名或者盖章确认为准。如果以特快专递或者挂号信形式寄送的，自发出之日起第四日视为送达之日。在合同有效期内，任何一方的联系方式发生变更的，应当及时书面通知对方，否则应承担因此产生的不利后果。双方因本合同发生纠纷的，本合同中双方确认的地址可作为司法文书送达的地址。

第十六条　其他事项

1. 本合同自双方签字盖章之日起生效。合同正本一式两份，买卖双方各执一份，具有同等法律效力。

2. 本协议未尽事宜，经双方协商一致，可订立补充协议。双方对协议内容的变更或补充应采取书面形式，达成补充协议。补充协议与本协议具有同等的法律效力。补充协议与本协议不一致的，以补充协议为准。

3. 本合同签订地点为：____________。

卖方（章）：	买方（章）：
住所：	住所：
法定代表人：	法定代表人：

居民身份证号码：	居民身份证号码：
委托代表人：	委托代表人：
电话：	电话：
开户银行：	开户银行：
账号：	账号：
年　月　日	年　月　日

第四节　畜牧养殖法律实务及风险防范

一、畜牧养殖概述及分类

（一）畜牧养殖业概述

畜牧业产生于人类远古时代，对早期人类社会的进步具有重要意义，不断促进了人类物质精神生活的提升。我国作为全球人口较多的国家，畜牧业在国民经济中占据极为重要的地位，同时，其不仅为社会提供大量畜牧产品，还是带动种植业、饲料工业、制药工业、食品工业发展的中坚力量。大力发展畜牧业，对促进农业结构优化升级，增加农民收入，改善人们膳食结构，提高国民体质具有重要意义。

“十三五”以来，我国畜牧业取得了长足发展，综合生产能力显著提高，肉、蛋、奶等主要畜产品产量位于世界前列，畜牧业已经成为我国农业农村经济的支柱产业和农民收入的重要来源，进入了一个生产不断发展、质量稳步提高、综合生产能力不断增强的历史新阶段。畜牧业综合生产能力的不断增强，在保障国家食品安全、繁荣农村经济、促进农牧民收入增长等方面发挥了重要作用。

2021 年 2 月 21 日，“中央一号文件”中共中央、国务院《关于全面推进乡村振兴加快农业农村现代化的意见》强调要以习近平新时代中国特色社会主义思想为指导，全面贯彻中共十九大和十九届二中、三中、四中、五中全会精神，认真落实党中央、国务院决策部署，牢固树立新发展理念，以实施乡村振兴战略为引

领,以农业供给侧结构性改革为主线,转变发展方式,强化科技创新、政策支持和法治保障,加快构建现代畜禽养殖、动物防疫和加工流通体系,不断增强畜牧业质量效益和竞争力,形成产出高效、产品安全、资源节约、环境友好、调控有效的高质量发展新格局,更好地满足人民群众多元化的畜禽产品消费需求。

2021 年,国务院《关于促进畜牧业高质量发展的意见》指出,要坚持市场主导、防疫优先、绿色发展、政策引导。要严格以地定畜、以种定养,从源头减量、过程控制、末端利用等环节协同发力,构建生产生态共进的畜牧业发展格局,加快补齐粪污收集处理、粪肥施用设备、种养循环等方面的机械化短板。全面实施新一轮畜禽遗传改良计划和现代种业提升工程。支持种业龙头企业建立健全商业化育种体系,加强制种基地和良种繁育体系建设。全面树牢畜牧业绿色发展理念,加强畜禽粪污资源化利用,畜禽粪污资源化利用是畜禽养殖业污染防治最为经济有效的途径。

(二)畜牧养殖业分类

根据国家统计局公布的畜牧业养殖相关分类来看,畜牧养殖主要分为牲畜出栏量与畜产品产量。其中,牲畜出栏量包括大牲畜出栏量、猪、羊、家禽、兔等;畜产品产量包括奶类产量、羊毛产量、山羊绒产量、蜂蜜产量、禽蛋产量、蚕茧产量。

二、畜牧业发展中存在的问题及政策分析

近年来,我国畜牧业综合生产能力不断增强,在保障国家食物安全、繁荣农村经济、促进农牧民增收等方面发挥了重要作用,但也存在产业发展质量效益不高、产业结构和布局不合理、生产方式落后、支持保障体系不健全、抵御各种风险能力偏弱等突出问题。

根据查找相关案例,目前畜牧养殖业主要涉及的法律问题有违反规定销售和使用种畜禽、禁止区域内建设畜禽养殖场或者养殖小区、违反规定使用饲料或饲料添加剂或农药、畜牧兽医行政主管部门的工作人员的违法行为。笔者将畜牧养殖业面临的主要问题及解决方向归纳如下:

1. 畜牧养殖业机械化水平低,需通过采购先进设备,提供畜牧业的机械化水平

在我国畜牧业发展初期,大部分畜牧所需的机械是从国外引进的。20 世纪

60年代，世界发达国家开始将高新技术运用在畜牧业中，逐步向自动化、专业化的方向提升。但我国的畜牧业机械中产品加工机械发展较快，但牧草以及饲养的机械化水平有待提高，而机械化水平低不可避免地会对生态环境造成一定的影响。

2020年9月，国务院办公厅印发《关于促进畜牧业高质量发展的意见》，该意见将促进畜牧业高质量发展工作聚焦到畜牧业的机械化水平。该意见提出制定主要畜禽品种规模化养殖设施装备配套技术规范，推进养殖工艺与设施装备的集成配套。

2021年1月，农业农村部农业机械化管理司与农业农村部畜牧兽医局联合印发《关于推介一批畜禽养殖机械化典型案例的通知》，遴选出20个畜禽养殖机械化典型案例。案例涵盖生猪、肉鸡、蛋鸡、奶牛养殖机械化等。

畜牧业的发展离不开机械化的支撑。据相关调查报告显示，在畜禽养殖环节，先进饲喂设备加快普及，年出栏5万只以上肉鸡养殖场饲喂机械化率达到64%，全国70%以上的规模奶牛牧场配备了全混合日粮搅拌车。在产品收集环节，大型蛋鸡企业自动集蛋装备应用比例达70%。全国机械化挤奶率达95%，规模牧场全部实现机械化。在饲草料加工环节，全程机械化水平大幅度提高。粮改饲项目省区以机械化为基础的饲草专业化服务组织达801家，养殖合作社达4210家。

为解决畜牧养殖业机械化水平低的现象，根据现实情况及现行政策，需要我们通过采购先进设备，提高畜牧业的机械化水平，从而达到提高畜牧业养殖水平、保护生态环境。结合现阶段畜牧业发展对于机械设备不断增大的需求量，笔者拟定设备采购安装合同供参考。

2. 政企深度合作，助力乡村振兴

2021年是"十四五"规划开局之年，也是全面深化农村经济体制改革及"三农"经济发展的关键时期。助力乡村振兴战略的贯彻落实，促进畜牧业进一步发展，需要政府解决畜牧业在发展过程中面临的资金、土地、环保等问题，为畜牧业争取相关的政策支持。在此基础上，需要政府不断招商引资，为农村的发展建设引进优质合作、优质项目。故，笔者拟定政府与企业间的投资合作协议及项目合作协议书供参考。

3. 聚焦畜禽养殖废弃物资源化利用

我国现行政策要求大力推进畜禽养殖废弃物资源化利用、促进农牧循环发展，全面提升绿色养殖水平。支持符合条件的县（市、区、旗）整县推进畜禽粪污资源化利用，鼓励液体粪肥机械化施用。对畜禽粪污全部还田利用的养殖场（户）实行登记管理，无须申领排污许可证。完善畜禽粪污肥料化利用标准，支持农民合作社、家庭农场等在种植业生产中施用粪肥。统筹推进病死猪牛羊禽等无害化处理，完善市场化运作模式，合理制定补助标准，完善保险联动机制。

科学布局畜禽养殖，促进养殖规模与资源环境相匹配。缺水地区应重点发展羊、禽、兔等低耗水畜种养殖，土地资源紧缺地区应采取综合措施提高养殖业土地利用率。严格执行饲料添加剂安全使用规范，依法加强饲料中超剂量使用铜、锌等问题的监管。加强兽用抗菌药综合治理，实施动物源细菌耐药性监测、药物饲料添加剂退出和兽用抗菌药使用减量化行动。建立畜牧业绿色发展评价体系，推广绿色发展配套技术。（后附笔者拟定的技术服务合同供参考）

4. 完善配送体系，拓展销售网络

国务院办公厅《关于促进畜牧业高质量发展的意见》提出要加快构建现代加工流通体系。提升畜禽屠宰加工行业整体水平、加快健全畜禽产品冷链加工配送体系、提升畜牧业信息化水平、统筹利用好国际国内两个市场、两种资源。引导畜禽屠宰加工企业向养殖主产区转移，推动畜禽就地屠宰，减少活畜禽长距离运输。鼓励屠宰加工企业建设冷却库、低温分割车间等冷藏加工设施，配置冷链运输设备。推动物流配送企业完善冷链配送体系，拓展销售网络，促进运活畜禽向运肉转变。规范活畜禽跨区域调运管理，完善"点对点"调运制度。倡导畜禽产品安全健康消费，逐步提高冷鲜肉品消费比重。

实践中，在畜牧产品运输过程中，常出现因运输合同约定不清晰导致发生纠纷后无据可依。因此，笔者拟定产品运输合同供参考。

典型案例21之×省精气神有机农业股份有限公司——智慧化养殖管理、打造山黑猪高效养殖模式

×省精气神有机农业股份有限公司（以下简称精气神公司）是集山黑猪种猪繁育、商品猪养殖、饲料生产、屠宰分割，肉制品加工、销售和带动农户经营于一体的农业产业化国家重点龙头企业。在×省建有7座现代化养殖场和××智慧有机生态产业示范基地。共计存栏核心群种猪3000头,父母代种猪8500头,年可出栏20万头高品质商品黑猪。2018年公司引入×××农牧智慧养殖管理系统,投入资金2300万元、技术人员20人,对位于××省长×××山腹地的养殖场116栋猪舍进行了智能化改造,全面采用神农大脑(AI)、神农物联网设备和神农系统所独创的养殖巡检机器人、养殖饲喂机器人、农牧AI摄像头等先进技术设备,实现了养殖基地智能化、数字化和物联网化。粪污资源化利用方面建立有机肥厂,进行有机肥生产,实现种养结合。

2019年,公司直接、间接带动农户3755户,平均每户利润19.8万元,充分发挥龙头企业的示范带头作用和社会责任。采用"种养结合"的方式不仅解决了企业生猪养殖粪污问题,而且解决了××县境内玉米秸秆、木耳菌棒等农业废弃物问题。通过补充资源维持土壤地力,为种植作物提供养分,而补充的资源又来自生产体系内的废弃物,在高效率技术和装备的支持下,完成形态转换重新成为极低成本的生产资源,实现生物量全利用,即在保证土壤生态资源不被掠夺性使用的前提,实现更高品质和更高产出,有效推动产业的可持续发展。

典型案例22之××省××市××区人民检察院诉××区畜牧业管理局行政公益诉讼案

××省××市××区人民检察院在办理刑事案件中,发现××区畜牧业管理局对顾某某擅自改变草原用途未及时恢复植被的行为,未依法履行监管职责损害了社会公共利益。2015年春季,顾某某未经任何部门审批,私自将位于××种羊场××农场南侧草原非法开垦。××区畜牧业管理局接到群众举报后,由该区草原站执法人员进行了现场勘查。经勘查,被破坏草原性质为国有,面积为10.068公顷。2015年7月8日,××区畜牧业管理局将该案移送公安机关侦查,并告知了顾某某,但未责令其将破坏的草原恢复植被。2017年9月14日,××市公安局××分局以顾某某涉嫌非法占用农用地罪,将案件移送××区人民检察院审查起诉。至移送时,顾某某破坏的草原植被仍然未有效恢复,严重破坏了生态资源,国家和社会公共利益受到侵害,××区畜牧业管理局对此没有采取监督管理措施。

典型意义：

检察机关提起公益诉讼的前提是公共利益受到侵害，非法开垦草原的违法行为，使草原的生态服务功能遭到毁坏，侵害了公共利益，通过提起公益诉讼，有利于督促行政机关依法行政，恢复被破坏的草原植被，对保护自然环境和生态安全具有重大意义。

三、与畜牧养殖相关的合同模板（范例）

畜牧养殖产业虽相对比较成熟，但随着社会的不断发展，市场经营活动的能力不断增强，现阶段已与以往传统意义上的放牧养殖大不相同。现实中，为了能够带动更多的农民群众摆脱贫困、实现富裕，有的地方政府部门会考虑有效利用乡村振兴专项资金，搭建规模化畜牧养殖产业平台，引进拥有先进技术的社会企业，以投资合作的方式招商引资，利用企业资源优势和管理模式，带动农民群众提升畜牧养殖能力及拓展市场销售渠道。该种做法符合乡村振兴战略的基本方向，但是在实践中，如果对于相关流程和环节把控不严，监管不力，也可能导致合作目的无法实现的消极后果。鉴于此，列举几份与畜牧养殖相关的合同文本，以供参考。

范例 24

设备采购安装合同

甲方（买方）：______________________________

乙方（卖方）：______________________________

根据《中华人民共和国民法典》及有关法律法规的规定，本着平等、自愿、诚实守信的原则，甲乙双方就________产品采购事宜订立本合同，以兹共守。

一、设备采购清单

设备采购清单							
序号	名称	型号	厂家	数量	单价	金额	备注
1							
2	小计						
3	税费						
4	总计报价						
5	合　计						

备注:以上清单价格已包含设备的安装、调试等费用。

二、供货期

乙方应在____日内完成标的货物的交付,并于________年____月____日前完成全部设备的安装。

调试期:完成安装后15日历天内,乙方完成全部设备的调试并保证验收合格。

三、设备交货、包装、运输及保管

1. 乙方负责将标的设备运输至甲方指定地点,即__________,运输方式为:__________。

2. 标的设备的保管及包装。

(1)标的设备发运前,由乙方负责包装及保管。乙方提供的标的设备应为原厂包装,能够防止货物在运输中损坏或变质,从而保护货物能够经受多次搬运、装卸及长途运输。乙方应承担因包装或防护措施不当所造成任何损失的责任。

(2)乙方货物运输过程中产生的运输费、保险费、检验费、检疫费、包装费等所有费用均由乙方承担,甲方不再另行支付相应费用。

(3)乙方负责所有设备到达现场后的卸货、仓储、保管,并承担因此产生的费用。

(4)设备验收前的货物损毁灭失的风险由乙方承担,设备验收、使用后货物损毁灭失的风险由甲方负责。

四、合同价款及支付方式

1. 合同价款

本合同双方确定的合同总价款为人民币(大写)____________元(¥______元)。本合同价款包括全部设备购置费、安装费、调试费、各项运杂费、人员培训费、各种税费等费用。

2. 支付方式:

(1)甲乙双方签订合同____日内付合同总价的30%,即____,作为预付款。

(2)标的设备到达甲方指定地点并完成与甲方初步验收(对标的货物的数量、包装、外观、产品合格证进行验收)后,甲方支付合同总价的30%,即____。

(3)乙方将设备安装调试完成并验收合格后,甲方付至合同总价的95%,即____。

(4)剩余5%的合同款作为质保金,待质保期满后,若未出现质量问题,由甲方一次性无息退还乙方。

(5)乙方应于每次甲方付款前,向甲方开具税率为____%的合格的增值税发票,甲方见票付款。若乙方未开具发票,甲方有权拒绝付款。

五、质量标准

1. 乙方提供的货物必须符合中华人民共和国国家安全环保标准、国家有关货物质量认证标准、行业标准及双方签订的技术文件资料要求等。

2. 乙方提供的货物(含备品配件、专用工具等)必须是合同约定的全新、表面和内部均无瑕疵的货物。未经甲方书面许可,乙方不得以任何形式更换生产厂家或标的物。

3. 乙方应采取相应措施对货物进行包装,确保货物在正常运输和装卸条件下安全无损地到达合同指定地点。包装物不计价、不返还。包装箱应注明生产厂家、生产许可证号、货物批准文号、生产批号、生产日期等。

4. 乙方须提供符合国家标准和合同约定的材料、设备,凡出现材料、设备不符合质量要求或规格有差异,应不予使用。

六、设备验收及验收标准

1. 设备出厂前进行出厂前检验,并出具合格证。乙方送货时应提供相应的送货单或发货清单与相应检验证书等，否则甲方有权拒收；货物到货后2日内，甲、乙双方对实际交付货物的外观质量、数量、品种、型号或规格进行初步检验，如有与合同规定不符之处，乙方应在7日内负责处理，否则视为默认甲方提出的异议及处理意见。甲方对货物外观和数量的检验不视为对货物质量的确认。

2. 货物经甲、乙双方验收合格后签发验收合格证明书，验收合格证明书上应有甲、乙双方授权代表的签字或盖章。若经验收货物不合格的，乙方应于3日内无条件、无偿给予更换，并承担因此产生的所有费用，包括但不限于货物费用、运输费用、人工费用等。

甲方指定授权代表为：__________，联系电话：____________；

乙方指定授权代表为：__________，联系电话：____________。

3. 货物经甲方验收合格，并不免除乙方的货物质量责任。若标的货物在国家规定或约定的质保期内使用过程中出现问题，乙方负责保修并承担全部费用（人为原因除外），但乙方能够证明非质量问题的除外。

4. 货物验收合格单签收后乙方安装调试完毕，交于甲方正常使用运行。

七、质保期

1. 乙方在交付产品的同时应向甲方交付与该产品相关的全部单证和资料。

2. 乙方对提供的合同项下的全部货物实行12个月质量保证。质保期限从验收合格之日起计算。质保期内，乙方提供电话支持、现场服务等服务。

3. 质量保证期限内，甲方正常使用货物出现质量问题，乙方应在收到甲方通知之日起2日内进行维修，乙方若不积极配合维修，甲方有权自行委托第三方进行修复，由此产生的费用由乙方承担，甲方有权从质保金中扣除。质保期内，乙方免费为甲方更换正常使用下损坏的配件。

4. 超过质保期需更换材料的，乙方只收取成本（按质保期外当时成本核算）费用。

八、双方的权利和义务

（一）甲方的权利义务

1. 负责按照合同约定的时间组织和签收到货签单、实施中的供货增项签单等。

2. 按合同的约定条款按时支付标的设备款。

3. 甲方未能履行上述各项义务，导致交货期延误并给乙方造成损失的，甲方赔偿乙方相关损失，顺延延误的交货期。

（二）乙方的权利义务

1. 乙方保证所供设备的性能质量必须满足本合同约定和国家、行业相关标准的要求。

2. 乙方保证所提供的技术文件（设备说明书及备品备件图纸清单）和所供设备的一致性，并对上述技术文件的完整性和正确性负责。

3. 乙方确保完成安装并交付使用，保证正常投入使用运行。

九、知识产权与保密

1. 乙方承诺向甲方提供的设备无任何权利瑕疵，未侵犯任何第三方权利。甲方在使用设备过程中，若有任何人对甲方使用的设备主张权利，均由乙方负责处理并承担相应责任。因此给甲方造成的损失，由乙方全部承担。

2. 甲乙双方对本合同内容及履行本合同过程中知晓的对方保密信息应承担保密义务，一方违反保密义务，除应立即停止违约行为、赔偿对方因此遭受的损失外，还应承担____万元违约金。

十、合同的变更和解除

1. 经双方协商一致，可以变更或解除本合同；变更或解除本合同应当采用书面形式。

2. 因一方严重违约导致合同确实无法履行的，守约方可以单方解除本合同，违约方应当承担违约责任，赔偿守约方的经济损失。

3. 乙方延期交货超过____日的，甲方有权单方面解除本合同。

十一、违约责任

1. 乙方逾期交付货物的，每逾期一日，应承担合同总金额万分之五的付违约金。

2. 货物验收不合格，乙方未在甲方限定的期限内完成修复或更换货物的，或者货物经修复或更换后重新验收仍不合格的，或者在质保期内经2次更换产品质量仍不符合合同规定的，甲方有权按合同总金额的20%向乙方收取违约金,给甲方造成损失的,还应赔偿甲方的全部损失。

3. 乙方交付货物的品质、性能、技术标准、质量要求不符合合同约定的,应无条件按甲方要求进行修复或者更换,若乙方拒不修复或更换的,甲方有权要求乙方承担合同总金额的20%的违约金。

4. 若甲方逾期付款,每逾期一日,应承担应付未付款项万分之五的违约金。

十二、争议解决

合同期内,双方发生争议,应协商解决,协商不成,向________所在地人民法院起诉。

因实现本合同争议债权发生的费用(包括但不限于违约金、诉讼费、律师费、差旅费、执行费、调查费、保全费、诉讼担保费、送达费、鉴定费等)由违约方/败诉方承担。

十三、通知及送达

双方关于本合同履行及相关事宜的通知,应当按照本合同尾部载明的地址发出。通知一般以对方或授权代表签名或者盖章确认为准。如果以特快专递或者挂号信形式寄送的,自发出之日起第五日视为送达之日。在合同有效期内,任何一方的联系方式发生变更的,应当及时书面通知对方,否则应承担因此产生的不利后果。双方因本合同发生纠纷的,本协议中双方确认的地址可作为司法文书送达的地址。

十四、不可抗力

本合同所称不可抗力是指地震、飓风、水灾、火灾等自然灾害、战争以及其他不能预见、不可避免且不能克服的客观情况。

当事人因不可抗力不能履行合同的,受不可抗力影响的一方应在不可抗力发生之日起十日内以书面形式通知对方,并及时向对方提供公证机关证明事件的存在和影响的证明文件。受不可抗力影响的一方可据此免除全部或部分责任。

不可抗力发生后,受不可抗力影响的一方应采取合理措施,减少损失发生。

十五、其他条款

1. 本合同未尽事宜,由双方协商签订补充协议。补充协议与本合同具有同等法律效力。补充协议与本合同不一致的，以补充协议为准。

2. 本合同一式四份，甲乙双方各两份，具有同等效力。本合同经双方法定代表人或授权代表签字并加盖公司公章后生效，自甲乙双方全部义务履行完毕之日终止。

3. 本合同签订地点：____________，签订时间：________年____月____日。

甲方（盖章）：　　　　乙方（盖章）：

法定代表人（授权代表）：　　　　法定代表人（授权代表）：

联系地址：　　　　联系地址：

联系电话：　　　　联系电话：

邮　　箱：　　　　邮　　箱：

范例 25

投资合作协议

甲方：

乙方：

为了促进某某市（乡/镇）经济社会快速健康发展，按照国家产业政策导向，乙方在实地考察并充分论证的基础上，自愿在某某市投资某某项目。甲、乙双方根据国家相关法律法规的规定，本着平等自愿、互惠双赢的原则，达成并订立如下协议条款：

一、项目基本情况

（一）项目名称：

（二）项目选址：

（三）用地规模：项目总体用地约为____亩

（四）项目投资规模及建设内容：

（五）投资方式：

（六）经营范围：

（七）社会效益：该项目建成后计划实现年营业额________万元人民币，解决当地就业人数________人左右。

二、项目建设工期

项目建设：工期为____个月。计划从________年____月____日起至______年____月____日止。具体施工时间以施工许可证为准。若无特殊原因，乙方最迟应于________年____月____日前完成项目的前期建设工作。

三、项目运行方式及方法

（一）本项目由乙方负责全额投资建设，实行自主经营，自负盈亏，并独立承担项目建设和经营活动中的法律责任。

（二）乙方按照某某市发展总体规划、项目规划编制项目可研报告，并按项目建设基本程序报行业主管部门审批或核准后建设。

（三）甲方以挂牌出让方式提供该项目所需用地，乙方必须按照该宗地挂牌出让文件的规定参与竞买获得。土地性质、土地出让面积、土地总价款、土地出让方式、付款方式及出让时间以乙方与某某自然资源局签订的国有土地出让合同为准。

（四）项目用地的地面建筑物甲方以国有资产处置规定和程序向乙方提供经营活动场所，乙方必须按照国有资产相关处置文件的规定参与购买获得（具体以国有资产相关处置文件为准）。

四、双方的权利和义务

（一）甲方配合乙方办理项目投建所需的各项前置审批手续（含立项、规划、施工许可、消防、环评、林业、应急），做好项目建设的跟踪服务，办理各项前置审批手续，甲方负责并确保水，电，路能够通至该项目所在地块，水电费用符合扶贫政策条件的按照国家扶贫政策执行，所需的费用由乙方承担。乙方必须在项目建设许可手续完善后方可开工建设。

（二）甲方应帮助协调企业在用水、用电方面，享受到政策规定的最低优惠价格。

（三）甲方应在法定范围内协调某某市发改委，做好企业按照国家的政策得到相应的项目建设补贴,并负责落实乙方从项目立项到投入运营后按国家政策应享受的所有补贴。

(四)甲方有权对乙方的建设经营活动进行检查指导,并督促其履行本协议约定的义务。

(五)甲方负责协助处理乙方在项目建设、开发经营过程中的矛盾纠纷,依法严惩强装强卸、强行承包工程等违法行为,为乙方的生产经营创造良好的投资环境,切实保证乙方建设项目的顺利进行。

(六)乙方实施本项目,所有建设、生产、经营各项规费和税费必须依法缴纳到某某市。

(七)乙方规划设计方案(含项目平面规划设计图、鸟瞰图、主要单体建筑立面效果图)以及项目建设方案报甲方的相关职能单位及部门审查,实施项目必须按甲方规划部门批准同意的规划建设方案进行建设。

(八)乙方须自觉接受和配合甲方有关部门的监督管理,建立健全各项安全制度和遵守疫情防控方面的政策及要求,加强安全生产管理,防止安全事故、环境污染事件发生。如出现安全事故和环保污染事件由乙方全权负责并承担全部赔偿责任。

(九)乙方所投资的本项目承诺无条件配合环境评估和安全生产评估通过,如未通过,甲方有权责令乙方整改,直到达标通过为止,一切损失由乙方自己承担。排放指标必须达到国家规定的标准,依法生产经营、自负盈亏、独立承担经济、民事等法律责任。若乙方连续____月排放指标未达标,乙方除应立即采取补救措施外,还应承担因此造成的全部责任。甲方有权考虑是否解除本合同。

(十)乙方不得以本项目进行非法活动,若有违法行为,由乙方承担全部责任及后果。

(十一)乙方必须依法用工并配合当地政府解决当地农民就业,不得拖欠务工人员工资。乙方应保证解决某某市本地户籍劳动就业人口不少于____人,且能够稳定就业并签订《劳动合同》,每月不得低于____元的保底工资,缴纳社会保险,实现规范化用工管理,并建立工资合理的增长机制,确保企业正常运行。

（十二）乙方在本协议签订后30个工作日内，在某某市依法注册具有独立法人主体资格的企业，新注册企业承接乙方与甲方所签协议的权利和义务并负责本项目的建设、经营、管理。新注册公司应依法合规经营，依法纳税，依法保障用工人员劳动报酬及必要保障措施，依法履行维稳、消防、安全生产、卫生防疫、爱国教育等企业社会责任，履行防疫、环保主体责任。公司要教育本企业员工严格遵守和执行综合治理、平安建设、计划生育、安全生产、疫情防控、宗教管理、民族团结等相关规定。如因违反以上政策要求产生的一切损失均由乙方承担。乙方应对新注册企业的一切风险承担连带责任。

（十三）乙方新注册企业的法定代表人应当确定符合条件的人员，新注册企业若更换法定代表人需先行向甲方告知并征得甲方同意。若乙方擅自更换法定代表人，应承担____万元违约金。

（十四）乙方按照国有资产处置规定和程序缴清土地款项后，甲方依法协助乙方办理相关证件。

（十五）甲方有权对乙方新注册公司运行后的情况进行评估，如存在以下任一情形，视为乙方违反协议，甲方有权单方解除本协议并收回乙方的特许经营权：

1. 自签订本协议后无正当理由____日内公司未注册成立并获得开展生产的一应合法有效手续的；

2. 公司成立后____日内未正常生产运行的；

3. 公司成立后每6个月内无正当理由累计3个月未生产运行；

4. 公司无故或恶意拖欠员工薪资累计达2个月；

5. 乙方投资规模未达到本合同约定的进度及规模，经甲方书面催告达3次的；

6. 乙方未按本协议约定的经营范围开展经营活动，经有关主管部门出具整改通知或作出书面决定的。

五、违约责任

（一）非因不可抗力因素，乙方取得建设用地使用权证后，未在国家法律规定或双方约定的期限内完成项目建设及投产，可由相关职能部门依法处理。

（二）在项目实施期间，乙方因违法违规生产，被相关职能部门依法责令永久关停时，甲方有权解除协议，自解除通知到达对方时本协议终止，且不负责任何赔偿责任。乙方依法取得的土地使用权及地上附着物在本协议解除之日起____个月内自行处置，逾期未经过处置的，由甲方按照相关法律法规进行处置，扣除甲方因处置花费的费用外，剩余所得款项归乙方所有。

（三）如因乙方原因导致本协议解除，乙方所办理的所有已核准或审批的前期手续由作出核准或审批的部门依照法律法规规定进行处理，甲方不负责任何赔偿责任。

（四）项目投产后，若因乙方资质不符合要求或运行能力不能满足市场需要等原因，致使甲方或第三方遭受任何损失的，由乙方承担全部赔偿责任。且甲方有权解除本协议并收回特许经营权。

六、优惠政策

乙方在某某市投资经营，可依法享受某某地招商优惠政策。乙方申请享受当地优惠政策，甲方可在法律规定范围内提供协助。

七、争议解决

（一）本协议若与现行有关法律法规相抵触，则按照法律法规有关规定执行。

（二）在履行本协议过程中，双方如发生争议，应协商解决。无法通过协商解决，或协商解决不成时，任何一方均可以向项目所在地具有管辖权的人民法院提起诉讼。

八、不可抗力

如在履约期间发生不可抗力事件（指台风、洪水、地震等自然灾害和国家法律法规、政策因素等），导致本协议不能正常履行的，由甲、乙双方协商解除协议，自解除通知到达对方时本协议终止，双方均不承担任何法律责任。乙方已取得的建设用地使用权及地上所有资产仍归乙方所有，乙方有权依法转让或出租。

九、通知及送达

甲乙双方合同约定的通知和送达事项均以下列联系方式为准，甲乙双方可任意选择其中一种联系方式，联系方式有且仅有电子邮件和邮寄两种。通知或送达后，无论双方是否实际阅读，视为已经完成送达，发生法律约束力。

双方发生诉讼，以双方约定的下列联系方式为司法机关送达司法文书的地址：

甲方联系人：　　　　　　　　乙方联系人：

甲方联系地址：　　　　　　　乙方联系地址：

甲方联系方式：　　　　　　　乙方联系方式：

甲方邮箱：　　　　　　　　　乙方邮箱：

十、其他约定

（一）本协议未尽事宜，由甲、乙双方另行商定，并以书面形式补充，补充协议与本协议具有同等法律效力。补充协议与本协议不一致的，以补充协议为准。

（二）本协议一式四份，甲乙双方各持两份，具有同等法律效力，本协议自双方法定代表人或授权代表签字并加盖公章之日起生效。

甲方：　　　　　　　　　　　乙方：

法定代表人：　　　　　　　　法定代表人：

或　　　　　　　　　　　　　或

委托代理人：　　　　　　　　委托代理人：

年　　月　　日　　　　　　　年　　月　　日

签订地点：

范例 26

××项目合作协议

甲方名称：

法定代表人：

地址：

联系电话：

乙方名称：

法定代表人：

地址：

联系电话：

一、签约背景

为贯彻落实党中央、国务院乡村振兴决策部署，甲、乙双方本着自愿、共享的原则，根据《中华人民共和国民法典》《中华人民共和国乡村振兴促进法》等有关法律、法规之规定，就育××××项目（以下简称“项目或本项目”）达成如下协议条款，以兹双方共同遵守执行。

二、协议主体

2.1　甲方系项目实施组织协调、监督单位，目的在于集合松散养殖户力量，依法依规并按照政策法规要求，将有限资源整合与投资商（项目实施单位）开展合作，打造×××养殖户供销供应链作为项目实施，降低养殖成本、减少养殖风险，加快致富。

2.2　乙方系甲方经开展尽职调查认可的项目实施单位。在乡村振兴工作中积累了丰富经验，能有效带动农户致富。

三、合作项目

甲、乙双方合作经营××托养项目。即甲方整合使用各类资金投资建设饲养基地资产，按照产权清晰、责任明确的原则，交由乙方使用实施项目。从而达到考核要求的致富目的和指标。

四、项目期限

本协议甲方将×××饲养基地以租赁方式交由乙方经营管理，合作期限为____年，自________年____月____日起至________年____月____日止。协议期满，经双方协商一致，可续签协议。

五、项目总投资及进度安排

5.1 项目总投资约________万元，其中甲方投资________万元，乙方投资________万元。

5.2 甲乙双方按照分别投资、共同建设的方式，建设×××项目饲养基地，各自对所投入资产享有产权，双方投资内容需在________年____月____日前全部完成。

5.3 甲方投资________万元建设内容如下：

5.4 乙方投资________万元建设内容如下：

六、合作模式和收益分配

6.1 合作模式

6.1.1 甲、乙双方合建扩繁饲养基地前提。本项目建成后可直接带动当地农民群众就近就地就业，直接参与到养殖过程中，进一步增加人均收入。同时，有利于农业产业结构调整，使农民群众掌握一定的×××养殖技术及管理技术，增强致富奔小康的信心，激发贫困户脱贫致富的内生动力，同时对维护社会稳定，促进民族交融交流，巩固民族团结，实现社会持续稳定和长治久安，实现经济健康发展，农民群众长期稳定增收，将起到极大的促进作用。项目建成后，政府投资部分产权归村集体所有，由企业有偿使用。企业投资部分，产权归企业所有，企业自主经营，自负盈亏。

6.1.2 合建育扩繁饲养基地。甲方计划出资________万元与乙方合作建设扩繁羊饲养基地，日常经营管理由乙方全权负责，甲方负责监督协调。合作期限届满，甲方无偿收回归甲方所有资产。乙方按________支付固定收益。

6.2 收益分配

甲乙双方经一致确认，本项目产生的收益分配比例及计取方式为：________。

6.3 收益支付方式

乙方应当按照双方约定的期限，将本协议约定的固定收益按时转账支付至托养农户的账户，或经托养农户授权，也可转交甲方或村委会代为支付。

七、产权界定

7.1 甲方投资权属

按照本协议第5.2条约定，甲方投入资金建设的养殖场地等形成的资产权属属于甲方或村委会所有，根据甲方或村委会的决策意见行使权利。

7.2 乙方投资权属

乙方自筹资金，购买土地建设办公楼、饲草棚等所形成的资产，建设完成后，产权归乙方所有，甲方在法律规定范围内协助乙方办理相关权属登记。

7.3 权属登记及禁止

甲、乙双方对各自投资所形成的土地及地上资产分别登记且享有权利。甲方投资形成的资产在项目合作期间授权由乙方统一经营管理使用，合作期间，乙方对甲方所有权或建筑物及其附属设施享有使用、收益的权利。非经甲方书面同意，乙方不得对外抵押、出租、转让或作出其他损害归甲方资产及其附属设施安全的行为，若乙方违反约定，即视为违约，应承担________万元违约金。

7.4 装修及添附归属

乙方使用甲方资产期间，经甲方书面同意，有权对甲方资产进行装修或者添附，费用由乙方承担。乙方出资添附的未与甲方资产形成附合部分的资产归乙方所有，形成附合部分的资产归甲方无偿所有。使用期间，乙方必须爱护甲方资产，乙方任何投资或装修行为不得破坏甲方原有资产的主体结构和建筑安全，否则，甲方有权立即收回，并要求乙方承担全部损害赔偿及违约责任。

八、资金的使用和管理

8.1 甲方的资金使用仅限项目发展所用，不得对外提供担保，不得以项目资产设定他项权利。

8.2 甲方可向乙方派驻财务管理人员进行财务监管，监管方式由甲、乙双方协商确定。

8.3 如发现乙方存在侵占、挪用、抽逃资金，或制造虚假债务、转移项目实施损害相关财产等违法行为，甲方有权通过法律程序处理，涉嫌犯罪的应移交公安机关。

九、甲方的权利义务

9.1 甲方授权饲养基地由乙方负责经营、管理等日常事务,甲方应支持乙方独立自主经营,以确保养殖安全。

9.2 甲方有权对乙方的托养行为、经营过程进行正常的监督,有权要求乙方定期或不定期汇报有关饲养××的养殖情况。

9.3 甲方不得干涉乙方正常的经营活动。

9.4 甲方投资所形成的全部资产归甲方所有。

十、乙方的权利义务

10.1 乙方依法享有独立自主的经营决定权。

10.2 乙方应按本协议约定按期足额向甲方支付固定收益。

10.3 乙方利用自有资金修建的饲养基地、办公楼、配套设施设备及出让土地等相关法定权益归乙方所有。

10.4 本协议合作期限内,乙方自主经营、自负盈亏,防疫、运行等全部风险由乙方自行承担,与甲方无关。乙方出现任何风险(不可抗力原因除外)均不影响本合同项下甲方获得约定比例收益的权利。

10.5 乙方在经营过程中,应定期即每月向甲方书面汇报生产经营情况。如有发生疫病,特殊灾害性等风险,应在5日内向甲方通报情况。

10.6 本协议合作期限内,甲方除人为故意导致××死亡、灭失的风险外,其他全部风险均由乙方自行承担。

10.7 乙方应当为全部×××投保足额家畜保险(承保范围包括但不限于疫情、丢失、被盗等),如因乙方未投保或未足额投保导致×××死亡、灭失等全部风险及损失由乙方自行承担。

10.8 乙方应依法合规经营,依法纳税,依法保障用工人员劳务收入及必要保障措施,认真履行维稳、消防、安全生产、卫生防疫、爱国教育等企业社会责任,履行防疫、环保主体责任。

10.9 乙方经营期间必须爱护甲方所有的养殖基地,确保基地内相关设施的完好无损(自然损耗不计);经营期间如造成人为损坏,由乙方负责修缮、原价赔偿。

十一、违约责任

11.1　因乙方将投资大量资金且投资回报周期较长，故双方明确，除非军事战争、自然灾害或本协议约定的解除情形外，甲方不得提前终止协议，如甲方违约，甲方须赔偿乙方的经营损失。

11.2　合作期间，乙方逾期向甲方支付约定固定收益等协议约定的费用，每逾期一日乙方应向甲方支付欠付费用总额万分之五的违约金。

11.3　合同生效期间，乙方未按约定履行义务，导致托养牲畜死亡、丢失、患病的，应当按照市场价格向托养农户承担经济赔偿责任，因此出现本合同约定违约情形的，还应向甲方承担违约责任。

11.4　合同生效期间，乙方提前解除合作的，应当向甲方承担合作期内固定收益总额20%的违约金，由此给托养农户造成经济损失的，乙方还应向托养农户承担赔偿责任。

十二、争议解决

本协议履行过程中，如发生争议，各方应友好协商解决；协商不成的，应向合作项目所在地人民法院提起诉讼。

因实现本协议争议债权发生的费用（包括但不限于违约金、诉讼费、律师费、差旅费、执行费、调查费、保全费、诉讼担保费、送达费、鉴定费等）由违约方/败诉方承担。

十三、合同的变更与解除

本协议一经签订，即具有法律约束力，任何单位和个人不得随意变更或者解除。经甲、乙双方协商一致或因不可抗力不能实现合同目的时可以签订书面协议变更或解除本合同。

13.1　如国家法律法规或政策发生重大调整，由双方协商对协议约定内容进行变更。

13.2　甲方有证据表明乙方丧失或可能丧失商业信誉或履行义务能力的，甲方有权单方面解除本协议，并不予支付乙方任何赔偿费用。

13.3　乙方未按照协议约定向甲方支付租金等费用超过____日，甲方经书面催告后，乙方仍拒绝支付相关费用的，甲方有权单方面解除本协议，并不予支付乙方任何赔偿费用。

13.4 乙方未能按照协议约定履行义务或存在其他重大的违约行为的,甲方有权单方面解除本合同,并不予支付乙方任何赔偿费用。

十四、不可抗力

14.1 本合同所称不可抗力是指地震、飓风、水灾、火灾等自然灾害、战争以及其他不能预见、不可避免且不能克服的客观情况。

14.2 当事人因不可抗力不能履行合同的,受不可抗力影响的一方应在不可抗力发生之日起五日内以书面形式通知对方,并及时向对方提供公证机关证明事件的存在和影响的证明文件。受不可抗力影响的一方可据此免除全部或部分责任。

14.3 不可抗力发生后,受不可抗力影响的一方应采取合理措施,减少损失发生。

十五、通知及送达

双方关于本协议履行及相关事宜的通知,应当按照本协议载明的地址发出。通知一般以对方或授权代表签名或者盖章确认为准。如果以特快专递或者挂号信形式寄送的,自发出之日起第四日视为送达之日。在协议有效期内,任何一方的联系方式发生变更的,应当及时书面通知对方,否则应承担因此产生的不利后果。双方因本协议发生纠纷的,本协议中双方确认的地址可作为双方发生争议时,司法机关送达文书的地址。

甲方联系人:　　　　　　　　乙方联系人:

甲方指定联系地址:　　　　　　乙方指定联系地址:

甲方指定联系方式:　　　　　　乙方指定联系方式:

甲方指定邮箱:　　　　　　　　乙方指定邮箱:

十六、其他约定事项

16.1 本协议所涉内容及法律效力双方均已知晓,对双方均具备约束力。合同项下合作基地的规划、设计、施工方案及图纸,作为合同附件,与本合同不可分割。

16.2 本协议其他未尽事宜,由双方另行协商签订补充协议解决,与本协议具有同等法律效力。补充协议与本协议不一致的，以补充协议为准。

16.3　本协议自甲、乙双方法定代表人或授权代表人签字并加盖公章之日起生效。本协议一式四份，甲、乙各执二份，具有同等法律效力。

甲方：　　　　　　　　　　　　乙方：

法定代表人（或委托代理人）：　　法定代表人（或委托代理人）：

年　月　日　　　　　　　　　　年　月　日

范例 27

养殖技术服务合同

甲方（委托人）：

乙方（受托人）：

甲乙双方根据《中华人民共和国民法典》《中华人民共和国畜牧法》等相关法律法规的规定，经平等、自愿协商，就乙方受托为甲方提供____________（项目名称）养殖技术服务事宜达成一致，签订如下养殖技术服务合同（以下简称本合同），以兹共同信守。

第一条　定义

在本合同中，下列词语及用法，除上下文另有要求外，应具有本条款所赋予的含义。

1.1　"合同"系指甲乙双方签署的、合同格式中载明的甲乙双方所达成的协议，包括所有的附件、附录和上述文件所提到的构成合同的所有文件。

1.2　"合同金额"系指根据合同规定，在乙方正确地完全履行合同义务后甲方应支付给乙方的价格。

1.3　"维护"系指乙方为甲方提供的养殖技术指导及解决牲畜防疫、疾病等服务工作总称。

1.4　"附件"系指与本合同的订立、履行有关的，经甲乙双方书面认可的，对本合同约定的内容进行细化、补充、修改、变更的文件、图纸、音像制品等资料。

1.5 “现场跟进”系指乙方根据甲方提出的养殖技术问题派遣合格技术人员赴甲方现场解决问题、咨询解答、技术指导和现场服务的过程。

1.6 “远程维护”系指乙方根据甲方提出的养殖技术问题通过电话或互联网向甲方提供解决问题、咨询解答、技术指导和相关服务的过程。

1.7 “响应时间”系指从乙方接到甲方的服务请求到与甲方进行沟通,并对甲方的服务请求作出服务承诺的时间。

1.8 “秘密”系指甲方所拥有的,不为公众所知的管理信息、方式方法、用户名单、数据、信息、技术诀窍、源代码、计算机文档等,和由甲乙双方在履行本合同过程中明确指明为秘密的、法律所认可的任何信息。

1.9 “工作日”系指国家所规定的节假日之外的所有工作日,未指明为工作日的日期指自然顺延的日期。

第二条 养殖技术服务的内容

2.1 乙方受托按照本合同的约定为甲方提供________________(项目名称)养殖技术服务,技术服务的内容如下:具体内容详见本合同附件一《项目技术服务内容及要求》。

2.2 乙方完成养殖技术服务工作的形式:(1)现场技术支持;(2)电话技术支持、电子邮件技术支持;(3)网络远程技术支持。

2.3 乙方完成养殖技术服务工作需要提交的材料:(1)技术服务工作方案和时间安排;(2)项目组织架构及成员名单;(3)《技术服务报告》;(4)《技术服务中期报告》;(5)《技术服务总结报告》。

(注:乙方提交的技术服务工作方案中应包括但不限于下述事项:服务方式、服务范围、进度安排、质量保证、疾病防疫目标、信息管理手段等内容。)

2.4 为保证乙方有效进行技术服务工作,甲方应当在合同签订后____日内向乙方提供下列工作条件和协作事项:____________________________。

第三条 养殖技术服务的期限和地点

3.1 养殖技术服务的期限

技术服务的期限:本合同期限为____年,自本合同生效之日起至乙方完成合同项下全部义务并经甲方验收通过时止。

3.2　养殖技术服务的地点

本合同所涉及的养殖技术服务地点：

第四条　双方的责任与义务

4.1　甲方的责任与义务

4.1.1　审查并确定乙方指派的技术服务人员。

4.1.2　按本合同约定向乙方支付养殖技术服务费用。

4.1.3　审定乙方提交的工作方案、项目组织架构及成员名单、《技术服务报告》《技术服务中期报告》《技术服务总结报告》及合同约定需乙方提交的技术指导和材料。

4.1.4　对乙方的技术服务进行验收。

4.1.5　对乙方技术服务进行监督检查，并提出意见，乙方应当按照甲方意见整改，乙方未整改或整改未达到甲方要求及合同约定标准，视为乙方违约，乙方应当承担违约责任。

4.2　乙方的责任与义务

4.2.1　按照本合同约定为甲方提供养殖技术服务。甲方可以就本项目所涉及的服务方式、质量保证、牲畜疾病防疫目标、信息管理手段等相关问题向乙方咨询或征求意见，乙方应当在____日内予以解释和答复。

4.2.2　按照本合同附件二《乙方项目组织架构及成员》的要求组织人员提供技术服务，并保证人员的稳定性；如乙方根据具体情况需重新指定项目成员，应当以书面方式通知甲方，征得甲方的书面同意后才可以更换；如发生指定项目成员离职、长期休假、不符合甲方要求等情况时，乙方需保证有充足的符合甲方要求的乙方后备人员到岗提供服务。乙方提供的技术人员应当具有相应专业资质，并将资质证照的复印件提交甲方作为合同附件。

4.2.3　乙方应于合同签订后____日内向甲方提供养殖技术服务项目实施的工作方案和时间安排，并按照工作方案开展养殖技术服务工作。并于每季度（月）结束后____日内提供《养殖技术服务报告》；于合同签订期满6个月后____日内提交《养殖技术服务中期报告》；养殖技术服务期限届满后____日内，乙方根据已提供的养殖技术服务情况起草《养殖技术服务总结报告》提交甲方。

4.2.4 乙方应将甲方支付的养殖技术服务费用于本项目的技术服务工作之中，不得擅自挪作他用，技术服务环境和所需工具由乙方自行提供和配备。

4.2.5 如出现问题以及其他需技术支持的问题，乙方保证在接到甲方故障通知的____小时内解决问题；若甲方要求乙方到增派人员到甲方现场解决问题，乙方保证立即指派具有相应资质的技术人员到甲方现场进行技术支持，所需的差旅费和人工成本费、维修费等一切费用均由乙方自行承担。乙方指定本合同联系人为：________，联系电话：________。合同履行过程中，若乙方出现拖延响应或其他行为，甲方有权另行委托第三方开展本合同项下技术服务工作，由此产生的费用由乙方承担。

第五条 验收标准和方式

5.1 养殖技术服务工作的验收标准：________。

5.2 养殖技术服务工作的验收方法：________。

5.3 验收的时间和地点：________。

5.4 乙方在各阶段工作包括但不限于提交的报告、服务、培训等工作未通过甲方验收，乙方应继续提供相关养殖技术服务至通过甲方验收时止，由此产生的费用由乙方自行承担。

5.5 验收不合格，甲方有权拒绝支付相应的养殖技术服务费，并要求乙方按照本合同约定承担违约责任。

第六条 技术服务费及支付方式

6.1 技术服务费总额为：人民币____元整（￥____）（含税价）。乙方为履行本合同而支出的费用，包括但不限于乙方的养殖技术服务费、差旅费、食宿费、人工成本费等所有乙方因本项目支出的费用由乙方自行承担。

6.2 养殖技术服务费由甲方____（一次或分期）支付给乙方，具体的支付方式如下：

6.2.1 本合同生效并收到乙方的支付申请和正式发票之日____个工作日内，甲方向乙方支付技术服务费总额的____%即人民币____元整（￥____）；

6.2.2 乙方提交的本项目初验阶段《养殖技术服务总结报告》等，经甲方初验合格且收到乙方的支付申请及正式发票之日起____个工作日内，甲方向乙方支付技术服务费总额的____%即人民币____元整(￥____)。

6.2.3 乙方提交的本项目《养殖技术服务总结报告》等，经甲方终验合格且收到乙方的支付申请及正式发票之日起____个工作日内，甲方向乙方支付技术服务费总额的____%即人民币____元整(￥____)。

6.2.4 前述技术服务费涵盖本合同及其附件所约定的乙方为甲方提供的所有技术服务内容，金额包干。乙方不得以服务投入人员、投入时间或服务难度较大为由向甲方申请增加技术服务费。

6.2.5 因乙方履行本合同项下技术服务，需另行购买配备牲畜疫苗、牲畜用药、辅助器材等所产生的费用，由甲方承担，但乙方不得指定甲方购买其推荐的材料，不得以甲方购买材料不符合其推荐条件为由拒绝提供养殖技术服务。

6.3 乙方的账户名称、开户银行及账号为：

账户名：

开户银行：

账号：

乙方如变更账户信息，应在变更之日起三日内书面告知甲方，否则甲方不承担逾期付款的违约责任。

6.4 乙方申请付款应当向甲方提供符合甲方要求的正规增值税发票。

6.5 国家根据现行税法对乙方征收的与本合同有关的一切税费均由乙方自行负担。乙方为实施本合同技术服务所支出的人工、交通、物料等成本由乙方自行负担。

6.6 乙方未按照本条约定及时提供发票或有其他任何违约行为，甲方有权拒绝向乙方支付任一款项，且不因此承担任何违约责任。

第七条 保密事宜

7.1 保密范围

7.1.1 未经甲方书面同意，乙方不得以任何形式公开本合同及其附件及本项目相关文件、资料的任何内容。

7.1.2 乙方在未征得甲方书面同意的情况下，不得向第三方泄露在项目中接触到的商业秘密、资料和数据。

7.1.3 乙方在未征得甲方书面同意的情况下，不得为任何其他目的而自行使用或允许他人使用从甲方获得的信息（包括但不限于所有的报告、摘录、纪要、文件、计划、报表、复印件和业务数据等）。

7.1.4 如果乙方违反本条款的规定，甲方有权解除本合同并要求乙方赔偿甲方因此遭受的损失，该赔偿的金额不低于技术服务费总额的____%。触犯保密法律法规的情况由乙方独自承担相应法律责任。

7.1.5 乙方认为的乙方商业秘密需要乙方事先向甲方书面声明。

7.2 保密期限

甲乙双方应对上述保密范围所约定的内容承担保密义务。保密期限自本合同生效之日始至本合同约定的信息全部成为公开信息止。本保密条款不因本合同的终止、解除等情形失效。

第八条 知识产权

8.1 ________（项目名称）养殖技术支持服务过程中所产生的所有文件、资料等知识产权均归甲方所有。未经甲方书面许可，乙方不得将与本项目有关的专属信息用于本项目以外的其他用途。因乙方原因造成甲方知识产权遭受侵害的，由乙方负责赔偿。

8.2 乙方保证甲方在接受乙方提供的养殖技术支持服务过程中免受第三方提出侵犯其专利权、商标权或著作权或其他权利诉求。因乙方原因导致对其他任何权利的侵犯，应由乙方自行承担全部责任，甲方不承担任何责任。如因乙方原因导致甲方被追诉的，乙方应承担因此给甲方造成的一切损失包括但不限于甲方为此支付的律师费、案件受理费、仲裁费、保险费、执行费、鉴定费及公证费等。

8.3 甲方利用乙方提交的养殖技术服务工作成果所完成的新的技术成果，归甲方所有。

8.4 乙方利用甲方所提供的技术资料和工作条件完成的新的技术成果，归甲方所有。

8.5 乙方郑重承诺：在为本项目提供养殖技术服务过程中，需使用任何第三方拥有所有权、专利权、著作权、商标权或商业秘密等权利的产品或者服务时，须书面告知甲方，在征得甲方的书面同意后，方可执行。

第九条　项目联系人

甲乙双方确定，在本合同有效期内，甲方指定________（联系电话：____________）为甲方项目联系人，乙方指定________（联系电话：____________）为乙方项目联系人。乙方保证前述提供的乙方联系人的联系方式真实有效，乙方更换项目联系人应当在决定变更联系人前三日内提前书面通知甲方，在征得甲方的书面同意后方可以更换；决定变更联系方式的，应在变更联系方式前三日内提前书面通知甲方。

第十条　合同变更

10.1　本合同签订后，甲方有权增加、减少或者变更约定的养殖技术服务内容及要求。甲方要求增加、减少或者变更技术服务内容及要求应当通过书面形式通知乙方，乙方应当在收到甲方通知后立即按照新的内容及要求执行。

10.2　除本合同另有约定外，本合同一经签署，未经甲乙双方同意，任何一方不得随意更改本合同。本合同所列的附件，为本合同的组成部分。其他任何口头或未包含在本合同内的，或未依据本合同制定的书面文件，均不对双方具有约束力。

10.3　如本合同在履行过程中有任何变更、补充或修改，都必须经甲乙双方协商同意，并由双方法定代表人或授权代表另行签订书面协议。

第十一条　转委托

未经甲方书面同意，乙方不得将本合同约定的技术服务全部或者部分工作委托给第三方。

第十二条　违约责任

12.1　因甲方原因造成乙方不能按照本合同的约定提供养殖技术服务的，乙方无须向甲方承担违约责任。在甲方提前书面通知乙方后，乙方应根据实际情况服从和协助甲方制订出新的工作计划，并按新的工作计划开展工作。

12.2　非因甲方原因，乙方若不能按照本合同约定提供养殖技术服务的，应提前十个工作日向甲方作出书面解释并提出拟采取的补救措施，在征得甲方的认可和同意后，执行补救措施但仍应按照本合同约定承担违约责任。因该违约行为给甲方或任何第三方造成损失的，乙方应当予以全额赔偿。

12.3 甲方逾期付款的，按照全国银行间同业拆借中心公布的一年期贷款市场报价利率计算逾期利息。

12.4 乙方逾期提供相应阶段的技术服务报告，每逾期一日应承担合同总价款万分之五的违约金。因乙方责任造成报告存在重大的错报、漏报造成的损失，由乙方承担相应责任，并承担合同总价20%的违约金。

12.5 因乙方未按约定的工作方案、人员、时间、质量要求等双方约定事项开展业务、提供养殖技术服务造成甲方损失的，甲方有权解除合同，不予支付剩余全部费用，并要求乙方支付合同总价20%的违约金。

12.6 乙方违反本合同第十一条的约定，将委托业务转包、分包给其他机构的，甲方有权解除合同，不予支付剩余全部费用，并要求乙方承担合同总价20%的违约金。

12.7 乙方提供的技术服务未达到国家或行业规定的技术标准，或因乙方原因导致牲畜疾病、死亡或明显降低经济价值的，乙方应当按照造成甲方实际损失全额赔偿，并向甲方支付合同总价款20%违约金。

12.8 甲方有权从未支付技术服务费中直接扣除违约金，但如乙方的违约行为发生在技术服务费全部支付完毕之后，则由乙方直接向甲方支付违约金。

第十三条 合同解除

13.1 在本合同履行过程中，如果发生以下情形之一，合同一方可以通知对方解除合同：

13.1.1 因对方根本违约使合同无法继续履行或没有必要继续履行。

13.1.2 在甲方对乙方违约后采取的补救措施不予接收的情况下，甲方有权解除合同：

13.1.2.1 如果非因甲方原因，乙方未能在甲方同意延长的限期内按照本合同约定及服务承诺提供服务，甲方有权解除本合同。

13.1.2.2 乙方在收到甲方的违约通知后____日内，未能纠正其违约行为，甲方有权解除本合同。

13.1.3　如果乙方未能履行本合同约定的其他任何义务，甲方有权解除本合同。

13.1.4　如果乙方在服务采购或实施中有腐败和欺诈行为，甲方有权解除本合同。“腐败行为”是指提供、给予任何有价值的东西来影响甲方人员在采购或选择过程或合同实施过程中的行为；“欺诈行为”指为了影响采购过程或合同实施过程而谎报事实，损害甲方的利益。

13.1.5　如果乙方无实际履行能力以及破产或无清偿能力时，甲方可在任何时候以书面形式通知乙方终止合同，终止该合同将不损害或影响甲方已经采取或将要采取的补救措施的权利。

13.1.6　由于不可抗力致使本合同不能履行的，甲乙双方均可以解除本合同。

13.2　双方协商一致可以解除合同。

13.3　双方可依据本合同约定的其他可以解除合同的法定情形解除合同。

13.4　因乙方的原因，在甲方根据以上条款解除合同后，甲方可以依其认为适当的条件和方法购买相同或者类似未提供的服务，乙方应负担甲方因另行购买相同或者类似服务而多支出的费用。

第十四条　不可抗力

14.1　甲乙双方因不可抗力不能履行合同义务的，根据不可抗力的影响，部分或者全部免除责任。当事人迟延履行后发生不可抗力的，不能免除责任。

14.2　本条所述的“不可抗力”系指不能预见、不能避免并不能克服的客观情况，包括战争、严重火灾、洪水、台风、地震、国家法律变化和政府行为等事件，但不包括乙方的违约和疏忽。

14.3　在不可抗力事件发生后，受不可抗力影响的一方应在发生不可抗力事由之日起____日内以书面形式将不可抗力的情况和原因通知另一方，并在取得不可抗力发生地市级以上政府相关部门证明以后，允许延期履行、部分履行或者不履行合同，并根据情况可部分或全部免于承担违约责任。

14.4　除另一方明确要求外，受不可抗力影响的一方应尽可能继续履行合同义务，以及寻求采取合理的方案履行未受不可抗力影响的其他合同义务，并尽可能地及时采取合理的措施减轻不可抗力对本合同的履行所造成的影响。没有采取适当措施致使损失扩大的,该方不得就扩大损失的部分要求免责或赔偿。

第十五条　争议解决

15.1　因本合同引起的或与本合同有关的任何争议,甲乙双方应通过友好协商方式的解决。不愿协商或者协商不成的,任何一方有权向本合同履行地有管辖权的人民法院提起诉讼。

15.2　在诉讼期间,除正在进行诉讼的部分外,本合同的其他部分应继续执行。

15.3　因实现本合同争议债权发生的费用(包括但不限于违约金、诉讼费、律师费、差旅费、执行费、调查费、保全费、诉讼担保费、送达费、鉴定费等)由违约方/败诉方承担。

第十六条　合同生效及其他

16.1　本合同自甲乙双方法定代表人或授权代表签字并加盖公章之日起生效。本合同一式____份,甲方执____份,乙方执____份,具有同等效力。

16.2　本合同未尽事宜,由双方另行协商签订补充协议,补充协议作为本合同之附件,与本合同具有同等效力。补充协议与本合同不一致的,以补充协议为准。

16.3　甲乙双方确认,本合同首部载明的关于双方通信地址、电话、传真均真实有效,可用作双方往来联系、书面文件送达及争议解决时法律文书送达。双方如有变更,变更方应按照本合同约定提前书面通知对方。因联系方式和联系信息错误而无法直接送达的自交邮后第7日视为送达。

附件一:《项目技术服务内容及要求》(略)

附件二:《乙方项目组织架构及成员》(略)

甲方(盖章):　　　　　　　　乙方(盖章):

法定代表人/授权代表:　　　　法定代表人/授权代表:

年　　月　　日　　　　　　　年　　月　　日

第五节 渔业养殖法律实务及风险防范

一、渔业养殖概述

为了促进农业全面升级、农村全面进步、农业全面发展、同时加强渔业资源的保护，国家制定一系列法律法规，来保障渔业生产者的合法权益，如《渔业法》《水污染防治法》《渔业法实施细则》等。

（一）关于水产品渔业法律法规解读

《渔业法》是中国渔业领域的首部法律，它明确了渔业产业的发展方向，确立了养殖业、捕捞业及渔业资源的增值和保护的基本措施，完善了渔业管理制度。笔者将从以下两个方面对此进行法律分析：

1. 养殖业

（1）由于国家对渔业的管理实行统一领导，分级管理，从事养殖业需要一定的证件。意向者在确定用于养殖业的水域或滩涂后，应当向县级以上地方人民政府渔业行政主管部门提出申请，拿到养殖证才可从事养殖行业；若使用者是需要跨县的，有关县部门协商后可核发养殖使用证。在领取使用证后，使用者需要保证从事养殖生产，保证放养量不能低于当地同类养殖水域平均放养量的60%，否则该地视为荒芜。①

（2）当使用者在使用养殖地发生争议时，应当按照法律规定处理，在争议解决之前任何一方不得破坏养殖生产。这是为了防止在争议解决之前有人恶意破坏环境和养殖地，以避免损害的加深。②

（3）国家极其关注人民生活的需要，为此安排各级人民政府鼓励和支持优良品种的选育、培育和推广，不仅对发展渔业生产的养户给予精神和物质的奖励，对进行渔业科学技术研究等方面成绩显著的单位和个人也同样给予一定的奖励和鼓励。③

---

① 参见《渔业法》第11条；《渔业法实施细则》第10条、第11条。

② 参见《渔业法》第13条。

③ 参见《渔业法》第5条、第16条。

(4)国家对海洋、江河及湖泊等水域安排专门政府部门进行监督管理,尤其在重要水域、渔港设渔政管理机构。监督内容包括但不限于水产苗种的进口、出口及水产苗种的生产等,都必须按照法律规定审批、实施检疫。同时要监督养殖者生产时是否使用有毒物质的饲料、饵料,确保科学确定养殖密度,合理投饵和使用药物,防止污染水环境。①

2. 捕捞业

(1)国家同样对捕捞业有倾斜政策,重点扶持和鼓励远洋捕捞,并且依据有利于保护、增值和合理利用渔业资源原则安排内水和近海捕捞。有从事外海、远洋捕捞意向者,可向省、自治区、直辖市人民政府渔业政府主管部门审核后,报国务院渔业行政主管部门批准即可。进行内陆捕捞的,同样需要捕捞许可证,由县级以上地方人民政府渔业行政主管部门批准发放。②

(2)国家将根据渔业资源增长量的大小确定捕捞量,实行捕捞限额制度。之所以建议捕捞限额制度是为了保护渔业资源的再生能力,确保资源的可持续利用,同样目的的制度有伏季休渔制度,也是调整渔业者捕捞能力的方式之一。③

(3)国家对捕捞业实行捕捞许可证制度,根据捕捞渔区与工具的不同颁发证书的行政主管单位也有所差别。颁发许可证的条件如下:①有渔业船舶检验证书;②有渔业船舶登记证书;③符合国务院渔业行政主管部门规定的其他条件。捕捞许可证不得买卖、出租和以其他形式转让。④

(二)渔业资源的增值和保护

1. 为保护渔业资源,在特殊的区域不能实行捕捞活动。这种区域包括具有较高经济价值和遗传育种价值的水产种质资源的主要生长繁育区域,该类区域未经国务院渔业行政主管部门批准,任何单位或个人不得在水产种质资源保护区内从事捕捞活动。⑤

---

① 参见《渔业法》第16条、第17条、第19条、第20条;《水污染防治法》第57条。

② 参见《渔业法》第21条;《渔业法实施细则》第5条、第15条。

③ 参见《渔业法》第22条。

④ 参见《渔业法》第23条。

⑤ 参见《渔业法》第29条。

2. 国家对渔业资源的增值和保护最显著的方式就是制定禁止性事项，具体包括：（1）禁止在禁渔区、禁渔期捕捞；（2）禁止捕捞有重要经济价值的水生动物苗种；（3）禁止围湖造田。违反上述及其他规定的，依法追究法律责任，包括行政责任和刑法责任，处罚方式不限于没收渔具、罚款和吊销许可证等。除此之外，《渔业法》专门制定章节规定需要承担的法律责任，《渔业法实施细则》也专门制定章节确定了罚款细则，对渔业法中的法律责任进行了进一步的扩充。①

3. 渔业资源的保护重要的抓手是防止水污染的发生。如今，环境污染已然成为全球关注的热门话题之一，对于渔业而言影响最大的依旧是水污染。对此渔业法规定，若有造成渔业污染事故或者渔业船舶造成水污染事故的，应当向事故发生地的渔业主管部门报告，接受调查处理；如果是因水污染受到损害的当事人，可以向排污方请求排除危害和损害赔偿。水污染损害是由第三人造成的话，排污方承担赔偿责任后，当事人有权向第三人追偿。若是因不可抗力造成水污染损害的，排污方不承担赔偿责任。②

二、渔业相关常见法律问题

近年来，农村土地承包法律纠纷逐渐增多，其中土地承包合同的签订引起了大家的关注；鱼塘作为渔业养殖的常见载体，必然会涉及承包、转包等法律行为。如今双方签订合同不仅关注的是是否在公平、自愿的基础上签订，而更多关注的是如何保护自己的合法利益，签合同前后如何避免自己利益的受损问题。双方签订合同终究是为了实现合同目的，这也就意味着通过签订合同，对双方产生拘束力，从而实现合同规定的权利和利益。因此为保证合同的顺利履行，签订合同时不仅要注意内容合法，还要注意形式合法，避免出现违约、无效等情形，使双方利益受损，更要避免出现损害公共利益、国家利益等事项。

鱼塘承包合同常见法律问题可以归纳为没能实现合同目的的情形，具体包括：违约行为、合同无效及情势变更等，其中违约行为为最常见的一种类型。违约行为顾名思义违约的是合同内容。我国实行合同自由原则，合同当事人规定的内容只要不违反法律、法规的强制性规定，不违背公序良俗、当事人具有相应

---

① 参见《渔业法》第30条、第31条。

② 参见《水污染防治法》第78条、第96条。

的民事行为能力、双方意思表示真实即可，[1]法律给予合同双方足够的协商空间。问题就在于签订合同时双方是否具有前瞻性，是否能保证全面履行自己的义务能够预料违约的事项。履行合同过程中，可考虑以下几个问题：

1. 因无法实现合同目的而违约，解除合同的一方是否要承担违约责任？

如前文所述，合同的内容由双方进行平等协商，典型案例23中，双方约定交付时海参池配套设施排水沟能够正常工作，然而徐某没过多久就发现排水沟遭到了损害，无法正常进行海参养殖，此类情况就属于非因自己的原因无法实现合同目的，徐某此时可享受法律规定的单方解除权，张某没能按照合同内容全面履行自己的义务，应当承担违约责任。

典型案例23

徐某与张某签订承包合同，合同内容为：把现已建成的海参圈租赁给徐某方使用，亩数为40亩，期限自2015年5月13日至2027年5月30日；标准为：(1)参圈坝基建好，内坝顶坝拍平；(2)每个圈2个坝口门子(进水、排水)；(3)进排水沟通畅、无阻，即为建成；付款方式为参圈开建后，徐某交定金10万元，待圈建完后，全部交清，交给徐某使用；2015年5月13日，张某将海参圈交付给徐某。同年6月初，海参圈排水沟坝体被破坏、排水沟被堵死，现大部分排水沟已被相邻土地经营者占有使用，徐某无法正常使用海参圈。

法律分析：徐某与张某签订合同书，约定张某把建好的海参圈租赁给徐某使用。该合同书是双方平等、自愿及充分协商的条件下签订，内容不违反法律法规的强制性规定，双方之间系渔业承包合同关系。徐某与张某在合同中约定制作海参圈的标准，进排水通畅为建造完成。在2015年5月13日，张某交付徐某已建好的海参圈，但6月初排水沟坝体出现损害，排水沟堵死，对徐某造成了一定的经济损伤。现该海参池配套设施排水沟徐某根本无法使用，致使徐某使用海参池进行海参养殖的合同目的不能实现。根据《民法典》第509条，张某应当按照合同约定全面履行自己的义务，并且根据合同的性质、目的和交易习惯履行通知、协助、保密等义务。依据合同约定的内容，张某负有保障海参池排水

① 参见《民法典》第143条。

沟通畅、无阻的合同义务，张某没能完成该义务，使徐某无法实现合同目的。根据《民法典》第563条第4款的规定，当事人一方有其他违约行为致使不能实现合同目的的，当事人一方可以解除合同。因此，徐某可在规定的期限内行使解除权，及时通知对方。尚未履行的，终止履行、已经履行的，根据履行情况和合同性质，可以请求恢复原状或者采取其他补救措施，并有权请求赔偿损失。

2. 是否所有没能实现合同目的的行为都属于违约行为？

众所周知，签订合同的唯一目的就是实现合同的内容，那么是否所有没能实现合同目的的行为都属于违约行为，应当承担违约责任呢？答案是否定的，典型案例24中，某地国家公园之所以出现违约是为了实现社会公共利益。该承包地在合同履行期间被政府认定为该区饮用水取水水源地，属于合同双方无法预见的重大变化，合同双方对此事项没有故意，完全出乎意料，因此不能认定为出现了违约情形，应当按照民法典所规定关于情势变更的相关事项处理。除此之外，即使存在没能实现合同的行为而仍不用承担违约责任的情形有不可抗力。①

典型案例24

2010年4月陈某与某地国家公园管理局签订《水库承包合同》，合同期满后，双方于2014年6月续签合同，合同约定陈某承包水库15亩；承包期限6年，签订时双方意思表示真实，合法有效，对双方均具有法律约束力，合同内容约定了承包金额、承包押金、承包期满，在同等条件下，陈某有优先承包权等条款。根据双方签订合同书的内容，双方之间系承包合同关系。2015年，根据政府相关会议文件，该水库定为该区饮用水取水水源地。2016年，国家公园向水库承包人陈某发出《退场通知》，2017年国家公园再次书面通知陈某，并与某引调水公司签订协议，约定国家公园提前与陈某解除《承包合同》后，解除合同造成陈某的损失由某引调水公司承担。

法律分析：首先国家公园与陈某是在平等、自愿的基础上协商后签订的合

① 参见《民法典》第590条。

同，因此该合同合法有效。在合同履行期间，由于公共利益的需要，国家公园解除了与陈某的合同，该行为根据《民法典》属于情势变更。情势变更，是指在合同履行时出现了在合同订立时无法预见、不属于商业风险的重大变化，继续履行合同会显失公平，因此法律给予当事人可以变更或解除合同的权利。这种重大变化通常指的是影响合同正常履行的客观情况。在此案件中，为社会利益的需要而由一方解除合同属于情势变更的一种。合同的基础要满足法律对合同的生效条件，其中包括不违反法律或者社会公共利益。政府将陈某承包的水库定为公共饮用水取水水源地，属于发生了违反公共利益的情势变更，双方可以变更或解除合同。情势变更的直接效果是免除当事人履行的义务，这是为了避免双方损害的加深，当事人双方或一方都不存在违约行为，不能追究任何一方的违约责任，①国家公园的行为不属于违约。

3. 签订完合同当事人一方将标的物转让给他人承担什么责任？

作出民事法律行为应当遵守诚实信用原则，该原则贯穿于一切民事法律活动中。但在日常生活中，不免会出现合同一方将合同标的转让给第三人的情形，这是典型的违约行为，是对合同另一方当事人权利的侵害。根据法律规定，合同只能发生在特定的当事人之间，不能由第三人享有权利、承担义务，这突破了合同的相对性原理，扰乱了社会公共秩序，合同一方需要对另一方承担一定的法律责任。在典型案例25中，双方在不同时间段将标的物转让给了两个人，都违反了合同的相关规定，都对彼此造成了一定的损失。

典型案例 25

庄某在得知李某与王某有养鱼的意向，便经过与两人协商，将鱼塘的经营权、房屋使用权及鱼塘里的鱼承包给了李、王两人，2014 年 7 月签订了转包协议，承包价格为 3.6 万元。协议签订后，两人支付了 2 万元，剩余 1.6 万元约定 2014 年 8 月底还款，并打了欠条。在签完转包协议后，庄某又将鱼塘边的房屋

① 王利明：《合同法研究》（第 2 卷），中国人民大学出版社 2011 年版，第 4 页。

转让给了第三人周某。2014年9月,王某、李某将鱼塘的经营权、房屋使用权等转包给了第三人朱某。

法律分析:庄某与李某、王某签订承包合同,双方当事人意思表示真实,且合同内容不违反法律、法规的强制性规定,因此该合同合法、有效,双方之间系渔业承包合同关系。双方通过签订合同规定了权利义务内容,合同一旦成立生效,就应按照合同内容全面履行自己的义务。庄某与李某、王某签订协议,将鱼塘的经营权、房屋使用权和鱼塘里的鱼转让给了李某、王某,随后庄某又将该房屋的使用权承包给了第三人,导致李某、王某不能正常使用房屋,也不能正常经营鱼塘,侵犯了李某、王某对房屋行使的权利,庄某的行为对李某、王某造成了一定损失,违反了协议规定的内容,属于违约行为。2014年9月,李某与王某将之前协议中承包的鱼塘经营权、房屋使用权转让给了协议之外的第三人,违反了协议规定的内容,存在违约行为。此外,李某、王某两人承诺于2014年8月6日前支付剩余的转包费,但期限届满后,仍然没有支付1.6万元,对庄某造成了一定的损失。最后经法院审理,庄某以违约为由自愿放弃4000元的承包费,考虑到双方的过错大小及拖欠费用等因素,双方都存在违约行为,都对彼此造成了一定的损失,李某、王某两人向庄某支付剩余的承包费,抵销庄某自愿放弃的承包费用,共支付庄某1.2万元。

4. 在土地承包合同中无效的情形有哪些?

要使签订的合同有效不仅内容要符合相关法律、法规规定,同时要满足一定的形式要件。此类程序性要件多数发生在合同内容涉及他人、集体利益时的情形,目的是防止恶意损害他人、社会以及国家利益,擅自处分他人、集体的财产。在我国,农村的土地属于集体所有,土地承包合同的发包方是农村集体经济组织,农村集体经济组织代集体行使权利,法律规定在与农村集体经济组织以外的成员签订承包合同时,要经过本集体经济组织成员的村民会议2/3以上成员或者2/3以上村民代表的同意,并报人民政府批准,否则合同视为无效合同。如典型案例26中的合同,因没有按照《农村土地承包法》第52条、最高人民法院《关于审理涉及农村土地承包纠纷案件适用法律问题的解释》第13条的规定,使合同归于无效。

典型案例 26

吕某系某村村民,2002 年 1 月吕某与该地村委会签订土地、鱼塘承包合同,其中包括吕某的家庭承包地 1.2 亩、鱼塘 4.2 亩、其他方式承包地 9.59 亩,双方约定承包期限为 20 年。2007 年,吕某与王某签订土地鱼塘转让协议,吕某将从村委会承包的鱼塘和土地使用权转让给王某。签订协议后,王某给付吕某约定价款,吕某出具了收条,并向王某交付了鱼塘和土地,王某在该土地周围建造了院墙,在院内铺设了水泥路面、渣子路面,埋设了水泥管道,填埋了土方。吕某于 2008 年 6 月阻止王某经营,王某退出鱼塘不再经营。

法律分析:本案中,吕某系某集体经济组织成员,依法以两种方式承包该村土地,其中 1.2 亩土地以家庭承包的方式承包,其他方式承包其余土地与鱼塘。2007 年吕某将承包的土地承包给非集体经济组织成员,与王某在协商一致的基础上签订书面流转合同,双方之间系渔业承包合同关系,但是吕某依据《农村土地承包法》第 52 条的规定,没有经过本集体经济组织成员的村民会议 2/3 以上成员或者 2/3 以上村民代表的同意,也没有报人民政府批准。根据最高人民法院《关于审理涉及农村土地承包纠纷案件适用法律问题的解释》第 13 条的规定,承包方未经发包方同意,采取转让方式流转其土地承包经营权的,转让合同无效。因此王某与吕某签订的合同系无效合同,自始无效,双方因合同所取得的财产应当相互返还。在本案中,王某在遭到吕某阻止后退出鱼塘,鱼塘现由吕某占有,可视为王某以返还鱼塘。吕某交付鱼塘和土地后,王某在土地周围建造了院墙,在院内铺设了水泥路面、渣子路面,埋设了水泥管道,填埋了土方等,因该设施无法返还,拆除会毁损或减少物的利用价值,所以应当属于王某,王某需要经价格评估公司进行鉴定后,折价补偿给吕某一定的费用。

综上所述,根据《农村土地承包法》的规定,承包方即集体经济组织成员可以自主决定是否出租或转包,需要向发包方备案。受让方在经过承包方的书面同意,并向本集体经济组织备案,可以再次流转土地经营权。若受让方属于本集体经济组织以外的单位或个人,则需要应当事先经本集体经济组织成员的村民会议 2/3 以上成员或者 2/3 以上村民代表的同意,并报乡(镇)人民政府批准。承包方未经发包方同意,采取转让方式流转其土地承包经营权的,转让合同无效。

范例 28

鱼塘承包合同

甲方：

联系方式：

现住址：

乙方：

联系方式：

现住址：

因乙方的生产需要，为提高经济效益，充分利用水资源，现就乙方承包甲方享有经营使用权的鱼塘事宜，双方依据《中华人民共和国民法典》和《中华人民共和国农村土地承包法》等法律法规，经友好协商，在公平、平等、意思一致的原则上，订立本合同书，以兹共同遵守。

一、甲方发包的鱼塘坐落及面积。该塘坐落于：______，面积约____亩，鱼塘四至为：____，产权登记证书载明权利人为：____。

二、承包期限：

本协议承包期限为____年，即自________年____月____日起至________年____月____日止。

三、承包金额和付款方式：

1. 合同期内承包的总金额为：____元。

2. 付款方式为：

a. 一次性付款；

b. 分期付款：

________年____月____日前付款____元（第一次付款）；

________年____月____日前付款____元（第二次付款）；

________年____月____日前付款____元（第三次付款）。

3. 承包金实行先交费再使用的原则，合同签订____日内，乙方向甲方交付首年度鱼塘承包费____元；自第二年度起，每年____月____日前，乙方应向甲方交纳本年度的承包金，甲方应出具合法收据。逾期超过60日，乙方未交相应款项的，甲方有权无偿收回本合同项下标的鱼塘。

四、双方的权利和义务

（一）甲方的权利和义务

1. 保障乙方自主经营，不侵犯乙方的合法权益。

2. 按照合同约定收取承包金，在合同有效期内，甲方不得提高承包金。

3. 甲方确保该承包已通过相关议定程序和备案。

（二）乙方的权利和义务

1. 按照合同约定的用途和期限，由乙方自主经营水产品养殖。

2. 因拆迁、征收、征用或其他政府政策影响的享有水产品补偿、赔偿的权利。

3. 本合同期满，如继续承包，同等价格乙方享有优先权。

4. 鱼池鱼干实行保质承包。

5. 合同期满，空池空塘移交，甲方不作任何补偿。

6. 承包期间，乙方不得随意改变该鱼塘的使用性质，不准建永久性建筑物。否则，在承包期满，将自动拆除。

7. 合同期满，池干树木等负植物，乙方自行处理，甲方不做补偿。

五、违约责任

1. 乙方未按时足额缴纳承包费的，每天应按逾期未交金额的0.5‰向甲方支付违约金。

2. 乙方逾期返还标的承包鱼塘的，应按日____元的标准向甲方支付逾期至返还期间的鱼塘的占有使用费，并承担此期间应承担的其他费用等。

3. 乙方有下列情形之一的，视为乙方严重违约，乙方应向甲方支付本合同当年鱼塘承包总额____%的违约金，违约金不足以弥补甲方损失的还应赔偿损失，同时甲方有权单方解除合同，收回承包鱼塘：

（1）未按期足额支付承包费等费用，逾期超过____日的；

（2）乙方未经甲方书面同意并按规定报经有关部门核准擅自改变本合同所

约定的鱼塘经营使用用途的；

(3)乙方利用承包鱼塘进行违法、违规经营的，储存违禁物品的；

(4)承包鱼塘因乙方原因被政府部门查封、整顿、关停的；

(5)未经甲方书面同意，乙方擅自将承包鱼塘转租、分租与他人交换使用、允许他人以乙方名义使用本合同承包鱼塘或者将承包鱼塘及基于该承包鱼塘的经营项目向第三人承包、分包、联营、抵押或以其他任何方式让与第三人经营的；

(6)本合同约定的其他可以解除的情形。

六、合同的解除

1. 甲方根据本合同约定或法律规定选择解除本合同的，自甲方解除合同的通知到达乙方时合同解除，乙方如有异议应在通知送达____日内书面提出。

2. 除本合同另有约定或法律有规定外，甲方单方面提前解除合同，应提前____日通知乙方，退还乙方已交剩余承包期的承包费。乙方单方提前解除本合同，应提前____日书面通知甲方、付清全部承包费并承担当年承包费总额____%的违约金。

七、不可抗力

1. 本合同所称不可抗力是指地震、飓风、水灾、火灾等自然灾害、战争以及其他不能预见、不可避免且不能克服的客观情况。

2. 当事人因不可抗力不能履行合同的，受不可抗力影响的一方应在不可抗力发生之日起五日内以书面形式通知对方，并及时向对方提供公证机关证明事件的存在和影响的证明文件。受不可抗力影响的一方可据此免除全部或部分责任。

3. 不可抗力发生后，受不可抗力影响的一方应采取合理措施，减少损失发生。

八、争议解决

1. 本合同的签订、解释及与本合同有关的纠纷解决，均受中华人民共和国现行有效的法律约束。

2. 因本合同引起的或与本合同有关的任何争议，由合同各方协商解决，也可由有关部门调解。协商或调解不成的，应按下列第____种方式解决：

(1)提交________仲裁委员会仲裁。仲裁裁决是终局的,对各方均有约束力;

(2)依法向____所在地有管辖权的人民法院起诉。

九、通知与送达

双方关于本协议履行及相关事宜的通知,应当按照本协议载明的地址发出。通知一般以对方或授权代表签名或者盖章确认为准。如果以特快专递或者挂号信形式寄送的,自发出之日起第四日视为送达之日。在协议有效期内,任何一方的联系方式发生变更的,应当及时书面通知对方,否则应承担因此产生的不利后果。双方因本协议发生纠纷的,本协议中双方确认的地址可作为双方发生争议时,法院送达文书的地址。

十、附则

1. 本合同一式四份,合同双方各执两份。合同文本均具有同等法律效力。

2. 本合同经双方签署(签字、盖章)后立即生效,自合同履行期间届满后终止。

3. 双方关于本合同未尽事宜,可经协商后另行签订补充协议;补充协议内容与本合同不一致的,以补充协议内容为准。

4. 本合同附件与本合同不可分割,具有同等法律效力。

5. 本合同经甲乙双方签章后,即具有法律约束力,任何一方法定代表人或人员的变更,都不得变更或解除本合同。

6. 本合同的签署地为:　　　　　;签署时间:　　　　年　　月　　日。

(以下为签署页无正文)

甲方(签字或盖章):

法定代表人或授权代表(签字):

乙方(签字或盖章):

法定代表人或授权代表(签字):

范例29

海域使用权租赁合同

甲方(出租方):

统一社会信用代码:

法定代表人:

住所地:

乙方(承租方):

统一社会信用代码:

法定代表人:

住所地:

根据《中华人民共和国民法典》《中华人民共和国海域使用管理法》《海域使用权管理规定》等国家有关法律法规的规定,甲乙双方经友好协商,就乙方租赁甲方享有使用权的合同项下标的海域使用权从事________事宜达成一致意见,为明确双方的权利与义务,订立本合同,供双方共同遵照执行。

一、标的海域基本情况

1. 标的海域坐落位置:________。

2. 标的海域使用权面积:________。

3. 标的海域规划用途:________。

4. 标的海域现状:________。

5. 海域使用期限:从________年____月____日起至________年____月____日止,现在尚剩余海域使用年限截至________年____月____日。

6. 海域使用权证号:________。

二、标的海域用途

1. 甲方承诺本合同项下所出租的海域使用权系其合法拥有,其所拥有的海域使用权不存在任何权利瑕疵(包括但不限于第三人主张权利、设置抵押等)。

甲方有合法出租并收取收益的权利。

2. 乙方对甲方出租海域现状知悉并同意承租，乙方承诺在甲方与海洋行政主管部门签署的海域使用权所限定的用途范围内使用海域。

3. 甲乙双方同意，甲方将该海域使用权租赁，乙方在该海域内从事______________。

三、合同期限

1. 本合同项下海域使用权租赁期限为：共计____年，自________年____月____日起至________年____月____日止。

2. 租赁期满如甲方继续出租该海域的，在同等条件下，乙方有继续租赁的优先权。乙方应在本合同期限届满前____日向甲方提出书面申请，逾期不提出申请的，或在租赁期限届满前____日内未与甲方签订新的租赁合同的，视为乙方自动放弃优先承租权。

四、租赁海域交付、登记及返还

1. 甲方应于________年____月____日将标的海域使用权交付乙方，由双方办理相应交接手续。乙方未在约定的期限内接收的，视为甲方已经按期交付。

2. 乙方在甲方将该海域使用权交付之日起，应当依照海域使用权规定的用途实施相应的经营、管理、使用等行为。

甲乙双方同意，于本合同签订后____日内共同配合办理海域使用权流转登记事宜。

3. 租赁期满或本合同解除通知送达____日内，为租赁海域使用权返还期限，乙方应当如期向甲方返还租赁海域使用权。经甲方验收合格后，甲乙双方签署租赁海域返还移交确认证明文件；验收不合格的，乙方应当限期整改，由此产生的费用由乙方承担。乙方逾期不返还的，按照合同约定承担违约责任，且甲方有权强制自行收回，由此造成损失的由乙方自行承担。

五、使用费用及税费

1. 乙方按照本合同约定应向甲方支付每亩海域____元人民币的年租金。海域使用权年租金总额的计算方法为：海域使用权年租金总额 = 每亩年租金（元/亩/年）× 租赁海域使用权面积（亩）。租赁海域使用权年租金总额为____

元人民币。

2. 支付方式:一年一付,即每年一次性支付完毕当年租金。

3. 支付时间:合同期内,乙方应于每年度____月____日前付清当年度的租金。

甲方指定收款账号:______________________________

开户行:______________________________

户名:______________________________

4. 因本次合同交易过程中产生的应由甲方缴纳的税费由甲方承担;应由乙方缴纳的税费由乙方承担。____方负责交纳与租赁海域有关的海域使用金,乙方在经营过程中产生的税费应当由乙方缴纳的须按时自行缴纳。

5. 履约保证金:乙方在本合同签订时应向甲方交付履约保证金人民币____元,作为乙方履行本合同的担保。若乙方无故终止履行本合同或因乙方违约导致甲方解除本合同的,履约保证金归甲方所有;除此之外,本合同在终止或提前解除时,扣除乙方应承担的租金以及乙方应承担的违约金及赔偿金等费用,于双方签署租赁海域返还移交确认文件后,甲方向乙方无息一次性返还履约保证金余额。

6. 租赁期间,如果乙方有违反或不履行本合同的行为,甲方有权根据合同约定直接扣除乙方向其缴纳的履约保证金。甲方应在扣除发生后____个工作日内通知乙方。乙方应在抵扣通知送达的____个工作日内将被甲方扣除部分的履约保证金重新补足,甲方损失超过剩余履约保证金的,仍有权追索。抵扣通知规定的期限届满乙方未补足的,甲方有权选择单方解除本合同。

六、双方的权利和义务

(一)甲方的权利和义务:

1. 依据本合同约定按期向乙方收取租金。

2. 在合同期内,有权利监督乙方使用标的海域情况,有权利督促乙方合理使用,并纠正乙方可能对标的海域产生的损毁行为。

3. 甲方需根据本合同的约定,及时完整地向乙方提供租赁海域之海域使用权。

4. 合同期内,有义务维护乙方正常、合理使用标的海域从事约定用途的行为。

(二)乙方的权利和义务:

1. 乙方有权在合同期内依据本合同的约定使用标的海域,有权利排除第三方的不正当干扰和侵害。

2. 乙方应当在合同期内向甲方及时按本合同约定支付年租金。

3. 合同解除或租赁期满不再续租的,乙方须及时、完整地向甲方交回不再续租之部分或全部租赁海域的海域使用权。

七、违约责任

1. 乙方未按时足额缴纳租金的,每天应按逾期未交金额的3‰向甲方支付违约金。

2. 乙方逾期返还租赁海域的,应按日租金的1.5倍标准向甲方支付逾期返还期间的海域占有使用费,并承担此期间应承担的其他费用等。

3. 乙方有下列情形之一的,视为乙方严重违约,履约保证金归甲方所有,乙方应向甲方支付本合同当年租金总额____%的违约金,违约金不足以弥补甲方损失的还应赔偿损失,同时甲方有权单方解除合同,收回租赁海域:

(1)未按期足额支付租金等费用,逾期超过____日的;

(2)乙方未经甲方书面同意并按规定报经有关部门核准擅自改变本合同所约定的租赁用途的;

(3)乙方利用租赁海域进行违法、违规经营的,储存违禁物品的;

(4)租赁海域因乙方原因被政府部门查封、整顿、关停的;

(5)未经甲方书面同意,乙方擅自将租赁海域转租、分租、转让、转借、与他人交换使用、允许他人以乙方名义使用本合同租赁海域或者将租赁海域及基于该租赁海域的经营项目向第三人承包、分包、联营、入股、抵押或以其他任何方式让与第三人经营的;

(6)乙方若是法人组织,出现营业执照、相关许可证被吊销、注销、到期未年检或乙方发生破产、清算的;

(7)乙方严重或多次侵害相邻关系的又整改不力,造成周围业主多次投诉的;

(8)本合同约定的其他可以解除的情形。

八、合同的解除

1. 甲方根据本合同约定或法律规定选择解除本合同的，自甲方解除合同的通知到达乙方时合同解除，乙方如有异议应在通知送达____日内书面提出。

2. 除本合同另有约定或法律有规定外，甲方单方面提前解除合同，应提前____日通知乙方、退还乙方剩余的履约保证金和已交剩余租期的租金。乙方单方提前解除本合同，应提前____日书面通知甲方、付清租金并承担当年租金总额____%的违约金。

九、不可抗力

1. 不可抗力定义：指在本合同签署后发生的、本合同签署时不能预见的、其发生与后果是无法避免或克服的、妨碍任何一方全部或部分履约的所有事件。上述事件包括地震、台风、水灾、火灾、战争、国际或国内运输中断、流行病、罢工，以及根据中国法律或一般国际商业惯例认作不可抗力的其他事件。一方缺少资金非为不可抗力事件。

2. 不可抗力的后果：

(1) 如果发生不可抗力事件，影响一方履行其在本合同项下的义务，则在不可抗力造成的延误期内中止履行，而不视为违约。

(2) 宣称发生不可抗力的一方应迅速书面通知其他各方，并在其后的十五天内提供证明不可抗力发生及其持续时间的足够证据。

(3) 如果发生不可抗力事件，各方应立即互相协商，以找到公平的解决办法，并且应尽一切合理努力将不可抗力的影响减少到最低限度。

3. 金钱债务的迟延责任不得因不可抗力而免除。

4. 迟延履行期间发生的不可抗力不具有免责效力。

十、争议解决

1. 本合同的签订、解释及与本合同有关的纠纷解决，均受中华人民共和国现行有效的法律约束。

2. 因本合同引起的或与本合同有关的任何争议，由合同各方协商解决，也可由有关部门调解。协商或调解不成的，应按下列第____种方式解决：

(1) 提交________仲裁委员会仲裁。仲裁裁决是终局的，对各方均有约束力；

(2)依法向____所在地有管辖权的人民法院起诉。

十一、通知与送达

双方关于本协议履行及相关事宜的通知,应当按照本协议载明的地址发出。通知一般以对方或授权代表签名或者盖章确认为准。如果以特快专递或者挂号信形式寄送的,自发出之日起第四日视为送达之日。在协议有效期内,任何一方的联系方式发生变更的,应当及时书面通知对方,否则应承担因此产生的不利后果。双方因本协议发生纠纷的,本协议中双方确认的地址可作为双方发生争议时,法院送达文书的地址。

十二、附则

1. 本合同一式二份,合同各方各执一份。各份合同文本具有同等法律效力。

2. 本合同经各方签署后生效。

3. 双方关于本合同未尽事宜,可经协商后另行签订补充协议;补充协议内容与本合同不一致的,以补充协议内容为准。

4. 本合同附件与本合同不可分割,具有同等法律效力。

5. 本合同的签署地为:________________;签署时间:________年____月____日。

附件:海域使用权证复印件(略)

(以下为签署页无正文)

甲方(签字或盖章):

法定代表人或授权代表(签字):

乙方(签字或盖章):

法定代表人或授权代表(签字):

范例 30

水产品养殖技术咨询服务合同

甲方(咨询方):

统一社会信用代码/身份证号:

住所地:

联系人:

联系电话:

电子邮箱:

乙方(服务方):

统一社会信用代码/身份证号:

住所地:

联系人:

联系电话:

电子邮箱:

根据《中华人民共和国民法典》及相关法律法规的规定,甲乙双方在平等、互利、自愿的基础上,经充分友好协商,就甲方聘请乙方提供专业水产养殖咨询服务事宜达成以下条款,以兹共同遵守:

一、委托咨询服务事项

1. 本合同的技术咨询项目为:________。

2. 本合同的履行地点为:________。

3. 本合同的履行方式为:________。

4. 乙方就甲方的某项特定技术项目向甲方提供咨询报告,其工作内容如下:

(1)可行性论证:对某项特定的经济技术项目实施的技术先进性、经济合理性进行综合分析、计算和评价,从而确定该项目是否具备成功和发展的可能;

(2)技术预测：对咨询技术项目的发展趋势进行展望和预测，主要对水产养殖新技术、新设备、新工艺、新产品的发展动态以及该等技术的发展对某些产品市场需求的影响进行预测；

(3)专题技术调查：针对咨询技术项目的技术要求，采取多种方式对专题资料、数据进行考察与收集；

(4)分析评价报告：对某项水产养殖技术的发展给社会带来的积极作用和消极作用进行全面分析研究和全面评价。

二、咨询服务费及支付方式

1. 合同期内，甲方应向乙方支付咨询服务费人民币：____元(大写：____________元)。

2. 双方约定以下第____种服务费支付方式和期限作为本合同的履行方式：

(1)一次性付清，即在本合同签订之日起____个工作日内支付合同项下全部咨询服务费。

(2)分期支付，即在本合同签订之日起____个工作日内支付首笔咨询服务费____元，并在此后____日内分____期将剩余咨询服务费支付完毕。具体方式为：______________________________。

3. 甲方以银行转账方式支付咨询服务费给乙方，乙方接收款项信息为：

开户行：________；

开户名称：________；

银行账号：________。

4. 除前款约定的银行汇款支付外，以下三种支付方式，在确认乙方指定收款账户信息的前提下，双方均予认可：

(1)支付宝转账；

(2)微信转账；

(3)现金支付。

三、甲乙双方权利与义务

1. 甲方应向乙方提供有关资料、已取得的技术咨询报告以及可能得到的信息，并为乙方开展工作提供相应协助。

2. 甲方应协作的事项包括：

(1)阐明咨询的问题，向乙方提供技术背景材料及有关技术、数据；

(2)根据乙方的要求补充说明有关情况，提供有关资料、数据；

(3)若向提供乙方的技术资料、数据有明显错误和缺陷的，应当及时予以修改、完善；

(4)为乙方开展技术咨询、进行调查论证、出具咨询服务报告提供必要的工作条件。

3. 本合同的履行标的并非水产养殖技术成果，而是可供甲方决策和选择的水产养殖技术服务咨询报告，即乙方为甲方就科学养殖、技术开发、技术改造、成果推广、科学管理等水产养殖项目提出的合理、客观且可行的科学建议、意见和操作方案。

4. 乙方向甲方提供的水产养殖技术服务咨询报告应当符合以下三个条件：

(1)技术服务咨询报告是对特定水产养殖技术项目的分析、论证、评价、调查的意见和建议。

(2)以可行性论证、技术预测、专题技术调查、分析评价报告或意见的形式提交。

(3)应达到合同约定的技术咨询服务水平，对甲方科学开展水产养殖具有相应的参考价值。

四、合同期限

本合同的履行期限为____年，自________年____月____日起至________年____月____日止。

合同期满前30日内，甲乙双方可就是否续签合同进行协商，以保证技术咨询服务工作的连续性。双方未能形成新的协议意向的，视为同意期满终止合同。

五、保密条款

1. 本合同内容若涉及国家安全和重大社会利益需要保密的，应就该保密事项的范围、密级和保密期限以及双方承担的保密义务进行约定。一方提供给对方的资料和信息，应当在提供时予以书面说明。

2. 双方保证对从对方处取得且无法自公开渠道获得的商业秘密(技术信

息、经营信息及其他商业秘密)予以保密。未经该商业秘密的权利人同意,任何一方均不得向任何第三方泄露该商业秘密的全部或部分内容。但法律、法规另有规定或双方另有约定的除外。

3. 本协议终止后____年内,双方继续负有前款约定的保密义务。一方违反上述保密义务的,应承担相应的违约责任并赔偿对方因此遭受的损失。

六、合同的变更、解除及终止

1. 双方经协商一致,可以变更、解除合同。双方变更合同的,应当另行订立书面协议。

2. 合同期间,一方违反本合同任何条款约定,在对方催告后十五个工作日内未予及时调整并全面履行的,守约方有权书面通知违约方单方解除合同,且有权要求违约方赔偿相当于合同总额20%的违约金及所遭受的损失(包括但不限于直接损失、可得利益、律师费用等全部损失)。

3. 有下列情形之一的,合同当事人一方或双方可以解除合同:

(1)合同双方任何一方无故不履行合同约定内容,守约方可于逾期30日后解除合同;

(2)因不可抗力致使合同无法履行;

(3)因一方违约致使合同无法实际履行或实际履行已无必要。

4. 任何一方提出解除合同的,符合本合同约定或者合同法规定的情形的,应提前15天以书面形式通知对方。

5. 本合同解除后,本合同约定的有关费用支付、争议解决方式的条款仍然有效。

6. 合同终止

(1)除合同解除外,双方在合同约定期限内另行签署书面合同时,本合同终止。

(2)本合同按约定履行完毕后,自动终止。

七、不可抗力

1. 本合同所称不可抗力是指地震、飓风、水灾、火灾等自然灾害、战争以及其他不能预见、不可避免且不能克服的客观情况。

2. 当事人因不可抗力不能履行合同的,受不可抗力影响的一方应在不可抗力发生之日起五日内以书面形式通知对方,并及时向对方提供公证机关证明事件的存在和影响的证明文件。受不可抗力影响的一方可据此免除全部或部分责任。

3. 不可抗力发生后,受不可抗力影响的一方应采取合理措施,减少损失发生。

八、违约责任

1. 甲方未按照合同约定提供必要的数据和资料,影响乙方工作进度和质量的,所支付的技术咨询费不得追回,未支付的报酬应当如数支付乙方。

2. 甲方逾期两个月未提供或者未补充有关技术资料、数据和工作条件,导致乙方无法开展工作的,乙方有权解除合同,甲方应当支付违约金并赔偿损失。

3. 乙方未按期提交水产养殖技术服务咨询报告或者提交的咨询报告不符合合同约定的,应当免收服务费,并向甲方支付合同金额20%的违约金,乙方还应另行赔偿甲方因此遭受的经济损失。

4. 乙方迟延提交水产养殖技术服务咨询报告的,应当支付违约金,每延迟一天,应当按照合同总金额的万分之五支付延迟提交违约金。

5. 乙方未按时提交水产养殖技术服务咨询报告,或者所提交的咨询报告水平低劣,无参考价值的,应当免收服务费,并向甲方支付合同金额20%的违约金,乙方还应另行赔偿甲方因此遭受的经济损失。

6. 乙方在接到甲方提交的技术资料和数据之日起30日内未进行调查论证的,甲方有权解除合同。乙方应当返还已收取的服务费,并向甲方支付合同金额20%的违约金,乙方还应另行赔偿甲方因此遭受的经济损失。

7. 在对方未履行合同约定的义务前,一方按照合同的约定履行自己的义务的,不等于认可对方已经履行相应义务或同意对方可以不再履行其义务。

8. 一方接受对方逾期履行的,不视为对其违约行为的认可,仍然有权追究其违约责任,还有权解除合同。

九、争议解决

1. 本合同的约定和履行中产生的争议,双方友好协商解决,若协商不成,任何一方均可向有关部门申请调解,也有权在合同履行地人民法院起诉解决。

2. 因实现本合同争议债权发生的费用(包括但不限于违约金、诉讼费、律师费、差旅费、执行费、调查费、保全费、诉讼担保费、送达费、鉴定费等)由违约方/败诉方承担。

十、通知与送达

双方关于本合同履行及相关事宜的通知,应当按照本合同首部载明的地址发出。通知一般以对方或授权代表签名或者盖章确认为准。如果以特快专递或者挂号信形式寄送的,自发出之日起第四日视为送达之日。在合同有效期内,任何一方的联系方式发生变更的,应当及时书面通知对方,否则应承担因此产生的不利后果。双方因本合同发生纠纷的,本合同中双方确认的地址可作为司法文书送达的地址。

十一、其他

1. 双方在签订本合同时,应提供经核实的身份证明和相应资质证明文件的复印件作为合同附件。

2. 本合同附件作为合同有效组成部分,与本合同具有同等法律效力。

3. 本合同自双方签章之日起生效,合同期满自动终止。合同一式四份,甲乙双方各执两份,具有同等法律效力。

甲方(签名捺印)/(盖章):

代表人(签名):

乙方(签名捺印)/(盖章):

代表人(签名):

签署地点:

签署时间:　　　　年　　月　　日

范例 31

鲜活水产品买卖合同

甲方(买方):

统一社会信用代码/身份证号:

住所地/居住地:

联系人:

电话:

电子邮箱:

乙方(卖方):

统一社会信用代码/身份证号:

住所地/居住地:

联系人:

电话:

电子邮箱:

根据《中华人民共和国民法典》及相关法律法规的规定,甲乙双方在平等互利的基础上,经充分友好协商一致,自愿就鲜活水产品买卖达成以下协议,以兹共同遵守。

一、鲜活水产品标的货物名称

双方买卖货物:________(产地)货物名称。

二、标的货物规格与价格

1. 货物等级分为以下____种规格:

一级:鲜活,无异味,体重平均且在____ ~ ____克;

二级:游动缓慢,有个别死亡时间 4 小时以内,体重大小有小部分差异;

三级:游动缓慢,有死体,有异味,体重大小差异大;

其他等级:________________。

2. 货物价格

一级价格:人民币____元/个或千克;

二级价格:人民币____元/个或千克;

三级价格:人民币____元/个或千克;

其他等级:人民币____元/个或千克。

3. 关于价格的特别约定

逾期交货的,遇价格上涨时,按原价格执行;遇价格下跌时,按新价格执行。逾期提货或逾期付款的,遇价格上涨时,按新价格执行;遇价格下跌时,按原价格执行。

三、货物装载、运输、卸载

本合同标的物由乙方负责装载与运输及卸载,其间合同项下鲜活标的物应当装入符合合同运输要求的容器或存储器内,相关费用由______方承担。

四、标的货物交付地点

双方约定本合同项下货物交货地点为:____________。

甲方若要求变更交货地点,应至少在合同约定的交货期限前三个工作日内通知乙方,以便乙方调整用车(船)计划,因此增加的费用由甲方承担。

五、交付批次与期限

乙方收到甲方支付定金后,于________年____月____日开始交付货物,分____批交付,于________年____月____日前交付完成。

六、交付方式与货物验收

1. 货物交付方式:由乙方或乙方指定人员将货物运送到甲方指定地点卸载后交付给甲方指定联系人过磅验收,甲方准备接收货物的场地与称量设施,装卸费用由乙方支付并承担。

2. 甲方对乙方提供的货物进行清点、验收,查验货物品种、规格、数量;双方共同确认货物过磅重量与等级,甲方开具接收货物明细单据给乙方。法律规定需要强制进行检验、检疫的,乙方同时提供检验、检疫合格证明。

3. 甲方对货物质量提出异议的时限为收到货物之日起48小时内,并须以书面方式提出。否则,视为无异议。

4. 双方指定本合同的联系人及联系方式如下：

甲方指定本合同的联系人：＿＿＿＿＿＿＿＿，联系方式：＿＿＿＿＿＿＿＿＿＿＿＿

乙方指定本合同的联系人：＿＿＿＿＿＿＿＿，联系方式：＿＿＿＿＿＿＿＿＿＿＿＿

七、货物风险的转移

1. 货物在交付前，装载与运输过程中产生的毁损、灭失及正常耗损的风险与责任，或由第三方承运人造成的损失，均由乙方承担。

2. 货物在交接过磅与清点验收后，毁损、灭失及正常耗损的风险与责任，转由甲方承担。

八、仓储费用的承担

若乙方提前交货至甲方指定场所，甲方有权拒收；或者接收后因此产生的临时保管费用，甲方可向乙方收取实际产生的成本费用。

九、货物结算与价款支付

1. 本合同实行先货后款，双方在货物交付后三个工作日内根据货物的等级、单价、数量进行结算，甲方在结算后三个工作日内将款项直接汇入乙方指定的收款银行账户，账户信息如下：

开户银行：＿＿＿＿＿＿＿＿＿＿；

开户户名：＿＿＿＿＿＿＿＿＿＿；

银行账号：＿＿＿＿＿＿＿＿＿＿。

2. 除前条约定的银行汇款支付外，以下三种支付方式在乙方提供书面授权的前提下，双方均予认可：

支付宝转账；

微信转账；

现金支付。

3. 定金条款

双方约定，本合同定金为：人民币（大写）＿＿＿＿＿＿＿元（￥＿＿＿＿＿元）。

定金的支付时间为本合同生效后三个工作日内，甲方支付乙方。

定金在最后一期支付价款时冲抵货款本金；乙方无正当事由拒绝提供货物时，乙方应向甲方支付双倍定金；甲方无正当事由拒收货物的，除不能要求退回定金外，还应向乙方赔偿货物价格下跌的损失和运输费用等全部损失。

十、违约责任

1. 非乙方原因，甲方延期付款，每迟延一日，甲方按日向乙方支付迟延付款金额0.5‰的违约金，直至款项付清之日止，乙方有权利相应地迟延交付货物。

2. 若乙方未能按本合同约定时间及方式将全部标的货物交付至甲方指定地点，每迟延一日，乙方按日向甲方支付逾期交付货物总价0.5‰的违约金，直至全部货物交付之日止。

3. 乙方交付的货物未达到约定的标准时，甲方有权要求乙方重新交付，或者按照合同约定的价格标准相应减少合同价款的支付金额。

4. 一方接受对方逾期履行的，不视为对其违约行为的认可，仍然有权追究其违约责任，还有权解除合同。

5. 在对方未履行义务前，一方按照合同约定履行自己的义务的，不等于认可对方已经履行了先前的义务或同意对方可以不再履行其义务。

十一、合同的变更、解除及终止

1. 双方经协商一致，可以变更、解除合同。双方变更合同的，应当另行订立书面协议。

2. 合同期间，一方违反本合同任何条款约定，在对方催告后____个工作日内未予及时调整并全面履行的，守约方有权书面通知违约方单方解除合同，且有权要求违约方赔偿相当于合同总额20%的违约金及所遭受的损失(包括但不限于直接损失、可得利益、律师费用等全部损失)。

3. 有下列情形之一的，合同当事人一方或双方可以解除合同：

(1)合同双方任何一方无故不履行合同约定内容，守约方可于逾期____日后解除合同；

(2)因不可抗力致使合同无法履行；

(3)因一方违约致使合同无法实际履行或实际履行已无必要。

4. 任何一方提出解除合同的，符合本合同约定或者合同法规定的情形的，应提前十五日以书面形式通知对方。

5. 本合同解除后，本合同约定的有关费用支付、争议解决方式的条款仍然有效。

6. 合同终止

(1)除合同解除外,双方在合同约定期限内另行签署书面合同时,本合同终止。

(2)本合同按约定履行完毕后,自动终止。

十二、不可抗力

1. 本合同所称不可抗力是指地震、飓风、水灾、火灾等自然灾害、战争以及其他不能预见、不可避免且不能克服的客观情况。

2. 当事人因不可抗力不能履行合同的,受不可抗力影响的一方应在不可抗力发生之日起五日内以书面形式通知对方,并及时向对方提供公证机关证明事件的存在和影响的证明文件。受不可抗力影响的一方可据此免除全部或部分责任。

3. 不可抗力发生后,受不可抗力影响的一方应采取合理措施,减少损失发生。

十三、争议解决

1. 本合同的约定和履行中产生的争议,双方友好协商解决,若协商不成,任何一方均可向有关部门申请调解,也有权在合同履行地人民法院起诉解决。

2. 因实现本合同争议债权发生的费用(包括但不限于违约金、诉讼费、律师费、差旅费、执行费、调查费、保全费、诉讼担保费、送达费、鉴定费等)由违约方/败诉方承担。

十四、通知与送达

双方关于本合同履行及相关事宜的通知,应当按照本合同首部载明的地址发出。通知一般以对方或授权代表签名或者盖章确认为准。如果以特快专递或者挂号信形式寄送的,自发出之日起第四日视为送达之日。在合同有效期内,任何一方的联系方式发生变更的,应当及时书面通知对方,否则应承担因此产生的不利后果。双方因本合同发生纠纷的,本合同中双方确认的地址可作为司法文书送达的地址。

十五、其他

1. 本合同自双方签章之日起生效。一式四份,甲乙双方各持两份,具有同等法律效力。

2. 本合同附件作为合同有效组成部分,与本合同具有同等法律效力。

3. 本合同签署地点:______,签署时间:________年____月____日。

(以下为签署页无正文)

甲方(签名捺印)/(盖章): 代表人(签名):

乙方(签名捺印)/(盖章): 代表人(签名):

第八章

乡村旅游法律服务与实务指引

发展乡村旅游是实现乡村振兴的重要途径,乡村旅游促进了农业产业结构升级,优化了农村生态环境,丰富了农民脱贫致富手段。乡村旅游价值实现归根结底在于乡村旅游消费场景打造及乡村旅游市场的繁荣,乡村旅游法律保障体系应当围绕该产业供销权益进行架构,其目的是通过公、私法多重的权利义务体系保障投资者和消费者的各项基本权利。然而,我国还缺乏调整乡村旅游发展中法律关系的健全法律体系和框架,乡村市场主体经营规则、竞争秩序的建立,消费者合法权益保护以及纠纷解决机制都还不够完善。在这种背景下,探究乡村旅游产业发展的法律服务体系,厘清政府管理体制、明确监管职责,对于促进乡村旅游产业振兴具有积极意义。

第一节　乡村旅游行政主体法律服务

一、乡村旅游项目招商引资法律程序

(一)乡村旅游招商引资政策解读

招商引资是地方政府进行产业结构调整的前沿阵地,此项工作也是促进经济发展的重要措施。招商引资是一项政府主导、社会组织和企业广泛参与的特殊工作,其实质就是向本行政区域以外的投资者,推介本行政区域内区域交通、资源禀赋、产业基础、市场环境、政策待遇等比较优势,争取投资者到本行政区域内开展包括直接投资和间接投资在内的各类投资活动,从而获得社会经济发展所需的项目、资金、人才、技术、管理等生产要素,最终实现经济增长、财政收入增加、区域竞争力提高等发展目标。一定程度上,招商引资的成败直接关系本地区产业结构调整的成果,同样也关系经济、社会的发展水平。同时旅游业对经济的支撑作用已然彰显于众,从 2012 年 7 月《关于鼓励和引导民间资本投资旅游业的实施意见》中的"改革开放以来,各类民间资本进入旅游业,民间资本在旅游投资中的比重不断增加,综合效益不断提高。要坚持旅游业向民间资本全方位开放,通过民间资本推进旅游产业投资。鼓励民间资本投资旅游业,如合理开发旅游资源,经营、管理旅游景区,开发旅游产品、经营旅游车船业等,切实将民间资本作为旅游发展的重要力量"到《国民旅游休闲纲要(2013－2020

年)》中的“鼓励社会力量投资建设旅游休闲设施,开发特色旅游休闲线路和优质旅游休闲产品,落实国家关于中小企业、小微企业的扶持政策”,都表明中央对旅游行业招商引资的重视。各地旅游行业主管部门积极开展旅游项目的招商引资工作,全国省市县各级政府也纷纷举办各种境内外旅游招商活动,来发挥旅游对区域经济的促进带动作用。在此大背景下,一些乡村旅游地要想突破原来有资源、无资金的窘境,或是想要完善原有的乡村旅游项目,招商引资是一个实现共赢的好办法。[①]

(二)乡村旅游招商引资法律风险

尽管招商引资对乡村地区经济发展有十分重要的作用,但是因为乡村旅游领域的项目招商引资政策还不完善,各行政主体对该领域的具体工作还不甚熟悉,因此在实际的操作工程中也存在一些问题需要防范。根据2017年国务院发布的《关于扩大对外开放积极利用外资若干措施的通知》,地方政府可以在一定限度内出台招商引资的优惠政策。因此,各地政府为了招引企业,基本都会根据当地财力与资源禀赋情况制定相关政策。但在实际操作中,有时会出现土地优惠政策违法、违规情况,并因此产生法律纠纷。下文就以已出台的各项法律为基础,结合当前政府招商引资工作中出现的一些问题,总结法律风险点,供各行政主体参考,以及时进行风险防范。

1.政府对投资主体审核不严

实践中,个别政府在个案中还是会有对投资主体审核不严的情况,具体表现为:招商引资项目的可行性、合法性论证走过场;对投资方资信情况不审查或审查不严;对投资方真实身份、资金实力、企业注册地、企业生产经营范围及现状不了解或了解不透,导致以招商引资为名的虚假出资、投机、诈骗越来越多。个别投资者缺乏投资诚意,为了投机、诈骗而进入招商市场,往往以将招商方的财产作抵押骗取贷款或转卖财产,然后卷款逃走。有的投资商事前未进行市场调查,投资后觉得无利可图,或根本无资可投、无空可钻的时候,就找借口毁合约,把矛盾、问题、债务留给招商方,自己一走了之。有的招商引资来的企业污

① 耿鹏:《产业结构调整背景下地方政府招商引资问题及对策研究》,东南大学公共管理系2017年硕士学位论文,第1页。

染特别严重,损害了当地的自然生态环境。

2. 协议出让土地低于国家规定底价

《招标拍卖挂牌出让国有土地使用权规定》第 4 条规定:商业、旅游、娱乐、商品住宅四类经营性用地和同一土地有两个或两个以上意向用地者的,应当招标拍卖挂牌出让;第 10 条第 1 款规定:市、县人民政府国土资源行政主管部门应当根据土地估价结果和政府产业政策综合确定标底或者底价。标底或者底价不得低于国家规定的最低价标准。据此,对供地招商项目,有三道法律红线:一是产业用地必须以"招拍挂"的方式公开出让;二是企业取得的土地价格不能低于国家规定的最低价标准;三是如果有两家及以上的企业报名,必须按照相关程序公平竞争。若实践中出现协议出让土地低于国家规定底价的情况,则是违规的。

3. 违反土地出让金收支规定

国务院办公厅《关于规范国有土地使用权出让收支管理的通知》第 1 条规定,任何地区、部门和单位都不得以"招商引资""旧城改造""国有企业改制"等各种名义减免土地出让收入,实行"零地价",甚至"负地价",或者以土地换项目、先征后返、补贴等形式变相减免土地出让收入。同时,根据现行相关规定,土地出让收支要全额纳入地方政府基金预算管理,收入全部缴入地方国库,支出一律通过地方政府基金预算从土地出让收入中予以安排,实行彻底的"收支两条线"管理,在地方国库中设立专账(登记簿),专门核算土地出让收入和支出情况。

由此可知,通过土地换项目、先征后返等形式变相减免土地出让收入的行为原则上是不被允许的。但在实际操作中,因现有法律、行政法规并未对此作出明确的禁止性规定,所以这种现象依然比较普遍。

4. 履行合同失职

《刑法》第 406 条规定,国家机关工作人员在签订、履行合同过程中,因严重不负责任被诈骗,致使国家利益遭受重大损失的,处 3 年以下有期徒刑或者拘役;致使国家利益遭受特别重大损失的,处 3 年以上 7 年以下有期徒刑。招商引资中,会有一些不法分子,他们利用地方政府迫切招商的心理,打着招商引资的旗号从事投资诈骗、虚假出资、抽逃出资等违法犯罪活动。很多招商干部唯政绩论，只顾埋头招商，缺乏对投资者的资信调查和对企业经营的具体分析，使犯罪分子有机可乘，一旦得手，将给国家和人民财产造成重大损失。

5. 招商引资不作为

《中国共产党问责条例》第7条第10项规定，在教育医疗、生态环境保护、食品药品安全、扶贫脱贫、社会保障等涉及人民群众最关心最直接最现实的利益问题上不作为、乱作为、慢作为、假作为，损害和侵占群众利益问题得不到整治，以言代法、以权压法、徇私枉法问题突出，群众身边腐败和作风问题严重，造成恶劣影响的，应当予以问责。

典型案例27之导致泰国风情小镇项目失败的直接原因

曹娥江旅游度假区管委会持续跟踪泰国风情小镇项目20个月，项目接洽的持续时间较久，有上虞区领导参与的次数9次，占总接洽次数的36%，受上虞区领导重视程度较高，前期较多地考虑项目优质性，忽略了项目的可落地性，项目失败的原因可以归纳为以下几点：

第一，投资商实力问题考虑滞后。该项目以泰国城为核心，项目异域特色明显、投资规模为80亿元人民币，收益周期长，需要具有较强泰国背景和投资实力的大型企业集团作为主要投资方并参与管理运营。曹娥江旅游度假区在接洽项目后的第15个月才开始对项目投资方开展尽职调查，认为投资商在资金实力、开发理念、开发团队、运营能力等方面存在一定偏差，会影响项目的开发建设和后期运营而终止项目，尽职调查工作的滞后导致前期付出了大量不必要的成本。

第二，缺乏项目所需土地指标。泰国风情小镇项目区域总范围约7300亩，开发范围约5500亩，其中，建设用地约3200亩，山林约2300亩。该项目的开发体量需要大量的建设用地和土地指标，而项目实施地涉及大量的基本农田，实际可利用建设用地较少，对该项目实施推动产生极大影响。度假区管委会在洽谈之初并未考虑项目土地问题，大量的精力放在项目是否优质，如何改进项目方案等方面，至2016年5月度假区管委会对意向投资地块进行土地收储及配套建设成本估算时仍忽略了土地问题对项目实施的制约。

第三，基础设施配套不完善。泰国风情小镇项目能否落地的另一个重要影响因素就是项目实施地是否具备良好的基础设施配套，特别是道路配套。完善的交通网络和通畅的外部进入道路是项目实施的必要条件，在项目洽谈期间曹娥江旅游度假区的道路建设均处于规划阶段，周边基础设施仅能满足周边农村居民生活所需，项目实施方携设计团队及有实力的合作投资商多次进行实地考察，均认为该地块周边配套有待进一步加强，在一定程度上影响了合作投资商的投资决策，对项目落地产生了一定制约。①

（三）乡村旅游招商引资具体流程

类似其他招商项目，旅游项目同样招商引资有几个固定流程：项目洽谈、项目签约、项目实施、项目服务。其具体条款与规定根据各县、乡镇实际情况的不同而有细微差别。在此以贵州省铜仁市招商引资工作流程（旅游项目）为例给出以下具体流程参考：

1. 项目洽谈

投资者向区文旅局、旅游项目所在地的乡镇政府提供该项目的投资意向书和投资者背景资料；资料审定后，5000 万元以下的投资项目由区文旅局和项目所在地的乡镇政府会同引资单位对接洽谈，5000 万元至 5 亿元的投资项目由县分管旅游或招商的领导牵头对接洽谈，5 亿元以上的项目由区主要领导亲自参与对接洽谈，积极推介我区旅游资源和招商引资优惠政策；区文旅局和项目所在地的乡镇政府将投资者情况提交工商、税务、金融部门核实。重大项目由区投资促进局组织引资单位和文旅局对投资者进行实地考察核实。

2. 项目签约

正式谈判取得一致意见后签订合同。合同书起草由文旅局负责，由投资促进局配合。合同书正本采取统一格式，重大项目实行一事一议，特殊优惠政策另行签订合同副本。

3. 项目实施

合同签订后，区文旅局和引资单位协助投资企业将建设项目概述、土地预审意见书报相关部门审批；文旅局和引资单位协助企业将可行性报告、环评、土

① 高露爽：《上虞曹娥江旅游度假区招商引资的困境和对策研究》，浙江工商大学公共管理系 2018 年硕士学位论文，第 30～35 页。

地预审意见等相关资料报发展局立项备案和办理相关证照。

4. 项目服务

项目建成后，按照有关规定应享受税收优惠政策的，经税务、财政等部门审查后，财政局和项目所在地的政府按合同条款规定要求及时兑现；项目投产后，经企业申请，投资促进局在五日内为客商办好外商身份绿卡，并为企业发放外商企业投资保护牌；投资者在建设经营过程中有其他需要协调服务的，由文旅局会同项目所在地政府协商处理或报告区委区政府协调解决。

二、乡村旅游行政审批法律程序

（一）乡村旅游行政审批概念界定

简政放权日益得到重视的背景下，行政审批是一种重要的行政管理方式，目前乡村旅游项目的行政审批制度还不够完善，因此各行政主体需要着重了解。从国务院出台的《关于贯彻行政审批制度改革的五项原则需要把握的几个问题》来看，行政审批，是指“行政审批机关根据自然人、法人或者其他组织依法提出的申请，经依法审查，准予其从事特定活动、确认特定民事关系或者特定民事权利能力和行为能力、认可其资格资质的行为”。又依据《行政许可法》第2条可知行政许可的定义为“行政机关根据公民、法人或者其他组织的申请，经依法审查，准予其从事特定活动的行为”，因此，二者的含义相近，但行政审批的范围较行政许可而言要略宽一些。2018年3月，国家文旅局发布了《旅游行政许可办法》规范旅游行政许可行为，保护公民、法人和其他组织的合法权益，保障和监督旅游主管部门有效实施行政管理。其中，旅游行政许可，是指旅游主管部门及具有旅游行政许可权的其他行政机关根据公民、法人或者其他组织的申请，经依法审查，准予其从事特定活动的行为。知晓乡村旅游项目行政审批的具体程序有利于行政主体明确工作内容，把控审批流程，做到工作思路清晰且提高办事效率，便民利民。

（二）乡村旅游行政审批存在的问题

1. 行政审批权力清单制度尚不完善

行政审批权力清单制度主要内容是各行政审批机关根据法律规定将审批事项以清单的形式向社会公布，其实质是给审批权戴上了“金箍”，以约束权力的行使。权力清单的构建需要运用法律思维，对清单各项内容的合法性进行分析正如关保英教授所说的:“即使要通过权力清单来规范行政权的行使,也必须用行政法的相关思想来进行构建。”

2. 行政审批的效率较低

行政审批的效率,在审批过程中占据着重要的位置,效率的高低关系到审批工作的进展,还会影响群众的满意程度。虽然针对提高审批效率已出台了一系列的措施,但是当前,乡村旅游行政审批效率仍然较低。

3. 行政审批监管不力

行政审批权是行政审批运行的关键,直接关系申请人的利益能否得到保障,因此需要对审批权进行监管。否则就可能为权钱交易创造机会,滋生腐败。然而当前我国行政审批中权责不明确,审批权运行缺乏控制,在监管方面存在一系列问题,主要有监督意识和责任意识缺乏、监督机制不完善、责任追究机制不健全等。

典型案例 28 之三亚滨海旅游投资项目审批流程存在问题

海南自贸区(港)建设是习近平总书记亲自谋划、亲自部署、亲自推动的重大国家战略,明确了将海南建设成国际旅游消费中心的战略定位,提出了投资贸易便利化的建设要求,这就需要海南持续优化营商环境,以制度创新为核心探索公共管理新模式,而公共管理创新的核心是行政审批制度改革,因此建设项目审批流程的优化,就成为优化营商环境的关键一环。

三亚作为国际化热带滨海旅游精品城市,要在海南自由贸易试验区和中国特色自由贸易港建设中打造标杆,滨海旅游投资项目就成为三亚建设自贸区(港)的重要抓手,但长期以来,投资项目由于报建手续烦琐、效率低下等,导致三亚市旅游投资项目落地缓慢,这与自贸区(港)建设的要求明显不符,如不能尽快解决,将对自贸区(港)建设产生很大的负面效应。

2015 年,海南省“多规合一”改革为进一步深化投资项目审批制度改革提供了技术基础。2018 年,地方党政机构改革又为项目审批相关权力的重构提供了组织保障。2019 年国务院《关于全面开展工程建设项目审批制度改革的实施意见》,再次为投资项目审批制度改革提供了宏观指导。①

① 王博:《“多规合一”背景下三亚滨海旅游投资项目审批流程优化研究》,海南热带海洋学院旅游管理系 2019 年硕士学位论文,第 1 页。

（三）乡村旅游行政审批具体程序

依据《旅游行政许可法》的规定，旅游主管部门应当确定具体承担旅游行政许可办理工作的内设机构（以下简称承办机构）。承办机构的主要职责包括受理、审查旅游行政许可申请，并向旅游主管部门提出许可决定建议；组织旅游行政许可听证工作；送达旅游行政许可决定和证件；旅游行政许可的信息统计、信息公开工作；旅游行政许可档案管理工作；提供旅游行政许可业务咨询服务；依法对被许可人从事旅游行政许可事项的活动进行监督检查。承办机构需要其他业务机构协助办理的，相关业务机构应当积极配合，乡村旅游行政审批程序如下：

1. 乡村旅游行政许可申请与受理

从事依法需要取得旅游行政许可活动的，应当向行政机关提出申请。申请书需要采用格式文本的，旅游主管部门应当免费提供申请书格式文本和常见错误实例。旅游主管部门应当将旅游行政许可事项、依据、申请条件、数量限制、办理流程、办结期限及申请材料目录和申请书示范文本等，在办公场所或者受理场所及政务网站公示，方便申请人索取使用、获取信息。旅游主管部门应当设置一个固定场所作为旅游行政许可业务办理窗口，配备政治素质高、业务能力强、熟悉掌握旅游行政许可业务工作的受理人员，统一受理申请、提供咨询和送达决定，并在办公区域显著位置设立指示标志，引导申请人到受理窗口办理许可业务。

申请人申请行政许可，应当如实向旅游主管部门提交有关材料和反映真实情况，并对其申请材料实质内容的真实性负责。旅游主管部门不得要求申请人提交与其申请的行政许可事项无关的材料。受理申请时，旅游行政许可受理人员应当审查下列事项：申请事项是否属于本部门行政许可受理范围；申请人或者代理人提交的身份证件和授权委托书是否合法有效，授权事项及范围是否明确；申请材料中是否明确附有申请人签名或者盖章；申请人提交的材料是否符合所申请事项的各项受理要求。

2. 乡村旅游行政许可审查与决定

旅游主管部门应当根据申请人提交的申请材料，对其是否具备许可条件、是否存在不予许可的情形等进行书面审查；依法需要对申请材料的实质内容进行核实的，应当指派两名以上工作人员进行现场核查。旅游主管部门对行政许可申请进行审查时，发现该行政许可事项直接关系他人重大利益的，应当告知该利害关系人。申请人、利害关系人有权进行陈述和申辩。申请人在作出行政许可决定前自愿撤回行政许可申请的，旅游主管部门应当准许。

3. 乡村旅游行政许可听证

法律、法规、规章规定实施旅游行政许可应当听证的事项，或者旅游主管部门认为需要听证的其他涉及公共利益的重大行政许可事项，旅游主管部门应当向社会公告，并举行听证。旅游行政许可直接涉及申请人与他人之间重大利益关系的，旅游主管部门应当在作出行政许可决定前发出《行政许可听证告知书》，告知申请人、利害关系人有要求听证的权利。申请人、利害关系人要求听证的，应当在收到旅游主管部门《行政许可听证告知书》之日起 5 日内提交申请听证的书面材料；逾期不提交的，视为放弃听证权利。旅游主管部门应当在接到申请人、利害关系人申请听证的书面材料后 20 日内组织听证，并在举行听证的 7 日前，发出《行政许可听证通知书》，将听证的事项、时间、地点通知申请人、利害关系人，必要时予以公告。

4. 乡村旅游行政许可档案管理

旅游主管部门应当按照档案管理法律、法规和标准要求，建立科学的管理制度，配备必要的设施设备，指定专门的人员，采用先进技术，加强旅游行政许可档案管理。旅游行政许可档案管理内容主要包括下列材料：申请人依法提交的各项申请材料；旅游主管部门实施许可过程中直接形成的材料；法律、法规规定需要管理的其他材料。材料形式应当包括文字、图标、声像等不同形式的记录。

三、乡村旅游市场监管法律程序

（一）乡村旅游市场监管背景

任何一个行业的繁荣发展都少不了市场监管，为了使乡村旅游秩序更加规范，进一步树立乡村旅游“口碑”和“品牌”效应，乡村旅游各行政主体更应该掌握乡村旅游市场监管的法律程序，为乡村旅游保驾护航。国家不仅大力促进乡村旅游，还为其行政监管指明了方向。我国《旅游法》为乡村旅游行政监管做了法律层面的规定。2013 年颁布的《旅游法》第 46 条首次对城镇和乡村居民从事旅游经营做了规定,要求由省、自治区、直辖市制定详细的管理办法。2016 年国务院办公厅发布了关于加强旅游市场综合监管的通知,目的是加快建立权责明确、执法有力、行为规范、保障有效的旅游市场综合监管机制,进一步解决扰乱旅游市场秩序、侵害旅游者权益等突出问题。2016 年、2017 年中共中央、国务院《关于深入推进农业供给侧结构性改革加快培育农业农村发展新动能的若干意见》"中央一号文件"都对乡村旅游进行了论述。2016 年"中央一号文件"涉及乡村旅游行政监管的主要有:景区公共服务设施的完善和维持,如进村道路、宽带、停车场、厕所、垃圾污水处理等:景区环境资源保护,如乡村生态环境和文化遗存保护;景区休闲农业和乡村旅游项目建设用地纳入土地利用总体规划和年度计划合理安排等。2017 年"中央一号文件"在 2016 年的基础上,除要求继续改善乡村旅游公共服务设施条件;保护传统村落,维护少数民族特色村寨整体风貌外,首次提出完善休闲农业、乡村旅游行业标准,建立健全食品安全、消防安全、环境保护等监管规范。乡村旅游各行政主体应该对标进行查漏补缺,加强本地的乡村旅游市场监督。

典型案例 29 之永嘉楠溪江乡村旅游行政监管问题

近年来,永嘉楠溪江乡村旅游业取得了跨越式发展,旅游景点和线路日益完善,形成以楠溪江自然风光和耕读文化相结合的旅游网络。旅游景点延伸至旅游资源比较丰富的乡村,各乡村根据不同的消费群体,注入农耕文化,自发形成了系列接待场所,被誉为最佳乡村旅游度假目的地。

永嘉乡村旅游发展迅速与其行政监管的有效性密不可分。楠溪江风景旅游区管理委员会(以下简称管委会)通过行政管理、行业自律等方式,建立酒店宾馆、民宿、旅行社、烹饪等协会,经常组织行业的观摩和现场会活动,在维护和规范旅游市场秩序、维护旅游经营者和消费者权益、宣传促销等方面,做出了不少的成绩,为乡村旅游的发展保驾护航。

永嘉楠溪江乡村旅游作为农户及其经营者的"自发行为"和"匆忙上阵"下的产物,在行政监管还是存在诸多难题,如法律机制不健全,造成真空领域无法可依;监管主体不明确,造成多头管理或管理空白;监管客体服务意识,造成旅游质量降低;农户及旅游者环境保护意识薄弱,造成生态环境恶化等。乡村旅游行政管理涉及的多领域，多部门的协调办公，更使得其经营管理困难。永嘉楠溪江乡村旅游不需要大量资金投入，成本较低，农户及经营者纷纷跻身其中，经营混乱，缺乏统一管理监督。其不规范主要体现在：第一，旅游项目审批不规范，未进行可行性分析，不申报、未审批，自发、盲目开办乡村旅游项目的现象严重。第二，旅游项目不经审批不在监管范围内，其开业、停业随意，不具备安全经营条件的项目颇多。第三，旅游六要素的定价没有标准，定价随意，存在蒙客、宰客的现象。第四，经营服务者综合素质不高，服务意识薄弱。第五，缺少旅游项目评价标准体系，无法进行项目持续有效的定期监督评审。①

（二）乡村旅游市场监管法律规范

根据国务院办公厅《关于加强旅游市场综合监管的通知》，各乡村旅游地行政主体需依法落实旅游市场监管责任，具体要求为：

1. 强化政府的领导责任

国务院旅游工作部际联席会议下设旅游市场综合监管工作小组，由国家文旅局牵头负责统筹旅游市场综合监管的指导、协调、监督等工作。地方各级人民政府要建立健全旅游综合协调、旅游案件联合查办、旅游投诉统一受理等综合监管机制，统筹旅游市场秩序整治工作。要进一步落实游客不文明行为记录制度，大力营造诚信经营、公平竞争、文明有序的旅游市场环境，加快形成全国一盘棋的旅游市场综合监管格局。

2. 明确各相关部门的监管责任

按照“属地管理、部门联动、行业自律、各司其职、齐抓共管”的原则，建立旅游行政主管部门对旅游市场执法、投诉受理工作的有效协调机制，明确各相关部门责任。各有关部门配合旅游行政主管部门，做好相关行业指导、协调和督促检查工作。

3. 落实旅游企业的主体责任

各旅游企业要依照法律法规主动规范经营服务行为。旅行社要坚决抵制

① 金自然：《永嘉楠溪江乡村旅游行政监管问题与对策研究》，广西师范大学历史文化与旅游学院2017年硕士学位论文，第2页。

“不合理低价游”、强迫消费等违法行为。在线旅游企业要遵守公平竞争规则。购物店要自觉抵制商业贿赂。饭店、景区、交通、餐饮等企业要保障旅游者出游安全，提高服务品质。各市场主体要积极践行旅游行业“游客为本、服务至诚”的核心价值观，在旅游服务工作中诚实守信、礼貌待客，共同维护旅游市场秩序，让旅游者体验到优质服务。

4. 发挥社会公众的监督作用

要充分发挥“12301”等旅游服务热线和旅游投诉举报网络平台作用，鼓励社会各界积极提供各类违法违规行为线索。发挥旅游服务质量社会监督员和旅游志愿者的监督作用，提醒旅游者遵守旅游文明行为公约和行为指南，自觉抵制参加“不合理低价游”。要充分发挥旅游行业协会的自律作用，引导旅游经营者注重质量和诚信。强化媒体的舆论监督，支持媒体曝光扰乱旅游市场秩序的典型事件。

（三）乡村旅游市场监管行政主体职责

乡村旅游地还需要制定旅游市场综合监管责任清单，明确各行政主体职责。通过政府公告、政府网站、公开通报等方式，向社会公开旅游部门及相关部门职能、法律依据、实施主体、执法权限、监督方式等事项，加强部门间对旅游市场违法违规行为的信息沟通，强化联合执法协调监管的相关工作机制，提升综合监管效率和治理效果。

旅游部门：依法承担规范旅游市场秩序、监督管理服务质量、维护旅游消费者和经营者合法权益的责任；负责牵头组织对旅游市场秩序的整治工作；负责对组织“不合理低价游”、强迫和变相强迫消费、违反旅游合同等违法违规行为的监管和查处；负责联合相关部门组织查处“黑社”“黑导”等非法经营行为；主动配合参与打击涉及旅游行业的“黑车”“黑店”等非法经营行为；负责对涉及其他职能部门职责的投诉及案件进行转办等。

公安部门：依法严厉打击在旅游景区、旅游交通站点等侵害旅游者权益的违法犯罪团伙，及时查处强迫消费、敲诈勒索等违法犯罪行为等。

工商部门：依法查处旅游市场中的虚假广告、虚假或者引人误解的宣传、销售假冒伪劣商品、利用合同格式条款侵害消费者合法权益、垄断行为（价格垄断行为除外）、商业贿赂等不正当竞争行为及其他违法违规行为等。

交通运输部门:负责道路、水路运输市场监管,依法查处违法违规行为;负责对交通运输部门在管养公路沿线范围内依法设置的景区、景点指示牌被遮挡的投诉处理等。

文化部门:负责对旅游演出、娱乐场所文化经营活动等方面的投诉处理和案件查处等。

税务部门:依法承担组织实施法律法规规定的税、费征收管理责任,力争税款应收尽收;依照法定职权和程序对从事旅游市场经营的纳税人偷逃税款、虚开发票等税收违法行为严厉查处,涉嫌犯罪的依法移送司法机关处理等。

质检部门:依法对旅游场所大型游乐设施、客运索道等特种设备实施安全检查,对涉及特种设备安全的投诉举报及违法违规行为进行调查处理等。

价格主管部门:负责旅游市场价格行为监管,严肃查处旅游行业经营者不执行政府定价和政府指导价、不按规定明码标价、欺诈宰客、低价倾销,以及达成垄断协议、滥用市场支配地位等问题。充分发挥"12358"价格举报系统的作用,依法受理游客对价格违法行为的投诉举报,切实保护消费者合法权益,整顿规范旅游市场价格秩序等。

商务部门:发挥打击侵犯知识产权和制售假冒伪劣商品工作领导小组办公室的职能作用,协调有关成员单位,针对旅游纪念品市场侵权假冒问题,加大市场监管力度,维护消费者合法权益等。

通信主管部门:依法对电信和互联网等信息通信服务实行监管,承担互联网行业管理责任;督促电信企业和旅游互联网企业落实网络与信息安全管理责任,配合开展在线旅游网络环境和信息治理,配合处理网上虚假旅游广告信息等。

网信部门(互联网信息办公室):依法清理网上虚假旅游信息,查处发布各类误导、欺诈消费者等虚假旅游信息的违法违规网站和账号等。

民航部门:依法承担航空运输和通用航空市场监管责任;依法查处民用航空企业侵害航空消费者权益的行为,维护旅游者机票退改签的合法权益;配合旅游部门共同治理旅游不文明行为等。

（四）乡村旅游市场监管操作指南

为统一旅游市场监督检查事中事后监管的程序，规范证据收集、审查和认定，保证事实认定的准确性、执法程序的合法性以及案件办理的质量，维护旅游者、旅游经营者和旅游从业人员的合法权益，依据《旅游法》《行政处罚法》《行政强制法》《旅行社条例》《旅游行政处罚办法》等法律、法规、规章，制定《旅游市场监督检查操作指南》。执法机构及其执法人员开展旅游市场检查活动，需要注意以下要点：一是有两名以上取得合法执法证件的执法人员在场；二是主动出示执法证件，表明身份，携带相关检查文书和音像记录设备；三是通知检查对象相关负责人或与检查活动内容相关的人员到场，说明执法检查目的、依据以及需要当事人配合的有关事项并制作笔录；相关人员不能到场或拒不到场的，应当在检查文书中注明；四是发现检查对象涉嫌违法违规的，按照本操作指南相关规定进行取证；五是不得从事与检查工作无关的活动，对涉及检查对象的商业秘密应当保密；六是实施"双随机"抽查机制，从市场主体名录库中随机抽取检查对象，从旅游执法检查人员名录库中随机选派执法检查人员。

1. 旅行社检查内容

检查旅行社，执法人员可以依法重点检查下列内容：一是在经营场所是否悬挂旅行社业务经营许可证、企业法人营业执照。二是旅行社名称、经营场所、出资人、法定代表人等登记事项变更的，是向旅游主管部门备案。三是旅行社分支机构设立情况以及总社对其分支机构在职人员、合同、业务、财务等方面的管理制度，是否存在出租、出借旅行社业务经营许可证等情形。四是企业职工名册与实际从事导游、领队服务等人员的情况是否相符；旅行社是否为员工缴纳社会保险，是否存在要求导游、领队垫付或者向其收取费用等违法情形；临时聘用导游的使用情况及是否向其支付旅游服务费用。五是宣传招徕是否存在超出许可经营范围或使用诱骗、欺诈性宣传语等情形；是否存在以不合理的低价组织旅游活动，诱骗旅游者，并通过安排购物或者另行付费旅游项目获取回扣等不正当利益的情形。六是是否投保旅行社责任保险及提示旅游者购买旅游意外保险。七是是否按照规定缴纳或补交旅游服务质量保证金。八是向供应商订购产品和服务的协议，旅行社选择的供应商是否合法、合格。九是旅游合同、行程单等业务档案是否完整、规范并保存 2 年以上；企业财务档案是否存在违法违规情形。十是旅游合同是否存在格式条款显失公平的内容；是否明确约定交通、住宿、餐饮、导游等服务安排和标准以及游览、娱乐等项目的具体内容和时间；委托其他旅行社履行报价旅游合同是否经过旅游者书面同意；旅游产品中是否存在安排旅游者参与违反我国法律、法规和社会公德的项目或者活动的情形。十一是行程单中是否单方指定购物或另行付费项目，购物和另行付费项目协议是否规范签订，是否存在给予回扣等商业贿赂违法情形。十二是旅行社投诉处理、安全管理、应急处置等制度是否健全。

2. 旅游团队检查内容

检查旅游团队，执法人员应重点检查以下内容：一是带团导游的导游证、导游身份标识；二是受旅行社委派的相关材料；三是选择的车辆等履行辅助人是否符合要求；四是检查行程是否与行程单相符；五是购物和另行付费项目安排协议；六是法律、法规、规章等规定的其他事项。必要时，可以向旅游者就团队服务质量问题进行询问；除必要情况外，检查应避免延误团队旅游行程。

3. 乡村饭店检查内容

乡村饭店检查主要参考依据为《旅游饭店星级的划分与评定》国家标准，主要内容包括：一是饭店取得星级的，是否在其大堂显著位置悬挂对应的星级标牌，其设施和服务是否低于相应标准；二是饭店未取得星级、降低或取消星级的，是否使用相关质量等级的称谓和标识；三是投诉处理机制是否健全，是否设有专门的投诉处理台账；四是总服务台是否按照对应星级标准提供接待、问询、结账等服务；五是饭店在办理客人入住手续时，是否按照国家有关规定，要求客人出示有效证件，并如实登记；六是饭店是否在前厅显著位置明示客房价格和住宿时间结算方法，或者确认已将上述信息用适当方式告知客人；七是饭店内各类客用设施设备是否安全、完好，能供客人正常使用；八是饭店内提供的收费商品、服务是否明码标价，对客房、餐饮、洗衣、电话等服务项目加收服务费的，是否在房价表或有关服务价目单上明码标价；九是饭店客房内是否有服务指南、住宿须知、防火指南以及物品损坏赔偿价目表；十是饭店是否对贵重物品的保管服务作出书面规定，并在客人办理入住登记时予以提示，是否按照对应标准提供贵重物品保存设施设备或服务；十一是客人结账离店后的遗留物品，饭店是否设法同客人取得联系归还或寄还给客人，或替客人保管；十二是饭店是否做到确保健身、娱乐等场所设施、设备的完好和安全。饭店将其部分经营项目或场地交由他人经营的，是否对实际经营者予以监督管理。

4. A级景区检查内容

A级景区检查主要参考依据为《旅游景区质量等级管理办法》和《旅游景区质量等级的划分与评定》国家标准，主要包括：一是A级景区取得等级的，其设施和服务是否低于相应标准；二是A级景区未取得等级的，是否使用相关质量等级的称谓和标识；三是A级景区开放是否听取旅游主管部门的意见；四是A级景区投诉处理机制是否健全，是否设有专门的投诉处理台账；五是A级景区是否在醒目位置公示门票价格、另行收费项目的价格及团体收费价格等，是否明示特殊人群的门票优惠政策；六是A级景区提高门票价格是否提前6个月公布；七是A级景区内的核心游览项目因故暂停向旅游者开放或者停止提供服务的，是否公示并相应减少收费；八是是否公布景区主管部门核定的最大承载量，A级景区接待旅游者是否超过最大承载量，是否制定旅游者流量控制方案；九是A级景区内各类收费商品、服务是否明码标价；十是A级景区标识系统是否齐全、醒目、合理；十一是A级景区将其部分经营项目或场地交由他人经营的，是否对实际经营者予以监督管理。

5. 旅游监督检查结果处理

市场检查结束后，执法机构应当对检查中发现的情况及时处理，可以分别采取以下措施：(1)企业经营行为规范，未发现违法违规问题的，执法人员应如实记录，检查结果可作为企业诚信评价的依据；(2)检查结果基本规范，但存在经营管理不当等瑕疵行为的，执法人员应如实记录，并可以采取约谈企业负责人，提出整改意见，跟踪整改情况等处理措施；(3)企业经营行为不规范，涉嫌违法违规、不构成犯罪的，执法人员应当进一步调查取证，转入行政处罚程序；(4)依据法律规定，应当由其他部门处理的，应将案件情况书面移送相关部门。

6. 旅游强制购物监管

我国旅游强制购物监管方式分为两个部分，即事中监督阶段与事后监督阶段。强制购物侵权纠纷的事中监督阶段：根据《旅游法》的规定，县级以上人民政府旅游主管部门和有关部门有权在履行监督检查职责中或处理举报、投诉时，对违反本法规定的行为作出处理；对不属于本部门职责范围的事项，应当及时移交有关部门查处。分析法条可知执行机关的执行方式为履行监督检查或处理举报、投诉两种方式，不仅可以自己查处，对于属于职责范围外的事项应移交有关部门。强制购物侵权纠纷的事后监督阶段：根据《导游管理办法》第 26 条、《旅行社条例实施细则》第 7 条的规定，对导游的服务水平进行星级评价的时候监管制度，对旅行社建立诚信体系，对其服务质量进行评定等级，其奖惩信息通过全国旅游监管网站发布。监管部门对导游、旅行社的监管在于事后监管方式为：(1)对导游的服务水平进行星级评价。(2)对旅行社服务质量进行评定等公布旅行社、导游奖惩信息。

典型案例 30 之穿上隐身衣，旅游强制消费一样违法

一些旅行社自作聪明，玩隐性强制消费小把戏，认为不存在强制消费，不过是掩耳盗铃。这种隐性强制消费手法看似巧妙，其违法性质却不难界定。

最近，京津冀三地消协联合征集了 100 名调查员，对 57 条旅游线路进行体验式调查。调查结果显示，旅行社是消费者体验相对最差的环节，同时 60% 的体验旅游线路存在隐性强制消费现象。

长期以来，我国旅游市场处于“失灵”状态，表现之一就是旅行社普遍打价格战，旅游线路价格没有最低只有更低，低到“零团费”“负团费”。旅行社自然不是白痴，羊毛出在羊身上，旅游市场失灵的恶果就是强制旅游者消费。导游强制消费态度之粗暴、手段之恶劣，匪夷所思。好端端一个全民旅游，被强制消费弄得灰头土脸，旅游者怨声载道。

针对这些问题，于 2013 年 10 月 1 日实施的《旅游法》作出明文规定，旅行社不得以不合理低价组织旅游活动，诱骗旅游者，并通过安排购物或另行付费旅游项目获取回扣等不正当利益。公允地说，“旅游法”实施近 3 年，旅游市场有了一些变化，明目张胆的强制消费现象大大收敛。谁承想，旅游强制消费就像打不死的“小强”，穿上隐身衣，照样大行其道。此次的调查结果昭示，隐性强制消费或已成潜规则。

一些旅行社自作聪明，玩隐性强制消费小把戏，认为不存在强制消费，不过是掩耳盗铃。譬如河北省“草原天路”和天津“盘山”，旅行社并没有强迫旅游者非参加自费项目不可，只不过，要是不参加自费项目便无法跟上团队行程。如此一来，旅游者的选择权就成了镜花水月。这种隐性强制消费手法看似巧妙，其违法性质却不难界定。根据《旅游法》第35条规定，“不得安排另行付费旅游项目”，表明旅行社安排自费项目本身就有违法之嫌；不参加自费项目就无法跟上团队行程，更是侵害了游客的合法权益。

无论旅行社有什么苦衷、出于什么目的，隐性强制消费都是不可接受的。对付隐性强制消费，一靠行政监管力量。旅游行政管理、工商行政管理等部门，在行事方式上要变被动应对为主动介入、变事后惩戒为事前防范，对违法企业“零容忍”。二靠旅游行业协会。对旅行社经营行为实行内部监督，杜绝旅行社恶性削价竞争，健全导游激励机制，并理顺旅游投诉渠道，对害群之马实施惩罚。三靠旅游者的消费自觉。旅游者是权益主体，维权责任最大、成本最低、效率最高。这种消费自觉体现在两方面：一是理性消费，二是权利意识。买卖讲求“一分钱一分货”，一些旅游者并非不明白这个道理，可选择旅行社时却一味贪图低价，非理性消费的结果必然是，贪小便宜吃大亏。当旅游进入品质时代，旅游者这种唯价格马首是瞻的消费习惯得改。此外，一些旅游者不注重与旅行社签订正规的旅游合同，不认真了解合同条款，当权益受到侵害时也不注重证据保留……权利意识薄弱，不仅助长了一些旅行社的坏习惯，也为日后维权难埋下伏笔。

从显性到隐性，旅游强制消费“阴魂不散”，吁求各方思忖对策，妥善治理，还旅游市场一片清净。①

① 连海平：《穿上隐身衣，旅游强制消费一样违法》，载中国共产党新闻网。

第二节　乡村旅游经营主体法律服务

一、乡村旅游建设用地申请法律程序

（一）乡村旅游建设用地政策解读

乡村旅游的发展离不开土地的载体作用，乡村旅游土地可概括为农用地、未利用地和建设用地，其中，建设用地在一定程度上更是实现乡村旅游产业发展的关键前提。

建设用地，是指建造建筑物、构筑物的土地，包括宅基地、集体经营性建设用地和公共设施用地等，乡村旅游的项目建设用地大多数来自农村集体建设用地。《土地管理法》第2条第4款规定："国家依法实行国有土地有偿使用制度。但是，国家在法律规定的范围内划拨国有土地使用权的除外。"据此，农民集体所有的土地除了自行兴办乡镇企业或以入股的方式与集体经济组织以外的个人或单位共同兴办乡镇企业外，无法通过出租等方式使得集体经济组织以外的个人用于非农建设。若要获得建设用地，第一种方式为使用人向国家申请以有偿的方式受让建设用地使用权，若需使用的土地为集体所有，则在项目报批与审核后，由国家以征收的方式从集体经济组织中获得该地块的所有权，再将该地块的使用权出让给使用者。原国土资源部、住房和城乡建设部、国家文旅局《关于支持旅游业发展建设用地政策的意见》指出："多方式供应建设用地……鼓励以长期租赁、先租后让、租让结合方式供应旅游项目建设用地"，在宏观层面把控，多种形式增加建设用地的供给，又在一定程度减轻乡村旅游项目前期的资金压力和投资风险。第二种方式为通过与集体经济组织联营、兴办乡镇企业的形式取得建设用地使用权，国务院《关于促进旅游业改革发展若干意见》明确提出："在符合规划和用途管制的前提下，鼓励农村集体经济组织依法以集体经营性建设用地使用权入股、联营等形式与其他单位、个人共同开办旅游企业"，支持鼓励联营注入乡村旅游发展，其不仅大大降低建设用地的审批难度还一定程度上节约了投资成本。

典型案例31之松阳创新特色旅游用地方式 “五种模式”激活乡村游①

松阳县在现有法律法规政策框架下,对“乡村游”的土地供应和利用方式大胆探索,逐渐形成了五种特色旅游用地模式,有效破解了乡村旅游土地利用供应难点问题,提高了土地集约节约利用水平,激发了农民、工商资本深度参与乡村旅游发展的积极性。

一是榔树模式。榔树村位于松阳县四都乡,自然风光优美,农耕文化积淀深厚,但同时该村大部分农户已搬迁下山脱贫,留下了大面积农村集体建设存量用地。为了有效转化利用成片存量农村集体建设用地,实现旅游开发的目的,松阳县针对该村实际,在土地供应上采取了“征用+挂牌”方式,即根据项目需要,把农村集体存量建设用地征用为国有建设用地,再进行公开挂牌出让。2017年3月,榔树项目成功实现挂牌带方案出让,核心区建设用地面积1.8万平方米,项目的开发权最终由松阳县乡办旅游发展有限公司取得。

二是横岗模式。横岗村位于松阳县竹源乡,村庄至今还保留着泥墙青瓦、乡土气息浓厚的成片农房。但随着生活水平的提高,老百姓对改善住房条件需求迫切。结合旧村改造,政府重新规划选址,将该村农民搬迁到新的安置点进行异地安置。与此同时,由于该村是中国传统村落,异地搬迁后老村可予以保留。为了探索异地搬迁后利用原有老村进行旅游发展的途径,实现原有房屋所有权以及集体建设用地的成功流转,松阳县在土地供应上采取了“征购+转移”方式,其业务程序为:由县旅发公司提出旅游项目用地申请—县国土资源局将所需用地报省国土厅批准转为国有—县统征办将房屋实行征购—县不动产登记中心核发不动产权证—县旅发公司视项目需要整片或单幢农房出让给项目投资商—项目投资商按项目规定方案开发完成后申请发放不动产权证。

三是竹溪模式。小竹溪村位于松阳县竹源乡,原属竹源乡人民政府所在地,留下了大量如供销社、邮电所等国有建设用地建筑。该村作为原有竹源乡中心村区域优势所该村经济、政治、文化的集聚效益至今仍在,且自然环境优

① 叶军龙、徐健中:《松阳创新特色旅游用地方式 “五种模式”激活乡村游》,载浙江日报:https://baijiahao.baidu.com/s?id=1585210206249345640&wfr=spider&for=pc,2021年12月12日最后访问。

越，依山傍水、竹海云绕，吸引着社会工商资本参与乡村旅游发展。为了有效利用乡村现有闲置低效国有建设用地，松阳县采取了“收储＋挂牌”的方式，即将农村国有建设用地及地上建筑物由县土地储备中心根据政策规定进行收储，然后带方案出让。目前，竹源乡人民政府将原有供销社用地加连片的农村存量建设用地整合成一个旅游项目，并运用市场化办法引入工商资本参与建设，将原有供销社改建成为一座古色古香、典雅简洁，具有徽派建筑特色的精品民宿——“松泰大院”。

四是吴弄模式。吴弄村位于松阳县望松街道，是中国传统村落。近年来，该村在实施旧村改造过程中，始终坚持“一户一宅”的原则，在审批新宅基地的同时收回农民原有的房屋土地使用权。据统计，全村共审批农民建新房42户，面积4035平方米，收回农民原有的房屋土地使用权31宗，面积2233平方米。村委会将收回农民的原有老房子进行修缮后，出租给原住民、工商资本或村委会，再以投资入股的方式进行旅游项目开发，实现存量建设用地再利用。该模式最大的特点是土地集体所有权性质不变，土地使用权和房屋产权转移为农村集体所有。为了实现这一模式，松阳县采取了“收回＋租赁”方式，即由村民委员会收回农民的原有房屋土地使用权，对地上建筑物实行补偿，产权归村民委员会所有，并通过房屋修缮后，出租给原住民或社会投资人创办民宿（农家乐）。虽然它不是常规意义上的土地供应方式，但也是实现农村存量建设用地有效流转的一种合理的途径。

五是平田模式。近年来，松阳县利用农民自有闲置房屋、祠堂、队址等发展乡村旅游，其中最具代表意义的是平田村。该村位于松阳县四都乡，村落格局完整，风貌和谐。2015年该村乡贤从村民处租赁和收购28栋闲置房及危房，并出资成立云上平田农业旅游开发有限公司，对部分老屋进行改造，分别改造成了文化公共区域、农耕馆、展览馆等11个休闲区和功能区。这种农村居民利用自有闲置农房自主经营或出租给本村村民、工商资本创办民宿（农家乐）的模式，最大特点在于房屋产权不变，项目较小，经营方式灵活，可进行“分散点状式”开发利用。为了实现这一模式，松阳县采取了“审批＋修改”方式，“修改”是指经申请审批后，将农村农民自主产权的房屋进行修缮、改建再利用的一种行为。其程序是农民提出申请—县名城古村老屋办组织专家会审(其标准是所在地是否属于传统村落或历史文化村落;是否符合当地的建筑风貌以及自然风貌等条件)—建设规划部门进行规划审定—符合房屋原高度、符合专家会审方案等其他条件可实施修改—所在乡镇联合有关部门组织验收。

(二)乡村旅游建设用地申请程序

建设用地申请主要有集体建设用地申请和农转非用地申请两种,其具体申请程序如下:

1.集体建设用地申请程序

(1)项目立项:用地单位到区、县发改部门办理建设项目立项手续,取得项目审批(核准、备案)文件。

(2)规划审批:用地单位到区、县规划建设部门办理项目规划批准文件,取得建设用地规划许可证、规划设计要点、规划部门审定的建设项目规划平面布置图。

(3)签订合同:包括用地协议或者联营入股等。用地单位要与集体土地所有者和原使用者签订使用集体建设用地的协议,或取得集体土地所有者和原使用者书面同意。

(4)用地申请:用地单位携用地协议等相关材料,向所在区、县的国土资源分(县)局提出用地申请。

(5)勘测定界:分(县)局开具勘测定界联系单,并根据规划批准用地范围进行勘测定界。

(6)审核报批:分(县)局对是否符合土地利用规划和用地条件进行审核,审核同意后报所在区县人民政府审批。

(7)核发证书:区县人民政府批准后,国土资源分(县)局核发用地批准通知书,用地单位凭用地批准通知书等相关资料,申请集体建设用地土地登记,办理《集体建设用地使用权证》。

(8)上报备案:供地完成后,各分(县)局应上报市局备案,并在(各)建设用地全程跟踪管理系统《集体建设土地使用》中录入有关供地情况。

2. 农转非申请程序

农用地是直接用于农业生产的土地，包括耕地、林地、草地、农田水利用地、养殖水面等。因国家严格限制农用地转为建设用地，所以农用地转为建设用地指标的流程比较复杂，凡是建设占用土地，涉及农用地转为建设用地的，都必须依法办理农用地转用审批手续。

(1)判断是否满足农用地转建设用地的必要条件：农用地转用必须符合土地利用总体规划、城市建设总体规划和土地利用年度计划中确定的农用地转用指标；城市和村庄、集镇建设占用土地，涉及农用地转用的，还应当符合城市规划和村庄、集镇规划。不符合规定的，不得批准农用地转为建设用地，所以，要先向国土资源局、建设部门、规划部门咨询该农用地是否符合上述的各项规划，再考虑是否有农转非的可能。

(2)编制建设项目可行性论证报告：确认该农用地可以用于建设，再根据建设部门的要求，进行和编制建设项目可行性论证，向建设部门提交用地申请，建设部门审查符合的，颁发建设项目的《选址意见书》，用地单位应按规定缴纳选址规费。

(3)提出农用地预审申请：用地人需要把选择好的农用地写出《选址意见书》并向同级国土资源局提出用地预审申请，由该国土资源局核发《建设项目用地预审报告书》。建设用地单位申请预审，应当提交下列材料：建设项目用地预审申请表；填写预审申请报告，内容主要写：拟建设项目基本情况、拟选址情况、拟用地总规模和拟用的类型、补充耕地初步方案；审批的建设项目提供项目建议书批复文件和项目可行性研究报告；国土资源局在自受理预审申请或者收到转报材料之日起20日内，完成审查工作，并出具预审意见。

(4)办理手续，缴纳审批费用：用地单位凭《建设项目用地预审报告书》，向建设部门、环保局等办理立项、规划、环保许可等手续，并缴纳各项审批费用。

(5)提出项目用地的正式申请：用地单位再持以上审批文件，向原预审的国土资源局提出项目用地的正式申请。

(6)各级政府审批：国土资源局根据土地利用总体规划、城市建设总体规划和土地利用年度计划，拟定农用地转用方案、补充耕地方案、征地方案和供地方案，分不同类型，经各级人民政府审批。

(7)办理征地手续:由国土资源局具体负责对该农用地的所有权人和使用权人进行征用,签订补偿安置协议,按征地程序办理征地手续:征用土地的各项补偿,应在征地补偿安置方案批准之日起3个月内,由用地单位全额支付。用地单位未按期全额支付到位的,政府不发放建设用地批准书,农村集体经济组织和农民有权拒绝建设单位动工用地。如征用农村集体土地,征地补偿款也可由国土资源局委托用地单位直接向被征地农村集体经济组织支付;国家征用土地的,依照法定程序批准后,由县级以上地方人民政府予以公告并组织实施;征用土地的,按照被征用土地的原用途给予补偿。征地补偿包括土地补偿费、安置补助费、青苗补偿费和地上附着物补偿费。征用耕地的土地补偿费,为该耕地被征用前3年平均年产值的6~10倍。

(8)领取用地批准文件:国土资源局根据批准的供地方案,在征地的补偿、安置补助完成后,向用地单位发出批准用地文件和《建设用地批准书》。

(9)缴纳出让费,获得土地使用权:土地征用后,该土地即成为国有土地,由国土资源局与土地使用者按照相关规定,签订《国有土地有偿使用合同》出让供地。用地单位按约定缴纳出让费用。

典型案例32之"非法占用农地"　西安宣平里民俗村屡遭处罚①

陕西关中地区第一民俗村"袁家村"在网络爆红以后,周边各地推广并仿建的民俗村不计其数,位于西安市三环内的宣平里民俗村便是这波民俗村建设潮中的一员。

宣平里民俗村又名"宣平里休闲观光小镇"或"宣平里景区",位于西安市未央区楼阁台村。2015年11月,宣平公司与宣平里民俗村所在村集体签订了租地协议,在该村被村民自行占地搭建的废旧塑料加工厂、家具厂、养猪场、废品回收站、再生砖厂、租赁厂的原址上开始动工建设"宣平里都市农业综合展示区",2016年6月,未央区农村工作局、未央区文物局、西安市国土局未央分局均同意了该项目审核方案,随后宣平公司开始在此处进行建设。但是,宣平公司

① 尹蓉、王金龙:《"非法占用农地"　西安宣平里民俗村屡遭处罚》,载中国经营网:https://baijiahao.baidu.com/s?id=1690034974957092143&wfr=spider&for=pc,2021年12月12日最后访问。

一直未取得正式批准的用地手续。宣平公司擅自占用集体土地建设后，2016年至2017年间，西安市国土局认为宣平公司的上述行为违反了《中华人民共和国土地管理法》的规定，属非法占地行为，西安市国土局未央分局曾先后三次向宣平公司下达行政处罚决定，并在2017年到2018年间三次申请法院强制执行，即执行上述三份行政处罚决定书中的违建拆除部分。但该公司缴纳了人民币724260元的行政罚款后，仍然继续违法建设。

2018年8月9日，经西安市国土资源局鉴定，该项目非法占用耕地60.3亩，城镇村及工矿用地4.9亩，其他土地13.7亩，该宗地上永久性建筑物占用、地面硬化等，属在耕地上建筑物占用、地面硬化破坏类型，土地复垦难度极大，属对耕地种植条件的严重毁坏。

最终，西安铁路运输法院（2019）陕7102刑初134号刑事判决书，判决被告单位宣平公司犯非法占用农用地罪，单处罚金人民币724260元（与西安市国土资源局未央分局行政处罚已执行人民币724260元折抵）；宣平公司法定代表人、直接负责人朱微伟犯非法占用农用地罪，单处罚金人民币5万元。2020年，西安铁路运输法院（2020）陕7102刑初24号刑事判决书认定，宣平公司经理雷全构成非法占用农地罪，单处罚金2万元。

二、乡村旅游政策扶持项目申报法律程序

借助乡村振兴的顺风车，如今越来越多的乡村旅游项目，融入乡村的产业兴旺和村庄规划之中，也因此成为乡村振兴政策的受益群体。中共中央、国务院印发的《乡村振兴战略规划（2018－2022年）》要求："加大金融支持乡村振兴力度，继续通过奖励、补贴、税收优惠等政策工具支持'三农'金融服务，引导更多金融资源支持乡村振兴。"在国家和政府对乡村发展的重视和扶持下，各种补贴也迎来井喷期，包括贴息、免息贷款、担保补贴、扶持资金、先建后补、风险补偿金等，资金量多，扶持力度大，为乡村旅游项目的顺利落地添砖加瓦。因此，在关注自身乡村旅游项目发展的同时，尽量争取国家和地方的专项资金，顺势把握住唾手可得的政策扶持红利。

要想成功完成乡村旅游政策扶持项目的申报，首先，要会对症下药，研究好哪些是重点扶持项目，目前乡村旅游重点扶持包括农业庄园、产业园、田园综合

体、农业科技园区、农业综合开发产业化发展等项目，包括龙头企业、合作社、家庭农场和种植大户等新的经营组织形式都将成为以后的重点扶持对象。其次，通过各种渠道密切关注和了解相应的政策，根据政策与申报项目的特点，找到相适应的对口部门，包括农业、林业、旅游、科技、发改、合作总社、工信、财政、水利、文化、扶贫等政府部门，都是有农业方面的相关补贴的，农庄类项目可尝试向文旅局、县委宣传部或文化部申请，这类农庄一般发展当地的乡村特色民俗、餐饮、文化和特产等；亲子体验类的项目可以向农业局、教育部等申请资金补贴。最后也是最重要的是要清楚项目申报的具体法律程序，下面归纳为几个重点乡村旅游政策扶持项目的申报程序。

（一）田园综合体项目

田园综合体是集现代农业、休闲旅游、田园社区为一体的特色小镇和乡村综合发展模式，是在城乡一体格局下，顺应农村供给侧结构性改革、新兴产业发展，结合农村产权制度改革，实现中国乡村现代化、新型城镇化、社会经济全面发展的一种可持续性模式。

申报时间：国家级田园综合体申报时间是6月底前；省级田园综合体申报时间按照各省财政厅文件执行。

申报部门：国家级田园综合体申报部门：财政部农业司（国务院农村综改办）、国家农发办；省级田园综合体申报部门：财政厅农发办。

资金扶持额度：国家级田园综合体：3亿元资金扶持，实行先建后补，分批拨付；省级田园综合体：根据各省具体情况，3000万~6000万元不等。

申报资料：国家级田园综合体：报送试点三年规划及年度实施方案；省级田园综合体：按照各省财政厅文件执行，多提供项目可行性研究报告。

申报认定具体流程：总体规划；市/省初选；报农发办实地评估；竞争答辩；项目公示；项目评议；批复立项。

申报条件：七大必备条件和九大不予立项。七大必备条件：功能定位准确；基础条件较优；生态环境友好；政策措施有力；投融资机制明确；带动作用显著；运行管理顺畅。不予立项九类情况：未突出以农为本；项目布局和业态发展上与农业未能有机融合；以非农业产业为主导产业；不符合产业发展政策；资源环境承载能力较差；违反国家土地管理使用相关法律法规；违规进行房地产开发和私人庄园会所建设；乡、村举债搞建设；存在大拆大建、盲目铺摊子等情况。

范例 32

项目可行性研究报告编制大纲

第一章　总论

1.1　田园综合体建设项目背景

1.2　可行性研究结论

1.3　主要技术经济指标表

第二章　项目背景与投资的必要性

2.1　田园综合体建设项目提出的背景

2.2　投资的必要性

第三章　市场分析

3.1　项目产品所属行业分析

3.2　产品的竞争力分析

3.3　营销策略

3.4　市场分析结论

第四章　建设条件与厂址选择

4.1　建设场址地理位置

4.2　场址建设条件

4.3　主要原辅材料供应

第五章　工程技术方案

5.1　田园综合体建设项目组成

5.2　生产技术方案

5.3　设备方案

5.4　工程方案

第六章　总图运输与公用辅助工程

6.1　总图运输

6.2　场内外运输

6.3　公用辅助工程
第七章　节能
7.1　用能标准和节能规范
7.2　能耗状况和能耗指标分析
7.3　节能措施
7.4　节水措施
7.5　节约土地
第八章　环境保护
8.1　环境保护执行标准
8.2　环境和生态现状
8.3　主要污染源及污染物
8.4　环境保护措施
8.5　环境监测与环保机构
8.6　公众参与
8.7　环境影响评价
第九章　劳动安全卫生及消防
9.1　劳动安全卫生
9.2　消防安全
第十章　组织机构与人力资源配置
10.1　组织机构
10.2　人力资源配置
10.3　项目管理
第十一章　田园综合体建设项目管理及实施进度
11.1　项目建设管理
11.2　项目监理
11.3　项目建设工期及进度安排
第十二章　投资估算与资金筹措
12.1　投资估算

12.2 资金筹措
12.3 投资使用计划
12.4 投资估算表
第十三章 工程招标方案
13.1 总则
13.2 项目采用的招标程序
13.3 招标内容
13.4 招标基本情况表
第十四章 财务评价
14.1 财务评价依据及范围
14.2 基础数据及参数选取
14.3 财务效益与费用估算
14.4 财务分析
14.5 不确定性分析
14.6 财务评价结论
第十五章 田园综合体建设项目风险分析
15.1 风险因素的识别
15.2 风险评估
15.3 风险对策研究
第十六章 结论与建议
16.1 结论
16.2 建议
附表

（二）现代农业产业园项目

产业园依托优势特色主导产业，推进“生产＋加工＋科技”一体化发展，集中连片建设生产基地，引导农产品加工向产业园集中集聚，不断提升种养规模化、加工集群化、科技集成化、营销品牌化水平，让农民就近就地就业，更多分享产业增值收益，形成一二三产业融合发展。

资金扶持额度:同意批准创建的先行补助每个批准创建的国家现代农业产业园,只要同意批准创建,国家先行补助资金 1 亿元,省级配套 1 亿元,用于产业园建设,省级现代农业产业园配套资金 5000 万元。验收评审挂牌后的资金补助经过 2~3 年的创建,通过验收评审挂牌以后,国家再奖励几亿元不等的资金。具体奖励额度要根据产业园创建通过的打分情况确定,但奖励资金肯定高于批准同意创建时给的资金。

申报数额:农业农村部、财政部按照相关因素测算各地开展创建的申报指标。以 2019 年为例,2018 年度农林牧渔业总产值 7000 亿元及以上的省份按 2 个申报,7000 亿元以下的省份按 1 个申报。新疆生产建设兵团安排 1 个申报指标。对 2019 年中央财政资金统筹使用不规范的省份扣减 1 个指标。黑龙江省农垦总局、广东省农垦总局由所在省统筹安排申报。超指标申请不予受理。按照种业发展品种布局,支持种业育繁推一体化基础好的北京、河北、福建、新疆、西藏等省(市、区),按确定品种增加申报 1 个以种业为主导产业的产业园。为支持鼓励各省加强产业园建设,对于 2019 年安排省级财政自有资金建设产业园 10 亿元以上的省份,可申报 3 个省级产业园纳入国家产业园创建管理体系;安排 5 亿元以上 10 亿元以下的省份,可申报 2 个省级产业园纳入国家产业园创建管理体系;安排 2 亿元以上 5 亿元以下的省份,可申报 1 个省级产业园纳入国家产业园创建管理体系。通过评价认定后,授予国家现代农业产业园称号。每年现代农业产业园创建通知,都会附带"创建申报指标表",指标表里会指出具体创建名额。

申报材料:申报创建的国家产业园名单、创建方案、经县级政府审批的建设规划和产业园基本情况表。本省产业园建设工作总结,包括省市县产业园建设情况、政策支持情况、2017~2020 年省级财政自有资金支持产业园建设的证明材料。证明材料应附相关资金拨付文件,如不属实,将取消产业园创建资格。

(注:以上内容是参照 2020 年国家现代农业产业园创建工作的通知中的要求进行编排的,仅供参考具体创建申报要求还是以每年农业农村部下发的现代农业产业园创建工作的通知为标准。)

申请流程:现代农业产业园项目由各县级农业主管机构申报,要成立由农业主管领导牵头的现代农业产业园创建领导小组,积极重视及配合相关创建工作;当地主导产业的经营企业可以作为参与创建的主体。地方区县政府可对现有资源进行整合做规划,筛选出在当地具有优势的 1 ~ 2 个产业项目以及参与产业园建设的主导创建主体,来和国家现代农业产业园项目做对接。首先,各地要按照县级政府申请、省级农业农村和财政部门择优遴选的方式确定拟列入创建名单的产业园,经分管省领导审定后报送农业农村部、财政部。各省级农业农村部门、财政部门要严格按照创建条件开展竞争性遴选,认真组织好创建方案、建设规划评审和实地核查等工作。其次,农业农村部、财政部采取书面审查备案和竞争性择优遴选相结合的方式批准创建。对产业园建设成效突出、建设体系完善、省级财政自有资金投入大的省份申报的部分产业园,经书面审查符合条件后纳入拟批准创建名单,对部分产业园开展竞争性遴选,组织专家采取现场答辩的方式,择优纳入拟批准创建名单。最后,对拟批准创建产业园名单,经公示无异议后,由农业农村部、财政部联合发文公布。

申报条件:一是主导产业特色优势明显。主导产业为本县(市、区)特色优势产业和支柱产业,在本省区乃至全国具有较强的竞争优势。主导产业集中度高、上下游连接紧密,产业间关联度强,原则上数量为 1 ~ 2 个,产值占产业园总产值的比重达 50% 以上。主导产业符合“生产 + 加工 + 科技”的发展要求,种养规模化、加工集群化、科技集成化、营销品牌化的全产业链开发的格局已经形成,实现了一二三产业融合发展。二是规划布局科学合理。已制定产业园专项规划,并经所在地县级或以上政府批准同意,明确了产业园发展布局和区域范围。产业园种养、加工、物流、研发、服务等一二三产业板块已经形成,且相对集中、联系紧密。产业园专项规划与村镇建设、土地利用等相关规划相衔接,产业发展与村庄建设、生态宜居统筹谋划、同步推进,形成园村一体、产村融合的格局。三是建设水平区域领先。产业园生产设施条件良好,高标准农田占比较高,主要农作物耕种收综合机械化率高于本省平均水平,生产经营信息化水平高。现代要素集聚能力强,技术集成应用水平较高,职业农民和专业人才队伍初步建立,吸引人才创新创业的机制健全。生产经营体系完善,规模经营显著,新型经营主体成为园区建设主导力量。四是绿色发展成效突出。种养结合紧密,农业生产清洁,农业环境突出问题得到有效治理,“一控两减三基本”全面推行并取得实效。“一控”,要控制农业用水的总量;“两减”,是把化肥、农药的施用总量减下来;“三基本”,针对畜禽污染处理问题、地膜回收问题、秸秆焚烧的问题采取的有关措施,也就是说,通过资源化利用的办法从根本上解决好这个问题。生产标准化、经营品牌化、质量可追溯,产品优质安全,绿色食品认证比重较高。农业绿色、低碳、循环发展长效机制基本建立。五是带动农民作用显著。产业园积极创新联农带农激励机制,推动发展合作制、股份制、订单农业等多种利益联结方式,推进资源变资产、资金变股金、农民变股东,农民分享二三产业增值收益有保障。在帮助小农户节本增效、对接市场、抵御风险、拓展增收空间等方面,采取了有针对性的措施,促进小农户和现代农业发展有机衔接。园区农民可支配收入原则上应高于当地平均水平的30%。六是政策支持措施有力。地方政府支持力度大,统筹整合财政专项、基本建设投资等资金用于产业园建设,并在用地保障、财政扶持、金融服务、科技创新应用、人才支撑等方面有明确的政策措施,政策含金量高,有针对性和可操作性。水、电、路、讯、网络等基础设施完备。

(三)区域生态循环农业示范项目

申报时间:8~12月;

申报部门:农业农村部、各县级农业管理部门;

申报数量:每省份3~6个;

申报方式:申报对象可单独申报或者联合申报项目;

扶持资金规模:单个项目1000万~2000万元;

申报条件:一是申报对象须在工商部门注册1年以上、具备可持续经营能力;二是通过信用中国网、中国政府采购网等查询,没有不良诚信记录或被列入监管黑名单;具有专门从事生态环境保护的专业人员和较强的技术力量;三是须委托专业机构作为技术依托单位,协助开展项目区域生态环境监测和实施综合养分管理计划等;四是项目区域为特定行政区域(至少为1个乡镇),边界清晰,相对集中连片,对于不能完成整乡镇推进的项目,要求项目覆盖农田面积不低于1万亩,畜禽饲养规模不低于1.5万头猪当量。

申报项目:一是农副资源综合开发项目,包括农副资源饲料化、农副资源肥料化、农副资源基料化、农副资源燃料化项目;二是标准化清洁化生产项目,包括农业标准化生产设施、农田保育设施、稻渔生态种养设施、农药化肥氮磷控源治理设施等项目；三是畜禽养殖废弃物资源化利用项目，主要是根据养殖场清粪工艺、配套农田消纳面积等，因地制宜选择一种或几种循环利用模式，实现畜禽养殖废弃物资源化利用和达标排放。

申报材料：申报单位（含协作单位）营业执照复印件；经中介机构审计的连续两年的财务报表（包括资产负债表、损益表、现金流量表及财务报表附注）；审计报告、所得税税收缴款书或免税证明复印件、开户银行出具的存款证明；项目单位现有基地、养殖设施、农业生产废弃物处理设施及仪器设备清单（须注明具体规格、数量、单价等）；项目建设需占用土地的土地使用证明或土地租赁协议复印件，如项目内容覆盖多个建设地点，每个建设地点均应提供土地使用证明文件；项目申报单位自筹资金承诺函；项目区域规划图、建设地点规划设计平面图和单项工程设计平面图；项目申报企业与技术支撑机构签订的技术委托协议书复印件。与协作单位签订的合作意向协议书复印件；申报单位为省级以上农业产业化龙头企业或国家级扶贫龙头企业认定文件复印件。

申报流程：按照自下而上，逐级上报原则；项目申报单位可单独申报或联合申报项目，编制《项目可行性研究报告》，并附相关区域材料，由当地农发部门逐级联合报送至省级农业部门，评审后报送至农业农村部和国家农业综合开发办公室审查。

三、社区参与乡村旅游发展法律制度

发展乡村旅游对乡村社区具有极其重要的意义，在我国更被视为拉动乡村经济、带动乡村社会发展的重要手段，但是，乡村旅游的日益发展给乡村社区带来了一系列的影响，并且突出表现在物价的上涨、生活空间的减小、噪声污染、垃圾成堆等各种负面问题上，加之传统的乡村旅游规划并未考虑社区居民的利益和要求，引发了乡村社区居民的不满，甚至可能导致乡村旅游发展受阻。而社区参与乡村旅游就能较好地化解这一矛盾问题，社区居民成为乡村旅游发展中最具影响力且最关键的群体，再吸收各方力量的基础上，探索社区参与乡村旅游发展新模式。

社区居民的积极参与将有效促进乡村旅游的可持续发展及旅游增收扶贫，但是基于我国的乡村旅游大部分还处于发展初期，缺乏经验，社区参与意识、参与能力以及参与层次都较低等现状，《乡村振兴促进法》第 4 条提到："坚持农民主体地位，充分尊重农民意愿，保障农民民主权利和其他合法权益，调动农民的积极性、主动性、创造性，维护农民根本利益"，提升社区参与需要政府规范乡村旅游来保障社区相关权益的同时，以利益共享机制引导和驱动社区积极参与，确保社区居民分享乡村旅游发展红利，实现"自我造血"式发展。

（一）保障居民参与权利

1. 保障社区居民的分享权

乡村旅游需要提高和改善农村的经济和社区居民的生活质量，因此，保障社区居民的分享权至关重要。政府制定产权法来保障社区的集体资源以及社区居民的私有财产不被非法侵占；完善利益损失补偿制度，当社区居民因为乡村旅游的发展从而失去土地、林木等生产资料或者无法进行传统的生产方式而失去生活来源时，应对乡村居民做一定的经济补偿来确保居民的生活水平，通过制度化、程序化、透明化的方式来解决利益损失补偿；完善股份分红制度，让社区居民按照自己的股份获取相应的利益，将权、责、利有机结合起来。有利于社区居民增强对乡村旅游以及旅游企业的控制程度；政府部门在财政上给予社区居民支持，扶持社区居民自主经营。

2. 保障社区居民的发展权

全面提升村民的整体素质与参与能力，是保证和促进社区参与的重要因素，行政部门可以选拔一批素质较高的居民或居民自发组织去外地进行考察、学习、培训，也可聘请旅游高校教授或旅游企业专家对居民进行专业知识和服务技能的讲授和培训等来提升社区整体参与能力；旅游管理部门在旅游开发规划阶段通过投票、村民代表大会、意见箱、咨询等方式听取社区居民的想法和心声，接纳他们的建议和意见，并以定期公告、宣传车、村民代表大会等各种方式告知社区居民乡村旅游开发及发展的动态。

3. 保障社区居民的监督权

当出现管理不善，环境和资源的污染和破坏、交通拥挤等一切阻碍社区和谐发展与旅游可持续发展的现象，社区居民应充分发挥监督作用。同时监督权也赋予了社区居民举报、投诉那些破坏旅游资源、生态环境或违规乱纪的行为主体的权利。

4. 帮扶社区居民参与，并进行环保宣传

乡村旅游地社区居民参与乡村旅游的发展的积极性取决于政府及旅游企业的支持和鼓励程度，他们的支持和鼓励会决定社区居民的参与程度、参与范围、参与效果，政府对社区居民参与的支持不仅仅是政策上的完善和严格执行，还应落实到资金的资助和技术上的指导；优良的乡村自然资源和文化资源是乡村旅游赖以生存和发展的前提，对社区居民进行生态意识和环境观念教育，让居民积极参与乡村旅游的保护。

（二）以利益引导和驱动社区参与

促进社区参与不仅需要为其打造好参与的基础和外部环境，还要以利益引导和驱动社区居民参与乡村旅游，让居民感受到乡村旅游发展所带来的社会经济效益，意识到参与旅游所能带来的收益及积极影响，从而自发自愿地参与到乡村旅游发展中。

1. 有价利用资源，体现资源公平

针对企业、个体经营户浪费资源、破坏环境的行为征收费用，用于环保建设及资源重塑，这样可以提高各参与者的环保意识，促进各内部管理，也让资源得到充分有效的利用。同时还能体现公共资源的公平利用性。这一机制保障了社区参与的质量。

2. 利益驱动，促进社区参与

保证社区居民在乡村旅游发展中获得一定的经济利益能让其将自身的利益与旅游地的资源、环境状况紧密相连，从而自愿保护环境和资源。当社区居民从乡村旅游发展中感知或体验到能获得适当的经济和社会利益，会提高社区居民参与到乡村旅游发展的热情和积极性。首先，利益引导。通过宣讲、广播、视频等宣传途径，对乡村旅游所带来的利益进行宣传从而激发社区居民参与意愿，对社区居民参与乡村旅游发展的意义及作用进行宣传激发社区居民的责任感、增强社区居民对本地文化的荣誉感和自豪感从而促进社区参与的积极性。其次，利益驱动。让社区居民就业于旅游相关行业、参与旅游经营管理中能获得可观的经济利益，提高社区居民的经济水平，改善社区居民生活，从而有效激发社区居民参与乡村旅游的意愿。拓宽社区居民从乡村旅游发展中获取经济收益的途径，为其提供导游、旅游相关服务、文化手工艺品制作等就业机会，社区居民还可以将土地、房屋、资金等入股旅游项目，从而收取分红等，通过正向有效的利益引导和驱动来促进社区参与。

3. 吸收各方力量，探索社区参与模式

根据利益相关者理论以及乡村旅游社区参与的特点，乡村旅游发展离不开各利益主体的参与。虽然政府在乡村旅游发展中的地位不容动摇，但由于人力、物力、财力的有限性，政府的力量也是有限的，因此，应号召和鼓励多方参与，吸收外来力量，通过多方共同参与促进乡村旅游发展。多方利益主体获益于乡村旅游发展，同时乡村旅游的可持续发展也依赖于多方利益主体的共同合作和努力。

（三）参与式乡村旅游开发模式

社区参与乡村旅游开发的形式没有统一的标准，应根据当地社区的实际情况，因地制宜，结合农业生产和农村产业结构调整进行开发，充分体现“社区事务，社区参与”的主旨，尽量通过不同模式的探索实现当地文化的保护和持续发展。综合国内外研究的成就，结合山合水易的实践，提出以下几种参与乡村旅游的开发模式。

1. “公司 + 农户”模式

“公司 + 农户”的发展模式，因其充分考虑了农户利益，在社区全方位的参与中带动了乡村经济的发展。在参与式乡村旅游的开发中，这种模式依然实用，并可演化成“公司 + 农户”和“公司 + 社区 + 农户”两种模式。“公司 + 农户”模式通过吸纳社区农户参与到乡村旅游的开发，在开发浓厚的乡村旅游资源时，充分利用了社区农户闲置的资产、富余的劳动力、丰富的农事活动，增加了农户的收入，丰富了旅游活动，向游客展示了真实的乡村文化；还通过引进旅游公司的管理，对农户的接待服务进行规范，避免不良竞争损害游客的利益。“公司 + 社区 + 农户”的模式中公司先与当地社区（如村委会）进行合作，通过村委会组织农户参与乡村旅游，公司一般不与农户直接合作，但农户接待服务、参与旅游开发则要经过公司的专业培训，并制定相关的规定，以规范农户的行为，保证接待服务水平，保障公司、农户和游客的利益。

典型案例 33

在湖南浏阳市“中源农家”,2001 年成立“浏阳中源农家旅游公司”,负责规划、招徕、营销、宣传和培训;村委会成立专门的协调办,负责选拔农户、安排接待、定期检查、处理事故等;农户负责维修自家民居,按规定接待、导游服务、打扫环境卫生。现在全村 53 户农民中有 40 家参与旅游的接待服务,保证了公司、农户、游客的利益,同时村级经济实力得到了较大的提高,并改善了村里公路,增加了公共设施。

2.“政府 + 公司 + 农村旅游协会 + 旅行社”模式

这一模式的特点是发挥旅游产业链中各环节的优势,通过合理分享利益,避免了乡村旅游开发过度商业化,保护了本土文化,增强了当地居民的自豪感,从而为旅游可持续发展奠定了基础。

典型案例 34

贵州平坝县天龙镇在发展乡村旅游的具体做法则是政府负责乡村旅游的规划和基础设施建设,优化发展环境;乡村旅游公司负责经营管理和商业运作;农民旅游协会负责组织村民参与地方戏的表演、导游、工艺品的制作、提供住宿餐饮等,并负责维护和修缮各自的传统民居,协调公司与农民的利益;旅行社负责开拓市场,组织客源。天龙镇从 2001 年 9 月开发乡村旅游,到 2002 年参与旅游开发的农户人均收入提高了 50%,同时推进了农村产业结构的调整,在参与旅游的农户中有 42% 的劳动力从事服务业,并为农村弱势群体(妇女、老人)提供了旅游从业机会,最大限度地保存了当地文化的真实性,使古老的民族文化呈现出勃勃生机。

3. 股份制模式

为了合理地开发旅游资源,保护乡村旅游的生态环境,可以根据资源的产权将乡村旅游资源界定为国家产权、乡村集体产权、村民小组产权和农户个人产权四种产权主体。在开发乡村旅游时,可采取国家、集体和农户个体合作,把旅游资源、特殊技术、劳动量转化成股本,收益按股分红与按劳分红相结合,进行股份合作制经营。通过土地、技术、劳动等形式参与乡村旅游的开发。企业通过公积金的积累完成扩大再生产和乡村生态保护与恢复，以及相应旅游设施的建设与维护。通过公益金的形式投入乡村的公益事业（如导游培训、旅行社经营和乡村旅游管理），以及维持社区居民参与机制的运行等。同时通过股金分红支付股东的股利分配。这样，国家、集体和个人可在乡村旅游开发中按照自己的股份获得相应的收益，实现社区参与的深层次转变。通过“股份制”的乡村旅游开发，把社区居民的责（任）、权（利）、利（益）有机结合起来，引导居民自觉参与他们赖以生存的生态资源的保护，从而保证乡村旅游的良性发展。

典型案例35

在旅游经营模式上，盐城海滨实行所有权、管理权和经营权的分离，资源属国家所有，保护区只行使管理权，专注自然保护工作以及旅游活动的监督和管理，不直接从事旅游经营活动。在保护区管辖范围内，可由保护区下属公司主导旅游经营管理，吸纳社区居民参与，通过居民投股，建立股份制公司。在保护区周边零散的旅游景点和田园风光区的“农家乐”“渔家乐”景点，可通过“公司＋农户”“公司＋渔家”“公司＋景点”等模式开展社区参与的生态旅游经营活动。

典型案例36

浙江省松阳县，地处浙江省最为落后的丽水市，交通相对不发达，正因如此，松阳县的生态环境得到了最好的保护，仅保存完好的国家级传统村落就超过了50个。随着互联网和自媒体的迅速传播，松阳县成了全国有名的摄影写生基地，松阳也成了户外运动爱好者和骑行一族的旅行天堂。松阳县在乡村旅游运行模式上，采用由当地政府引导、引入乡村旅游企业化发展的模式，并通过股份化形式引导当地居民参与乡村旅游产品投资与经营活动，让当地居民享受相应的乡村旅游产品投资收益分配，推动企业化与社区化发展模式结合，实现了乡村旅游产品经营者和景区内居民收益双提升的目标。

4.“农户+农户”模式

在远离市场的乡村，农民对企业介入乡村旅游开发有一定的顾虑，大多农户不愿把资金或土地交给公司来经营，他们更信任那些“示范户”。在这些山村里，通常是“开拓户”首先开发乡村旅游并获得了成功，在他们的示范带动下，农户们纷纷加入旅游接待的行列，并从示范户学习经验和技术，在短暂的磨合后，就形成了“农户+农户”的乡村旅游开发模式。这种模式通常投入较少，接待量有限，但乡村文化保留最真实，游客花费少还能体验最真的本地习俗和文化，是最受欢迎的乡村旅游形式。但受管理水平和资金投入的影响，通常旅游的带动效应有限。

5. 个体农庄模式

个体农庄模式是以规模农业个体户发展起来的，以“旅游个体户”的形式出现，通过对自己经营的农牧果场进行改造和旅游项目建设，使之成为一个完整意义的旅游景区(点)，能完成旅游接待和服务工作。通过个体农庄的发展，吸纳附近闲散劳动力，通过手工艺、表演、服务、生产等形式加入服务业中，形成以点带面的发展模式。

四、乡村旅游合作社运营法律适用问题

乡村旅游合作社是农民专业合作社的一种类型，是在农旅深度融合发展中成长起来的新型农业经营主体，是推进乡村旅游规模经营的有效形式，对促进农民就业创业、拓宽增收渠道有着突出的现实意义。乡村旅游合作社作为新时期乡村旅游发展的重点和亮点，有着明显的政策优势、法律优势、组织优势和产业优势，可以成为实施乡村振兴战略的有效载体，将在落实产业兴旺、生态宜居、乡风文明、治理有效、生活富裕等要求方面发挥积极作用。

乡村旅游合作社具有明显的政策优势，一直是各级党委、政府以及有关部门政策支持的重点，是解决好新时期“三农”问题的重要抓手。2007 年发布的《关于大力推进全国乡村旅游发展的通知》对农民合作经营的旅游开发提出了“完善乡村旅游合作社章程”的要求。《“十三五”旅游业发展规划》明确提出，“创新乡村旅游组织方式，推广乡村旅游合作社模式，使亿万农民通过乡村旅游受益”。2017 年“中央一号文件”首次把“鼓励农村集体经济组织创办乡村旅游合作社”作为大力发展乡村休闲旅游产业的重要部署。此外，山东、四川等地政府和旅游部门还出台了大力发展乡村旅游合作社的通知和意见。这些文件的相继出台,标志着乡村旅游合作社已经从基层的实践创新转变为各地旅游发展的重点工作,从一般的行业工作安排上升到了国家工作部署层面。可以预见,在大力实施乡村振兴战略中,乡村旅游合作社的政策支持力度也将进一步加强,将成为乡村旅游发展的重点和亮点,进而成为解决好新时期“三农”问题的有力抓手。

乡村旅游合作社本质上仍是农民专业合作社,必须依照《农民专业合作社法》依法成立、合法经营、规范管理。《农民专业合作社法》就合作社成员主体构成、利益分配等作出明确规定,如农民必须占合作社成员总数的80%、合作社经营重大事项表决采取一人一票制等,这为乡村旅游合作社突出和保障农民的主体地位提供最为根本和坚实的法律保障。

(一)农民专业合作社的成立

成立条件:一是有5名以上符合以下条款的成员:具有民事行为能力的公民,以及从事与农民专业合作社业务直接有关的生产经营活动的企业、事业单位或者社会团体,能够利用农民专业合作社提供的服务,承认并遵守农民专业合作社章程,履行章程规定的入社手续的,可以成为农民专业合作社的成员。但是,具有管理公共事务职能的单位不得加入农民专业合作社。农民专业合作社应当置备成员名册,并报登记机关。农民专业合作社的成员中,农民至少应当占成员总数的80%。成员总数20人以下的,可以有一个企业、事业单位或者社会团体成员;成员总数超过20人的,企业、事业单位和社会团体成员不得超过成员总数的5%。二是有符合合作社法规定的章程,章程应该载明下列事项:名称和住所、业务范围、成员资格及入社、退社和除名、成员的权利和义务、组织机构及其产生办法、职权、任期、议事规则、成员的出资方式、出资额,成员出资的转让、继承、担保、财务管理和盈余分配、亏损处理、章程修改程序、解散事由和清算办法、公告事项及发布方式、附加表决权的设立、行使方式和行使范围、需要载明的其他事项。三是有符合合作社法规定的组织机构:设立农民专业合作社,应当召开由全体设立人参加的设立大会,设立时自愿成为该社成员的人为设立人。设立大会主要包括以下几项议程:一是通过本社章程。二是选举合作社的领导人,包括理事长、副理事长、理事、监事长或监事。三是其他需要研究的事项。会毕要形成会议纪要,并需全体设立人签字。四是有符合法律、行政法规规定的名称和章程确定的住所。五是有符合章程规定的成员出资。

工商行政管理局设立登记注册合作社所需材料清单:设立登记申请书;全体设立人签名、盖章的设立大会纪要;全体设立人签名、盖章的章程;法定代表人、理事的任职文件和身份证明;全体出资成员签名、盖章予以确认的出资清单;法定代表人签署的成员名册和成员身份证明复印件;住所使用证明;指定代表或者委托代理人的证明;合作社名称预先核准申请书;业务范围涉及前置许可的文件。

合作社办理流程:一是根据《农民专业合作社登记管理条例》的规定,农民专业合作社以申请登记的住所由所在地区县工商行政管理部门负责登记注册。二是咨询后领取并填写《农民专业合作社(分支机构)名称预先核准申请书》,同时准备相关材料。三是到所在乡镇经管站递交《农民专业合作社(分支机构)名称预先核准申请书》及相关材料,等待乡镇出示合作社证明材料。四是到县经管局递交合作社申请材料,办理相关审批手续。五是到工商局递交相关材料,领取《准予设立登记通知书》。

合作社备案:合作社经依法登记后,法定代表人应将合作社营业执照复印件及相关材料(合作社简介、章程、会议纪要、理事任职文件、法定代表人任职文件、监事任职文件、出资清单、租房协议、成员联系电话)报市农民专业合作社指导站(设在市农经管理中心)备案,并录入全国农民专业合作经济组织网。

办理其他相关证照:一是组织机构代码证。法定代表人持工商营业执照及法定代表人身份证到市民服务中心质量技术监督局窗口办理。二是税务登记。法定代表人持工商营业执照,组织机构代码证及法定代表人身份证到市地税局办税服务大厅办理。三是银行开户许可证。法定代表人持工商营业执照、税务登记证、机构代码证、法定代表人身份证和准备开户所在银行(信用社)申请书到市人民银行办理。

(二)乡村旅游合作社组织类型

1. 紧密型旅游合作社与松散型旅游合作社

紧密型合作社主要特点在于合作社不仅在产权上采取成员资金、农宅等要素入股的方式,而且在业务上采取统一经营、统一服务的机制。而松散型合作社则更像是一个乡村旅游协会，在一定地域内（通常为村域）进行价格协调、业务宣传、争取资源等松散性服务活动。事实上，目前乡村旅游合作社大多数属于后者。不过，应该指出的是，由于乡村旅游服务的业务特性，如果缺乏强有力的村社权威和组织，松散型实际上更适合目前大多数农村发展乡村旅游合作社的现实情况。

2. 村社带动型合作社、企业带动型合作社与能人带动型旅游合作社

现实中，与农产品生产经营类农民专业合作社不同的是，绝大多数乡村旅游合作社是在村社组织基础上组建和成立的。因为休闲农业和乡村旅游具有显著的在地性和外部性，价格协调、业务宣传、争取资源等都需要村社组织出面和实施；即便是外来资本介入乡村旅游，也特别需要通过村社组织对接农户以降低交易费用和组织成本。所以，在一定意义上可以说村社组织是乡村旅游合作社的组织基础。也有一些是有外部资本介入的，如有供销社领办的，也有由外部公司租赁经营管理的。这类企业带动型的旅游合作社由于企业具有一定的资本实力和经营经验，往往更加呈现运营企业化、品牌化、景区化的特点。也有少数是能人带动型，这些能人也通常是当地的村干部或乡村精英，在当地有着深厚的社会资本和社会网络。

（三）乡村旅游合作社的主要业务

一是餐饮服务，这是最基本的农家乐内容，进入门槛低，统一难度大。二是住宿服务，这是相当部分乡村旅游的基本内容，有一定进入门槛，统一难度不小。在有关调查中，大多数成员认为合作社重要的服务是床上用品的供应。成员普遍认为床上用品的统一供应使农家院的服务标准更加规范，提高了卫生水平，而且有助于游客对农家院产生良好印象，有利于游客选择农家院住宿。三是各类农业农村休闲旅游体验性活动，如农产品采摘、漂流、垂钓、民俗体验、手工作坊等。四是农产品以及民俗物品的销售、定制。五是景区建设、管护和发展等。

（四）乡村旅游合作社运营

目前农民专业合作社已经超过 218 万个，作为新型农业主体，农民专业合作社在农业发展中起到了一定的带动作用，但绝大部分合作社并没有实际的联合农户带动致富，只是某些利益群体为获取农业补贴的一个工具，乡村旅游合

作社除了需要了解具体的申报成立外,更应该了解合作社如何进行高效运营发展,如何得到政策的扶持,其需要满足两个基本条件和一个必要条件。基本条件之一是运营规范。不能是一人社和空壳社,而要有实实在在的农业产业支撑,有规范的财务体系和按交易量返还,这是最基本的条件。基本条件之二是具备一定规模。社员数量及产业规模都需要具备一定体量。必要条件是合作社需要有一定的荣誉支撑,最为常见的就是示范社,不管是县级还是市级、省级,级别越高越好。此外还有其他的一些荣誉也要尽量争取,如解决残疾人就业、妇女就业、农产品评比大赛等。

合作社发展到一个“瓶颈”时期,就需要依靠政府的支持,共有七个方面属于政策重点支持范围:一是引进新品种和推广新技术;二是雇请专家、技术人员提供管理和技术服务;三是对合作组织成员开展专业技术、管理培训和提供信息服务;四是组织标准化生产;五是农产品粗加工、整理、贮存和保鲜;六是获得认证、品牌培育、营销和行业维权等服务;七是改善服务手段和提高管理水平的其他服务。总的来说,农民专业合作社要想赚钱,首先要自身业务过硬,通过种植或者养殖等主营业务真正能养活自己,能给入社的农户带来收益,而政策性的补贴只能作为业务发展壮大的一个补充,更不能将政策资金看作自己的利润。

典型案例 37

黄果树旅游区“四个突出”推进村社合一①

黄果树旅游区大力推行村党支部领办村集体合作社,强化党支部政治引领、组织引领功能,充分利用村集体合作社联结群众、整合资源,农业产业结构调整布局,以“四个突出”加速村社合一进程,走出了一条乡村振兴之路。

突出党建引领,既在岗位又在状态。在白水镇打翁村,由党支部领办的椪柑种植专业合作社,带动全体村民种椪柑,年人均收入 9400 余元。村党支部书

① 黄果树旅游区管理委员会:《黄果树旅游区“四个突出”推进村社合一》,载贵州政务服务网:http://hgsgwh.anshun.gov.cn/xwzx/bmdt/202004/t20200422_56261559.html,2021 年 12 月 12 日最后访问。

记潘永美说："自从由支部领办合作社，带头发展，我自己真正找到了'领头雁'的感觉，这种荣誉感和成就感让村'两委'干部更有工作劲头，在群众中也有了威信和话语权。换作以前，想发动村里做点什么事就算磨破了嘴唇都不一定管用"。

突出因地制宜，既发展产业又提高技能。白水镇翁寨村地白水河畔，海拔较低、水源充足，但这里的村民却一直喜欢种苞谷，贫困发生率也高居全镇第二。该村党支部与福万家果蔬合作社实现了"村社合一"之后，村里贫穷落后的面貌才得以改变。"我在基地上班已经两个多月了，每天能挣90元。"村社合一后，合作社的种植规模由原来的6个大棚品种扩大到了15个，种的全都是草莓。这就使得贫困户李秀芝多了一条谋生出路，她还把自家两亩地流转给基地，"现在干一年比以往干几年挣得还多"。通过"公司+农户+支部+合作社"模式，全村的草莓、金刺梨、葡萄、蜂糖李的种植面积达到了1800亩，涉及贫困户122户594人，既帮助群众走上了致富路，又让原本只会种苞谷的村民学会了精品果蔬的种植和管护。①

突出强民兴村，既富群众又美乡村。旅游区通过党支部领办合作社，将村集体和群众，合理的利益链接机制紧紧团结在一起，让农民变股民，土地变资源，资金变股金，让过去单打独斗的"泥腿子"变成村集体资产集聚增值造福的"新院外"，最大限度地保障了群众利益。今年3月，黄果树镇石头寨村又通过土地流转在山坡上种了670亩的枇杷树，用于坝区种植的红米也已经开始育秧，实现了传统种植向经济作物种植的转型。村里的"集体钱包"鼓起来了，村委班子又将集体积累用于村里的基础设施建设、环境整治以及生态广场和布依族民俗博物馆建设。②

① 银元：《乡村旅游合作社是促进乡村振兴的有效载体》，载《中国旅游报》2017年12月15日，第3版。

② 徐旭初：《谈谈乡村旅游合作社的实践探索》，载《中国农民合作社》2018年第44期。

第三节　乡村旅游消费主体法律服务

一、乡村旅游合同的法律适用问题

（一）旅游合同法律解读

旅游合同的成立不仅需要具备一般要件还要具备特殊要件。从形式要件来看，旅游合同要具备合同成立的要求。旅游合同是旅行社提供旅游服务、旅游者支付旅游费用的合同；是调整旅游者和旅游经营者之间的法律关系的规范的总称。旅游合同是不要式，双务、有偿、诺成合同，是兼具委托合同、承揽合同、行纪合同、雇佣合同、居间合同、买卖合同等综合性特点，又有别于传统民商事合同的新型的服务合同。旅游者和旅游经营者的法律关系很复杂，呈现团体性特点。旅游经营者还包括旅游辅助服务者，即与旅游经营者存在合同关系，协助旅游经营者履行旅游合同的人。旅游关系具有超地域性、新颖性、无形性、连续性、期限性、团体性、劳务性。旅游合同的变更和解除可以分别从旅游行程开始前和旅游行程开始后两个方面进行讨论，对于旅游过程中的复杂性，对变更权和解除权进行详细的分析，正确认定旅游者和旅游经营者的责任。权利义务是相辅相成的，放在旅游合同中也是如此，旅游者和旅游经营者要共同承担完成旅游合同的义务，但是旅游者有瑕施担保责任，而旅游经营者则没有。国际方面有《关于旅游合同国际公约草案》《关于旅游合同国际协定草案》，国外典型例子有《布鲁塞尔旅行契约的国际公约》《德国民法典》《英国包价旅游法规》《英国包价旅行，度假和游览法令》《日本游基本法》《日本标准旅游业约款》《南斯拉夫债务关系法》等。国内方面，我国国务院出台了《旅行社管理条例》《旅行社管理条例实施细则》。我国台湾地区在借鉴《德国民法典》的基础上在债法相关规定中对旅游合同有明确规定。我国向社会公布的《合同法征求意见稿》中曾提出旅游合同草案，但在最终定稿时认为旅游合同立法尚未成熟而未被写入《合同法》。全国已经有省、自治区、直辖市颁布了地方性旅游法规，包括单项法规建设和综合性旅游管理条例。国家文旅局出台了“国内旅游标准合同范本”和“出境旅游标准合同范本”。最高人民法院公布了《关于审理旅游纠纷案件适用法律若干问题的规定》，此规定是对《旅行社管理条例》《旅行社管理条例实施细则》的突破和创新。各地政府也纷纷出台地方性旅游法规，对地方旅游市场的规制有一定的指导作用。

（二）旅游合同法律特征

与其他合同相比，旅游合同具有其特有、鲜明的特征。

1. 旅游合同主体的多样性

旅游合同的主体包括旅游者、旅游经营者和旅游辅助服务者。旅游者是为了观光、探亲、访友、度假等而离开常住地到异地进行旅游活动的人。而旅游经营者是以自己的名义提供旅游服务，独立承担责任，享有权利，履行义务的企业。旅游辅助服务者是与旅游经营者存在合同关系，协助旅游经营者完成旅游服务，实际提供餐饮、娱乐、交通、住宿等服务的企业。

2. 旅游合同的法律关系比较复杂

旅游合同的规范对象是旅游法律关系和旅游行为，这两者因其所涉范围的广度使其具有复杂的特性：旅游行为的变动性，从旅游者的角度来看，旅游者总是期望能从旅游中得到精神上的满足和物质上的最低消费，但是实际情况则是实际和预期不成正比，这种变动性使旅游者经常会有茫然感，使其不知该如何维护其权益。而从旅游经营者的角度来看，其旅游服务会因为旅游活动本身的季节性、地区性等特点有很大的变动性，从而与合同规定可能存在很大差距，这种差距不是旅游经营者有意为之，常常很难把握。旅游法律关系的复杂性，从表面来看，虽然旅游合同似乎只存在于旅游者和旅游经营者之间，但实际上的旅游法律关系却并非如此。从旅游者方面来看，旅游经营者一般推行的是团体的包价旅游，使旅游呈现团体性的特点；而从旅游经营者来看，旅游经营者是以旅行社为代表的主要的服务提供者，还包括旅游过程中提供多种服务项目的人。旅游关系还具有超地域性、新颖性、无形性、连续性、期限性、团体性、劳务性。所有这些，都使旅游关系变得十分复杂。表面看来似乎是旅游者和旅游营业者之间的法律关系，但事实上各种相关的旅游关系都得考虑进来。这也是旅游合同需要立法来明确定义的原因之一。

3. 旅游合同具有格式化的倾向

在实际的旅游合同中，旅游者和旅游经营者根据实际情况单独、临时订立一个旅游合同的现象几乎可以忽略不计，真正运用起来也不实际。所以在现实生活中，绝大多数的旅游合同是旅游经营者为了重复使用而预先拟定好的格式合同，旅游者往往没有选择权与修改权，只能概括地表示接受或不接受，并最终在旅行社早已制定好的标准合同文本上签字而达成旅游合同。在旅游合同中表现为旅行社在旅游合同中设定为自己免责的条款，在格式合同条款中只约定对方的义务，限制或排除对方的权利。虽然格式合同也有其自身的优点，如可以节省时间，降低交易成本，有利于事先分配风险，但由于旅游者的特殊地位，格式合同中经常出现一些损害旅游者利益的不公平条款。各国的立法在重点强调保护旅游者权利的同时，又想方设法进一步将旅游合同的标准性法律文本简单化、规范化、统一化，如日本的“旅游业标准约款”就是很好的实例。旅游合同的这种格式化倾向决定了旅游合同立法的主要任务是保护作为弱者的旅游者的利益，规范旅游合同当事人的责任承担问题。这样于标准合同来说，虽然在实施过程中会有一些僵硬化，但一般也不会导致结果的不公平。

4. 旅游合同的标的是旅游产品

旅游产品是一种特殊的产品，是不同于其他物质的产品，是以旅游者获得精神愉悦为目的的。首先，旅游产品具有整体性的特点。旅游者选择旅游是为了满足物质、精神等方面需要，所以对于旅游产品的要求是由食、住、行、游、购、娱等多种要素组合成的。针对这一特征，所签订的旅游合同内容必须全面，以确保旅游经营者和旅游者之间的权利义务关系能够更好地实现。其次，旅游产品具有连续性、无形性、跨地域性的特点。旅游者花费一定时间、精力和费用所获得的一段旅游经历应该包括旅游者从离开经常居住地开始，到旅游结束的过程中，对所感受的事物和接受服务的综合感受。旅游产品具有不稳定的形态，还存在差异性。这种特性也容易导致在旅游过程中实际发生的感官享受与旅游者的期待会有一定的距离，这极易成为纠纷发生的原因。

5. 旅游合同是特殊的定期行为

旅游是旅游者在定期的时间去定期的地点完成精神和物质的双重满足，这就决定了旅游合同的签订是定期、定时的，不遇特殊情形不得改变。与其他合同相比较更加注重约定，这是因为旅游者旅游的时间是特定的，旅游经营者制定的旅途也是特定的。旅游经营者违反了定期、定点的约定而单方导致合同内容不能如期实现，即视为违约，旅游者可向其要求合同上的违约损害赔偿请求权；旅游者在旅游开始后因为自己的原因没有按照约定时间参加旅游，一般视为受领迟延，旅行社可解除合同，并要求赔偿一定的损失。

典型案例 38

家住哈尔滨的杨某一家三口准备在“五一”期间去新马泰旅游，经过与数家旅行社的交谈，最后和宏达海外旅行社初步确定了行程，双方达成一致意见，杨某参加由宏达海外旅行社组织的新马泰十五日游，发团时间定在 4 月 30 日，杨某一家总共需交团费 1 万元。4 月 10 日旅行社先让杨某交了 500 元的定金，并给开了一张收据，收据上的公章是哈尔滨宏达海外旅行社南岗区营业部财务章，杨某以为这件事就算定下来了，就没有想到和对方签旅游合同，在 4 月 15 日杨某全额缴清了剩余的 9500 元团费，后来旅行社给杨某全家办理了出国旅行的相关手续，但在旅游期间负责地陪服务的马来西亚旅行社擅自降低了服务水准，而且导游服务态度恶劣，所住的酒店也由四星级变成了二星级，导游经常带游客去购物，而且经常游说游客参加自费项目的娱乐。在泰国旅游过程中，杨某的小孩在就餐过程中由于吃了不干净的食物而导致上吐下泻，花掉了医疗费 1200 元。而且耽误了三个景点的观赏，使得全家人的游兴大减，由于服务质量差，全团人都抱怨满腹。

返回到哈尔滨后，杨某和其他游客找到宏达海外旅行社讨个说法，却受到接待人员的冷遇，对出现的问题一拖再拖，没办法最后游客们向哈尔滨市旅游质量监督所提出投诉，质量监督所的工作人员经过调查核实，发现具体组团的经办单位哈尔滨宏达海外旅行社南岗区营业部没有任何许可文件，属于非法设立，是哈尔滨宏达海外旅行社和个人签订承包合同后，由承包人独立经营，只是到年终给哈尔滨宏达海外旅行社一定的承包费，而且哈尔滨宏达海外旅行社没有出国组团资格，属于超范围经营。对游客的投诉中服务质量差的问题，由于游客都没有和旅行社签订旅游合同，所以很多旅游中的细节问题无法一一核实，只能根据反映的情况与旅行社沟通判定旅行社方给予一定的赔偿，返还部分旅游费用。①

① 万旺年年：《旅游合同案例分析》，载百度文库：https://wenku.baidu.com/view/2a73dab3162ded630b1c59eef8c75fbfc67d945c.html.，2021 年 12 月 11 日最后访问。

法律行为的成立是法律行为生效的逻辑前提。一项法律行为只有成立后，才能谈是否有效的问题。反之，法律行为的有效是法律行为成立的归宿，因为一项法律行为因欠缺有效要件而无效，就达不到实施法律行为的本来目的。合同的成立和生效是不同的，合同的成立，是指具备合同成立的形式要件，即有标的，有意思表示，具有权利能力。合同的生效，是指标的确定、可能、合法，意思表示真实，具有行为能力。因此，依法订立旅游合同不仅是旅游合同生效的前提，还是旅游合同履行的基础，更是当事人在旅游纠纷发生时要求享有权利、履行义务或解决纠纷并请求法律保护的依据。

（三）旅游合同当事人的缔约能力

旅游经营者的设立只有达到一定资质之后，才可以在旅游纠纷出现时追根溯源，各国对旅游经营者资质都有不同的规定。我国《旅行社管理条例》明确规定："未取得《旅行社业务经营许可证》的，不得从事旅游业务，未经批准从事旅游经营业务的，将责令停止非法经营，没收违法所得，并处罚款。"根据《旅行社管理条例》及其实施细则，旅行社可以分为国际旅行社和国内旅行社两大类。我国对旅行社资质的认证是看它是否"四证"齐全。"四证"，是指旅游经营许可证、质保金缴纳证明、旅游保险保证书、营业执照。如果是出国旅游的旅游者还要看旅行社是否具有经营出境游资格。根据旅游的特点，法律一般对旅游者的缔约能力并无要求，即使是无民事行为能力或限制行为能力人也可参加旅游。但如果是双方签订的旅游合同中旅游项目有特殊要求的，不适于旅游者不应参加旅游。比如，有蹦极项目的，心脏病或高血压患者就不可以参加。如果旅游者一意孤行，则要自己承担责任。

（四）旅游合同的形式

《旅行社管理条例实施细则》第 43 条规定："旅行社组织旅游者旅游，应当与旅游者签订合同……"《合同法（征求意见稿）》第 326 条规定："订立旅游合同，应当采取书面形式，但当事人另有约定的除外。"因此，有学者主张旅游合同为要式合同，旅游合同双方当事人必须采取书面形式，旅游合同才告成立。

（五）旅游合同的主要条款

各国/各地区对旅游合同的主要条款的规定也不尽相同。我国《合同法》（征求意见稿）》第 327 条认为旅游合同包括以下条款："当事人的姓名或者名称、住址;提供旅游服务的期间;游览景点、时间;交通、食宿的价格及其标准;导游内容及其标准;旅游费用;变更、解除合同的条件及其责任;违约责任。”

该规定基本上反映了旅游合同主要条款的面貌,还有一些旅游纠纷增多带来的潜在问题,如关于签约社和地接社的责任承担;挂靠情形下责任的承担等,这些在最高人民法院《关于审理旅游纠纷案件适用法律若干问题的规定》中有了明确的规定,但是随着旅游纠纷日益增多所带来的问题也会增多,这也将促使旅游合同的条款更加完善。

最高人民法院《关于审理旅游纠纷案件适用法律若干问题的规定》对一个特殊的问题有了一个新规定,其第2条规定:以单位、家庭等集体形式与旅游经营者订立旅游合同,在履行过程中发生纠纷,除集体以合同一方当事人名义起诉外,旅游者个人提起旅游合同纠纷诉讼的,人民法院应予受理。从这条规定可以看出,当旅游者是以集体形式参加旅游的,当在旅游过程中发生纠纷时,除集体作为一个团队以合同一方当事人名义起诉之外,集体中的任何一个人都可以以自己的名义提起诉讼来维护自己的权益。虽然在旅游合同中最终签字的只有一人,可是旅游合同对每一个人均具有普遍的法律约束力,该集体名单中的任何一个人都是旅游合同的当事人。这是对旅游违约之诉的一项新的规定,是对作为信息不对称地位的旅游者权利的保护,也应该写入旅游合同的条款中。

典型案例39

2018年4月29日,承德市金诺旅游开发有限责任公司与天津市博瑞特旅游观光火车有限公司签订了《产品购销合同》,约定购买两台特定化低配观光小火车,2018年5月25日前交货。合同签订后,买方依约将预付款转至卖方账户,但卖方并未按时交货。2018年6月25日,买方工作人员张某某以个人名义与卖方又签订了一份《产品购销合同》,约定购买一辆高配观光小火车。6月27日上午,高配观光小火车在运送途中,被买方相关人员强行卸下,并未支付货款。后买卖双方分别诉至法院。买方要求解除合同,返还预付款支付违约金并赔偿经济损失。卖方以买方工作人员张某某个人为被告提起诉讼,要求支付剩余货款以及违约金。

天津市滨海新区人民法院在案件审理中了解到，买方经营景区坐落于河北省承德市丰宁满族自治县，是我国环首都扶贫攻坚示范区建设县，良好的自然环境使旅游产业逐渐成为片区摆脱贫困的重要支撑。7～9月是该景区旅游旺季，占全年收入的80%以上，而乘坐小火车是进入景区游玩的唯一出行方式。若本案纠纷在2019年旅游旺季到来前仍未解决，不仅会给景区带来经济损失，还会影响其市场信誉。卖方在天津市空港经济开发区投资了世界最大的旅游专用小火车制造基地，是行业领跑者。本案中，因低配小火车印有景区标识，无法二次销售，解除合同会给双方都造成损失。况且，卖方是因供应商停产致使迟延交货，并非恶意拖延，且买方购买的低配小火车已生产完毕，卖方随时可以交付使用。基于以上考虑，承办人反复与双方代理人沟通协调，最终促成双方当事人达成一致调解意见，即卖方于调解当日向买方交付一辆低配版小火车，同时买方向卖方支付其强行扣押的高配小火车与实际购买的低配小火车之间的差价。为尽快实现案结事了，承办法官组织双方到卖方厂房进行现场调解，以便能当场履行调解协议。最终，两案同时履行完毕。

随着“京津冀一体化”被提升为重大国家战略，历史形成的“环首都贫困带”引发各方关注。对“环首都贫困带”既要“输血”，更要“造血”。本案系跨区域纠纷，是人民法院为京津冀民营企业健康发展提供司法保障、助力打赢脱贫攻坚战的典型案例。承办法官并未局限于纠纷本身，而是着眼于司法服务保障“环首都贫困带”攻坚任务、京津冀区域经济发展的高度，注重挖掘当事人之间共同利益，最终实现矛盾纠纷的实质性化解。本案的妥善处理，彰显了人民法院立足审判实际，为京津冀协同发展提供坚实司法保障的决心，有利于以“旅游+”助推“环首都贫困带”脱贫，符合“创新、协调、绿色、开放、共享”的发展理念，实现了生态效益、经济效益和社会效益的统一。①

二、在线旅游消费者权益保护法律问题

（一）在线旅游发展及新挑战

在线旅游主要是指旅游消费者通过网络运营商提供的在线咨询服务，在线

① 赵霄雁：《旅游合同法律问题研究》，山西大学法学院2011年硕士学位论文，第42～45页。

预订产品及交易服务、选择导游服务、旅游定位服务和线上虚拟实景旅游等服务，选择所要出行的旅游目的地的行为，在旅游结束后，旅游消费者可以通过服务评价渠道对旅游服务体验进行陈述和旅游经验分享的一种全新旅游方式。在大数据时代背景下，在线旅游项目迅速崛起，成为电子商务大军中的一个重要组成部分。在线旅游是互联网和旅游业有机结合的产物，通过在虚拟环境中呈现出不同旅游景点的全景预览，有利于实现旅游数据信息的全面整合，进而为旅游消费者作出旅游目标的选择提供参考。在线旅游蓬勃发展的同时，对于在线旅游消费者权益保护的法律却迟迟没有落实，这对在线旅游的长远发展是不利的。只有从观察在线旅游市场的历史发展及现状出发，了解在线旅游与电子商务的不同及在线旅游的新挑战，分析目前在线旅游消费者权益易受侵犯的类型，提出有建设性的建议，才能更好地发展在线旅游、完善我国在线旅游相关法律、制度。

（二）在线旅游消费权益保护问题

随着互联网与移动电子商务等新型技术在旅游业的应用范围不断扩大，在线旅游中旅游消费者合法权益被侵害的情形也日渐增多。具体包括但不限于以下两种问题：

1. 在线旅游消费者举证困难

在线旅游的虚拟性特征使旅游消费者在进行司法救济的过程中需要面临举证责任的问题。在线旅游消费者存在举证难的原因主要有两个：第一，在线旅游消费者欠缺保存聊天电子数据的意识，使发生在线旅游纠纷后，消费者不能及时实现相关证据的有效保存。在线旅游经营者甚至利用独特的优势，在后台通过技术手段进行合同内容篡改，甚至增加了一些对旅游消费者不利的条款，这种格式化条款使旅游消费者在在线旅游合同纠纷中占不利地位。加上缺乏专业的取证手段，使其在权益遭受侵害时，在证据的收集上存在较大的难度。第二，我国现行的法律制度没有对在线旅游纠纷的举证责任进行明确规定，使实践中只能按照一般的谁主张谁举证的原则。由于在线旅游经营者和旅游消费者双方的地位不对等，加上信息不对称，使一般的举证责任并不利于实现对旅游消费者合法权益的有效保护。显然，举证责任倒置的原则在一定程度上有利于实现对在线旅游消费者合法权益的保护。由于我国对于在线旅游纠纷的举证责任没有进行明文规定，因而旅游消费者在起诉在线旅游运营商时必须举证证明在线旅游经营者的过错，这恰好是旅游消费者取证的“短板”，这就导致消费者收集证据的积极性降低，甚至存在消极维权的现象。因此，对于在线旅游纠纷，目前面临的最大的问题就是缺乏合理的侵权举证责任的规定。

2. 在线旅游侵权责任主体难确定

在线旅游经营者还存在侵犯消费者隐私的行为，现行的法律制度要求网络平台运营者应当保护个人信息，严禁泄露个人信息。但是随着互联网和大数据时代的到来，我国有关个人信息保护的立法尚不完善。旅游消费者购买线上服务的日益增多，使其信息被泄露的风险不断增强。在司法实践中，即使实施倒查制度，也很难查明个人信息何时何地被泄露。在线旅游消费者即使起诉在线旅游运营商，也无法查明具体的侵权主体，因此在线旅游侵权主体难确定是我国在线旅游行业面临的一个重要问题。我国现行的法律制度中并未对隐私权的范围和内容进行详细规定，也缺乏具体的保障措施，使得实践中个人信息被侵害的行为十分普遍。《民法典》第1195条对网络隐私权的保护问题进行了规定，在某种程度上为在线旅游运营商保护消费者隐私权的行为提供了保障，但是内容规定得过于粗糙，在实践中存在操作的难度。加上避风港原则的存在，使网络运营商在实践中仅仅履行形式审查和及时删除的义务，并没有具体的救济方式。《消费者权益保护法》中有关隐私权保护的规定在实施过程中也存在很大的困难。首先，侵权主体的单一性使电子商务发展过程中多种网络运营主体如何界定责任成为关键。在线旅游交易活动中，网络服务提供商和旅游工作人员应当列为侵权主体。其次，该法对经营者义务的内容规定得比较少，导致经营者的行为不能得到有效的规制。在线旅游的虚拟性和跨地域性的特征，使在线旅游消费者在购买不同的在线旅游产品的过程中需要填写一些个人信息，不同在线经营者的信息五花八门，导致旅游消费者很难全面了解不同在线旅游经营者提供的产品信息。在实践中，发生线上旅游纠纷后，旅游消费者一般很难找到在线旅游运营商。

我国产生这种困境的主要原因在于一些平台经营者并无专门营业场所，仅仅依赖平台上披露的有限信息很难找到线上旅游服务平台经营者。一些旅游消费者会寻求工商局进行帮助，但是80%以上的网络平台经营者出于某种目的的考虑，会选择借助他人的名誉进行工商登记，这就加大了寻求平台运营者真实身份的难度。最为严重的是，遇到侵权纠纷后，一些在线旅游经营者与在线旅游平台互相推卸责任，导致具体的责任主体无法明确，拖延了在线旅游纠纷的诉讼进度。

典型案例40

文化游变沮丧游①

王先生是某公司经理，一个爱好瓷文化的人，他看到一则广告，关于某某旅行社为答谢广大旅游者的厚爱，将在8、9月举行黄金旅游月活动。其间，将增设瓷文化旅游专线5日游，可以到瓷都景德镇游玩。此旅游线路总共花费5000元，8折优惠，后期付款，陶瓷街购物固定游览项目。

王先生为瓷文化旅游专线和低廉的费用所吸引，毫不犹豫地就参加了瓷文化旅游团，但是结果却是出乎意料的。导游不是本地人，而且对景德镇毫不了解，更不用说对瓷文化的解说，迷路、绕远是常有的事情，旅游景点少得可怜，陶瓷街购物却占了旅游时间的80%，最后交费的时候却是全额，根本就没打折。王先生同旅行社理论，结果旅行社告诉他，他没有在指定的陶瓷街购物，所以不能享受打折服务。其他人，因为购物的数额没有达到规定，也不能享受打折服务。最终，文化旅游成了精神疲惫游、沮丧游。

（三）在线旅游消费权益保护措施

针对上述案例涉及的实践中的不足之处，应该构建完整的在线旅游消费者权益保护法律体系。其主要分为以下几个方面：

1. 明确在线旅游消费者的举证责任规则

由于在线旅游涉及的主体比较广泛，因而明确在线旅游消费者的举证责任规则，有利于指导司法实践者进行有效的举证责任分配。受信息不对称因素的影响，旅游消费者在在线旅游纠纷中始终处于一个弱势的地位。为了规范在线

① 参见杨富斌：《旅游法案例解析》，旅游教育出版社2012年版，第118~119页。

旅游经营者的行为，应当根据在线旅游不同的经营者的特征分配相应的举证责任。在制定举证责任规则时，应当结合我国《民法典》中的归责原则进行综合考量。对于网络平台商的侵权责任应当适用何种归责原则，目前学界尚无统一的定论。网络平台商是旅游消费者和旅游经营者之间建立旅游合同关系的一个重要连接点。而且旅游经营者会在网络平台上推出一系列的旅游广告，这也是刺激旅游消费者进行消费和选择目的地的重要因素。因此，对于在线旅游平台商的责任应当限制在对旅游经营者的广告和资质审查上，原则上是形式审查。如果在线旅游网络运营商未对旅游经营者尽到形式审查义务，那么其应当对由此引发的后果承担责任。

如果在线旅游平台上的旅游经营者在提供服务的过程中给旅游消费者带来损害，那么由此引发的责任应当参照线下提供服务的侵权归责原则，即由该旅游经营者承担相应的责任。如果旅游经营者已经尽到了合理的注意义务或者安全保障义务，造成事故的主要责任在旅游消费者自己，那么应当由旅游消费者自己承担相应的损失。如果旅游经营者与旅游消费者之间的纠纷非侵权纠纷而是合同纠纷，那么应当参照合同纠纷的违约责任处理方式进行处理。目前，学界普遍认可网络交易平台提供商应当对其侵权行为适用过错责任归责原则。如果在线旅游消费者的个人信息被侵害，那么应当从在线旅游交易平台是否尽到了注意义务着手进行分析。如果在线交易平台商能够证明其没有利用这些数据从事营利行为，那么其不需要对此担责。如果其不能证明其对收集到的隐私信息履行了保管义务，那么其应当对此承担相应的责任，并且赔偿消费者相应的损失。①

2. 建立有效的在线旅游第三方信用评价机制

为了建立明确的在线旅游侵权责任主体确定规则，首先应当在在线旅游服务平台上建立专门的第三方信用评价机制。该机制的运行应当保证其独立性和中立性，倡导旅游消费者对旅游经营者进行公平公正的客观评价，有利于督促旅游经营者不断改进自身的不足，优化经营模式。同时在线交易平台商应当

---

① 付雪：《在线旅游消费者权益保护法律问题研究》，四川师范大学法学院2018年硕士学位论文，第48～50页。

与各行业的旅游经营商建立有效的内部责任归责机制，这有利于实现对在线旅游纠纷的有效解决。第三方旅游评价机构的建立应当在政府授权中确立和选拔，增强第三方评价机构的权威性，进而提升其结论的权威性。第三方评价机构在具体的运行过程中，应当要求网络交易平台和网络经营者提供真实的信息，对其披露的信息进行实质性审查，必要时可以联合工商管理部门，要求其定期披露相关的经营信息。

如果出现经营主体的变更，应当要求其在指定的时间内将变更后的信息进行及时的公示。这种在线旅游经营主体信息的定期更新和及时披露，有利于明确责任主体，实现对旅游消费者合法权益的有效保护，还有利于增强在线旅游经营主体的诚信意识。我国在设置第三方信用评价机构的过程中，可以采取先试点再推广的方式。政府可以授权中国消费者协会负责第三方评价机构的设置，建立定期公布各地在线旅游经营者信用信息的制度，这对保障旅游消费者的知情权具有重要作用，还有利于保障旅游消费者的合法权益。为了能够及时有效地获取各在线旅游经营者的诚信信息，各地的消费者协会还可以建立专门的投诉渠道和投诉热线，将投诉问题的处理作为评价在线旅游经营者信用机制的一项重要因素。我国还应当及时了解消费者的各项需求，收集和整理投诉信息，有利于优化在线旅游经营者的第三方信用评价程序，进而实现对消费者合法权益的有效保护。①

三、乡村旅游利益主体矛盾纠纷处理法律程序

乡村旅游在发展中主要会涉及乡村旅游经营者、政府、居民、游客等利益相关者，他们在乡村旅游发展的过程中不可避免地会产生各种利益纠纷，当各利益主体发生矛盾纠纷时，如何采取法律途径有效解决就成了十分重要的问题。《旅游法》第92条规定，旅游者与旅游经营者发生纠纷，可以通过下列途径解决：(1)双方协商；(2)向消费者协会、旅游投诉受理机构或者有关调解组织申请调解；(3)根据与旅游经营者达成的仲裁协议提请仲裁机构仲裁；(4)向人民法院提起诉讼。

---

① 程悦：《旅游消费者权益保护法律问题研究》，黑龙江大学法学院2019年硕士学位论文，第51页。

由于旅游纠纷属于民事纠纷，乡村旅游利益主体矛盾纠纷也属于民事纠纷范畴。当旅游者与旅游经营者发生纠纷时，可以通过双方协商、调解、仲裁和诉讼等途径。以上解决方式和途径具有不同的特点，旅游者可以根据自身需要选择运用。

（一）双方协商

双方协商以达成双方和解，即由旅游者和旅游经营者协商，在自愿平等的基础上，本着解决问题的诚意，通过摆事实讲道理，交换意见互谅互让，从而协商解决的争议的一种办法。这种方法直接、及时、平和，成本较低，对双方都有利。但双方协商的缺点在于协商结果无法律上的强制力，一旦一方或双方反悔，则需要通过其他途径再行解决。

（二）向消费者协会、旅游投诉受理机构或者有关调解组织申请调解

调解是指在中立第三方的主持下，通过劝解、疏导等，使双方自愿进行协商，达成协议、解决纠纷的办法。调解有利于消除隔阂，防止矛盾激化，维护社会稳定，实践证明是解决民事纠纷较为有效的方式。调解纠纷所运用的依据不得违反法律法规的禁止性规定。根据我国现行的法律法规，除经人民调解委员会并经人民法院司法确认的调解协议外，一般的调解协议，不具有法律强制力，由双方自愿履行，一旦当事人一方或双方反悔，则需通过其他途径再行解决。

（三）根据与旅游经营者达成的仲裁协议提请仲裁机构仲裁

仲裁是指当事人根据事先或事后达成的书面仲裁协议自愿将争议提交第三方裁决以解决争议的一种法律制度。《仲裁法》规定，当事人用仲裁方式解决争议，应当双方自愿，达成书面仲裁协议，没有仲裁协议，一方申请仲裁的，仲裁机构不予受理。仲裁没有级别管辖和地域管辖，仲裁机构也不按行政区划分设置，当事人可以按双方的意愿选择任何仲裁机构对争议进行仲裁。

（四）向人民法院提起诉讼

诉讼是人民法院代表国家通过行使司法审判来解决争议的一种途径。人民法院作出的判决或裁定一经生效，就有国家强制力保证其实施，具有最高的权威性和最终的决定力。旅游纠纷主要是旅游者与经营者之间就民事争议所产生的争议，应按民事诉讼程序进行。需要说明的是，双方协商、调解不是诉讼的必经程序，只要一方认为有必要，即可直接向法院提起诉讼。

典型案例 41

2004 年 6 月某日,邹女士夫妻与某旅行社建立旅游合同关系,到蓬莱旅游。某旅行社租用某旅游汽车公司的客车运送旅客到蓬莱旅游汽车行驶到济青高速青州路段时发生车祸,与张某所驾驶的大货车相撞,致使游客邹某等人受伤。事故经山东省公安厅交通警察总队高速公路交通警察支队青州大队认定某旅游汽车公司的客车负事故的主要责任,张某驾驶的大货车负次要责任。后邹女士经伤残鉴定,邹女士构成十级伤残。

经和某旅行社协商不成,2004 年 8 月某日,邹女士以旅游合同纠纷将某旅行社诉至济南市历下区人民法院,要求赔偿医疗费、误工费、护理费、交通费、营养费、伤残赔偿金、精神损害赔偿等费用。①

而当旅游经营者与当地居民发生纠纷时,也主要采取相同的法律程序进行解决。

典型案例 42

2012 年 6 月,山西省绛县某著名景区与当地群众因拓展开发规模引起纠纷。2000 年,绛县白家涧村民间艺人白老先生,从这里深厚的历史文化和优美的自然生态中,捕捉到所开发旅游业、弘扬宗教文化的商机。在当地党委、政府的支持下,筹资数百万元,率家人对此地进行保持本色、突出特点、体现个性、展示文化的开发建设,历时十余年,修复了这个景点。

2012 年春,白老先生在太原市某文化传播有限公司的儿子邀请山西省文物、旅游、园艺、设计等各方面专家多次到此地考察论证,设计规划,准备投资数亿元,将此处打造成一个集休闲度假、幸福养老、健康体验、绿色有机产品为一体,并且低层、低密度、低排放、低运行成本、可持续发展的旅游项目区。但该景区所在村的个别干部、村民却以损害本地利益为由,将白老先生所购置房屋的门锁砸坏,进行阻拦。

① 《旅游人身侵害纠纷案例分析》,载律图:http://www.64365.com/zs/765730.aspx,2021 年 12 月 11 日最后访问。

事情发生后,绛县县委宣传部、人大常委会、老龄委领导会同南樊镇党委镇政府干部来到事发地。他们从旅游开发的前景,旅游开发对当地村民带来的好处,旅游开发催生当地餐饮住宿、商业运输等业,提供就业机会,增加经济收入的意义等方面,用政策、法学社会学、伦理学的理论,进行灌输、渗透,使大家茅塞顿开。

从此,该村干部、村民从用地、用人各方面对该景区大开方便之门。目前,景区的拓展工程正在有条不紊进行。①

第四节　乡村旅游标准管理法律服务

一、乡村旅游规划设计法律标准与申请程序

(一)乡村旅游区基本要求

依据 T/RGSLYXH 003—2020 乡村旅游服务规范,乡村旅游区规划设计应符合以下要求:

1. 环境与公共基础设施要求

生态环境良好,无地质灾害隐患。布局科学、合理,区(点)内外建筑风格与环境相协调。旅游区公共信息图形符号应符合 GB/T 10001.1、GB/T 10001.2 的要求;旅游公共信息导向系统设置应符合 GB/T 15566.1 的要求;标识字迹清晰;宜对区(点)的旅游标志标识进行创意设计。乡村旅游区(点)的交通可达性好;通往乡村旅游区(点)的重要交通节点有醒目指示牌;乡村旅游区(点)应设有加油站的指引。移动电话信号应覆盖整个乡村旅游区(点),信号清晰;乡村旅游区(点)出入口和游客集中场所应设置固定电话装置;乡村旅游区(点)宜提供互联网服务,无线网络信号及 Wi-Fi 信号应覆盖整个区域。

2. 服务项目和设施要求

乡村旅游区应设立咨询电话或通过互联网等方式提供信息咨询服务。宜

① 参见张志善:《农村矛盾纠纷调解 100 法》,载《村委主任》2013 年第 1 期。

印制介绍乡村旅游区(点)概况及活动项目等内容的宣传册。宜设有游客服务中心或旅游咨询点,其设置与服务规范应符合GB/T 26354的要求。餐饮服务应符合 DB44/T 1184 要求,应体现农家风情和乡村文化。餐饮设施设备完好,有完善的防蝇、防尘、防鼠及污水处理设施。餐(饮)具配套并符合卫生要求,有消毒专用设备。住宿服务应体现农家风情和乡村文化。住宿经营单位证照齐全。住宿设施的入住登记、安全等制度健全。室内设施、日常生活用品应齐备。购物摊点布局合理。应提供旅行日常用品、旅游纪念品、土特产品的销售服务,旅游商品应明码标价。宜设计、开发具有民族、地方特色的服饰、手工艺品、特色食品、农产品、旅游纪念品等旅游商品。应根据当地自然和人文文化资源,开发体验性乡村休闲娱乐活动。

3. 安全要求

应建立健全安全管理制度和旅游突发公共事件应急预案。应设置并公布紧急救援电话号码。应对安全管理人员和服务人员进行培训,使之掌握应急基本知识与技能。

4. 卫生要求

公共场所应整洁、干净、卫生。垃圾清扫、清运及时,日产日清。污水排放得当,集中处理固体废弃物,不得任意丢弃或直接埋入土壤。生活饮用水水质卫生符合 GB 5749 的要求。餐饮场所卫生符合 GB 16153 所规定的要求。

5. 资源和环境保护要求

乡村旅游开发应遵循可持续发展原则,并遵循以下原则:保护当地自然资源和生态环境;保护历史古迹、文物和特色建筑物;保护当地的文化特色和传统民俗、生活习惯。应合理设置垃圾分类收集箱。污水排放应符合 GB 8978 的规定。

6. 服务人员要求

乡村旅游服务人员着装得体整洁,形象端庄、大方。宜穿着有地方特色或民族特色的服装。公平对待游客。尊重游客的民族习俗和宗教信仰,保护客人隐私。服务主动热情,细致周到。服务人员上岗前应经过岗位培训,持证上岗。服务人员应掌握岗位所需的基本知识和技能,操作熟练。

（二）全国乡村旅游重点村基本标准

根据《全国乡村旅游重点村名录建设工作方案》（以下简称《工作方案》），申报单位所在地市文化和旅游部门登录文化和旅游部资源开发管理系统（网址：zykf. mct. gov. cn）在线上传相关申报材料。各省（区、市）文化和旅游、发展改革部门参照《工作方案》开展省级乡村旅游重点村名录建设工作，在报送全国乡村旅游重点村推荐名单时报送本辖区省级乡村旅游重点村名录。全国乡村旅游重点村应当具备下列标准：文化和旅游资源富集、开发合理；乡村文化传承保护、转化发展较好；旅游产品体系成熟、品质较高；民宿建设主题突出、规范有序；生态环境优美宜居；基础设施和公共服务较完善；体制机制完善合理、运营高效；带动创业就业、经济社会发展等效益明显。

（三）全国休闲农业和乡村旅游示范县（市、区）申报

1. 创建条件

休闲农业和乡村旅游是县域经济发展的主导产业，主要指标在全省处于领先水平；示范县应规划编制科学，优势特色突出，休闲农业和乡村旅游点总数须超过 100 个，精品线路 10 条以上，其中要有 10 个以上精品点在省内有一定的知名度；扶持政策完善；工作体系健全；行业管理规范；基础条件完备；发展成效显著，年接待游客 100 万人次以上，从业人员中农民就业比例达到 60% 以上，近 3 年游客接待人数和营业收入年均增速均超 10%。

2. 申报程序

各省（自治区、直辖市）上报示范县（市、区）不超过 2 个，计划单列市、新疆生产建设兵团上报示范县（市、区）不超过 1 个，超名额申报的退回重报。

按照自愿申报原则，通过自我创建，达到"全国休闲农业和乡村旅游示范县（区、市）创建条件"的县（市、区），均可申报；由各县（市、区）级农业主管部门填报《全国休闲农业和乡村旅游示范县（市、区）申报表》，附本县（市、区）休闲农业和乡村旅游发展情况、发展规划等材料，并按程序逐级上报。

各省、自治区、直辖市及计划单列市农业（农牧、农村经济）厅（局、委）和新疆生产建设兵团农业主管部门负责审核后择优形成本省的示范县（市、区）推荐名单，行文并附相关申报材料，将书面和电子版材料报送至农业农村部农产品加工局（乡镇企业局）。

二、森林康养基地建设及申请程序

(一)森林康养基地总体规划指南

根据《森林康养基地总体规划导则》(LY/T 2935 - 2018)要求,森林康养基地评定应坚持生态优先、效益兼顾、突出特色、合法合规的基本原则。

1. 森林康养基地选址条件

森林康养基地选址应同时满足以下基本条件:(1)基地周边森林连片面积不少于1000公顷,其中近成熟林超过30%。(2)基地森林覆盖率大于30%。(3)基地内森林平均郁闭度0.4以上。(4)基地面积为不小于50公顷的集中区域,权属清晰,无争议。(5)具备良好的交通条件。(6)周边无明显污染源,距工业区、矿山、城镇等人为活动密集区域至少3千米或有良好阻隔。(7)设立在各类自然保护地内的森林康养基地,其位置、功能分区和森林康养活动内容要符合上位规划的要求,并遵守相关的国家法律法规。

2. 森林康养基地建设条件分析与评价

对森林康养基地的区位特点、交通状况、社会经济状况、自然和人文特点、各类资源的开发利用潜力、土地利用结构等进行分析,明确森林康养基地发展的有利条件和可行性。对森林康养基地的空气资源、动植物资源、水资源、气候资源、文化资源、景观资源等资源进行综合评价。对森林康养基地基础设施建设的合理性、适用性、科学性、安全性及其利用效率进行分析评价,明确森林康养基地建设发展的必要性、存在的主要问题、发展对策和规划重点。对森林康养基地基本情况及建设发展情况等进行综合性评价。

3. 森林康养基地功能区划与布局

功能区划应有利于保持森林康养基地生态功能和景观资源的完整性、稳定性,突出森林康养资源特点和生态服务功能,保护森林、湿地生态系统,兼顾森林、湿地、草原等自然资源与景观资源的保护利用。有利于对接基础服务设施,充分利用房屋、道路等现有设施,避免重复建设和资源浪费。注重与现有村落、民居的协调性,突出民俗特色,加强保障功能,促进可持续发展,实现低碳、循环、绿色发展。森林康养区应充分体现基地的特色。根据森林康养基地中的不同资源禀赋,可以分为养生康复、健身运动等不同子区。体验教育区依托森林康养基地现有的生物资源、水文资源、地文资源、天文资源和人文资源,通过自然教育、认知认养、科普修学等活动，满足康养身心需求的区域。综合服务区是为满足森林康养基地管理和接待服务需求而划定的区域，可包括业务办公、接待中心、停车场和一定数量的住宿、餐饮、购物等接待服务设施，配套的供水、供电、供暖、通信、环卫、污染及垃圾处理等设施区域，以及必要的职工生活区域。

4. 森林康养基地规划内容

（1）森林康养产品规划。

森林康养产品设置应根据森林康养基地建设条件分析和评价，充分利用森林康养基地资源优势，突出森林康养资源特色，梳理和挖掘休闲、健身、养生、疗养、认知、体验等类型的森林康养产品。根据不同的森林康养产品类型，明确康养服务人群，设置森林温泉、森林健步、森林浴、森林课堂、养生食疗等具体产品，明确具体的森林康养产品内容和开展方式等。

（2）森林康养设施规划。

①森林康养设施：包括开展森林康养活动的场所和设施，主要分为综合服务、体验教育和医疗康养三个类别，以满足森林康养基地内开展休闲、健身、养生、养老、疗养、认知、体验等康养活动的要求。

②综合服务设施：包括森林康养接待中心、服务点、住宿接待设施和餐饮娱乐购物设施等。综合服务设施布置应充分利用现有资源，使用环境友好型建筑材料，鼓励使用装配式建筑。

③体验教育设施：以森林康养知识和自然认知为主导方向，突出森林康养基地的功能和资源特点，根据不同形式的科普宣教方式规划生态小径、知识展板、康养标识、解说系统等，并配备相应的科普宣教设施设备。

④医疗应急设施：森林康养基地应建立满足森林康养医疗需求的场所，对康养人群提供健康咨询服务。应具备救护条件。

⑤配套基础设施规划：应包括森林康养基地管理用房、环境保护、道路、停车场、标识、环卫、通信、供电、给排水、供热、燃气、广播电视等设施规划。

（3）森林康养服务能力规划。

①森林康养服务团队：服务团队应明确专业森林康养服务人员的类型和数量，专业标准和行为规范，保持服务团队工作制度化、规范化、程序化，保证组织协调、有序高效运行。

②森林康养培训体系:对相关康养服务人员进行定期的技术培训和知识更新。

③社会服务体系:通过社会机构合作和志愿者服务等手段,补充和提升森林康养的服务和接待能力,丰富森林康养的内容和形式,引导构建社会服务体系。

④运营推广规划:依据森林康养基地自身条件与运营需求,选择自行推广或者委托推广,并建立相应的运营推广制度。

(4)森林康养支撑体系规划。

①森林康养资源监测:森林康养基地应当建立系统的森林康养资源监测体系,包括对森林康养基地的空气、水质、土壤、噪声、生物多样性、森林、湿地等资源要素的监测,突出对森林康养各项环境指标的针对性,确定监测基础设施、设备的建设位置、规模等。

②自然生态系统保护:森林康养基地的主要保护对象包括森林康养基地的森林、湿地生态系统、环境资源、景观资源、水资源、野生动植物及其栖息地、文物古迹及自然遗迹文化等。森林康养基地保护规划应明确保护对象、保护工程实施的位置、规模、技术措施等内容。

③防灾及应急管理:防灾管理内容包括火灾、有害生物、台风、暴雨、地质灾害等防控工程。针对可引起自然灾害的极端天气做好预警工作,应制定突发事件应急预案。

④区域协调规划:包括土地利用、社区协调与共建共管、区域产业联动。

5. 环境影响评价

森林康养基地总体规划应当按照国家有关规定,编写该规划实施的环境影响评价内容。

6. 投资估算与效益分析

(1)投资与构成。

森林康养基地总体规划应对不同类别的工程分别进行投资估算,并根据建设分期安排建设资金。

(2)效益分析。

①生态效益:应包括保护恢复森林、湿地生态系统、保护生物多样性、调节

气候、净化空气、保护水质等方面的定性或定量分析与评价。

②社会效益：应包括预防疾病、疾病辅助治疗及病后康复、提高人民健康水平方面的内容；带动当地居民就业，形成良好生态文明生活方式，以及促进乡村治理振兴等；通过森林康养促进当地产业结构转型带动经济发展，促进当地居民致富增收等方面的内容。

③经济利益：森林康养基地建设项目应进行经济效益的分析与评价。

7. 保障措施

根据当地实际，提出森林康养基地总体规划实施的保障措施和建议，包括组织管理、科技、人才、资金、宣传等方面的保障措施。

8. 文件组成

森林康养基地总体规划文件由以下三部分组成：

(1)总体规划文本，编制提纲见附录 A；

(2)规划附图，主要附图要求见附录 B；

(3)规划附录，包括建立森林康养基地的相关法规、政策文件和总体规划专家评审意见等。

(二)森林康养基地申请程序

1. 申请认定主体类型

(1)市、县(市)、乡(镇)人民政府。(2)具有法人资格的国有、集体、民营或混合制经营权的各类企事业单位(包括森林公园、湿地公园、林场、风景名胜区、自然保护区、生态公园、生态产业园区及其管理运营实体；户外体育、森林教育、温泉度假村、养生、养老、休闲、拓展、中医药旅游基地及相关产业投资、管理、运营企业等)。(3)经工商或民政部门登记注册的生态农庄、特色民宿、专业合作社、专业大户、家庭林场等。(4)其他具有法人资格的森林康养产业相关经营实体等。

2. 认定要求

(1)全域森林康养试点建设市、县(市、区)、乡(镇)认定要求：

①地方党政部门高度重视森林康养。

②森林康养环境优良。区域内森林等自然资源丰富，森林覆盖率 50% 以上，林区天然环境健康优越，林相优美，负氧离子含量高。景观资源丰富，气候

条件适宜。区域内自然水系水质在二级及其以上，大气等环境指标优良。周边无大气污染、噪（音）声污染、水体污染、土壤污染、农药污染、辐射污染、热污染等污染源。

③基础设施完善。

④森林康养产品丰富。

⑤医疗设施条件健全。

⑥管理机构和制度健全。

⑦安全保障有力。

⑧信誉良好，带动能力强。

⑨编制了相应的市、县（市、区）、乡（镇）森林康养（产业）发展规划，出台了森林康养产业相关扶持政策。

（2）国家级森林康养试点建设基地认定要求：

①自然资源条件。具备一定规模的森林资源，并符合《森林康养基地质量评定》标准规定；基地面积不小于 50 公顷的集中区域，基地及其毗邻区域的森林总面积不少于 1000 公顷，基地内森林覆盖率大于 50%。

②基础设施条件。

③森林康养产品丰富。

④管理机构和制度健全。

⑤信誉良好，带动能力强。

（3）中国森林康养人家认定要求：

①申请认定。申请认定单位为具有一定接待能力的专业合作社、生态农庄、特色民宿、专业经营大户、家庭林场，基地面积不小于 25 公顷的集中区域，基地及其毗邻区域的森林总面积不少于 200 公顷。基地内森林覆盖率大于 30%，近成熟林超过 30%，平均郁闭度 0.4 以上。

②基础设施较为完善。

③具有一定的森林康养产品。

④编制了专业的森林康养（产业）规划或森林康养基础建设实施方案。

⑤具有参加学习交流培养森林康养专业服务人才，具有较好的服务水平和管理能力。

⑥带动当地农民参与，促进当地就业和增收，有效推动乡村振兴。

⑦土地权属清晰。

3. 认定程序

（1）报送认定材料。

①填报对应的《国家级森林康养试点建设基地认定申请表》（详见附表），有特色的部分可以在申请表以外增加相应内容说明。申请要求电子版一份，纸质版一式三份（A4 纸装订）。

②森林康养专项规划文本（方案），要求电子版一份。

③8 分钟内时长的高清（1920 × 1080P）影像资料片。资料片内容以介绍申报的资源与文化条件、交通条件、接待能力、管理服务能力等为主，并配 1600 字以内的解说词，资料片要求光盘（或 U 盘）一份，电子版一份。

④合规用地承诺函以及自查报告，并附上土地利用备案、审批、使用佐证材料。

⑤工商或民政部门登记注册证书复印件和其他必要附件材料。

以上材料与《国家级森林康养试点建设基地认定申请表》合装成册。

（2）按程序申请。

（3）专家审查认定。

（4）审查公示。

（5）名单公布。

三、研学教育基地建设及申请程序

（一）研学教育基地建设与服务标准

依据《研学旅行基地（营地）设施与服务规范》（T/CATS 002 - 2019），研学教育基地建设应遵循教育性、实践性、安全性、公益性原则，基地应把谋求社会效应放在首位。基地应对经当地相关主管部门核准为贫困家庭的学生减免费用。

1. 基本设立条件和要求

（1）资质条件。应具备法人资质。应具备相应经营资质和服务能力。应具有良好的信誉和较高的社会知名度。应取得工商、卫生、消防、食品、公安、旅游等管理部门颁发的许可经营证照。应正式对社会公众开放满 1 年，且 1 年以内无任何重大环境污染及负主要责任的安全事故。

(2)场所条件。规模适当,容量应能满足开展研学旅行活动的需求,自身或合作单位能够保证学生的就餐、住宿等。应具备基本的医疗保障条件,配备有数量适宜的专职医护人员。基地内水、电、通信、无线网络等应配套齐全,运行正常。应建设或规划由室内或室外场所构成的专门研学场地或教室,确保学生活动的安全性,特殊设备需具备主管单位的检测验收报告。室外研学场地应布局合理的游览路线与完善的交通设施,保证通行顺畅,方便游览与集散。基地内景点类的游览路线设计应与研学主题或相应景点景观相关。应具备健全的安全设施与管理制度,保证营运秩序良好、管理人员到位。应有相应的旅行接待设施、基础配套设施,保证布局合理、环境整洁、安全卫生达标。

(3)专业人员要求。要建立专兼职相结合、相对稳定的研学旅行指导师队伍,应至少配备3名具有省级及以上行政主管部门或专业社会组织颁发的研学旅行指导师执业证书的专职研学旅行指导师,且兼职研学旅行指导师应具有与研学课程相匹配的专业优势。应为每项研学旅行活动配置1名项目组长,项目组长全程随团活动,负责统筹协调研学旅行各项工作。应至少为每个研学旅行团队配置相应数量的安全员(学生与安全员的比例不低于30∶1),安全员在研学旅行过程中随团开展安全教育和防控工作。应为每个研学旅行团队配置数量适宜的经专业机构认证的专兼职研学旅行指导师(学生与研学旅行指导师的比例不低于30∶1),研学旅行指导师负责制订研学旅行教育工作计划,在其他工作人员的配合下提供研学旅行教育服务。应指定1名中高级管理人员接受专业培训并考试合格后担任基地内审员。基地内审员应对照本标准及相关工作要求,检查所在基地的达标情况,敦促基地管理层就所存在的问题及时整改。建立研学旅行指导教师全员培训制度,组织专兼职研学旅行指导师跨学科、跨专业进修,提升观察、研究、指导学生的能力,培养综合性研学旅行指导师队伍,为更好地开展研学旅行培养师资力量。应保证所有上岗人员无犯罪记录且具备各类行业相关资格证书,精神状态和身体健康状态能够胜任各自负责的工作内容。基地接受委托开展研学旅行活动,应要求委托方至少派出一人作为代表,负责督导研学旅行活动按计划开展。

(4)服务人员要求。应有与学生数量相匹配的,为其提供各类研学旅行相关配套服务的专业服务人员。应遵守服务时间,坚守岗位,举止文明,热情服务。应掌握一定的医学知识与灾害应急常识,熟悉基地内的医疗服务点、紧急避险通道等。应有遇突发情况能够自救和帮助游客进行避险逃离的能力。应掌握基本的法律常识、宗教信仰和民族习惯等方面的知识。应进行专业岗位培训,宜每年参加一次相关专业培训,熟练掌握本岗位业务知识和技能。

(5)构成要素。应具有较高观赏价值、历史价值、文化价值或科学价值,该类价值在本地具有一定的教育意义。应有丰富的研学产品,提供知识性、趣味性的体验与互动项目,配有体现寓教于乐功能的专用设施和研习交流场所。在文化知识普及方面应具备可供宣传教育的基础,在观光游览和休闲度假方面应具有较高开发利用价值或较大影响力。以科技、文化、历史、革命教育、体育、生物、影视、动漫、探秘、拓展等为特色,应至少具备一个主题。以培养团队协作能力、动手实践能力、自理自立能力、纪律约束能力,传统文化教育、传统民俗展示、爱国主义教育、科技知识教育、生态文明教育、体能训练等为主,应至少具备以上两项研学功能,满足研学活动需求。

(6)环境与卫生条件。环境空气质量应符合 GB 3095 – 2012 的要求,声环境质量应符合 GB 3095 – 2012 的要求。污水排放应符合 GB 8978 的要求。厕所应符合 GB/T 18973 – 2016 的要求,保证等级至少达到二星级,其图示标志应符合 GB/T 19095 – 2008 的要求。垃圾桶数量与布局合理,标识明显,分类设置,垃圾及时清扫,应与环境相协调,无堆积、无污染。应建立传染性疾病预防措施,并符合相关要求。应及时预报雨雪、雷电、紫外线指数及灾害性天气。应具备完善的卫生与医疗管理规范和措施,定期进行检查。服务人员应按规定进行体检,个人卫生符合行业有关规定。

2. 教育与体验

(1)课程要求。各类课程的开展、设置应由中小学或中高等教育院校和相关主管部门共同规划、设计,并做详细记录。应根据基地的主题,编制研学旅行解说教育大纲,突显本地的资源或文化特色。应设计与学校教育内容相衔接的课程,学习目标明确、主题特色鲜明、富有教育功能。研学课程应融入理想信念教育、爱国主义教育、革命传统教育、国情省情教育、文化传承教育、学科实践教育等内容。应设计不同学龄段学生使用的研学教材,内容编排合理,保证教育性、实践性强。课程体系设计应较为科学、完整、丰富，教材、解说词内容规范，符合相关要求。

（2）课程体系。应从学生的真实生活和发展需要出发，从生活情境中发现问题，转化为活动主题，通过探究、服务、制作、体验等方式，培养学生综合素质的跨学科实践性课程。至少具备但不限于以下一项能力培养的课程：

①以培养学生体能和生存适应能力为主要目的，如徒步、露营、拓展、生存与自救训练等。

②以培养学生自理能力和动手实践能力为主要目的，如综合实践、生活体验训练、内务整理、手工制作等项目。

③以弘扬传统民俗、历史文化或红色爱国主义教育为主要目的，如各类参观、游览、讲座、诵读、阅读等。

④以培养学生的情感能力和纪律约束能力为主要目的，如思想品德养成教育活动以及团队游戏、情感互动、才艺展示等。

⑤以培养学生观察能力，提高科学素养为主要目的，如游览自然生态景观、实验室、博物馆、科研机构等。

（3）课程安排。根据教育部门的教育教学计划、目标学生学龄段以及地域特色科学设计、灵活安排研学课程及相关活动的时间和内容。应基于基地实际，于研学旅行开展前指导学生做好准备工作并提前告知家长此次研学课程具体内容。每个研学旅行团体在本基地内的体验教育课程项目，小学阶段宜不少于 60 分钟、初中阶段时间宜不少于 90 分钟、高中阶段宜不少于 120 分钟。

（4）研学路线。应结合自身地理位置和周边资源，规划设计与所安排的研学课程相关的研学实践教育路线。应至少提供 2 条的研学实践教育路线，每条路线均应包括以周边资源和环境相结合的外部路线和以基地规划和配套设施相结合的内部路线，保证路线设置便捷、合理，与基地研学主题协调一致。应保证研学旅行线路有较强的针对性、可操作性、安全性。

（5）质量评估。建立研学课程的教育效果测评制度，真实反映学生知识、技能的掌握情况，持续改进教育服务。做好写实记录和归档工作，研学活动记录、事实材料要真实、有据可查，应分类整理、编排、汇总、归档，为质量评估与提升提供必要支撑。采取问卷调查方式，收集学生对活动开展满意度测评。

3. 设施与服务

（1）教育设施。应根据不同研学教育主题以及不同年龄段的学生配备相应的研学场地和设施。应根据研学旅行教育服务计划，配备相应的教学辅助设施，如电脑、多媒体、实验室、教具等。应对不同类型的研学旅行课程设置相应的演示、体验、实践的设施。

（2）导览设施。应提供全景、线路、景物、位置和参观等标识标牌。应在售票处、服务中心、厕所、餐饮、购物、食宿等场所设置服务指示设施。应在外部交通、景区内道路、停车场等设置交通导览设施。应在医疗救护、危险地段、安全疏散通道、质量投诉和参观线路设置导览设施。

（3）配套设施。

①餐厅。选址科学，布局合理，其面积、就餐设施满足接待要求。

②交通。应有县级以上的直达公路，站牌指示醒目。

③住宿。应保证选址科学，布局合理，便于集中管理。

④安全设施。应配置齐全，应标识醒目，应在出入口等主要通道和场所安装闭路电视监控设备，实行全天候、全方位录像监控，保证电子监控系统健全、有效，影像资料保存15天以上。

4. 安全管理

应制定研学旅行活动安全预警机制和应急预案，建立科学有效的安全保障体系，落实安全主体责任。应有针对性地对参与研学旅行师生进行安全教育与培训，帮助其了解有关安全规章制度，掌握自护、自救和互救方面的知识和技能。应设立安全责任机制，与参加研学旅行学生家长和开展研学旅行的相关企业或机构签订安全责任书，明确各方安全责任。

5. 合格认定

合格认定应以本标准规定的全部条件（“宜、可”项目除外）为依据。全国研学旅行基地认定委员会（以下简称认定委员会）负责组织全国研学旅行基地（营地）的认定准入工作，制定认定工作的实施办法，对申请认定的单位进行认定。经认定委员会审核认定达标的基地，认定委员会应作出批准其为全国研学旅行基地（营地）的批复，并授予证书和标志牌。基地证书和标志牌由认定委员会统一制作、核发。全国研学旅行基地（营地）标志牌的有效期为3年。对已经获得证书和标志牌的基地实施动态管理，有效期期间每年应通过年度复核检查，期满后应进行重新认定。对于经复核认定达不到标准要求的，认定委员会应作出撤销全国研学旅行基地（营地）的批复。

经认定委员会审核认定达到标准要求的基地，认定委员会将根据工作安排及时予以公示，并在中国旅行社协会官方网站、官方微信上同时公告，并向全体会员及合作媒体进行推介。

（二）研学教育基地申请程序

1. 全国研学旅游示范基地

（1）设立条件。

①资质条件。法人资质、经营资质、许可经营证照；正式对社会公众开放满1年，且1年以内无任何重大环境污染及负主要责任的安全事故。

②场所条件。规模可满足活动及就餐、住宿需求；基本医疗保障条件，配备专职医护人员；基本设施配套齐全；建设研学专用场地及教室；交通便捷；主题游线与景点相关；健全的安全设施与管理制度；保证旅行接待设施。

③专业人员要求。至少配备3名具有省级及以上研学旅行指导师执业证书的专职指导师；每项研学旅行活动配置1名项目组长；配置相应安全员（比例不低于30∶1）；指定1名中高级管理人员接受专业培训担任基地内审员。

④服务人员要求。与学生数量相匹配的，提供相关配套服务的专业服务人员；掌握一定的医学知识与灾害应急常识。

⑤构成要素。有丰富的研学产品，提供体验与互动项目，配有专用设施和研习交流场所；应至少具备一个主题；至少具备以上两项研学功能，满足研学活动需求。

⑥环境与卫生条件。内容包括环境空气质量；污水排放；厕所；垃圾桶数量与布局；传染性疾病预防措施；卫生与医疗管理规范和措施；生活饮用水；餐厅卫生；洗浴卫生。

⑦教育与体验。内容包括课程要求；课程体系；课程安排研学路线；质量评估。

⑧设施与服务。内容包括教育设施；导览设施；配套设施（餐厅、交通、住宿、安全设施）。

⑨安全管理。制定活动安全预警机制和应急预案，落实安全主体责任；对师生进行安全教育与培训；设立安全责任机制；设置安全管理机构；建立健全的投诉与处理制度。

(2)申报流程。

①首先需要申报市级研学旅游示范基地。

②批下来1年后，可以继续申报省级研学旅游示范基地，需要满足省级研学旅游示范基地申报条件(主要有7条，包括运营良好、产品丰富、主题突出、服务规范、安全有序、政策优惠等)。

③各市教育及旅游主管部门组织开展对照申报基本条件，对符合条件的景区进行摸排和遴选。

④对于通过考核的景区由省文旅局、省教育厅颁发"省级研学旅游示范基地"。

⑤由省文旅局根据认定工作部署，对照申报条件，推荐内容丰富、特色鲜明、服务良好的参选单位。

⑥国家文旅局进行资料审核、初选、专家审核认定程序。最后确立颁发"全国研学旅游示范基地"称号。

2. 全国中小学生研学实践教育基地

(1)基地推荐条件。

①各地各行业现有的属于下列主题板块之一的优质资源单位：优秀传统文化板块；革命传统教育板块；国情教育板块；国防科工板块；自然生态板块。

②具备承接中小学生开展研学实践教育的能力。

③能够积极配合教育部门工作。

④财务管理体制明确，内部保障机制健全，产权清晰，运行良好。

⑤近3年来没有受到各级行政管理(执法)机构的处罚。

(2)营地推荐条件。

①教育系统所属的公益性青少年校外活动场所、综合实践基地等。

②研学实践教育资源丰富，开发合理。单位周边有若干个研学实践教育基地或教育资源，能够满足学生2~5天研学实践教育活动需求。研学实践教育课程和线路设计科学，有多个不同主题、不同学段(小学、初中、高中)，且与学校

教育内容衔接的研学实践课程和线路，能够实现中小学研学实践教育活动的育人目标。

③师资队伍充分，业务能力较强。

④各项运行制度健全，保障与承载能力强。单位正常安全运行1年以上；房屋、水电、通信、消防等基础设施配套齐全，环境整洁、卫生良好，能够满足正常运行的需要；能够至少同时接待1000名学生集中食宿；所在地交通便利，能够提供满足开展研学实践教育活动的交通需求；内部具备基本的医疗保障条件，周边有医院；有安全措施和保障能力，有安全警示标志、有专门的安全应急通道，有24小时、无死角的监控系统，有现场安全教育和安全防护措施，有应急预案，从未发生过重大安全事故。

⑤领导班子政治素质高、统筹协调能力强，组织机构健全，管理制度完备。有专门机构（专人）负责中小学生研学实践教育工作，接待流程、接待方案和活动开支情况长期公开。

⑥财务管理体制明确，内部保障机制健全，产权清晰，运行良好。

⑦近3年来没有受到各级行政管理（执法）机构的处罚。

（3）申报流程。

①基地推荐。基地由国家有关部门和省级教育行政部门分别推荐（国家有关部门推荐工作教育部另行通知）。省级教育行政部门要会同相关部门（宣传、发改、科技、工信、自然资源、生态环境、住建、交通、水利、农业农村、文旅、卫生健康、气象、海洋等）对本省（区、市）符合推荐条件的优质资源单位进行遴选，重点考虑国家或相关行业已挂牌的各类教育基地。省级教育行政部门组织相关部门行业专家对本地推荐材料进行评审，确定推荐名单和推荐顺序，报教育部审核认定。每省（区、市）可推荐基地8～10个。

②营地推荐。省级教育行政部门要认真遴选本省（区、市）工作基础较好的符合推荐条件的青少年校外活动场所、综合实践基地等单位，确定推荐名单和推荐顺序，报教育部审核认定。每省（区、市）推荐营地1～2个（2017年已命名2个营地的省份本次不再推荐，已命名1个营地的省份本次可再推荐1个）。

③教育部组织专家对基（营）地进行审核，并在此基础上对候选营地进行实地核查，经过审核的基（营）地在教育部门户网站上公示后予以命名。

四、民族民俗文化旅游示范区认定及申请程序

(一)民族民俗文化旅游示范区认定

依据《民族民俗文化旅游示范区认定》(GB/T 26363－2010)的要求,民族民俗文化旅游示范区认定应具备以下条件。

1. 文化特殊性与保护

(1)物质文化传承。有历史传承的公共建筑或公共活动场所。公共建筑或公共活动场所应布局集中,规模适宜,民族及地方特色突出,与周边环境协调,在全国具有典型性。有突出反映当地风貌的传统民居群落。民居应普遍使用原生材料,采用传统工艺,沿袭传统居住方式,维修及时,形成一定规模,具有完整性。有在民间流传下来的,形成一定共性的传统服装和饰物,服装和饰物应充分展示民族及地方传统服饰文化,全面体现真实性。充分利用当地资源,生产和制作能真实体现民族和地方文化的物产,包括农副土特产品、民间工艺品和旅游纪念品等,品种丰富多样。有民间传承的特色饮食形式。能深入挖掘传统饮食文化资源,培育展示当地饮食文化精华,提供深度体验性。区内的旅游交通应采用传统运输方式和工具,能充分展现当地特色,具有很强的趣味性。采用多种表现形式展示传统生产方式,生产方式能与日常生活紧密相连。

(2)非物质文化传承。有完整的民族语言文字系统或其他独特的文化符号系统,形成本区的文化基础有突出的标志性,有具体的表现形式。有以口头形式流传和保存的民间文学和艺术形式,内容丰富,风格多样,在全国具有重要地位。有以风俗习惯形式流传和保存的传统节日和庆典活动,特色突出,生动活泼,参与性强,形成一定影响力。结合当地自然条件和风俗传统,挖掘形成各类体育游戏和文化娱乐形式,能结合旅游者需求,转化为旅游体验项目。

(3)资源价值。有唯一存世或稀缺性高的文化项目或文化景观,具有较高的旅游价值。有已经评定的遗产类资源,如记忆遗产、档案遗产、农业遗产等,或处于世界自然遗产、世界文化遗产、世界地质公园等遗产区域范围内等。有人文与自然结合良好的独特景观,以及当地居民生产与生活融合较好的特有景观。有已经确定的高等级文物,保护完好。基于历史文化传承,形成“文化之乡”或“历史文化名镇(村)”及类似的品牌。基于自然环境和历史传承形成“物

产之乡”及类似的品牌。

(4)文化保护。居民热爱并珍重自身文化,形成普遍的保护意识,无破坏文化遗产的行为。有明确、完整、有效的文化保护制度。对文化传承人实施有效保护,特定的民族传统和民俗文化形态后继有人。面向当地居民开展系统性的文化培训,应进行年度培训。有一定比例的资金专门用于文化保护并以多种渠道开拓其他保护资金来源。应严格保护当地文化得以形成的自然生态与人文生态环境,措施得力,效果明显。区内传统建筑群落保存完整,保护完好,外观风格一致。新建社区与老社区相互分离,体现出文化的传承性。有收集和展示民族、民俗文化的博物馆或展览馆,建筑形式与当地环境协调,馆藏丰富,展示形式多样有专门的讲解员。

2. 规划与建设

(1)规划。遵循先规划,后建设的原则。根据发展的需要,及时制定总体规划、保护规划、建设规划和专项规划等,各类规划相互统筹。各类规划由符合资质和专业要求的单位编制。各类规划遵循保护优先、整体优化、特色突出、市场导向、控制容量等原则。社区代表参与规划编制,规划成果应征求和吸纳社区居民的意见和建议。各类规划的审批符合相应的程序,各类规划的实施严格有效。

(2)建设。各类建设应严格遵循相关规划要求,无违反规划的建设和活动。各类建设按照循环经济的要求,充分利用各类原生的生产和生活资料,体现可持续发展的原则。区内禁止“建设性破坏”,应最大限度地减少新建设施多利用和改造既有设施。对传统建筑的修复,遵循修旧如初的原则。采用原有材料,使用原有技术,达到原有效果。需要使用现代建筑材料的建筑应保持传统风貌。区内旅游基础设施和服务设施的建设,符合历史传统风格,体现地方特色,与周边环境协调。最大限度地提高植被覆盖率,绿化植物的使用种类符合当地环境要求及历史传统。

3. 经营管理与服务

(1)社区参与。向社区居民定期宣传和通报旅游业发展情况,听取和合理采纳社区居民对旅游发展的意见和建议。将传统文化和社区礼仪作为区内学校教育和成人教育的组成部分。采用制度化的手段,形成旅游经营者与社区和谐共建的有效机制。采取各种渠道和方式通过发展旅游业为社区居民创造更多的就业机会和事业发展机会。当地居民占旅游从业人员中的一定比例。

(2)公共环境。社会秩序良好,示范区居民对旅游者友好,并乐于提供帮助。

(3)旅游管理与服务。有统一旅游管理机构,经营管理符合 GB/T 17775－2003 中 5.3.7 的规定。对社区居民开展旅游知识和服务培训,有专门机构及专职人员,制度健全,经费落实,培训效果好。

(二)民族民俗文化旅游示范区申请程序

1. 民族民俗文化旅游示范区的认定工作根据实施细则,赋予一定分值进行"创建、申请、评定、公告"。

2. 依据"文化特殊性与保护""规划与建设""经营管理与服务",三个评价体系的得分来认定民族民俗文化旅游示范区。

3. "文化特殊性与保护"评价体系包括物质文化传承、非物质文化传承、资源价值性和文化保护四个方面的评价项目;"规划与建设"评价体系包括规划与建设两个方面的评价项目;"经营管理与服务"评价体系包括社区参与、公共环境和旅游管理与服务三个方面的评价项目。每一评价项目下设若干评价子项目,对各子项目赋予分值。

4. 对申报认定的区域进行资料和文件审核,并经现场考察后提交审核报告。现场考察工作应吸收所在地区的有关部门参与。

5. 对审核合格的区域进行审批,授予"民族民俗文化旅游示范区"称号。

6. 通过认定的示范区可使用民族民俗文化旅游示范区的称号和标志。

7. 对授予"民族民俗文化旅游示范区"称号的区域实施动态管理,定期组织复核。对获得"民族民俗文化旅游示范区"称号后,放松管理,致使民族、民俗文化受到破坏和旅游服务质量下降,不再符合本标准的区域,提出限期整改要求或取消其称号。

五、旅游度假租赁公寓基本要求

依据《旅游度假租赁公寓基本要求》(GB/T 38547－2020),旅游度假租赁公寓应符合以下要求。

（一）旅游度假租赁公寓总体要求

1. 经营条件

公寓应有合法的产权证明，权属清晰。公寓经营者应取得相应的经营证照，并与公寓业主签订具有法律效力的经营合同，明确经营者和业主各自的职责、权利和义务。

2. 环境条件

公寓周边宜有便捷的出行交通、必要的购物和餐饮场所、良好的公共卫生环境。公寓应有规范的物业服务。公寓的公共区域应有基本的公共服务设施和整洁的环境。公寓或附近区域宜有可供自驾车客人停放车辆的停车场所。

3. 设施条件

集中经营的公寓，经营区域应有完善的服务场所指示标志，分散经营的公寓宜与物业管理机构协商，设置必要的服务场所指示标志，图形符号设置应符合 GB/T 10001.1 和 GB/T 10001.2 的规定，标志设置应符合 GB/T 15566.8 的规定。

4. 服务人员

应按照公寓客房数量和经营方式制定合理的服务流程，合理配置服务人员的类型和数量。

5. 社区关系

公寓经营者应与物业管理机构建立良好的沟通和协调关系，对日常客流管理方式达成一致。需在公共区域增加设施设备、标志牌和指示牌等，应事前取得物业管理机构或业主委员会的同意。

（二）旅游度假租赁公寓设施要求

1. 服务设施

公寓可供租赁的客房数量≥30 套的，宜设有服务台或接待点。不设有服务台或接待点的公寓应设置经营场所标识牌，或明示联系电话。服务台、接待点或服务人员与公寓客房之间的距离应在合理的服务半径内，能满足便捷、及时服务的要求。

2. 客房设施

应在公寓客房入户门明示房间号码或房间名称。公寓客房应形态合规、功能区配置合理、装修完善。入户门锁应安全防盗、开启便捷。宜配置智能门锁系统。每套公寓客房至少应有1间开放式或独立卧室，宜有客厅。每套公寓客房应有独立或开放式的厨房，宜有餐厅。每套公寓客房应至少有1间卫生间。

（三）旅游度假租赁公寓服务要求

1. 入住服务

应根据不同经营方式制定合理的入住服务流程，入住流程应快捷方便。设有服务台或接待点等服务场所的，应提供即时入住登记服务；不设有服务台或接待点等服务场所的，服务人员应按服务流程规定提供服务，宜提前与客人通过电话或互联网联系，约定入住时间和入住方式，及时安排客人入住。

2. 告知服务

应告知客人公寓建筑的基本布局、主要公共服务设施的位置、公寓内部与周边环境。应告知客人公寓管理规定、入住注意事项及当地民俗习惯，提示客人不在公寓和小区内从事扰民活动，尊重当地民俗习惯。应提前告知客人最早可入住时间和最晚退房时间。

3. 客房服务

客人入住前，公寓客房应经过全面的清洁和整理。同一客人入住期间应按约定的方式和时间进行客房清洁和整理，约定客人自行进行客房清洁和整理的，应提供必要的清洁工具和清洁用品。床上用品应至少一客一换。同一客人入住期间应按约定的方式和时间进行床上用品的更换，并及时进行清洗和消毒，约定客人自行更换床上用品的，应及时提供经清洗和消毒处理过的更换用品。餐饮用具应至少每客进行1次全面的清洗和消毒。同一客人入住期间应按约定的方式和时间进行清洗和消毒，约定客人自行进行清洗的，应提供必要的清洗工具和清洁用品。

4. 退房服务

应根据不同经营方式制定合理的退房服务流程，退房流程应快捷方便。

5. 其他服务

宜在经营许可范围内，根据客人需求提供旅游及其他个性化定制服务。应对老年客人、残疾客人的入住、退房等提供必要的便利服务。应提供当地旅游、餐饮、娱乐、购物、交通等信息的咨询服务。

（四）旅游度假租赁公寓经营要求

应提供便捷、多样的预订与支付服务，如互联网、电话或服务台等多种方式的预订与支付服务。应提供电话咨询、互联网在线咨询或网上留言服务，及时解答客人提出的问题。

（五）旅游度假租赁公寓安全要求

公共区域的各项安全和消防设施应性能完好，各项安全标志和消防安全标志应设置规范、位置正确，如发现有缺失、损坏或移动，应及时向物业管理部门提出补充或维修要求。安全标志应符合 GB 2894 的要求，消防安全标志应符合 GB 13495.1 的要求。设有服务台或接待点等服务区域的公寓，应有 24 小时电子监控，监控录像应保存 90 天以上。设有服务台或接待点等服务场所的公寓，应在服务场所配备应急报警按钮或能和客人联系的通信设备，发生紧急情况时，应能快速报警或通知客人。不设有服务台或接待点等服务场所的，应与物业管理机构沟通，制定紧急情况处理预案。公寓客房内应配有应急照明设施，宜配有烟雾报警和灭火设备，并有位置指示标志。公寓客房内应图示逃生通道的位置和应急疏散路线，明示紧急求助电话和报警电话号码，宜配有紧急求助按钮。公寓客房入户门应配有防盗门链或其他防盗装置，客房内宜配有保险箱。应对公寓客房内配备的各类电气设备进行定期检修，及时排除故障。应定期检查公寓经营区内的消防设施是否齐全，状态是否完好。

六、旅游民宿基本要求及申报程序

依据《旅游民宿基本要求与评价》（LB/T 065－2019），旅游民宿等级分为 3 个级别，由低到高分别为丙级、乙级和甲级。旅游民宿标志由民宿图案与相关文字构成。

（一）旅游民宿基本要求

1. 规范经营

应符合治安、消防、卫生、环境安全、安全等有关规定与要求，取得当地政府要求的相关证照。经营场地应符合本市县国土空间总体规划（包括现行城镇总体规划、土地利用总体规划）、所在地民宿发展有关规划。服务项目应通过文字、图形方式公示，并标明营业时间，收费项目应明码标价。经营者应定期向文化和旅游行政部门报送统计调查数据，及时向相关部门上报突发事件等信息。

2. 安全卫生

经营场地无地质灾害和其他影响公共安全的隐患。易发生危险的区域和设施应设置安全警示标志,安全警示标志应清晰、醒目;易燃、易爆物品的储存和管理应采取必要的防护措施,符合相关法律法规。应配备必要的防盗、应急、逃生安全设施,确保游客和从业人员人身和财产安全。应建立各类相关安全管理制度和突发事件应急预案,落实安全责任,定期演练。食品来源、加工、销售应符合相关食品安全国家标准要求。从业人员应按照要求持健康证上岗。

3. 生态环保

生活用水(包括自备水源和二次供水)应符合 GB 5749 要求。室内外装修与用材应符合环保规定,达到 GB 50222 的要求。建设、运营应因地制宜,采取节能减排措施,污水统一截污纳管或自行有效处理达标排放。

4. 其他

旅游民宿开业 1 年后可自愿申报星级评定,近 1 年应未发生相关违法违规事件,同一地点,同一投资经营主体只能以一个整体申报。经评定合格可使用星级标志,有效期为 3 年,3 年期满后应进行复核。旅游民宿评定实行退出机制,经营过程中出现以下情况的将取消星级:(1)发生相关违法违规事件;(2)出现卫生、消防、安全等责任事故;(3)发生重大有效投诉;(4)发生私自设置摄像头侵犯游客隐私等造成社会恶劣影响的其他事件;(5)日常运营管理达不到或不符合相应星级标准要求。取消星级后满 3 年,可重新申请星级评定。

(二)旅游民宿申请程序

1. 推荐条件

所推荐旅游民宿必须达到以下条件:一是符合治安、消防、卫生、环境保护、安全等有关规定与要求,取得当地政府要求的相关证照。二是经营用客房不超过 4 层、建筑面积不超过 800 平方米。三是初审符合《旅游民宿基本要求与评价》(LB/T 065 - 2019)及第 1 号修改单的甲级、乙级条件。

2. 推荐数量

每个省份推荐甲级、乙级旅游民宿各 1 ~ 2 家。

3. 推荐材料

(1)省级旅游民宿等级评定机构推荐报告。

(2)旅游民宿等级评定申请报告(见民宿申请附件),消防、卫生、工商等相关证照复印件。

4. 评定程序

(1)申请。申请评定甲级、乙级的旅游民宿主人应对照《旅游民宿基本要求与评价》(LB/T 065 - 2019)及第 1 号修改单,按属地原则向省级旅游民宿等级评定机构递交申请材料:旅游民宿等级评定申请报告,消防、卫生、工商等相关证件复印照,无违法违规行为的承诺书等。

(2)初审和推荐。省级旅游民宿等级评定机构受理申请材料后,应严格按照《旅游民宿基本要求与评价》(LB/T 065 - 2019)及第 1 号修改单的要求,在 30 个工作日内对申报旅游民宿进行初审和指导。对符合要求的旅游民宿,省级旅游民宿等级评定机构向全国旅游标准化技术委员会递交推荐材料。

(3)评定。全国旅游标准化技术委员会收到省级旅游民宿等级评定机构推荐材料后,在 30 个工作日内对推荐的旅游民宿进行资料审核。未通过审核的旅游民宿,全国旅游标准化技术委员会书面通知省级旅游民宿等级评定机构。通过审核的旅游民宿,由全国旅游标准化技术委员会委派 2 ~ 3 名评定专家进行现场检查,在 24 ~ 36 小时内完成检查并形成打分表、检查报告等结果,提交全国旅游标准化技术委员会。

(4)审核和公示。现场检查结束 30 个工作日内,全国旅游标准化技术委员会对现场检查结果进行审核。审核认定达到甲级、乙级标准的旅游民宿,由全国旅游标准化技术委员会向社会公示 5 个工作日,公示内容包括旅游民宿名称、通过资格审核时间、评定检查时间、评定专家名单等。审核认定未达到甲级、乙级标准的旅游民宿,应根据评定反馈意见进行整改并重新申请评定。

(5)发布。公示合格的旅游民宿,由全国旅游标准化技术委员会向社会公布,授予相应等级证书和标牌。

(6)申诉。申请甲级、乙级评定的旅游民宿主人对评定过程及结果有异议的,可向全国旅游标准化技术委员会申诉。全国旅游标准化技术委员会核查后作出裁决并予以答复。全国旅游标准化技术委员会保留最终裁定权。

(7)丙级旅游民宿评定程序由省级旅游民宿等级评定机构参照甲级、乙级旅游民宿评定程序执行,评定结果报全国旅游标准化技术委员会审核、备案后发布,全国旅游标准化技术委员会可对丙级旅游民宿的评定进行核查。

七、滑雪旅游度假地等级划分及申请程序

(一)滑雪旅游度假地等级划分

1. 滑雪旅游度假地基本要求

依据《滑雪旅游度假地等级划分》(LB/T 083 –2021),滑雪旅游度假地划分为2个等级,从高到低为国家级滑雪旅游度假地、省级滑雪旅游度假地。以县级行政区作为滑雪旅游度假地的依托区,有空间高度集聚的滑雪旅游区作为滑雪旅游度假地核心区。应具有地形、生态、气候、区位交通、发展潜力等综合条件优良的滑雪旅游场地资源,且无多发性不可规避的自然灾害风险。

应按照国家标准编制规划,符合国土空间规划以及国家和主管部门相关规定。应制定符合GB/T 18971要求的滑雪旅游度假地总体规划、详细规划,并由地级及以上级别的人民政府或管理部门批准。规划应明确空间边界,功能布局合理,对雪道、魔毯、索道、容积率、建筑密度、游客环境容量、绿地率、生态环境保护、风险防范等提出合理的控制要求。

2. 国家级滑雪旅游度假地评定条件

滑雪旅游度假地核心区面积不应少于20平方千米。核心区滑雪旅游场地山地垂直落差不宜少于350米。雪道总面积不应少于100公顷。应有适宜比例的初级、中级和高级雪道面积。核心区日最大接待游客环境容量不应少于5000人。应具备举办单项或综合国际滑雪赛事的条件。单雪季游客人数不应少于20万人次。应以接待过夜游客为主,应具有国际知名度。核心区压雪车数量不应少于5辆,设备正常运行。核心区可用于租赁的滑雪器材装备数量不应少于2500套,并有数量配套的头盔和雪镜;儿童板数量不应少于滑雪器材装备总量的15%,单板数量不应少于滑雪器材装备总量的1/3。能够对成人、儿童滑雪进行分类教学与培训。应有滑雪学校,不同级别的滑雪指导员不应少于300人。应有不少于20种滑雪旅游和休闲娱乐活动项目,户外和室内休闲活动类型分别达到10种以上。核心区厕所应达到GB/T 18973规定的AA级及以上标准。核心区应实现Wi-Fi全覆盖。

3. 省级滑雪旅游度假地评定条件

滑雪旅游度假地核心区面积不应少于5平方千米。核心区滑雪旅游场地

山地垂直落差不宜少于300米。雪道总面积不应少于25公顷。应有适宜比例的初级、中级和高级雪道面积。核心区日最大接待游客环境容量不应少于3000人。单雪季游客人数不应少于10万人次,应在国内具有知名度。压雪车数量不应少于2辆,设备正常运行。核心区可用于租赁的滑雪器材装备数量不应少于2000套,并有数量配套的头盔和雪镜;单板和儿童板数量不应少于滑雪器材装备总量的15%。应有不同级别的滑雪指导员,数量不应少于100人。应有不少于10种滑雪旅游和休闲娱乐活动项目,户外和室内休闲活动的类型分别达到5种以上。核心区厕所应达到GB/T 18973规定的A级及以上标准。核心区宜设置至少1处智能化自助综合服务平台,提供中、英文2种语言服务。

(二)滑雪旅游度假地申请程序

1. 认定对象

具有良好的滑雪场地资源,满足滑雪场所开发条件,能够满足游客以滑雪运动为主,兼具户外运动、康养度假、休闲娱乐等旅游需求的度假设施和服务功能集聚区。

2. 申报要求

(1)申报主体。各地滑雪旅游度假地所在县(区)人民政府。

(2)申报条件。符合行业标准《滑雪旅游度假地等级划分》(LB/T 083－2021)及相关细则要求;符合社会主义核心价值观要求,意识形态责任制落实到位,符合绿色发展理念;疫情防控和安全管理措施到位,符合国家各项相关要求,滑雪度假地相关各类主体及其运营行为取得全部相关必要手续;应具有地形、生态、气候、区位交通、发展潜力等综合条件优良的滑雪旅游场地资源,应有空间高度集聚的滑雪旅游区,滑雪旅游设施与服务管理体系健全;游客综合满意度较高,在全国具有较高的知名度和品牌影响力;主要经营主体近2年无严重违法违规等行为记录,近2年未发生重大旅游安全责任事故和社会反响强烈的负面舆情事件。

(3)申报组织。由各省(区、市)和新疆生产建设兵团文化和旅游行政部门负责本地国家级滑雪旅游度假地的申报组织工作,各地申报国家级滑雪旅游度假地数量为1～2个,没有符合条件滑雪旅游度假地的省(区、市)可以不报。名单按优先顺序排序,以正式文件形式报送纸质版。经过省级文化和旅游行政部门商省级体育行政部门确认推荐的各申报主体书面填写《国家级滑雪旅游度假地认定申请报告书》，提供纸质（A4 纸）相关证明材料（一式两份），并提供 U 盘（含文字、图片和视频）。以上材料通过省级文化和旅游行政部门统一报送。申报主体还需通过文化和旅游部资源开发管理系统进行线上申报。

（4）申报材料。省级文化和旅游行政部门推荐文件；国家级滑雪旅游度假地认定申请报告书，包括滑雪旅游度假地基本信息（含名称、管理机构、核心区位置、面积等）、滑雪旅游场地与设施、滑雪旅游综合服务、滑雪旅游配套设施与条件、管理情况、提升计划等内容；滑雪旅游度假地自评报告及相关说明材料（含文字、图片和视频），电子版在文化和旅游部资源开发管理系统填报；近 2 年无严重违法违规等行为记录和近 2 年未发生重大旅游安全责任事故与社会反响强烈的负面舆情事件的承诺书；其他材料。

3. 认定程序

文化和旅游部会同国家体育总局按照下列程序组织认定国家级滑雪旅游度假地：组织材料审核和基础评价；以线上答辩形式组织开展综合评价；审定认定结果；对确定的认定结果公示 5 个工作日；对公示无异议或者异议不成立的，发布认定公告。

后　记

终于到了为本书写后记的时刻，想到元正盛业律师团队共同努力的成果即将面世，我内心充满喜悦和激动。近年来，越来越多的律师事务所将专业领域中的实践积累转化为著作出版。作为一个从业二十多年的老律师，我也一直追问自己，新疆元正盛业律师事务所的优势在哪里？有什么可值得借鉴的经验与同行分享？能否像兄弟律所一样著书立说，为中国法治贡献自己的智慧与经验？新疆地处西北边疆，法律服务有其特殊的地缘优势。我想元正盛业律师事务所的优势之一就是深入南北疆各地州、面向农村、扎根基层，为乡村振兴战略的实施提供全方位法律服务，并积累了丰富的基层实践经验。

从精准扶贫到乡村振兴战略的提出到实施，元正盛业法律人为新疆南疆地区提供专项法律服务也已经悄然走过了6个年头。在这6年中，元正盛业法律人投身于和田、喀什、阿克苏地区的精准扶贫、乡村振兴法律服务工作，以深入乡村一线；在精准调研的基础上，确定核心法律服务工作，有针对性地研究切实可行的法律服务方案。元正盛业律师事务所制定了扶持农民致富增收的纺织服装、特色养殖等专项法律服务方案，提供项目谈判、确定合作模式、法律文书起草、项目进度管理、竣工验收等方面的全过程法律服务，获得当地扶贫部门及贫困户的高度好评，经元正盛业律师事务所参与、提供法律服务的扶贫项目，均已落地实施，取得较好的效果，助力当地实现农户脱贫、振兴乡村产业。

在本书即将付梓之际，衷心感谢自治区各级政府、相关部门的大力支持，感谢自治区司法厅、农业农村厅、乡村振兴局、喀什地区纪检委等部门为我们在提供精准脱贫、乡村振兴法律服务过程中给予的悉心指导与帮助，使元正盛业律师事务所面向南疆各地州的法律服务实现了从脱贫攻坚到乡村振兴的无缝衔接。当墨玉县委被授予全国脱贫攻坚先进集体称号时,作为为其保驾护航的元正盛业法律人深感骄傲,因为我们也是其中的一分子。

随着乡村振兴战略的不断深入,我们深刻感受到,专业律师团队在广袤的农村大有可为,我们为项目论证、审核、建设和运营提供了全方位的服务,以高级合伙人带队的大兵团作战模式也赢得了各地州县市的高度认可。2021 年 11 月,喀什地委印发《关于开展巩固拓展脱贫攻坚成果同乡村振兴有效衔接综合监督及风险防控试点工作的方案》,重点在疏附县、巴楚县、英吉沙县及叶城县进行试点,为扎实有效开展脱贫攻坚成果同乡村振兴工作的平稳过渡,有效衔接,进一步压实各级党政政治责任。为此地区纪委监委聘请法律顾问编写了《攻读拓展脱贫攻坚成果同乡村振兴有效衔接综合监督风险防范法律服务务实读本》,对试点县市必须聘请法律顾问开展重大决策、重大项目法律咨询、普法教育,推进法治政府建设和基层治理提出了明确要求。新疆元正盛业律师事务所有幸参与其中,利用自身优势和经验,为依法治疆和新疆乡村振兴在法治轨道上快速推进贡献自己的力量。

我们还要感谢新疆大学、喀什大学、新疆理工学院等高等院校对本书编纂所给予的理论指导与支持;要感谢北京易和律师事务所、青海磐瑞律师事务所等律师同行的无私奉献及乡村振兴法律服务中实战经验支持,使本书内容更贴近实际、更具可操作性。

我们还要感谢法律出版社的林蕊编辑对本书的出版投入极大的热情,展现了业内顶级出版社专家的专业及高效。

诚然,在编写过程中,我们感到本书还存在一些缺憾,如乡村振兴产业法律服务方向覆盖不够全面、实践性案例偏少等问题。但我们将把这些缺憾当做下一步努力的方向,在继续深入为各地州提供乡村振兴法律服务过程中,不断积累经验,深入进行总结,努力按照《国家乡村振兴战略规划(2018 - 2022 年)》的要求,形成具有新疆特色的乡村振兴法律服务模式和经验,为乡村全面振兴,农业强、农村美、农民富全面实现做出元正盛业法律人的贡献。

“百年恰是风华正茂”,在中国共产党迈进新的百年之际,让我们坚守住为乡村产业振兴法律服务的初心,为在党坚强领导下的乡村振兴战略目标早日实现共同努力!

耿宝建

2022 年 5 月 5 日